令和 2 年度

学校保健統計
（学校保健統計調査報告書）

文部科学省総合教育政策局調査企画課

ま え が き

　文部科学省においては，幼児，児童及び生徒の発育及び健康の状態を明らかにするため，国の基幹統計調査として，毎年「学校保健統計調査」を行っています。

　この度，令和２年度に実施した「学校保健統計調査」の調査結果がまとまりましたので公表します。

　この報告書が，我が国の学校保健に関する基礎的資料として各方面において広く活用され，さらに学校保健の充実が図られることを期待します。

　なお，調査結果の一部については，既に「学校保健統計速報（学校保健統計調査の結果速報）」として公表していますが，この報告書の数値をもって確定値とします。

　最後に，この調査の実施に当たって多大な御協力をいただいた都道府県及び調査実施校に対して深く感謝の意を表します。

令和３年７月

文部科学省総合教育政策局長
　　　義　本　博　司

目 次

I　調　査　の　概　要

1　調　査　の　目　的

　　この調査は，学校における幼児，児童及び生徒の発育及び健康の状態を明らかにすることを目的とする。

2　調査の範囲・対象

①　　調査の範囲は，幼稚園，小学校，中学校，義務教育学校，高等学校，中等教育学校及び幼保連携型認定こども園のうち，文部科学大臣があらかじめ指定する学校（以下「調査実施校」という。）とする。

②　　調査の対象は，調査実施校に在籍する満5歳から17歳（令和2年4月1日現在）までの幼児，児童及び生徒（以下「児童等」という。）の一部とする。

3　調　査　事　項

①　児童等の発育状態（身長，体重）

②　児童等の健康状態（栄養状態，脊柱・胸郭・四肢の疾病・異常の有無，視力，聴力，眼の疾病・異常の有無，耳鼻咽頭疾患・皮膚疾患の有無，歯・口腔の疾病・異常の有無，結核の有無，結核に関する検診の結果，心臓の疾病・異常の有無，尿及びその他の疾病・異常の有無）

4　調査の期日及び方法

①　　調査は，学校保健安全法による健康診断の結果に基づき，4月1日から6月30日の間に実施。※　令和2年度に限り、令和2年4月1日から3年3月31日

②　　調査の報告義務者は，調査実施校の長とする。

③　　調査系統は，次のとおりである。

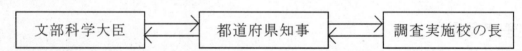

④　調査票等の配布及び提出

（a）　文部科学大臣は，都道府県知事を通じ，調査実施校の長に調査票等を配布する。

（b）　調査実施校の長は，都道府県知事の定める期日までに調査票を都道府県知事に提出する。

（c）　都道府県知事は，提出された調査票を整理・審査し，8月10日までに文部科学大臣に提出する。

　　　※令和2年度に限り，都道府県知事は，提出された調査票を整理・審査し，4月1日～9月30日実施分は10月12日までに，10月1日～3月31日実施分は翌年度4月12日までに文部科学大臣に提出する。

5　標　本　抽　出　の　方　法

　　標本抽出の方法は，発育状態調査が層化二段無作為抽出法，健康状態調査が層化集落抽出法である。

　　標本抽出は，次の（1）から（3）の方法で行う。

1

（1）各都道府県の児童等数及び学校数に応じ調査実施校数を学校種別に決定する。

（2）次の①から③の方法で調査実施校を決定する。

　　①　都道府県別，学校種別に，児童等数に応じ，学校を層化する。

　　②　当該都道府県の調査実施校数を層数で割り，１層当たりの割当学校数を求める。

　　③　各層内で，調査実施校を単純無作為抽出する。

（3）発育状態調査については，年齢別，男女別に系統抽出法により対象児童等を抽出する。健康状態調査については，調査実施校の在学者全員を対象とする。

　　なお，標本抽出の結果得られた調査実施校数及び調査対象者数は表Ⅰ～Ⅲのとおりである。

6　集計事項・集計方法及び閲覧公表

①　主な集計事項

（a）児童等の身体計測値の平均値と分散度

（b）児童等の身長，体重の相関関係

（c）児童等の体格の類型

（d）児童等の疾病・異常の被患率

②　集計方法

　文部科学省において機械集計の方法によって行う。

③　閲覧公表

　①のほか，以下の事項をホームページにおいて「閲覧公表」として公表する。

　　（a）身長と体重の相関表及び身長別体重の平均値

　　（b）都道府県別　年齢別　疾病・異常被患率等（都道府県ごと）

　　・「文部科学省のホームページ」（https://www.mext.go.jp/）→「白書・統計・出版物」→「統計情報」→「学校保健統計調査」→「統計表一覧」→「閲覧公表」

　　・「e-Stat 政府統計の総合窓口」（https://www.e-stat.go.jp/）の「統計データを探す」の「キーワードで探す」に「学校保健統計調査」と入力して検索

7　利用上の注意

　本調査は標本調査のため，統計表の数値（推定値）には標本誤差が含まれている。

　標本誤差の大きさを本調査では標準誤差の値で示しており，推定値を中心として，その前後に標準誤差の２倍ずつの幅をとれば，その区間は真の値を約95％の確率で含んでいると考えてよい。

　なお，本調査の主な調査項目の標準誤差は統計表の注釈（7，21ページ）に示すとおりである。

◎　本年度調査の変更点

　　・調査期間を変更

　　　　4月1日から6月30日を，令和2年度に限り，4月1日から3月31日とする。

　　・提出時期の変更

　　　　8月10日を，令和2年度に限り4月1日から9月30日実施分は10月12日，10月1日～3月31日実施分は令和3年4月12日までに提出とする。

表 I　調査実施校数及び調査対象者数

調 査 対 象 者 数

区　　分	調査実施校数	調査対象者数	
		発 育 状 態	健 康 状 態
幼 稚 園	1,645　（校）	72,380　（人）	88,109　（人）
小 学 校	2,820	270,720	1,352,008
中 学 校	1,880	225,600	842,632
高 等 学 校	1,410	126,900	1,058,172
計	7,755	695,600	3,340,921
抽 出 率		全幼児，児童及び生徒の5.2%を抽出	全幼児，児童及び生徒の25.0%を抽出

（注）1．発育状態の調査は，調査実施校に在籍する幼児，児童及び生徒のうちから年齢別男女別に抽出された者を対象とし，健康状態の調査は，調査実施校の在学者全員を対象としている。

　　　2．幼稚園には幼保連携型認定こども園を，小学校には義務教育学校の第1～6学年を，中学校には中等教育学校の前期課程及び義務教育学校の第7～9学年を，高等学校には中等教育学校の後期課程をそれぞれ含む（以下同じ）。

表 II　都道府県別　調査実施割当学校数

（校）

区　分	幼稚園	小学校	中学校	高等学校	計	区　分	幼稚園	小学校	中学校	高等学校	計
北 海 道	44	68	49	47	208	滋　賀	32	58	37	25	152
青　森	35	58	39	27	159	京　都	34	60	40	30	164
岩　手	30	59	39	28	156	大　阪	62	67	47	45	221
宮　城	34	60	40	29	163	兵　庫	54	64	44	40	202
秋　田	28	57	38	25	148	奈　良	32	57	38	25	152
山　形	29	58	37	26	150	和 歌 山	28	58	38	24	148
福　島	35	60	40	30	165	鳥　取	27	56	36	23	142
茨　城	37	61	40	32	170	島　根	28	57	37	24	146
栃　木	31	59	39	27	156	岡　山	35	60	39	28	162
群　馬	34	59	39	28	160	広　島	36	61	41	32	170
埼　玉	44	65	45	39	193	山　口	31	59	39	28	157
千　葉	43	64	44	37	188	徳　島	30	57	37	24	148
東　京	56	72	53	63	244	香　川	31	57	37	24	149
神 奈 川	48	66	46	43	203	愛　媛	31	58	38	27	154
新　潟	32	60	40	30	162	高　知	27	58	38	24	147
富　山	30	57	37	25	149	福　岡	39	64	43	36	182
石　川	31	57	37	25	150	佐　賀	29	57	37	25	148
福　井	31	57	37	23	148	長　崎	31	59	39	28	157
山　梨	28	57	37	24	146	熊　本	32	59	39	27	157
長　野	29	59	40	30	158	大　分	33	58	38	25	154
岐　阜	32	59	39	28	158	宮　崎	32	58	38	25	153
静　岡	44	61	42	33	180	鹿 児 島	36	61	40	28	165
愛　知	44	67	45	41	197	沖　縄	34	58	39	26	157
三　重	32	59	39	27	157	計	1,645	2,820	1,880	1,410	7,755

表Ⅲ　都道府県別　学校種別　健康状態調査対象者数

(人)

区分	幼稚園	小学校	中学校	高等学校
全国	88,109	1,352,008	842,632	1,058,172
北海道	2,301	28,694	18,858	29,143
青森	906	18,843	12,869	16,073
岩手	1,418	22,551	13,717	15,885
宮城	2,196	30,583	16,499	23,274
秋田	1,049	20,229	12,716	13,123
山形	1,325	21,723	14,692	16,584
福島	1,813	22,365	14,871	20,745
茨城	2,184	28,709	18,058	23,406
栃木	2,123	26,967	18,952	24,832
群馬	1,547	25,393	17,568	22,322
埼玉	3,706	40,552	24,773	38,104
千葉	3,423	39,077	25,593	35,798
東京	4,309	39,610	24,063	50,944
神奈川	4,347	44,599	28,732	42,589
新潟	1,269	24,191	15,162	19,737
富山	1,153	23,415	17,064	15,115
石川	1,168	27,030	18,734	20,037
福井	982	21,949	15,445	17,224
山梨	959	20,544	13,371	16,111
長野	1,315	27,859	17,187	20,129
岐阜	2,024	28,496	18,632	22,047
静岡	2,319	34,522	18,707	27,636
愛知	2,951	38,367	25,681	39,544
三重	1,755	25,839	16,395	19,287
滋賀	1,449	33,721	20,430	19,671
京都	1,776	29,578	21,035	25,987
大阪	4,069	37,481	24,600	38,202
兵庫	3,382	40,057	23,562	29,731
奈良	1,358	27,026	18,754	19,445
和歌山	1,430	20,573	13,592	16,654
鳥取	1,177	19,200	11,911	12,934
島根	745	21,108	12,480	12,053
岡山	1,484	31,068	19,947	22,475
広島	2,316	33,670	19,587	22,664
山口	1,664	28,588	15,021	14,581
徳島	1,182	21,536	13,468	14,772
香川	1,470	28,556	18,920	17,351
愛媛	2,056	30,127	16,098	21,750
高知	901	20,945	12,483	14,144
福岡	2,824	38,251	21,922	29,895
佐賀	1,236	27,084	14,211	15,083
長崎	1,348	24,474	14,601	18,663
熊本	1,492	30,295	19,941	23,634
大分	1,392	28,064	16,904	16,706
宮崎	1,155	30,154	14,022	17,507
鹿児島	1,658	31,106	17,540	22,119
沖縄	2,003	37,239	23,264	22,462

Ⅱ　統　計　表

統計表の中の記号は次のように使う

「 － 」 -------------- 計数がない場合

「0.00」 -------------- 計数が単位未満の場合

「 ・・・ 」 -------------- 調査対象とならなかった場合

「 X 」 -------------- 標本サイズが小さい，又は標準
誤差が大きいため統計数値を公表
しない場合

1　年齢別　都市階級別　設置者別　身長・体重の平均値及び標準偏差（10-1）

1　男　(1)　計

区　分	身　長（cm）		体　重（kg）	
	平均値	標準偏差	平均値	標準偏差
幼稚園 5 歳	111.6	4.90	19.4	2.91
小学校 6 歳	117.5	4.99	22.0	3.69
7	123.5	5.29	24.9	4.65
8	129.1	5.54	28.4	5.80
9	134.5	5.79	32.0	6.96
10	140.1	6.35	35.9	8.16
11	146.6	7.29	40.4	9.28
中学校 12 歳	154.3	8.09	45.8	10.52
13	161.4	7.48	50.9	10.68
14	166.1	6.50	55.2	10.60
高等学校 15 歳	168.8	5.93	58.9	10.95
16	170.2	5.77	60.9	10.85
17	170.7	5.86	62.6	11.01
うち公立				
幼稚園 5 歳	111.2	4.85	19.2	2.87
小学校 6 歳	117.5	4.99	22.0	3.70
7	123.5	5.28	24.9	4.66
8	129.1	5.53	28.4	5.80
9	134.5	5.79	32.0	6.97
10	140.0	6.35	35.9	8.17
11	146.6	7.28	40.4	9.26
中学校 12 歳	154.1	8.10	45.7	10.53
13	161.2	7.46	50.8	10.70
14	166.0	6.52	55.2	10.64
高等学校 15 歳	168.6	5.90	58.7	11.10
16	170.0	5.76	60.4	10.74
17	170.5	5.82	62.2	10.88
うち私立				
幼稚園 5 歳	111.6	4.89	19.5	2.91
高等学校 15 歳	169.2	6.01	59.5	10.67
16	170.5	5.80	61.8	10.97
17	171.0	5.94	63.5	11.20

(注)1．年齢は，令和2年4月1日現在の満年齢である。以下の各表において同じ。
　　2．全国平均の5歳から17歳の標準誤差は，身長0.04〜0.07 cm，体重0.03 〜 0.11kgである。
　　3．幼稚園には幼保連携型認定こども園，小学校には義務教育学校の第1〜6学年，中学校には中等教育学校の前期課程及び義務教育学校の第7〜9学年，高等学校には中等教育学校の後期課程を含む。以下の各表において同じ。

1 年齢別　都市階級別　設置者別　身長・体重の平均値及び標準偏差（10-2）

1 男 (2) 大都市

区　　分	身　長（cm）		体　重（kg）	
	平　均　値	標準偏差	平　均　値	標準偏差
幼稚園 5 歳	111.9	4.93	19.5	2.89
小学校 6 歳	117.8	5.05	21.9	3.59
小学校 7	124.0	5.29	25.0	4.53
小学校 8	129.5	5.42	28.5	5.69
小学校 9	134.8	5.75	31.9	6.81
小学校 10	140.5	6.26	36.0	7.88
小学校 11	147.2	7.24	40.6	9.06
中学校 12 歳	155.0	8.08	46.2	10.74
中学校 13	161.8	7.55	51.1	10.69
中学校 14	166.6	6.47	55.3	10.54
高等学校 15 歳	169.2	6.00	59.0	10.75
高等学校 16	170.5	5.70	60.8	10.87
高等学校 17	171.1	5.88	62.5	10.88
うち公立				
幼稚園 5 歳	111.8	5.12	19.3	2.76
小学校 6 歳	117.8	5.04	21.9	3.59
小学校 7	124.0	5.28	25.0	4.52
小学校 8	129.5	5.44	28.5	5.71
小学校 9	134.8	5.76	31.9	6.82
小学校 10	140.5	6.27	36.0	7.88
小学校 11	147.2	7.23	40.6	9.06
中学校 12 歳	154.8	8.15	46.2	10.78
中学校 13	161.6	7.55	50.9	10.74
中学校 14	166.5	6.51	55.3	10.60
高等学校 15 歳	169.0	6.14	58.7	11.11
高等学校 16	170.1	5.66	60.0	10.80
高等学校 17	171.0	5.80	62.2	11.20
うち私立				
幼稚園 5 歳	111.9	4.90	19.5	2.89
高等学校 15 歳	169.4	5.84	59.5	10.50
高等学校 16	170.8	5.79	61.7	11.10
高等学校 17	171.2	5.96	62.8	10.67

（注）4．都市階級は学校の所在地により，分類基準は次のとおり
　　　　である。以下の各表において同じ。
　　　　　大都市…政令指定都市・特別区
　　　　　中都市…人口15万人以上の市（政令指定都市・特別区を除く）
　　　　　小都市…人口15万人未満の市
　　　　　町村……町村

1　年齢別　都市階級別　設置者別　身長・体重の平均値及び標準偏差（10-3）

1　男　(3)　中都市

区　分	身　長　(cm)		体　重　(kg)	
	平　均　値	標準偏差	平　均　値	標準偏差
幼稚園 5 歳	111.4	4.82	19.3	2.82
小学校 6 歳	117.5	5.04	21.9	3.67
7	123.4	5.29	24.9	4.59
8	129.1	5.64	28.4	5.77
9	134.5	5.75	31.8	6.75
10	139.9	6.39	35.7	8.11
11	146.6	7.22	40.2	8.96
中学校 12 歳	154.3	8.09	45.5	10.29
13	161.5	7.44	51.1	10.72
14	166.0	6.49	55.1	10.43
高等学校 15 歳	168.7	5.85	58.6	10.71
16	170.2	5.74	60.7	10.80
17	170.6	5.75	62.5	10.96
うち公立				
幼稚園 5 歳	110.9	4.68	19.0	2.80
小学校 6 歳	117.5	5.05	21.9	3.68
7	123.4	5.30	24.9	4.60
8	129.1	5.63	28.4	5.76
9	134.4	5.74	31.8	6.73
10	139.9	6.40	35.7	8.13
11	146.6	7.22	40.2	8.95
中学校 12 歳	154.2	8.09	45.4	10.29
13	161.3	7.38	50.9	10.77
14	165.9	6.50	55.0	10.47
高等学校 15 歳	168.6	5.79	58.3	10.69
16	170.1	5.72	60.2	10.50
17	170.5	5.73	61.8	10.51
うち私立				
幼稚園 5 歳	111.5	4.84	19.4	2.82
高等学校 15 歳	169.0	6.00	59.3	10.83
16	170.5	5.79	62.0	11.30
17	170.9	5.83	64.1	11.65

1 年齢別 都市階級別 設置者別 身長・体重の平均値及び標準偏差 (10-4)

1 男 (4) 小都市

区　　分	身　長 (cm)		体　重 (kg)	
	平 均 値	標準偏差	平 均 値	標準偏差
幼稚園 5 歳	111.4	4.95	19.5	3.02
小学校 6 歳	117.3	4.88	21.9	3.71
小学校 7	123.3	5.31	25.0	4.84
小学校 8	128.7	5.59	28.2	5.79
小学校 9	134.3	5.84	32.1	7.18
小学校 10	140.0	6.35	36.1	8.26
小学校 11	146.3	7.34	40.4	9.59
中学校 12 歳	153.8	8.03	45.6	10.37
中学校 13	161.0	7.48	50.9	10.66
中学校 14	165.8	6.52	55.3	10.67
高等学校 15 歳	168.5	5.90	59.0	11.15
高等学校 16	169.9	5.88	60.9	10.74
高等学校 17	170.5	5.95	62.8	10.95
うち公立				
幼稚園 5 歳	110.7	4.97	19.1	2.84
小学校 6 歳	117.3	4.89	21.9	3.73
小学校 7	123.2	5.27	25.0	4.84
小学校 8	128.7	5.56	28.2	5.77
小学校 9	134.3	5.82	32.1	7.21
小学校 10	140.0	6.35	36.1	8.26
小学校 11	146.2	7.30	40.3	9.51
中学校 12 歳	153.7	8.02	45.6	10.36
中学校 13	161.0	7.48	50.8	10.68
中学校 14	165.8	6.54	55.3	10.69
高等学校 15 歳	168.3	5.76	58.8	11.22
高等学校 16	169.8	5.89	60.5	10.67
高等学校 17	170.4	5.95	62.5	10.89
うち私立				
幼稚園 5 歳	111.5	4.97	19.5	3.02
高等学校 15 歳	168.9	6.27	59.5	10.84
高等学校 16	170.2	5.85	62.1	10.82
高等学校 17	170.8	6.04	63.7	11.29

1 年齢別　都市階級別　設置者別　身長・体重の平均値及び標準偏差 (10-5)

1 男 (5) 町村

区　　分	身　長 (cm)		体　重 (kg)	
	平　均　値	標準偏差	平　均　値	標準偏差
幼稚園 5 歳	111.3	4.95	19.5	3.04
小学校 6 歳	117.3	5.11	22.2	4.14
7	122.7	5.08	24.7	4.64
8	129.0	5.39	28.8	6.41
9	134.3	5.84	32.5	7.31
10	139.4	6.38	35.8	8.53
11	146.2	7.24	41.0	10.19
中学校 12 歳	153.7	8.10	45.8	11.32
13	160.6	7.35	50.6	10.46
14	165.5	6.42	54.9	10.76
高等学校 15 歳	168.0	6.07	59.5	11.79
16	169.5	5.79	61.7	11.65
17	169.9	5.70	63.5	11.58
うち公立 幼稚園 5 歳	111.4	4.99	19.6	3.00
小学校 6 歳	117.3	5.11	22.2	4.14
7	122.7	5.09	24.7	4.65
8	129.0	5.38	28.8	6.41
9	134.3	5.84	32.5	7.30
10	139.4	6.39	35.8	8.53
11	146.2	7.24	40.9	10.19
中学校 12 歳	153.7	8.08	45.8	11.32
13	160.6	7.36	50.6	10.48
14	165.5	6.42	54.9	10.78
高等学校 15 歳	168.0	6.10	59.5	12.24
16	169.4	5.67	61.7	11.87
17	169.8	5.69	63.6	11.80
うち私立 幼稚園 5 歳	111.3	4.93	19.5	3.09
高等学校 15 歳	168.3	5.57	60.6	10.87
16	170.2	6.23	61.6	9.64
17	170.9	5.97	62.4	10.78

1 年齢別　都市階級別　設置者別　身長・体重の平均値及び標準偏差 (10-6)

2 女 (1) 計

区　　分	身　長（㎝）		体　重（kg）	
	平　均　値	標準偏差	平　均　値	標準偏差
幼稚園 5 歳	110.6	4.91	19.0	2.77
小学校　6 歳	116.7	4.97	21.5	3.46
7	122.6	5.28	24.3	4.25
8	128.5	5.69	27.4	5.20
9	134.8	6.44	31.1	6.36
10	141.5	6.84	35.4	7.40
11	148.0	6.52	40.3	7.86
中学校　12 歳	152.6	5.83	44.5	8.01
13	155.2	5.40	47.9	7.71
14	156.7	5.36	50.2	7.72
高等学校　15 歳	157.3	5.37	51.2	7.90
16	157.7	5.36	51.9	7.68
17	157.9	5.35	52.3	7.93
うち公立				
幼稚園 5 歳	110.3	5.00	18.9	2.87
小学校　6 歳	116.6	4.97	21.5	3.45
7	122.6	5.28	24.3	4.25
8	128.5	5.68	27.4	5.20
9	134.8	6.43	31.1	6.36
10	141.5	6.85	35.4	7.41
11	148.0	6.52	40.3	7.86
中学校　12 歳	152.5	5.84	44.5	8.05
13	155.2	5.38	47.9	7.74
14	156.6	5.34	50.3	7.77
高等学校　15 歳	157.2	5.33	51.2	7.71
16	157.6	5.34	51.9	7.61
17	157.7	5.34	52.4	7.95
うち私立				
幼稚園 5 歳	110.7	4.89	19.1	2.76
高等学校　15 歳	157.5	5.42	51.2	8.21
16	157.9	5.36	51.8	7.79
17	158.2	5.34	52.1	7.83

1 年齢別　都市階級別　設置者別　身長・体重の平均値及び標準偏差 （10-7）

2 女 （2） 大都市

区　分	身　長 （cm）		体　重 （kg）	
	平 均 値	標準偏差	平 均 値	標準偏差
幼稚園 5 歳	110.9	4.93	19.0	2.65
小学校 6 歳	117.1	5.04	21.5	3.46
小学校 7	122.9	5.30	24.2	4.06
小学校 8	128.7	5.75	27.3	4.98
小学校 9	135.3	6.36	31.3	6.56
小学校 10	142.1	6.88	35.5	7.34
小学校 11	148.5	6.65	40.4	7.67
中学校 12 歳	153.0	5.80	44.6	8.06
中学校 13	155.6	5.37	47.8	7.49
中学校 14	157.1	5.37	49.9	7.54
高等学校 15 歳	157.6	5.44	50.8	8.28
高等学校 16	158.0	5.33	51.5	7.53
高等学校 17	158.3	5.38	52.0	7.78
うち公立 幼稚園 5 歳	110.3	4.94	18.8	2.55
小学校 6 歳	117.1	5.04	21.5	3.46
小学校 7	122.9	5.30	24.2	4.07
小学校 8	128.7	5.74	27.3	4.98
小学校 9	135.3	6.36	31.3	6.57
小学校 10	142.1	6.88	35.5	7.33
小学校 11	148.5	6.65	40.4	7.65
中学校 12 歳	152.9	5.88	44.7	8.16
中学校 13	155.5	5.31	47.8	7.51
中学校 14	156.9	5.37	50.1	7.57
高等学校 15 歳	157.4	5.44	50.6	7.33
高等学校 16	157.9	5.28	51.5	7.50
高等学校 17	158.2	5.30	52.3	7.84
うち私立 幼稚園 5 歳	110.9	4.92	19.0	2.66
高等学校 15 歳	157.6	5.46	51.0	9.27
高等学校 16	158.1	5.42	51.5	7.56
高等学校 17	158.3	5.45	51.5	7.75

1 年齢別 都市階級別 設置者別 身長・体重の平均値及び標準偏差 (10-8)

2 女 (3) 中都市

区　分	身　長　(cm)		体　重　(kg)	
	平　均　値	標準偏差	平　均　値	標準偏差
幼稚園 5 歳	110.5	4.88	19.0	2.77
小学校 6 歳	116.5	4.95	21.4	3.40
小学校 7	122.6	5.21	24.2	4.09
小学校 8	128.4	5.55	27.3	5.11
小学校 9	134.7	6.49	30.8	6.13
小学校 10	141.3	6.88	35.1	7.24
小学校 11	147.9	6.48	40.2	7.88
中学校 12 歳	152.5	5.84	44.3	7.94
中学校 13	155.3	5.39	47.7	7.57
中学校 14	156.6	5.37	50.0	7.56
高等学校 15 歳	157.3	5.22	51.1	7.52
高等学校 16	157.7	5.39	51.7	7.51
高等学校 17	157.8	5.31	52.3	7.78
うち公立 幼稚園 5 歳	110.0	5.02	18.7	2.89
小学校 6 歳	116.5	4.93	21.4	3.39
小学校 7	122.5	5.20	24.2	4.09
小学校 8	128.4	5.55	27.3	5.10
小学校 9	134.7	6.48	30.8	6.13
小学校 10	141.3	6.89	35.1	7.25
小学校 11	147.9	6.50	40.2	7.89
中学校 12 歳	152.4	5.83	44.3	7.99
中学校 13	155.2	5.38	47.7	7.60
中学校 14	156.6	5.36	50.1	7.61
高等学校 15 歳	157.3	5.18	51.1	7.51
高等学校 16	157.7	5.38	51.7	7.17
高等学校 17	157.7	5.34	52.1	7.52
うち私立 幼稚園 5 歳	110.5	4.84	19.1	2.76
高等学校 15 歳	157.4	5.29	51.3	7.60
高等学校 16	157.6	5.35	52.1	8.14
高等学校 17	158.0	5.29	52.6	8.16

1 年齢別　都市階級別　設置者別　身長・体重の平均値及び標準偏差（10-9）

2 女 （4）小都市

区　　分	身　長　(cm)		体　重　(kg)	
	平　均　値	標準偏差	平　均　値	標準偏差
幼稚園 5 歳	110.5	4.92	19.1	2.87
小学校 6 歳	116.4	4.90	21.5	3.49
小学校 7	122.4	5.31	24.3	4.40
小学校 8	128.3	5.75	27.6	5.45
小学校 9	134.5	6.45	31.1	6.38
小学校 10	141.2	6.81	35.5	7.50
小学校 11	147.7	6.45	40.1	7.94
中学校 12 歳	152.3	5.82	44.6	7.90
中学校 13	155.0	5.42	48.0	8.03
中学校 14	156.5	5.34	50.5	7.98
高等学校 15 歳	157.2	5.44	51.6	7.96
高等学校 16	157.5	5.36	52.2	7.82
高等学校 17	157.7	5.35	52.5	8.05
うち公立				
幼稚園 5 歳	109.9	5.07	18.9	2.94
小学校 6 歳	116.4	4.89	21.5	3.50
小学校 7	122.4	5.31	24.3	4.41
小学校 8	128.3	5.74	27.6	5.43
小学校 9	134.4	6.43	31.1	6.38
小学校 10	141.2	6.82	35.5	7.53
小学校 11	147.7	6.44	40.1	7.91
中学校 12 歳	152.3	5.82	44.6	7.89
中学校 13	155.0	5.42	48.0	8.02
中学校 14	156.5	5.32	50.6	8.00
高等学校 15 歳	157.1	5.37	51.6	7.94
高等学校 16	157.5	5.38	52.3	7.87
高等学校 17	157.5	5.34	52.5	8.15
うち私立				
幼稚園 5 歳	110.6	4.91	19.1	2.84
高等学校 15 歳	157.3	5.50	51.6	8.11
高等学校 16	157.7	5.31	52.1	7.55
高等学校 17	158.2	5.24	52.5	7.56

1 年齢別　都市階級別　設置者別　身長・体重の平均値及び標準偏差（10-10）

2 女 (5) 町村

区　　分	身　長（cm）		体　重（kg）	
	平均値	標準偏差	平均値	標準偏差
幼稚園 5 歳	110.4	4.86	19.1	2.90
小学校 6 歳	116.5	5.02	21.5	3.48
7	122.2	5.33	24.3	4.74
8	128.1	5.75	27.5	5.55
9	134.5	6.21	31.1	6.26
10	141.2	6.73	36.0	7.74
11	147.9	6.53	40.9	8.00
中学校 12 歳	152.0	5.79	44.5	8.29
13	155.0	5.36	48.4	7.70
14	156.3	5.32	50.6	7.61
高等学校 15 歳	156.5	5.40	52.0	8.74
16	156.9	5.27	52.9	8.36
17	157.1	5.32	53.2	8.70
うち公立 幼稚園 5 歳	110.7	4.94	19.1	2.86
小学校 6 歳	116.5	5.02	21.5	3.47
7	122.2	5.34	24.3	4.74
8	128.1	5.75	27.5	5.55
9	134.4	6.20	31.1	6.25
10	141.2	6.73	36.0	7.75
11	147.9	6.53	40.9	8.01
中学校 12 歳	152.0	5.80	44.6	8.30
13	155.0	5.36	48.4	7.69
14	156.3	5.32	50.6	7.61
高等学校 15 歳	156.4	5.30	52.1	8.88
16	156.8	5.29	52.9	8.47
17	157.1	5.28	53.2	8.76
うち私立 幼稚園 5 歳	110.3	4.77	19.0	2.88
高等学校 15 歳	156.6	6.07	51.1	6.76
16	157.7	5.05	52.2	6.97
17	158.8	5.90	53.2	8.41

2 身長の年齢別分布 (2-1)

1 男

単位 (‰)

区分	幼稚園	小学校						中学校			高等学校		
	5歳	6歳	7歳	8歳	9歳	10歳	11歳	12歳	13歳	14歳	15歳	16歳	17歳
計	1000.0	1000.0	1000.0	1000.0	1000.0	1000.0	1000.0	1000.0	1000.0	1000.0	1000.0	1000.0	1000.0
～90cm	0.0	-	-	-	-	-	-	-	-	-	-	-	-
91	-	-	-	-	-	-	-	-	-	-	-	-	-
92	0.1	-	-	-	-	-	-	-	-	-	-	-	-
93	0.1	-	-	-	-	-	-	-	-	-	-	-	-
94	0.1	-	-	-	-	-	-	-	-	-	-	-	-
95	0.1	-	-	-	-	-	-	-	-	-	-	-	-
96	0.6	-	-	-	-	-	-	-	-	-	-	-	-
97	1.0	0.0	-	-	-	-	-	-	-	-	-	-	-
98	1.3	-	-	-	-	-	-	-	-	-	-	-	-
99	2.0	-	-	-	-	-	-	-	-	-	-	-	-
100	4.2	0.1	-	-	-	-	-	-	-	-	-	-	-
101	6.8	0.5	0.0	-	-	-	-	-	-	-	-	-	-
102	10.9	0.5	0.0	0.0	-	-	-	-	-	-	-	-	-
103	15.9	1.0	-	-	0.1	-	-	-	-	-	-	-	-
104	27.2	1.8	0.1	-	-	-	-	-	-	-	-	-	-
105	33.6	2.4	0.1	-	-	-	-	-	-	-	-	-	-
106	44.2	5.3	0.2	0.0	-	-	-	-	-	-	-	-	-
107	54.4	8.1	0.4	0.0	-	-	-	-	-	-	-	-	-
108	66.4	12.6	0.7	-	-	-	-	-	-	-	-	-	-
109	72.6	16.9	1.7	0.0	-	-	-	-	-	-	-	-	-
110	85.7	25.8	2.2	0.2	0.0	-	-	-	-	-	-	-	-
111	77.0	32.3	3.1	0.4	0.0	0.0	-	-	-	-	-	-	-
112	83.6	41.8	7.6	0.4	0.0	-	-	-	-	-	-	-	-
113	75.9	54.7	10.6	0.7	0.1	-	-	-	-	-	-	-	-
114	67.7	67.2	14.1	1.0	0.2	-	-	-	-	-	-	-	-
115	60.4	75.2	20.3	2.2	0.1	-	-	-	-	-	-	-	-
116	53.5	80.9	26.4	4.3	0.0	-	-	-	-	-	-	-	-
117	43.9	81.6	36.6	5.6	0.3	-	-	-	-	-	-	-	-
118	32.2	79.6	45.9	7.0	0.4	0.0	-	-	-	-	-	-	-
119	22.4	74.4	56.2	13.5	1.8	0.0	-	-	-	-	-	-	-
120	19.3	70.3	61.3	19.8	2.7	0.1	0.1	-	-	-	-	-	0.0
121	12.4	61.1	68.4	27.2	4.2	0.2	-	-	-	-	-	-	-
122	8.2	48.5	76.6	31.1	6.1	0.8	0.0	-	-	-	-	-	-
123	6.6	41.7	79.8	39.6	6.7	1.4	0.0	-	-	-	-	-	-
124	3.5	31.6	75.4	49.0	13.1	2.5	0.1	0.1	-	-	-	-	-
125	2.4	23.0	68.8	56.6	16.7	2.7	0.0	-	-	-	-	-	-
126	1.5	19.3	66.5	63.4	22.5	4.3	0.4	-	-	-	-	-	-
127	0.9	14.1	58.8	71.2	31.0	6.5	0.5	0.1	-	-	-	-	-
128	0.5	10.6	46.5	69.1	40.0	9.2	0.8	0.0	0.0	-	-	-	-
129	0.3	5.2	39.8	73.0	46.7	12.4	2.0	0.0	0.0	-	-	-	-
130	0.3	5.5	36.9	70.7	53.9	17.2	2.7	0.4	0.0	-	-	-	-
131	-	3.1	29.1	67.6	62.3	22.6	4.3	0.4	0.1	0.0	-	-	-
132	-	1.3	18.8	64.8	63.5	29.5	5.7	0.8	-	-	-	-	-
133	0.1	0.9	16.1	51.4	69.2	36.2	8.5	1.4	0.0	-	-	-	-
134	-	0.4	9.1	47.6	68.9	42.5	13.2	1.9	0.2	-	-	-	-
135	-	0.6	7.9	39.0	72.0	46.0	16.1	2.7	0.2	0.0	-	-	-
136	0.1	0.0	4.1	30.9	66.7	56.4	18.0	3.6	0.1	-	-	-	-
137	-	-	2.8	22.5	56.7	58.4	26.3	5.0	0.7	0.1	-	-	-
138	-	-	2.5	21.5	53.7	63.9	30.1	7.0	1.0	0.0	-	-	-
139	-	-	1.0	15.2	47.7	65.1	34.1	8.2	1.2	0.0	-	-	-
140	-	0.1	1.7	11.9	42.0	68.6	41.3	11.8	1.5	0.2	-	0.1	-
141	-	0.0	0.7	7.1	35.7	63.7	46.1	13.3	2.1	0.2	-	-	-
142	-	0.0	0.5	4.9	28.5	59.8	49.7	19.1	2.6	0.2	-	-	-
143	-	0.0	0.2	2.7	21.8	53.5	50.8	19.9	3.5	0.4	-	-	-
144	-	-	0.0	1.8	18.9	48.4	51.6	23.4	4.8	0.5	0.0	-	-
145	-	-	0.1	2.0	12.3	39.7	55.5	25.4	6.3	0.6	0.0	0.1	-
146	-	-	-	1.1	10.6	37.5	59.4	31.4	6.9	1.2	0.0	0.0	-
147	-	-	-	0.4	6.8	28.0	53.4	34.9	8.4	1.3	0.1	0.1	-
148	-	-	0.0	0.5	5.2	25.3	50.2	35.6	11.8	1.3	0.2	0.0	0.2
149	-	-	-	0.7	3.5	23.6	46.1	38.6	11.9	2.3	0.4	0.1	0.0
150	-	-	-	0.2	2.2	18.7	47.4	44.3	16.6	3.7	0.7	0.1	0.0
151	-	-	-	-	1.6	12.8	40.6	43.1	21.2	4.3	0.9	0.5	0.2
152	-	-	-	0.0	1.0	11.0	36.9	46.1	21.6	6.0	1.4	0.9	0.5
153	-	-	-	0.1	1.0	6.8	31.2	45.9	26.2	7.6	2.6	0.8	0.8
154	-	-	-	0.1	0.1	7.4	30.1	48.1	29.3	11.6	2.6	1.2	1.1
155	-	-	-	0.0	0.3	5.5	26.2	44.0	33.1	13.2	3.6	1.6	2.4
156	-	-	0.0	-	0.5	3.0	23.7	45.3	38.5	17.7	5.4	3.4	2.5
157	-	-	-	-	0.2	2.0	19.8	42.6	42.7	20.5	9.7	4.3	4.2
158	-	-	-	-	0.1	1.7	16.8	44.0	41.4	25.9	12.0	5.9	6.2
159	-	-	-	-	-	1.5	12.5	39.4	47.3	31.5	13.8	8.6	8.3
160	-	-	-	-	0.1	1.2	11.6	42.2	51.1	39.8	24.6	14.8	13.2
161	-	-	-	-	-	0.9	9.7	35.6	53.1	44.2	29.5	20.3	19.9
162	-	-	-	-	-	0.5	6.9	33.0	55.9	47.1	36.3	26.0	22.3
163	-	-	-	-	-	0.6	4.5	29.0	52.8	53.0	41.7	33.3	28.6
164	-	-	-	-	-	0.5	3.4	28.4	53.1	58.0	47.1	39.3	35.4
165	-	-	-	-	-	0.0	3.2	20.1	53.4	61.8	54.7	46.7	42.1
166	-	-	-	-	-	-	3.5	20.7	50.2	63.9	63.5	55.3	46.4
167	-	-	-	-	-	-	1.7	15.1	44.2	64.2	68.3	61.5	54.4
168	-	-	-	-	-	-	1.5	11.1	37.3	59.5	67.6	62.9	62.0
169	-	-	-	-	-	0.0	0.4	9.3	35.2	56.5	62.7	69.5	66.3
170	-	-	-	-	-	-	0.4	8.4	31.8	58.9	70.6	76.2	73.7
171	-	-	-	-	-	-	0.5	5.5	22.7	45.0	60.9	63.8	66.1
172	-	-	-	-	-	-	0.2	4.3	20.9	41.7	57.1	67.4	71.2
173	-	-	-	-	-	-	0.1	3.7	14.4	35.9	49.7	61.9	63.9
174	-	-	-	-	-	-	0.0	1.9	11.3	29.6	45.0	52.6	56.6
175	-	-	-	-	-	-	0.0	1.3	9.5	22.2	38.7	46.8	51.4
176	-	-	-	-	-	-	-	0.6	6.7	19.8	33.1	41.3	43.6
177	-	-	-	-	-	-	0.1	0.5	5.1	14.2	26.4	30.6	39.4
178	-	-	-	-	-	-	-	0.4	3.1	9.1	17.8	26.2	26.9
179	-	-	-	-	-	-	-	0.4	2.5	8.4	13.7	21.9	22.6
180	-	-	-	-	-	-	-	0.0	1.6	5.5	13.1	17.2	18.9
181	-	-	-	-	-	-	0.0	0.1	1.2	3.8	8.2	9.8	15.0
182	-	-	-	-	-	-	-	0.1	0.4	2.6	5.4	8.2	11.7
183	-	-	-	-	-	-	-	0.1	0.6	2.0	3.9	6.4	7.8
184	-	-	-	-	-	-	-	0.0	-	1.0	2.8	4.4	3.8
185	-	-	-	-	-	-	-	-	0.1	0.7	1.7	2.4	3.4
186	-	-	-	-	-	-	-	-	0.0	0.7	0.6	2.1	2.8
187	-	-	-	-	-	-	-	-	-	0.1	0.5	1.2	1.6
188	-	-	-	-	-	-	-	-	0.1	0.3	0.4	1.2	1.1
189	-	-	-	-	-	-	-	-	-	0.1	0.2	0.3	0.6
190	-	-	-	-	-	-	-	0.1	0.0	0.1	0.2	0.2	0.2
191	-	-	-	-	-	-	-	0.1	-	0.1	0.1	0.2	0.5
192	-	-	-	-	-	-	-	-	-	-	0.2	0.4	0.1
193	-	-	-	-	-	-	-	-	-	-	-	0.1	-
194	-	-	-	-	-	-	-	-	-	-	-	-	-
195	-	-	-	-	-	-	-	-	0.0	-	0.0	0.0	0.1
196	-	-	-	-	-	-	-	-	-	-	-	-	-
197	-	-	-	-	-	-	-	-	-	-	-	-	-
198	-	-	-	-	-	-	-	-	-	-	-	-	-
199	-	-	-	-	-	-	-	-	-	-	-	-	-
200～	-	-	-	-	-	-	-	-	-	-	-	-	-

(注) 小数点以下第2位を四捨五入したため，計と内訳が一致しない場合がある。以下の各表において同じ。

2 身長の年齢別分布 (2-2)

2 女　　　　　　　　　　　　　　　　　　　　　　　　　　　　単位（‰）

区分	幼稚園 5歳	小 6歳	学 7歳	8歳	校 9歳	10歳	11歳	中 12歳	学 13歳	校 14歳	高等 15歳	学 16歳	校 17歳
計	1000.0	1000.0	1000.0	1000.0	1000.0	1000.0	1000.0	1000.0	1000.0	1000.0	1000.0	1000.0	1000.0
～90cm	0.0	0.0	-	-	-	-	-	-	-	-	-	-	-
91	0.1	-	-	-	-	-	-	-	-	-	-	-	-
92	0.0	-	-	-	-	-	-	-	-	-	-	-	-
93	0.2	-	-	-	-	-	-	-	-	-	-	-	-
94	0.2	-	-	-	-	-	-	-	-	-	-	-	-
95	0.3	-	-	-	-	-	-	-	-	-	-	-	-
96	0.6	-	-	-	-	-	-	-	-	-	-	-	-
97	1.4	0.0	0.0	-	-	-	-	-	-	-	-	-	-
98	2.6		0.0	-	-	-	-	-	-	-	-	-	-
99	4.1	0.4	-	-	-	-	-	-	-	-	-	-	-
100	6.8	0.2	0.1	-	-	-	-	-	-	-	-	-	-
101	9.9	0.4		0.0	-	-	-	-	-	-	-	-	-
102	18.5	0.7	0.0	-	-	-	-	-	-	-	-	-	-
103	24.8	1.3	-	-	-	-	-	-	-	-	-	-	-
104	35.6	2.0	0.0	-	0.1	-	-	-	-	-	-	-	-
105	42.6	4.7	0.2	-	-	-	-	-	-	-	-	-	-
106	55.1	7.4	0.2	-	-	-	-	-	-	-	-	-	-
107	64.3	10.8	0.6	-	-	-	-	-	-	-	-	-	-
108	75.2	16.8	1.2	0.1	-	-	-	-	-	-	-	-	-
109	74.1	27.7	2.1		0.0	-	-	-	-	-	-	-	-
110	88.3	35.1	4.1	0.2	0.0	-	-	-	-	-	-	-	-
111	73.9	42.1	4.8	0.2	0.0	-	-	-	-	-	-	-	-
112	77.1	53.4	9.7	0.4	-	-	-	-	-	-	-	-	-
113	72.0	63.5	13.2	1.0	0.0	-	-	-	-	-	-	-	-
114	62.8	70.2	20.5	2.0	0.2	0.1	-	-	-	-	-	-	-
115	52.0	77.0	27.5	3.8	0.2	-	-	-	-	-	-	-	-
116	44.3	81.8	34.6	4.9	0.3	0.2	-	-	-	-	-	-	-
117	32.5	78.1	48.7	9.0	0.3	-	-	-	-	-	-	-	-
118	25.7	76.8	57.3	13.0	1.1	0.0	-	-	-	-	-	-	-
119	17.9	69.4	61.1	17.2	1.8	0.0	0.1	-	-	-	-	-	-
120	13.1	58.7	69.5	21.9	1.9	0.1	-	-	-	-	-	-	-
121	7.4	55.0	73.7	30.8	5.6	0.2	0.1	-	-	-	-	-	-
122	6.8	47.3	78.3	39.4	8.1	0.3	0.0	-	-	-	-	-	-
123	3.5	35.7	71.9	48.1	12.3	1.0	0.1	-	-	-	-	-	-
124	2.8	25.2	69.8	52.1	16.4	0.8	0.1	0.1	-	-	-	-	-
125	1.2	20.4	64.3	60.4	19.8	2.6	0.1	0.1	-	-	-	-	-
126	0.8	11.0	59.3	71.1	24.8	4.7	0.2	-	-	-	-	-	-
127	0.9	9.8	54.4	68.2	29.1	4.9	0.2	-	-	-	-	-	-
128	0.3	6.0	42.7	69.5	39.4	9.2	1.1	0.1	-	-	-	-	-
129	0.1	4.6	32.8	68.8	44.0	10.1	0.8	0.0	-	-	-	-	-
130	0.1	2.7	28.3	68.3	51.4	15.1	1.6	0.1	-	0.1	-	-	-
131	-	1.1	21.5	65.2	55.5	19.3	2.9	0.3	0.0	0.1	0.0	0.0	-
132	0.0	1.5	13.9	51.5	61.0	23.8	4.2	0.2	0.1	0.0	-	-	-
133	0.0	0.6	10.9	47.9	61.7	28.2	5.6	0.4	0.1	-	0.0	-	-
134	0.0	0.3	8.1	39.3	63.1	34.9	7.5	0.7	0.1	-	0.2	-	0.1
135	-	0.2	4.6	33.7	61.1	38.1	9.9	1.3	0.1	0.0	0.1	0.2	-
136	-	0.0	3.7	28.4	59.5	47.7	10.9	2.1	0.2	0.1	0.1	-	-
137	-	-	2.1	23.3	57.3	48.6	14.5	1.9	0.2	0.1	0.1	0.1	0.1
138	-	-	1.2	16.5	54.3	52.1	19.4	3.0	0.8	0.2	0.0	-	0.1
139	0.0	-	0.9	11.2	42.9	54.3	22.0	4.7	0.9	0.3	0.2	0.1	0.0
140	-	-	1.4	11.7	43.3	52.4	26.5	8.3	1.7	0.8	0.4	0.2	0.3
141	-	-	0.2	6.3	35.6	58.3	36.3	9.5	2.4	0.9	0.4	0.5	0.8
142	-	-	0.2	4.2	30.2	55.5	36.0	12.6	3.6	1.8	0.8	0.9	1.3
143	-	-	0.1	3.2	26.7	53.8	41.5	16.8	5.3	2.4	1.7	1.6	1.1
144	-	-	0.1	2.7	18.0	51.8	45.6	21.8	7.3	3.8	2.8	3.1	2.3
145	-	-	0.1	1.3	15.0	49.0	47.4	28.3	10.6	6.3	4.3	3.9	3.8
146	-	-	-	1.2	13.4	43.4	56.6	34.4	16.6	8.9	7.7	6.8	5.8
147	-	-	-	0.2	11.6	41.1	63.6	39.5	21.8	15.9	10.5	10.4	8.9
148	-	-	-	0.3	9.5	37.2	57.5	48.7	30.3	20.6	16.2	14.7	12.2
149	-	-	-	0.1	7.4	31.2	63.0	53.0	37.1	26.6	22.2	19.2	18.3
150	-	-	-	0.5	4.2	30.0	61.5	64.5	49.3	34.2	30.0	27.7	23.3
151	-	-	-	0.2	3.1	23.8	58.3	64.5	54.2	42.5	39.9	33.8	33.1
152	-	-	-	0.1	3.3	18.3	50.3	70.9	62.6	53.3	47.7	42.7	42.8
153	-	-	-	-	1.3	16.1	48.8	72.6	68.2	58.5	54.6	51.9	52.5
154	-	-	-	-	2.0	11.4	46.9	69.9	71.9	64.3	65.4	59.7	58.2
155	-	-	-	0.1	1.1	9.5	37.9	66.6	74.1	69.8	67.4	67.5	68.3
156	-	-	-	-	0.3	6.5	30.6	60.2	74.3	72.7	73.9	72.2	70.1
157	-	-	-	-	0.3	5.0	24.5	49.0	70.3	79.2	72.7	71.9	74.5
158	-	-	-	-	0.1	3.4	20.2	44.3	64.6	72.3	73.5	69.7	74.5
159	-	-	-	-	0.1	1.6	14.1	36.4	57.6	66.6	70.1	71.4	68.0
160	-	-	-	-	0.1	1.8	11.4	31.8	50.9	63.2	66.3	68.1	69.9
161	-	-	-	-	0.1	1.0	7.0	23.2	40.4	53.6	56.8	62.1	59.3
162	-	-	-	-	-	1.2	4.5	15.9	34.0	44.8	51.4	54.6	55.3
163	-	-	-	-	-	0.4	2.9	14.5	25.9	36.3	40.6	47.3	48.5
164	-	-	-	-	-	0.1	2.5	9.1	19.8	29.3	32.4	36.8	40.4
165	-	-	-	-	-	0.1	1.9	6.7	13.6	20.5	24.7	28.9	27.8
166	-	-	-	-	-	0.0	0.5	4.5	10.3	16.7	19.5	22.1	22.5
167	-	-	-	-	-	-	0.6	2.9	7.6	11.0	15.0	15.7	17.6
168	-	-	-	-	-	0.0	0.3	2.2	4.2	7.7	9.3	12.4	13.4
169	-	-	-	-	-	-	0.1	0.9	1.9	4.8	7.2	8.5	9.3
170	-	-	-	-	-	-	0.1	0.4	1.9	4.4	4.6	6.1	5.3
171	-	-	-	-	-	-	-	0.4	1.5	2.1	3.1	2.3	3.9
172	-	-	-	-	-	-	-	0.4	0.9	1.2	1.4	1.6	3.0
173	-	-	-	-	-	-	-	0.1	0.4	0.8	2.1	1.6	1.6
174	-	-	-	-	-	-	-	-	0.0	0.4	0.6	1.0	0.6
175	-	-	-	-	-	-	-	0.1	0.1	0.4	0.8	0.2	0.4
176	-	-	-	-	-	-	0.0	-	0.1	0.2	0.3	0.2	0.2
177	-	-	-	-	-	-	-	0.1	0.1	0.3	0.2	0.2	0.2
178	-	-	-	-	-	-	-	-	0.0	0.1	0.0	0.1	0.2
179	-	-	-	-	-	-	-	-	-	0.1	0.1	0.0	-
180	-	-	-	-	-	-	-	0.0	-	-	0.2	0.1	-
181	-	-	-	-	-	-	-	-	-	0.0	0.1	-	-
182	-	-	-	-	-	-	-	-	-	-	-	0.0	0.1
183	-	-	-	-	-	-	-	-	0.0	-	-	-	-
184	-	-	-	-	-	-	-	-	-	-	-	-	-
185	-	-	-	-	-	-	-	-	-	-	-	-	-
186	-	-	-	-	-	-	-	-	-	-	-	-	-
187	-	-	-	-	-	-	-	-	-	-	0.1	-	-
188	-	-	-	-	-	-	-	-	-	-	-	-	-
189	-	-	-	-	-	-	-	-	-	-	-	-	-
190	-	-	-	-	-	-	-	-	-	-	-	-	-
191	-	-	-	-	-	-	-	-	-	-	-	-	-
192	-	-	-	-	-	-	-	-	-	-	-	-	-
193	-	-	-	-	-	-	-	-	-	-	-	-	-
194	-	-	-	-	-	-	-	-	-	-	-	-	-
195	-	-	-	-	-	-	-	-	-	-	-	-	-
196	-	-	-	-	-	-	-	-	-	-	-	-	-
197	-	-	-	-	-	-	-	-	-	-	-	-	-
198	-	-	-	-	-	-	-	-	-	-	-	-	-
199	-	-	-	-	-	-	-	-	-	-	-	-	-
200～	-	-	-	-	-	-	-	-	-	-	-	-	-

3 体重の年齢別分布 (2-1)

1 男

単位 (‰)

区分	幼稚園	小学校						中学校			高等学校		
	5歳	6歳	7歳	8歳	9歳	10歳	11歳	12歳	13歳	14歳	15歳	16歳	17歳
計	1000.0	1000.0	1000.0	1000.0	1000.0	1000.0	1000.0	1000.0	1000.0	1000.0	1000.0	1000.0	1000.0
～11kg	0.0	-	-	-	-	-	-	-	-	-	-	-	-
12	0.5	-	-	-	-	-	-	-	-	-	-	-	-
13	1.5	0.2	0.0	-	-	-	-	-	-	-	-	-	-
14	8.7	1.1	0.1	0.0	-	-	-	-	-	-	-	-	-
15	30.7	2.8	0.5	0.1	-	-	-	-	-	-	-	-	-
16	75.8	14.5	1.8	0.2	0.0	-	-	-	-	-	-	-	-
17	126.6	36.3	5.5	0.4	0.0	-	-	-	-	-	-	-	-
18	166.3	71.6	15.4	2.0	0.4	0.0	-	-	-	-	-	-	-
19	164.1	112.6	32.6	4.9	0.4	-	0.2	-	-	-	-	-	-
20	143.1	146.5	65.5	14.2	2.4	0.1	0.2	-	-	-	-	-	-
21	99.9	141.0	88.0	27.1	6.5	1.3	0.3	0.0	-	-	-	-	-
22	67.2	125.0	108.2	48.0	13.0	2.6	0.2	0.0	-	-	-	-	-
23	39.9	96.4	119.4	69.5	20.5	4.5	0.8	0.2	-	-	-	-	-
24	24.4	68.5	113.4	89.4	35.0	10.2	1.7	0.4	0.1	-	-	-	-
25	16.6	49.7	94.3	93.1	52.7	17.8	4.3	0.7	0.1	-	-	-	-
26	10.0	34.6	80.3	92.6	64.9	26.9	7.2	1.2	0.2	0.1	-	-	-
27	6.8	26.6	62.8	90.2	81.6	35.0	11.0	2.7	0.2	-	-	-	-
28	4.9	18.4	46.2	76.0	76.6	50.5	16.7	3.9	0.6	0.0	-	-	-
29	3.2	13.5	33.8	62.8	76.2	54.7	26.2	6.7	1.1	0.1	0.1	-	-
30	3.3	8.9	29.1	58.5	71.9	68.5	30.3	9.6	1.9	0.3	-	-	-
31	2.1	7.2	21.0	48.2	63.6	67.3	35.1	11.5	2.9	0.4	-	-	0.0
32	1.5	6.9	15.4	37.0	61.4	60.8	44.1	17.4	4.7	0.6	-	0.0	-
33	0.9	3.6	13.6	30.7	49.8	60.9	47.9	21.5	5.3	0.8	0.0	-	-
34	0.2	3.4	9.6	24.3	45.3	60.1	53.6	27.7	7.0	1.3	0.4	-	-
35	0.6	2.0	8.1	22.8	41.1	53.9	54.6	32.7	8.9	2.3	0.3	0.0	0.1
36	0.5	1.8	7.3	18.3	35.1	50.3	52.8	35.2	12.9	3.9	0.2	0.1	0.2
37	0.1	2.0	5.2	11.9	26.3	43.2	59.5	37.3	16.5	4.7	0.7	0.6	0.2
38	0.2	1.2	4.8	12.9	24.9	36.5	48.4	39.5	19.8	7.0	1.7	0.6	0.2
39	0.1	1.0	3.3	9.8	21.3	34.0	49.4	44.3	24.3	8.1	1.7	0.6	0.5
40	0.1	0.9	2.9	10.7	18.7	31.0	44.9	47.2	27.5	10.5	3.1	1.2	1.2
41	0.2	0.6	2.5	7.8	16.0	29.2	39.3	45.3	30.7	13.4	5.5	2.1	1.1
42	0.0	0.4	2.1	6.5	12.5	23.8	40.6	44.8	36.6	17.9	8.4	2.6	2.3
43	0.0	0.1	1.4	4.9	11.0	23.1	36.1	44.6	41.1	23.2	9.7	5.5	3.5
44	-	0.1	1.8	5.2	9.6	15.8	32.6	43.3	40.2	27.0	12.8	7.3	3.2
45	-	0.1	0.9	4.2	10.7	16.6	27.0	43.6	43.5	27.3	18.5	9.7	6.0
46	-	0.1	0.6	3.3	8.5	17.7	28.1	42.1	45.9	35.3	18.8	12.4	9.5
47	-	0.0	0.7	2.3	6.3	13.4	21.0	39.7	45.0	39.1	25.8	18.7	10.6
48	-	0.1	0.4	1.8	4.4	10.3	19.3	33.4	46.1	39.4	29.9	21.5	15.2
49	-	0.1	0.2	1.4	4.5	9.4	18.6	31.4	43.2	41.7	33.3	25.0	16.6
50	-	-	0.1	1.6	3.7	11.3	17.5	32.7	44.1	47.3	39.2	28.8	22.6
51	0.1	-	0.3	1.1	4.1	7.1	15.3	26.3	40.8	48.1	40.4	31.8	27.8
52	-	0.0	0.2	0.9	3.2	6.1	13.3	24.0	35.6	46.8	42.3	37.5	32.4
53	-	0.2	0.1	0.4	2.3	6.3	10.6	21.6	35.3	47.2	42.8	39.3	32.5
54	-	0.0	0.2	0.6	2.0	6.2	10.6	19.0	34.8	43.9	45.2	44.7	36.2
55	-	-	0.1	0.4	1.5	5.5	10.0	19.0	31.5	41.9	46.6	44.0	38.8
56	-	-	0.0	0.4	2.0	4.1	7.9	14.4	29.2	43.6	42.8	45.7	39.5
57	-	-	0.0	0.1	1.4	4.2	7.4	15.1	26.3	36.7	46.7	43.6	45.0
58	-	-	0.1	0.2	1.0	2.3	6.8	12.9	22.5	35.5	42.3	43.3	45.0
59	-	-	0.1	0.4	0.7	1.8	5.8	11.4	19.1	29.9	36.4	49.1	44.7
60	-	-	-	0.2	0.6	1.6	1.6	9.8	19.0	30.2	40.8	42.5	45.5
61	-	-	-	0.1	0.8	2.7	5.6	8.3	16.7	25.9	35.9	40.6	44.2
62	-	-	0.1	0.1	0.5	1.5	3.5	7.2	15.0	24.0	31.0	37.9	41.3
63	-	-	-	-	0.3	1.6	3.9	7.5	13.1	20.0	29.6	36.6	38.9
64	-	-	-	0.2	0.4	1.0	3.7	5.2	11.1	20.4	25.2	32.6	37.6
65	-	-	-	0.1	0.0	1.0	1.9	7.1	9.6	15.5	23.7	29.2	36.4
66	-	-	-	-	0.5	0.9	2.0	5.8	9.2	16.5	21.7	26.7	31.7
67	-	-	-	-	0.3	1.6	2.4	4.1	8.7	12.1	19.4	26.6	28.7
68	-	-	-	0.0	0.1	1.1	1.6	4.8	8.4	11.7	16.7	21.9	25.9
69	-	-	-	-	0.1	0.5	2.0	3.8	6.2	9.8	18.0	20.4	23.5
70	-	-	-	0.0	0.2	0.5	1.3	3.9	5.4	9.1	16.9	18.2	21.7
71	-	-	-	-	0.2	0.0	1.4	2.7	5.2	8.1	11.8	16.6	18.1
72	-	-	-	-	0.1	0.2	0.9	2.5	4.6	7.4	12.9	14.2	17.2
73	-	-	-	-	0.1	0.1	0.9	2.3	5.1	5.4	9.3	12.2	18.2
74	-	-	-	0.0	0.1	0.2	1.2	2.1	4.2	5.4	9.6	12.8	14.3
75	-	-	-	-	0.0	0.1	0.5	2.1	3.1	5.9	7.4	10.4	12.5
76	-	-	-	-	-	0.1	0.6	2.0	3.0	5.4	7.2	8.0	10.2
77	-	-	-	-	0.1	0.1	0.6	1.5	3.3	3.8	5.9	8.1	9.0
78	-	-	-	-	-	0.1	0.4	1.5	3.1	3.9	5.8	6.8	9.2
79	-	-	-	-	0.1	0.4	0.4	1.1	2.8	3.5	4.7	6.0	9.7
80	-	-	-	-	0.1	0.1	0.2	1.2	2.5	3.5	4.8	6.2	7.2
81	-	-	-	-	-	0.0	0.5	1.2	1.8	2.0	4.1	5.3	5.4
82	-	-	0.0	-	-	0.2	0.5	0.7	1.4	2.8	3.4	3.9	5.9
83	-	-	-	-	-	-	0.5	0.4	0.8	2.4	3.4	4.5	5.3
84	-	-	-	-	-	-	0.3	0.8	1.1	1.5	3.3	3.7	4.4
85	-	-	-	-	-	0.0	0.1	0.5	1.4	2.4	4.0	2.3	4.2
86	-	-	-	-	-	-	0.1	0.7	0.8	2.3	2.1	2.3	4.1
87	-	-	-	-	-	-	0.1	0.4	1.6	1.0	2.7	2.2	3.4
88	-	-	-	-	-	-	0.1	0.4	0.9	1.0	2.3	2.1	3.2
89	-	-	-	-	-	-	0.2	0.4	0.8	0.9	1.9	2.5	3.4
90	-	-	-	-	-	-	0.0	0.7	0.6	1.1	1.8	1.2	2.3
91	-	-	-	-	-	-	-	0.4	0.5	0.8	2.1	2.1	1.4
92	-	-	-	-	-	-	-	0.3	0.4	0.6	1.3	1.6	1.9
93	-	-	-	-	-	0.1	-	0.2	0.5	1.0	1.7	1.2	2.0
94	-	-	-	-	-	-	0.1	0.2	0.4	0.8	1.8	1.2	2.1
95	-	-	-	-	-	0.1	0.0	0.3	0.4	0.5	1.0	1.3	1.4
96	-	-	-	-	-	-	-	0.1	0.1	0.7	1.2	1.2	1.1
97	-	-	-	-	-	-	-	0.1	0.4	0.5	0.7	1.2	0.8
98	-	-	-	-	-	-	-	0.2	0.4	0.4	0.5	1.0	0.8
99	-	-	-	-	-	-	-	0.0	0.3	0.7	0.4	0.6	1.0
100	-	-	-	-	-	-	-	0.0	0.3	0.3	0.6	0.8	1.3
101	-	-	-	-	-	0.1	-	0.1	0.1	0.3	0.4	0.5	0.8
102	-	-	-	-	-	0.0	0.0	0.0	0.2	0.3	0.3	0.4	0.8
103	-	-	-	-	-	-	-	0.0	0.1	0.2	0.5	0.9	0.6
104	-	-	-	-	-	-	-	0.0	0.0	0.1	0.3	0.3	0.7
105	-	-	-	-	-	-	-	0.0	0.2	0.2	0.3	0.6	0.9
106	-	-	-	-	-	-	0.2	0.0	0.1	0.2	0.4	0.9	0.3
107	-	-	-	-	-	-	-	0.1	0.1	0.1	0.6	0.7	0.4
108	-	-	-	-	-	-	-	0.0	0.0	0.0	0.1	0.1	0.4
109	-	-	-	-	-	-	-	0.1	0.0	0.0	0.1	0.7	0.5
110	-	-	-	-	-	-	-	0.1	0.0	0.2	0.1	0.1	0.2
111	-	-	-	-	-	-	-	0.1	0.1	-	0.2	0.2	0.2
112	-	-	-	-	-	-	-	-	0.0	0.2	0.2	0.1	0.3
113	-	-	-	-	-	-	-	-	-	0.2	0.0	0.1	0.1
114	-	-	-	-	-	-	-	-	-	0.0	0.4	0.3	0.4
115	-	-	-	-	-	-	-	-	-	-	0.2	0.8	0.4
116	-	-	-	-	-	-	-	-	-	0.0	0.2	0.1	0.1
117	-	-	-	-	-	-	-	-	-	0.0	0.1	-	0.5
118	-	-	-	-	-	-	-	-	0.1	0.2	0.2	-	0.5
119	-	-	-	-	-	-	-	-	0.0	0.0	0.1	-	0.4
120	-	-	-	-	-	-	-	-	0.0	0.0	0.1	0.0	0.1
121	-	-	-	-	-	-	-	-	-	0.0	0.0	0.3	0.1
122	-	-	-	-	-	-	-	-	-	-	0.0	0.1	0.1
123	-	-	-	-	-	-	-	-	-	-	0.1	0.1	0.0
124	-	-	-	-	-	-	-	-	-	-	-	0.1	0.1
125～	-	-	-	-	-	-	0.0	0.2	0.3	0.2	0.2	0.4	0.6

3 体重の年齢別分布（2-2）

2 女　　　　　　　　　　　　　　　　　　　　　　　　　　　　　　　　　単位（‰）

区分の年齢区分：幼稚園＝5歳／小学校＝6〜11歳／中学校＝12〜14歳／高等学校＝15〜17歳

区分	5歳	6歳	7歳	8歳	9歳	10歳	11歳	12歳	13歳	14歳	15歳	16歳	17歳
計	1000.0	1000.0	1000.0	1000.0	1000.0	1000.0	1000.0	1000.0	1000.0	1000.0	1000.0	1000.0	1000.0
～11kg	0.1	-	0.0	-	-	-	-	-	-	-	-	-	-
12	0.3	0.0	-	-	-	-	-	-	-	-	-	-	-
13	2.7	0.2	0.0	-	-	-	-	-	-	-	-	-	-
14	13.8	2.0	0.1	-	-	-	-	-	-	-	-	-	-
15	45.9	5.0	0.4	-	0.0	-	-	-	-	-	-	-	-
16	93.6	19.7	1.7	0.1	0.2	-	-	-	-	-	-	-	-
17	147.5	50.2	8.9	0.4	0.1	-	-	-	-	-	-	-	-
18	162.1	96.3	24.4	3.2	0.7	0.0	-	-	-	-	-	-	-
19	160.6	122.3	43.8	9.0	1.1	0.1	-	-	-	-	-	-	-
20	132.7	148.2	77.7	20.8	4.1	0.5	0.1	-	-	-	-	-	-
21	88.9	132.4	107.2	44.4	8.6	1.1	0.1	-	-	-	-	-	-
22	54.0	116.3	114.1	59.4	20.5	3.6	0.2	0.0	-	-	-	-	-
23	37.6	89.7	119.1	83.1	32.7	6.6	0.6	0.1	-	-	-	-	-
24	23.0	65.1	106.6	90.4	43.3	10.5	2.0	0.0	0.1	0.0	-	-	-
25	13.1	43.3	86.8	98.7	58.4	20.6	4.3	0.3	0.0	0.0	-	-	-
26	7.8	32.1	74.3	93.6	69.2	30.8	7.0	0.7	0.1	-	-	-	-
27	4.7	23.3	57.9	86.2	75.5	38.6	10.3	1.4	0.1	0.0	-	-	-
28	3.7	14.8	43.2	75.2	79.5	49.6	13.7	2.3	0.5	-	-	-	-
29	2.1	10.8	32.4	63.7	75.1	50.7	19.8	4.6	0.5	0.0	-	-	-
30	1.8	7.6	25.0	53.8	74.8	63.9	23.7	8.3	1.0	0.1	0.0	-	0.0
31	1.5	5.7	16.5	43.5	69.5	61.8	32.4	9.7	1.3	0.3	0.1	-	-
32	0.5	3.1	13.1	33.5	56.6	59.7	33.4	12.6	2.3	0.6	0.6	0.1	0.0
33	0.8	3.3	11.4	24.0	45.7	58.0	39.4	17.7	4.0	0.9	1.2	0.1	0.2
34	0.3	2.4	7.8	22.8	40.3	59.4	44.1	20.0	7.6	1.8	0.8	0.4	0.5
35	0.2	1.4	6.8	19.2	37.5	55.6	51.3	29.3	8.1	2.7	1.3	1.1	1.2
36	0.3	1.0	4.3	14.6	31.6	50.9	54.1	32.3	13.1	3.5	3.1	2.2	0.9
37	0.1	0.8	4.2	10.4	27.8	50.2	54.3	39.6	16.4	7.6	4.0	3.2	2.1
38	0.2	1.1	2.6	10.4	25.9	39.9	55.4	44.8	25.0	11.4	6.1	5.2	4.1
39	-	0.4	2.0	7.9	21.0	39.0	56.1	46.1	28.7	17.2	11.7	8.3	7.2
40	0.1	0.3	1.2	6.7	17.1	33.4	54.3	51.7	37.5	22.8	14.0	13.4	14.4
41	-	0.5	1.5	4.6	12.7	29.6	51.2	54.6	42.2	28.4	20.5	17.7	15.3
42	-	0.0	0.9	2.8	11.1	27.1	45.4	57.1	49.7	32.4	31.4	22.7	20.6
43	-	0.2	1.7	4.3	11.2	24.3	47.0	57.5	54.7	39.8	34.0	30.2	29.3
44	0.0	0.1	0.6	2.7	8.5	21.7	42.8	54.9	57.8	49.6	43.8	38.2	34.2
45	0.0	0.1	0.2	2.7	7.0	15.6	37.7	54.3	57.9	54.2	50.5	43.7	43.1
46	-	0.2	0.1	2.2	5.0	16.1	32.3	52.9	60.6	57.2	55.7	52.7	49.2
47	-	0.0	0.5	1.6	5.0	12.8	28.1	45.8	60.4	60.8	58.5	51.1	53.0
48	-	0.0	0.1	0.8	4.9	11.9	23.9	41.9	58.0	63.1	60.3	61.1	58.5
49	-	-	0.0	0.5	-	9.3	21.5	35.1	52.1	60.0	56.8	59.2	62.7
50	-	0.0	0.1	0.6	2.8	8.0	15.9	32.1	49.5	60.1	64.6	62.6	60.5
51	-	-	0.0	0.5	2.3	6.2	15.7	27.6	43.3	53.5	58.4	60.7	57.6
52	-	-	-	0.6	1.5	5.7	12.3	23.7	40.6	50.0	57.8	60.1	58.9
53	-	-	0.0	0.1	1.4	4.7	11.1	21.9	36.0	46.2	49.9	55.8	50.5
54	0.0	-	0.0	0.4	1.2	4.3	8.7	18.4	29.8	41.4	42.3	47.1	51.4
55	-	-	0.0	0.1	1.0	2.2	8.4	16.3	26.8	37.1	42.5	43.5	46.1
56	-	-	-	0.1	0.9	3.2	5.8	13.1	21.1	31.1	37.0	37.1	38.6
57	-	-	0.0	-	0.9	1.8	5.7	12.0	19.3	24.6	26.6	34.3	32.7
58	-	-	-	0.1	0.3	2.0	4.9	8.8	15.4	22.7	24.2	28.0	32.2
59	-	-	-	0.1	0.3	0.7	3.6	7.1	11.5	18.0	21.5	26.2	28.0
60	-	-	-	-	0.2	1.1	3.6	6.6	10.5	15.2	18.5	21.5	20.7
61	-	-	-	0.1	0.5	1.4	3.3	5.4	8.1	13.6	15.8	16.6	17.3
62	-	-	-	0.0	0.0	1.0	1.8	4.4	6.5	10.5	14.7	15.6	16.3
63	-	-	-	0.0	0.3	0.5	2.0	3.8	5.8	7.8	12.1	12.2	13.3
64	-	-	0.1	0.1	-	0.2	0.9	2.3	2.9	5.3	7.6	9.0	12.4
65	-	-	-	-	0.0	0.4	1.5	2.3	3.9	6.6	7.2	9.1	9.9
66	-	-	-	-	0.0	0.5	1.2	2.2	3.2	5.7	6.3	8.4	9.9
67	-	-	-	-	0.0	0.2	0.7	2.0	2.7	4.6	4.8	6.1	6.4
68	-	-	-	-	0.2	0.2	0.9	1.8	2.1	3.7	4.9	3.8	7.0
69	-	-	-	-	-	0.2	0.7	2.1	3.1	3.6	2.9	5.1	4.8
70	-	-	-	-	-	0.2	0.6	1.4	2.1	2.9	3.5	4.7	3.5
71	-	-	-	-	-	0.3	0.3	1.4	2.0	2.7	2.7	2.9	3.0
72	-	-	-	0.0	-	0.6	0.4	1.0	1.6	2.3	2.3	2.2	3.0
73	-	-	-	0.1	-	-	0.2	0.8	1.6	2.1	1.5	2.0	2.4
74	-	-	-	0.1	-	-	0.3	0.3	0.8	1.3	2.1	1.8	1.6
75	-	-	-	-	0.0	0.1	0.3	0.3	0.9	1.0	1.4	1.7	1.6
76	-	-	-	0.0	-	-	0.3	0.7	1.0	0.6	1.2	1.8	1.4
77	-	-	-	-	-	0.0	0.3	0.5	1.1	1.1	1.7	1.4	1.3
78	-	-	-	-	-	0.1	0.3	0.9	1.1	0.6	0.7	1.3	1.0
79	-	-	-	-	-	-	0.1	0.2	0.7	0.9	1.1	1.3	1.0
80	-	-	-	-	-	0.1	0.1	0.3	0.4	0.9	0.9	0.6	1.1
81	-	-	-	-	-	0.1	0.1	0.3	0.5	0.6	0.7	0.7	0.9
82	-	-	-	-	-	-	0.0	0.2	0.3	0.6	0.5	0.4	0.6
83	-	-	0.1	-	-	-	0.1	0.3	0.2	0.5	0.5	0.6	0.6
84	-	-	-	-	-	-	0.2	0.2	0.4	0.3	0.4	0.3	0.5
85	-	-	-	-	-	-	0.0	0.0	0.1	0.1	0.4	0.6	0.7
86	-	-	-	-	-	-	-	0.1	0.3	0.2	0.2	0.6	0.7
87	-	-	-	-	-	-	0.0	0.2	0.2	0.2	0.2	0.2	0.4
88	-	-	-	-	-	-	0.1	0.0	0.1	0.2	0.4	0.1	0.4
89	-	-	-	-	-	-	-	0.0	0.0	0.2	0.3	0.2	0.3
90	-	-	-	-	-	-	0.0	0.2	0.0	0.3	0.1	0.3	0.4
91	-	-	-	-	-	-	-	0.3	0.0	0.4	0.2	0.1	0.4
92	-	-	-	-	-	-	-	-	0.0	0.1	0.5	0.1	0.1
93	-	-	-	-	-	-	-	-	0.0	0.2	0.4	0.3	0.1
94	-	-	-	-	-	-	0.0	0.1	0.1	0.1	0.2	0.1	0.0
95	-	-	-	-	-	-	-	0.0	0.0	0.4	0.2	0.3	0.1
96	-	-	-	-	-	-	-	0.0	-	0.1	0.1	0.0	0.3
97	-	-	-	-	-	-	-	0.0	-	0.0	0.3	0.3	0.1
98	-	-	-	-	-	-	-	-	-	0.1	0.2	0.0	0.2
99	-	-	-	-	-	-	-	-	-	-	0.0	0.1	0.1
100	-	-	-	-	-	-	-	-	-	-	0.0	0.1	0.0
101	-	-	-	-	-	-	-	0.0	-	0.0	0.1	0.0	0.1
102	-	-	-	-	-	-	-	0.0	0.1	0.1	0.1	0.1	0.3
103	-	-	-	-	-	-	-	-	-	0.0	0.1	0.0	-
104	0.0	-	-	-	-	-	-	-	0.0	-	0.0	0.0	-
105	-	-	-	-	-	-	-	-	-	-	-	0.0	0.1
106	-	-	-	-	-	-	-	0.0	-	0.0	-	0.0	-
107	-	-	-	-	-	-	-	-	-	0.1	0.1	0.0	-
108	-	-	-	-	-	-	-	0.0	-	0.1	0.1	0.0	-
109	-	-	-	-	-	-	-	0.0	-	-	-	-	-
110	-	-	-	-	-	-	-	-	-	-	-	0.0	0.0
111	-	-	-	-	-	-	-	0.0	-	-	0.0	-	0.1
112	-	-	-	-	-	-	-	0.0	-	-	0.1	-	-
113	-	-	-	-	-	-	-	-	-	-	-	-	0.0
114	-	-	-	-	-	-	-	-	-	-	-	-	0.0
115	-	-	-	-	-	-	-	-	-	-	-	-	-
116	-	-	-	-	-	-	-	-	-	-	-	0.0	-
117	-	-	-	-	-	-	-	-	-	0.0	-	0.0	0.1
118	-	-	-	-	-	-	-	-	-	-	-	-	-
119	-	-	-	-	-	-	-	-	-	-	-	-	-
120	-	-	-	-	-	-	-	-	-	-	-	-	-
121kg	-	-	-	-	-	-	-	-	-	-	0.4	-	-
122	-	-	-	-	-	-	-	-	-	-	-	-	-
123	-	-	-	-	-	-	-	-	-	-	-	-	-
124	-	-	-	-	-	-	-	-	-	-	-	-	-
125～	0.1	-	-	-	-	-	-	-	0.1	-	-	-	0.1

4 年齢別　都市階級別　設置者別　疾病・異常被患率等（15-1）

1 計 (1) 計

単位　(%)

区分	計	裸眼視力 視力非矯正者の裸眼視力 1.0以上	1.0未満0.7以上	0.7未満0.3以上	0.3未満	視力矯正者の裸眼視力 1.0以上	1.0未満0.7以上	0.7未満0.3以上	0.3未満	裸眼視力 計	1.0未満0.7以上	0.7未満0.3以上	0.3未満	眼の疾病・異常	難聴	耳鼻咽頭 耳疾患	鼻・副鼻腔疾患	口腔咽喉頭疾患・異常	歯・口腔 むし歯（う歯） 計	処置完了者	未処置歯のある者	歯列・咬合	顎関節	歯垢の状態	歯肉の状態	その他の疾病・異常
幼稚園 5歳	100.00	71.53	20.67	5.44	0.48	0.57	0.45	0.66	0.20	27.90	21.12	6.10	0.68	1.36	…	1.97	2.38	1.04	30.34	12.69	17.66	4.22	0.10	1.11	0.32	1.99
小学校 計	100.00	61.67	11.66	11.16	4.80	0.81	1.05	2.73	6.12	37.52	12.71	13.89	10.92	4.78	0.65	6.14	11.02	0.96	40.21	20.58	19.62	4.88	0.10	3.45	2.17	6.39
6歳	100.00	75.28	14.52	6.80	1.20	0.49	0.58	0.72	0.40	24.22	15.10	7.52	1.60	4.65	0.78	9.49	11.44	1.50	36.46	15.36	21.10	3.61	0.05	1.82	1.04	5.74
7	100.00	70.99	13.20	9.40	2.99	0.58	0.73	1.03	1.06	28.43	13.93	10.43	4.06	4.40	0.70	6.77	11.02	1.22	44.21	21.48	22.73	4.92	0.08	3.02	1.58	4.93
8	100.00	65.33	11.88	11.64	4.63	0.78	0.87	1.88	3.00	33.89	12.75	13.52	7.62	4.83	0.67	6.04	10.84	0.91	47.51	24.60	22.91	5.36	0.08	3.56	2.15	5.57
9	100.00	57.65	11.19	13.57	5.88	0.89	1.09	3.03	6.69	41.46	12.28	16.60	12.58	5.00	…	5.36	11.73	0.86	45.38	24.49	20.89	5.04	0.10	4.00	2.41	7.39
10	100.00	52.44	10.44	12.92	6.55	1.05	1.43	4.47	10.70	46.51	11.87	17.40	17.25	4.85	0.46	5.34	11.12	0.71	37.05	20.23	16.82	5.16	0.11	4.08	2.74	8.01
11	100.00	49.49	8.95	12.34	7.26	1.04	1.56	5.07	14.28	49.47	10.51	17.42	21.54	4.93	…	4.05	10.00	0.62	30.88	17.28	13.60	5.17	0.17	4.09	3.03	6.63
中学校 計	100.00	40.46	11.63	13.76	8.16	1.25	1.90	5.66	17.18	58.29	13.52	19.42	25.34	4.66	0.41	5.01	10.21	0.45	32.16	18.75	13.40	5.18	0.36	4.64	3.91	3.49
12歳	100.00	43.87	11.97	13.58	7.95	0.94	1.84	5.37	14.48	55.19	13.81	18.95	22.43	5.08	0.44	6.38	11.70	0.63	29.44	16.93	12.51	5.31	0.29	4.55	3.70	4.82
13	100.00	39.36	11.90	14.17	8.68	1.34	1.70	5.35	17.50	59.30	13.60	19.51	26.19	4.53	…	4.66	9.49	0.40	32.04	18.87	13.17	5.15	0.34	4.59	3.82	3.22
14	100.00	37.88	10.97	13.55	7.84	1.51	2.16	6.29	19.79	60.61	13.13	19.84	27.64	4.36	0.38	3.96	9.42	0.31	35.07	20.51	14.56	5.08	0.45	4.76	4.22	2.39
高等学校 計	100.00	35.58	11.79	13.15	8.46	1.26	1.74	4.97	23.07	63.17	13.52	18.12	31.52	3.56	0.32	2.47	6.88	0.25	41.66	25.04	16.62	4.44	0.49	4.58	4.16	1.12
15歳	100.00	35.51	12.00	15.25	9.05	1.20	1.63	5.42	19.95	63.29	13.63	20.67	29.00	3.46	0.33	3.27	7.76	0.26	37.29	22.27	15.02	4.49	0.43	4.52	3.98	1.13
16	100.00	36.78	11.30	12.65	8.67	1.45	1.72	5.12	22.31	61.77	13.03	17.77	30.98	3.78	…	1.95	6.10	0.21	42.26	25.36	16.91	4.45	0.51	4.67	4.15	1.16
17	100.00	34.45	12.06	11.57	7.66	1.12	1.86	4.37	26.92	64.43	13.91	15.94	34.58	3.44	0.30	2.18	6.77	0.30	45.46	27.50	17.96	4.40	0.52	4.56	4.34	1.06
うち公立 幼稚園 5歳	100.00	74.64	17.10	4.82	0.57	0.70	1.07	0.82	0.27	24.66	18.17	5.63	0.85	2.18	…	4.60	3.78	0.80	34.65	12.14	22.51	4.05	0.11	1.71	0.57	3.18
小学校 計	100.00	61.83	11.63	11.14	4.78	0.80	1.04	2.71	6.07	37.37	12.67	13.85	10.85	4.80	0.66	6.13	11.06	0.96	40.43	20.61	19.82	4.87	0.10	3.47	2.18	6.45
6歳	100.00	75.36	14.48	6.79	1.19	0.49	0.58	0.71	0.40	24.15	15.06	7.50	1.59	4.65	0.79	9.47	11.45	1.49	36.73	15.39	21.35	3.59	0.05	1.85	1.05	5.79
7	100.00	71.13	13.14	9.38	2.97	0.59	0.73	1.03	1.04	28.28	13.87	10.40	4.01	4.42	0.71	6.77	11.07	1.22	44.46	21.50	22.96	4.89	0.08	3.04	1.59	4.97
8	100.00	65.51	11.86	11.61	4.63	0.77	0.86	1.85	2.91	33.71	12.72	13.46	7.53	4.85	0.67	6.02	10.86	0.90	47.76	24.62	23.14	5.34	0.08	3.59	2.16	5.63
9	100.00	57.85	11.16	13.57	5.86	0.88	1.08	2.98	6.62	41.27	12.24	16.55	12.48	5.02	…	5.37	11.79	0.86	45.59	24.49	21.10	5.03	0.09	4.03	2.41	7.46
10	100.00	52.60	10.44	12.93	6.53	1.03	1.41	4.44	10.62	46.36	11.85	17.37	17.14	4.88	0.47	5.30	11.14	0.70	37.25	20.28	16.98	5.16	0.12	4.12	2.76	8.07
11	100.00	49.69	8.94	12.31	7.24	1.04	1.54	5.05	14.20	49.28	10.48	17.36	21.43	4.94	…	4.06	10.10	0.62	31.03	17.31	13.72	5.17	0.17	4.11	3.03	6.69
中学校 計	100.00	40.54	11.33	13.43	7.89	1.41	2.01	6.04	17.34	58.05	13.35	19.47	25.23	4.80	0.41	4.94	10.76	0.47	32.64	18.83	13.81	5.16	0.36	4.68	4.00	3.59
12歳	100.00	44.16	11.95	13.20	7.45	1.01	1.94	5.67	14.62	54.83	13.89	18.88	22.06	5.21	0.44	6.53	12.25	0.66	30.03	17.10	12.93	5.30	0.30	4.65	3.82	4.96
13	100.00	39.70	11.51	13.85	8.48	1.45	1.79	5.68	17.53	58.85	13.30	19.53	26.01	4.68	…	4.50	10.11	0.42	32.42	18.88	13.54	5.13	0.34	4.60	3.88	3.32
14	100.00	37.49	10.48	13.23	7.78	1.80	2.33	6.80	20.10	60.71	12.81	20.03	27.87	4.49	0.38	3.77	9.91	0.32	35.54	20.55	14.99	5.05	0.46	4.80	4.30	2.46
高等学校 計	100.00	32.94	10.73	12.77	8.50	0.76	1.34	5.79	27.17	66.30	12.07	18.56	35.67	4.23	0.29	2.74	7.59	0.23	42.67	25.24	17.43	4.19	0.49	4.32	4.02	1.15
15歳	100.00	34.00	11.08	14.31	9.38	0.67	1.17	5.78	23.60	65.33	12.25	20.10	32.98	4.09	0.29	3.43	8.22	0.21	38.18	22.33	15.85	4.14	0.42	4.21	3.82	1.18
16	100.00	32.86	10.88	12.81	7.93	0.87	1.37	6.05	27.23	66.27	12.25	18.86	35.16	4.43	…	1.88	7.16	0.20	43.24	25.51	17.74	4.33	0.49	4.41	4.05	1.20
17	100.00	31.97	10.24	11.22	8.18	0.75	1.48	5.53	30.62	67.28	11.72	16.76	38.80	4.15	0.28	2.83	7.33	0.26	46.55	27.86	18.69	4.08	0.55	4.33	4.20	1.09
うち私立 幼稚園 5歳	100.00	70.44	21.77	5.65	0.46	0.50	0.36	0.62	0.20	29.06	22.13	6.27	0.66	1.10	…	1.36	2.03	1.11	29.72	12.93	16.79	4.28	0.10	1.01	0.30	1.85
高等学校 計	100.00	39.40	14.58	15.43	8.52	1.39	1.48	3.37	15.83	59.22	16.06	18.80	24.35	2.27	0.41	2.22	5.58	0.26	39.56	24.44	15.12	5.23	0.54	5.21	4.38	1.02
15歳	100.00	37.65	14.66	18.01	8.61	1.50	1.45	3.68	14.45	60.85	16.10	21.69	23.06	2.24	0.46	2.83	6.08	0.32	35.53	22.07	13.46	5.36	0.50	5.23	4.22	0.99
16	100.00	41.29	13.62	14.83	8.93	1.45	1.61	3.40	14.87	57.26	15.24	18.23	23.80	2.33	…	2.04	5.21	0.20	40.14	24.86	15.28	4.99	0.58	5.30	4.34	1.08
17	100.00	39.32	15.46	13.32	8.02	1.21	1.39	3.00	18.28	59.48	16.86	16.32	26.30	2.23	0.36	1.76	5.43	0.26	43.17	26.49	16.68	5.33	0.54	5.12	4.60	0.99

区分	永久歯の1人当り平均むし歯（う歯）等数 計（本）	喪失歯数（本）	むし歯（う歯） 計（本）	処置歯数（本）	未処置歯数（本）	栄養状態	せき柱・胸郭・四肢の状態	皮膚疾患 アトピー性皮膚炎	その他の皮膚疾患	結核の精密検査の対象者	結核	心臓の疾病・異常	心電図異常	蛋白検出の者	尿糖検出の者	その他の疾病・異常 ぜん息	腎臓疾患	言語障害	その他の疾病・異常
幼稚園 5歳	…	…	…	…	…	0.30	0.35	1.90	1.11	…	…	0.37	…	1.00	…	1.64	0.07	0.32	1.77
小学校 計	…	…	…	…	…	2.03	0.94	3.18	0.40	0.17	0.00	0.80	2.52	0.93	0.07	3.31	0.20	0.41	4.44
6歳	…	…	…	…	…	0.94	0.63	3.16	0.51	0.36	0.00	0.98	2.52	0.49	0.07	3.71	0.15	0.68	4.16
7	…	…	…	…	…	1.45	0.78	3.30	0.43	0.15	0.00	0.84	…	0.54	0.04	3.45	0.19	0.53	4.42
8	…	…	…	…	…	2.05	0.84	3.19	0.40	0.14	0.00	0.77	…	0.59	0.06	3.33	0.19	0.45	4.43
9	…	…	…	…	…	2.51	0.90	3.19	0.35	0.14	0.00	0.79	…	0.82	0.06	3.15	0.20	0.35	4.46
10	…	…	…	…	…	2.57	1.13	3.18	0.36	0.14	0.00	0.75	…	1.18	0.08	3.20	0.23	0.24	4.59
11	…	…	…	…	…	2.55	1.32	3.04	0.35	0.13	0.00	0.70	…	1.90	0.11	3.06	0.25	0.21	4.55
中学校 計	0.68	0.01	0.67	0.42	0.25	1.12	1.65	2.86	0.24	0.11	0.00	1.00	3.33	3.25	0.19	2.59	0.25	0.09	4.56
12歳	0.68	0.01	0.67	0.42	0.25	1.18	1.58	2.85	0.28	0.15	0.00	1.15	3.33	3.10	0.13	2.67	0.23	0.10	4.45
13	…	…	…	…	…	1.12	1.69	2.83	0.20	0.09	0.00	0.96	…	3.42	0.18	2.62	0.26	0.09	4.58
14	…	…	…	…	…	1.05	1.69	2.90	0.22	0.07	-	0.89	…	3.22	0.27	2.49	0.24	0.07	4.65
高等学校 計	…	…	…	…	…	0.63	1.19	2.44	0.18	…	0.03	0.86	3.30	3.19	0.23	1.75	0.21	0.04	4.01
15歳	…	…	…	…	…	0.65	1.34	2.58	0.19	…	0.03	0.98	3.30	3.81	0.22	1.76	0.20	0.05	4.11
16	…	…	…	…	…	0.61	1.17	2.40	0.19	…	…	0.84	…	3.10	0.22	1.77	0.21	0.04	3.99
17	…	…	…	…	…	0.63	1.05	2.33	0.15	…	…	0.76	…	2.66	0.25	1.73	0.20	0.03	3.94
うち公立 幼稚園 5歳	…	…	…	…	…	0.48	0.73	1.46	0.74	…	…	0.29	…	0.32	…	1.17	0.02	0.53	1.05
小学校 計	…	…	…	…	…	2.03	0.93	3.18	0.40	0.18	0.00	0.81	2.52	0.92	0.07	3.32	0.20	0.41	4.48
6歳	…	…	…	…	…	0.95	0.63	3.17	0.51	0.36	0.00	0.99	2.52	0.49	0.07	3.72	0.15	0.69	4.20
7	…	…	…	…	…	1.47	0.78	3.29	0.43	0.16	0.00	0.85	…	0.53	0.04	3.48	0.19	0.55	4.47
8	…	…	…	…	…	2.06	0.83	3.20	0.40	0.14	0.00	0.78	…	0.58	0.06	3.34	0.19	0.45	4.48
9	…	…	…	…	…	2.52	0.89	3.19	0.35	0.14	0.00	0.79	…	0.82	0.07	3.15	0.20	0.36	4.50
10	…	…	…	…	…	2.57	1.13	3.17	0.35	0.14	0.00	0.76	…	1.17	0.08	3.20	0.24	0.25	4.62
11	…	…	…	…	…	2.56	1.31	3.05	0.35	0.13	0.00	0.70	…	1.88	0.11	3.07	0.25	0.21	4.59
中学校 計	0.71	0.01	0.69	0.43	0.26	1.12	1.65	2.93	0.24	0.10	0.00	1.02	3.32	3.08	0.19	2.69	0.26	0.09	4.67
12歳	0.71	0.01	0.69	0.43	0.26	1.18	1.58	2.96	0.29	0.13	0.00	1.17	3.32	2.88	0.11	2.78	0.24	0.10	4.55
13	…	…	…	…	…	1.12	1.70	2.86	0.21	0.09	0.00	0.98	…	3.25	0.18	2.69	0.27	0.09	4.68
14	…	…	…	…	…	1.05	1.68	2.99	0.23	0.07	-	0.91	…	3.13	0.27	2.59	0.26	0.07	4.78
高等学校 計	…	…	…	…	…	0.59	1.00	2.61	0.16	…	0.03	0.92	3.31	3.04	0.23	1.96	0.23	0.05	4.39
15歳	…	…	…	…	…	0.61	1.17	2.83	0.19	…	0.03	1.03	3.31	3.66	0.21	2.01	0.23	0.06	4.48
16	…	…	…	…	…	0.60	0.96	2.53	0.17	…	…	0.95	…	2.94	0.22	1.95	0.24	0.04	4.32
17	…	…	…	…	…	0.58	0.88	2.47	0.13	…	…	0.80	…	2.52	0.26	1.91	0.23	0.04	4.37
うち私立 幼稚園 5歳	…	…	…	…	…	0.30	0.27	2.00	1.19	…	…	0.38	…	1.14	…	1.78	0.08	0.29	1.89
高等学校 計	…	…	…	…	…	0.70	1.63	2.15	0.19	…	0.04	0.74	3.32	3.66	0.24	1.41	0.16	0.04	3.48
15歳	…	…	…	…	…	0.72	1.77	2.12	0.18	…	0.04	0.88	3.32	4.19	0.25	1.25	0.16	0.03	3.61
16	…	…	…	…	…	0.62	1.69	2.20	0.21	…	…	0.66	…	3.65	0.22	1.50	0.17	0.05	3.55
17	…	…	…	…	…	0.75	1.42	2.13	0.19	…	…	0.68	…	3.11	0.23	1.48	0.17	0.03	3.28

（注）1．この表は，疾病・異常該当者（疾病・異常に該当する旨健康診断票に記載のあった者）の割合の推定値（小数点第3位以下を四捨五入）を示したものである。以下の各表において同じ。
2．被患率等の標準誤差は，受検者数と得られた被患率等により異なるが，むし歯（計）の被患率の標準誤差は幼稚園で0.54，小学校で0.31，中学校で0.41，高等学校で0.47，裸眼視力では幼稚園で2.22，小学校で0.27，中学校で0.44，高等学校で0.96，ぜん息では幼稚園で0.13，小学校で0.09，中学校で0.08，高等学校で0.06，心臓の疾病・異常では幼稚園で0.04，小学校で0.02，中学校で0.04，高等学校で0.03である。
3．「X」は疾病・異常被患率等の標準誤差が5以上，受検者が100人（5歳は50人）未満，回答校が1校以下又は疾病・異常被患率が100.00%のため統計数値を公表しない。以下の各表において同じ。
4．結核に関する検診の取扱いについては，「学校保健安全法施行規則」の一部改正に伴い，平成24年4月から教育委員会に設置された結核対策委員会からの意見を聞かずに精密検査を行うことができるようになったため，「結核の精密検査の対象者」には，学校医の診察の結果，精密検査が必要と認められた者も含まれる。以下の各表において同じ。

4 年齢別 都市階級別 設置者別 疾病・異常被患率等（15-2）

1 計 (2) 大都市

単位 (%)

区分	計	裸眼視力 視力非矯正者の裸眼視力 1.0以上	1.0未満 0.7以上	0.7未満 0.3以上	0.3未満	視力矯正者の裸眼視力 1.0以上	1.0未満 0.7以上	0.7未満 0.3以上	0.3未満	裸眼視力 計	1.0未満 0.7以上	0.7未満 0.3以上	0.3未満	眼の疾病・異常	難聴	耳鼻咽頭 耳疾患	鼻・副鼻腔疾患	口腔咽喉頭疾患・異常	歯・口腔 むし歯（う歯） 計	処置完了者	未処置歯のある者	歯列・咬合	顎関節	歯垢の状態	歯肉の状態	その他の疾病・異常
幼稚園 5歳	100.00	71.08	19.32	6.47	1.15	0.72	0.48	0.59	0.18	28.20	19.80	7.06	1.33	1.69	…	2.44	2.84	1.10	26.30	12.38	13.92	3.99	0.04	1.71	0.75	1.65
小学校 計	100.00	59.63	12.21	12.28	6.02	0.68	0.94	2.48	5.76	39.69	13.15	14.76	11.78	5.23	0.72	7.36	10.05	0.61	34.95	19.45	15.50	4.36	0.05	3.25	2.06	4.86
6歳	100.00	73.86	14.87	7.71	1.72	0.43	0.47	0.58	0.35	25.71	15.35	8.29	2.07	4.99	0.82	10.29	10.55	0.90	31.02	14.91	16.10	3.04	0.04	1.86	1.03	4.55
7	100.00	69.83	13.60	10.00	3.55	0.47	0.60	0.95	1.01	29.70	14.19	10.95	4.56	4.86	0.81	8.89	8.83	0.68	38.81	21.08	17.73	4.40	0.05	3.14	1.56	3.99
8	100.00	63.16	11.69	13.08	5.71	0.73	0.84	1.79	3.02	36.11	12.52	14.87	8.72	5.59	0.81	7.43	10.31	0.82	42.60	24.15	18.45	4.75	0.04	3.31	1.91	4.29
9	100.00	53.81	12.59	14.93	7.61	0.66	0.84	2.89	6.67	45.53	13.43	17.82	14.28	5.74	…	6.40	11.19	0.57	39.33	23.19	16.13	4.45	0.06	3.56	2.32	5.42
10	100.00	48.11	10.74	15.06	8.47	0.98	1.57	4.25	10.83	50.91	12.31	19.31	19.29	4.92	0.43	6.18	10.77	0.39	31.82	18.34	13.48	4.82	0.06	3.60	2.46	5.84
11	100.00	45.06	9.07	13.43	10.03	0.89	1.51	5.13	14.87	54.05	10.59	18.56	24.91	5.27	…	4.78	8.55	0.30	26.22	15.02	11.20	4.68	0.06	3.99	3.03	5.04
中学校 計	100.00	37.34	12.71	15.09	8.87	1.13	1.58	7.43	15.85	61.53	14.28	22.52	24.72	5.02	0.50	6.42	9.91	0.42	28.87	17.29	11.58	5.26	0.39	4.73	4.05	2.95
12歳	100.00	40.40	11.85	14.71	8.72	1.20	1.61	7.39	14.12	58.40	13.46	22.10	22.84	5.25	0.57	8.11	12.80	0.92	26.21	15.53	10.69	5.76	0.34	4.42	3.80	3.97
13	100.00	36.90	12.32	15.30	9.56	0.83	1.15	6.95	16.99	62.27	13.47	22.25	26.55	4.80	…	5.72	8.12	0.19	28.59	17.19	11.39	5.04	0.35	4.66	3.95	2.80
14	100.00	34.38	14.11	15.30	8.28	1.39	2.01	8.00	16.53	64.23	16.12	23.31	24.81	5.02	0.43	5.36	8.70	0.13	31.95	19.25	12.71	4.95	0.48	5.14	4.42	2.05
高等学校 計	100.00	34.21	12.30	17.30	13.22	0.30	1.22	3.43	18.02	65.49	13.51	20.74	31.24	3.74	0.38	3.24	7.44	0.19	38.83	23.55	15.28	4.61	0.39	4.64	4.58	0.93
15歳	100.00	31.41	12.30	20.85	13.96	0.32	1.34	3.47	16.35	68.27	13.64	24.32	30.31	3.96	0.41	4.16	8.02	0.25	34.34	20.68	13.66	4.82	0.30	4.75	4.54	0.89
16	100.00	35.56	12.43	16.47	12.42	0.36	1.15	3.33	18.29	64.08	13.58	19.80	30.71	3.67	…	2.68	6.90	0.14	39.13	23.70	15.43	4.49	0.39	4.65	4.52	0.99
17	100.00	35.74	12.15	14.50	13.27	0.21	1.16	3.50	19.47	64.05	13.31	18.01	32.73	3.59	0.35	2.79	7.33	0.17	43.10	26.32	16.78	4.52	0.48	4.52	4.68	0.91
うち公立																										
幼稚園 5歳	100.00	67.42	17.92	9.95	0.67	0.25	3.19	0.56	0.05	32.33	21.11	10.51	0.72	2.28	…	6.97	5.12	0.56	27.05	12.10	14.95	3.00	0.27	2.38	0.75	2.16
小学校 計	100.00	59.78	12.17	12.26	6.01	0.68	0.93	2.46	5.72	39.55	13.11	14.71	11.72	5.25	0.72	7.32	10.11	0.58	35.06	19.43	15.63	4.27	0.05	3.25	2.04	4.94
6歳	100.00	74.02	14.78	7.68	1.69	0.43	0.48	0.57	0.35	25.54	15.25	8.25	2.04	5.00	0.82	10.27	10.47	0.85	31.16	14.89	16.27	3.02	0.04	1.88	1.03	4.62
7	100.00	69.96	13.55	9.98	3.52	0.46	0.59	0.94	0.99	29.57	14.14	10.92	4.51	4.88	0.81	8.82	8.99	0.70	38.90	21.04	17.87	4.29	0.05	3.16	1.57	4.06
8	100.00	63.29	11.65	13.08	5.71	0.72	0.82	1.76	2.98	35.99	12.47	14.83	8.69	5.60	0.82	7.41	10.03	0.69	42.74	24.13	18.61	4.63	0.04	3.35	1.92	4.37
9	100.00	53.97	12.58	14.92	7.57	0.66	0.83	2.86	6.61	45.37	13.41	17.78	14.18	5.81	…	6.42	11.37	0.56	39.43	23.19	16.24	4.33	0.06	3.52	2.26	5.49
10	100.00	48.27	10.76	15.07	8.46	0.96	1.55	4.21	10.72	50.76	12.31	19.28	19.18	4.93	0.43	6.14	10.94	0.35	31.94	18.33	13.61	4.74	0.06	3.64	2.46	5.93
11	100.00	45.20	9.02	13.38	10.07	0.89	1.51	5.08	14.85	53.91	10.53	18.46	24.92	5.28	…	4.77	8.73	0.30	26.28	15.02	11.26	4.61	0.06	3.95	2.98	5.12
中学校 計	100.00	36.95	11.92	14.32	8.21	1.50	1.83	8.38	16.90	61.55	13.75	22.69	25.11	5.46	0.50	6.62	11.08	0.47	29.39	17.35	12.05	5.10	0.40	4.87	4.22	2.97
12歳	100.00	40.79	11.98	13.96	7.37	1.36	1.81	8.01	14.72	57.85	13.79	21.98	22.09	5.60	0.60	8.41	13.81	1.02	27.01	15.82	11.19	5.63	0.37	4.62	4.03	3.96
13	100.00	36.91	11.31	14.53	9.05	1.06	1.37	7.87	17.90	62.03	12.67	22.40	26.95	5.34	…	5.83	9.32	0.20	28.93	17.09	11.84	4.83	0.35	4.72	4.06	2.82
14	100.00	32.63	12.55	14.48	8.23	2.15	2.37	9.35	18.25	65.22	14.91	23.83	26.47	5.43	0.39	5.45	9.80	0.15	32.36	19.20	13.16	4.81	0.49	5.29	4.58	2.10
高等学校 計	100.00	28.81	9.94	12.33	11.22	0.06	0.84	6.46	30.34	71.13	10.78	18.79	41.56	5.22	0.38	4.11	9.87	0.16	41.45	24.25	17.20	4.32	0.43	4.65	4.87	1.02
15歳	100.00	32.20	9.67	13.00	8.64	0.07	1.07	11.85	23.51	67.73	10.74	24.85	32.15	5.38	0.42	5.32	9.72	0.23	36.96	21.50	15.46	4.39	0.31	4.57	4.79	0.98
16	100.00	26.75	9.12	9.86	9.55	0.08	0.24	3.78	40.61	73.17	9.36	13.64	50.16	5.05	…	3.37	10.77	0.11	41.45	23.88	17.57	4.45	0.42	4.76	4.97	1.12
17	100.00	27.45	11.06	14.14	15.52	0.03	1.21	3.70	26.89	72.52	12.27	17.84	42.41	5.21	0.34	3.24	9.18	0.13	45.97	27.40	18.57	4.12	0.56	4.62	4.84	0.95
うち私立																										
幼稚園 5歳	100.00	71.23	19.53	6.20	1.21	0.71	0.33	0.59	0.19	28.07	19.86	6.80	1.41	1.33	…	1.82	2.58	1.17	26.29	12.55	13.74	4.05	0.02	1.57	0.74	1.60
高等学校 計	100.00	38.19	13.32	16.78	12.31	1.13	1.46	5.80	11.00	60.68	14.78	22.59	23.31	1.94	0.40	2.46	5.39	0.22	36.91	23.22	13.69	5.02	0.37	4.40	4.10	0.78
15歳	100.00	34.34	13.19	20.40	14.23	1.16	1.27	4.79	10.62	64.49	14.46	25.19	24.85	2.11	0.42	2.89	6.08	0.29	32.39	20.21	12.18	5.35	0.30	4.67	4.11	0.74
16	100.00	38.90	13.22	16.82	10.97	1.03	1.84	6.38	10.83	60.07	15.06	23.20	21.80	1.89	…	2.34	4.96	0.17	37.64	23.99	13.65	4.61	0.38	4.30	3.88	0.79
17	100.00	41.61	13.57	12.85	11.61	1.19	1.28	6.32	11.57	57.20	14.85	19.17	23.18	1.81	0.37	2.13	5.09	0.19	40.85	25.57	15.29	5.10	0.45	4.23	4.30	0.81

区分	永久歯の1人当り平均むし歯（う歯）等数 計（本）	喪失歯数（本）	むし歯（う歯） 計（本）	処置歯数（本）	未処置歯数（本）	栄養状態	せき柱・胸郭・四肢の状態	皮膚疾患 アトピー性皮膚炎	その他の皮膚疾患	結核検査の精密の対象者	結核	心臓の疾病・異常	心電図異常	蛋白検出の者	尿糖検出の者	その他の疾病・異常 ぜん息	腎臓疾患	言語障害	その他の疾病・異常
幼稚園 5歳	…	…	…	…	…	0.28	0.33	1.66	1.11	…	…	0.54	…	2.10	…	1.65	0.07	0.20	2.17
小学校 計	…	…	…	…	…	1.90	1.16	3.27	0.46	0.24	0.00	0.82	2.24	0.82	0.07	3.35	0.28	0.22	3.54
6歳	…	…	…	…	…	0.76	0.75	3.14	0.53	0.48	0.00	1.10	2.24	0.28	0.05	3.80	0.21	0.30	3.41
7	…	…	…	…	…	1.30	1.03	3.46	0.50	0.20	-	0.93	…	0.43	0.05	3.57	0.27	0.28	3.53
8	…	…	…	…	…	1.98	0.99	3.24	0.47	0.14	0.00	0.76	…	0.52	0.05	3.48	0.30	0.26	3.37
9	…	…	…	…	…	2.35	1.16	3.25	0.35	0.19	-	0.79	…	0.70	0.07	3.01	0.28	0.23	3.64
10	…	…	…	…	…	2.59	1.33	3.48	0.45	0.23	0.00	0.72	…	1.12	0.09	3.13	0.30	0.15	3.73
11	…	…	…	…	…	2.41	1.68	3.04	0.46	0.22	0.00	0.65	…	1.85	0.11	3.15	0.32	0.10	3.57
中学校 計	0.59	0.01	0.58	0.36	0.22	1.02	2.00	2.89	0.28	0.17	-	1.03	3.21	3.32	0.24	2.95	0.32	0.09	4.36
12歳	0.59	0.01	0.58	0.36	0.22	1.07	1.92	2.74	0.27	0.26	-	1.20	3.21	3.32	0.17	3.00	0.32	0.10	4.36
13	…	…	…	…	…	1.02	2.04	3.06	0.25	0.14	-	0.99	…	3.63	0.21	3.05	0.36	0.10	4.24
14	…	…	…	…	…	0.98	2.04	2.88	0.32	0.11	-	0.88	…	3.01	0.34	2.79	0.28	0.08	4.50
高等学校 計	…	…	…	…	…	0.54	1.23	2.43	0.14	…	0.04	0.74	3.19	2.97	0.23	1.72	0.19	0.04	4.05
15歳	…	…	…	…	…	0.56	1.36	2.66	0.15	…	0.04	0.83	3.19	3.43	0.23	1.67	0.22	0.04	4.00
16	…	…	…	…	…	0.51	1.19	2.36	0.16	…	…	0.68	…	2.98	0.24	1.80	0.19	0.04	4.10
17	…	…	…	…	…	0.55	1.15	2.28	0.11	…	…	0.70	…	2.48	0.22	1.69	0.16	0.02	4.04
うち公立																			
幼稚園 5歳	…	…	…	…	…	1.41	0.45	0.33	0.55	…	…	0.58	…	0.83	…	1.09	0.04	0.50	1.64
小学校 計	…	…	…	…	…	1.89	1.14	3.27	0.46	0.24	0.00	0.83	2.23	0.82	0.07	3.37	0.28	0.22	3.57
6歳	…	…	…	…	…	0.76	0.73	3.15	0.54	0.48	0.00	1.11	2.23	0.29	0.05	3.82	0.21	0.31	3.42
7	…	…	…	…	…	1.29	1.01	3.44	0.50	0.20	-	0.93	…	0.43	0.05	3.58	0.27	0.29	3.55
8	…	…	…	…	…	1.95	0.97	3.23	0.47	0.14	0.00	0.77	…	0.53	0.05	3.49	0.30	0.27	3.41
9	…	…	…	…	…	2.33	1.13	3.26	0.34	0.19	-	0.79	…	0.70	0.07	3.03	0.29	0.23	3.66
10	…	…	…	…	…	2.56	1.30	3.49	0.45	0.23	0.00	0.73	…	1.12	0.09	3.15	0.30	0.15	3.74
11	…	…	…	…	…	2.40	1.66	3.05	0.46	0.23	0.00	0.65	…	1.85	0.11	3.16	0.32	0.10	3.60
中学校 計	0.63	0.01	0.61	0.38	0.23	0.96	2.00	2.96	0.30	0.18	-	1.11	3.13	3.02	0.24	3.14	0.34	0.10	4.39
12歳	0.63	0.01	0.61	0.38	0.23	1.00	1.91	2.85	0.29	0.25	-	1.30	3.13	2.85	0.14	3.23	0.34	0.11	4.39
13	…	…	…	…	…	0.96	2.14	3.00	0.26	0.14	-	1.08	…	3.30	0.22	3.20	0.37	0.10	4.20
14	…	…	…	…	…	0.91	1.97	3.02	0.36	0.13	-	0.94	…	2.91	0.36	3.00	0.31	0.09	4.59
高等学校 計	…	…	…	…	…	0.43	1.14	2.74	0.13	…	0.04	0.88	3.23	3.19	0.27	2.29	0.26	0.04	5.15
15歳	…	…	…	…	…	0.45	1.32	3.08	0.16	…	0.04	0.95	3.23	3.76	0.26	2.22	0.31	0.06	4.94
16	…	…	…	…	…	0.45	1.05	2.64	0.12	…	…	0.86	…	3.18	0.31	2.39	0.25	0.04	5.18
17	…	…	…	…	…	0.40	1.05	2.50	0.11	…	…	0.82	…	2.62	0.25	2.25	0.22	0.03	5.34
うち私立																			
幼稚園 5歳	…	…	…	…	…	0.22	0.33	1.76	1.15	…	…	0.54	…	2.13	…	1.73	0.07	0.19	2.20
高等学校 計	…	…	…	…	…	0.81	1.38	2.25	0.14	…	0.04	0.67	3.09	2.76	0.20	1.23	0.12	0.03	3.05
15歳	…	…	…	…	…	0.82	1.48	2.30	0.13	…	0.04	0.82	3.09	3.08	0.21	1.16	0.12	0.01	3.19
16	…	…	…	…	…	0.69	1.34	2.21	0.18	…	…	0.56	…	2.85	0.19	1.26	0.13	0.05	3.01
17	…	…	…	…	…	0.93	1.33	2.24	0.12	…	…	0.64	…	2.33	0.20	1.27	0.13	0.04	2.96

4 年齢別 都市階級別 設置者別 疾病・異常被患率等（15-3）

1 計（3）中都市　　　　単位（%）

区分	計	裸眼視力 視力非矯正者の裸眼視力 1.0以上	視力非矯正者 1.0未満0.7以上	視力非矯正者 0.7未満0.3以上	視力非矯正者 0.3未満	視力矯正者の裸眼視力 1.0以上	視力矯正者 1.0未満0.7以上	視力矯正者 0.7未満0.3以上	視力矯正者 0.3未満	裸眼視力 計	1.0未満0.7以上	0.7未満0.3以上	0.3未満	眼の疾病・異常	難聴	耳鼻咽頭 耳疾患	鼻・副鼻腔疾患	口腔咽喉頭疾患・異常	歯・口腔 むし歯（う歯）計	処置完了者	未処置歯のある者	歯列・咬合	顎関節	歯垢の状態	歯肉の状態	その他の疾病・異常
幼稚園 5歳	100.00	73.57	18.03	6.11	0.32	0.60	0.42	0.72	0.23	25.84	18.45	6.83	0.56	1.76	…	2.07	2.65	0.61	29.52	11.56	17.96	4.64	0.17	0.88	0.17	2.25
小学校 計	100.00	61.90	11.58	11.08	4.60	0.83	0.99	2.74	6.28	37.26	12.56	13.81	10.88	4.77	0.62	5.81	10.56	0.96	39.61	20.21	19.40	4.85	0.12	3.44	2.29	6.50
小学校 6歳	100.00	75.82	14.43	6.62	1.00	0.47	0.63	0.66	0.38	23.71	15.06	7.28	1.38	4.34	0.79	8.98	11.46	1.22	36.00	15.02	20.98	3.77	0.06	1.93	1.12	5.92
小学校 7	100.00	70.61	13.36	9.81	2.97	0.55	0.62	1.07	1.01	28.84	13.98	10.88	3.98	4.56	0.59	6.08	11.75	1.52	43.41	21.13	22.28	4.95	0.09	2.57	1.61	4.96
小学校 8	100.00	65.76	11.90	11.17	4.87	0.82	0.79	1.84	2.86	33.42	12.69	13.01	7.73	4.94	0.61	6.20	10.58	0.68	46.22	23.67	22.55	5.26	0.10	3.68	2.45	5.77
小学校 9	100.00	58.12	10.97	13.35	5.96	0.91	1.27	2.93	6.50	40.97	12.24	16.28	12.46	4.72	…	4.23	9.86	0.88	45.05	24.21	20.85	4.93	0.12	4.14	2.45	7.44
小学校 10	100.00	52.73	10.31	13.24	6.12	1.09	1.19	4.51	10.81	46.18	11.50	17.75	16.93	5.04	0.50	5.31	10.57	0.65	36.75	19.99	16.76	5.03	0.10	4.27	3.13	8.04
小学校 11	100.00	48.83	8.60	12.19	6.61	1.16	1.42	5.33	15.86	50.01	10.02	17.52	22.47	4.95	…	3.97	9.12	0.84	30.50	17.14	13.36	5.12	0.23	3.94	2.87	6.76
中学校 計	100.00	42.06	11.53	13.60	8.44	1.03	1.86	4.31	17.16	56.91	13.39	17.92	25.60	4.66	0.40	4.57	10.61	0.34	31.89	18.56	13.33	5.21	0.31	4.74	3.86	3.19
中学校 12歳	100.00	46.71	12.32	12.97	7.55	0.58	1.67	3.91	14.30	52.71	13.98	16.88	21.84	5.42	0.43	5.97	11.92	0.47	28.60	16.32	12.28	5.21	0.27	4.97	3.79	4.47
中学校 13	100.00	39.53	11.30	14.04	9.92	0.65	2.96	4.69	16.91	59.82	14.26	18.73	26.83	4.61	…	4.43	10.50	0.34	31.88	18.77	13.11	5.41	0.27	4.59	3.80	2.96
中学校 14	100.00	39.28	10.85	13.89	7.95	1.94	0.96	4.38	20.75	58.78	11.81	18.27	28.69	3.93	0.38	3.21	9.31	0.21	35.28	20.63	14.65	5.00	0.38	4.66	3.97	2.11
高等学校 計	100.00	33.85	10.09	10.78	7.53	1.16	1.36	3.93	31.30	64.99	11.45	14.71	38.83	3.06	0.29	2.22	6.34	0.21	40.55	24.52	16.03	4.39	0.53	4.42	3.73	1.19
高等学校 15歳	100.00	32.61	10.50	12.00	8.45	1.16	1.23	4.41	29.64	66.23	11.73	16.42	38.09	2.84	0.28	2.92	7.39	0.24	36.60	22.00	14.60	4.39	0.53	4.06	3.47	1.20
高等学校 16	100.00	36.62	8.54	10.45	7.67	1.34	1.25	3.87	30.27	62.03	9.79	14.31	37.93	3.04	…	1.45	5.81	0.15	41.28	25.04	16.24	4.45	0.54	4.71	3.74	1.29
高等学校 17	100.00	32.40	11.19	9.84	6.45	0.98	1.60	3.50	34.05	66.62	12.79	13.34	40.49	3.32	0.31	2.24	5.77	0.23	43.83	26.55	17.28	4.33	0.50	4.49	3.99	1.07
うち公立																										
幼稚園 5歳	100.00	80.22	11.59	4.70	0.58	1.11	0.46	0.89	0.45	18.66	12.05	5.59	1.03	3.60	…	9.70	7.21	0.52	33.74	10.88	22.87	4.55	0.10	0.79	0.27	3.22
小学校 計	100.00	61.98	11.56	11.08	4.60	0.83	0.98	2.72	6.23	37.18	12.55	13.81	10.83	4.76	0.63	5.84	10.71	0.96	39.76	20.18	19.59	4.91	0.12	3.50	2.33	6.50
小学校 6歳	100.00	75.85	14.41	6.62	0.99	0.46	0.63	0.66	0.38	23.69	15.04	7.28	1.36	4.35	0.79	9.00	11.53	1.19	36.21	15.02	21.19	3.83	0.06	1.98	1.15	5.89
小学校 7	100.00	70.65	13.34	9.81	2.96	0.56	0.62	1.06	1.00	28.80	13.96	10.87	3.96	4.58	0.60	6.11	11.87	1.51	43.63	21.12	22.51	5.00	0.09	2.60	1.64	4.93
小学校 8	100.00	65.84	11.87	11.19	4.86	0.82	0.78	1.83	2.82	33.35	12.65	13.02	7.68	4.93	0.62	6.24	10.72	0.67	46.31	23.56	22.75	5.33	0.10	3.74	2.48	5.79
小学校 9	100.00	58.23	10.96	13.34	5.96	0.91	1.26	2.90	6.44	40.86	12.22	16.24	12.40	4.72	…	4.23	10.08	0.89	45.19	24.15	21.04	4.98	0.12	4.22	2.49	7.45
小学校 10	100.00	52.85	10.31	13.26	6.13	1.09	1.19	4.49	10.69	46.07	11.50	17.75	16.82	5.05	0.51	5.33	10.71	0.66	36.89	19.97	16.92	5.08	0.10	4.34	3.19	8.06
小学校 11	100.00	48.99	8.60	12.18	6.60	1.16	1.41	5.31	15.74	49.84	10.01	17.49	22.35	4.92	…	4.06	9.29	0.86	30.66	17.17	13.49	5.18	0.23	4.02	2.93	6.77
中学校 計	100.00	42.29	11.54	13.62	8.45	1.06	1.84	4.27	16.93	56.65	13.38	17.89	25.38	4.66	0.41	4.79	11.54	0.34	32.35	18.53	13.81	5.14	0.32	4.81	3.95	3.34
中学校 12歳	100.00	46.99	12.27	12.97	7.55	0.59	1.65	3.85	14.13	52.41	13.91	16.82	21.68	5.34	0.43	6.26	12.49	0.47	29.21	16.40	12.80	5.20	0.29	5.11	3.90	4.70
中学校 13	100.00	39.72	11.29	14.09	9.97	0.68	2.96	4.65	16.65	59.60	14.24	18.74	26.62	4.57	…	4.46	11.27	0.34	32.24	18.71	13.53	5.34	0.27	4.60	3.88	3.09
中学校 14	100.00	39.51	10.94	13.88	7.94	1.98	0.92	4.38	20.45	58.51	11.87	18.26	28.39	4.05	0.39	3.39	10.70	0.20	35.69	20.54	15.15	4.87	0.40	4.72	4.08	2.21
高等学校 計	100.00	34.41	10.02	10.75	7.48	0.55	0.91	4.12	31.77	65.04	10.92	14.86	39.25	3.93	0.26	2.84	7.69	0.19	39.81	24.06	15.75	4.13	0.47	4.12	3.53	1.15
高等学校 15歳	100.00	33.07	10.72	11.40	8.61	0.59	0.91	4.35	30.34	66.34	11.64	15.76	38.95	3.39	0.26	3.00	7.89	0.20	35.60	21.28	14.32	4.00	0.45	3.86	3.27	1.18
高等学校 16	100.00	36.59	8.74	11.41	7.00	0.51	0.68	3.85	31.22	62.90	9.41	15.26	38.23	3.94	…	1.43	8.07	0.20	40.60	24.65	15.94	4.35	0.45	4.35	3.51	1.20
高等学校 17	100.00	33.71	10.51	9.40	6.73	0.56	1.12	4.12	33.84	65.72	11.63	13.52	40.57	4.52	0.25	4.02	7.07	0.18	43.23	26.25	16.97	4.05	0.49	4.14	3.79	1.06
うち私立																										
幼稚園 5歳	100.00	72.63	18.73	6.56	0.23	0.53	0.45	0.68	0.20	26.85	19.18	7.24	0.43	1.24	…	0.96	1.93	0.62	29.33	11.82	17.51	4.73	0.18	0.79	0.13	2.18
高等学校 計	100.00	33.93	10.26	10.80	6.56	2.40	2.54	4.27	29.24	63.66	12.80	15.07	35.80	2.52	0.36	1.86	5.94	0.24	41.87	25.76	16.10	4.92	0.67	4.90	4.14	1.32
高等学校 15歳	100.00	33.01	10.71	13.12	6.50	2.50	2.18	4.97	27.00	64.49	12.89	18.09	33.51	2.34	0.31	2.40	5.84	0.28	38.00	23.59	14.41	5.06	0.71	4.39	3.80	1.27
高等学校 16	100.00	38.08	8.13	8.70	7.78	2.81	2.68	4.49	27.32	59.11	10.81	13.19	35.10	2.76	…	1.55	5.75	0.16	42.63	26.32	16.31	4.74	0.73	5.33	4.21	1.59
高等学校 17	100.00	30.52	12.04	10.61	5.33	1.87	2.75	3.32	33.56	67.60	14.79	13.93	38.89	2.47	0.42	1.59	6.24	0.28	45.11	27.46	17.65	4.96	0.58	4.99	4.42	1.11

区分	永久歯の1人当り平均むし歯（う歯）等数 計（本）	喪失歯数（本）	むし歯（う歯） 計（本）	処置歯数（本）	未処置歯数（本）	栄養状態	せき柱・胸郭・四肢の状態	皮膚疾患 アトピー性皮膚炎	その他の皮膚疾患	結核の精密検査の対象者	結核	心臓の疾病・異常	心電図異常	蛋白検出の者	尿糖検出の者	その他の疾病・異常 ぜん息	腎臓疾患	言語障害	その他の疾病・異常
幼稚園 5歳	…	…	…	…	…	0.37	0.37	1.99	1.24	…	…	0.24	…	0.94	…	1.61	0.08	0.32	1.40
小学校 計	…	…	…	…	…	2.06	0.81	3.05	0.46	0.20	0.00	0.79	2.80	0.91	0.07	3.34	0.18	0.36	4.74
小学校 6歳	…	…	…	…	…	0.97	0.61	3.07	0.61	0.42	0.00	1.01	2.80	0.53	0.06	3.73	0.12	0.57	4.51
小学校 7	…	…	…	…	…	1.60	0.61	3.07	0.50	0.18	0.00	0.82	…	0.52	0.02	3.49	0.18	0.50	4.80
小学校 8	…	…	…	…	…	2.08	0.76	3.03	0.42	0.20	0.00	0.76	…	0.59	0.07	3.41	0.15	0.39	4.70
小学校 9	…	…	…	…	…	2.50	0.74	3.08	0.44	0.18	0.00	0.76	…	0.84	0.07	3.18	0.18	0.32	4.64
小学校 10	…	…	…	…	…	2.53	1.06	2.95	0.38	0.14	-	0.74	…	1.17	0.07	3.18	0.22	0.21	4.85
小学校 11	…	…	…	…	…	2.60	1.05	3.10	0.39	0.11	-	0.68	…	1.75	0.10	3.10	0.23	0.21	4.90
中学校 計	0.65	0.01	0.64	0.40	0.24	1.20	1.69	2.82	0.21	0.11	0.00	1.05	3.56	3.09	0.18	2.39	0.23	0.07	4.08
中学校 12歳	0.65	0.01	0.64	0.40	0.24	1.26	1.63	2.88	0.33	0.13	0.00	1.23	3.56	2.93	0.12	2.38	0.20	0.10	3.95
中学校 13	…	…	…	…	…	1.25	1.75	2.59	0.15	0.11	-	0.97	…	3.23	0.19	2.45	0.23	0.06	4.13
中学校 14	…	…	…	…	…	1.09	1.70	2.98	0.16	0.08	-	0.95	…	3.12	0.23	2.35	0.25	0.04	4.17
高等学校 計	…	…	…	…	…	0.69	1.12	2.44	0.20	…	0.03	0.87	3.10	3.37	0.23	1.85	0.23	0.04	4.16
高等学校 15歳	…	…	…	…	…	0.72	1.35	2.61	0.22	…	0.03	0.97	3.10	4.05	0.22	1.89	0.22	0.04	4.33
高等学校 16	…	…	…	…	…	0.66	1.07	2.42	0.21	…	…	0.90	…	3.28	0.22	1.87	0.24	0.04	4.16
高等学校 17	…	…	…	…	…	0.69	0.93	2.27	0.17	…	…	0.72	…	2.78	0.26	1.79	0.22	0.03	3.99
うち公立																			
幼稚園 5歳	…	…	…	…	…	0.10	0.39	1.45	0.97	…	…	0.31	…	0.15	…	0.99	0.03	0.70	1.37
小学校 計	…	…	…	…	…	2.08	0.80	3.04	0.45	0.21	0.00	0.80	2.82	0.90	0.07	3.35	0.18	0.37	4.77
小学校 6歳	…	…	…	…	…	0.98	0.61	3.07	0.61	0.43	0.00	1.02	2.82	0.51	0.06	3.74	0.13	0.58	4.56
小学校 7	…	…	…	…	…	1.63	0.60	3.05	0.50	0.19	0.00	0.83	…	0.49	0.02	3.51	0.18	0.51	4.82
小学校 8	…	…	…	…	…	2.10	0.75	3.01	0.42	0.20	0.00	0.77	…	0.59	0.07	3.42	0.14	0.39	4.72
小学校 9	…	…	…	…	…	2.51	0.74	3.08	0.44	0.18	0.00	0.77	…	0.83	0.07	3.18	0.18	0.33	4.68
小学校 10	…	…	…	…	…	2.55	1.06	2.92	0.37	0.14	-	0.76	…	1.16	0.07	3.18	0.23	0.22	4.89
小学校 11	…	…	…	…	…	2.61	1.03	3.10	0.39	0.11	-	0.69	…	1.74	0.10	3.10	0.24	0.21	4.96
中学校 計	0.67	0.01	0.66	0.41	0.25	1.23	1.73	2.89	0.21	0.10	0.00	1.08	3.62	2.89	0.17	2.43	0.24	0.07	4.15
中学校 12歳	0.67	0.01	0.66	0.41	0.25	1.28	1.68	2.98	0.33	0.11	0.00	1.25	3.62	2.70	0.11	2.43	0.21	0.11	4.00
中学校 13	…	…	…	…	…	1.28	1.78	2.63	0.15	0.10	-	1.00	…	3.04	0.18	2.45	0.24	0.07	4.22
中学校 14	…	…	…	…	…	1.12	1.73	3.07	0.15	0.08	-	0.99	…	2.94	0.21	2.39	0.26	0.04	4.23
高等学校 計	…	…	…	…	…	0.69	0.79	2.51	0.19	…	0.02	0.91	3.13	3.18	0.19	1.88	0.25	0.04	4.36
高等学校 15歳	…	…	…	…	…	0.71	1.03	2.75	0.20	…	0.02	1.02	3.13	3.81	0.18	2.00	0.23	0.05	4.55
高等学校 16	…	…	…	…	…	0.67	0.70	2.46	0.21	…	…	0.97	…	3.10	0.20	1.87	0.25	0.05	4.34
高等学校 17	…	…	…	…	…	0.68	0.65	2.32	0.15	…	…	0.73	…	2.61	0.20	1.77	0.26	0.03	4.18
うち私立																			
幼稚園 5歳	…	…	…	…	…	0.42	0.31	2.07	1.23	…	…	0.25	…	1.10	…	1.77	0.09	0.26	1.42
高等学校 計	…	…	…	…	…	0.70	1.79	2.29	0.24	…	0.04	0.80	3.16	3.69	0.27	1.88	0.19	0.03	3.80
高等学校 15歳	…	…	…	…	…	0.78	2.00	2.31	0.30	…	0.04	0.90	3.16	4.35	0.26	1.65	0.20	0.04	3.94
高等学校 16	…	…	…	…	…	0.63	1.88	2.29	0.21	…	…	0.83	…	3.62	0.23	2.01	0.20	0.02	3.80
高等学校 17	…	…	…	…	…	0.70	1.48	2.25	0.21	…	…	0.68	…	3.08	0.32	1.97	0.16	0.02	3.67

4 年齢別 都市階級別 設置者別 疾病・異常被患率等（15-4）

1 計 (4) 小都市　　　　単位（%）

区分	計	裸眼視力 視力非矯正者の裸眼視力 1.0以上	視力非矯正者 1.0未満 0.7以上	視力非矯正者 0.7未満 0.3以上	視力非矯正者 0.3未満	視力矯正者の裸眼視力 1.0以上	視力矯正者 1.0未満 0.7以上	視力矯正者 0.7未満 0.3以上	視力矯正者 0.3未満	裸眼視力 計	裸眼視力 1.0未満 0.7以上	裸眼視力 0.7未満 0.3以上	裸眼視力 0.3未満	眼の疾病・異常	難聴	耳鼻咽頭 耳疾患	鼻・副鼻腔疾患	口腔咽喉頭疾患・異常	歯・口腔 むし歯（う歯） 計	処置完了者	未処置歯のある者	歯列・咬合	顎関節	歯垢の状態	歯肉の状態	その他の疾病・異常
幼稚園 5歳	100.00	71.10	21.99	4.46	0.47	0.57	0.56	0.70	0.16	28.34	22.55	5.16	0.63	0.71	…	1.34	1.32	0.77	34.50	14.68	19.82	4.14	0.06	0.86	0.13	1.99
小学校 計	100.00	63.09	11.42	10.55	4.15	0.89	1.11	2.78	6.01	36.02	12.53	13.33	10.16	4.67	0.65	5.48	11.95	1.16	43.35	21.44	21.91	5.29	0.09	3.46	2.04	7.26
6歳	100.00	76.22	14.18	6.12	0.99	0.59	0.59	0.88	0.43	23.19	14.77	7.00	1.42	4.73	0.77	8.48	11.64	1.93	39.87	15.64	24.22	3.94	0.04	1.74	0.94	6.37
7	100.00	72.27	12.77	8.68	2.49	0.76	0.91	1.05	1.07	26.97	13.67	9.73	3.56	4.49	0.71	5.72	11.43	1.40	47.67	21.86	25.81	5.50	0.07	3.11	1.40	5.41
8	100.00	66.01	11.65	11.12	4.06	0.89	0.99	2.07	3.22	33.11	12.64	13.19	7.28	4.40	0.62	5.15	11.54	1.18	50.97	25.34	25.63	5.74	0.08	3.54	2.10	6.18
9	100.00	59.33	10.75	12.94	5.15	0.97	1.15	3.06	6.64	39.69	11.90	16.00	11.79	4.98	…	5.07	12.31	0.98	48.81	25.42	23.39	5.57	0.08	4.26	2.29	8.72
10	100.00	55.46	10.07	12.00	5.70	1.01	1.42	4.23	10.12	43.53	11.49	16.22	15.82	4.69	0.50	4.58	11.99	0.75	39.86	21.48	18.38	5.41	0.10	4.03	2.53	9.36
11	100.00	50.53	9.34	12.14	6.24	1.10	1.56	5.16	13.93	48.37	10.90	17.30	20.17	4.72	…	4.05	12.77	0.80	33.32	18.71	14.61	5.51	0.16	3.96	2.83	7.37
中学校 計	100.00	39.41	10.38	12.27	7.45	1.55	2.61	5.71	20.62	59.04	12.99	17.98	28.07	4.86	0.37	4.17	10.47	0.51	34.54	20.03	14.51	5.10	0.34	4.56	3.88	4.12
12歳	100.00	43.07	11.11	12.12	7.42	1.20	2.77	4.92	17.38	55.72	13.88	17.04	24.80	5.22	0.35	5.75	11.55	0.77	32.03	18.29	13.73	5.12	0.25	4.42	3.64	5.68
13	100.00	39.41	10.42	12.70	7.52	1.75	2.21	5.60	20.39	58.83	12.63	18.29	27.90	4.69	…	3.42	9.57	0.42	34.30	20.06	14.24	5.08	0.34	4.73	3.80	3.79
14	100.00	35.38	9.54	11.99	7.41	1.72	2.86	6.69	24.42	62.90	12.40	18.68	31.82	4.68	0.39	3.31	10.26	0.34	37.35	21.77	15.58	5.10	0.43	4.53	4.21	2.88
高等学校 計	100.00	33.66	11.20	12.31	7.30	1.52	1.68	6.13	26.20	64.82	12.88	18.44	33.50	3.54	0.32	2.34	6.73	0.28	44.81	26.85	17.96	4.19	0.52	4.77	4.12	1.07
15歳	100.00	35.56	11.28	14.30	8.36	1.52	1.75	6.15	21.07	62.92	13.04	20.45	29.43	3.50	0.34	2.95	8.03	0.29	40.05	23.82	16.23	4.07	0.46	4.68	3.80	1.15
16	100.00	33.29	11.99	11.75	7.16	1.69	1.78	6.37	25.97	65.02	13.77	18.12	33.13	4.29	…	2.30	5.87	0.25	45.59	27.22	18.37	4.15	0.55	4.74	4.16	1.01
17	100.00	32.16	10.36	10.93	6.42	1.35	1.50	5.86	31.42	66.49	11.86	16.79	37.84	2.83	0.30	1.78	6.29	0.31	48.76	29.48	19.28	4.35	0.56	4.90	4.40	1.04
うち公立																										
幼稚園 5歳	100.00	73.61	20.13	3.29	0.42	0.87	0.94	0.55	0.18	25.52	21.07	3.84	0.60	1.66	…	1.51	2.36	0.67	40.00	13.56	26.44	3.20	-	0.91	0.28	2.13
小学校 計	100.00	63.42	11.39	10.52	4.12	0.86	1.08	2.72	5.89	35.72	12.47	13.24	10.00	4.72	0.65	5.47	12.02	1.17	43.65	21.52	22.13	5.31	0.09	3.50	2.03	7.36
6歳	100.00	76.30	14.13	6.12	0.99	0.57	0.59	0.87	0.42	23.13	14.73	6.99	1.41	4.72	0.77	8.47	11.74	1.94	40.26	15.73	24.53	3.88	0.04	1.78	0.93	6.49
7	100.00	72.57	12.64	8.63	2.45	0.76	0.89	1.04	1.01	26.67	13.54	9.67	3.47	4.53	0.72	5.70	11.50	1.41	48.00	21.95	26.05	5.47	0.07	3.16	1.40	5.50
8	100.00	66.40	11.74	11.03	4.06	0.87	0.97	2.05	2.87	32.73	12.71	13.09	6.93	4.46	0.64	5.14	11.62	1.18	51.36	25.46	25.90	5.75	0.09	3.55	2.09	6.27
9	100.00	59.72	10.69	13.02	5.07	0.95	1.14	2.89	6.52	39.33	11.82	15.91	11.59	5.06	…	5.08	12.40	0.98	49.08	25.43	23.65	5.67	0.07	4.35	2.30	8.85
10	100.00	55.73	10.02	11.97	5.69	0.96	1.36	4.15	10.11	43.31	11.38	16.13	15.80	4.75	0.50	4.56	12.03	0.75	40.13	21.61	18.51	5.47	0.10	4.06	2.53	9.45
11	100.00	51.07	9.34	12.05	6.18	1.05	1.51	5.09	13.71	47.88	10.84	17.14	19.90	4.78	…	4.04	12.80	0.80	33.50	18.77	14.73	5.55	0.16	3.97	2.83	7.47
中学校 計	100.00	39.53	10.38	12.26	7.40	1.55	2.62	5.74	20.52	58.91	13.00	17.99	27.92	4.95	0.37	4.16	10.73	0.54	34.69	20.02	14.67	5.20	0.35	4.50	3.89	4.19
12歳	100.00	43.16	11.14	12.08	7.35	1.21	2.76	4.92	17.38	55.64	13.90	17.00	24.73	5.31	0.35	5.76	11.86	0.80	32.17	18.28	13.89	5.19	0.26	4.36	3.66	5.79
13	100.00	39.59	10.43	12.69	7.49	1.77	2.22	5.62	20.19	58.64	12.65	18.31	27.68	4.76	…	3.43	9.86	0.46	34.41	20.06	14.35	5.20	0.35	4.69	3.80	3.86
14	100.00	35.52	9.50	11.99	7.35	1.71	2.89	6.75	24.28	62.78	12.39	18.75	31.64	4.77	0.39	3.26	10.44	0.35	37.53	21.75	15.78	5.20	0.44	4.47	4.21	2.91
高等学校 計	100.00	29.08	9.98	11.80	7.64	1.02	1.70	7.03	31.75	69.90	11.68	18.83	39.39	3.52	0.27	2.31	6.74	0.29	45.91	27.26	18.65	3.97	0.52	4.27	4.05	1.07
15歳	100.00	31.44	10.02	14.36	8.79	1.00	1.48	7.21	25.69	67.56	11.51	21.57	34.48	3.64	0.26	2.72	7.83	0.32	40.96	24.02	16.94	3.90	0.44	4.09	3.70	1.16
16	100.00	27.73	10.71	11.33	7.93	1.02	1.80	7.15	32.32	71.24	12.52	18.48	40.24	4.20	…	2.27	6.14	0.24	46.91	27.83	19.07	3.96	0.53	4.27	4.12	1.03
17	100.00	28.21	9.20	9.84	6.26	1.04	1.79	6.74	36.93	70.75	10.98	16.58	43.19	2.71	0.29	1.92	6.23	0.32	49.75	29.86	19.89	4.06	0.59	4.47	4.33	1.03
うち私立																										
幼稚園 5歳	100.00	69.77	23.06	4.80	0.59	0.49	0.38	0.73	0.18	29.73	23.44	5.53	0.76	0.54	…	1.12	1.08	0.82	33.92	15.38	18.53	4.48	0.06	0.85	0.09	1.92
高等学校 計	100.00	46.01	14.05	13.36	6.25	2.12	1.40	3.18	13.64	51.87	15.45	16.53	19.89	3.04	0.58	2.30	6.94	0.34	39.44	24.13	15.31	5.19	0.69	6.53	4.66	1.09
15歳	100.00	45.53	14.64	13.98	6.65	2.32	1.88	2.69	12.31	52.15	16.52	16.67	18.96	2.98	0.84	3.22	7.92	0.35	35.19	21.79	13.40	4.85	0.62	6.46	4.25	1.12
16	100.00	47.16	13.93	13.04	5.95	2.41	1.50	3.48	12.53	50.44	15.43	16.52	18.48	2.96	…	2.18	6.19	0.35	39.35	23.90	15.44	5.11	0.72	6.58	4.64	0.95
17	100.00	45.36	13.58	13.04	6.16	1.62	0.80	3.37	16.08	53.02	14.39	16.40	22.23	3.19	0.30	1.37	6.56	0.30	43.98	26.80	17.17	5.62	0.73	6.55	5.10	1.21

区分	永久歯の1人当り平均むし歯（う歯）等数 計（本）	喪失歯数（本）	むし歯（う歯） 計（本）	処置歯数（本）	未処置歯数（本）	栄養状態	せき柱・胸郭・四肢の状態	皮膚疾患 アトピー性皮膚炎	その他の皮膚疾患	結核の精密検査の対象者	結核	心臓の疾病・異常	心電図異常	蛋白検出の者	尿糖検出の者	その他の疾病・異常 ぜん息	腎臓疾患	言語障害	その他の疾病・異常
幼稚園 5歳	…	…	…	…	…	0.21	0.27	1.78	0.98	…	…	0.39	…	0.76	…	1.67	0.06	0.42	1.83
小学校 計	…	…	…	…	…	2.07	0.87	3.32	0.31	0.11	0.00	0.82	2.64	1.14	0.07	3.39	0.17	0.54	4.72
6歳	…	…	…	…	…	1.04	0.53	3.35	0.41	0.26	0.00	0.87	2.64	0.68	0.07	3.78	0.12	0.96	4.37
7	…	…	…	…	…	1.42	0.72	3.54	0.33	0.10	-	0.87	…	0.71	0.04	3.55	0.14	0.71	4.70
8	…	…	…	…	…	2.08	0.70	3.41	0.32	0.11	-	0.87	…	0.72	0.06	3.40	0.15	0.63	4.79
9	…	…	…	…	…	2.63	0.88	3.36	0.25	0.06	-	0.82	…	1.01	0.06	3.20	0.17	0.39	4.64
10	…	…	…	…	…	2.57	1.01	3.26	0.29	0.08	-	0.79	…	1.38	0.09	3.44	0.21	0.31	4.86
11	…	…	…	…	…	2.61	1.33	3.04	0.25	0.07	-	0.71	…	2.25	0.12	3.00	0.21	0.30	4.95
中学校 計	0.76	0.01	0.74	0.47	0.28	1.16	1.52	2.97	0.23	0.08	0.00	0.86	3.14	3.31	0.16	2.62	0.22	0.09	5.06
12歳	0.76	0.01	0.74	0.47	0.28	1.22	1.46	2.99	0.23	0.10	0.00	0.94	3.14	3.01	0.11	2.81	0.20	0.10	5.02
13	…	…	…	…	…	1.11	1.54	2.97	0.23	0.09	-	0.86	…	3.42	0.14	2.61	0.22	0.10	5.17
14	…	…	…	…	…	1.14	1.56	2.93	0.24	0.06	-	0.78	…	3.50	0.24	2.43	0.24	0.08	4.98
高等学校 計	…	…	…	…	…	0.58	1.19	2.37	0.19	…	0.04	0.95	3.75	3.24	0.23	1.61	0.20	0.05	3.75
15歳	…	…	…	…	…	0.59	1.34	2.44	0.20	…	0.04	1.13	3.75	3.99	0.21	1.63	0.18	0.06	3.93
16	…	…	…	…	…	0.55	1.18	2.35	0.20	…	…	0.89	…	3.05	0.21	1.60	0.23	0.04	3.60
17	…	…	…	…	…	0.58	1.05	2.33	0.18	…	…	0.84	…	2.70	0.26	1.62	0.20	0.04	3.73
うち公立																			
幼稚園 5歳	…	…	…	…	…	0.25	0.59	1.19	0.39	…	…	0.15	…	0.74	…	1.24	-	0.91	0.98
小学校 計	…	…	…	…	…	2.09	0.89	3.31	0.31	0.11	0.00	0.82	2.64	1.13	0.07	3.38	0.17	0.55	4.78
6歳	…	…	…	…	…	1.06	0.55	3.34	0.41	0.27	0.00	0.87	2.64	0.69	0.07	3.75	0.12	0.98	4.45
7	…	…	…	…	…	1.44	0.74	3.54	0.33	0.10	-	0.87	…	0.70	0.04	3.58	0.14	0.71	4.76
8	…	…	…	…	…	2.09	0.72	3.43	0.32	0.11	-	0.87	…	0.70	0.06	3.37	0.15	0.64	4.86
9	…	…	…	…	…	2.65	0.90	3.32	0.25	0.06	-	0.82	…	1.01	0.06	3.18	0.18	0.40	4.69
10	…	…	…	…	…	2.57	1.03	3.24	0.29	0.08	-	0.78	…	1.36	0.09	3.43	0.21	0.31	4.90
11	…	…	…	…	…	2.62	1.35	3.00	0.25	0.07	-	0.71	…	2.22	0.11	2.99	0.21	0.31	5.00
中学校 計	0.76	0.01	0.75	0.47	0.28	1.18	1.52	3.04	0.23	0.06	0.00	0.84	3.14	3.29	0.17	2.71	0.23	0.10	5.23
12歳	0.76	0.01	0.75	0.47	0.28	1.26	1.46	3.08	0.23	0.07	0.00	0.92	3.14	2.96	0.11	2.91	0.21	0.10	5.19
13	…	…	…	…	…	1.14	1.52	3.04	0.23	0.05	-	0.84	…	3.42	0.14	2.70	0.23	0.10	5.35
14	…	…	…	…	…	1.16	1.58	2.99	0.24	0.04	-	0.77	…	3.51	0.25	2.52	0.24	0.08	5.15
高等学校 計	…	…	…	…	…	0.53	1.10	2.51	0.18	…	0.04	0.95	3.64	2.85	0.22	1.74	0.20	0.04	3.86
15歳	…	…	…	…	…	0.53	1.23	2.68	0.21	…	0.04	1.09	3.64	3.51	0.18	1.82	0.18	0.05	4.02
16	…	…	…	…	…	0.53	1.11	2.41	0.17	…	…	0.94	…	2.65	0.18	1.66	0.22	0.03	3.64
17	…	…	…	…	…	0.51	0.96	2.45	0.15	…	…	0.83	…	2.41	0.28	1.76	0.19	0.05	3.93
うち私立																			
幼稚園 5歳	…	…	…	…	…	0.20	0.14	1.89	1.14	…	…	0.47	…	0.88	…	1.73	0.08	0.44	2.10
高等学校 計	…	…	…	…	…	0.67	1.45	1.86	0.24	…	0.07	0.90	4.13	4.49	0.23	1.26	0.22	0.05	3.62
15歳	…	…	…	…	…	0.66	1.60	1.72	0.19	…	0.07	1.10	4.13	5.14	0.28	1.07	0.17	0.06	3.80
16	…	…	…	…	…	0.56	1.37	2.02	0.26	…	…	0.75	…	4.41	0.24	1.40	0.24	0.07	3.90
17	…	…	…	…	…	0.80	1.37	1.85	0.29	…	…	0.85	…	3.89	0.18	1.31	0.25	0.02	3.16

4 年齢別 都市階級別 設置者別 疾病・異常被患率等（15-5）

1 計 (5) 町村

単位 (%)

区分	計	裸眼視力 視力非矯正者の裸眼視力 1.0以上	1.0未満0.7以上	0.7未満0.3以上	0.3未満	視力矯正者の裸眼視力 1.0以上	1.0未満0.7以上	0.7未満0.3以上	0.3未満	裸眼視力 計	1.0未満0.7以上	0.7未満0.3以上	0.3未満	眼の疾病・異常	難聴	耳鼻咽頭 耳疾患	鼻・副鼻腔疾患	口腔咽喉頭疾患・異常	歯・口腔 むし歯（う歯） 計	処置完了者	未処置歯のある者	歯列・咬合	顎関節	歯垢の状態	歯肉の状態	その他の疾病・異常
幼稚園 5歳	100.00	76.32	17.20	3.97	0.50	0.42	0.65	0.71	0.24	23.26	17.85	4.68	0.74	0.78	…	1.31	2.12	2.82	36.93	13.30	23.63	3.99	0.08	1.16	0.21	2.48
小学校 計	100.00	63.50	12.09	10.62	4.17	0.53	0.86	2.52	5.71	35.96	12.95	13.14	9.88	4.08	0.48	4.50	10.11	1.32	48.08	22.93	25.15	4.43	0.23	3.41	2.31	8.38
6歳	100.00	74.51	15.70	6.62	0.99	0.41	0.58	0.76	0.41	25.08	16.28	7.39	1.41	3.86	0.59	6.76	9.83	2.09	43.63	16.61	27.02	3.03	0.14	1.29	0.88	6.72
7	100.00	72.28	13.99	8.07	2.50	0.40	0.76	1.00	1.00	27.33	14.75	9.08	3.50	3.63	0.50	4.40	9.50	1.36	52.95	23.64	29.31	4.05	0.21	3.50	1.91	6.29
8	100.00	66.32	13.08	11.33	3.96	0.50	0.66	1.48	2.67	33.18	13.74	12.81	6.63	3.86	0.54	4.45	11.17	1.20	54.18	26.17	28.01	5.10	0.08	3.40	1.85	7.18
9	100.00	60.04	10.00	13.37	5.45	0.49	0.85	3.30	6.51	39.47	10.85	16.67	11.95	4.37	…	4.09	10.93	1.10	53.99	26.17	27.82	4.52	0.20	3.45	2.76	10.10
10	100.00	53.99	9.82	12.22	6.46	0.86	1.13	4.20	11.32	45.15	10.94	16.42	17.78	4.34	0.30	3.76	10.62	1.22	45.62	24.21	21.40	4.92	0.47	4.21	2.65	10.52
11	100.00	52.87	9.71	12.28	5.84	0.55	1.20	4.54	13.01	46.57	10.91	16.82	18.84	4.41	…	3.61	8.53	0.99	38.41	20.58	17.83	4.87	0.29	4.46	3.67	9.25
中学校 計	100.00	45.66	9.98	12.87	6.74	0.97	1.62	5.62	16.55	53.38	11.60	18.49	23.29	3.85	0.38	4.19	8.95	0.93	35.69	20.38	15.31	4.96	0.31	4.58	3.52	3.58
12歳	100.00	47.95	10.75	12.19	7.13	0.66	1.76	5.73	13.83	51.39	12.52	17.91	20.96	3.69	0.42	5.60	10.55	0.95	33.55	19.11	14.43	4.75	0.19	3.94	2.97	5.06
13	100.00	45.05	10.48	13.86	6.10	1.13	1.57	5.11	16.71	53.82	12.05	18.97	22.80	4.23	…	3.44	7.45	0.89	35.55	20.55	15.00	4.83	0.36	4.41	3.53	3.40
14	100.00	43.89	8.67	12.56	6.98	1.12	1.52	6.03	19.23	54.99	10.20	18.59	26.20	3.63	0.34	3.35	8.61	0.95	37.99	21.48	16.51	5.30	0.38	5.39	4.07	2.26
高等学校 計	100.00	33.69	11.62	12.50	6.62	0.69	1.19	6.04	27.65	65.62	12.81	18.54	34.27	3.43	0.21	2.50	9.27	0.46	48.50	27.85	20.65	7.14	1.31	3.74	5.92	1.24
15歳	100.00	35.64	12.53	14.09	6.57	0.68	1.12	5.86	23.52	63.68	13.65	19.94	30.09	3.31	0.24	3.47	8.22	0.20	43.64	24.80	18.84	7.62	1.25	3.84	6.04	1.27
16	100.00	35.26	14.51	10.94	5.56	0.52	0.84	6.31	26.05	64.22	15.35	17.25	31.62	3.31	…	2.13	9.87	0.60	49.13	27.85	21.28	7.54	1.46	3.93	5.98	1.41
17	100.00	29.85	7.52	12.43	7.82	0.88	1.64	5.94	33.92	69.26	9.16	18.37	41.73	3.68	0.19	1.64	10.03	0.66	52.57	30.79	21.78	6.27	1.23	3.44	5.75	1.04
うち公立																										
幼稚園 5歳	100.00	69.50	22.02	4.48	0.80	0.70	1.20	1.11	0.18	29.80	23.22	5.59	0.98	1.10	…	2.16	2.89	2.29	39.73	14.60	25.13	4.55	0.21	2.71	0.58	3.31
小学校 計	100.00	63.53	12.08	10.62	4.16	0.53	0.86	2.52	5.70	35.94	12.94	13.14	9.86	4.08	0.48	4.46	10.06	1.31	48.14	22.94	25.20	4.41	0.23	3.41	2.31	8.39
6歳	100.00	74.50	15.71	6.63	1.00	0.41	0.57	0.77	0.41	25.09	16.29	7.40	1.41	3.86	0.59	6.72	9.82	2.09	43.65	16.60	27.06	3.03	0.14	1.28	0.88	6.71
7	100.00	72.34	13.96	8.06	2.50	0.40	0.76	1.00	1.00	27.26	14.71	9.06	3.49	3.62	0.50	4.39	9.50	1.35	52.95	23.65	29.30	4.05	0.20	3.50	1.89	6.29
8	100.00	66.35	13.05	11.34	3.95	0.50	0.66	1.47	2.67	33.14	13.71	12.81	6.63	3.86	0.54	4.39	11.07	1.18	54.22	26.13	28.09	5.05	0.08	3.40	1.84	7.17
9	100.00	60.02	10.02	13.37	5.44	0.49	0.85	3.31	6.49	39.48	10.87	16.68	11.93	4.37	…	4.05	10.85	1.09	54.10	26.18	27.92	4.45	0.20	3.45	2.75	10.13
10	100.00	54.03	9.79	12.22	6.46	0.87	1.13	4.21	11.29	45.10	10.92	16.43	17.75	4.33	0.29	3.75	10.62	1.23	45.68	24.22	21.46	4.91	0.48	4.21	2.66	10.51
11	100.00	52.92	9.71	12.27	5.83	0.56	1.20	4.54	12.97	46.52	10.91	16.81	18.80	4.41	…	3.53	8.46	0.97	38.53	20.63	17.90	4.87	0.29	4.47	3.68	9.27
中学校 計	100.00	45.53	9.98	12.91	6.74	0.97	1.64	5.61	16.63	53.50	11.61	18.52	23.37	3.88	0.38	4.24	8.93	0.93	35.87	20.43	15.45	4.98	0.31	4.61	3.54	3.60
12歳	100.00	47.98	10.69	12.20	7.11	0.66	1.77	5.75	13.84	51.36	12.46	17.95	20.95	3.70	0.42	5.64	10.57	0.95	33.77	19.17	14.60	4.77	0.19	3.98	2.99	5.09
13	100.00	44.95	10.50	13.90	6.11	1.13	1.57	5.00	16.83	53.92	12.07	18.91	22.94	4.27	…	3.51	7.40	0.88	35.74	20.59	15.15	4.85	0.36	4.45	3.56	3.41
14	100.00	43.56	8.70	12.64	7.00	1.13	1.56	6.08	19.33	55.31	10.26	18.71	26.34	3.65	0.34	3.41	8.56	0.96	38.13	21.53	16.60	5.31	0.39	5.42	4.06	2.27
高等学校 計	100.00	32.62	12.92	13.01	6.22	0.03	0.63	7.86	26.71	67.35	13.55	20.87	32.93	3.59	0.19	2.02	9.61	0.26	48.60	27.73	20.86	7.08	1.51	3.62	5.45	1.40
15歳	100.00	34.48	13.16	15.04	7.53	0.02	0.37	5.72	23.68	65.50	13.53	20.76	31.21	3.44	0.21	3.25	8.40	0.09	44.24	25.07	19.17	7.51	1.40	3.66	5.15	1.47
16	100.00	33.57	17.57	8.37	5.12	0.03	0.91	8.70	25.72	66.40	18.49	17.07	30.85	3.59	…	1.18	9.84	0.16	49.05	27.80	21.25	7.29	1.75	3.85	5.45	1.59
17	100.00	29.48	7.57	15.77	5.94	0.03	0.63	9.36	31.22	70.48	8.20	25.13	37.16	3.75	0.17	1.15	11.04	0.60	52.34	30.24	22.10	6.47	1.40	3.35	5.74	1.15
うち私立																										
幼稚園 5歳	100.00	83.18	11.58	3.53	0.35	0.36	0.29	0.51	0.20	16.46	11.87	4.04	0.55	0.47	…	0.46	1.33	3.83	35.71	13.46	22.26	4.18	-	0.38	-	1.71
高等学校 計	100.00	34.37	10.70	12.21	7.80	0.91	0.99	2.56	30.46	64.72	11.69	14.77	38.26	3.23	0.29	2.58	5.77	0.53	43.57	26.23	17.34	6.65	0.53	4.22	6.93	0.41
15歳	100.00	37.34	12.73	12.26	6.51	0.90	1.13	5.59	23.54	61.76	13.86	17.85	30.05	3.61	0.24	2.86	6.27	0.71	38.04	22.88	15.16	7.08	0.22	4.32	8.38	0.20
16	100.00	35.64	9.93	17.43	6.70	1.27	0.76	2.02	26.25	63.09	10.69	19.45	32.96	0.91	…	3.01	6.98	0.80	44.40	25.88	18.52	7.33	0.60	4.57	8.05	0.43
17	100.00	30.60	9.48	7.88	9.88	0.62	1.04	0.21	40.29	68.78	10.52	8.09	50.17	4.19	0.35	2.06	4.59	0.20	48.42	30.04	18.39	5.51	0.79	3.76	4.30	0.60

区分	永久歯の1人当り平均むし歯（う歯）等数 計（本）	喪失歯数（本）	むし歯（う歯） 計（本）	処置歯数（本）	未処置歯数（本）	栄養状態	せき柱・胸郭・四肢の状態	皮膚疾患 アトピー性皮膚炎	その他の皮膚疾患	結核の精密検査の対象者	結核	心臓の疾病・異常	心電図異常	蛋白検出の者	尿糖検出の者	その他の疾病・異常 ぜん息	腎臓疾患	言語障害	その他の疾病・異常
幼稚園 5歳	…	…	…	…	…	0.26	0.25	2.67	0.91	…	…	0.51	…	0.46	…	1.27	0.05	0.60	1.00
小学校 計	…	…	…	…	…	2.27	0.95	2.72	0.38	0.07	-	0.79	2.02	0.96	0.05	3.21	0.14	0.67	5.39
6歳	…	…	…	…	…	1.03	0.57	2.69	0.44	0.13	-	0.96	2.02	0.67	0.03	3.23	0.09	1.27	4.58
7	…	…	…	…	…	1.57	0.62	2.70	0.41	0.13	-	0.55	…	0.60	0.01	3.20	0.11	0.88	5.11
8	…	…	…	…	…	2.37	1.26	2.84	0.46	0.04	-	0.72	…	0.66	0.04	3.16	0.10	0.56	5.84
9	…	…	…	…	…	2.78	0.54	2.82	0.41	0.03	-	0.72	…	0.81	0.03	3.35	0.18	0.71	5.89
10	…	…	…	…	…	2.87	1.35	2.54	0.32	0.05	-	0.85	…	1.10	0.03	3.22	0.17	0.42	5.66
11	…	…	…	…	…	2.88	1.33	2.75	0.24	0.05	-	0.93	…	1.84	0.16	3.10	0.21	0.24	5.19
中学校 計	0.84	0.01	0.83	0.53	0.30	1.00	1.18	2.44	0.19	0.02	0.00	1.00	3.27	3.07	0.17	2.19	0.16	0.09	4.77
12歳	0.84	0.01	0.83	0.53	0.30	1.18	1.32	2.29	0.24	0.05	0.01	1.07	3.27	3.12	0.07	2.29	0.15	0.06	4.43
13	…	…	…	…	…	0.99	1.05	2.43	0.20	0.00	0.00	0.96	…	3.18	0.19	2.09	0.17	0.14	4.89
14	…	…	…	…	…	0.84	1.17	2.60	0.13	0.01	-	0.96	…	2.92	0.26	2.20	0.15	0.06	5.00
高等学校 計	…	…	…	…	…	0.67	0.96	3.27	0.11	…	0.01	1.04	3.17	2.27	0.27	2.10	0.19	0.05	4.20
15歳	…	…	…	…	…	0.77	1.01	2.95	0.10	…	0.01	1.09	3.17	2.65	0.24	2.11	0.16	0.05	4.02
16	…	…	…	…	…	0.61	1.07	3.28	0.13	…	…	1.09	…	2.27	0.25	1.98	0.16	0.05	4.21
17	…	…	…	…	…	0.65	0.81	3.57	0.10	…	…	0.94	…	1.89	0.33	2.20	0.25	0.03	4.36
うち公立																			
幼稚園 5歳	…	…	…	…	…	0.45	0.46	1.77	0.64	…	…	0.31	…	0.34	…	0.93	-	0.88	0.48
小学校 計	…	…	…	…	…	2.27	0.95	2.72	0.36	0.07	-	0.79	2.01	0.96	0.05	3.22	0.14	0.67	5.39
6歳	…	…	…	…	…	1.04	0.57	2.69	0.43	0.13	-	0.96	2.01	0.67	0.03	3.23	0.09	1.27	4.58
7	…	…	…	…	…	1.57	0.62	2.70	0.40	0.13	-	0.55	…	0.60	0.01	3.21	0.11	0.88	5.12
8	…	…	…	…	…	2.37	1.26	2.83	0.43	0.04	-	0.71	…	0.66	0.04	3.16	0.10	0.56	5.84
9	…	…	…	…	…	2.80	0.54	2.82	0.41	0.03	-	0.72	…	0.81	0.03	3.36	0.17	0.71	5.91
10	…	…	…	…	…	2.88	1.34	2.54	0.29	0.05	-	0.85	…	1.10	0.03	3.23	0.16	0.42	5.67
11	…	…	…	…	…	2.88	1.33	2.74	0.23	0.05	-	0.93	…	1.84	0.15	3.10	0.21	0.24	5.19
中学校 計	0.85	0.01	0.84	0.54	0.30	1.00	1.18	2.44	0.19	0.02	0.00	1.00	3.27	3.08	0.17	2.20	0.16	0.09	4.79
12歳	0.85	0.01	0.84	0.54	0.30	1.17	1.31	2.29	0.23	0.05	0.01	1.07	3.27	3.13	0.07	2.30	0.15	0.06	4.44
13	…	…	…	…	…	0.98	1.06	2.42	0.20	0.00	0.00	0.97	…	3.19	0.19	2.11	0.17	0.14	4.90
14	…	…	…	…	…	0.84	1.17	2.60	0.13	0.01	-	0.97	…	2.92	0.26	2.21	0.15	0.06	5.02
高等学校 計	…	…	…	…	…	0.70	1.01	3.45	0.11	…	0.01	1.15	3.14	2.14	0.26	2.26	0.19	0.05	4.54
15歳	…	…	…	…	…	0.77	1.06	3.19	0.12	…	0.01	1.21	3.14	2.42	0.22	2.30	0.15	0.05	4.57
16	…	…	…	…	…	0.64	1.14	3.43	0.13	…	…	1.27	…	2.14	0.23	2.09	0.17	0.06	4.40
17	…	…	…	…	…	0.70	0.84	3.73	0.09	…	…	0.97	…	1.86	0.34	2.38	0.24	0.03	4.64
うち私立																			
幼稚園 5歳	…	…	…	…	…	0.15	0.15	3.07	1.06	…	…	0.61	…	0.50	…	1.73	0.07	0.58	1.34
高等学校 計	…	…	…	…	…	0.20	0.41	1.51	0.06	…	-	0.55	4.03	3.75	0.39	1.43	0.14	0.01	4.79
15歳	…	…	…	…	…	0.31	0.58	1.34	0.03	…	-	0.90	4.03	4.58	0.31	1.72	0.14	-	4.40
16	…	…	…	…	…	0.22	0.26	1.51	0.07	…	-	0.23	…	4.27	0.51	1.52	0.06	-	5.26
17	…	…	…	…	…	0.08	0.39	1.68	0.07	…	-	0.53	…	2.37	0.35	1.04	0.21	0.04	4.71

4 年齢別 都市階級別 設置者別 疾病・異常被患率等（15-6）

2 男 (1) 計

単位 (%)

区分	計	裸眼視力 視力非矯正者の裸眼視力 1.0以上	1.0未満0.7以上	0.7未満0.3以上	0.3未満	視力矯正者の裸眼視力 1.0以上	1.0未満0.7以上	0.7未満0.3以上	0.3未満	裸眼視力 計	1.0未満0.7以上	0.7未満0.3以上	0.3未満	眼の疾病・異常	難聴	耳鼻咽頭 耳疾患	鼻・副鼻腔疾患	口腔咽喉頭疾患・異常	歯・口腔 むし歯（う歯） 計	処置完了者	未処置歯のある者	歯列・咬合	顎関節	歯垢の状態	歯肉の状態	その他の疾病・異常
幼稚園 5歳	100.00	72.18	20.30	5.09	0.51	0.59	0.45	0.64	0.24	27.24	20.75	5.73	0.76	1.32	…	2.18	2.91	1.04	30.92	12.77	18.15	3.76	0.11	1.27	0.35	2.04
小学校 計	100.00	64.62	11.13	10.44	4.48	0.77	0.91	2.40	5.24	34.61	12.04	12.84	9.73	5.07	0.58	6.13	13.28	1.14	41.54	21.19	20.35	4.74	0.10	3.96	2.44	6.40
6歳	100.00	76.22	14.01	6.51	1.19	0.46	0.52	0.71	0.38	23.32	14.53	7.22	1.57	4.95	0.75	9.38	13.81	1.68	37.35	15.83	21.52	3.30	0.05	1.80	0.93	5.71
7	100.00	72.50	12.75	8.79	2.91	0.53	0.65	0.91	0.94	26.96	13.41	9.70	3.86	4.70	0.60	6.77	13.70	1.59	45.45	21.94	23.51	4.70	0.08	3.24	1.66	4.91
8	100.00	68.02	10.56	10.94	4.50	0.77	0.68	1.72	2.80	31.20	11.23	12.66	7.30	5.02	0.61	5.90	13.29	1.00	48.90	25.17	23.73	5.28	0.07	4.15	2.43	5.37
9	100.00	61.18	10.31	12.51	5.64	0.79	1.00	2.52	6.04	38.03	11.31	15.04	11.68	5.20	…	5.27	14.21	0.98	47.37	25.54	21.83	4.96	0.09	4.67	2.74	6.95
10	100.00	57.26	10.28	11.59	5.82	1.02	1.22	3.97	8.82	41.72	11.51	15.56	14.64	5.28	0.39	5.39	13.16	0.81	38.86	21.11	17.75	5.02	0.11	4.81	3.15	8.20
11	100.00	53.54	9.07	12.03	6.59	1.03	1.36	4.39	11.97	45.43	10.43	16.43	18.57	5.22	…	4.27	11.57	0.86	31.55	17.46	14.09	5.09	0.18	4.94	3.60	7.15
中学校 計	100.00	44.53	11.46	13.46	8.09	1.15	1.69	5.15	14.48	54.33	13.15	18.61	22.57	5.08	0.38	5.96	11.51	0.50	30.81	17.46	13.35	5.01	0.30	5.76	4.83	3.82
12歳	100.00	47.87	12.12	13.05	6.88	0.97	1.66	5.06	12.40	51.17	13.78	18.10	19.29	5.43	0.40	7.35	13.68	0.65	28.50	16.00	12.50	5.22	0.27	5.66	4.55	5.27
13	100.00	43.07	11.34	14.00	9.13	1.21	1.60	4.63	15.02	55.72	12.94	18.63	24.15	4.91	…	5.57	10.51	0.49	30.53	17.48	13.05	4.86	0.28	5.75	4.72	3.60
14	100.00	42.38	10.87	13.36	8.33	1.29	1.81	5.77	16.19	56.33	12.68	19.13	24.52	4.90	0.35	4.94	10.30	0.34	33.48	18.95	14.52	4.94	0.36	5.88	5.24	2.54
高等学校 計	100.00	39.06	12.75	13.55	8.94	1.06	1.33	4.31	18.99	59.88	14.08	17.86	27.94	3.68	0.31	2.86	7.34	0.25	39.82	22.91	16.91	4.42	0.45	5.55	5.05	1.09
15歳	100.00	39.79	12.53	15.30	9.26	1.22	1.39	4.59	15.93	58.99	13.92	19.89	25.19	3.62	0.32	3.95	8.38	0.26	35.32	20.32	15.00	4.41	0.38	5.44	4.74	1.13
16	100.00	39.32	13.37	12.90	9.28	1.11	1.23	4.70	18.09	59.58	14.60	17.60	27.37	3.72	…	2.28	6.43	0.21	40.30	23.10	17.21	4.45	0.45	5.66	5.11	1.11
17	100.00	38.08	12.36	12.46	8.30	0.84	1.37	3.65	22.94	61.07	13.73	16.11	31.23	3.69	0.31	2.33	7.20	0.28	43.86	25.31	18.55	4.40	0.51	5.55	5.30	1.03
うち公立																										
幼稚園 5歳	100.00	75.04	17.27	4.64	0.46	0.68	0.89	0.76	0.25	24.28	18.17	5.40	0.71	1.95	…	5.44	4.38	0.79	34.68	11.59	23.09	3.98	0.16	2.10	0.53	3.41
小学校 計	100.00	64.75	11.10	10.43	4.47	0.77	0.90	2.38	5.20	34.48	12.01	12.81	9.67	5.08	0.59	6.13	13.33	1.14	41.72	21.19	20.53	4.72	0.10	3.98	2.44	6.46
6歳	100.00	76.30	13.96	6.51	1.17	0.46	0.52	0.70	0.37	23.23	14.48	7.21	1.54	4.95	0.74	9.37	13.85	1.66	37.60	15.86	21.74	3.28	0.05	1.82	0.94	5.75
7	100.00	72.61	12.71	8.77	2.90	0.54	0.64	0.90	0.93	26.85	13.35	9.67	3.83	4.73	0.60	6.78	13.77	1.59	45.70	21.96	23.74	4.67	0.08	3.25	1.67	4.95
8	100.00	68.18	10.54	10.92	4.50	0.76	0.68	1.69	2.74	31.06	11.22	12.61	7.23	5.05	0.62	5.89	13.30	0.98	49.10	25.17	23.94	5.26	0.07	4.17	2.43	5.43
9	100.00	61.33	10.29	12.52	5.65	0.78	0.99	2.48	5.97	37.90	11.27	15.00	11.62	5.21	…	5.28	14.28	0.98	47.49	25.49	22.00	4.97	0.10	4.69	2.73	7.01
10	100.00	57.42	10.27	11.60	5.80	1.01	1.19	3.93	8.78	41.57	11.47	15.53	14.57	5.31	0.39	5.35	13.19	0.80	39.02	21.13	17.90	5.02	0.12	4.85	3.17	8.27
11	100.00	53.71	9.06	12.01	6.56	1.02	1.34	4.38	11.92	45.27	10.40	16.39	18.48	5.21	…	4.29	11.67	0.86	31.65	17.46	14.19	5.08	0.18	4.95	3.59	7.21
中学校 計	100.00	44.69	11.37	13.39	8.04	1.17	1.70	5.14	14.50	54.14	13.07	18.54	22.54	5.15	0.37	5.92	12.08	0.52	31.27	17.55	13.72	5.01	0.31	5.81	4.95	3.92
12歳	100.00	48.00	12.05	13.03	6.84	0.98	1.65	5.04	12.40	51.02	13.70	18.07	19.24	5.48	0.38	7.51	14.28	0.68	29.02	16.17	12.85	5.19	0.28	5.73	4.69	5.42
13	100.00	43.35	11.21	13.92	9.09	1.23	1.63	4.60	14.96	55.42	12.84	18.53	24.06	4.98	…	5.40	11.17	0.52	30.96	17.55	13.42	4.91	0.28	5.80	4.81	3.70
14	100.00	42.46	10.78	13.24	8.27	1.32	1.83	5.81	16.29	56.23	12.61	19.05	24.56	4.99	0.36	4.81	10.75	0.37	33.89	18.96	14.93	4.93	0.38	5.92	5.35	2.60
高等学校 計	100.00	36.65	12.04	13.07	9.18	0.45	1.02	4.83	22.75	62.90	13.06	17.90	31.94	4.42	0.29	3.06	8.27	0.21	41.24	23.44	17.80	4.10	0.44	5.34	4.98	1.20
15歳	100.00	37.03	11.56	15.70	9.72	0.71	1.11	4.55	19.62	62.26	12.67	20.25	29.34	4.24	0.29	4.36	9.16	0.23	36.52	20.70	15.82	4.00	0.34	5.19	4.68	1.24
16	100.00	36.41	13.76	12.19	8.89	0.25	0.87	5.56	22.07	63.33	14.63	17.75	30.95	4.44	…	2.15	7.56	0.19	41.67	23.60	18.07	4.24	0.42	5.50	5.09	1.24
17	100.00	36.52	10.82	11.35	8.95	0.38	1.08	4.40	26.51	63.10	11.90	15.75	35.46	4.58	0.29	2.46	7.94	0.20	45.50	25.99	19.51	4.06	0.54	5.32	5.17	1.11
うち私立																										
幼稚園 5歳	100.00	71.37	21.08	5.26	0.52	0.56	0.36	0.59	0.26	28.07	21.44	5.85	0.78	1.18	…	1.46	2.54	1.10	30.33	13.12	17.22	3.76	0.09	1.11	0.33	1.89
高等学校 計	100.00	41.72	16.83	16.40	8.17	1.46	0.86	2.82	11.73	56.82	17.69	19.22	19.90	2.51	0.41	2.63	5.69	0.29	36.80	21.69	15.11	5.30	0.50	6.19	5.22	0.85
15歳	100.00	42.13	16.55	17.10	7.54	1.84	0.92	3.19	10.75	56.04	17.46	20.29	18.29	2.50	0.46	3.20	6.20	0.34	32.81	19.61	13.20	5.36	0.47	6.16	4.84	0.85
16	100.00	42.08	16.16	16.45	8.83	1.43	0.87	2.97	11.21	56.49	17.03	19.42	20.04	2.61	…	2.48	5.24	0.23	37.25	21.87	15.38	5.17	0.55	6.20	5.23	0.85
17	100.00	40.91	17.82	15.62	8.16	1.10	0.80	2.27	13.31	57.99	18.62	17.90	21.47	2.41	0.35	2.17	5.58	0.32	40.46	23.65	16.81	5.36	0.46	6.22	5.59	0.86

区分	永久歯の1人当り平均むし歯（う歯）等数 計 (本)	喪失歯数 (本)	むし歯（う歯） 計 (本)	処置歯数 (本)	未処置歯数 (本)	栄養状態	せき柱・胸郭・四肢の状態	皮膚疾患 アトピー性皮膚炎	その他の皮膚疾患	結核の精密検査の対象者	結核	心臓の疾病・異常	心電図異常	蛋白検出の者	尿糖検出の者	その他の疾病・異常 ぜん息	腎臓疾患	言語障害	その他の疾病・異常
幼稚園 5歳	…	…	…	…	…	0.30	0.43	2.05	1.13	…	…	0.35	…	0.99	…	1.86	0.09	0.48	2.16
小学校 計	…	…	…	…	…	2.55	0.92	3.35	0.41	0.18	0.00	0.82	2.94	0.68	0.07	3.92	0.20	0.53	5.31
6歳	…	…	…	…	…	1.08	0.65	3.30	0.52	0.37	0.00	0.99	2.94	0.38	0.09	4.43	0.16	0.85	4.95
7	…	…	…	…	…	1.74	0.82	3.49	0.42	0.15	0.00	0.84	…	0.42	0.03	4.03	0.20	0.70	5.34
8	…	…	…	…	…	2.45	0.83	3.45	0.42	0.15	-	0.81	…	0.35	0.07	3.93	0.20	0.62	5.37
9	…	…	…	…	…	3.17	0.86	3.42	0.37	0.12	-	0.80	…	0.49	0.06	3.62	0.18	0.45	5.43
10	…	…	…	…	…	3.42	1.06	3.19	0.38	0.13	0.00	0.76	…	0.75	0.06	3.95	0.21	0.29	5.43
11	…	…	…	…	…	3.30	1.29	3.25	0.37	0.14	-	0.74	…	1.64	0.09	3.61	0.26	0.26	5.33
中学校 計	0.63	0.01	0.62	0.38	0.24	1.33	1.46	2.98	0.25	0.11	-	1.04	3.70	3.86	0.17	3.13	0.26	0.11	5.02
12歳	0.63	0.01	0.62	0.38	0.24	1.44	1.45	2.94	0.30	0.17	-	1.21	3.70	3.36	0.11	3.28	0.22	0.12	5.04
13	…	…	…	…	…	1.28	1.53	2.95	0.20	0.10	-	0.99	…	4.16	0.17	3.15	0.30	0.12	5.09
14	…	…	…	…	…	1.25	1.40	3.07	0.24	0.07	-	0.92	…	4.06	0.24	2.96	0.24	0.08	4.92
高等学校 計	…	…	…	…	…	0.72	1.00	2.56	0.17	…	0.03	0.90	4.01	3.81	0.27	1.94	0.23	0.06	4.14
15歳	…	…	…	…	…	0.75	1.16	2.64	0.20	…	0.03	1.02	4.01	4.63	0.25	1.95	0.24	0.07	4.29
16	…	…	…	…	…	0.68	0.99	2.53	0.18	…	…	0.88	…	3.68	0.26	1.97	0.25	0.05	4.13
17	…	…	…	…	…	0.72	0.85	2.51	0.14	…	…	0.81	…	3.12	0.30	1.91	0.21	0.04	3.99
うち公立																			
幼稚園 5歳	…	…	…	…	…	0.52	1.02	1.71	0.70	…	…	0.29	…	0.20	…	1.38	0.02	0.72	1.46
小学校 計	…	…	…	…	…	2.55	0.91	3.35	0.41	0.18	0.00	0.82	2.94	0.67	0.07	3.93	0.20	0.53	5.36
6歳	…	…	…	…	…	1.09	0.65	3.30	0.52	0.37	0.00	0.99	2.94	0.38	0.09	4.43	0.17	0.86	5.00
7	…	…	…	…	…	1.75	0.81	3.50	0.42	0.15	0.00	0.84	…	0.40	0.03	4.04	0.20	0.71	5.38
8	…	…	…	…	…	2.46	0.82	3.47	0.42	0.15	-	0.81	…	0.35	0.07	3.94	0.20	0.63	5.42
9	…	…	…	…	…	3.18	0.84	3.43	0.37	0.12	-	0.80	…	0.49	0.06	3.65	0.18	0.46	5.48
10	…	…	…	…	…	3.43	1.05	3.18	0.38	0.13	0.00	0.76	…	0.73	0.07	3.95	0.21	0.30	5.47
11	…	…	…	…	…	3.30	1.28	3.24	0.37	0.14	-	0.74	…	1.62	0.09	3.61	0.26	0.27	5.38
中学校 計	0.64	0.01	0.63	0.39	0.24	1.36	1.49	3.06	0.26	0.10	-	1.07	3.68	3.72	0.17	3.22	0.26	0.11	5.16
12歳	0.64	0.01	0.63	0.39	0.24	1.49	1.47	3.03	0.32	0.14	-	1.23	3.68	3.15	0.11	3.40	0.22	0.13	5.19
13	…	…	…	…	…	1.32	1.57	3.01	0.20	0.09	-	1.02	…	4.03	0.16	3.23	0.31	0.12	5.20
14	…	…	…	…	…	1.27	1.44	3.15	0.25	0.07	-	0.95	…	3.99	0.24	3.05	0.26	0.09	5.08
高等学校 計	…	…	…	…	…	0.71	0.86	2.81	0.16	…	0.03	0.98	3.91	3.72	0.28	2.16	0.26	0.06	4.60
15歳	…	…	…	…	…	0.74	1.01	2.96	0.18	…	0.03	1.08	3.91	4.51	0.25	2.21	0.28	0.09	4.71
16	…	…	…	…	…	0.67	0.85	2.76	0.16	…	…	1.00	…	3.56	0.27	2.17	0.27	0.05	4.57
17	…	…	…	…	…	0.71	0.73	2.72	0.13	…	…	0.87	…	3.09	0.31	2.10	0.23	0.05	4.53
うち私立																			
幼稚園 5歳	…	…	…	…	…	0.29	0.29	2.17	1.21	…	…	0.36	…	1.19	…	2.01	0.10	0.44	2.28
高等学校 計	…	…	…	…	…	0.73	1.32	2.08	0.20	…	0.03	0.73	4.22	4.12	0.26	1.58	0.19	0.04	3.48
15歳	…	…	…	…	…	0.76	1.49	1.99	0.21	…	0.03	0.88	4.22	4.87	0.27	1.39	0.16	0.05	3.70
16	…	…	…	…	…	0.69	1.39	2.12	0.21	…	…	0.64	…	4.12	0.22	1.68	0.22	0.05	3.57
17	…	…	…	…	…	0.74	1.08	2.15	0.18	…	…	0.67	…	3.34	0.27	1.68	0.18	0.04	3.17

4 年齢別 都市階級別 設置者別 疾病・異常被患率等（15-7）

2 男 (2) 大都市

単位 (%)

区分	裸眼視力 計	視力非矯正者の裸眼視力 1.0以上	視力非矯正者の裸眼視力 1.0未満0.7以上	視力非矯正者の裸眼視力 0.7未満0.3以上	視力非矯正者の裸眼視力 0.3未満	視力矯正者の裸眼視力 1.0以上	視力矯正者の裸眼視力 1.0未満0.7以上	視力矯正者の裸眼視力 0.7未満0.3以上	視力矯正者の裸眼視力 0.3未満	裸眼視力 計	裸眼視力 1.0未満0.7以上	裸眼視力 0.7未満0.3以上	裸眼視力 0.3未満	眼の疾病・異常	難聴	耳鼻咽頭 耳疾患	耳鼻咽頭 鼻・副鼻腔疾患	耳鼻咽頭 口腔咽喉頭疾患・異常	歯・口腔 むし歯（う歯） 計	歯・口腔 むし歯（う歯） 処置完了者	歯・口腔 むし歯（う歯） 未処置歯のある者	歯・口腔 歯列・咬合	歯・口腔 顎関節	歯・口腔 歯垢の状態	歯・口腔 歯肉の状態	歯・口腔 その他の疾病・異常
幼稚園 5歳	100.00	70.98	19.52	6.08	1.25	0.78	0.55	0.56	0.29	28.25	20.07	6.64	1.54	1.62	…	2.75	3.59	1.02	26.48	12.56	13.93	3.22	0.07	2.09	0.78	1.83
小学校 計	100.00	62.34	11.70	11.67	5.57	0.62	0.85	2.21	5.04	37.04	12.55	13.88	10.61	5.54	0.68	7.33	12.17	0.76	36.14	20.09	16.05	4.18	0.05	3.63	2.25	4.85
小学校 6歳	100.00	74.84	14.51	7.34	1.55	0.45	0.43	0.58	0.30	24.70	14.94	7.91	1.85	5.41	0.78	10.39	12.96	1.12	31.96	15.33	16.63	2.87	0.05	1.86	0.95	4.39
小学校 7	100.00	71.10	13.19	9.27	3.60	0.47	0.53	0.88	0.96	28.43	13.72	10.15	4.56	4.97	0.70	8.22	10.84	0.79	39.69	21.72	17.97	4.19	0.06	3.25	1.59	3.80
小学校 8	100.00	65.16	10.28	13.09	5.48	0.66	0.67	1.66	2.99	34.17	10.95	14.75	8.48	5.89	0.85	7.66	12.32	1.16	43.72	24.76	18.95	4.44	0.04	3.83	2.04	4.19
小学校 9	100.00	58.36	11.11	14.03	6.81	0.58	0.78	2.23	6.10	41.06	11.89	16.26	12.91	5.92	…	6.24	13.71	0.71	41.35	24.39	16.97	4.35	0.05	4.07	2.56	4.96
小学校 10	100.00	53.74	11.14	12.55	7.10	0.76	1.41	3.82	9.48	45.50	12.55	16.37	16.58	5.25	0.36	6.25	12.66	0.46	33.24	19.03	14.20	4.56	0.06	4.18	2.79	6.31
小学校 11	100.00	47.11	9.59	14.24	9.75	0.89	1.44	4.75	12.22	52.00	11.04	18.99	21.97	5.81	…	5.09	10.38	0.30	26.97	15.33	11.63	4.68	0.06	4.57	3.53	5.44
中学校 計	100.00	40.18	12.94	14.79	9.19	1.13	1.61	6.38	13.78	58.68	14.55	21.17	22.96	5.71	0.45	7.93	11.75	0.21	27.66	16.21	11.45	5.15	0.39	5.85	4.94	3.21
中学校 12歳	100.00	45.89	12.23	14.11	5.75	1.38	1.62	6.79	12.22	52.73	13.85	20.90	17.97	5.93	0.58	10.16	15.97	0.22	25.58	14.90	10.68	5.82	0.43	5.55	4.72	4.23
中学校 13	100.00	37.85	12.58	15.01	12.09	0.93	1.00	5.93	14.61	61.22	13.58	20.94	26.70	5.31	…	6.63	9.13	0.22	27.02	15.75	11.27	4.78	0.31	5.77	4.75	3.14
中学校 14	100.00	36.42	14.10	15.32	9.82	1.07	2.28	6.41	14.59	62.51	16.38	21.72	24.41	5.88	0.32	6.91	10.01	0.18	30.50	18.05	12.45	4.84	0.43	6.24	5.36	2.21
高等学校 計	100.00	32.05	11.13	18.59	15.00	0.22	0.69	3.04	19.28	67.74	11.82	21.63	34.28	3.47	0.34	3.91	7.27	0.15	36.58	21.22	15.36	5.00	0.41	5.69	5.38	0.94
高等学校 15歳	100.00	31.36	9.96	21.46	15.39	0.36	1.10	2.80	17.57	68.28	11.05	24.27	32.96	3.59	0.37	5.06	8.46	0.17	32.17	18.78	13.39	5.28	0.28	5.84	5.23	0.88
高等学校 16	100.00	34.89	11.94	15.51	14.22	0.16	0.37	3.00	19.92	64.95	12.31	18.51	34.14	3.43	…	3.33	6.19	0.14	36.93	21.25	15.68	4.99	0.44	5.69	5.32	1.06
高等学校 17	100.00	29.87	11.52	18.77	15.40	0.13	0.60	3.33	20.38	70.00	12.12	22.10	35.78	3.38	0.31	3.13	6.92	0.15	40.70	23.66	17.04	4.73	0.52	5.55	5.59	0.88
うち公立																										
幼稚園 5歳	100.00	71.01	16.29	9.90	0.18	0.18	2.21	0.15	0.09	28.82	18.50	10.05	0.27	1.36	…	7.59	6.49	0.58	27.12	9.86	17.27	2.34	0.28	3.41	1.00	2.52
小学校 計	100.00	62.45	11.67	11.68	5.55	0.62	0.84	2.19	5.01	36.93	12.51	13.87	10.56	5.56	0.68	7.31	12.25	0.71	36.27	20.09	16.18	4.11	0.05	3.63	2.23	4.92
小学校 6歳	100.00	75.00	14.42	7.32	1.51	0.45	0.44	0.56	0.30	24.55	14.86	7.88	1.81	5.45	0.78	10.34	12.87	1.04	32.14	15.35	16.79	2.84	0.05	1.88	0.96	4.45
小学校 7	100.00	71.20	13.18	9.26	3.57	0.46	0.52	0.87	0.94	28.34	13.70	10.14	4.51	4.98	0.71	7.97	11.07	0.80	39.81	21.70	18.12	4.09	0.06	3.27	1.60	3.85
小学校 8	100.00	65.25	10.24	13.13	5.49	0.67	0.65	1.62	2.96	34.09	10.89	14.74	8.45	5.87	0.86	7.80	12.02	1.02	43.84	24.73	19.11	4.33	0.04	3.87	2.05	4.26
小学校 9	100.00	58.50	11.10	14.02	6.79	0.57	0.77	2.21	6.04	40.94	11.87	16.24	12.83	5.97	…	6.29	13.97	0.69	41.46	24.39	17.07	4.26	0.05	4.02	2.48	5.03
小学校 10	100.00	53.87	11.14	12.59	7.06	0.75	1.38	3.78	9.42	45.38	12.53	16.37	16.48	5.28	0.37	6.21	12.83	0.40	33.41	19.08	14.34	4.50	0.07	4.22	2.78	6.40
小学校 11	100.00	47.17	9.54	14.26	9.74	0.89	1.44	4.75	12.22	51.94	10.97	19.01	21.96	5.81	…	5.11	10.57	0.31	27.01	15.30	11.71	4.61	0.06	4.52	3.46	5.51
中学校 計	100.00	40.02	12.61	14.77	9.10	1.17	1.61	6.44	14.28	58.81	14.22	21.20	23.39	6.00	0.46	8.35	12.80	0.24	28.09	16.35	11.75	5.14	0.41	6.03	5.18	3.21
中学校 12歳	100.00	45.64	12.27	14.27	5.66	1.43	1.58	6.67	12.47	52.92	13.85	20.94	18.13	6.15	0.56	10.44	16.80	0.25	26.25	15.34	10.92	5.77	0.46	5.69	4.99	4.24
中学校 13	100.00	37.87	12.07	14.89	11.93	0.97	1.03	6.15	15.09	61.16	13.10	21.03	27.02	5.71	…	6.93	10.16	0.25	27.57	15.95	11.61	4.82	0.31	5.98	4.99	3.15
中学校 14	100.00	36.10	13.60	15.19	9.84	1.09	2.28	6.49	15.42	62.81	15.87	21.68	25.26	6.15	0.35	7.46	11.03	0.22	30.57	17.81	12.76	4.82	0.45	6.45	5.59	2.18
高等学校 計	100.00	30.14	10.61	16.87	13.99	0.06	0.71	3.38	24.25	69.81	11.32	20.25	38.24	5.02	0.34	4.89	9.77	0.15	39.81	22.45	17.36	4.57	0.47	5.96	6.05	1.05
高等学校 15歳	100.00	30.16	10.17	19.65	13.37	0.05	1.19	2.97	22.44	69.78	11.36	22.62	35.81	4.59	0.38	6.58	11.24	0.24	35.09	20.05	15.04	4.70	0.30	5.86	5.89	0.98
高等学校 16	100.00	32.20	11.08	14.39	14.67	0.05	0.40	3.64	23.58	67.75	11.47	18.03	38.24	5.19	…	3.86	8.53	0.07	39.93	22.12	17.81	4.68	0.47	6.00	6.21	1.20
高等学校 17	100.00	28.04	10.59	16.52	13.95	0.06	0.54	3.54	26.77	71.90	11.13	20.06	40.72	5.34	0.31	3.41	8.81	0.10	44.43	25.20	19.23	4.33	0.63	6.02	6.05	0.95
うち私立																										
幼稚園 5歳	100.00	70.87	19.94	5.67	1.38	0.80	0.43	0.60	0.31	28.33	20.38	6.27	1.69	1.46	…	2.10	3.32	1.08	26.46	12.94	13.52	3.29	0.04	1.86	0.76	1.79
高等学校 計	100.00	37.31	13.09	13.60	11.77	2.14	0.14	6.88	15.07	60.55	13.23	20.48	26.83	2.15	0.37	2.85	4.83	0.17	33.50	20.10	13.40	5.41	0.33	5.21	4.47	0.77
高等学校 15歳	100.00	33.00	12.95	14.41	13.44	3.16	0.14	6.48	16.41	63.84	13.10	20.89	29.85	2.39	0.39	3.30	5.86	0.22	29.39	17.70	11.69	5.90	0.26	5.59	4.43	0.69
高等学校 16	100.00	40.67	12.90	10.54	10.48	1.74	0.19	6.48	16.99	57.59	13.10	17.02	27.47	2.00	…	2.60	4.08	0.14	34.01	20.35	13.67	5.04	0.39	5.12	4.15	0.84
高等学校 17	100.00	38.92	13.45	15.74	11.12	1.37	0.07	7.76	11.58	59.71	13.52	23.49	22.70	2.04	0.34	2.63	4.49	0.15	37.19	22.32	14.87	5.27	0.36	4.91	4.81	0.76

区分	永久歯の1人当り平均むし歯(う歯)等数 計 (本)	喪失歯数 (本)	むし歯（う歯） 計 (本)	むし歯（う歯） 処置歯数 (本)	むし歯（う歯） 未処置歯数 (本)	栄養状態	せき柱・胸郭・四肢の状態	皮膚疾患 アトピー性皮膚炎	皮膚疾患 その他の皮膚疾患	結核検査の対象者 / 結核の精密検査の対象者	結核	心臓の疾病・異常	心電図異常	蛋白検出の者	尿糖検出の者	その他の疾病・異常 ぜん息	その他の疾病・異常 腎臓疾患	その他の疾病・異常 言語障害	その他の疾病・異常 その他の疾病・異常
幼稚園 5歳	…	…	…	…	…	0.27	0.26	1.86	1.17	…	…	0.50	…	2.33	…	1.78	0.11	0.34	2.81
小学校 計	…	…	…	…	…	2.43	1.10	3.38	0.47	0.25	0.00	0.84	2.65	0.53	0.06	3.97	0.26	0.29	4.14
小学校 6歳	…	…	…	…	…	0.92	0.72	3.40	0.48	0.54	0.00	1.08	2.65	0.20	0.07	4.52	0.25	0.38	4.13
小学校 7	…	…	…	…	…	1.57	1.08	3.41	0.51	0.18	-	0.91	…	0.28	0.04	4.08	0.25	0.37	4.17
小学校 8	…	…	…	…	…	2.34	0.91	3.35	0.53	0.17	-	0.76	…	0.24	0.03	4.19	0.28	0.38	4.11
小学校 9	…	…	…	…	…	3.04	1.05	3.39	0.33	0.18	-	0.78	…	0.36	0.07	3.53	0.21	0.30	4.23
小学校 10	…	…	…	…	…	3.50	1.19	3.39	0.47	0.19	0.00	0.75	…	0.61	0.03	3.88	0.25	0.19	4.35
小学校 11	…	…	…	…	…	3.17	1.63	3.32	0.49	0.26	-	0.78	…	1.51	0.10	3.64	0.30	0.12	3.88
中学校 計	0.54	0.01	0.53	0.34	0.20	1.13	1.71	2.95	0.28	0.19	-	1.01	3.63	3.68	0.18	3.57	0.33	0.12	4.92
中学校 12歳	0.54	0.01	0.53	0.34	0.20	1.20	1.70	2.89	0.29	0.32	-	1.18	3.63	3.33	0.12	3.71	0.33	0.13	5.00
中学校 13	…	…	…	…	…	1.09	1.87	3.06	0.22	0.14	-	0.97	…	4.13	0.18	3.68	0.41	0.13	4.83
中学校 14	…	…	…	…	…	1.10	1.54	2.90	0.35	0.11	-	0.87	…	3.59	0.23	3.32	0.25	0.10	4.91
高等学校 計	…	…	…	…	…	0.62	0.95	2.50	0.14	…	0.02	0.70	4.13	3.57	0.28	1.96	0.23	0.06	4.41
高等学校 15歳	…	…	…	…	…	0.62	1.07	2.71	0.17	…	0.02	0.78	4.13	4.23	0.28	1.96	0.28	0.06	4.42
高等学校 16	…	…	…	…	…	0.65	0.96	2.44	0.14	…	…	0.70	…	3.57	0.28	1.99	0.24	0.06	4.42
高等学校 17	…	…	…	…	…	0.58	0.82	2.36	0.11	…	…	0.61	…	2.90	0.29	1.93	0.16	0.04	4.38
うち公立																			
幼稚園 5歳	…	…	…	…	…	1.68	0.85	0.56	-	…	…	0.67	…	0.25	…	0.77	-	0.94	2.32
小学校 計	…	…	…	…	…	2.41	1.07	3.38	0.47	0.25	0.00	0.85	2.63	0.54	0.06	3.99	0.26	0.29	4.17
小学校 6歳	…	…	…	…	…	0.92	0.70	3.41	0.48	0.54	0.00	1.08	2.63	0.20	0.07	4.54	0.26	0.39	4.12
小学校 7	…	…	…	…	…	1.56	1.05	3.41	0.50	0.18	-	0.92	…	0.29	0.05	4.08	0.25	0.37	4.20
小学校 8	…	…	…	…	…	2.32	0.88	3.34	0.53	0.17	-	0.76	…	0.25	0.03	4.21	0.28	0.38	4.16
小学校 9	…	…	…	…	…	3.01	1.01	3.39	0.33	0.18	-	0.80	…	0.36	0.07	3.55	0.22	0.31	4.25
小学校 10	…	…	…	…	…	3.47	1.15	3.38	0.47	0.19	0.00	0.76	…	0.62	0.03	3.89	0.25	0.19	4.37
小学校 11	…	…	…	…	…	3.14	1.60	3.33	0.50	0.26	-	0.78	…	1.51	0.10	3.66	0.31	0.12	3.93
中学校 計	0.57	0.01	0.56	0.35	0.21	1.18	1.82	3.04	0.31	0.19	-	1.11	3.54	3.45	0.20	3.76	0.34	0.12	4.99
中学校 12歳	0.57	0.01	0.56	0.35	0.21	1.28	1.72	2.98	0.32	0.30	-	1.29	3.54	2.92	0.13	3.91	0.33	0.14	5.11
中学校 13	…	…	…	…	…	1.14	2.08	3.13	0.23	0.14	-	1.07	…	3.91	0.20	3.86	0.42	0.11	4.77
中学校 14	…	…	…	…	…	1.11	1.66	3.03	0.38	0.12	-	0.96	…	3.54	0.27	3.49	0.28	0.11	5.09
高等学校 計	…	…	…	…	…	0.54	0.92	3.07	0.12	…	0.02	0.88	3.89	3.92	0.37	2.54	0.32	0.08	5.80
高等学校 15歳	…	…	…	…	…	0.47	1.06	3.35	0.15	…	0.02	0.94	3.89	4.62	0.37	2.50	0.40	0.10	5.53
高等学校 16	…	…	…	…	…	0.63	0.88	3.08	0.08	…	…	0.93	…	3.97	0.39	2.59	0.33	0.08	5.84
高等学校 17	…	…	…	…	…	0.52	0.84	2.79	0.12	…	…	0.77	…	3.17	0.34	2.55	0.23	0.05	6.05
うち私立																			
幼稚園 5歳	…	…	…	…	…	0.16	0.21	1.96	1.28	…	…	0.48	…	2.48	…	1.90	0.12	0.31	2.80
高等学校 計	…	…	…	…	…	0.91	1.02	2.06	0.15	…	0.01	0.55	4.28	3.13	0.22	1.47	0.14	0.03	3.13
高等学校 15歳	…	…	…	…	…	1.02	1.20	2.07	0.17	…	0.01	0.72	4.28	3.70	0.23	1.39	0.13	0.02	3.43
高等学校 16	…	…	…	…	…	0.84	1.03	1.98	0.18	…	…	0.45	…	3.23	0.18	1.50	0.17	0.02	2.96
高等学校 17	…	…	…	…	…	0.86	0.82	2.13	0.11	…	…	0.48	…	2.45	0.24	1.53	0.12	0.07	3.01

4 年齢別 都市階級別 設置者別 疾病・異常被患率等（15-8）

2 男 (3) 中都市

単位 (%)

区分	計	裸眼視力 視力非矯正者の裸眼視力 1.0以上	1.0未満 0.7以上	0.7未満 0.3以上	0.3未満	視力矯正者の裸眼視力 1.0以上	1.0未満 0.7以上	0.7未満 0.3以上	0.3未満	裸眼視力 計	1.0未満 0.7以上	0.7未満 0.3以上	0.3未満	眼の疾病・異常	難聴	耳鼻咽頭 耳疾患	鼻・副鼻腔疾患	口腔咽喉頭疾患・異常	歯・口腔 むし歯（う歯）計	処置完了者	未処置歯のある者	歯列・咬合	顎関節	歯垢の状態	歯肉の状態	その他の疾病・異常
幼稚園 5歳	100.00	74.16	17.45	5.80	0.35	0.72	0.40	0.84	0.28	25.12	17.85	6.64	0.63	1.59	…	2.41	2.97	0.72	30.29	11.97	18.32	4.22	0.18	1.05	0.19	2.30
小学校 計	100.00	64.61	11.10	10.34	4.33	0.82	0.88	2.47	5.45	34.57	11.99	12.81	9.78	4.89	0.56	5.70	12.78	1.29	40.67	20.72	19.95	4.66	0.12	3.95	2.58	6.46
6歳	100.00	76.37	14.30	6.29	1.04	0.43	0.56	0.64	0.37	23.20	14.86	6.92	1.41	4.58	0.79	8.49	13.70	1.34	36.50	15.26	21.24	3.32	0.06	1.90	1.09	6.02
7	100.00	71.98	13.06	9.03	2.90	0.52	0.53	1.00	0.97	27.49	13.59	10.03	3.87	4.94	0.56	6.10	15.03	2.42	44.35	21.28	23.07	4.71	0.09	2.77	1.64	4.86
8	100.00	67.97	10.73	10.56	4.94	0.77	0.64	1.73	2.66	31.26	11.37	12.30	7.60	4.59	0.51	5.88	13.01	0.65	47.50	24.40	23.11	5.25	0.10	4.30	2.81	5.49
9	100.00	61.15	10.11	12.24	5.75	0.88	1.20	2.55	6.11	37.96	11.31	14.79	11.86	4.97	…	4.43	11.95	1.16	46.64	25.17	21.47	4.89	0.12	4.73	2.72	7.01
10	100.00	56.94	9.79	12.49	5.60	1.21	1.14	4.05	8.77	41.85	10.94	16.55	14.37	5.61	0.40	5.49	12.65	0.83	38.24	20.89	17.35	4.85	0.08	4.88	3.59	8.25
11	100.00	53.63	8.74	11.33	5.68	1.08	1.20	4.77	13.56	45.29	9.94	16.11	19.24	4.63	…	3.67	10.25	1.43	31.06	17.20	13.85	4.89	0.26	4.95	3.49	7.03
中学校 計	100.00	46.58	11.04	13.52	8.55	0.90	1.45	3.70	14.26	52.51	12.49	17.22	22.81	4.90	0.38	5.50	11.60	0.38	30.34	17.20	13.14	5.11	0.24	5.96	4.87	3.49
12歳	100.00	49.59	11.72	12.76	7.96	0.55	1.24	3.29	12.88	49.86	12.96	16.06	20.84	5.64	0.37	6.98	13.47	0.53	27.37	15.28	12.09	5.22	0.22	6.19	4.79	4.98
13	100.00	44.53	10.89	15.06	9.03	0.59	2.43	3.80	13.67	54.88	13.32	18.86	22.70	5.05	…	5.45	11.46	0.44	30.11	17.27	12.84	5.12	0.21	5.84	4.77	3.26
14	100.00	45.21	10.39	12.81	8.75	1.63	0.68	4.08	16.45	53.16	11.07	16.89	25.20	3.97	0.38	4.01	9.80	0.16	33.64	19.10	14.55	4.99	0.29	5.85	5.05	2.21
高等学校 計	100.00	38.11	10.96	11.78	8.57	1.01	1.15	3.37	25.05	60.88	12.11	15.15	33.62	3.45	0.29	2.39	7.36	0.20	38.99	22.44	16.55	4.07	0.45	5.46	4.57	1.06
15歳	100.00	38.28	11.41	13.08	8.76	1.11	1.20	3.48	22.68	60.61	12.61	16.56	31.44	3.20	0.28	3.47	7.95	0.23	34.77	19.92	14.86	4.05	0.47	4.97	4.20	1.18
16	100.00	39.63	9.79	11.62	8.82	0.97	0.93	3.56	24.68	59.40	10.71	15.18	33.50	3.35	…	1.78	7.20	0.12	39.49	22.86	16.62	4.02	0.43	5.82	4.55	1.09
17	100.00	36.49	11.63	10.63	8.13	0.93	1.32	3.06	27.80	62.58	12.95	13.70	35.93	3.81	0.30	1.85	6.89	0.25	42.74	24.56	18.18	4.14	0.44	5.61	4.97	0.91
うち公立																										
幼稚園 5歳	100.00	79.55	11.48	5.00	0.74	1.45	0.34	1.08	0.36	19.01	11.82	6.08	1.11	3.18	…	11.57	7.46	0.29	30.95	9.78	21.17	4.53	0.20	1.01	0.16	3.81
小学校 計	100.00	64.68	11.10	10.34	4.33	0.82	0.88	2.46	5.39	34.51	11.98	12.80	9.73	4.88	0.57	5.74	12.96	1.29	40.78	20.68	20.10	4.70	0.12	4.00	2.61	6.48
6歳	100.00	76.38	14.30	6.28	1.04	0.43	0.56	0.64	0.37	23.19	14.86	6.92	1.41	4.57	0.79	8.59	13.88	1.33	36.70	15.30	21.40	3.36	0.06	1.94	1.11	6.00
7	100.00	72.01	13.04	9.03	2.90	0.53	0.53	1.00	0.96	27.46	13.57	10.03	3.86	4.96	0.57	6.13	15.19	2.41	44.55	21.30	23.26	4.73	0.10	2.78	1.65	4.84
8	100.00	68.01	10.73	10.58	4.93	0.76	0.64	1.73	2.62	31.23	11.37	12.30	7.55	4.58	0.51	5.91	13.18	0.66	47.54	24.30	23.24	5.30	0.10	4.34	2.84	5.51
9	100.00	61.24	10.10	12.26	5.75	0.87	1.19	2.53	6.05	37.89	11.30	14.79	11.79	4.96	…	4.44	12.16	1.18	46.68	25.06	21.62	4.94	0.13	4.79	2.74	7.04
10	100.00	57.04	9.78	12.48	5.60	1.20	1.15	4.04	8.70	41.75	10.93	16.53	14.30	5.62	0.40	5.51	12.81	0.85	38.32	20.83	17.50	4.88	0.09	4.94	3.63	8.32
11	100.00	53.81	8.73	11.32	5.68	1.08	1.19	4.75	13.43	45.11	9.93	16.07	19.11	4.56	…	3.73	10.46	1.45	31.15	17.21	13.94	4.94	0.26	5.02	3.55	7.04
中学校 計	100.00	46.74	11.06	13.47	8.58	0.92	1.44	3.67	14.11	52.34	12.51	17.15	22.69	4.87	0.38	5.81	12.95	0.40	30.85	17.18	13.67	5.02	0.25	5.95	4.96	3.67
12歳	100.00	49.82	11.67	12.69	7.99	0.56	1.24	3.26	12.77	49.62	12.90	15.96	20.76	5.48	0.37	7.33	14.36	0.53	27.96	15.38	12.58	5.15	0.23	6.26	4.92	5.22
13	100.00	44.73	10.89	15.07	9.02	0.61	2.44	3.79	13.45	54.66	13.33	18.86	22.47	4.95	…	5.56	12.65	0.47	30.48	17.14	13.34	5.08	0.21	5.77	4.82	3.43
14	100.00	45.23	10.55	12.74	8.81	1.66	0.65	4.03	16.34	53.11	11.20	16.76	25.15	4.16	0.38	4.26	11.58	0.16	34.20	19.08	15.12	4.82	0.30	5.81	5.14	2.32
高等学校 計	100.00	38.45	10.90	11.71	8.23	0.44	0.73	3.29	26.27	61.12	11.62	15.00	34.50	4.40	0.27	2.65	8.62	0.15	38.23	22.00	16.23	3.78	0.37	5.02	4.22	1.22
15歳	100.00	37.33	11.61	13.24	8.38	0.66	1.01	3.28	24.50	62.02	12.62	16.52	32.88	3.77	0.27	3.77	8.59	0.18	33.72	19.19	14.53	3.73	0.36	4.62	3.90	1.34
16	100.00	40.48	9.86	11.65	8.33	0.22	0.34	2.81	26.31	59.30	10.20	14.46	34.64	4.26	…	1.74	9.03	0.12	38.76	22.47	16.29	3.86	0.31	5.38	4.18	1.28
17	100.00	37.68	11.14	10.17	7.98	0.42	0.80	3.75	28.07	61.90	11.94	13.92	36.04	5.22	0.26	2.13	8.24	0.14	42.22	24.34	17.87	3.76	0.44	5.07	4.58	1.06
うち私立																										
幼稚園 5歳	100.00	73.63	17.91	6.22	0.19	0.63	0.42	0.74	0.27	25.74	18.33	6.96	0.46	1.21	…	1.01	2.25	0.78	30.35	12.45	17.90	4.26	0.17	0.90	0.18	2.18
高等学校 計	100.00	38.41	11.25	11.53	8.13	2.36	2.22	4.37	21.73	59.24	13.47	15.91	29.87	2.52	0.32	2.02	6.30	0.32	40.01	23.57	16.44	4.57	0.69	6.19	5.16	0.79
15歳	100.00	41.30	11.44	12.54	8.18	2.25	1.86	4.66	17.77	56.45	13.29	17.20	25.96	2.47	0.27	2.50	5.97	0.37	36.00	21.52	14.48	4.47	0.76	5.46	4.56	0.86
16	100.00	39.42	9.66	11.49	8.27	2.49	2.29	5.75	20.63	58.09	11.95	17.24	28.91	2.79	…	1.82	6.26	0.20	40.56	24.03	16.53	4.42	0.72	6.67	5.37	0.83
17	100.00	34.35	12.77	10.55	7.92	2.32	2.51	2.60	26.97	63.33	15.28	13.16	34.89	2.30	0.38	1.70	6.69	0.40	43.59	25.22	18.37	4.82	0.58	6.45	5.57	0.68

区分	永久歯の1人当り平均むし歯（う歯）等数 計（本）	喪失歯数（本）	むし歯（う歯）計（本）	処置歯数（本）	未処置歯数（本）	栄養状態	せき柱・胸郭・四肢の状態	皮膚疾患 アトピー性皮膚炎	その他の皮膚疾患	結核の精密検査の対象者	結核	心臓の疾病・異常	心電図異常	蛋白検出の者	尿糖検出の者	その他の疾病・異常 ぜん息	腎臓疾患	言語障害	その他の疾病・異常
幼稚園 5歳	…	…	…	…	…	0.34	0.53	2.20	1.20	…	…	0.23	…	1.07	…	1.88	0.09	0.45	1.71
小学校 計	…	…	…	…	…	2.58	0.81	3.22	0.47	0.20	0.00	0.79	3.21	0.66	0.07	3.98	0.19	0.48	5.63
6歳	…	…	…	…	…	1.05	0.70	3.18	0.63	0.42	-	1.02	3.21	0.43	0.08	4.38	0.17	0.74	5.40
7	…	…	…	…	…	1.92	0.67	3.35	0.48	0.18	0.00	0.83	…	0.40	0.02	4.11	0.20	0.67	5.89
8	…	…	…	…	…	2.55	0.75	3.28	0.41	0.21	-	0.76	…	0.40	0.08	4.14	0.17	0.57	5.61
9	…	…	…	…	…	3.12	0.68	3.16	0.49	0.14	-	0.80	…	0.45	0.07	3.56	0.17	0.37	5.39
10	…	…	…	…	…	3.41	1.03	3.05	0.41	0.15	-	0.73	…	0.77	0.07	3.97	0.19	0.27	5.77
11	…	…	…	…	…	3.30	1.00	3.27	0.41	0.10	-	0.64	…	1.50	0.10	3.72	0.26	0.29	5.75
中学校 計	0.59	0.01	0.58	0.35	0.22	1.49	1.52	2.96	0.22	0.11	-	1.14	3.91	3.77	0.21	2.85	0.23	0.08	4.49
12歳	0.59	0.01	0.58	0.35	0.22	1.60	1.61	3.00	0.33	0.13	-	1.33	3.91	3.23	0.13	2.87	0.20	0.13	4.41
13	…	…	…	…	…	1.47	1.56	2.65	0.14	0.12	-	1.03	…	4.04	0.21	2.88	0.27	0.08	4.58
14	…	…	…	…	…	1.39	1.37	3.23	0.17	0.08	-	1.05	…	4.03	0.28	2.81	0.24	0.03	4.49
高等学校 計	…	…	…	…	…	0.83	0.89	2.54	0.20	…	0.04	0.96	3.66	4.02	0.26	2.02	0.26	0.05	4.34
15歳	…	…	…	…	…	0.91	1.10	2.61	0.24	…	0.04	1.09	3.66	4.90	0.25	2.05	0.26	0.06	4.44
16	…	…	…	…	…	0.71	0.85	2.62	0.20	…	…	0.99	…	3.88	0.24	2.05	0.28	0.05	4.40
17	…	…	…	…	…	0.86	0.72	2.39	0.18	…	…	0.80	…	3.27	0.29	1.96	0.23	0.04	4.18
うち公立																			
幼稚園 5歳	…	…	…	…	…	0.09	0.53	1.61	0.99	…	…	0.28	…	0.06	…	1.46	0.06	0.85	1.76
小学校 計	…	…	…	…	…	2.59	0.80	3.22	0.46	0.20	0.00	0.80	3.23	0.64	0.07	3.98	0.20	0.48	5.68
6歳	…	…	…	…	…	1.06	0.71	3.20	0.62	0.43	-	1.04	3.23	0.41	0.08	4.38	0.17	0.75	5.47
7	…	…	…	…	…	1.94	0.67	3.34	0.47	0.19	0.00	0.83	…	0.35	0.02	4.11	0.21	0.68	5.89
8	…	…	…	…	…	2.57	0.75	3.29	0.41	0.21	-	0.76	…	0.38	0.08	4.15	0.16	0.56	5.63
9	…	…	…	…	…	3.13	0.68	3.17	0.49	0.14	-	0.81	…	0.43	0.07	3.57	0.18	0.38	5.44
10	…	…	…	…	…	3.42	1.02	3.06	0.40	0.15	-	0.74	…	0.75	0.07	3.97	0.19	0.27	5.82
11	…	…	…	…	…	3.30	0.97	3.25	0.41	0.10	-	0.65	…	1.49	0.10	3.72	0.26	0.29	5.80
中学校 計	0.61	0.01	0.59	0.36	0.23	1.52	1.58	3.03	0.21	0.10	-	1.18	3.98	3.59	0.19	2.88	0.24	0.09	4.58
12歳	0.61	0.01	0.59	0.36	0.23	1.66	1.69	3.09	0.34	0.11	-	1.36	3.98	3.00	0.12	2.93	0.20	0.14	4.47
13	…	…	…	…	…	1.50	1.62	2.70	0.13	0.12	-	1.07	…	3.90	0.19	2.86	0.28	0.09	4.71
14	…	…	…	…	…	1.41	1.42	3.30	0.17	0.08	-	1.10	…	3.87	0.26	2.85	0.25	0.03	4.55
高等学校 計	…	…	…	…	…	0.76	0.60	2.66	0.19	…	0.03	1.00	3.70	3.85	0.22	2.12	0.27	0.06	4.61
15歳	…	…	…	…	…	0.85	0.80	2.78	0.20	…	0.03	1.12	3.70	4.69	0.21	2.22	0.27	0.06	4.69
16	…	…	…	…	…	0.62	0.53	2.73	0.20	…	…	1.07	…	3.67	0.22	2.15	0.29	0.06	4.68
17	…	…	…	…	…	0.81	0.48	2.46	0.16	…	…	0.82	…	3.19	0.24	1.99	0.26	0.05	4.45
うち私立																			
幼稚園 5歳	…	…	…	…	…	0.41	0.43	2.28	1.16	…	…	0.24	…	1.28	…	2.05	0.09	0.39	1.75
高等学校 計	…	…	…	…	…	0.93	1.51	2.25	0.25	…	0.05	0.88	3.70	4.29	0.30	1.97	0.22	0.04	3.81
15歳	…	…	…	…	…	1.04	1.72	2.16	0.36	…	0.05	1.03	3.70	5.12	0.29	1.68	0.22	0.06	3.91
16	…	…	…	…	…	0.83	1.60	2.32	0.18	…	…	0.90	…	4.30	0.26	2.08	0.26	0.02	3.81
17	…	…	…	…	…	0.90	1.19	2.26	0.21	…	…	0.72	…	3.41	0.37	2.17	0.19	0.03	3.71

4 年齢別 都市階級別 設置者別 疾病・異常被患率等（15-9）

2 男 (4) 小都市

単位 (%)

区分	計	裸眼視力 視力非矯正者の裸眼視力 1.0以上	1.0未満 0.7以上	0.7未満 0.3以上	0.3未満	視力矯正者の裸眼視力 1.0以上	1.0未満 0.7以上	0.7未満 0.3以上	0.3未満	裸眼視力 計	1.0未満 0.7以上	0.7未満 0.3以上	0.3未満	眼の疾病・異常	難聴	耳鼻咽頭 耳疾患	鼻・副鼻腔疾患	口腔咽喉頭疾患・異常	歯・口腔 むし歯（う歯） 計	処置完了者	未処置歯のある者	歯列・咬合	顎関節	歯垢の状態	歯肉の状態	その他の疾病・異常
幼稚園 5歳	100.00	71.41	21.76	4.45	0.56	0.45	0.62	0.59	0.16	28.14	22.38	5.04	0.72	0.76	…	1.33	1.83	0.83	35.10	14.10	21.00	3.86	0.06	0.85	0.15	1.95
小学校 計	100.00	66.33	10.73	9.78	3.80	0.83	0.99	2.36	5.18	32.84	11.73	12.14	8.98	4.98	0.55	5.42	14.19	1.29	44.98	22.03	22.95	5.20	0.07	4.04	2.33	7.29
6歳	100.00	77.36	13.43	5.90	1.06	0.49	0.51	0.83	0.43	22.16	13.94	6.73	1.48	4.92	0.67	8.27	14.00	2.15	41.02	16.15	24.87	3.62	0.02	1.68	0.77	6.39
7	100.00	74.36	12.08	8.11	2.29	0.64	0.80	0.82	0.89	24.99	12.88	8.93	3.18	4.81	0.52	5.64	13.75	1.63	49.49	22.55	26.94	5.30	0.05	3.38	1.54	5.47
8	100.00	68.94	10.57	10.15	3.95	0.93	0.74	1.84	2.88	30.14	11.32	11.99	6.83	4.68	0.58	5.29	13.88	1.23	52.44	25.65	26.79	5.80	0.08	4.23	2.55	5.99
9	100.00	63.22	10.09	12.04	4.89	0.86	1.04	2.43	5.44	35.93	11.12	14.47	10.33	5.05	…	4.75	14.72	1.03	51.18	26.49	24.69	5.54	0.06	5.18	2.66	8.37
10	100.00	59.93	9.45	10.72	5.12	0.94	1.24	3.71	8.89	39.12	10.68	14.43	14.01	5.09	0.43	4.39	13.96	0.74	42.02	22.34	19.68	5.33	0.07	4.86	2.99	9.31
11	100.00	55.35	9.01	11.44	5.28	1.08	1.59	4.33	11.91	43.56	10.60	15.78	17.19	5.27	…	4.31	14.81	1.03	34.12	18.81	15.30	5.49	0.15	4.71	3.32	8.00
中学校 計	100.00	44.09	10.37	12.49	7.16	1.28	2.41	5.14	17.08	54.63	12.77	17.63	24.23	5.12	0.31	4.72	11.53	0.59	33.06	18.65	14.42	4.82	0.27	5.61	4.76	4.46
12歳	100.00	47.27	11.50	11.40	6.66	0.93	2.84	4.73	14.67	51.80	14.34	16.13	21.34	5.40	0.29	6.11	13.26	0.90	31.01	17.18	13.83	4.81	0.17	5.35	4.30	6.15
13	100.00	43.36	9.77	13.51	8.11	1.70	1.95	4.30	17.30	54.94	11.71	17.82	25.41	4.74	…	3.88	10.29	0.46	32.89	18.87	14.02	4.75	0.29	5.92	4.76	4.20
14	100.00	41.32	9.74	12.63	6.70	1.23	2.41	6.46	19.51	57.45	12.15	19.09	26.21	5.24	0.34	4.15	11.01	0.39	35.33	19.92	15.41	4.91	0.35	5.57	5.22	3.02
高等学校 計	100.00	36.73	12.18	11.49	7.80	1.29	1.53	5.83	23.17	61.98	13.70	17.31	30.97	3.60	0.33	2.78	7.26	0.32	42.94	24.70	18.24	4.13	0.47	5.73	5.19	1.18
15歳	100.00	37.92	11.96	13.65	8.74	1.79	1.96	5.86	18.12	60.29	13.92	19.51	26.86	3.96	0.33	3.48	8.44	0.37	38.04	21.94	16.09	3.87	0.37	5.50	4.67	1.27
16	100.00	36.31	14.37	11.05	7.82	1.14	1.55	6.04	21.74	62.56	15.92	17.08	29.56	3.81	…	2.41	6.16	0.28	43.42	24.78	18.65	4.11	0.49	5.73	5.41	1.12
17	100.00	35.98	10.24	9.80	6.85	0.94	1.08	5.60	29.51	63.08	11.32	15.39	36.37	3.02	0.33	2.44	7.16	0.30	47.36	27.38	19.97	4.42	0.54	5.96	5.50	1.16
うち公立 幼稚園 5歳	100.00	72.30	21.99	3.21	0.07	0.63	1.32	0.33	0.16	27.07	23.31	3.54	0.23	1.83	…	1.48	3.22	1.01	38.51	11.73	26.79	3.34	-	1.05	0.41	2.22
小学校 計	100.00	66.64	10.68	9.77	3.78	0.80	0.96	2.28	5.10	32.56	11.64	12.05	8.88	5.03	0.55	5.40	14.28	1.30	45.23	22.05	23.17	5.21	0.07	4.06	2.32	7.38
6歳	100.00	77.53	13.31	5.93	1.04	0.48	0.50	0.80	0.41	21.99	13.81	6.73	1.45	4.88	0.65	8.26	14.12	2.17	41.34	16.17	25.17	3.56	0.02	1.70	0.76	6.51
7	100.00	74.59	11.99	8.07	2.25	0.65	0.78	0.80	0.87	24.75	12.77	8.86	3.12	4.88	0.52	5.63	13.83	1.64	49.84	22.63	27.21	5.26	0.06	3.42	1.54	5.56
8	100.00	69.27	10.63	10.09	3.95	0.88	0.75	1.75	2.69	29.85	11.37	11.83	6.64	4.77	0.59	5.28	13.99	1.23	52.83	25.74	27.09	5.83	0.08	4.20	2.51	6.06
9	100.00	63.58	9.93	12.18	4.88	0.84	0.99	2.29	5.30	35.57	10.92	14.47	10.19	5.13	…	4.75	14.86	1.04	51.34	26.41	24.93	5.63	0.06	5.24	2.66	8.47
10	100.00	60.22	9.40	10.72	5.11	0.89	1.15	3.61	8.90	38.89	10.55	14.33	14.01	5.15	0.43	4.35	14.00	0.76	42.23	22.42	19.81	5.37	0.07	4.89	3.00	9.36
11	100.00	55.81	9.03	11.33	5.19	1.02	1.54	4.25	11.82	43.17	10.58	15.58	17.01	5.34	…	4.31	14.83	1.03	34.22	18.79	15.43	5.54	0.15	4.69	3.30	8.10
中学校 計	100.00	44.17	10.37	12.45	7.13	1.29	2.42	5.15	17.01	54.53	12.79	17.60	24.15	5.21	0.30	4.72	11.81	0.62	33.22	18.63	14.59	4.91	0.27	5.59	4.77	4.53
12歳	100.00	47.23	11.51	11.37	6.65	0.94	2.84	4.73	14.73	51.82	14.34	16.10	21.38	5.47	0.27	6.14	13.60	0.95	31.12	17.12	13.99	4.86	0.17	5.34	4.34	6.25
13	100.00	43.59	9.76	13.45	8.12	1.71	1.96	4.27	17.13	54.70	11.72	17.73	25.25	4.81	…	3.96	10.67	0.51	33.02	18.87	14.15	4.86	0.29	5.89	4.76	4.26
14	100.00	41.41	9.75	12.59	6.64	1.25	2.44	6.52	19.40	57.35	12.19	19.11	26.05	5.34	0.34	4.02	11.12	0.40	35.55	19.92	15.63	5.01	0.36	5.55	5.21	3.05
高等学校 計	100.00	32.19	11.12	10.80	8.42	0.76	1.60	6.81	28.29	67.05	12.72	17.61	36.71	3.61	0.27	2.77	7.16	0.34	44.17	25.30	18.87	3.89	0.44	5.26	5.10	1.19
15歳	100.00	33.61	10.87	13.28	9.91	1.30	1.58	6.60	22.85	65.09	12.45	19.88	32.76	4.10	0.24	3.37	8.33	0.44	38.97	22.24	16.73	3.65	0.32	5.01	4.59	1.29
16	100.00	30.61	13.29	10.94	8.49	0.37	1.75	7.36	27.19	69.02	15.04	18.30	35.68	3.86	…	2.31	6.13	0.28	44.87	25.64	19.23	3.90	0.45	5.35	5.30	1.14
17	100.00	32.45	9.15	8.30	6.95	0.64	1.48	6.46	34.58	66.91	10.62	14.76	41.53	2.88	0.31	2.61	7.00	0.31	48.59	27.97	20.62	4.11	0.56	5.42	5.39	1.15
うち私立 幼稚園 5歳	100.00	70.73	22.01	4.81	0.82	0.53	0.30	0.66	0.15	28.75	22.31	5.47	0.97	0.60	…	1.10	1.50	0.83	34.60	14.76	19.84	4.12	0.06	0.81	0.08	1.85
高等学校 計	100.00	47.77	15.10	14.43	6.39	1.85	1.39	2.84	10.22	50.38	16.49	17.28	16.61	3.31	0.55	2.78	7.68	0.36	37.12	21.80	15.32	5.31	0.57	7.24	5.65	1.18
15歳	100.00	47.66	15.04	15.20	6.56	2.22	2.17	2.54	8.62	50.12	17.21	17.73	15.18	3.28	0.74	3.64	7.84	0.39	32.58	19.51	13.07	4.78	0.52	6.95	4.81	1.20
16	100.00	49.27	15.61	13.84	5.94	1.98	1.52	2.76	9.08	48.74	17.12	16.60	15.02	3.42	…	2.72	7.40	0.33	37.00	21.39	15.60	5.46	0.63	7.10	5.92	1.07
17	100.00	46.40	14.66	14.25	6.66	1.36	0.51	3.23	12.93	52.23	15.17	17.48	19.58	3.24	0.34	1.85	7.77	0.34	41.98	24.59	17.39	5.72	0.57	7.68	6.26	1.28

区分	永久歯の1人当り平均むし歯（う歯）等数 計（本）	喪失歯数（本）	むし歯（う歯） 計（本）	処置歯数（本）	未処置歯数（本）	栄養状態	せき柱・胸郭・四肢の状態	皮膚疾患 アトピー性皮膚炎	その他の皮膚疾患	結核検診の対象者（精密検査の対象者）	結核	心臓の疾病・異常	心電図異常	蛋白検出の者	尿糖検出の者	その他の疾病・異常 ぜん息	腎臓疾患	言語障害	その他の疾病・異常
幼稚園 5歳	…	…	…	…	…	0.20	0.30	1.75	1.11	…	…	0.30	…	0.62	…	1.92	0.08	0.67	2.08
小学校 計	…	…	…	…	…	2.56	0.88	3.58	0.31	0.11	0.00	0.85	3.09	0.88	0.08	3.98	0.18	0.68	5.77
6歳	…	…	…	…	…	1.23	0.53	3.45	0.46	0.25	0.00	0.86	3.09	0.53	0.11	4.62	0.10	1.18	5.28
7	…	…	…	…	…	1.71	0.75	3.84	0.31	0.08	-	0.87	…	0.56	0.05	4.15	0.18	0.89	5.80
8	…	…	…	…	…	2.38	0.72	3.78	0.27	0.10	-	0.97	…	0.41	0.07	3.81	0.18	0.85	5.85
9	…	…	…	…	…	3.32	0.89	3.76	0.29	0.05	-	0.84	…	0.71	0.06	3.80	0.20	0.50	5.93
10	…	…	…	…	…	3.34	0.98	3.39	0.30	0.09	-	0.81	…	0.96	0.10	4.09	0.21	0.34	5.69
11	…	…	…	…	…	3.26	1.36	3.27	0.25	0.07	-	0.79	…	2.02	0.09	3.45	0.24	0.38	6.03
中学校 計	0.69	0.01	0.68	0.42	0.27	1.36	1.35	3.05	0.25	0.07	-	0.90	3.43	4.00	0.15	3.16	0.23	0.12	5.60
12歳	0.69	0.01	0.68	0.42	0.27	1.50	1.23	2.95	0.28	0.08	-	1.03	3.43	3.35	0.09	3.44	0.19	0.13	5.82
13	…	…	…	…	…	1.29	1.38	3.10	0.25	0.08	-	0.87	…	4.22	0.13	3.12	0.26	0.12	5.77
14	…	…	…	…	…	1.30	1.43	3.12	0.23	0.05	-	0.80	…	4.42	0.24	2.91	0.25	0.10	5.21
高等学校 計	…	…	…	…	…	0.62	1.12	2.59	0.17	…	0.03	1.02	4.40	3.83	0.26	1.79	0.22	0.06	3.81
15歳	…	…	…	…	…	0.61	1.32	2.62	0.19	…	0.03	1.19	4.40	4.83	0.23	1.80	0.19	0.08	4.13
16	…	…	…	…	…	0.60	1.08	2.49	0.18	…	…	0.91	…	3.53	0.26	1.80	0.26	0.05	3.63
17	…	…	…	…	…	0.64	0.97	2.68	0.15	…	…	0.96	…	3.15	0.30	1.78	0.21	0.05	3.67
うち公立 幼稚園 5歳	…	…	…	…	…	0.08	0.39	1.15	0.33	…	…	0.17	…	1.09	…	1.25	-	1.73	1.09
小学校 計	…	…	…	…	…	2.58	0.89	3.56	0.31	0.11	0.00	0.86	3.09	0.86	0.08	3.97	0.19	0.69	5.83
6歳	…	…	…	…	…	1.25	0.54	3.42	0.46	0.26	0.00	0.87	3.09	0.54	0.11	4.59	0.10	1.19	5.35
7	…	…	…	…	…	1.74	0.76	3.84	0.31	0.08	-	0.88	…	0.54	0.05	4.16	0.18	0.90	5.89
8	…	…	…	…	…	2.39	0.73	3.81	0.27	0.10	-	0.97	…	0.41	0.07	3.79	0.18	0.86	5.93
9	…	…	…	…	…	3.33	0.91	3.75	0.29	0.05	-	0.84	…	0.70	0.06	3.82	0.20	0.51	5.99
10	…	…	…	…	…	3.36	0.99	3.34	0.31	0.09	-	0.80	…	0.93	0.10	4.08	0.21	0.35	5.73
11	…	…	…	…	…	3.27	1.38	3.22	0.25	0.07	-	0.79	…	1.99	0.09	3.44	0.25	0.38	6.07
中学校 計	0.69	0.01	0.69	0.41	0.27	1.39	1.35	3.12	0.26	0.05	-	0.88	3.41	3.99	0.15	3.28	0.24	0.12	5.81
12歳	0.69	0.01	0.69	0.41	0.27	1.53	1.23	3.04	0.29	0.05	-	1.01	3.41	3.29	0.09	3.58	0.20	0.14	6.05
13	…	…	…	…	…	1.32	1.37	3.16	0.25	0.04	-	0.86	…	4.22	0.13	3.24	0.28	0.12	5.97
14	…	…	…	…	…	1.31	1.45	3.16	0.24	0.04	-	0.78	…	4.47	0.24	3.03	0.26	0.11	5.40
高等学校 計	…	…	…	…	…	0.64	1.05	2.77	0.15	…	0.02	1.01	4.15	3.51	0.25	1.92	0.22	0.06	4.02
15歳	…	…	…	…	…	0.67	1.20	2.86	0.19	…	0.02	1.13	4.15	4.39	0.20	2.00	0.21	0.08	4.33
16	…	…	…	…	…	0.64	1.06	2.59	0.15	…	…	0.93	…	3.17	0.24	1.86	0.24	0.03	3.71
17	…	…	…	…	…	0.61	0.89	2.85	0.10	…	…	0.95	…	2.97	0.31	1.90	0.19	0.06	4.03
うち私立 幼稚園 5歳	…	…	…	…	…	0.23	0.19	1.96	1.31	…	…	0.36	…	0.69	…	1.96	0.08	0.66	2.39
高等学校 計	…	…	…	…	…	0.54	1.30	1.94	0.21	…	0.05	0.96	5.02	5.01	0.23	1.41	0.23	0.06	3.46
15歳	…	…	…	…	…	0.44	1.54	1.76	0.17	…	0.05	1.15	5.02	5.87	0.28	1.14	0.15	0.07	3.77
16	…	…	…	…	…	0.47	1.13	2.06	0.24	…	…	0.77	…	4.94	0.20	1.57	0.28	0.09	3.81
17	…	…	…	…	…	0.71	1.22	2.01	0.23	…	…	0.95	…	4.17	0.21	1.52	0.27	0.02	2.79

4 年齢別 都市階級別 設置者別 疾病・異常被患率等（15-10）

2 男 (5) 町村 単位 (%)

区分	計	裸眼視力 視力非矯正者の裸眼視力 1.0以上	1.0未満0.7以上	0.7未満0.3以上	0.3未満	裸眼視力 視力矯正者の裸眼視力 1.0以上	1.0未満0.7以上	0.7未満0.3以上	0.3未満	裸眼視力 計	1.0未満0.7以上	0.7未満0.3以上	0.3未満	眼の疾病・異常	難聴	耳鼻咽頭 耳疾患	鼻・副鼻腔疾患	口腔咽喉頭疾患・異常	歯・口腔 むし歯（う歯）計	処置完了者	未処置歯のある者	歯列・咬合	顎関節	歯垢の状態	歯肉の状態	その他の疾病・異常
幼稚園 5歳	100.00	76.05	18.54	3.29	0.61	0.47	0.22	0.73	0.09	23.48	18.76	4.02	0.70	0.95	…	1.33	2.58	2.40	38.16	13.48	24.68	3.99	0.11	1.08	0.14	2.10
小学校 計	100.00	66.94	10.98	9.66	4.01	0.47	0.80	2.14	4.99	32.59	11.78	11.81	9.01	4.44	0.44	4.82	12.09	1.35	49.87	23.69	26.18	4.33	0.31	3.96	2.59	8.43
6歳	100.00	76.51	13.92	6.33	1.03	0.43	0.60	0.85	0.32	23.06	14.52	7.19	1.35	4.02	0.68	7.04	11.61	2.10	45.09	17.54	27.56	2.96	0.20	1.37	0.76	6.35
7	100.00	73.05	13.49	7.90	2.80	0.26	0.87	0.92	0.70	26.69	14.37	8.82	3.50	3.99	0.47	5.07	11.87	1.53	54.79	23.72	31.07	3.62	0.28	3.80	2.13	6.62
8	100.00	71.30	10.63	10.20	2.98	0.56	0.42	1.46	2.45	28.14	11.05	11.66	5.43	4.12	0.36	4.58	13.25	1.12	56.08	26.30	29.78	5.03	0.08	3.61	1.78	7.08
9	100.00	62.99	9.41	11.35	5.89	0.42	0.93	2.83	6.18	36.59	10.34	14.18	12.07	4.96	…	4.23	13.20	1.17	56.12	27.12	29.00	4.34	0.29	4.03	3.38	9.14
10	100.00	59.23	8.46	11.99	5.53	0.84	0.79	3.29	9.87	39.93	9.26	15.27	15.40	4.67	0.26	3.88	12.49	1.30	48.54	25.52	23.02	5.32	0.70	5.30	3.05	10.32
11	100.00	57.67	9.81	10.36	6.04	0.29	1.19	3.64	11.00	42.04	11.00	14.00	17.04	4.80	…	4.18	10.08	0.88	38.84	21.68	17.16	4.59	0.27	5.45	4.24	10.79
中学校 計	100.00	51.34	10.72	11.31	5.78	0.87	1.55	5.14	13.28	47.79	12.27	16.45	19.07	4.31	0.30	5.23	10.23	1.20	34.85	19.21	15.63	4.80	0.26	5.80	4.31	4.06
12歳	100.00	52.99	11.24	10.70	6.08	0.66	1.49	5.22	11.61	46.35	12.73	15.92	17.70	3.84	0.34	6.41	12.11	1.24	33.13	18.46	14.67	4.58	0.18	5.15	3.57	5.76
13	100.00	50.13	11.38	12.29	5.49	0.89	1.53	4.08	14.20	48.98	12.91	16.37	19.69	4.66	…	4.51	8.05	1.19	34.48	19.18	15.30	4.66	0.30	5.65	4.33	3.84
14	100.00	50.86	9.49	10.94	5.77	1.07	1.63	6.15	14.10	48.08	11.12	17.09	19.87	4.44	0.27	4.63	10.22	1.16	36.96	20.00	16.96	5.18	0.30	6.60	5.03	2.56
高等学校 計	100.00	31.68	15.79	14.20	6.25	0.58	0.86	4.82	25.82	67.74	16.65	19.02	32.07	4.30	0.21	2.94	9.26	0.33	46.08	25.86	20.21	6.75	0.82	4.60	7.29	1.22
15歳	100.00	33.34	16.38	14.86	7.23	0.41	0.41	5.02	22.36	66.25	16.78	19.88	29.59	3.56	0.24	4.77	8.30	0.19	41.49	22.81	18.68	6.52	0.57	4.82	7.51	1.32
16	100.00	29.73	22.57	12.53	5.34	0.94	0.87	4.58	23.45	69.33	23.43	17.11	28.79	4.60	…	1.79	8.55	0.56	46.84	25.86	20.99	7.67	0.96	5.14	7.74	1.33
17	100.00	31.99	8.16	15.26	6.19	0.39	1.32	4.86	31.83	67.62	9.49	20.12	38.01	4.82	0.19	1.72	11.21	0.27	49.73	28.80	20.93	6.05	0.91	3.84	6.65	1.00
うち公立																										
幼稚園 5歳	100.00	70.90	23.41	3.26	1.14	0.53	-	0.58	0.18	28.57	23.41	3.84	1.32	1.13	…	2.14	3.72	1.86	41.73	15.60	26.13	5.16	0.29	2.84	0.46	2.46
小学校 計	100.00	66.96	10.97	9.66	4.01	0.47	0.80	2.14	4.99	32.57	11.77	11.81	8.99	4.43	0.44	4.77	12.05	1.34	49.93	23.70	26.23	4.31	0.31	3.96	2.58	8.44
6歳	100.00	76.48	13.95	6.34	1.04	0.43	0.59	0.86	0.32	23.09	14.54	7.19	1.35	4.02	0.68	7.00	11.57	2.09	45.13	17.51	27.62	2.97	0.20	1.37	0.76	6.34
7	100.00	73.10	13.46	7.89	2.80	0.26	0.87	0.92	0.70	26.64	14.33	8.81	3.49	3.98	0.48	5.05	11.90	1.52	54.80	23.77	31.03	3.62	0.27	3.79	2.09	6.63
8	100.00	71.36	10.58	10.21	2.97	0.56	0.42	1.46	2.45	28.08	10.99	11.67	5.42	4.13	0.35	4.52	13.17	1.11	56.12	26.26	29.85	5.01	0.08	3.61	1.78	7.07
9	100.00	62.97	9.42	11.37	5.87	0.43	0.94	2.84	6.18	36.61	10.36	14.21	12.05	4.95	…	4.18	13.12	1.16	56.24	27.14	29.10	4.28	0.29	4.02	3.37	9.17
10	100.00	59.29	8.42	11.95	5.53	0.84	0.80	3.30	9.87	39.87	9.22	15.25	15.40	4.66	0.26	3.86	12.49	1.31	48.63	25.53	23.10	5.31	0.71	5.30	3.06	10.32
11	100.00	57.73	9.81	10.35	6.03	0.29	1.20	3.63	10.97	41.98	11.01	13.98	16.99	4.80	…	4.11	9.98	0.86	38.94	21.71	17.23	4.57	0.28	5.46	4.25	10.81
中学校 計	100.00	51.17	10.73	11.38	5.80	0.87	1.58	5.11	13.36	47.96	12.31	16.49	19.16	4.36	0.30	5.36	10.24	1.20	35.05	19.26	15.80	4.83	0.26	5.85	4.32	4.09
12歳	100.00	53.10	11.11	10.72	6.07	0.66	1.50	5.25	11.59	46.23	12.61	15.97	17.65	3.87	0.34	6.51	12.21	1.22	33.39	18.51	14.88	4.62	0.18	5.22	3.58	5.82
13	100.00	49.95	11.48	12.38	5.53	0.88	1.54	3.87	14.37	49.17	13.02	16.25	19.90	4.72	…	4.67	7.96	1.17	34.71	19.23	15.48	4.67	0.30	5.70	4.38	3.86
14	100.00	50.39	9.56	11.06	5.79	1.08	1.70	6.23	14.19	48.53	11.26	17.29	19.99	4.49	0.27	4.76	10.21	1.19	37.09	20.04	17.05	5.20	0.30	6.65	5.01	2.57
高等学校 計	100.00	29.37	18.27	15.10	5.62	0.02	0.30	6.30	25.03	70.62	18.57	21.41	30.65	4.50	0.19	2.63	9.66	0.10	46.39	25.92	20.47	6.30	0.95	4.35	6.76	1.40
15歳	100.00	28.91	19.42	17.47	7.39	-	-	5.08	21.73	71.09	19.42	22.56	29.11	3.64	0.23	4.54	8.47	0.06	42.20	23.15	19.05	5.77	0.59	4.38	6.15	1.55
16	100.00	28.73	28.94	8.52	4.67	-	0.51	6.10	22.51	71.27	29.46	14.62	27.19	5.09	…	1.27	8.48	0.19	47.06	25.94	21.11	7.09	1.18	5.07	7.58	1.55
17	100.00	30.47	6.42	19.18	4.71	0.05	0.39	7.79	31.00	69.48	6.81	26.96	35.70	4.92	0.16	1.36	12.43	0.06	49.75	28.57	21.19	6.04	1.07	3.60	6.53	1.10
うち私立																										
幼稚園 5歳	100.00	83.24	11.47	3.03	0.32	0.60	0.57	0.73	0.03	16.15	12.04	3.76	0.35	0.76	…	0.48	1.59	3.25	36.81	13.65	23.15	3.55	-	0.28	-	1.92
高等学校 計	100.00	35.64	11.19	12.83	7.45	0.94	0.94	2.12	28.88	63.42	12.13	14.95	36.34	3.63	0.25	2.91	6.74	0.55	41.60	24.23	17.36	7.38	0.40	5.73	8.59	0.40
15歳	100.00	42.41	9.32	10.02	7.10	0.83	0.83	4.58	24.91	56.76	10.15	14.60	32.01	3.97	0.17	3.33	7.15	0.84	37.40	21.68	15.71	8.46	0.17	6.08	10.80	0.17
16	100.00	32.90	11.14	19.78	6.69	1.75	1.05	2.44	24.25	65.35	12.19	22.22	30.94	0.97	…	3.39	8.28	0.77	40.92	23.08	17.84	8.03	0.74	5.94	9.31	0.39
17	100.00	32.98	12.64	8.75	8.40	0.31	0.93	-	35.98	66.71	13.57	8.75	44.38	4.93	0.32	2.21	5.41	0.16	46.41	27.90	18.51	5.67	0.29	5.18	5.69	0.63

区分	永久歯の1人当り平均むし歯（う歯）等数 計（本）	喪失歯数（本）	むし歯（う歯） 計（本）	処置歯数（本）	未処置歯数（本）	栄養状態	せき柱・胸郭・四肢の状態	皮膚疾患 アトピー性皮膚炎	その他の皮膚疾患	結核検査の対象者（精密）	結核	心臓・疾病・異常	心電図異常	蛋白検出の者	尿糖検出の者	その他の疾病・異常 ぜん息	腎臓疾患	言語障害	その他の疾病・異常
幼稚園 5歳	…	…	…	…	…	0.29	0.34	2.83	0.62	…	…	0.74	…	0.36	…	1.65	0.07	0.68	1.04
小学校 計	…	…	…	…	…	2.89	0.88	2.82	0.40	0.09	-	0.82	2.45	0.74	0.05	3.69	0.12	0.87	6.44
6歳	…	…	…	…	…	1.22	0.58	2.57	0.42	0.13	-	1.11	2.45	0.48	0.02	3.80	0.09	1.58	5.03
7	…	…	…	…	…	1.90	0.61	2.91	0.51	0.24	-	0.46	…	0.59	0.01	3.55	0.06	1.19	5.62
8	…	…	…	…	…	2.83	1.21	3.20	0.53	0.02	-	0.84	…	0.48	0.08	3.61	0.09	0.78	7.40
9	…	…	…	…	…	3.65	0.59	3.19	0.38	0.04	-	0.69	…	0.49	0.01	3.38	0.07	0.97	7.45
10	…	…	…	…	…	3.65	1.09	2.36	0.29	0.03	-	0.89	…	0.61	0.05	3.88	0.19	0.52	7.10
11	…	…	…	…	…	3.92	1.18	2.71	0.28	0.09	-	0.91	…	1.77	0.13	3.94	0.20	0.25	5.94
中学校 計	0.79	0.01	0.78	0.48	0.30	1.19	1.17	2.72	0.21	0.03	-	0.98	3.89	3.90	0.12	2.60	0.15	0.10	4.95
12歳	0.79	0.01	0.78	0.48	0.30	1.40	1.43	2.52	0.23	0.08	-	1.04	3.89	3.71	0.04	2.90	0.10	0.06	4.75
13	…	…	…	…	…	1.14	1.00	2.80	0.23	0.00	-	0.99	…	4.07	0.15	2.61	0.16	0.19	5.21
14	…	…	…	…	…	1.01	1.09	2.85	0.18	0.01	-	0.93	…	3.91	0.17	2.28	0.18	0.05	4.90
高等学校 計	…	…	…	…	…	0.74	0.92	3.16	0.12	…	-	1.06	3.81	2.88	0.26	2.20	0.21	0.05	4.01
15歳	…	…	…	…	…	0.94	1.01	2.98	0.08	…	-	1.19	3.81	3.37	0.16	2.06	0.19	0.09	3.96
16	…	…	…	…	…	0.72	1.07	3.27	0.18	…	…	0.98	…	2.82	0.25	2.28	0.17	0.06	4.37
17	…	…	…	…	…	0.58	0.67	3.24	0.09	…	…	1.01	…	2.47	0.36	2.27	0.26	0.01	3.72
うち公立																			
幼稚園 5歳	…	…	…	…	…	0.63	0.66	2.07	0.89	…	…	0.24	…	0.31	…	1.26	-	0.86	0.68
小学校 計	…	…	…	…	…	2.90	0.88	2.82	0.39	0.09	-	0.81	2.44	0.75	0.05	3.70	0.12	0.87	6.45
6歳	…	…	…	…	…	1.23	0.59	2.56	0.41	0.13	-	1.10	2.44	0.48	0.02	3.80	0.09	1.59	5.03
7	…	…	…	…	…	1.91	0.61	2.91	0.50	0.24	-	0.47	…	0.59	0.01	3.55	0.06	1.20	5.64
8	…	…	…	…	…	2.84	1.21	3.20	0.51	0.02	-	0.83	…	0.49	0.08	3.62	0.09	0.78	7.39
9	…	…	…	…	…	3.66	0.59	3.20	0.38	0.04	-	0.69	…	0.49	0.01	3.38	0.07	0.97	7.47
10	…	…	…	…	…	3.66	1.09	2.36	0.26	0.03	-	0.89	…	0.61	0.05	3.89	0.19	0.52	7.12
11	…	…	…	…	…	3.92	1.18	2.71	0.27	0.09	-	0.90	…	1.78	0.13	3.94	0.20	0.25	5.94
中学校 計	0.80	0.01	0.79	0.49	0.30	1.18	1.17	2.71	0.21	0.03	-	0.99	3.89	3.91	0.12	2.61	0.15	0.10	4.97
12歳	0.80	0.01	0.79	0.49	0.30	1.38	1.43	2.52	0.23	0.08	-	1.04	3.89	3.72	0.04	2.91	0.10	0.06	4.76
13	…	…	…	…	…	1.14	1.00	2.79	0.23	0.00	-	0.99	…	4.10	0.15	2.63	0.16	0.19	5.22
14	…	…	…	…	…	1.01	1.09	2.84	0.17	0.01	-	0.93	…	3.91	0.17	2.29	0.18	0.06	4.92
高等学校 計	…	…	…	…	…	0.78	0.97	3.36	0.11	…	-	1.19	3.77	2.74	0.26	2.41	0.22	0.05	4.55
15歳	…	…	…	…	…	1.00	1.09	3.25	0.08	…	-	1.42	3.77	3.09	0.16	2.26	0.20	0.10	4.79
16	…	…	…	…	…	0.73	1.15	3.48	0.18	…	…	1.08	…	2.68	0.23	2.41	0.18	0.06	4.76
17	…	…	…	…	…	0.63	0.69	3.35	0.07	…	…	1.07	…	2.47	0.40	2.55	0.27	0.01	4.12
うち私立																			
幼稚園 5歳	…	…	…	…	…	0.15	0.22	3.10	0.71	…	…	1.09	…	0.36	…	2.19	0.08	0.76	1.26
高等学校 計	…	…	…	…	…	0.17	0.26	1.62	0.07	…	-	0.50	4.68	4.47	0.41	1.73	0.08	0.02	3.94
15歳	…	…	…	…	…	0.18	0.21	1.58	0.06	…	-	0.76	4.68	5.40	0.28	2.17	0.06	-	3.59
16	…	…	…	…	…	0.29	0.20	1.40	0.06	…	…	0.26	…	5.05	0.45	2.13	-	-	4.29
17	…	…	…	…	…	0.06	0.38	1.87	0.11	…	…	0.49	…	2.98	0.49	0.91	0.17	0.06	3.92

4 年齢別 都市階級別 設置者別 疾病・異常被患率等（15-11）

3 女 (1) 計

単位 (%)

区分	計	裸眼視力 視力非矯正者の裸眼視力 1.0以上	裸眼視力 視力非矯正者の裸眼視力 1.0未満0.7以上	裸眼視力 視力非矯正者の裸眼視力 0.7未満0.3以上	裸眼視力 視力非矯正者の裸眼視力 0.3未満	裸眼視力 視力矯正者の裸眼視力 1.0以上	裸眼視力 視力矯正者の裸眼視力 1.0未満0.7以上	裸眼視力 視力矯正者の裸眼視力 0.7未満0.3以上	裸眼視力 視力矯正者の裸眼視力 0.3未満	裸眼視力 計	裸眼視力 1.0未満0.7以上	裸眼視力 0.7未満0.3以上	裸眼視力 0.3未満	眼の疾病・異常	難聴	耳鼻咽頭 耳疾患	耳鼻咽頭 鼻・副鼻腔疾患	耳鼻咽頭 口腔咽喉頭疾患・異常	歯・口腔 むし歯(う歯) 計	歯・口腔 むし歯(う歯) 処置完了者	歯・口腔 むし歯(う歯) 未処置歯のある者	歯・口腔 歯列・咬合	歯・口腔 顎関節	歯・口腔 歯垢の状態	歯・口腔 歯肉の状態	歯・口腔 その他の疾病・異常
幼稚園 5歳	100.00	70.87	21.06	5.80	0.44	0.54	0.44	0.69	0.16	28.59	21.50	6.49	0.60	1.41	…	1.76	1.83	1.04	29.75	12.60	17.14	4.69	0.09	0.95	0.30	1.93
小学校 計	100.00	58.58	12.21	11.91	5.12	0.85	1.20	3.08	7.04	40.56	13.41	14.99	12.16	4.49	0.72	6.15	8.65	0.77	38.81	19.95	18.86	5.04	0.10	2.91	1.90	6.39
小学校 6歳	100.00	74.30	15.06	7.10	1.22	0.53	0.64	0.73	0.42	25.17	15.69	7.84	1.64	4.34	0.82	9.61	8.96	1.32	35.53	14.87	20.66	3.93	0.05	1.85	1.16	5.78
小学校 7	100.00	69.41	13.67	10.05	3.08	0.64	0.82	1.16	1.19	29.96	14.48	11.21	4.27	4.08	0.81	6.76	8.21	0.83	42.91	21.00	21.91	5.15	0.07	2.80	1.49	4.95
小学校 8	100.00	62.52	13.26	12.37	4.76	0.79	1.06	2.04	3.20	36.70	14.33	14.41	7.96	4.63	0.72	6.18	8.27	0.82	46.07	24.01	22.06	5.44	0.09	2.95	1.86	5.78
小学校 9	100.00	53.94	12.11	14.68	6.14	1.00	1.18	3.56	7.38	45.06	13.29	18.25	13.52	4.80	…	5.46	9.11	0.73	43.30	23.39	19.91	5.11	0.10	3.30	2.06	7.85
小学校 10	100.00	47.38	10.60	14.32	7.31	1.08	1.65	5.00	12.66	51.54	12.25	19.32	19.97	4.41	0.55	5.28	8.98	0.61	35.16	19.31	15.85	5.31	0.11	3.31	2.31	7.81
小学校 11	100.00	45.25	8.82	12.67	7.96	1.06	1.77	5.78	16.69	53.69	10.60	18.45	24.65	4.64	…	3.81	8.37	0.36	30.19	17.09	13.10	5.25	0.16	3.21	2.45	6.08
中学校 計	100.00	36.20	11.80	14.08	8.23	1.37	2.12	6.19	20.01	62.43	13.92	20.27	28.24	4.22	0.44	4.01	8.85	0.39	33.57	20.11	13.46	5.37	0.41	3.46	2.94	3.14
中学校 12歳	100.00	39.69	11.81	14.14	9.07	0.91	2.04	5.69	16.65	59.41	13.85	19.83	25.72	4.71	0.48	5.37	9.62	0.60	30.43	17.91	12.52	5.41	0.31	3.40	2.80	4.34
中学校 13	100.00	35.48	12.48	14.35	8.22	1.48	1.81	6.09	20.09	63.04	14.29	20.44	28.31	4.14	…	3.71	8.42	0.31	33.61	20.32	13.30	5.46	0.40	3.38	2.88	2.82
中学校 14	100.00	33.17	11.09	13.75	7.34	1.74	2.52	6.83	23.56	65.09	13.61	20.58	30.90	3.80	0.41	2.93	8.49	0.27	36.75	22.14	14.60	5.23	0.53	3.59	3.15	2.22
高等学校 計	100.00	32.05	10.81	12.75	7.97	1.46	2.14	5.63	27.19	66.49	12.96	18.38	35.15	3.44	0.32	2.07	6.41	0.26	43.55	27.22	16.33	4.47	0.53	3.59	3.24	1.15
高等学校 15歳	100.00	31.18	11.46	15.20	8.84	1.18	1.87	6.25	24.01	67.64	13.33	21.46	32.85	3.30	0.35	2.57	7.14	0.25	39.30	24.26	15.04	4.56	0.49	3.57	3.20	1.13
高等学校 16	100.00	34.21	9.21	12.39	8.05	1.79	2.22	5.55	26.58	63.99	11.43	17.93	34.63	3.84	…	1.61	5.75	0.20	44.27	27.67	16.60	4.45	0.56	3.66	3.16	1.21
高等学校 17	100.00	30.77	11.76	10.67	7.01	1.39	2.34	5.10	30.96	67.84	14.10	15.76	37.97	3.18	0.30	2.02	6.32	0.33	47.10	29.74	17.36	4.40	0.53	3.54	3.36	1.10
うち公立																										
幼稚園 5歳	100.00	74.22	16.92	5.00	0.69	0.72	1.26	0.88	0.30	25.06	18.18	5.88	1.00	2.44	…	3.71	3.13	0.80	34.63	12.73	21.89	4.13	0.06	1.30	0.62	2.94
小学校 計	100.00	58.75	12.19	11.89	5.11	0.84	1.19	3.06	6.97	40.40	13.37	14.95	12.08	4.50	0.73	6.14	8.68	0.77	39.07	20.00	19.07	5.03	0.10	2.94	1.91	6.44
小学校 6歳	100.00	74.37	15.03	7.08	1.21	0.52	0.64	0.73	0.43	25.12	15.68	7.81	1.63	4.34	0.83	9.57	8.93	1.31	35.83	14.90	20.93	3.91	0.05	1.88	1.17	5.82
小学校 7	100.00	69.59	13.59	10.01	3.05	0.64	0.82	1.15	1.16	29.78	14.40	11.17	4.21	4.10	0.82	6.77	8.24	0.83	43.15	21.01	22.14	5.12	0.07	2.83	1.51	4.98
小学校 8	100.00	62.72	13.24	12.33	4.77	0.78	1.05	2.03	3.08	36.50	14.29	14.36	7.85	4.64	0.73	6.17	8.29	0.81	46.35	24.04	22.31	5.41	0.09	2.98	1.87	5.85
小学校 9	100.00	54.17	12.09	14.67	6.08	0.99	1.17	3.51	7.32	44.83	13.26	18.18	13.39	4.83	…	5.46	9.16	0.74	43.58	23.44	20.14	5.11	0.09	3.33	2.07	7.92
小学校 10	100.00	47.53	10.61	14.33	7.30	1.06	1.64	4.97	12.55	51.40	12.24	19.31	19.85	4.43	0.55	5.24	8.98	0.61	35.39	19.39	16.00	5.32	0.12	3.35	2.33	7.87
小学校 11	100.00	45.46	8.81	12.62	7.95	1.05	1.76	5.75	16.58	53.48	10.57	18.38	24.54	4.65	…	3.81	8.46	0.37	30.38	17.16	13.23	5.25	0.17	3.23	2.45	6.14
中学校 計	100.00	36.17	11.30	13.46	7.74	1.66	2.35	6.99	20.35	62.18	13.64	20.45	28.08	4.42	0.46	3.91	9.37	0.41	34.09	20.19	13.91	5.32	0.42	3.49	2.99	3.24
中学校 12歳	100.00	40.09	11.85	13.39	8.09	1.03	2.24	6.34	16.97	58.88	14.09	19.73	25.06	4.93	0.50	5.48	10.10	0.65	31.11	18.09	13.02	5.42	0.32	3.50	2.90	4.46
中学校 13	100.00	35.86	11.83	13.78	7.84	1.68	1.96	6.81	20.24	62.46	13.79	20.60	28.08	4.36	…	3.56	8.99	0.32	33.96	20.28	13.68	5.37	0.40	3.35	2.89	2.92
中学校 14	100.00	32.24	10.15	13.21	7.25	2.31	2.86	7.86	24.11	65.45	13.01	21.07	31.37	3.96	0.41	2.68	9.01	0.27	37.29	22.24	15.05	5.17	0.54	3.61	3.20	2.31
高等学校 計	100.00	29.14	9.39	12.47	7.79	1.09	1.67	6.76	31.68	69.77	11.06	19.23	39.48	4.03	0.29	2.43	6.93	0.24	44.12	27.07	17.05	4.27	0.54	3.28	3.05	1.11
高等学校 15歳	100.00	30.90	10.59	12.90	9.03	0.62	1.23	7.05	27.68	68.48	11.82	19.94	36.72	3.95	0.30	2.49	7.27	0.19	39.87	23.98	15.89	4.28	0.49	3.22	2.94	1.11
高等学校 16	100.00	29.25	7.95	13.44	6.97	1.49	1.88	6.55	32.47	69.26	9.84	19.99	39.44	4.43	…	1.62	6.76	0.22	44.83	27.43	17.40	4.42	0.56	3.30	2.99	1.15
高等学校 17	100.00	27.32	9.65	11.10	7.40	1.14	1.89	6.69	34.81	71.54	11.54	17.79	42.21	3.73	0.27	3.18	6.73	0.32	47.61	29.75	17.86	4.11	0.56	3.32	3.21	1.07
うち私立																										
幼稚園 5歳	100.00	69.48	22.48	6.06	0.40	0.43	0.37	0.65	0.14	30.09	22.85	6.71	0.53	1.02	…	1.27	1.51	1.12	29.09	12.74	16.35	4.81	0.10	0.91	0.26	1.81
高等学校 計	100.00	37.17	12.41	14.50	8.86	1.31	2.08	3.90	19.77	61.52	14.49	18.40	28.63	2.02	0.42	1.82	5.48	0.23	42.46	27.32	15.13	5.15	0.59	4.19	3.51	1.20
高等学校 15歳	100.00	33.41	12.87	18.87	9.62	1.18	1.95	4.15	17.95	65.41	14.82	23.02	27.57	1.98	0.46	2.47	5.95	0.30	38.35	24.62	13.73	5.35	0.53	4.26	3.57	1.13
高等学校 16	100.00	40.52	11.14	13.24	9.02	1.46	2.34	3.83	18.44	58.02	13.48	17.07	27.47	2.04	…	1.60	5.17	0.17	43.17	27.98	15.19	4.80	0.61	4.35	3.40	1.32
高等学校 17	100.00	37.79	13.20	11.10	7.89	1.31	1.96	3.71	23.05	60.91	15.16	14.81	30.94	2.04	0.37	1.35	5.27	0.21	46.03	29.48	16.55	5.30	0.62	3.95	3.55	1.14

区分	永久歯の1人当り平均むし歯(う歯)等数 計 (本)	喪失歯数 (本)	むし歯(う歯) 計 (本)	むし歯(う歯) 処置歯数 (本)	むし歯(う歯) 未処置歯数 (本)	栄養状態	せき柱・胸郭・四肢の状態	皮膚疾患 アトピー性皮膚炎	皮膚疾患 その他の皮膚疾患	結核の精密検査の対象者	結核	心臓の疾病・異常	心電図異常	蛋白検出の者	尿糖検出の者	その他の疾病・異常 ぜん息	その他の疾病・異常 腎臓疾患	その他の疾病・異常 言語障害	その他の疾病・異常 その他の疾病・異常
幼稚園 5歳	…	…	…	…	…	0.31	0.28	1.74	1.10	…	…	0.39	…	1.01	…	1.42	0.05	0.16	1.37
小学校 計	…	…	…	…	…	1.48	0.96	3.00	0.38	0.17	0.00	0.79	2.08	1.19	0.07	2.67	0.20	0.28	3.52
小学校 6歳	…	…	…	…	…	0.80	0.61	3.02	0.50	0.35	0.00	0.97	2.08	0.61	0.04	2.96	0.13	0.50	3.32
小学校 7	…	…	…	…	…	1.15	0.74	3.10	0.45	0.16	-	0.85	…	0.66	0.04	2.85	0.18	0.36	3.47
小学校 8	…	…	…	…	…	1.64	0.86	2.92	0.38	0.13	0.00	0.74	…	0.84	0.05	2.71	0.18	0.27	3.45
小学校 9	…	…	…	…	…	1.81	0.94	2.95	0.32	0.16	0.00	0.78	…	1.17	0.07	2.65	0.22	0.25	3.44
小学校 10	…	…	…	…	…	1.68	1.21	3.16	0.33	0.14	0.00	0.75	…	1.64	0.09	2.41	0.26	0.19	3.70
小学校 11	…	…	…	…	…	1.77	1.36	2.83	0.32	0.12	0.00	0.65	…	2.16	0.13	2.49	0.24	0.15	3.73
中学校 計	0.75	0.01	0.73	0.47	0.27	0.90	1.86	2.73	0.23	0.10	0.00	0.96	2.94	2.61	0.21	2.03	0.24	0.06	4.07
中学校 12歳	0.75	0.01	0.73	0.47	0.27	0.91	1.72	2.76	0.26	0.13	0.00	1.08	2.94	2.83	0.15	2.02	0.25	0.07	3.82
中学校 13	…	…	…	…	…	0.95	1.86	2.70	0.21	0.09	0.00	0.94	…	2.65	0.19	2.08	0.21	0.06	4.04
中学校 14	…	…	…	…	…	0.85	2.00	2.73	0.21	0.08	-	0.85	…	2.34	0.29	2.00	0.25	0.06	4.36
高等学校 計	…	…	…	…	…	0.54	1.38	2.31	0.18	…	0.04	0.82	2.58	2.56	0.19	1.56	0.18	0.03	3.88
高等学校 15歳	…	…	…	…	…	0.56	1.53	2.53	0.18	…	0.04	0.93	2.58	2.97	0.19	1.57	0.17	0.02	3.92
高等学校 16	…	…	…	…	…	0.54	1.35	2.27	0.20	…	…	0.81	…	2.51	0.19	1.57	0.17	0.03	3.83
高等学校 17	…	…	…	…	…	0.53	1.25	2.14	0.15	…	…	0.71	…	2.19	0.20	1.53	0.19	0.02	3.88
うち公立																			
幼稚園 5歳	…	…	…	…	…	0.43	0.42	1.20	0.79	…	…	0.28	…	0.46	…	0.94	0.01	0.33	0.61
小学校 計	…	…	…	…	…	1.49	0.96	2.99	0.38	0.18	0.00	0.80	2.08	1.19	0.07	2.68	0.20	0.29	3.55
小学校 6歳	…	…	…	…	…	0.80	0.61	3.02	0.50	0.35	0.00	0.98	2.08	0.61	0.04	2.97	0.13	0.51	3.36
小学校 7	…	…	…	…	…	1.16	0.74	3.08	0.45	0.16	-	0.86	…	0.66	0.04	2.88	0.18	0.37	3.50
小学校 8	…	…	…	…	…	1.64	0.85	2.92	0.38	0.14	0.00	0.75	…	0.83	0.05	2.70	0.18	0.27	3.49
小学校 9	…	…	…	…	…	1.83	0.94	2.95	0.32	0.16	0.00	0.78	…	1.18	0.07	2.63	0.22	0.25	3.47
小学校 10	…	…	…	…	…	1.67	1.22	3.15	0.33	0.14	0.00	0.76	…	1.63	0.09	2.41	0.26	0.20	3.72
小学校 11	…	…	…	…	…	1.78	1.35	2.84	0.32	0.12	0.00	0.66	…	2.15	0.12	2.50	0.24	0.15	3.77
中学校 計	0.77	0.01	0.76	0.48	0.28	0.87	1.82	2.79	0.23	0.09	0.00	0.97	2.93	2.41	0.20	2.12	0.25	0.07	4.15
中学校 12歳	0.77	0.01	0.76	0.48	0.28	0.86	1.70	2.87	0.26	0.11	0.00	1.10	2.93	2.58	0.12	2.13	0.27	0.07	3.88
中学校 13	…	…	…	…	…	0.92	1.83	2.69	0.21	0.08	0.00	0.95	…	2.42	0.19	2.12	0.22	0.07	4.12
中学校 14	…	…	…	…	…	0.82	1.93	2.82	0.21	0.08	-	0.86	…	2.22	0.30	2.10	0.26	0.05	4.46
高等学校 計	…	…	…	…	…	0.48	1.15	2.40	0.17	…	0.04	0.86	2.69	2.35	0.18	1.75	0.20	0.03	4.17
高等学校 15歳	…	…	…	…	…	0.48	1.33	2.70	0.20	…	0.04	0.98	2.69	2.79	0.17	1.81	0.18	0.03	4.25
高等学校 16	…	…	…	…	…	0.52	1.08	2.29	0.18	…	…	0.90	…	2.31	0.17	1.72	0.20	0.03	4.07
高等学校 17	…	…	…	…	…	0.44	1.03	2.22	0.14	…	…	0.72	…	1.95	0.20	1.71	0.22	0.03	4.20
うち私立																			
幼稚園 5歳	…	…	…	…	…	0.31	0.24	1.83	1.16	…	…	0.41	…	1.09	…	1.54	0.06	0.13	1.48
高等学校 計	…	…	…	…	…	0.66	1.95	2.22	0.19	…	0.05	0.75	2.38	3.17	0.22	1.23	0.14	0.03	3.48
高等学校 15歳	…	…	…	…	…	0.68	2.07	2.25	0.16	…	0.05	0.87	2.38	3.48	0.23	1.11	0.15	0.02	3.51
高等学校 16	…	…	…	…	…	0.55	2.00	2.29	0.21	…	…	0.68	…	3.16	0.22	1.32	0.12	0.05	3.52
高等学校 17	…	…	…	…	…	0.75	1.77	2.12	0.20	…	…	0.70	…	2.86	0.19	1.27	0.15	0.01	3.41

4 年齢別 都市階級別 設置者別 疾病・異常被患率等（15-12）

3 女 (2) 大都市

単位 （%）

区分	計	裸眼視力 視力非矯正者の裸眼視力 1.0以上	1.0未満0.7以上	0.7未満0.3以上	0.3未満	視力矯正者の裸眼視力 1.0以上	1.0未満0.7以上	0.7未満0.3以上	0.3未満	裸眼視力 計	1.0未満0.7以上	0.7未満0.3以上	0.3未満	眼の疾病・異常	難聴	耳鼻咽頭 耳疾患	鼻・副鼻腔疾患	口腔咽喉頭疾患・異常	歯・口腔 むし歯（う歯） 計	処置完了者	未処置歯のある者	歯列・咬合	顎関節	歯垢の状態	歯肉の状態	その他の疾病・異常
幼稚園 5歳	100.00	71.19	19.12	6.87	1.06	0.66	0.41	0.63	0.06	28.15	19.52	7.50	1.12	1.75	…	2.12	2.07	1.19	26.11	12.20	13.91	4.78	0.02	1.32	0.72	1.45
小学校 計	100.00	56.79	12.74	12.91	6.49	0.74	1.04	2.77	6.51	42.47	13.78	15.68	13.00	4.90	0.77	7.38	7.83	0.46	33.70	18.77	14.93	4.54	0.05	2.85	1.85	4.87
6歳	100.00	72.82	15.26	8.11	1.89	0.42	0.52	0.58	0.40	26.76	15.78	8.69	2.29	4.55	0.86	10.18	8.01	0.67	30.03	14.48	15.55	3.23	0.03	1.86	1.10	4.73
7	100.00	68.49	14.02	10.77	3.49	0.47	0.67	1.02	1.06	31.04	14.69	11.79	4.56	4.76	0.93	9.60	6.73	0.56	37.89	20.42	17.47	4.63	0.04	3.02	1.52	4.19
8	100.00	61.06	13.16	13.06	5.94	0.79	1.02	1.92	3.04	38.15	14.17	14.99	8.98	5.29	0.77	7.20	8.21	0.47	41.42	23.50	17.92	5.07	0.04	2.77	1.78	4.40
9	100.00	49.03	14.14	15.87	8.46	0.76	0.90	3.58	7.26	50.21	15.04	19.45	15.72	5.54	…	6.57	8.55	0.41	37.20	21.94	15.26	4.55	0.08	3.03	2.07	5.89
10	100.00	42.26	10.32	17.67	9.89	1.21	1.74	4.69	12.22	56.53	12.07	22.36	22.11	4.57	0.50	6.12	8.80	0.31	30.35	17.62	12.74	5.09	0.06	3.00	2.12	5.35
11	100.00	42.93	8.53	12.59	10.33	0.89	1.59	5.52	17.63	56.18	10.12	18.11	27.96	4.71	…	4.44	6.64	0.30	25.45	14.70	10.75	4.69	0.06	3.39	2.52	4.63
中学校 計	100.00	34.35	12.46	15.41	8.55	1.13	1.54	8.54	18.03	64.53	14.00	23.95	26.58	4.31	0.55	4.84	7.99	0.64	30.13	18.42	11.71	5.36	0.39	3.57	3.13	2.69
12歳	100.00	34.69	11.45	15.33	11.82	1.00	1.59	8.02	16.09	64.31	13.05	23.35	27.91	4.54	0.55	5.99	9.51	1.64	26.87	16.17	10.70	5.69	0.25	3.24	2.84	3.71
13	100.00	35.91	12.04	15.60	6.93	0.72	1.31	8.01	19.47	63.37	13.36	23.61	26.40	4.26	…	4.77	7.07	0.15	30.21	18.69	11.52	5.31	0.39	3.51	3.12	2.45
14	100.00	32.16	14.11	15.28	6.61	1.73	1.73	9.74	18.64	66.11	15.84	25.02	25.24	4.12	0.55	3.72	7.30	0.08	33.45	20.49	12.97	5.07	0.54	3.99	3.45	1.87
高等学校 計	100.00	36.35	13.44	16.03	11.46	0.37	1.73	3.82	16.78	63.27	15.18	19.85	28.24	4.00	0.42	2.63	7.60	0.22	41.06	25.86	15.20	4.22	0.37	3.59	3.78	0.92
15歳	100.00	31.46	14.61	20.25	12.54	0.28	1.57	4.13	15.15	68.26	16.19	24.38	27.69	4.33	0.45	3.26	7.60	0.33	36.48	22.56	13.91	4.37	0.32	3.67	3.85	0.89
16	100.00	36.21	12.91	17.43	10.64	0.56	1.92	3.65	16.68	63.23	14.84	21.07	27.32	3.90	…	2.12	7.51	0.14	41.32	26.14	15.18	3.98	0.35	3.61	3.71	0.92
17	100.00	41.54	12.78	10.29	11.16	0.29	1.71	3.67	18.56	58.18	14.49	13.96	29.73	3.78	0.38	2.49	7.70	0.19	45.49	28.96	16.53	4.31	0.44	3.49	3.78	0.94
うち公立																										
幼稚園 5歳	100.00	63.45	19.72	10.01	1.21	0.33	4.28	1.00	-	36.22	24.00	11.01	1.21	3.30	…	6.28	3.59	0.55	26.98	14.59	12.39	3.74	0.26	1.24	0.46	1.75
小学校 計	100.00	56.96	12.71	12.86	6.49	0.73	1.03	2.74	6.47	42.31	13.74	15.61	12.96	4.92	0.77	7.33	7.85	0.43	33.78	18.74	15.04	4.45	0.05	2.85	1.84	4.95
6歳	100.00	72.99	15.16	8.06	1.88	0.41	0.52	0.58	0.40	26.60	15.67	8.64	2.28	4.51	0.87	10.18	7.94	0.65	30.12	14.40	15.72	3.21	0.03	1.88	1.11	4.81
7	100.00	68.66	13.95	10.73	3.47	0.47	0.67	1.02	1.04	30.88	14.62	11.75	4.51	4.79	0.92	9.72	6.79	0.58	37.94	20.34	17.60	4.51	0.04	3.04	1.53	4.28
8	100.00	61.22	13.13	13.03	5.94	0.78	1.01	1.90	3.00	38.01	14.14	14.93	8.94	5.31	0.77	6.98	7.91	0.34	41.57	23.50	18.07	4.95	0.05	2.80	1.78	4.49
9	100.00	49.16	14.15	15.86	8.40	0.76	0.89	3.56	7.22	50.07	15.04	19.42	15.62	5.63	…	6.56	8.62	0.42	37.28	21.92	15.35	4.41	0.08	2.99	2.02	5.97
10	100.00	42.39	10.35	17.68	9.93	1.18	1.72	4.66	12.08	56.43	12.07	22.34	22.01	4.57	0.50	6.07	8.94	0.29	30.39	17.55	12.84	5.00	0.06	3.03	2.12	5.45
11	100.00	43.12	8.48	12.45	10.42	0.89	1.59	5.43	17.61	55.98	10.07	17.89	28.03	4.72	…	4.41	6.79	0.30	25.51	14.73	10.78	4.60	0.06	3.35	2.47	4.70
中学校 計	100.00	33.62	11.17	13.83	7.24	1.85	2.06	10.48	19.74	64.53	13.23	24.31	26.98	4.87	0.54	4.75	9.21	0.73	30.79	18.42	12.37	5.05	0.40	3.63	3.19	2.72
12歳	100.00	35.56	11.66	13.64	9.21	1.27	2.05	9.46	17.14	63.16	13.71	23.10	26.35	5.00	0.64	6.22	10.59	1.84	27.83	16.35	11.49	5.48	0.27	3.47	3.00	3.65
13	100.00	35.89	10.49	14.14	5.97	1.15	1.72	9.72	20.91	62.96	12.22	23.86	26.88	4.94	…	4.64	8.42	0.15	30.38	18.30	12.08	4.84	0.40	3.37	3.07	2.47
14	100.00	28.74	11.37	13.69	6.42	3.34	2.46	12.55	21.41	67.91	13.83	26.24	27.83	4.66	0.43	3.24	8.46	0.07	34.27	20.69	13.58	4.80	0.54	4.06	3.50	2.01
高等学校 計	100.00	27.51	9.29	7.89	8.50	0.06	0.96	9.48	36.30	72.43	10.26	17.37	44.80	5.40	0.42	3.44	9.96	0.17	43.05	26.01	17.04	4.07	0.40	3.37	3.71	0.99
15歳	100.00	34.20	9.18	6.45	3.99	0.09	0.95	20.59	24.56	65.71	10.13	27.04	28.54	6.14	0.47	4.08	8.24	0.22	38.78	22.92	15.87	4.09	0.32	3.32	3.72	0.98
16	100.00	21.47	7.22	5.46	4.59	0.10	0.09	3.93	57.15	78.43	7.31	9.39	61.73	4.93	…	2.98	12.51	0.13	42.92	25.59	17.34	4.22	0.37	3.56	3.76	1.04
17	100.00	26.87	11.51	11.81	17.06	-	1.87	3.87	27.01	73.13	13.38	15.68	44.07	5.09	0.37	3.10	9.48	0.16	47.47	29.55	17.92	3.91	0.50	3.24	3.66	0.96
うち私立																										
幼稚園 5歳	100.00	71.60	19.11	6.75	1.05	0.61	0.23	0.59	0.07	27.80	19.34	7.34	1.12	1.19	…	1.53	1.82	1.26	26.11	12.15	13.96	4.82	-	1.27	0.73	1.41
高等学校 計	100.00	38.53	13.41	18.05	12.53	0.73	1.99	5.38	9.38	60.74	15.40	23.43	21.91	1.74	0.43	2.10	5.91	0.26	40.36	26.38	13.98	4.63	0.41	3.59	3.73	0.79
15歳	100.00	34.91	13.29	22.94	14.56	0.32	1.75	4.07	8.16	64.77	15.04	27.01	22.72	1.85	0.45	2.51	6.28	0.35	35.39	22.72	12.68	4.79	0.34	3.75	3.80	0.78
16	100.00	38.22	13.35	19.22	11.15	0.76	2.47	6.35	8.48	61.02	15.81	25.57	19.63	1.78	…	2.10	5.79	0.20	41.33	27.69	13.63	4.17	0.37	3.46	3.60	0.74
17	100.00	42.64	13.62	11.74	11.80	1.12	1.75	5.76	11.57	56.24	15.37	17.50	23.37	1.58	0.40	1.66	5.66	0.23	44.59	28.88	15.71	4.93	0.54	3.54	3.78	0.85

区分	永久歯の1人当り平均むし歯(う歯)等数 計（本）	喪失歯数（本）	むし歯（う歯） 計（本）	処置歯数（本）	未処置歯数（本）	栄養状態	せき柱・胸郭・四肢の状態	皮膚疾患 アトピー性皮膚炎	その他の皮膚疾患	結核検診 結核の精密検査の対象者	結核	心臓の疾病・異常	心電図異常	蛋白検出の者	尿糖検出の者	その他の疾病・異常 ぜん息	腎臓疾患	言語障害	その他の疾病・異常
幼稚園 5歳	…	…	…	…	…	0.30	0.40	1.46	1.05	…	…	0.59	…	1.87	…	1.51	0.03	0.06	1.52
小学校 計	…	…	…	…	…	1.36	1.22	3.15	0.46	0.24	0.00	0.80	1.82	1.12	0.09	2.71	0.31	0.15	2.91
6歳	…	…	…	…	…	0.59	0.79	2.87	0.59	0.42	-	1.12	1.82	0.37	0.03	3.04	0.17	0.22	2.66
7	…	…	…	…	…	1.00	0.98	3.50	0.50	0.23	-	0.94	…	0.58	0.06	3.03	0.30	0.19	2.85
8	…	…	…	…	…	1.61	1.07	3.13	0.41	0.11	0.00	0.77	…	0.82	0.07	2.73	0.32	0.15	2.60
9	…	…	…	…	…	1.63	1.27	3.09	0.36	0.19	-	0.79	…	1.05	0.08	2.48	0.36	0.15	3.03
10	…	…	…	…	…	1.65	1.48	3.57	0.44	0.26	0.00	0.70	…	1.65	0.16	2.36	0.36	0.10	3.08
11	…	…	…	…	…	1.62	1.73	2.75	0.43	0.19	0.00	0.51	…	2.21	0.12	2.63	0.33	0.08	3.25
中学校 計	0.64	0.01	0.63	0.39	0.24	0.91	2.31	2.83	0.28	0.15	-	1.04	2.78	2.95	0.30	2.30	0.30	0.07	3.79
12歳	0.64	0.01	0.63	0.39	0.24	0.93	2.16	2.58	0.25	0.21	-	1.22	2.78	3.31	0.23	2.26	0.31	0.06	3.69
13	…	…	…	…	…	0.94	2.22	3.05	0.28	0.13	-	1.02	…	3.12	0.24	2.39	0.30	0.08	3.63
14	…	…	…	…	…	0.86	2.55	2.87	0.29	0.12	-	0.89	…	2.40	0.45	2.24	0.30	0.06	4.07
高等学校 計	…	…	…	…	…	0.46	1.51	2.37	0.14	…	0.06	0.78	2.25	2.37	0.17	1.48	0.15	0.02	3.69
15歳	…	…	…	…	…	0.51	1.63	2.62	0.13	…	0.06	0.88	2.25	2.64	0.17	1.38	0.16	0.01	3.58
16	…	…	…	…	…	0.37	1.42	2.27	0.18	…	…	0.66	…	2.39	0.21	1.61	0.14	0.03	3.78
17	…	…	…	…	…	0.52	1.48	2.20	0.11	…	…	0.79	…	2.06	0.14	1.45	0.15	0.01	3.70
うち公立																			
幼稚園 5歳	…	…	…	…	…	1.11	-	0.08	1.16	…	…	0.48	…	1.48	…	1.44	0.08	-	0.88
小学校 計	…	…	…	…	…	1.34	1.21	3.16	0.46	0.24	0.00	0.81	1.81	1.13	0.09	2.72	0.31	0.15	2.93
6歳	…	…	…	…	…	0.58	0.77	2.87	0.60	0.43	-	1.13	1.81	0.38	0.03	3.05	0.17	0.22	2.68
7	…	…	…	…	…	1.00	0.97	3.48	0.50	0.23	-	0.94	…	0.58	0.06	3.05	0.30	0.20	2.87
8	…	…	…	…	…	1.57	1.06	3.12	0.41	0.11	0.00	0.78	…	0.83	0.07	2.73	0.32	0.15	2.62
9	…	…	…	…	…	1.62	1.26	3.12	0.36	0.19	-	0.79	…	1.06	0.08	2.48	0.36	0.15	3.04
10	…	…	…	…	…	1.61	1.47	3.59	0.44	0.26	0.00	0.70	…	1.64	0.15	2.36	0.36	0.10	3.08
11	…	…	…	…	…	1.62	1.71	2.76	0.43	0.19	0.00	0.50	…	2.22	0.12	2.64	0.34	0.08	3.26
中学校 計	0.69	0.01	0.68	0.41	0.26	0.72	2.20	2.86	0.30	0.16	-	1.12	2.69	2.56	0.28	2.49	0.34	0.07	3.75
12歳	0.69	0.01	0.68	0.41	0.26	0.70	2.11	2.71	0.26	0.20	-	1.32	2.69	2.77	0.15	2.50	0.36	0.07	3.62
13	…	…	…	…	…	0.77	2.19	2.86	0.29	0.15	-	1.10	…	2.65	0.24	2.49	0.32	0.08	3.59
14	…	…	…	…	…	0.70	2.29	3.01	0.34	0.14	-	0.92	…	2.25	0.47	2.47	0.34	0.06	4.06
高等学校 計	…	…	…	…	…	0.33	1.35	2.42	0.14	…	0.05	0.87	2.60	2.47	0.18	2.04	0.20	0.01	4.51
15歳	…	…	…	…	…	0.43	1.58	2.83	0.16	…	0.05	0.97	2.60	2.92	0.16	1.94	0.22	0.02	4.36
16	…	…	…	…	…	0.27	1.21	2.21	0.16	…	…	0.78	…	2.40	0.23	2.20	0.17	-	4.53
17	…	…	…	…	…	0.28	1.26	2.22	0.10	…	…	0.86	…	2.08	0.15	1.96	0.20	0.01	4.64
うち私立																			
幼稚園 5歳	…	…	…	…	…	0.28	0.45	1.54	1.02	…	…	0.59	…	1.77	…	1.55	0.02	0.06	1.58
高等学校 計	…	…	…	…	…	0.72	1.75	2.44	0.13	…	0.07	0.79	1.90	2.38	0.18	0.99	0.11	0.03	2.98
15歳	…	…	…	…	…	0.63	1.76	2.53	0.09	…	0.07	0.91	1.90	2.47	0.19	1.02	0.10	0.01	2.95
16	…	…	…	…	…	0.54	1.66	2.45	0.17	…	…	0.67	…	2.48	0.20	1.03	0.09	0.09	3.07
17	…	…	…	…	…	1.00	1.84	2.34	0.13	…	…	0.79	…	2.20	0.16	1.01	0.13	0.01	2.91

4 年齢別 都市階級別 設置者別 疾病・異常被患率等 (15-13)

3 女 (3) 中都市

単位 (%)

区分	計	裸眼視力 視力非矯正者の裸眼視力 1.0以上	1.0未満 0.7以上	0.7未満 0.3以上	0.3未満	視力矯正者の裸眼視力 1.0以上	1.0未満 0.7以上	0.7未満 0.3以上	0.3未満	裸眼視力 計	1.0未満 0.7以上	0.7未満 0.3以上	0.3未満	眼の疾病・異常	難聴	耳鼻咽頭 耳疾患	鼻・副鼻腔疾患	口腔咽喉頭疾患・異常	歯・口腔 むし歯(う歯) 計	処置完了者	未処置歯のある者	歯列・咬合	顎関節	歯垢の状態	歯肉の状態	その他の疾病・異常
幼稚園 5歳	100.00	72.95	18.62	6.43	0.30	0.47	0.45	0.59	0.19	26.58	19.07	7.03	0.49	1.94	…	1.71	2.31	0.50	28.72	11.13	17.59	5.06	0.16	0.71	0.14	2.20
小学校 計	100.00	59.07	12.07	11.85	4.89	0.85	1.10	3.01	7.15	40.08	13.17	14.86	12.04	4.64	0.68	5.92	8.25	0.62	38.50	19.67	18.83	5.05	0.12	2.91	1.98	6.54
6歳	100.00	75.24	14.56	6.98	0.96	0.50	0.69	0.68	0.38	24.26	15.26	7.66	1.34	4.10	0.79	9.49	9.11	1.08	35.47	14.77	20.71	4.24	0.06	1.96	1.15	5.82
7	100.00	69.19	13.67	10.62	3.05	0.57	0.71	1.14	1.05	30.24	14.38	11.76	4.10	4.17	0.62	6.07	8.33	0.58	42.43	20.97	21.46	5.19	0.08	2.37	1.59	5.07
8	100.00	63.46	13.13	11.81	4.80	0.87	0.94	1.94	3.06	35.67	14.06	13.75	7.86	5.31	0.71	6.52	8.03	0.72	44.89	22.91	21.98	5.28	0.11	3.04	2.06	6.07
9	100.00	54.93	11.88	14.51	6.17	0.94	1.33	3.33	6.91	44.13	13.21	17.84	13.08	4.46	…	4.02	7.67	0.59	43.39	23.20	20.19	4.97	0.12	3.53	2.16	7.89
10	100.00	48.32	10.85	14.02	6.67	0.96	1.24	4.99	12.94	50.72	12.09	19.02	19.61	4.45	0.62	5.13	8.40	0.47	35.20	19.05	16.15	5.22	0.12	3.62	2.65	7.81
11	100.00	43.83	8.45	13.09	7.58	1.24	1.65	5.90	18.26	54.93	10.10	18.99	25.84	5.29	…	4.27	7.94	0.23	29.92	17.07	12.85	5.35	0.20	2.89	2.23	6.48
中学校 計	100.00	37.32	12.04	13.69	8.33	1.17	2.30	4.95	20.20	61.51	14.34	18.64	28.53	4.41	0.43	3.55	9.52	0.30	33.51	19.97	13.53	5.32	0.38	3.46	2.80	2.87
12歳	100.00	43.68	12.94	13.19	7.12	0.62	2.11	4.57	15.78	55.71	15.05	17.76	22.90	5.18	0.48	4.90	10.29	0.40	29.89	17.41	12.48	5.20	0.33	3.69	2.74	3.93
13	100.00	34.32	11.73	12.98	10.85	0.72	3.51	5.62	20.27	64.95	15.24	18.60	31.12	4.15	…	3.30	9.43	0.22	33.71	20.33	13.38	5.71	0.34	3.29	2.80	2.65
14	100.00	33.09	11.34	15.01	7.11	2.26	1.26	4.70	25.23	64.65	12.59	19.71	32.35	3.89	0.38	2.31	8.77	0.25	36.99	22.23	14.76	5.02	0.48	3.42	2.85	2.02
高等学校 計	100.00	29.61	9.22	9.78	6.51	1.31	1.56	4.49	37.51	69.08	10.79	14.27	44.01	2.67	0.30	2.04	5.32	0.21	42.15	26.64	15.51	4.71	0.61	3.35	2.88	1.31
15歳	100.00	27.08	9.60	10.96	8.16	1.21	1.26	5.32	36.41	71.71	10.86	16.27	44.57	2.48	0.28	2.37	6.83	0.24	38.45	24.12	14.33	4.73	0.60	3.13	2.73	1.22
16	100.00	33.68	7.32	9.30	6.53	1.71	1.56	4.16	35.73	64.61	8.88	13.46	42.27	2.72	…	1.11	4.41	0.18	43.11	27.25	15.86	4.89	0.66	3.59	2.92	1.49
17	100.00	28.19	10.74	9.02	4.71	1.03	1.89	3.95	40.46	70.77	12.63	12.97	45.18	2.81	0.32	2.62	4.65	0.22	44.94	28.58	16.36	4.52	0.56	3.34	3.00	1.23
うち公立																										
幼稚園 5歳	100.00	80.95	11.71	4.38	0.41	0.75	0.59	0.68	0.53	18.30	12.30	5.06	0.94	4.05	…	7.70	6.94	0.76	36.73	12.05	24.67	4.57	-	0.56	0.39	2.58
小学校 計	100.00	59.16	12.05	11.86	4.89	0.85	1.09	3.00	7.10	39.99	13.15	14.86	11.98	4.64	0.69	5.95	8.34	0.60	38.70	19.65	19.05	5.12	0.12	2.99	2.04	6.52
6歳	100.00	75.29	14.53	6.98	0.94	0.50	0.70	0.68	0.38	24.21	15.23	7.66	1.32	4.12	0.80	9.42	9.06	1.03	35.69	14.73	20.97	4.33	0.07	2.01	1.19	5.78
7	100.00	69.23	13.66	10.62	3.03	0.58	0.71	1.13	1.05	30.19	14.37	11.75	4.07	4.18	0.63	6.09	8.39	0.56	42.66	20.94	21.72	5.27	0.08	2.43	1.63	5.02
8	100.00	63.56	13.06	11.83	4.78	0.87	0.93	1.94	3.03	35.57	13.99	13.76	7.81	5.30	0.73	6.59	8.13	0.69	45.01	22.78	22.23	5.36	0.11	3.11	2.11	6.08
9	100.00	55.06	11.86	14.47	6.19	0.94	1.33	3.30	6.85	44.00	13.19	17.77	13.04	4.46	…	4.01	7.89	0.58	43.62	23.19	20.43	5.03	0.12	3.63	2.23	7.88
10	100.00	48.43	10.86	14.07	6.69	0.96	1.24	4.96	12.78	50.61	12.10	19.04	19.47	4.45	0.62	5.14	8.49	0.47	35.39	19.07	16.32	5.30	0.12	3.71	2.73	7.78
11	100.00	43.96	8.45	13.08	7.57	1.25	1.64	5.88	18.16	54.79	10.09	18.97	25.73	5.30	…	4.40	8.08	0.24	30.14	17.12	13.02	5.42	0.21	2.98	2.29	6.48
中学校 計	100.00	37.62	12.03	13.77	8.32	1.20	2.26	4.91	19.89	61.19	14.30	18.67	28.22	4.44	0.45	3.72	10.06	0.28	33.92	19.96	13.97	5.27	0.39	3.61	2.90	3.00
12歳	100.00	44.00	12.90	13.26	7.08	0.63	2.08	4.47	15.58	55.37	14.98	17.73	22.66	5.20	0.50	5.14	10.52	0.40	30.53	17.48	13.04	5.25	0.35	3.89	2.83	4.15
13	100.00	34.48	11.71	13.06	10.95	0.75	3.49	5.55	19.99	64.76	15.20	18.62	30.95	4.17	…	3.31	9.83	0.20	34.07	20.35	13.72	5.62	0.33	3.38	2.89	2.74
14	100.00	33.50	11.36	15.08	7.03	2.32	1.21	4.74	24.77	64.19	12.57	19.82	31.80	3.93	0.39	2.48	9.78	0.23	37.26	22.08	15.18	4.92	0.49	3.57	2.97	2.09
高等学校 計	100.00	30.19	9.10	9.74	6.69	0.67	1.09	4.98	37.53	69.14	10.19	14.73	44.22	3.45	0.24	3.03	6.75	0.24	41.42	26.17	15.25	4.49	0.56	3.19	2.81	1.07
15歳	100.00	28.71	9.81	9.52	8.85	0.51	0.82	5.45	36.33	70.78	10.63	14.98	45.18	2.99	0.24	2.20	7.17	0.23	37.53	23.42	14.11	4.28	0.54	3.08	2.63	1.01
16	100.00	32.61	7.59	11.16	5.64	0.80	1.02	4.93	36.25	66.59	8.61	16.09	41.89	3.61	…	1.11	7.08	0.27	42.47	26.88	15.59	4.85	0.60	3.30	2.82	1.12
17	100.00	29.40	9.84	8.56	5.38	0.73	1.46	4.53	40.11	69.88	11.30	13.09	45.49	3.80	0.25	5.97	5.87	0.22	44.26	28.20	16.05	4.34	0.55	3.19	2.99	1.07
うち私立																										
幼稚園 5歳	100.00	71.59	19.58	6.91	0.28	0.42	0.48	0.61	0.12	27.99	20.07	7.53	0.40	1.28	…	0.92	1.59	0.46	28.28	11.17	17.11	5.22	0.20	0.68	0.07	2.17
高等学校 計	100.00	29.90	9.37	10.14	5.14	2.44	2.83	4.18	36.00	67.65	12.19	14.32	41.14	2.52	0.41	1.70	5.59	0.17	43.76	28.00	15.76	5.28	0.66	3.59	3.10	1.86
15歳	100.00	25.78	10.07	13.62	5.03	2.71	2.47	5.25	35.06	71.51	12.54	18.88	40.10	2.22	0.35	2.30	5.71	0.20	40.02	25.68	14.35	5.66	0.66	3.30	3.03	1.67
16	100.00	36.83	6.69	6.09	7.31	3.11	3.06	3.31	33.60	60.06	9.75	9.40	40.91	2.73	…	1.29	5.26	0.13	44.75	28.66	16.09	5.06	0.74	3.96	3.04	2.37
17	100.00	27.10	11.38	10.66	3.01	1.48	2.97	3.96	39.45	71.42	14.35	14.61	42.46	2.64	0.47	1.48	5.81	0.18	46.66	29.74	16.91	5.10	0.58	3.51	3.24	1.55

区分	永久歯の1人当り平均むし歯(う歯)等数 計 (本)	喪失歯数 (本)	むし歯(う歯) 計 (本)	処置歯数 (本)	未処置歯数 (本)	栄養状態	せき柱・胸郭・四肢の状態	皮膚疾患 アトピー性皮膚炎	その他の皮膚疾患	結核の精密検査の対象者	結核	心臓の疾病・異常	心電図異常	蛋白検出の者	尿糖検出の者	その他の疾病・異常 ぜん息	腎臓疾患	言語障害	その他の疾病・異常
幼稚園 5歳	…	…	…	…	…	0.40	0.20	1.78	1.28	…	…	0.26	…	0.81	…	1.34	0.07	0.18	1.07
小学校 計	…	…	…	…	…	1.52	0.81	2.87	0.44	0.21	0.00	0.79	2.37	1.17	0.06	2.68	0.17	0.24	3.80
6歳	…	…	…	…	…	0.90	0.51	2.94	0.60	0.43	0.00	0.99	2.37	0.64	0.05	3.05	0.08	0.39	3.58
7	…	…	…	…	…	1.28	0.54	2.79	0.52	0.19	-	0.82	…	0.64	0.02	2.84	0.15	0.33	3.68
8	…	…	…	…	…	1.58	0.76	2.77	0.42	0.19	0.00	0.76	…	0.80	0.06	2.64	0.12	0.21	3.75
9	…	…	…	…	…	1.84	0.81	2.99	0.39	0.21	0.00	0.72	…	1.25	0.06	2.78	0.19	0.26	3.84
10	…	…	…	…	…	1.62	1.09	2.83	0.34	0.13	-	0.76	…	1.60	0.07	2.35	0.25	0.16	3.89
11	…	…	…	…	…	1.86	1.10	2.92	0.37	0.12	-	0.72	…	2.01	0.11	2.45	0.21	0.13	4.02
中学校 計	0.71	0.01	0.70	0.44	0.26	0.90	1.88	2.67	0.21	0.10	0.00	0.96	3.20	2.39	0.15	1.91	0.22	0.05	3.65
12歳	0.71	0.01	0.70	0.44	0.26	0.89	1.66	2.76	0.32	0.12	0.00	1.11	3.20	2.61	0.11	1.85	0.20	0.08	3.46
13	…	…	…	…	…	1.02	1.94	2.53	0.17	0.09	-	0.91	…	2.40	0.17	2.01	0.20	0.04	3.66
14	…	…	…	…	…	0.78	2.04	2.72	0.14	0.08	-	0.85	…	2.17	0.16	1.87	0.27	0.04	3.83
高等学校 計	…	…	…	…	…	0.55	1.35	2.33	0.19	…	0.02	0.77	2.52	2.71	0.20	1.67	0.19	0.02	3.98
15歳	…	…	…	…	…	0.54	1.61	2.61	0.20	…	0.02	0.85	2.52	3.19	0.19	1.73	0.18	0.02	4.23
16	…	…	…	…	…	0.61	1.29	2.22	0.22	…	…	0.82	…	2.67	0.19	1.68	0.19	0.03	3.91
17	…	…	…	…	…	0.51	1.14	2.15	0.15	…	…	0.65	…	2.28	0.23	1.61	0.21	0.02	3.79
うち公立																			
幼稚園 5歳	…	…	…	…	…	0.10	0.25	1.28	0.95	…	…	0.33	…	0.25	…	0.48	-	0.54	0.95
小学校 計	…	…	…	…	…	1.54	0.80	2.85	0.44	0.21	0.00	0.81	2.39	1.17	0.06	2.69	0.17	0.25	3.83
6歳	…	…	…	…	…	0.90	0.50	2.93	0.61	0.44	0.00	1.00	2.39	0.62	0.04	3.07	0.08	0.40	3.60
7	…	…	…	…	…	1.29	0.53	2.75	0.52	0.19	-	0.84	…	0.64	0.02	2.87	0.15	0.34	3.71
8	…	…	…	…	…	1.60	0.74	2.72	0.42	0.19	0.00	0.78	…	0.81	0.06	2.65	0.12	0.22	3.77
9	…	…	…	…	…	1.86	0.80	2.99	0.39	0.22	0.00	0.74	…	1.26	0.06	2.77	0.19	0.27	3.87
10	…	…	…	…	…	1.63	1.09	2.77	0.33	0.13	-	0.77	…	1.60	0.07	2.35	0.26	0.16	3.90
11	…	…	…	…	…	1.88	1.09	2.95	0.37	0.12	-	0.74	…	2.00	0.11	2.46	0.21	0.13	4.08
中学校 計	0.73	0.01	0.72	0.45	0.27	0.92	1.90	2.75	0.20	0.09	0.00	0.98	3.23	2.17	0.14	1.95	0.23	0.05	3.70
12歳	0.73	0.01	0.72	0.45	0.27	0.89	1.68	2.88	0.31	0.11	0.00	1.13	3.23	2.38	0.11	1.90	0.22	0.08	3.49
13	…	…	…	…	…	1.04	1.95	2.57	0.17	0.08	-	0.92	…	2.15	0.17	2.03	0.20	0.04	3.71
14	…	…	…	…	…	0.81	2.06	2.82	0.14	0.09	-	0.88	…	1.97	0.16	1.91	0.28	0.04	3.90
高等学校 計	…	…	…	…	…	0.61	0.98	2.36	0.19	…	0.01	0.81	2.56	2.49	0.16	1.64	0.22	0.03	4.10
15歳	…	…	…	…	…	0.57	1.26	2.72	0.20	…	0.01	0.93	2.56	2.91	0.14	1.78	0.18	0.03	4.41
16	…	…	…	…	…	0.72	0.86	2.18	0.21	…	…	0.86	…	2.52	0.17	1.58	0.22	0.04	4.00
17	…	…	…	…	…	0.54	0.82	2.17	0.15	…	…	0.64	…	2.03	0.16	1.54	0.26	0.02	3.89
うち私立																			
幼稚園 5歳	…	…	…	…	…	0.44	0.18	1.85	1.31	…	…	0.26	…	0.92	…	1.49	0.09	0.14	1.08
高等学校 計	…	…	…	…	…	0.47	2.08	2.33	0.23	…	0.04	0.72	2.61	3.08	0.23	1.78	0.15	0.01	3.80
15歳	…	…	…	…	…	0.52	2.29	2.47	0.24	…	0.04	0.76	2.61	3.57	0.23	1.62	0.18	0.02	3.96
16	…	…	…	…	…	0.41	2.16	2.27	0.24	…	…	0.75	…	2.93	0.20	1.95	0.13	0.01	3.79
17	…	…	…	…	…	0.48	1.77	2.24	0.21	…	…	0.64	…	2.73	0.27	1.78	0.13	0.01	3.62

4 年齢別 都市階級別 設置者別 疾病・異常被患率等（15-14）

3 女 (4) 小都市

単位 (%)

区分	裸眼視力 計	視力非矯正者の裸眼視力 1.0以上	視力非矯正者の裸眼視力 1.0未満 0.7以上	視力非矯正者の裸眼視力 0.7未満 0.3以上	視力非矯正者の裸眼視力 0.3未満	視力矯正者の裸眼視力 1.0以上	視力矯正者の裸眼視力 1.0未満 0.7以上	視力矯正者の裸眼視力 0.7未満 0.3以上	視力矯正者の裸眼視力 0.3未満	裸眼視力 1.0未満の者 計	1.0未満 0.7以上	0.7未満 0.3以上	0.3未満	眼の疾病・異常	難聴	耳疾患	鼻・副鼻腔疾患	口腔咽喉頭疾患・異常	むし歯（う歯） 計	むし歯（う歯） 処置完了者	むし歯（う歯） 未処置歯のある者	歯列・咬合	顎関節	歯垢の状態	歯肉の状態	その他の疾病・異常
幼稚園 5歳	100.00	70.77	22.22	4.47	0.38	0.68	0.51	0.81	0.16	28.54	22.73	5.28	0.54	0.66	…	1.35	0.80	0.70	33.87	15.29	18.58	4.42	0.05	0.88	0.10	2.03
小学校 計	100.00	59.70	12.14	11.36	4.51	0.95	1.23	3.22	6.89	39.35	13.37	14.57	11.40	4.35	0.76	5.55	9.61	1.03	41.65	20.81	20.83	5.39	0.10	2.86	1.73	7.23
6歳	100.00	75.03	14.95	6.34	0.93	0.70	0.68	0.93	0.42	24.26	15.63	7.28	1.35	4.52	0.88	8.70	9.18	1.69	38.66	15.11	23.54	4.27	0.06	1.80	1.13	6.34
7	100.00	70.09	13.48	9.27	2.70	0.88	1.01	1.29	1.26	29.03	14.50	10.56	3.96	4.16	0.91	5.80	9.00	1.16	45.78	21.14	24.64	5.70	0.08	2.83	1.26	5.35
8	100.00	62.96	12.77	12.13	4.17	0.84	1.24	2.31	3.57	36.20	14.01	14.44	7.75	4.11	0.67	5.00	9.10	1.13	49.44	25.02	24.42	5.68	0.09	2.83	1.64	6.37
9	100.00	55.24	11.45	13.89	5.43	1.10	1.27	3.72	7.89	43.66	12.73	17.61	13.32	4.90	…	5.41	9.77	0.91	46.31	24.29	22.02	5.60	0.09	3.30	1.90	9.09
10	100.00	50.75	10.73	13.33	6.31	1.08	1.61	4.78	11.41	48.17	12.34	18.11	17.72	4.27	0.57	4.79	9.91	0.75	37.58	20.57	17.01	5.50	0.13	3.14	2.05	9.42
11	100.00	45.48	9.68	12.87	7.25	1.11	1.53	6.02	16.05	53.42	11.21	18.90	23.31	4.14	…	3.77	10.63	0.55	32.49	18.60	13.89	5.52	0.16	3.17	2.32	6.71
中学校 計	100.00	34.46	10.40	12.04	7.76	1.84	2.83	6.32	24.37	63.70	13.22	18.35	32.13	4.59	0.43	3.59	9.35	0.43	36.10	21.49	14.61	5.40	0.42	3.45	2.96	3.77
12歳	100.00	38.58	10.69	12.89	8.23	1.50	2.69	5.13	20.28	59.92	13.39	18.02	28.51	5.04	0.42	5.38	9.75	0.63	33.10	19.46	13.63	5.46	0.33	3.45	2.94	5.19
13	100.00	35.26	11.12	11.83	6.88	1.81	2.49	6.96	23.64	62.92	13.60	18.80	30.52	4.64	…	2.93	8.82	0.37	35.79	21.33	14.46	5.43	0.40	3.48	2.79	3.36
14	100.00	29.15	9.33	11.33	8.15	2.23	3.32	6.93	29.57	68.63	12.66	18.25	37.72	4.09	0.43	2.41	9.47	0.29	39.49	23.73	15.76	5.30	0.52	3.43	3.15	2.73
高等学校 計	100.00	30.38	10.17	13.19	6.78	1.77	1.84	6.45	29.43	67.85	12.01	19.63	36.20	3.48	0.31	1.89	6.18	0.25	46.77	29.10	17.67	4.25	0.58	3.77	2.99	0.95
15歳	100.00	33.03	10.56	14.99	7.95	1.24	1.53	6.47	24.23	65.73	12.09	21.46	32.18	3.00	0.36	2.39	7.59	0.21	42.18	25.80	16.37	4.28	0.56	3.81	2.88	1.03
16	100.00	30.08	9.46	12.50	6.46	2.28	2.03	6.73	30.46	67.63	11.49	19.23	36.92	4.79	…	2.18	5.57	0.22	47.86	29.78	18.08	4.19	0.61	3.71	2.85	0.90
17	100.00	28.11	10.48	12.12	5.95	1.78	1.95	6.14	33.46	70.11	12.43	18.27	39.41	2.64	0.26	1.09	5.38	0.31	50.23	31.68	18.55	4.28	0.59	3.80	3.24	0.92
うち公立																										
幼稚園 5歳	100.00	75.00	18.17	3.38	0.79	1.12	0.55	0.78	0.21	23.88	18.72	4.16	1.00	1.47	…	1.55	1.46	0.32	41.57	15.50	26.07	3.05	-	0.76	0.14	2.03
小学校 計	100.00	60.05	12.13	11.31	4.47	0.93	1.21	3.18	6.71	39.02	13.35	14.49	11.19	4.39	0.77	5.54	9.66	1.03	42.00	20.96	21.04	5.41	0.10	2.91	1.73	7.35
6歳	100.00	75.02	14.99	6.32	0.94	0.66	0.68	0.95	0.43	24.31	15.68	7.27	1.37	4.54	0.89	8.70	9.25	1.71	39.13	15.26	23.86	4.22	0.06	1.86	1.12	6.46
7	100.00	70.45	13.33	9.22	2.67	0.87	1.01	1.30	1.16	28.68	14.33	10.52	3.83	4.16	0.92	5.77	9.07	1.16	46.08	21.25	24.84	5.68	0.08	2.88	1.25	5.43
8	100.00	63.41	12.90	12.01	4.18	0.86	1.21	2.38	3.06	35.73	14.11	14.39	7.23	4.13	0.68	5.00	9.16	1.12	49.83	25.16	24.66	5.67	0.10	2.86	1.64	6.48
9	100.00	55.65	11.49	13.90	5.26	1.07	1.29	3.53	7.81	43.28	12.78	17.43	13.07	4.98	…	5.43	9.80	0.92	46.69	24.40	22.30	5.72	0.07	3.42	1.91	9.25
10	100.00	51.00	10.67	13.30	6.30	1.03	1.58	4.73	11.40	47.97	12.25	18.02	17.70	4.32	0.58	4.78	9.95	0.75	37.91	20.76	17.15	5.58	0.13	3.18	2.04	9.53
11	100.00	46.10	9.66	12.81	7.23	1.07	1.47	5.97	15.70	52.83	11.13	18.78	22.93	4.19	…	3.75	10.67	0.56	32.74	18.75	13.99	5.56	0.17	3.20	2.33	6.81
中学校 計	100.00	34.61	10.39	12.05	7.68	1.83	2.84	6.36	24.24	63.56	13.23	18.41	31.92	4.67	0.43	3.58	9.58	0.45	36.24	21.48	14.76	5.50	0.43	3.35	2.97	3.84
12歳	100.00	38.78	10.75	12.84	8.10	1.50	2.67	5.13	20.23	59.73	13.43	17.96	28.34	5.14	0.43	5.35	10.02	0.66	33.28	19.49	13.79	5.54	0.35	3.32	2.95	5.30
13	100.00	35.38	11.13	11.89	6.83	1.82	2.49	7.04	23.42	62.80	13.62	18.93	30.25	4.71	…	2.88	9.01	0.40	35.88	21.31	14.57	5.56	0.41	3.42	2.79	3.44
14	100.00	29.31	9.24	11.37	8.10	2.19	3.37	6.99	29.42	68.49	12.61	18.36	37.52	4.16	0.43	2.47	9.71	0.30	39.62	23.68	15.93	5.40	0.52	3.33	3.17	2.76
高等学校 計	100.00	25.80	8.78	12.86	6.81	1.30	1.79	7.26	35.41	72.91	10.57	20.12	42.22	3.42	0.27	1.83	6.30	0.24	47.71	29.29	18.42	4.06	0.60	3.26	2.97	0.95
15歳	100.00	29.14	9.12	15.52	7.60	0.69	1.38	7.86	28.70	70.17	10.50	23.38	36.30	3.16	0.28	2.04	7.32	0.20	43.04	25.88	17.16	4.15	0.56	3.12	2.77	1.03
16	100.00	24.70	8.00	11.74	7.33	1.71	1.86	6.94	37.72	73.58	9.86	18.68	45.05	4.54	…	2.23	6.14	0.20	49.02	30.10	18.91	4.03	0.61	3.15	2.89	0.91
17	100.00	23.74	9.25	11.47	5.54	1.45	2.12	7.02	39.41	74.81	11.37	18.50	44.95	2.54	0.27	1.21	5.43	0.32	50.94	31.80	19.14	4.01	0.62	3.49	3.25	0.90
うち私立																										
幼稚園 5歳	100.00	68.79	24.14	4.80	0.34	0.46	0.47	0.80	0.21	30.75	24.61	5.60	0.55	0.49	…	1.14	0.63	0.80	33.21	16.03	17.19	4.84	0.06	0.90	0.09	1.99
高等学校 計	100.00	43.23	12.39	11.65	6.03	2.53	1.40	3.70	19.07	54.25	13.79	15.35	25.10	2.75	0.61	1.77	6.12	0.31	42.02	26.72	15.30	5.05	0.82	5.74	3.55	0.99
15歳	100.00	42.18	14.00	12.07	6.78	2.47	1.43	2.92	18.14	55.35	15.44	15.00	24.92	2.64	0.95	2.75	8.01	0.31	38.12	24.35	13.77	4.92	0.74	5.91	3.63	1.04
16	100.00	43.86	11.32	11.80	5.96	3.06	1.49	4.60	17.92	53.08	12.80	16.40	23.88	2.45	…	1.59	4.86	0.37	41.91	26.64	15.27	4.73	0.82	6.01	3.24	0.82
17	100.00	43.65	11.82	11.06	5.34	2.04	1.29	3.59	21.21	54.31	13.11	14.65	26.55	3.14	0.25	0.82	5.19	0.25	46.23	29.30	16.93	5.51	0.91	5.28	3.79	1.13

区分	永久歯の1人当り平均むし歯（う歯）等数 計 (本)	喪失歯数 (本)	むし歯（う歯） 計 (本)	むし歯（う歯） 処置歯数 (本)	むし歯（う歯） 未処置歯数 (本)	栄養状態	せき柱・胸郭・四肢の状態	皮膚疾患 アトピー性皮膚炎	皮膚疾患 その他の皮膚疾患	結核の精密検査の対象者	結核	心臓の疾病・異常	心電図異常	蛋白検出の者	尿糖検出の者	その他の疾病・異常 ぜん息	腎臓疾患	言語障害	その他の疾病・異常
幼稚園 5歳	…	…	…	…	…	0.21	0.25	1.82	0.84	…	…	0.48	…	0.91	…	1.41	0.04	0.16	1.58
小学校 計	…	…	…	…	…	1.56	0.86	3.06	0.30	0.11	-	0.78	2.18	1.41	0.07	2.78	0.15	0.40	3.63
6歳	…	…	…	…	…	0.85	0.54	3.25	0.35	0.26	-	0.88	2.18	0.84	0.04	2.91	0.13	0.74	3.43
7	…	…	…	…	…	1.12	0.70	3.22	0.36	0.11	-	0.86	…	0.87	0.04	2.93	0.10	0.51	3.55
8	…	…	…	…	…	1.77	0.69	3.03	0.36	0.12	-	0.76	…	1.03	0.05	2.98	0.12	0.40	3.68
9	…	…	…	…	…	1.90	0.87	2.93	0.21	0.06	-	0.80	…	1.33	0.07	2.57	0.15	0.27	3.29
10	…	…	…	…	…	1.75	1.05	3.13	0.27	0.06	-	0.76	…	1.82	0.07	2.77	0.21	0.27	3.99
11	…	…	…	…	…	1.92	1.30	2.80	0.26	0.06	-	0.63	…	2.49	0.15	2.53	0.17	0.23	3.83
中学校 計	0.82	0.01	0.81	0.52	0.29	0.94	1.70	2.87	0.21	0.09	0.00	0.82	2.84	2.58	0.18	2.05	0.21	0.07	4.49
12歳	0.82	0.01	0.81	0.52	0.29	0.94	1.70	3.05	0.18	0.11	0.00	0.84	2.84	2.65	0.13	2.14	0.22	0.06	4.18
13	…	…	…	…	…	0.92	1.71	2.84	0.21	0.10	-	0.86	…	2.58	0.15	2.07	0.18	0.08	4.55
14	…	…	…	…	…	0.97	1.70	2.73	0.25	0.07	-	0.76	…	2.51	0.25	1.93	0.23	0.06	4.75
高等学校 計	…	…	…	…	…	0.53	1.26	2.14	0.21	…	0.05	0.88	3.05	2.62	0.19	1.42	0.18	0.04	3.69
15歳	…	…	…	…	…	0.57	1.37	2.26	0.21	…	0.05	1.06	3.05	3.10	0.19	1.44	0.17	0.04	3.72
16	…	…	…	…	…	0.49	1.28	2.20	0.22	…	…	0.88	…	2.54	0.16	1.39	0.19	0.03	3.57
17	…	…	…	…	…	0.52	1.13	1.97	0.21	…	…	0.71	…	2.23	0.23	1.45	0.19	0.04	3.79
うち公立																			
幼稚園 5歳	…	…	…	…	…	0.42	0.79	1.24	0.46	…	…	0.13	…	0.37	…	1.22	-	0.04	0.86
小学校 計	…	…	…	…	…	1.57	0.88	3.05	0.30	0.11	-	0.78	2.16	1.40	0.07	2.75	0.15	0.40	3.68
6歳	…	…	…	…	…	0.86	0.56	3.26	0.36	0.27	-	0.88	2.16	0.84	0.04	2.88	0.13	0.75	3.51
7	…	…	…	…	…	1.13	0.72	3.22	0.35	0.11	-	0.86	…	0.87	0.04	2.97	0.10	0.51	3.59
8	…	…	…	…	…	1.78	0.70	3.04	0.36	0.12	-	0.77	…	1.00	0.04	2.93	0.12	0.40	3.73
9	…	…	…	…	…	1.94	0.89	2.87	0.21	0.06	-	0.81	…	1.35	0.07	2.51	0.15	0.28	3.32
10	…	…	…	…	…	1.73	1.08	3.14	0.27	0.06	-	0.76	…	1.81	0.07	2.75	0.21	0.27	4.02
11	…	…	…	…	…	1.94	1.32	2.77	0.26	0.06	-	0.63	…	2.46	0.12	2.51	0.17	0.23	3.87
中学校 計	0.83	0.01	0.81	0.52	0.29	0.97	1.70	2.95	0.21	0.07	0.00	0.80	2.86	2.56	0.18	2.11	0.21	0.07	4.62
12歳	0.83	0.01	0.81	0.52	0.29	0.97	1.70	3.13	0.18	0.10	0.00	0.82	2.86	2.60	0.13	2.21	0.22	0.07	4.29
13	…	…	…	…	…	0.95	1.69	2.91	0.20	0.07	-	0.82	…	2.57	0.16	2.13	0.18	0.08	4.69
14	…	…	…	…	…	1.00	1.71	2.81	0.24	0.04	-	0.77	…	2.50	0.26	1.99	0.23	0.06	4.88
高等学校 計	…	…	…	…	…	0.41	1.15	2.25	0.20	…	0.05	0.90	3.12	2.17	0.18	1.56	0.18	0.03	3.70
15歳	…	…	…	…	…	0.40	1.27	2.50	0.22	…	0.05	1.05	3.12	2.59	0.17	1.63	0.16	0.03	3.69
16	…	…	…	…	…	0.42	1.16	2.22	0.19	…	…	0.94	…	2.12	0.12	1.45	0.19	0.02	3.57
17	…	…	…	…	…	0.41	1.02	2.03	0.19	…	…	0.70	…	1.82	0.24	1.60	0.19	0.04	3.84
うち私立																			
幼稚園 5歳	…	…	…	…	…	0.18	0.08	1.83	0.96	…	…	0.58	…	1.08	…	1.50	0.08	0.21	1.80
高等学校 計	…	…	…	…	…	0.82	1.61	1.77	0.28	…	0.08	0.83	3.12	3.91	0.24	1.09	0.20	0.04	3.81
15歳	…	…	…	…	…	0.91	1.66	1.68	0.21	…	0.08	1.05	3.12	4.32	0.29	0.98	0.18	0.05	3.84
16	…	…	…	…	…	0.65	1.63	1.98	0.27	…	…	0.72	…	3.82	0.28	1.21	0.19	0.04	4.00
17	…	…	…	…	…	0.90	1.54	1.67	0.35	…	…	0.73	…	3.58	0.14	1.07	0.23	0.02	3.58

4 年齢別 都市階級別 設置者別 疾病・異常被患率等（15-15）

3 女 (5) 町村

単位 (%)

区分	裸眼視力 計	裸眼視力 視力非矯正者の裸眼視力 1.0以上	視力非矯正者 1.0未満0.7以上	視力非矯正者 0.7未満0.3以上	視力非矯正者 0.3未満	視力矯正者の裸眼視力 1.0以上	視力矯正者 1.0未満0.7以上	視力矯正者 0.7未満0.3以上	視力矯正者 0.3未満	裸眼視力 計	1.0未満0.7以上	0.7未満0.3以上	0.3未満	眼の疾病・異常	難聴	耳鼻咽頭 耳疾患	鼻・副鼻腔疾患	口腔咽喉頭疾患・異常	歯・口腔 むし歯（う歯） 計	処置完了者	未処置歯のある者	歯列・咬合	顎関節	歯垢の状態	歯肉の状態	その他の疾病・異常
幼稚園 5歳	100.00	76.60	15.76	4.70	0.37	0.37	1.11	0.68	0.40	23.03	16.87	5.38	0.78	0.61	…	1.30	1.62	3.25	35.64	13.10	22.54	3.98	0.04	1.24	0.28	2.89
小学校 計	100.00	59.90	13.26	11.63	4.33	0.60	0.92	2.91	6.46	39.50	14.17	14.54	10.79	3.72	0.52	4.17	8.02	1.30	46.20	22.14	24.06	4.54	0.16	2.83	2.02	8.33
6歳	100.00	72.43	17.57	6.93	0.95	0.39	0.56	0.67	0.51	27.18	18.13	7.60	1.46	3.70	0.48	6.47	7.98	2.08	42.10	15.65	26.45	3.10	0.07	1.20	1.00	7.11
7	100.00	71.46	14.52	8.25	2.19	0.54	0.63	1.09	1.32	28.00	15.15	9.35	3.50	3.24	0.53	3.69	6.99	1.18	50.99	23.55	27.44	4.52	0.15	3.19	1.68	5.93
8	100.00	61.13	15.64	12.51	4.98	0.43	0.90	1.50	2.91	38.43	16.54	14.01	7.88	3.58	0.72	4.30	9.01	1.29	52.20	26.03	26.17	5.16	0.08	3.17	1.91	7.27
9	100.00	56.92	10.63	15.50	4.98	0.56	0.76	3.80	6.85	42.52	11.39	19.30	11.83	3.75	…	3.95	8.54	1.02	51.73	25.17	26.56	4.71	0.11	2.85	2.11	11.11
10	100.00	48.49	11.24	12.47	7.43	0.89	1.48	5.15	12.85	50.62	12.71	17.62	20.28	3.99	0.33	3.63	8.65	1.13	42.54	22.85	19.70	4.51	0.23	3.07	2.22	10.73
11	100.00	47.87	9.61	14.28	5.62	0.83	1.20	5.49	15.11	51.31	10.81	19.77	20.73	4.00	…	3.02	6.91	1.10	37.97	19.43	18.53	5.17	0.30	3.43	3.08	7.65
中学校 計	100.00	39.61	9.20	14.53	7.75	1.07	1.69	6.13	20.03	59.33	10.89	20.66	27.78	3.36	0.46	3.08	7.59	0.65	36.58	21.61	14.97	5.13	0.36	3.29	2.69	3.07
12歳	100.00	42.52	10.23	13.79	8.26	0.65	2.06	6.28	16.22	56.83	12.28	20.07	24.48	3.53	0.50	4.73	8.88	0.65	33.99	19.81	14.18	4.93	0.20	2.64	2.34	4.32
13	100.00	39.67	9.52	15.52	6.74	1.39	1.61	6.20	19.36	58.95	11.13	21.72	26.10	3.78	…	2.32	6.81	0.58	36.68	21.98	14.70	5.02	0.41	3.11	2.68	2.94
14	100.00	36.56	7.82	14.27	8.25	1.17	1.41	5.90	24.62	62.27	9.23	20.17	32.87	2.77	0.42	2.00	6.91	0.72	39.08	23.03	16.04	5.43	0.47	4.11	3.05	1.94
高等学校 計	100.00	36.01	6.80	10.53	7.05	0.82	1.57	7.45	29.77	63.17	8.37	17.98	36.82	2.50	0.22	2.05	9.28	0.59	51.08	29.96	21.12	7.55	1.84	2.82	4.46	1.26
15歳	100.00	38.13	8.36	13.25	5.85	0.98	1.89	6.76	24.77	60.89	10.26	20.01	30.62	3.05	0.23	2.09	8.13	0.21	45.92	26.91	19.01	8.78	1.96	2.80	4.49	1.22
16	100.00	41.63	5.22	9.11	5.82	0.04	0.82	8.31	29.06	58.34	6.04	17.42	34.88	1.95	…	2.49	11.27	0.63	51.56	29.98	21.59	7.41	1.99	2.63	4.10	1.49
17	100.00	27.19	6.72	8.89	9.85	1.50	2.03	7.29	36.53	71.31	8.75	16.18	46.38	2.41	0.20	1.55	8.79	1.06	55.63	32.92	22.71	6.50	1.58	3.01	4.78	1.08
うち公立 幼稚園 5歳	100.00	68.01	20.54	5.79	0.43	0.88	2.49	1.69	0.18	31.11	23.03	7.47	0.61	1.06	…	2.17	2.00	2.74	37.58	13.52	24.06	3.89	0.11	2.57	0.70	4.23
小学校 計	100.00	59.92	13.25	11.63	4.33	0.60	0.92	2.91	6.44	39.47	14.16	14.54	10.77	3.71	0.52	4.14	7.98	1.29	46.26	22.14	24.12	4.52	0.15	2.83	2.02	8.33
6歳	100.00	72.42	17.56	6.94	0.95	0.39	0.55	0.67	0.51	27.19	18.11	7.61	1.47	3.68	0.49	6.44	7.99	2.08	42.11	15.65	26.46	3.10	0.07	1.20	1.00	7.11
7	100.00	71.53	14.48	8.24	2.18	0.54	0.63	1.08	1.32	27.93	15.11	9.32	3.49	3.25	0.52	3.68	6.96	1.18	50.99	23.52	27.47	4.51	0.13	3.19	1.68	5.93
8	100.00	61.14	15.63	12.51	4.99	0.44	0.91	1.49	2.91	38.42	16.53	14.00	7.89	3.57	0.73	4.26	8.88	1.24	52.24	25.99	26.24	5.10	0.08	3.18	1.91	7.28
9	100.00	56.92	10.65	15.49	4.99	0.56	0.77	3.81	6.82	42.52	11.42	19.30	11.80	3.76	…	3.91	8.45	1.01	51.84	25.17	26.67	4.63	0.11	2.85	2.09	11.14
10	100.00	48.52	11.22	12.50	7.45	0.89	1.48	5.16	12.77	50.58	12.70	17.66	20.22	3.98	0.33	3.64	8.66	1.14	42.58	22.84	19.74	4.50	0.23	3.07	2.23	10.71
11	100.00	47.91	9.61	14.28	5.62	0.83	1.20	5.50	15.06	51.26	10.80	19.78	20.68	4.01	…	2.93	6.86	1.10	38.10	19.50	18.60	5.18	0.30	3.43	3.09	7.65
中学校 計	100.00	39.54	9.18	14.53	7.74	1.07	1.70	6.14	20.10	59.39	10.88	20.67	27.84	3.37	0.46	3.06	7.55	0.66	36.74	21.66	15.08	5.13	0.37	3.31	2.71	3.07
12歳	100.00	42.47	10.23	13.79	8.23	0.66	2.06	6.29	16.27	56.87	12.29	20.08	24.50	3.52	0.50	4.71	8.84	0.66	34.17	19.87	14.30	4.94	0.20	2.67	2.36	4.33
13	100.00	39.69	9.46	15.51	6.72	1.39	1.61	6.20	19.43	58.92	11.08	21.70	26.14	3.80	…	2.29	6.81	0.57	36.82	22.01	14.81	5.05	0.42	3.13	2.70	2.95
14	100.00	36.38	7.80	14.30	8.28	1.18	1.42	5.92	24.73	62.44	9.21	20.22	33.01	2.78	0.42	1.99	6.83	0.72	39.22	23.10	16.13	5.42	0.48	4.12	3.07	1.94
高等学校 計	100.00	36.51	6.52	10.51	6.95	0.04	1.04	9.72	28.72	63.45	7.56	20.23	35.66	2.64	0.19	1.40	9.56	0.43	50.85	29.58	21.27	7.88	2.09	2.87	4.12	1.40
15歳	100.00	40.82	6.02	12.26	7.69	0.05	0.80	6.46	25.91	59.13	6.82	18.71	33.59	3.23	0.20	1.96	8.33	0.12	46.30	27.01	19.29	9.29	2.22	2.92	4.13	1.40
16	100.00	38.96	4.89	8.19	5.63	0.06	1.35	11.61	29.31	60.98	6.24	19.80	34.94	2.07	…	1.10	11.21	0.12	51.08	29.68	21.39	7.49	2.32	2.61	3.28	1.63
17	100.00	28.15	9.12	11.14	7.61	-	0.96	11.50	31.52	71.85	10.08	22.64	39.13	2.50	0.18	0.95	9.61	1.15	54.99	31.95	23.04	6.91	1.74	3.09	4.94	1.19
うち私立 幼稚園 5歳	100.00	83.11	11.70	4.04	0.38	0.11	-	0.29	0.37	16.78	11.70	4.33	0.75	0.17	…	0.43	1.06	4.43	34.59	13.25	21.33	4.83	-	0.48	-	1.49
高等学校 計	100.00	32.08	9.82	11.10	8.42	0.85	1.07	3.34	33.32	67.07	10.89	14.44	41.74	2.55	0.37	1.98	4.01	0.49	46.70	29.38	17.31	5.49	0.75	1.83	4.32	0.43
15歳	100.00	31.23	16.83	14.95	5.80	1.00	1.49	6.80	21.90	67.77	18.32	21.75	27.70	3.06	0.35	2.13	4.90	0.52	39.01	24.67	14.34	5.01	0.30	1.70	4.79	0.24
16	100.00	42.84	6.75	11.25	6.75	-	-	0.92	31.50	57.16	6.75	12.17	38.25	0.78	…	2.08	3.86	0.89	49.90	30.31	19.59	6.22	0.39	2.41	6.05	0.50
17	100.00	25.77	3.06	6.13	12.88	1.26	1.26	0.63	49.02	72.98	4.32	6.76	61.90	2.87	0.39	1.79	3.14	0.27	51.83	33.65	18.18	5.24	1.63	1.35	1.95	0.56

区分	永久歯の1人当り平均むし歯（う歯）等数 計 (本)	喪失歯数 (本)	むし歯（う歯） 計 (本)	処置歯数 (本)	未処置歯数 (本)	栄養状態	せき柱・胸郭・四肢の状態	皮膚疾患 アトピー性皮膚炎	その他の皮膚疾患	結核検査の対象者 精密	結核	心臓の疾病・異常	心電図異常	蛋白検出の者	尿糖検出の者	その他の疾病・異常 ぜん息	腎臓疾患	言語障害	その他の疾病・異常
幼稚園 5歳	…	…	…	…	…	0.23	0.15	2.51	1.21	…	…	0.26	…	0.56	…	0.87	0.03	0.51	0.96
小学校 計	…	…	…	…	…	1.62	1.02	2.61	0.36	0.05	-	0.76	1.57	1.18	0.05	2.70	0.17	0.46	4.28
6歳	…	…	…	…	…	0.83	0.56	2.81	0.47	0.14	-	0.81	1.57	0.86	0.04	2.63	0.10	0.94	4.11
7	…	…	…	…	…	1.21	0.63	2.48	0.30	0.01	-	0.64	…	0.62	-	2.84	0.16	0.55	4.56
8	…	…	…	…	…	1.88	1.31	2.46	0.39	0.06	-	0.59	…	0.84	-	2.68	0.11	0.32	4.23
9	…	…	…	…	…	1.87	0.48	2.42	0.45	0.02	-	0.76	…	1.16	0.05	3.33	0.28	0.44	4.24
10	…	…	…	…	…	2.05	1.61	2.73	0.34	0.07	-	0.80	…	1.62	0.02	2.53	0.14	0.31	4.15
11	…	…	…	…	…	1.79	1.49	2.79	0.19	-	-	0.95	…	1.91	0.18	2.22	0.21	0.22	4.41
中学校 計	0.90	0.01	0.89	0.59	0.30	0.81	1.19	2.14	0.17	0.01	0.01	1.01	2.61	2.20	0.23	1.77	0.17	0.07	4.58
12歳	0.90	0.01	0.89	0.59	0.30	0.93	1.20	2.05	0.24	0.02	0.02	1.11	2.61	2.49	0.10	1.63	0.20	0.07	4.09
13	…	…	…	…	…	0.82	1.12	2.04	0.17	0.00	0.00	0.94	…	2.23	0.23	1.55	0.19	0.09	4.55
14	…	…	…	…	…	0.66	1.25	2.34	0.09	0.01	-	1.00	…	1.88	0.35	2.12	0.13	0.06	5.10
高等学校 計	…	…	…	…	…	0.60	1.01	3.38	0.11	…	0.02	1.01	2.50	1.61	0.29	1.98	0.17	0.04	4.40
15歳	…	…	…	…	…	0.59	1.02	2.93	0.13	…	0.02	0.98	2.50	1.89	0.33	2.17	0.13	0.01	4.09
16	…	…	…	…	…	0.50	1.06	3.28	0.08	…	…	1.20	…	1.68	0.25	1.66	0.15	0.04	4.04
17	…	…	…	…	…	0.71	0.96	3.92	0.11	…	…	0.86	…	1.28	0.30	2.12	0.24	0.05	5.05
うち公立 幼稚園 5歳	…	…	…	…	…	0.26	0.25	1.44	0.38	…	…	0.40	…	0.38	…	0.58	-	0.90	0.26
小学校 計	…	…	…	…	…	1.62	1.02	2.61	0.34	0.05	-	0.76	1.57	1.18	0.05	2.71	0.17	0.46	4.28
6歳	…	…	…	…	…	0.83	0.56	2.82	0.46	0.14	-	0.81	1.57	0.86	0.04	2.64	0.10	0.94	4.11
7	…	…	…	…	…	1.21	0.63	2.47	0.29	0.01	-	0.65	…	0.62	-	2.84	0.16	0.55	4.57
8	…	…	…	…	…	1.88	1.31	2.45	0.34	0.06	-	0.59	…	0.84	-	2.69	0.11	0.32	4.22
9	…	…	…	…	…	1.88	0.49	2.42	0.45	0.02	-	0.76	…	1.15	0.05	3.33	0.28	0.44	4.26
10	…	…	…	…	…	2.05	1.61	2.73	0.31	0.07	-	0.80	…	1.62	0.02	2.53	0.14	0.31	4.15
11	…	…	…	…	…	1.79	1.49	2.78	0.18	-	-	0.95	…	1.91	0.18	2.23	0.21	0.22	4.41
中学校 計	0.90	0.01	0.89	0.59	0.30	0.80	1.18	2.15	0.16	0.01	0.01	1.02	2.61	2.21	0.22	1.78	0.17	0.07	4.59
12歳	0.90	0.01	0.89	0.59	0.30	0.94	1.19	2.06	0.23	0.02	0.02	1.11	2.61	2.50	0.09	1.64	0.20	0.07	4.10
13	…	…	…	…	…	0.82	1.11	2.04	0.17	0.00	0.00	0.94	…	2.24	0.23	1.56	0.19	0.09	4.56
14	…	…	…	…	…	0.66	1.25	2.35	0.09	0.01	-	1.00	…	1.87	0.34	2.13	0.13	0.06	5.12
高等学校 計	…	…	…	…	…	0.62	1.05	3.55	0.11	…	0.02	1.10	2.50	1.52	0.27	2.10	0.16	0.04	4.52
15歳	…	…	…	…	…	0.54	1.03	3.12	0.16	…	0.02	1.01	2.50	1.74	0.28	2.33	0.11	0.01	4.35
16	…	…	…	…	…	0.54	1.14	3.38	0.08	…	…	1.46	…	1.59	0.23	1.77	0.16	0.06	4.03
17	…	…	…	…	…	0.77	0.99	4.13	0.11	…	…	0.86	…	1.23	0.29	2.20	0.22	0.05	5.17
うち私立 幼稚園 5歳	…	…	…	…	…	0.14	0.08	3.04	1.42	…	…	0.12	…	0.63	…	1.25	0.06	0.39	1.42
高等学校 計	…	…	…	…	…	0.25	0.65	1.33	0.03	…	-	0.63	3.06	2.62	0.37	0.95	0.23	-	6.14
15歳	…	…	…	…	…	0.50	1.15	0.97	-	…	-	1.11	3.06	3.36	0.36	1.04	0.26	-	5.60
16	…	…	…	…	…	0.10	0.36	1.69	0.10	…	…	0.18	…	3.04	0.61	0.56	0.16	-	6.80
17	…	…	…	…	…	0.12	0.42	1.35	-	…	…	0.59	…	1.34	0.12	1.25	0.27	-	6.04

5 都道府県別 身長・体重の平均値及び標準偏差 (13-1)

5歳

区　分	男				女			
	身長 (cm)		体重 (kg)		身長 (cm)		体重 (kg)	
	平均値	標準偏差	平均値	標準偏差	平均値	標準偏差	平均値	標準偏差
全　　国	111.6	4.90	19.4	2.91	110.6	4.91	19.0	2.77
北　海　道	111.5	4.82	19.6	2.93	110.5	4.83	19.0	2.90
青　　森	111.3	5.05	19.7	2.97	111.1	5.05	19.9	3.15
岩　　手	110.7	4.66	19.1	2.82	110.4	4.67	19.3	2.90
宮　　城	112.8	4.77	20.1	3.12	111.6	4.77	19.6	3.31
秋　　田	112.0	5.12	19.8	3.56	111.2	4.88	19.4	2.98
山　　形	112.0	4.80	19.5	2.98	111.4	4.84	19.4	2.97
福　　島	111.3	4.65	19.4	3.04	109.6	4.84	18.8	2.64
茨　　城	111.2	4.92	19.3	2.87	109.7	5.06	19.0	3.27
栃　　木	110.6	4.77	19.0	2.74	109.8	4.56	18.9	2.79
群　　馬	111.7	4.71	19.7	3.51	110.9	4.68	19.5	3.23
埼　　玉	111.4	5.04	19.5	3.05	110.7	4.86	19.0	2.77
千　　葉	111.7	4.94	19.4	2.97	110.7	5.03	19.0	2.70
東　　京	112.5	5.00	19.8	2.99	111.5	5.06	19.3	2.78
神　奈　川	111.9	4.70	19.6	2.89	111.0	4.98	19.1	2.82
新　　潟	111.0	4.66	19.1	2.47	110.3	4.56	18.8	2.54
富　　山	112.4	4.93	19.5	2.89	110.8	4.69	19.0	2.51
石　　川	112.6	5.00	19.6	2.78	111.5	4.90	19.2	2.83
福　　井	112.1	4.88	19.4	2.75	111.3	4.64	19.0	2.64
山　　梨	111.1	5.47	19.0	3.20	110.8	5.05	19.1	2.91
長　　野	111.2	4.65	19.1	2.71	110.0	4.50	18.6	2.40
岐　　阜	111.4	4.76	19.3	2.74	110.6	4.33	18.8	2.55
静　　岡	111.4	4.79	19.2	2.67	110.5	4.54	18.8	2.34
愛　　知	111.4	4.84	19.2	2.95	110.6	4.89	18.9	2.63
三　　重	110.8	4.97	19.2	2.78	110.5	4.71	19.0	2.69
滋　　賀	111.2	4.85	19.1	2.97	110.4	5.09	18.7	2.59
京　　都	112.1	5.07	19.5	2.91	111.4	4.77	19.3	2.86
大　　阪	111.6	4.74	19.3	2.80	110.4	5.06	18.9	2.66
兵　　庫	112.3	4.94	19.8	2.94	111.0	4.74	19.1	2.65
奈　　良	112.6	4.67	19.8	2.85	111.0	4.63	19.1	3.05
和　歌　山	112.2	5.16	19.8	2.98	111.3	5.08	19.6	3.07
鳥　　取	110.3	4.59	18.9	2.84	109.6	4.94	18.7	2.56
島　　根	111.0	5.07	19.1	2.83	110.1	4.64	18.4	2.36
岡　　山	111.0	4.88	19.2	2.83	109.9	4.74	18.8	2.54
広　　島	110.6	4.94	19.2	2.65	109.7	4.85	18.8	2.44
山　　口	111.2	4.78	19.3	2.57	109.8	5.12	18.8	2.84
徳　　島	110.1	4.94	19.2	2.95	109.5	4.58	19.1	2.82
香　　川	110.8	4.62	19.2	2.74	109.4	4.75	18.7	2.74
愛　　媛	110.5	4.96	19.1	2.84	109.6	5.01	18.9	2.74
高　　知	110.4	4.51	18.9	2.38	109.5	5.48	18.6	3.13
福　　岡	111.4	4.76	19.5	2.99	110.4	4.84	19.2	2.92
佐　　賀	111.5	5.03	19.5	2.99	110.5	4.77	19.1	2.58
長　　崎	110.2	4.71	19.0	2.68	109.9	5.15	19.1	2.91
熊　　本	110.8	4.89	19.1	2.67	109.8	4.71	18.8	2.75
大　　分	111.7	4.54	19.6	2.75	110.6	4.65	19.0	2.65
宮　　崎	110.4	4.97	19.1	2.45	109.0	4.71	18.6	2.69
鹿　児　島	110.3	4.98	19.2	2.75	109.2	4.96	18.6	2.54
沖　　縄	110.4	4.84	19.0	2.56	109.9	4.75	19.0	2.99
1県あたり調査対象者数 (人)	351〜1210		351〜1210		344〜1218		344〜1218	

5 都道府県別 身長・体重の平均値及び標準偏差 (13-2)

6歳

区 分	男				女			
	身 長 (cm)		体 重 (kg)		身 長 (cm)		体 重 (kg)	
	平均値	標準偏差	平均値	標準偏差	平均値	標準偏差	平均値	標準偏差
全 国	117.5	4.99	22.0	3.69	116.7	4.97	21.5	3.46
北 海 道	117.1	5.12	22.1	3.86	116.4	5.16	21.6	3.71
青 森	117.6	4.94	22.5	4.17	117.0	4.92	21.9	3.45
岩 手	117.1	4.94	22.4	4.13	116.0	5.01	21.7	3.76
宮 城	118.4	4.66	22.2	3.51	117.6	5.13	22.0	3.71
秋 田	117.7	5.16	22.4	3.94	117.0	5.03	21.9	3.83
山 形	117.6	5.03	22.3	3.92	117.1	5.15	21.7	3.60
福 島	116.8	4.83	21.8	3.37	115.9	4.89	21.4	3.62
茨 城	117.6	5.00	22.1	3.91	116.8	4.86	21.7	3.35
栃 木	117.5	4.68	22.3	3.70	116.6	5.03	21.7	3.61
群 馬	117.4	5.15	22.2	3.93	116.4	4.64	21.7	3.73
埼 玉	118.3	4.97	22.3	3.79	117.3	4.81	21.8	3.62
千 葉	118.3	5.25	22.5	4.57	117.4	5.00	21.8	3.57
東 京	118.4	4.97	22.2	3.50	117.4	5.19	21.7	3.73
神 奈 川	118.4	5.20	21.8	3.46	117.1	4.93	21.4	3.45
新 潟	117.3	4.91	21.9	3.55	116.5	4.94	21.3	3.40
富 山	118.0	5.16	22.0	3.70	116.8	5.14	21.5	3.60
石 川	117.6	4.91	21.7	3.31	116.4	4.81	21.2	3.11
福 井	117.7	4.92	22.0	3.23	116.6	4.82	21.2	3.24
山 梨	117.2	4.97	21.9	3.57	116.4	4.70	21.2	3.14
長 野	117.3	4.66	21.8	3.67	116.1	4.98	21.2	3.40
岐 阜	117.8	4.85	22.0	3.61	117.2	4.81	21.5	3.42
静 岡	116.8	4.58	21.7	3.62	116.1	4.55	21.1	3.06
愛 知	117.3	4.87	21.6	3.49	116.9	4.92	21.4	3.27
三 重	116.8	4.92	21.5	3.34	115.7	4.58	21.0	2.99
滋 賀	117.6	4.58	21.8	3.20	116.9	4.67	21.5	3.21
京 都	117.6	4.61	21.8	3.53	117.1	5.05	21.5	3.51
大 阪	117.4	5.04	21.8	3.57	116.5	4.87	21.2	3.20
兵 庫	117.6	4.76	21.9	3.48	116.3	4.90	21.2	3.17
奈 良	117.6	4.74	22.1	3.53	116.6	4.79	21.5	3.42
和 歌 山	117.2	4.89	21.6	3.43	116.2	5.18	21.1	3.72
鳥 取	116.6	5.04	21.6	3.55	115.7	4.96	21.2	3.23
島 根	116.1	4.81	21.5	3.29	115.3	4.40	20.9	2.84
岡 山	116.4	4.98	21.7	3.76	115.7	4.95	21.1	3.24
広 島	115.8	5.00	21.2	3.40	115.7	4.86	21.3	3.62
山 口	116.2	4.93	21.4	3.41	115.6	4.97	21.0	2.84
徳 島	117.1	4.91	22.0	3.87	116.0	4.97	21.2	3.59
香 川	117.2	5.24	21.8	3.79	115.9	4.75	21.3	3.23
愛 媛	116.5	4.78	21.7	3.83	116.2	4.74	21.5	3.41
高 知	116.5	4.59	21.6	3.63	115.9	4.90	21.0	3.20
福 岡	117.9	4.81	22.4	4.19	116.9	5.14	21.5	3.55
佐 賀	116.6	5.16	21.7	3.77	116.1	5.11	21.4	3.46
長 崎	116.8	4.73	21.5	3.05	115.4	4.83	21.3	3.68
熊 本	116.9	4.83	22.0	3.84	116.2	5.06	21.5	3.48
大 分	117.0	4.89	21.8	3.60	116.1	4.99	21.3	3.21
宮 崎	116.8	5.19	21.9	3.86	116.1	4.99	21.5	3.64
鹿 児 島	115.9	4.99	21.4	3.54	115.0	4.59	21.1	3.24
沖 縄	116.6	4.80	21.8	3.58	115.9	4.52	21.1	2.97
1県あたり 調査対象者数 (人)	431〜566		431〜566		426〜564		426〜564	

5 都道府県別　身長・体重の平均値及び標準偏差（13-3）

7歳

区　　分	男				女			
	身　長　(cm)		体　重　(kg)		身　長　(cm)		体　重　(kg)	
	平均値	標準偏差	平均値	標準偏差	平均値	標準偏差	平均値	標準偏差
全　　国	123.5	5.29	24.9	4.65	122.6	5.28	24.3	4.25
北　海　道	122.7	4.97	25.1	4.87	122.6	5.51	24.8	5.31
青　　森	123.6	5.38	25.7	5.31	122.5	5.28	24.4	4.67
岩　　手	122.8	5.36	25.2	4.81	121.9	5.54	24.4	4.39
宮　　城	124.4	5.40	25.8	5.02	123.2	5.45	24.9	4.98
秋　　田	123.7	5.18	25.5	5.00	123.0	4.95	24.7	4.51
山　　形	123.2	5.15	24.9	4.25	123.5	5.64	25.0	4.90
福　　島	122.6	4.97	24.6	4.63	121.9	5.01	24.1	4.10
茨　　城	124.1	5.36	25.9	5.18	122.7	5.37	24.6	4.26
栃　　木	122.9	5.14	25.0	4.53	122.7	5.22	24.5	4.37
群　　馬	122.7	5.23	24.8	4.74	122.6	5.10	24.4	4.26
埼　　玉	124.1	5.33	25.4	4.89	122.9	5.16	24.6	4.31
千　　葉	124.1	5.15	25.4	4.77	123.3	5.30	24.8	4.28
東　　京	124.7	5.57	25.5	4.76	123.4	5.41	24.5	3.99
神　奈　川	124.4	5.19	25.0	4.36	123.7	5.45	24.4	4.36
新　　潟	123.6	5.06	24.5	4.29	122.4	5.37	23.9	4.13
富　　山	123.8	5.30	24.8	4.54	122.9	5.07	24.7	4.29
石　　川	123.6	4.98	24.8	4.03	123.3	4.72	24.4	3.79
福　　井	124.0	5.15	25.1	4.20	123.2	5.24	24.8	4.89
山　　梨	123.3	5.62	25.4	5.97	122.6	5.46	24.4	4.16
長　　野	123.1	5.08	24.6	4.24	122.2	5.27	24.1	4.52
岐　　阜	123.5	5.02	25.3	5.31	122.4	5.26	23.9	4.17
静　　岡	122.7	5.28	24.5	4.29	122.2	5.30	24.0	3.94
愛　　知	123.4	5.33	24.8	4.89	122.3	4.74	24.0	4.10
三　　重	123.0	4.96	24.3	4.02	121.7	5.20	23.6	3.80
滋　　賀	123.4	5.13	24.6	4.27	122.3	4.96	24.0	3.86
京　　都	123.7	5.07	24.8	4.82	122.4	5.25	23.7	3.98
大　　阪	123.4	5.36	24.6	4.36	122.3	5.17	24.0	4.09
兵　　庫	124.1	5.24	25.0	4.67	122.5	5.34	24.2	4.18
奈　　良	123.6	5.10	25.0	4.33	123.1	5.23	24.4	3.97
和　歌　山	123.3	5.19	24.5	4.10	122.6	5.36	24.2	4.31
鳥　　取	122.5	5.06	24.3	4.04	121.6	4.92	23.6	3.56
島　　根	122.3	4.97	23.8	3.69	121.8	5.26	23.7	3.58
岡　　山	122.1	5.23	24.2	4.25	121.6	5.11	23.6	3.74
広　　島	122.2	4.88	24.2	4.03	120.8	5.15	23.5	3.83
山　　口	122.5	5.24	24.4	4.24	121.7	5.26	23.5	3.93
徳　　島	123.9	5.29	25.5	4.91	122.3	5.37	24.4	4.88
香　　川	122.6	4.85	24.4	4.25	121.6	5.06	23.8	3.67
愛　　媛	122.3	4.96	24.2	4.19	121.4	4.69	23.7	3.72
高　　知	122.1	5.81	24.3	4.40	121.2	4.93	23.5	3.63
福　　岡	123.5	5.38	25.0	5.10	122.6	5.05	24.4	4.24
佐　　賀	122.7	5.05	24.6	4.14	121.2	5.46	23.7	4.34
長　　崎	122.5	4.95	24.2	3.68	121.5	5.24	23.8	4.02
熊　　本	123.1	4.78	24.7	4.66	123.0	5.25	24.9	4.82
大　　分	122.9	5.60	25.2	5.45	122.4	5.32	24.7	4.70
宮　　崎	122.2	5.06	24.4	4.35	121.5	5.08	24.2	4.17
鹿　児　島	121.7	4.59	24.0	4.40	121.0	5.15	23.6	3.69
沖　　縄	122.1	5.13	24.3	4.17	122.2	5.34	24.3	4.27
1県あたり調査対象者数（人）	430〜571		430〜571		425〜569		425〜569	

5 都道府県別 身長・体重の平均値及び標準偏差 (13-4)

8歳

区 分	男				女			
	身 長 (cm)		体 重 (kg)		身 長 (cm)		体 重 (kg)	
	平均値	標準偏差	平均値	標準偏差	平均値	標準偏差	平均値	標準偏差
全 国	129.1	5.54	28.4	5.80	128.5	5.69	27.4	5.20
北 海 道	129.0	5.47	28.9	6.23	127.9	5.50	27.4	5.21
青 森	129.0	5.35	28.6	5.84	128.6	5.53	28.0	5.32
岩 手	128.6	5.64	27.9	5.40	127.8	5.91	27.9	5.59
宮 城	129.8	5.39	29.3	5.95	129.5	6.24	29.2	6.94
秋 田	129.7	5.50	29.0	6.09	128.3	5.66	27.9	6.19
山 形	129.2	5.42	28.7	6.11	129.7	5.87	28.6	5.57
福 島	128.7	5.44	28.4	6.10	128.3	5.69	27.8	5.64
茨 城	129.5	5.51	29.0	6.50	128.2	5.53	27.6	5.49
栃 木	129.1	5.43	28.8	5.79	127.9	5.80	27.3	5.40
群 馬	129.0	5.55	29.2	7.02	128.1	5.51	27.6	5.15
埼 玉	129.8	5.94	29.1	6.40	129.1	5.62	27.7	5.18
千 葉	129.7	5.25	28.8	5.62	129.5	5.54	27.8	5.05
東 京	130.2	5.40	29.0	5.79	129.3	5.43	27.5	4.45
神 奈 川	130.1	5.43	28.6	5.63	129.2	5.91	27.5	5.54
新 潟	128.8	5.67	28.4	6.28	128.0	5.51	26.8	4.81
富 山	129.6	5.51	28.7	5.96	128.8	6.13	27.7	5.53
石 川	128.9	5.49	27.8	5.01	128.1	5.50	27.1	4.74
福 井	129.2	5.43	28.7	6.00	128.9	5.55	27.1	4.50
山 梨	128.4	5.60	28.9	6.47	128.0	5.85	27.0	5.42
長 野	128.5	5.35	27.9	5.25	127.9	5.59	26.9	4.96
岐 阜	129.8	5.37	29.0	6.24	128.7	5.61	27.6	5.28
静 岡	127.8	5.21	27.4	4.90	127.5	6.01	27.1	5.38
愛 知	129.2	5.53	28.3	5.99	128.4	5.67	27.3	5.20
三 重	127.9	5.32	27.4	5.44	127.6	5.66	26.6	4.78
滋 賀	128.9	5.29	27.9	5.53	128.4	5.49	27.0	4.76
京 都	129.0	5.31	27.7	5.04	128.3	5.31	26.8	4.62
大 阪	129.2	5.42	28.1	4.99	128.6	5.65	27.4	5.44
兵 庫	129.1	5.78	28.2	6.02	128.6	5.59	27.3	4.95
奈 良	130.0	5.03	28.9	5.54	128.7	5.91	27.6	5.40
和 歌 山	128.2	5.24	28.0	5.75	128.4	5.37	27.4	5.20
鳥 取	128.0	5.40	27.5	5.16	127.5	5.44	26.8	4.57
島 根	127.6	5.50	27.1	5.05	126.8	5.26	26.5	4.50
岡 山	128.1	5.42	27.4	5.05	127.1	5.72	26.6	4.91
広 島	127.4	5.42	27.5	5.36	127.4	5.28	27.1	4.73
山 口	127.7	5.57	27.5	5.09	127.7	5.57	27.3	5.36
徳 島	129.3	5.46	28.9	6.30	128.1	5.56	27.7	5.30
香 川	127.7	5.13	27.3	5.24	127.6	5.51	27.2	5.21
愛 媛	128.2	5.50	28.2	5.54	127.5	5.30	26.9	4.77
高 知	128.2	4.76	28.0	5.29	126.9	5.65	26.8	4.90
福 岡	129.0	5.61	28.5	6.03	128.7	5.99	28.0	5.65
佐 賀	128.2	5.65	27.9	5.77	127.5	5.54	26.9	4.78
長 崎	127.6	5.59	27.1	5.09	127.3	5.21	27.0	4.35
熊 本	129.2	5.39	28.9	6.20	128.3	5.80	27.5	5.42
大 分	128.1	5.82	28.1	5.99	128.0	5.51	27.7	6.16
宮 崎	128.2	5.22	28.5	6.26	127.6	5.31	27.4	5.08
鹿 児 島	126.9	5.77	26.6	4.72	127.1	5.62	26.8	4.63
沖 縄	127.6	5.58	27.9	5.92	128.0	5.95	27.4	5.47
1県あたり調査対象者数 (人)	426〜570		426〜570		425〜568		425〜568	

5 都道府県別　身長・体重の平均値及び標準偏差 (13-5)

9歳

区　分	男 身長 (cm) 平均値	標準偏差	男 体重 (kg) 平均値	標準偏差	女 身長 (cm) 平均値	標準偏差	女 体重 (kg) 平均値	標準偏差
全　　国	134.5	5.79	32.0	6.96	134.8	6.44	31.1	6.36
北　海　道	134.9	5.68	33.4	7.98	134.0	6.32	30.9	6.14
青　　森	135.0	5.92	33.4	7.60	135.3	6.57	32.4	7.38
岩　　手	134.5	5.73	32.6	7.40	133.8	6.14	31.0	5.77
宮　　城	135.6	6.06	34.1	8.45	135.1	6.33	32.3	7.42
秋　　田	134.9	5.93	33.0	7.27	134.7	6.09	31.4	6.33
山　　形	134.6	5.77	32.2	6.69	135.4	6.86	31.5	6.25
福　　島	134.0	5.68	32.3	6.95	134.4	6.11	31.6	6.93
茨　　城	134.1	5.74	32.2	7.24	134.8	6.61	31.6	7.04
栃　　木	134.7	5.80	32.7	7.36	134.8	6.37	31.5	6.88
群　　馬	134.4	5.84	32.2	7.32	134.4	6.52	31.4	6.56
埼　　玉	135.1	5.37	32.8	6.96	135.2	6.67	31.1	6.21
千　　葉	135.5	6.20	32.6	6.96	136.0	6.37	32.1	6.62
東　　京	135.0	5.73	31.8	6.74	135.4	6.74	31.2	6.66
神　奈　川	135.4	5.74	32.2	6.75	136.0	6.24	31.4	6.16
新　　潟	134.2	5.83	31.1	7.19	134.9	5.96	30.8	5.91
富　　山	134.7	5.58	32.2	6.65	135.0	6.31	30.8	5.96
石　　川	134.7	5.98	32.0	6.56	134.8	5.98	30.9	5.88
福　　井	135.2	5.75	32.2	6.60	135.4	6.21	31.3	5.82
山　　梨	134.6	5.73	32.0	7.43	134.4	6.64	31.2	6.98
長　　野	133.9	5.95	31.6	6.71	133.7	5.96	30.2	5.81
岐　　阜	134.8	6.25	32.2	7.80	134.9	6.58	31.1	6.37
静　　岡	134.1	5.68	31.7	6.76	134.4	6.19	30.6	5.87
愛　　知	134.1	5.49	31.4	6.48	134.5	6.54	30.5	6.28
三　　重	133.6	5.63	31.7	6.89	134.2	6.24	30.4	6.04
滋　　賀	134.8	5.66	31.7	6.10	134.5	5.80	30.3	5.39
京　　都	134.6	5.84	31.3	6.92	134.3	6.15	30.5	5.85
大　　阪	134.3	5.85	31.7	7.14	134.7	6.41	31.0	6.46
兵　　庫	134.7	5.67	31.5	6.24	135.6	6.66	31.3	5.92
奈　　良	135.4	5.91	32.6	7.68	134.6	6.34	31.0	6.29
和　歌　山	134.1	5.53	31.8	6.94	135.3	6.04	31.0	5.64
鳥　　取	134.0	5.79	31.1	6.73	133.3	6.34	30.0	6.12
島　　根	133.2	5.55	30.5	5.77	132.9	6.02	30.0	5.88
岡　　山	133.8	5.85	31.4	6.60	133.6	5.94	30.3	5.81
広　　島	133.4	5.62	30.8	6.23	133.5	5.85	30.7	6.03
山　　口	133.4	5.73	31.2	6.54	133.1	6.16	30.1	6.22
徳　　島	134.2	5.99	32.2	7.38	134.1	6.46	31.1	6.57
香　　川	133.3	5.47	31.0	6.12	134.7	6.57	31.5	6.94
愛　　媛	133.0	5.74	31.1	6.56	133.7	6.20	30.5	6.13
高　　知	133.4	5.57	31.4	6.49	133.1	6.28	30.6	6.16
福　　岡	134.4	5.71	32.0	6.65	135.4	6.45	31.9	6.86
佐　　賀	133.0	5.45	30.8	6.26	133.5	6.22	30.6	6.30
長　　崎	133.5	5.84	31.7	7.33	133.2	6.53	29.8	6.09
熊　　本	134.4	5.69	32.7	7.14	134.7	6.14	31.5	6.70
大　　分	134.2	6.23	32.3	7.44	133.9	6.18	31.0	5.76
宮　　崎	133.3	5.61	31.8	6.80	133.5	6.30	30.7	6.24
鹿　児　島	133.2	5.79	30.9	6.94	133.4	6.30	30.4	6.00
沖　　縄	133.7	6.18	32.1	7.31	134.2	6.62	31.1	6.27
1県あたり調査対象者数（人）	429〜567		429〜567		438〜571		438〜571	

5 都道府県別 身長・体重の平均値及び標準偏差 (13-6)

10歳

区　　分	男				女			
	身　長　(cm)		体　重　(kg)		身　長　(cm)		体　重　(kg)	
	平均値	標準偏差	平均値	標準偏差	平均値	標準偏差	平均値	標準偏差
全　　国	140.1	6.35	35.9	8.16	141.5	6.84	35.4	7.40
北　海　道	139.4	6.47	36.2	9.15	141.9	6.71	36.2	8.15
青　　森	140.6	5.79	36.7	8.11	142.5	6.91	36.6	8.13
岩　　手	139.5	6.48	35.9	8.02	140.6	6.83	36.2	8.06
宮　　城	140.7	6.30	37.3	8.57	142.2	6.59	36.9	8.07
秋　　田	140.4	6.26	37.1	8.75	142.2	6.80	36.2	7.31
山　　形	140.8	6.81	37.0	9.33	142.3	6.40	36.2	7.67
福　　島	139.6	6.45	36.4	9.10	140.0	6.67	35.0	7.87
茨　　城	140.3	6.67	37.3	8.87	141.0	6.82	36.0	7.59
栃　　木	140.6	6.46	37.1	8.91	140.6	6.65	35.0	7.23
群　　馬	139.9	6.62	36.0	9.14	141.3	6.80	35.3	7.09
埼　　玉	140.8	6.31	36.8	8.66	142.3	6.77	36.3	7.88
千　　葉	140.3	6.19	36.2	7.98	142.4	6.99	36.2	7.55
東　　京	141.1	6.10	36.6	8.14	142.3	7.10	35.7	7.33
神　奈　川	141.4	6.55	36.2	8.28	141.9	6.98	35.0	7.41
新　　潟	140.2	6.55	35.4	8.09	141.5	7.11	35.0	7.26
富　　山	140.5	6.56	36.1	8.39	141.5	6.74	35.1	6.64
石　　川	139.6	5.99	35.0	7.58	141.5	6.47	35.1	6.67
福　　井	140.6	6.05	35.9	7.03	141.7	5.94	35.3	6.88
山　　梨	139.9	6.22	35.9	8.21	141.0	7.18	35.0	7.15
長　　野	139.0	6.32	34.5	7.22	141.2	7.24	34.9	7.24
岐　　阜	139.5	6.04	35.6	7.13	141.9	7.03	36.1	7.61
静　　岡	139.1	5.99	35.1	7.29	141.1	6.95	35.2	7.70
愛　　知	139.5	6.38	35.3	7.99	141.8	6.77	35.2	6.89
三　　重	138.9	6.12	34.6	7.52	140.7	6.92	34.3	7.05
滋　　賀	139.9	6.09	35.0	7.39	141.0	6.58	35.0	7.52
京　　都	140.2	6.03	35.0	7.25	141.4	6.91	35.0	7.28
大　　阪	139.9	5.94	35.6	8.11	141.8	6.52	34.8	6.65
兵　　庫	139.9	6.48	35.4	7.83	141.3	6.63	35.0	7.12
奈　　良	140.5	6.33	35.9	7.30	141.2	6.51	35.0	7.03
和　歌　山	139.7	6.10	36.2	8.03	141.9	6.63	36.4	7.56
鳥　　取	138.8	5.88	34.1	7.74	140.1	6.63	34.2	6.46
島　　根	138.4	6.06	34.3	7.53	139.7	6.25	33.9	6.41
岡　　山	139.5	6.38	35.1	7.41	140.3	6.54	34.4	7.35
広　　島	138.8	6.13	34.7	7.18	140.3	6.72	34.7	7.10
山　　口	138.8	6.94	35.6	8.45	140.0	6.85	34.6	7.28
徳　　島	139.8	6.23	35.9	7.67	141.1	6.94	35.7	8.02
香　　川	138.5	6.36	34.8	7.57	140.7	6.72	35.2	7.51
愛　　媛	139.0	6.12	35.5	7.74	139.6	6.47	34.2	6.55
高　　知	138.8	5.98	35.0	7.83	140.3	6.85	35.0	7.26
福　　岡	140.6	6.61	36.4	8.58	142.0	6.83	35.9	7.86
佐　　賀	139.1	6.31	35.5	8.11	139.8	6.79	34.5	6.50
長　　崎	138.8	5.68	34.0	6.96	140.3	6.88	34.9	6.99
熊　　本	140.1	6.51	36.3	8.30	141.8	6.49	36.1	7.17
大　　分	139.7	6.53	36.2	8.77	141.0	6.93	35.8	7.89
宮　　崎	139.4	6.22	36.3	8.40	141.0	6.79	35.9	7.50
鹿　児　島	138.3	5.97	34.7	7.18	140.1	6.80	35.4	8.31
沖　　縄	139.4	6.50	35.9	8.18	141.3	6.53	36.0	7.07
1県あたり調査対象者数（人）	430〜570		430〜570		429〜567		429〜567	

5 都道府県別 身長・体重の平均値及び標準偏差 (13-7)

11歳

区分	男 身長 (cm) 平均値	標準偏差	体重 (kg) 平均値	標準偏差	女 身長 (cm) 平均値	標準偏差	体重 (kg) 平均値	標準偏差
全 国	146.6	7.29	40.4	9.28	148.0	6.52	40.3	7.86
北 海 道	146.3	7.02	41.3	8.97	148.0	7.01	40.4	8.15
青 森	147.4	7.43	42.4	10.24	148.6	6.85	41.7	8.81
岩 手	145.5	7.55	40.3	9.28	147.3	6.52	40.5	8.05
宮 城	147.4	7.62	41.9	10.04	149.2	6.35	42.0	9.05
秋 田	147.2	6.74	41.4	9.07	148.8	6.18	42.0	8.44
山 形	147.4	7.10	41.9	10.60	148.2	6.15	41.0	8.18
福 島	146.5	7.17	41.2	9.53	147.7	6.18	41.1	8.46
茨 城	146.7	7.49	40.9	9.96	148.1	6.45	41.1	8.14
栃 木	146.9	7.18	41.3	9.80	148.1	6.56	40.7	7.66
群 馬	146.7	7.15	41.2	9.70	147.7	6.63	40.4	8.41
埼 玉	146.7	6.91	40.4	9.06	148.0	6.37	40.8	8.17
千 葉	147.9	7.06	41.7	9.92	148.7	6.47	41.0	8.17
東 京	147.3	7.13	40.4	8.60	148.9	6.69	40.4	7.65
神 奈 川	147.8	7.05	41.0	9.08	148.9	6.40	40.1	7.55
新 潟	146.6	7.23	40.0	9.29	148.0	6.26	39.2	7.33
富 山	146.9	6.88	40.2	8.60	149.0	6.67	41.0	8.30
石 川	146.1	7.31	40.6	11.25	148.5	6.39	40.3	8.04
福 井	146.7	6.86	40.3	8.51	148.1	5.98	39.8	6.81
山 梨	146.1	7.38	40.8	9.52	146.9	7.14	39.5	8.43
長 野	145.4	7.56	39.2	8.94	147.1	5.82	39.0	6.70
岐 阜	146.9	7.09	41.1	9.24	147.8	6.04	39.6	7.28
静 岡	146.0	6.99	39.8	8.64	147.8	5.92	40.0	7.45
愛 知	146.4	7.83	39.1	8.46	147.5	6.55	39.4	7.36
三 重	145.7	7.61	39.1	8.67	147.4	6.57	40.0	8.31
滋 賀	146.8	7.27	39.2	8.11	147.6	6.51	38.9	7.44
京 都	146.9	7.09	40.4	9.16	148.3	6.32	40.4	7.98
大 阪	146.6	7.13	40.1	9.08	148.1	6.31	40.4	7.65
兵 庫	147.3	7.31	40.7	9.39	148.4	6.56	40.1	7.63
奈 良	146.9	7.41	40.0	8.89	148.3	6.55	40.5	8.37
和 歌 山	146.1	7.21	40.3	9.38	147.6	6.53	40.6	8.68
鳥 取	145.8	7.01	39.0	7.74	148.1	6.26	40.6	7.90
島 根	144.9	7.24	38.7	9.00	146.1	6.59	38.9	7.24
岡 山	145.1	7.49	39.1	9.73	147.3	6.83	40.3	7.64
広 島	144.8	7.01	39.0	8.83	146.0	6.60	39.4	7.85
山 口	145.0	7.27	38.8	8.10	146.3	6.24	38.8	7.59
徳 島	145.4	7.30	40.4	9.83	148.1	6.06	41.1	7.66
香 川	145.1	6.95	39.2	8.36	146.9	6.27	39.9	7.73
愛 媛	145.0	7.32	39.7	8.98	146.7	6.40	39.3	7.64
高 知	145.0	7.21	39.0	8.49	147.1	6.45	40.4	7.46
福 岡	147.5	7.34	42.0	11.20	148.4	6.55	41.2	8.08
佐 賀	145.2	7.02	38.7	8.40	147.3	6.29	40.0	7.48
長 崎	145.5	7.21	38.9	8.48	147.0	6.98	39.8	8.09
熊 本	146.6	7.22	40.8	9.64	147.6	6.47	40.6	8.34
大 分	145.3	7.77	39.7	9.76	147.2	6.45	40.6	8.78
宮 崎	145.7	7.16	40.7	9.43	147.0	6.78	40.3	7.91
鹿 児 島	144.3	7.46	38.8	8.76	146.4	6.88	39.4	7.25
沖 縄	145.8	7.81	40.6	9.71	148.1	6.50	40.8	7.12
1県あたり調査対象者数(人)	429～570		429～570		433～571		433～571	

5 都道府県別　身長・体重の平均値及び標準偏差（13-8）

12歳

区　分	男				女			
	身　長　(cm)		体　重　(kg)		身　長　(cm)		体　重　(kg)	
	平均値	標準偏差	平均値	標準偏差	平均値	標準偏差	平均値	標準偏差
全　　国	154.3	8.09	45.8	10.52	152.6	5.83	44.5	8.01
北　海　道	155.5	8.15	47.1	10.77	153.1	5.60	45.3	8.47
青　　森	154.6	7.64	47.6	11.15	153.4	5.54	47.1	8.88
岩　　手	153.0	8.13	46.1	10.65	151.8	5.86	45.2	8.57
宮　　城	154.9	8.20	47.4	11.40	152.5	5.81	45.4	8.32
秋　　田	155.1	7.60	47.2	10.14	152.9	5.60	45.2	8.14
山　　形	154.8	7.99	47.3	11.40	153.2	5.54	45.5	8.53
福　　島	153.3	8.04	45.8	10.89	151.7	5.84	44.9	8.54
茨　　城	154.0	7.76	46.7	11.02	152.4	5.59	45.2	7.65
栃　　木	153.6	7.85	46.2	10.71	152.4	5.90	45.1	8.73
群　　馬	154.4	7.68	45.5	9.95	152.4	5.73	44.6	7.85
埼　　玉	153.9	8.11	45.8	11.20	152.7	5.83	44.4	7.93
千　　葉	154.6	8.40	46.4	11.12	153.1	6.39	45.0	8.31
東　　京	156.0	7.84	46.8	10.75	153.5	5.61	45.1	8.15
神　奈　川	155.3	8.10	46.6	10.80	153.2	5.75	44.7	8.04
新　　潟	153.4	8.25	44.5	9.59	152.3	5.99	43.9	7.94
富　　山	154.7	7.86	46.1	10.08	152.8	5.89	44.2	7.80
石　　川	155.1	7.87	46.0	9.54	152.8	5.95	44.7	7.75
福　　井	155.3	7.69	45.7	9.26	152.7	5.68	44.4	7.39
山　　梨	152.8	7.76	45.0	10.15	151.7	6.08	44.1	8.34
長　　野	153.2	8.25	44.5	10.09	151.9	5.63	43.8	7.75
岐　　阜	154.2	8.22	45.6	10.45	152.6	5.75	44.3	8.24
静　　岡	153.3	8.17	44.6	10.40	151.8	5.86	43.6	7.68
愛　　知	153.9	7.81	44.3	9.70	152.4	5.74	43.7	7.52
三　　重	153.6	8.04	44.7	9.71	151.9	6.06	43.7	7.60
滋　　賀	154.0	7.88	44.3	9.36	152.4	6.01	43.8	8.01
京　　都	155.2	8.07	46.3	10.57	152.9	5.66	43.8	7.56
大　　阪	154.6	8.44	45.4	10.48	152.6	5.84	43.8	7.81
兵　　庫	154.2	7.88	45.3	9.80	152.4	5.63	43.5	7.29
奈　　良	154.6	7.94	45.3	9.64	153.2	5.72	43.8	7.30
和　歌　山	153.7	8.04	46.1	10.14	152.4	5.94	44.8	7.66
鳥　　取	153.2	7.78	44.8	9.19	152.1	6.07	43.9	8.15
島　　根	152.8	7.78	43.8	9.32	151.8	5.78	44.2	7.50
岡　　山	152.6	8.02	44.4	10.23	151.6	5.88	44.1	7.66
広　　島	152.8	8.18	44.9	9.71	151.5	6.23	44.3	8.22
山　　口	153.0	7.92	44.5	9.44	151.5	6.17	44.2	7.83
徳　　島	154.0	8.40	47.1	11.32	151.9	5.75	45.4	8.57
香　　川	153.0	7.93	44.9	9.36	151.7	5.88	44.0	7.93
愛　　媛	153.1	7.76	45.0	10.13	151.9	5.49	44.5	8.08
高　　知	153.3	8.01	45.7	10.36	151.6	5.79	44.9	7.81
福　　岡	154.8	7.93	45.9	10.81	152.8	5.90	45.1	8.24
佐　　賀	151.9	7.91	44.3	9.80	151.7	5.43	45.2	8.35
長　　崎	152.1	7.85	44.6	9.80	151.3	5.90	44.1	8.53
熊　　本	153.6	8.10	46.1	12.06	152.1	5.75	44.4	7.77
大　　分	153.4	8.13	45.6	10.04	151.8	5.27	45.6	8.34
宮　　崎	153.5	7.81	45.9	10.28	151.9	5.64	44.8	7.69
鹿　児　島	152.2	7.99	44.5	10.49	151.5	5.68	44.0	8.46
沖　　縄	153.3	7.89	46.5	10.82	151.6	5.56	44.9	7.65
1県あたり 調査対象者数（人）	653～940		653～940		651～980		651～980	

5 都道府県別 身長・体重の平均値及び標準偏差 (13-9)

13歳

区　分	男				女			
	身　長　(cm)		体　重　(kg)		身　長　(cm)		体　重　(kg)	
	平均値	標準偏差	平均値	標準偏差	平均値	標準偏差	平均値	標準偏差
全　国	161.4	7.48	50.9	10.68	155.2	5.40	47.9	7.71
北　海　道	161.8	7.42	51.5	11.05	155.5	5.52	48.3	8.31
青　森	161.9	7.31	52.2	11.28	155.8	5.60	50.0	8.43
岩　手	161.0	7.31	51.6	11.26	154.8	5.10	48.5	8.11
宮　城	161.6	7.17	52.4	11.25	155.2	5.45	48.9	8.13
秋　田	162.1	7.34	52.9	11.94	155.7	5.27	49.0	7.96
山　形	162.4	7.16	53.0	11.42	155.5	5.37	49.3	8.26
福　島	160.6	7.97	51.7	11.83	154.5	5.34	49.0	8.53
茨　城	161.0	7.23	51.4	11.17	154.7	5.49	48.0	8.03
栃　木	160.7	7.62	51.3	10.86	154.8	5.33	48.3	7.77
群　馬	160.7	7.58	51.2	11.00	155.3	5.48	48.3	7.83
埼　玉	161.2	7.93	50.7	10.88	155.7	5.22	48.7	8.11
千　葉	161.6	7.17	51.0	10.69	155.1	5.59	48.0	8.23
東　京	163.1	7.02	52.3	10.36	156.2	5.44	47.8	7.38
神　奈　川	162.3	7.84	51.6	11.05	155.4	5.09	47.9	7.93
新　潟	161.5	7.69	50.5	10.76	155.8	5.46	47.9	7.62
富　山	162.0	7.36	51.3	10.02	155.6	5.29	48.0	8.35
石　川	162.2	7.55	51.4	10.88	155.2	5.26	47.5	6.93
福　井	161.7	7.36	50.3	9.23	155.8	5.41	48.2	7.94
山　梨	160.6	7.72	51.2	10.74	154.8	5.26	48.2	7.90
長　野	160.8	7.38	49.9	9.70	155.1	5.30	47.6	7.57
岐　阜	161.1	7.20	51.1	11.15	155.5	5.30	47.9	7.34
静　岡	160.3	7.39	49.3	9.83	154.6	5.21	47.0	7.18
愛　知	161.1	7.28	50.0	10.78	155.1	5.37	46.9	7.53
三　重	160.2	7.87	49.8	10.49	154.8	5.42	46.6	7.51
滋　賀	160.9	7.25	49.6	9.37	155.4	5.26	47.4	7.96
京　都	162.1	7.34	50.9	9.90	155.8	5.37	46.9	6.92
大　阪	161.6	7.39	51.5	11.38	155.5	5.58	47.0	7.06
兵　庫	162.1	7.27	51.2	10.61	155.5	5.38	47.7	7.24
奈　良	161.6	7.36	49.9	9.54	155.4	5.33	47.4	7.24
和　歌　山	160.6	7.40	51.1	11.44	155.0	5.31	47.6	7.47
鳥　取	160.2	7.76	49.4	9.46	154.9	5.44	47.4	7.37
島　根	160.0	7.24	48.9	8.90	154.7	5.37	47.7	7.26
岡　山	159.9	7.67	49.2	9.84	154.8	5.47	48.1	7.98
広　島	160.0	6.90	49.6	9.88	154.2	5.35	47.9	7.58
山　口	160.1	7.77	50.4	10.15	154.6	5.41	47.9	8.02
徳　島	161.0	7.64	51.8	11.23	154.8	5.33	48.9	8.15
香　川	160.1	7.14	50.1	9.69	154.5	5.43	48.4	8.17
愛　媛	160.6	7.37	51.1	10.61	154.7	5.38	48.2	7.59
高　知	160.0	7.61	49.1	9.62	154.3	5.65	47.8	7.60
福　岡	161.2	7.55	50.7	10.19	155.0	5.29	48.0	7.34
佐　賀	159.7	7.44	49.4	9.89	154.4	5.26	48.1	7.08
長　崎	159.5	7.55	49.2	9.35	154.7	5.14	48.0	7.59
熊　本	160.2	7.43	50.3	10.23	155.2	5.30	48.6	7.72
大　分	161.3	7.63	51.6	10.82	154.8	5.33	48.9	8.60
宮　崎	160.1	7.11	50.8	10.66	154.1	5.06	47.5	7.24
鹿　児　島	159.3	7.75	49.4	10.38	154.6	5.44	47.6	7.67
沖　縄	160.1	7.17	51.1	10.68	153.5	5.41	47.8	7.77
1県あたり調査対象者数（人）	651〜937		651〜937		649〜980		649〜980	

5 都道府県別　身長・体重の平均値及び標準偏差 (13-10)

14歳

区　分	男 身長(cm) 平均値	標準偏差	体重(kg) 平均値	標準偏差	女 身長(cm) 平均値	標準偏差	体重(kg) 平均値	標準偏差
全　　国	166.1	6.50	55.2	10.60	156.7	5.36	50.2	7.72
北　海　道	166.3	6.45	56.0	10.93	157.0	5.44	51.5	8.51
青　　森	166.3	6.15	56.5	11.27	157.1	5.40	51.7	7.72
岩　　手	165.5	6.41	56.4	10.93	156.3	5.31	50.8	7.83
宮　　城	166.4	6.27	56.5	10.63	156.8	5.34	50.9	8.08
秋　　田	166.9	6.18	56.9	10.90	157.1	5.38	51.2	7.84
山　　形	166.8	6.38	57.1	10.95	157.1	5.30	51.2	7.91
福　　島	165.8	6.07	55.5	10.52	156.7	5.00	51.4	8.33
茨　　城	165.7	6.61	55.4	10.65	156.2	5.25	50.6	7.79
栃　　木	165.5	6.88	55.4	11.32	156.4	5.50	50.3	7.59
群　　馬	165.9	6.45	55.4	11.17	156.7	5.23	50.9	7.55
埼　　玉	166.3	6.54	55.4	10.48	156.8	5.45	50.2	7.29
千　　葉	166.7	6.23	55.3	10.49	156.9	5.32	50.4	7.85
東　　京	167.4	6.47	55.9	10.70	157.5	5.38	50.1	7.59
神　奈　川	166.6	6.36	55.8	11.22	157.0	5.23	49.1	7.22
新　　潟	166.7	6.56	55.5	9.82	156.9	5.13	50.1	7.21
富　　山	166.8	6.34	55.6	9.32	156.9	5.23	50.4	8.23
石　　川	166.6	6.41	55.9	11.47	157.1	5.39	50.3	6.78
福　　井	166.7	6.26	55.7	11.02	157.2	5.27	50.2	7.62
山　　梨	165.8	6.24	56.2	11.62	156.7	5.62	50.5	8.06
長　　野	165.7	6.59	54.4	10.05	156.2	5.37	50.3	7.63
岐　　阜	165.9	6.48	55.3	10.56	156.3	5.28	50.0	7.51
静　　岡	165.4	6.54	54.1	9.83	156.3	5.12	49.9	7.44
愛　　知	166.1	6.81	54.0	10.51	156.7	5.42	49.8	8.01
三　　重	165.4	6.74	54.4	9.87	156.1	5.52	49.3	7.89
滋　　賀	166.2	6.73	54.6	10.43	156.8	5.48	49.7	7.93
京　　都	166.5	6.72	55.0	10.39	157.3	5.46	49.4	7.23
大　　阪	166.1	6.57	55.1	10.95	156.9	5.34	50.0	7.80
兵　　庫	165.8	6.39	54.9	10.44	156.9	5.31	49.9	7.11
奈　　良	166.9	6.31	55.5	9.77	157.3	5.37	49.9	7.43
和　歌　山	165.6	6.76	55.5	10.49	156.7	5.17	50.0	7.42
鳥　　取	165.5	6.69	54.4	9.67	156.3	5.37	50.3	7.54
島　　根	165.5	6.39	54.1	9.18	156.2	5.39	50.7	7.12
岡　　山	164.7	6.76	53.7	10.49	156.1	5.26	49.5	7.60
広　　島	164.8	6.20	54.4	9.65	155.5	5.18	50.1	7.78
山　　口	164.9	6.32	55.4	11.30	156.1	5.59	50.2	7.53
徳　　島	165.7	6.15	56.2	11.02	156.5	5.43	51.4	8.57
香　　川	164.9	6.49	54.7	9.90	155.9	5.22	50.2	7.46
愛　　媛	165.0	6.38	54.4	10.12	155.6	5.14	50.2	7.67
高　　知	164.9	6.25	55.4	10.81	155.7	5.54	49.8	7.72
福　　岡	165.9	6.04	54.8	9.98	156.7	5.08	50.7	8.05
佐　　賀	165.1	6.63	54.9	10.64	155.8	5.16	50.6	7.73
長　　崎	164.9	6.45	54.0	9.43	155.9	5.19	51.1	7.94
熊　　本	165.1	6.60	54.8	10.44	156.1	5.41	51.0	8.07
大　　分	165.1	6.54	55.5	11.07	155.6	5.32	50.5	8.35
宮　　崎	165.0	6.22	55.3	10.34	155.9	5.29	51.0	8.01
鹿　児　島	164.8	6.31	54.5	10.42	156.1	5.51	50.2	7.47
沖　　縄	164.8	6.23	55.5	11.04	154.3	5.35	50.0	8.28
1県あたり調査対象者数(人)	655〜939		655〜939		652〜980		652〜980	

5 都道府県別 身長・体重の平均値及び標準偏差 (13-11)

15歳

区　　分	男				女			
	身　長　(cm)		体　重　(kg)		身　長　(cm)		体　重　(kg)	
	平均値	標準偏差	平均値	標準偏差	平均値	標準偏差	平均値	標準偏差
全　　国	168.8	5.93	58.9	10.95	157.3	5.37	51.2	7.90
北　海　道	169.1	5.99	59.5	11.04	157.4	5.35	52.0	8.47
青　　森	168.8	5.99	61.4	12.38	158.0	5.15	54.0	8.56
岩　　手	167.5	6.05	59.4	11.81	156.9	5.44	52.8	8.38
宮　　城	169.9	6.19	61.7	12.47	157.6	5.46	51.9	7.59
秋　　田	169.0	6.07	62.4	11.67	157.9	5.27	53.7	8.98
山　　形	169.6	6.04	60.7	11.30	158.0	5.57	52.9	8.34
福　　島	168.0	5.38	60.0	12.08	156.5	5.14	52.6	8.54
茨　　城	168.6	5.65	59.8	11.73	156.6	5.16	50.8	7.34
栃　　木	168.1	5.91	60.0	11.92	157.1	5.44	51.1	7.72
群　　馬	168.8	5.70	59.3	11.07	156.6	5.24	51.6	7.58
埼　　玉	168.7	6.21	58.8	10.74	157.8	5.49	51.6	7.71
千　　葉	169.2	5.74	58.6	10.91	158.3	5.34	50.9	7.59
東　　京	169.5	5.95	59.2	10.87	158.0	5.66	50.7	8.30
神　奈　川	169.7	5.78	58.8	11.30	157.3	5.45	50.4	7.71
新　　潟	169.5	5.90	59.0	10.99	158.1	5.20	52.1	8.53
富　　山	170.2	5.68	59.5	9.91	157.9	5.04	51.1	7.07
石　　川	169.7	5.46	59.6	11.17	157.6	5.36	51.4	7.49
福　　井	169.0	5.75	58.6	9.92	158.7	4.93	52.7	7.57
山　　梨	168.7	5.92	59.9	11.48	156.4	5.62	50.9	8.34
長　　野	167.8	5.75	58.8	11.42	157.3	5.77	51.5	8.66
岐　　阜	168.9	5.51	58.5	9.78	157.2	5.28	51.1	7.53
静　　岡	168.5	6.00	57.7	9.89	156.7	5.06	50.7	7.15
愛　　知	168.5	5.71	58.2	10.62	157.3	5.44	50.5	7.45
三　　重	168.9	5.79	58.5	10.42	157.3	5.37	51.0	7.15
滋　　賀	168.6	6.45	57.2	9.85	157.3	5.19	50.6	7.05
京　　都	169.3	6.25	57.7	9.39	158.0	5.39	51.2	7.29
大　　阪	169.2	6.21	58.7	10.24	157.1	4.90	51.0	8.87
兵　　庫	168.9	5.78	57.8	10.20	157.7	5.13	51.4	7.85
奈　　良	169.8	5.96	59.9	10.76	157.4	5.58	50.5	7.78
和　歌　山	168.6	5.56	59.1	11.74	157.1	5.53	51.3	7.44
鳥　　取	169.7	5.82	59.6	10.77	157.1	5.49	51.5	8.11
島　　根	168.2	5.53	59.5	12.32	156.5	5.33	51.3	7.35
岡　　山	167.4	5.60	58.1	11.58	156.5	5.06	51.0	8.19
広　　島	167.9	5.89	58.4	10.90	156.2	5.46	51.1	7.94
山　　口	167.9	5.53	58.7	11.39	156.7	5.59	51.3	7.83
徳　　島	168.5	6.35	60.2	10.91	156.4	4.66	51.0	8.02
香　　川	168.1	6.05	59.0	11.09	156.9	5.60	51.3	8.13
愛　　媛	167.2	5.97	58.2	10.47	156.4	5.46	50.8	7.65
高　　知	167.8	6.06	58.1	11.20	157.0	5.48	51.0	6.92
福　　岡	167.8	5.76	58.6	11.15	157.2	4.94	51.1	6.70
佐　　賀	167.5	6.00	58.7	10.47	156.3	5.00	51.8	7.25
長　　崎	168.3	5.33	59.5	10.58	156.6	4.93	51.5	6.79
熊　　本	168.5	5.73	59.8	11.21	156.8	5.43	51.8	8.12
大　　分	168.7	6.03	61.0	12.44	156.5	5.27	51.1	7.59
宮　　崎	167.9	5.84	60.3	11.43	156.5	5.45	52.6	9.03
鹿　児　島	167.3	6.10	57.9	10.64	156.5	5.33	51.7	8.20
沖　　縄	167.5	5.70	58.2	10.70	155.3	5.43	50.5	7.58
1県あたり調査対象者数（人）	330～765		330～765		330～787		330～787	

5 都道府県別 身長・体重の平均値及び標準偏差 (13-12)

16歳

区　分	男				女			
	身　長　(cm)		体　重　(kg)		身　長　(cm)		体　重　(kg)	
	平均値	標準偏差	平均値	標準偏差	平均値	標準偏差	平均値	標準偏差
全　　国	170.2	5.77	60.9	10.85	157.7	5.36	51.9	7.68
北　海　道	170.6	5.60	61.7	10.92	157.9	5.14	52.6	8.15
青　　森	170.7	5.73	63.0	11.58	157.7	5.50	53.3	7.97
岩　　手	170.0	5.61	62.7	11.93	157.6	5.16	53.7	9.61
宮　　城	170.5	5.78	62.5	11.68	157.4	5.20	52.2	7.45
秋　　田	170.7	5.61	63.6	11.50	157.9	5.52	53.6	8.87
山　　形	170.8	5.71	62.5	10.57	158.4	5.35	52.2	7.19
福　　島	169.8	5.34	61.9	11.49	157.0	5.26	52.6	8.47
茨　　城	169.8	5.73	61.1	11.39	157.3	5.47	52.8	8.36
栃　　木	170.6	5.80	62.0	10.57	157.3	4.99	52.1	7.22
群　　馬	169.6	5.79	61.3	10.72	157.6	5.20	52.2	7.89
埼　　玉	170.3	5.60	61.0	11.27	157.7	4.90	51.4	7.01
千　　葉	170.5	5.71	60.4	10.77	158.0	5.43	51.3	7.11
東　　京	170.8	5.38	61.3	11.51	158.4	5.31	50.9	7.44
神　奈　川	170.6	5.91	60.3	11.15	157.6	5.71	51.6	7.42
新　　潟	170.9	5.78	61.2	10.46	158.5	5.53	53.2	7.30
富　　山	170.6	6.09	60.5	9.42	159.0	5.84	52.6	7.67
石　　川	170.5	5.54	61.3	10.95	158.1	5.37	52.6	8.42
福　　井	170.9	5.77	61.5	11.26	158.0	5.33	52.2	7.69
山　　梨	169.6	6.11	61.2	9.46	157.4	6.07	51.8	7.90
長　　野	169.5	6.14	60.0	10.63	157.3	5.23	51.9	7.49
岐　　阜	169.8	5.80	60.3	11.56	157.6	5.14	51.9	7.49
静　　岡	169.3	6.07	58.8	9.45	157.1	5.23	52.7	8.40
愛　　知	169.7	5.63	60.0	10.42	158.0	5.52	51.3	8.45
三　　重	170.3	5.41	60.7	9.83	158.1	5.36	52.6	7.70
滋　　賀	170.7	6.07	60.0	9.28	157.9	5.34	52.2	7.37
京　　都	170.9	6.32	61.2	10.84	157.9	5.04	50.9	6.84
大　　阪	170.4	5.61	61.4	11.32	157.9	5.24	51.7	6.97
兵　　庫	170.3	5.86	59.7	8.82	158.1	5.38	51.9	7.40
奈　　良	170.6	5.68	59.9	9.70	157.3	5.34	51.2	7.91
和　歌　山	170.2	5.68	60.5	11.26	157.9	5.45	52.8	8.14
鳥　　取	170.4	5.79	61.0	10.58	158.0	5.59	52.2	7.91
島　　根	169.5	5.90	60.7	10.11	157.4	5.64	52.6	7.53
岡　　山	169.9	6.16	59.7	10.02	157.1	5.29	51.7	7.26
広　　島	169.0	5.71	59.5	9.61	157.0	5.32	51.6	7.59
山　　口	169.2	6.02	61.4	11.03	156.8	5.34	51.9	7.51
徳　　島	169.9	5.91	61.9	11.72	157.1	5.28	52.2	8.86
香　　川	169.7	5.39	60.7	10.19	157.3	5.07	51.9	7.84
愛　　媛	169.7	5.75	62.0	11.47	157.1	5.54	51.7	7.54
高　　知	169.7	5.99	61.0	11.75	156.4	5.07	52.7	8.15
福　　岡	169.2	5.54	60.1	10.71	156.8	5.22	51.4	7.62
佐　　賀	168.3	6.01	60.3	10.32	157.9	5.71	53.9	8.47
長　　崎	170.2	6.17	62.2	11.03	157.1	5.54	52.4	7.03
熊　　本	170.1	6.12	61.5	10.65	158.0	5.46	52.5	7.56
大　　分	170.0	5.83	61.9	11.03	157.1	5.54	52.5	7.31
宮　　崎	169.6	5.69	62.2	11.64	156.9	5.11	52.5	7.52
鹿　児　島	169.2	5.88	62.3	11.52	157.1	5.60	53.0	8.36
沖　　縄	168.5	5.99	60.0	9.93	155.9	5.16	51.7	8.24
1県あたり調査対象者数（人）	330〜765		330〜765		335〜783		335〜783	

5 都道府県別 身長・体重の平均値及び標準偏差 (13-13)

17歳

区 分	男				女			
	身 長 (cm)		体 重 (kg)		身 長 (cm)		体 重 (kg)	
	平均値	標準偏差	平均値	標準偏差	平均値	標準偏差	平均値	標準偏差
全 国	170.7	5.86	62.6	11.01	157.9	5.35	52.3	7.93
北 海 道	170.8	6.20	63.2	11.78	157.9	5.27	53.0	9.13
青 森	170.7	5.68	64.1	11.48	158.0	5.22	54.0	8.31
岩 手	170.8	5.60	64.8	11.51	157.3	5.34	54.1	8.93
宮 城	171.3	6.05	64.2	12.34	158.3	5.41	52.7	8.40
秋 田	171.3	5.97	65.8	11.21	158.9	5.75	55.3	8.60
山 形	171.1	5.70	64.4	11.16	158.1	5.21	53.7	8.42
福 島	170.8	5.46	64.0	12.40	157.4	4.99	53.7	8.95
茨 城	170.0	6.03	62.0	11.95	157.3	5.18	52.3	8.38
栃 木	170.2	5.92	63.0	11.75	157.3	5.22	53.0	9.50
群 馬	170.5	6.07	63.3	10.72	157.7	5.18	52.5	7.99
埼 玉	171.1	5.71	62.8	10.36	158.1	5.35	52.4	7.49
千 葉	170.5	5.83	62.5	11.12	158.6	5.43	52.3	7.87
東 京	171.5	5.87	63.2	12.26	158.6	5.18	51.5	7.63
神 奈 川	171.1	5.87	62.3	11.30	158.0	5.42	51.6	7.91
新 潟	171.4	5.98	63.9	10.42	158.4	5.58	53.5	8.44
富 山	171.4	5.84	62.4	9.97	158.4	5.23	52.4	7.03
石 川	171.4	5.85	64.2	11.60	158.2	5.35	51.6	7.49
福 井	170.8	6.08	63.2	11.26	158.5	5.37	53.1	7.61
山 梨	170.2	5.88	64.4	12.03	157.7	5.15	51.9	7.51
長 野	170.4	5.93	62.8	12.10	157.5	5.28	51.9	7.88
岐 阜	170.4	5.78	61.2	10.10	158.2	5.25	51.8	7.47
静 岡	170.6	5.78	62.1	9.62	157.2	5.39	51.8	7.76
愛 知	170.1	5.71	60.3	9.81	157.9	5.43	51.5	7.80
三 重	170.8	5.85	61.6	9.92	157.6	5.42	52.7	7.10
滋 賀	170.3	6.03	62.3	10.76	158.4	5.32	52.8	7.43
京 都	172.0	5.94	63.7	11.81	158.5	5.25	51.6	6.88
大 阪	170.5	5.77	62.0	10.23	158.1	5.26	51.9	7.24
兵 庫	171.1	5.59	61.9	9.82	158.2	5.34	52.7	7.75
奈 良	170.9	5.58	62.5	10.03	157.6	5.64	51.9	8.32
和 歌 山	171.2	5.88	63.5	10.70	157.6	5.02	52.6	7.93
鳥 取	170.3	6.05	61.4	9.42	158.2	5.18	53.3	7.49
島 根	170.2	5.88	63.7	10.20	157.0	5.21	52.8	8.56
岡 山	169.8	5.86	61.5	9.69	157.4	5.48	52.6	7.86
広 島	170.1	5.75	62.6	11.08	157.5	5.24	53.3	8.06
山 口	170.1	5.91	62.5	10.40	157.6	5.48	52.5	7.83
徳 島	171.3	6.20	63.3	10.99	157.4	5.36	53.3	9.10
香 川	170.0	5.30	63.1	11.36	157.6	5.13	52.5	7.58
愛 媛	169.4	5.64	62.5	10.60	156.8	5.30	51.9	8.05
高 知	170.2	6.21	61.5	9.49	157.3	5.18	53.4	8.95
福 岡	170.1	5.71	62.2	10.38	157.6	5.40	52.4	7.64
佐 賀	169.5	6.32	62.2	9.91	156.5	5.20	52.8	7.78
長 崎	170.0	6.04	64.0	11.59	156.7	5.37	52.9	8.17
熊 本	170.6	5.41	63.8	11.47	157.5	5.32	52.5	7.64
大 分	170.4	5.41	63.0	11.96	157.4	5.75	53.6	8.62
宮 崎	170.2	5.60	63.6	10.81	157.3	5.07	53.9	8.36
鹿 児 島	169.9	6.01	63.0	10.92	156.6	5.31	52.4	7.93
沖 縄	169.0	5.85	62.1	10.82	155.9	5.49	50.9	7.19
1県あたり調査対象者数(人)	330〜765		330〜765		332〜781		332〜781	

6 都道府県別 肥満傾向児の出現率 (12-1)

1. 計　(1)肥満傾向児　　　　　　　　　　　　　　　　　　　　　　　　　　　　　　単位（%）

区　分	幼稚園	小学校						中学校			高等学校		
	5歳	6歳	7歳	8歳	9歳	10歳	11歳	12歳	13歳	14歳	15歳	16歳	17歳
全　国	3.51	5.51	8.03	10.31	11.50	11.91	11.38	10.84	10.40	9.64	9.72	9.09	10.08
北 海 道	4.32	8.37	12.68	13.59	14.73	15.61	13.66	11.98	11.08	12.15	11.57	11.27	11.59
青　森	6.25	7.59	12.36	10.89	18.67	13.04	17.14	16.75	14.70	12.72	15.67	12.86	13.57
岩　手	5.02	8.84	10.18	9.55	14.95	14.91	15.40	14.62	12.65	12.28	13.37	14.50	13.41
宮　城	4.86	5.77	10.83	15.48	17.08	16.11	15.47	14.12	12.17	11.37	12.48	11.04	10.97
秋　田	4.97	8.12	9.18	12.65	14.83	14.28	14.25	12.08	13.49	11.98	17.23	13.01	14.19
山　形	2.98	5.68	8.53	12.63	10.90	13.26	16.21	13.41	12.76	11.80	13.39	10.40	13.74
福　島	3.72	7.36	9.26	11.99	14.52	16.81	14.64	13.61	15.51	11.42	15.53	11.32	12.13
茨　城	5.53	6.69	10.61	11.68	15.39	16.62	12.87	12.79	11.76	12.01	10.07	11.01	11.32
栃　木	2.92	7.01	8.99	12.49	13.26	15.30	13.65	13.25	13.40	10.77	10.10	9.96	12.52
群　馬	5.51	7.52	9.72	13.59	12.50	11.04	13.85	10.76	11.81	10.77	10.96	10.28	11.41
埼　玉	4.18	5.68	9.87	11.77	12.28	13.31	10.98	11.11	11.07	9.03	9.83	8.63	10.14
千　葉	3.64	6.67	8.39	10.93	12.30	11.28	13.68	12.55	10.98	9.44	7.67	6.82	8.16
東　京	3.07	6.45	7.48	9.58	9.62	12.05	8.39	10.95	10.53	9.11	8.96	8.79	9.86
神 奈 川	3.82	3.29	6.88	9.73	9.66	9.94	10.50	10.73	10.21	8.51	8.85	8.43	9.29
新　潟	2.36	4.45	5.70	9.70	10.15	10.90	9.72	9.09	8.44	8.80	9.92	8.77	11.14
富　山	2.63	5.01	7.58	9.27	11.30	10.42	10.60	9.39	9.72	8.54	6.84	7.50	6.48
石　川	2.06	3.92	5.94	7.68	9.57	9.74	11.58	8.06	9.13	9.25	10.50	10.57	11.15
福　井	2.79	4.04	7.40	9.37	9.59	9.49	9.53	9.32	8.43	8.42	8.78	8.36	10.59
山　梨	3.72	5.46	11.55	13.72	11.39	11.53	14.07	11.98	12.90	11.12	12.15	9.80	11.48
長　野	2.59	5.09	7.80	9.92	11.51	9.62	10.26	9.82	9.37	9.01	12.10	8.42	11.49
岐　阜	3.30	4.69	9.61	10.49	11.03	13.29	11.47	10.97	10.24	10.03	9.47	8.86	7.58
静　岡	2.02	6.09	6.98	8.58	11.09	10.43	11.63	9.78	8.44	8.18	6.67	7.58	9.46
愛　知	3.21	4.35	8.29	10.29	9.90	10.69	7.88	8.61	8.24	8.36	8.96	8.53	7.26
三　重	3.13	3.63	6.33	7.36	11.06	9.95	11.47	10.00	8.81	9.05	8.59	8.45	10.37
滋　賀	2.26	4.61	5.86	8.04	9.04	10.02	7.52	8.49	8.19	8.58	7.23	7.77	7.75
京　都	3.04	5.54	6.30	6.69	8.56	9.66	11.07	9.90	8.77	7.64	7.43	6.92	8.47
大　阪	2.59	3.73	5.86	8.94	11.41	9.97	11.16	8.45	10.47	9.57	8.36	11.05	9.29
兵　庫	3.31	4.72	7.14	8.34	9.62	10.37	10.17	8.37	8.78	8.79	8.11	6.09	8.87
奈　良	3.51	5.57	7.62	10.85	10.83	11.19	10.91	7.72	8.80	8.24	8.79	7.50	11.28
和 歌 山	4.25	5.65	6.57	11.50	10.68	15.11	12.11	11.65	10.44	9.53	11.84	10.05	11.59
鳥　取	2.81	4.99	6.03	8.99	8.30	8.81	9.95	8.87	8.13	9.34	8.49	8.07	7.01
島　根	2.20	4.19	4.56	7.50	9.48	9.11	10.38	8.26	6.27	7.56	10.20	9.92	12.41
岡　山	3.39	5.56	7.64	8.36	10.96	9.85	11.35	11.54	9.62	8.95	10.15	7.52	8.46
広　島	2.28	4.94	6.06	11.04	11.19	10.76	13.44	12.44	10.80	10.64	9.30	6.53	12.42
山　口	2.97	3.91	5.77	10.56	10.62	14.46	9.17	10.01	10.59	10.10	12.02	9.49	9.73
徳　島	5.18	6.39	9.85	14.47	12.44	14.87	15.41	16.35	13.79	11.82	13.08	11.88	13.11
香　川	3.95	4.82	6.74	9.61	10.56	11.56	11.30	8.75	10.65	9.47	10.69	9.33	11.78
愛　媛	3.91	5.26	7.16	9.90	11.78	12.44	11.95	11.40	11.17	9.13	9.53	11.02	11.42
高　知	3.21	5.16	7.01	12.00	12.67	12.26	11.65	13.24	8.70	11.01	9.83	9.98	10.43
福　岡	5.14	7.12	9.33	11.50	12.57	11.60	13.20	10.32	9.92	9.40	9.02	8.63	9.20
佐　賀	3.34	4.28	7.06	9.71	11.99	12.89	10.20	13.36	9.58	10.18	10.03	10.76	11.46
長　崎	3.86	5.43	5.85	7.85	10.95	9.49	9.51	11.73	9.39	9.69	10.99	8.80	14.14
熊　本	3.55	6.47	8.71	11.36	14.08	12.60	14.01	12.10	11.63	10.32	11.41	8.82	10.41
大　分	2.87	5.55	10.92	12.09	14.46	16.15	13.94	13.64	12.50	12.76	13.47	10.74	11.73
宮　崎	2.90	6.67	8.70	11.73	13.00	15.45	14.36	12.87	11.77	11.75	13.38	10.25	12.52
鹿 児 島	3.11	5.25	7.43	6.74	11.47	14.20	11.77	11.76	10.39	8.90	10.00	10.74	12.48
沖　縄	3.79	4.83	7.14	10.73	13.13	13.60	10.68	14.27	12.41	13.57	11.17	10.06	10.32

（注）　肥満傾向児とは，性別・年齢別・身長別標準体重から肥満度を求め，肥満度が20％以上の者である。
　　　　以下の各表において同じ。
　　　　肥満度＝（実測体重－身長別標準体重）／ 身長別標準体重　× 100（%）

6 都道府県別　肥満傾向児の出現率（12-2）

1.　計　(2)軽度肥満傾向児　　　　　　　　　　　　　　　　　　　　　　　　　　　　　　　　　　単位（%）

区　　分	幼稚園	小学校						中学校			高等学校		
	5歳	6歳	7歳	8歳	9歳	10歳	11歳	12歳	13歳	14歳	15歳	16歳	17歳
全　　国	2.19	3.15	4.40	5.40	5.81	6.31	5.61	5.40	5.28	4.90	4.96	4.81	5.30
北　海　道	3.00	4.84	6.80	8.59	6.53	7.29	5.42	5.87	5.73	5.95	6.07	5.89	5.45
青　　森	4.26	3.98	5.25	4.88	8.56	6.02	8.76	6.94	6.68	7.26	6.52	6.15	7.18
岩　　手	3.41	4.78	6.68	5.52	8.94	7.40	7.81	6.69	5.72	6.09	6.83	6.44	6.27
宮　　城	2.47	3.53	5.46	7.29	7.07	7.75	6.56	6.97	5.35	5.76	5.63	5.87	4.54
秋　　田	3.37	4.86	5.05	6.35	8.12	7.35	7.04	6.71	6.60	6.57	7.94	6.18	6.26
山　　形	1.53	2.95	4.83	5.97	6.29	7.10	7.97	5.86	6.77	6.24	7.81	5.28	7.83
福　　島	2.19	4.26	5.32	6.19	7.04	8.14	7.45	6.76	6.61	6.55	7.23	4.93	4.45
茨　　城	2.95	4.32	5.57	5.12	7.49	8.79	5.93	6.13	5.82	5.77	4.24	6.15	5.87
栃　　木	1.85	3.93	4.46	6.37	6.29	7.55	7.93	5.25	7.07	5.15	5.22	5.59	6.06
群　　馬	2.19	4.04	5.47	5.94	5.56	4.75	6.26	5.35	6.32	5.20	6.48	6.26	5.78
埼　　玉	2.35	2.75	5.10	6.74	6.33	6.46	5.06	5.50	5.70	4.57	5.27	4.60	6.50
千　　葉	2.63	3.37	3.84	5.65	6.89	5.70	6.76	6.70	5.94	4.89	4.17	2.31	4.02
東　　京	1.99	4.11	4.30	4.94	5.15	7.45	4.45	5.20	5.71	5.24	4.61	4.38	4.84
神　奈　川	2.71	1.48	3.24	4.96	5.52	5.72	5.25	5.47	4.96	4.18	3.71	4.53	5.18
新　　潟	1.67	2.62	2.84	5.61	4.79	5.79	6.00	4.90	4.19	5.21	5.85	4.99	5.94
富　　山	1.77	2.65	4.08	4.82	6.08	5.23	5.78	4.55	4.44	4.76	2.99	4.64	3.68
石　　川	1.09	2.98	3.66	4.77	4.84	5.47	4.30	4.23	4.86	4.65	5.15	5.54	6.45
福　　井	2.20	2.70	4.66	5.51	4.68	6.08	6.83	4.79	4.87	4.14	4.20	3.90	5.12
山　　梨	2.62	4.11	6.64	7.28	5.72	5.64	7.41	6.16	6.84	4.70	5.55	5.95	4.94
長　　野	1.78	2.63	4.28	5.47	5.47	5.70	5.62	5.16	4.45	4.83	6.72	4.58	6.74
岐　　阜	1.43	2.56	5.63	5.56	4.79	6.86	5.36	4.93	4.74	5.12	5.13	4.68	4.01
静　　岡	1.55	4.18	3.62	3.79	5.39	5.30	5.72	4.92	4.57	4.25	3.98	4.11	5.63
愛　　知	2.20	2.55	4.47	5.44	4.96	6.13	3.73	4.61	4.58	3.92	5.02	4.66	3.64
三　　重	2.35	2.31	4.16	3.73	5.97	5.83	6.40	5.45	4.39	4.73	5.25	4.97	6.80
滋　　賀	1.21	3.03	3.48	4.61	4.97	5.46	4.57	4.33	4.31	4.63	4.41	4.21	3.69
京　　都	1.52	3.73	3.19	4.05	4.03	5.15	5.36	5.08	5.52	3.97	3.73	4.44	4.07
大　　阪	1.45	2.20	3.27	4.31	5.02	4.94	6.09	4.11	5.16	4.50	4.33	6.22	4.23
兵　　庫	1.70	2.84	4.32	3.83	5.17	5.30	4.85	4.24	4.44	4.80	4.34	3.51	5.72
奈　　良	2.18	2.44	4.97	6.71	5.36	6.76	4.72	3.45	5.42	4.23	4.57	3.88	6.42
和　歌　山	2.99	3.41	3.64	6.18	5.46	7.55	4.60	6.40	4.41	4.45	6.89	5.10	5.70
鳥　　取	1.39	3.25	3.76	5.21	4.14	4.55	4.33	5.11	4.39	5.20	3.38	4.26	3.62
島　　根	1.91	2.48	3.49	3.93	4.83	4.31	3.86	4.26	3.45	4.11	5.45	7.22	7.76
岡　　山	2.43	3.07	4.73	4.99	6.89	4.68	6.03	6.57	4.79	4.61	4.55	3.89	5.25
広　　島	1.54	2.52	2.65	6.58	6.20	6.69	6.56	6.96	5.25	5.71	4.26	3.93	6.85
山　　口	1.45	2.46	3.97	6.47	4.93	6.66	5.17	5.36	4.85	4.20	6.65	4.49	5.88
徳　　島	3.10	3.36	5.13	6.88	5.00	8.50	6.98	8.42	6.24	4.87	8.78	6.24	6.79
香　　川	3.03	3.06	3.65	5.27	6.27	6.11	6.27	4.92	5.15	5.05	5.69	5.95	5.92
愛　　媛	2.70	2.70	3.90	4.91	7.14	7.03	5.88	6.16	4.94	4.82	5.00	5.60	5.92
高　　知	1.33	3.32	3.91	6.66	6.46	5.53	6.12	6.35	4.28	5.41	5.40	4.74	6.25
福　　岡	3.25	3.72	6.21	5.97	6.50	6.20	5.82	4.74	4.86	4.62	4.46	4.73	5.39
佐　　賀	2.16	2.54	4.01	5.24	6.03	6.48	5.18	6.49	4.62	4.94	4.58	4.34	5.55
長　　崎	1.62	2.39	3.27	4.36	5.57	5.19	5.05	5.65	4.87	4.52	5.86	4.27	8.33
熊　　本	2.15	3.80	4.13	4.65	6.43	6.56	7.40	5.70	6.09	4.92	5.23	4.79	4.99
大　　分	1.89	3.47	6.45	5.76	6.76	8.35	6.97	6.71	6.69	6.18	5.75	5.61	4.58
宮　　崎	2.42	3.61	4.53	5.68	6.52	8.10	6.14	6.48	5.62	6.12	5.50	4.34	6.97
鹿　児　島	1.96	3.04	4.34	4.42	5.44	7.64	6.24	4.83	5.14	4.00	5.43	6.26	6.62
沖　　縄	2.26	2.67	4.07	5.26	6.19	6.39	5.05	7.12	5.66	6.53	5.53	5.72	4.62

（注）　軽度肥満傾向児とは，性別・年齢別・身長別標準体重から肥満度を求め，肥満度が20%以上30%未満の者である。
　　　　以下の各表において同じ。
　　　　肥満度＝（実測体重－身長別標準体重）／ 身長別標準体重　×100（%）

6 都道府県別 肥満傾向児の出現率 (12-3)

1. 計 (3)中等度肥満傾向児

単位（%）

区 分	幼稚園	小学校						中学校			高等学校		
	5歳	6歳	7歳	8歳	9歳	10歳	11歳	12歳	13歳	14歳	15歳	16歳	17歳
全 国	1.12	1.99	2.97	4.00	4.71	4.45	4.64	4.15	3.81	3.47	3.39	3.04	3.40
北 海 道	1.15	2.98	4.97	3.34	6.73	6.38	7.09	4.39	3.90	4.39	3.85	3.78	4.20
青 森	1.51	2.97	6.20	5.05	8.12	5.53	6.80	7.41	6.10	3.82	6.42	5.08	4.55
岩 手	1.32	3.42	3.03	3.37	4.82	6.26	6.43	6.34	4.93	4.03	4.45	6.22	4.75
宮 城	2.04	1.51	4.24	6.28	7.62	6.19	7.52	5.49	5.12	4.10	4.42	3.13	3.72
秋 田	0.88	2.81	2.97	5.25	4.94	5.05	5.75	3.96	4.79	3.80	6.75	5.22	6.29
山 形	1.23	2.62	2.88	5.24	4.28	4.17	6.37	5.47	4.23	4.33	4.08	3.93	4.05
福 島	1.15	2.84	2.98	4.79	6.10	6.81	5.81	4.51	6.89	3.49	5.69	3.93	5.38
茨 城	2.26	2.14	3.99	5.21	6.04	5.86	5.92	5.13	4.09	4.77	4.57	3.20	3.74
栃 木	0.94	2.65	3.70	5.33	5.27	5.97	4.75	6.12	5.38	4.37	2.91	3.50	4.06
群 馬	2.55	2.97	3.86	6.38	5.71	5.18	6.62	4.61	4.57	4.28	3.27	2.95	3.94
埼 玉	1.78	2.61	4.08	4.11	4.98	5.48	4.57	3.63	4.01	3.55	2.82	2.89	2.40
千 葉	0.91	2.57	3.67	4.33	4.91	3.68	5.42	4.50	3.32	3.49	1.79	3.42	2.05
東 京	0.89	2.25	2.77	4.17	3.55	3.88	3.47	4.66	3.83	2.62	3.01	3.18	3.18
神 奈 川	0.76	1.44	3.19	3.66	3.23	3.41	4.61	3.62	3.84	3.21	3.93	2.75	2.95
新 潟	0.69	1.73	2.45	3.20	4.37	3.75	3.14	3.14	2.94	3.06	2.09	2.54	4.09
富 山	0.74	1.61	2.64	3.09	4.21	4.57	4.19	3.70	4.10	2.98	3.01	2.46	2.22
石 川	0.91	0.85	2.07	2.64	4.19	3.16	6.02	2.74	3.26	3.11	4.50	3.51	3.65
福 井	0.59	1.24	2.22	3.26	3.98	2.64	2.53	4.39	3.14	3.15	3.43	3.27	3.76
山 梨	0.96	1.09	3.90	5.12	3.50	5.09	5.27	4.78	4.31	4.53	5.76	3.33	4.07
長 野	0.81	1.90	3.24	4.05	5.20	3.49	3.52	3.46	4.27	3.41	3.27	2.78	2.67
岐 阜	1.80	1.68	3.30	3.75	5.34	5.92	5.23	4.82	3.94	3.42	3.63	2.38	2.73
静 岡	0.42	1.58	2.74	4.30	4.87	3.75	4.88	3.94	3.00	2.65	2.07	2.47	3.02
愛 知	0.65	1.50	3.31	3.99	4.56	3.73	3.25	3.15	2.76	3.06	3.21	2.31	2.58
三 重	0.73	0.99	1.94	2.61	3.84	3.37	3.90	3.73	3.33	3.32	2.12	2.53	3.14
滋 賀	1.00	1.39	1.90	2.97	3.46	3.64	2.37	3.36	3.14	2.66	2.24	2.97	2.79
京 都	1.38	1.50	2.38	2.08	3.61	3.95	4.49	3.67	2.79	2.60	3.01	1.59	3.09
大 阪	1.01	1.45	1.98	3.68	5.14	3.82	3.53	3.30	3.57	3.53	3.04	3.72	4.84
兵 庫	1.44	1.79	2.02	3.56	4.34	3.97	4.44	3.48	3.54	3.22	2.34	1.88	2.33
奈 良	0.94	2.48	2.34	3.59	4.27	2.98	4.21	3.32	2.89	3.05	3.10	2.82	3.43
和 歌 山	1.25	2.02	2.39	4.55	3.98	6.06	5.94	4.02	4.12	3.81	3.37	3.47	5.14
鳥 取	1.19	1.41	2.01	3.24	3.01	3.35	5.08	3.02	3.13	3.51	3.01	2.79	2.73
島 根	0.29	1.72	0.99	3.16	4.24	3.68	4.80	2.84	2.34	2.78	3.38	1.42	3.31
岡 山	0.80	1.89	2.51	2.71	3.52	4.40	4.00	3.59	3.69	3.32	3.72	3.24	2.32
広 島	0.60	2.09	2.76	3.48	4.20	3.50	5.47	4.38	3.99	4.29	3.23	2.04	4.85
山 口	1.46	1.35	0.82	3.47	4.54	6.40	2.93	3.74	4.11	4.15	4.20	3.03	2.22
徳 島	1.96	2.54	3.40	6.28	5.83	5.38	6.75	5.75	5.32	4.67	3.42	3.53	5.12
香 川	0.84	1.35	2.64	3.26	3.54	4.50	3.55	3.05	3.84	3.39	3.76	2.30	3.64
愛 媛	0.92	1.41	2.66	4.14	4.20	4.26	4.85	3.69	4.45	2.68	3.57	3.78	4.37
高 知	1.88	1.21	2.91	4.98	5.00	4.41	4.57	5.87	3.72	4.20	2.61	3.80	2.35
福 岡	1.37	2.55	2.27	4.54	5.14	4.48	5.23	4.07	3.45	3.50	3.61	2.95	2.62
佐 賀	0.89	1.20	2.38	3.89	5.08	5.28	4.28	5.24	3.97	3.76	4.04	5.28	4.77
長 崎	1.93	2.96	1.98	3.31	3.47	3.43	3.20	4.62	3.64	3.84	3.82	3.25	3.87
熊 本	1.40	1.95	3.15	5.52	6.39	5.26	5.65	4.67	4.17	3.72	4.64	2.50	3.68
大 分	0.73	1.74	2.46	4.84	6.67	6.51	5.45	5.85	4.04	4.74	6.06	3.74	5.04
宮 崎	0.32	2.72	3.14	4.55	4.98	6.16	6.17	5.05	4.88	4.16	5.67	4.17	3.53
鹿 児 島	1.07	1.67	2.67	1.76	4.53	5.67	4.29	4.93	3.60	3.30	3.09	2.59	4.40
沖 縄	1.13	1.64	2.50	4.22	6.15	5.66	4.51	5.66	4.71	5.11	4.58	2.71	4.24

(注) 中等度肥満傾向児とは，性別・年齢別・身長別標準体重から肥満度を求め，肥満度が30%以上50%未満の者である。
　　　以下の各表において同じ。
　　　肥満度＝（実測体重－身長別標準体重）／ 身長別標準体重 × 100（%）

6 都道府県別　肥満傾向児の出現率（12-4）

1. 計　（4）高度肥満傾向児　　　　　　　　　　　　　　　　　　　　　　　　　　　　　単位（％）

区　分	幼稚園	小学校						中学校			高等学校		
	5歳	6歳	7歳	8歳	9歳	10歳	11歳	12歳	13歳	14歳	15歳	16歳	17歳
・全　　国	0.21	0.37	0.66	0.91	0.98	1.15	1.13	1.30	1.31	1.27	1.37	1.23	1.38
北　海　道	0.17	0.54	0.91	1.65	1.47	1.94	1.15	1.72	1.45	1.80	1.65	1.60	1.94
青　　森	0.48	0.64	0.91	0.96	2.00	1.49	1.58	2.40	1.92	1.63	2.73	1.63	1.83
岩　　手	0.28	0.63	0.47	0.66	1.18	1.25	1.16	1.59	1.99	2.16	2.09	1.84	2.39
宮　　城	0.35	0.73	1.12	1.90	2.40	2.17	1.39	1.66	1.70	1.50	2.43	2.04	2.71
秋　　田	0.72	0.44	1.16	1.05	1.77	1.88	1.47	1.41	2.10	1.61	2.54	1.61	1.64
山　　形	0.22	0.11	0.82	1.42	0.33	1.99	1.88	2.08	1.76	1.22	1.51	1.19	1.85
福　　島	0.38	0.26	0.97	1.00	1.38	1.86	1.38	2.34	2.01	1.37	2.61	2.46	2.29
茨　　城	0.31	0.23	1.04	1.35	1.86	1.97	1.02	1.53	1.85	1.47	1.27	1.66	1.71
栃　　木	0.13	0.43	0.83	0.79	1.70	1.78	0.97	1.88	0.95	1.25	1.98	0.87	2.41
群　　馬	0.76	0.50	0.40	1.27	1.23	1.11	0.96	0.80	0.91	1.29	1.21	1.07	1.69
埼　　玉	0.06	0.33	0.69	0.92	0.97	1.36	1.34	1.97	1.36	0.92	1.74	1.14	1.23
千　　葉	0.09	0.72	0.89	0.96	0.50	1.90	1.50	1.35	1.72	1.06	1.71	1.10	2.09
東　　京	0.19	0.09	0.41	0.47	0.91	0.71	0.46	1.09	0.99	1.25	1.34	1.22	1.83
神　奈　川	0.34	0.37	0.45	1.12	0.91	0.80	0.64	1.64	1.41	1.12	1.21	1.14	1.16
新　　潟	-	0.10	0.42	0.88	0.98	1.35	0.58	1.05	1.32	0.53	1.99	1.24	1.11
富　　山	0.12	0.75	0.86	1.35	1.00	0.62	0.63	1.14	1.19	0.80	0.85	0.40	0.58
石　　川	0.07	0.10	0.21	0.28	0.54	1.11	1.25	1.08	1.01	1.49	0.85	1.52	1.05
福　　井	-	0.10	0.52	0.60	0.92	0.77	0.17	0.14	0.42	1.14	1.14	1.20	1.70
山　　梨	0.14	0.26	1.01	1.31	2.17	0.80	1.39	1.03	1.74	1.89	0.84	0.52	2.47
長　　野	-	0.56	0.29	0.40	0.84	0.43	1.12	1.20	0.64	0.77	2.11	1.05	2.08
岐　　阜	0.07	0.45	0.69	1.19	0.90	0.51	0.88	1.22	1.57	1.49	0.71	1.80	0.85
静　　岡	0.05	0.33	0.63	0.49	0.84	1.38	1.03	0.92	0.87	1.29	0.62	1.00	0.81
愛　　知	0.35	0.30	0.51	0.86	0.38	0.83	0.90	0.85	0.91	1.38	0.73	1.55	1.04
三　　重	0.05	0.32	0.24	1.02	1.25	0.75	1.17	0.82	1.09	1.00	1.22	0.95	0.44
滋　　賀	0.06	0.20	0.48	0.46	0.62	0.92	0.59	0.79	0.74	1.29	0.58	0.60	1.27
京　　都	0.14	0.31	0.73	0.57	0.92	0.56	1.22	1.15	0.46	1.07	0.68	0.89	1.32
大　　阪	0.13	0.09	0.60	0.95	1.26	1.21	1.54	1.04	1.74	1.54	0.99	1.11	0.22
兵　　庫	0.17	0.09	0.81	0.95	0.12	1.09	0.88	0.64	0.80	0.77	1.43	0.70	0.83
奈　　良	0.39	0.65	0.31	0.55	1.20	1.45	1.98	0.95	0.50	0.96	1.12	0.81	1.44
和　歌　山	-	0.23	0.54	0.76	1.24	1.49	1.57	1.23	1.91	1.27	1.57	1.48	0.74
鳥　　取	0.22	0.33	0.25	0.54	1.15	0.90	0.54	0.74	0.61	0.63	2.10	1.02	0.66
島　　根	-	-	0.08	0.41	0.41	1.11	1.72	1.16	0.47	0.67	1.36	1.29	1.34
岡　　山	0.16	0.60	0.41	0.66	0.55	0.77	1.32	1.38	1.15	1.02	1.88	0.39	0.89
広　　島	0.14	0.33	0.65	0.97	0.79	0.57	1.40	1.10	1.57	0.64	1.82	0.56	0.72
山　　口	0.07	0.10	0.99	0.62	1.16	1.40	1.07	0.91	1.63	1.75	1.16	1.98	1.63
徳　　島	0.12	0.49	1.32	1.31	1.61	0.99	1.68	2.17	2.24	2.28	0.88	2.12	1.21
香　　川	0.08	0.42	0.45	1.08	0.76	0.96	1.48	0.79	1.67	1.04	1.24	1.07	2.21
愛　　媛	0.29	1.16	0.60	0.85	0.44	1.15	1.21	1.55	1.78	1.62	0.96	1.64	1.13
高　　知	-	0.63	0.18	0.36	1.22	2.32	0.96	1.03	0.70	1.40	1.82	1.44	1.83
福　　岡	0.52	0.86	0.85	0.99	0.94	0.92	2.14	1.51	1.61	1.27	0.95	0.95	1.18
佐　　賀	0.29	0.54	0.67	0.58	0.87	1.13	0.74	1.64	0.99	1.47	1.41	1.14	1.15
長　　崎	0.32	0.08	0.60	0.19	1.91	0.88	1.26	1.46	0.88	1.34	1.30	1.28	1.94
熊　　本	-	0.71	1.43	1.19	1.25	0.78	0.96	1.72	1.36	1.69	1.54	1.53	1.74
大　　分	0.25	0.35	2.02	1.49	1.03	1.29	1.52	1.08	1.77	1.84	1.66	1.39	2.11
宮　　崎	0.17	0.35	1.04	1.50	1.50	1.20	2.06	1.34	1.27	1.46	2.21	1.74	2.03
鹿　児　島	0.08	0.54	0.42	0.56	1.50	0.89	1.23	1.99	1.66	1.60	1.48	1.89	1.46
沖　　縄	0.40	0.51	0.57	1.25	0.80	1.56	1.12	1.49	2.04	1.92	1.07	1.63	1.47

（注）　高度肥満傾向児とは，性別・年齢別・身長別標準体重から肥満度を求め，肥満度が50％以上の者である。
以下の各表において同じ。
肥満度＝（実測体重－身長別標準体重）／身長別標準体重　×100（％）

6 都道府県別 肥満傾向児の出現率 (12-5)

2. 男 (1)肥満傾向児

単位（%）

区　分	幼稚園	小学校						中学校			高等学校		
	5歳	6歳	7歳	8歳	9歳	10歳	11歳	12歳	13歳	14歳	15歳	16歳	17歳
全　　国	3.65	5.85	8.77	11.67	13.58	14.24	13.31	12.71	12.18	10.94	12.07	11.54	12.48
北　海　道	4.63	8.16	14.48	17.22	18.26	19.72	18.06	14.33	13.00	11.89	14.05	13.19	13.37
青　　森	4.58	9.93	15.36	9.99	20.78	15.59	20.86	16.57	14.82	14.37	18.17	14.84	15.66
岩　　手	3.21	10.94	10.70	8.78	16.14	15.37	18.22	16.71	13.18	13.53	14.82	15.32	15.54
宮　　城	4.67	5.35	10.70	15.63	19.90	18.89	18.32	17.04	13.24	13.35	15.76	17.10	13.05
秋　　田	5.97	9.22	9.19	12.89	17.43	19.47	14.18	14.81	15.81	13.56	18.81	17.55	18.51
山　　形	2.54	6.32	8.09	13.38	12.79	15.25	20.63	16.31	14.83	14.15	14.78	14.91	15.20
福　　島	5.35	7.54	10.74	10.86	17.01	19.80	17.61	15.34	15.97	11.74	18.44	12.70	14.91
茨　　城	4.48	6.00	12.75	13.49	17.69	18.84	14.39	15.41	13.68	13.47	13.34	12.20	14.37
栃　　木	3.30	8.40	9.72	13.17	17.11	20.40	16.21	15.32	15.82	12.18	14.77	13.11	14.90
群　　馬	5.18	7.69	10.78	16.68	14.71	14.41	16.19	13.00	12.69	12.15	13.45	12.67	13.52
埼　　玉	4.64	5.14	11.11	13.83	16.40	17.85	11.13	13.96	11.63	10.32	12.34	12.03	12.72
千　　葉	4.03	7.49	8.36	12.94	13.54	13.50	16.34	15.32	13.09	10.11	9.06	9.60	11.79
東　　京	3.41	6.53	9.47	12.28	11.50	13.94	9.58	13.17	13.43	11.02	11.33	12.48	14.74
神　奈　川	4.41	2.98	6.83	10.65	10.39	12.56	12.88	13.44	11.54	11.05	11.32	10.46	12.08
新　　潟	2.51	4.61	6.16	12.66	11.64	13.42	13.18	9.63	9.91	9.37	10.25	9.53	12.83
富　　山	2.51	4.45	5.95	9.60	15.32	13.41	10.35	11.17	10.56	9.23	7.08	8.25	7.43
石　　川	1.69	4.28	6.34	7.89	10.63	11.64	13.91	8.60	11.51	12.53	12.80	12.74	16.08
福　　井	3.09	4.32	7.41	12.99	11.26	10.73	11.94	9.24	8.68	10.30	8.88	10.77	14.23
山　　梨	3.67	5.60	13.82	18.37	11.90	14.45	16.82	13.64	14.94	13.14	14.75	11.79	15.94
長　　野	2.12	5.48	7.11	10.76	13.92	11.58	12.64	11.74	10.66	9.74	15.49	10.70	13.63
岐　　阜	4.09	4.63	11.35	12.16	12.87	15.45	15.94	12.51	12.33	12.45	10.13	10.44	9.12
静　　岡	2.56	7.82	8.48	8.45	13.47	12.13	14.57	11.83	10.10	8.22	8.18	6.23	10.99
愛　　知	3.00	4.28	9.29	11.64	12.47	12.55	9.06	10.14	10.51	8.93	11.76	11.13	7.32
三　　重	2.63	3.68	6.18	8.76	14.89	10.24	11.65	10.61	11.39	9.92	10.92	11.23	11.01
滋　　賀	2.15	4.93	5.92	10.28	11.10	10.64	8.21	8.92	8.88	9.03	9.49	8.91	11.06
京　　都	3.24	5.97	6.77	7.24	10.35	9.97	12.62	12.39	11.54	9.30	7.92	10.44	11.43
大　　阪	3.55	4.72	6.20	8.84	13.11	13.28	13.47	10.12	14.82	11.82	10.35	14.80	12.38
兵　　庫	3.43	5.32	7.34	9.18	11.52	11.13	12.67	10.35	10.40	11.35	9.76	7.13	9.40
奈　　良	3.60	5.86	8.35	12.92	13.76	13.27	11.62	8.87	9.87	9.10	12.86	7.54	13.70
和　歌　山	4.16	5.90	6.41	13.20	15.28	17.23	13.90	14.71	13.28	12.62	14.43	11.29	13.55
鳥　　取	3.63	5.29	7.44	9.97	10.00	9.95	9.70	10.69	9.76	10.64	9.55	9.24	7.72
島　　根	2.27	5.14	4.40	7.05	10.12	10.21	10.65	9.38	6.50	7.84	13.67	12.48	15.23
岡　　山	3.35	6.82	8.70	9.98	14.61	10.84	11.58	12.99	10.12	9.96	13.20	9.42	10.57
広　　島	2.11	5.09	5.89	13.05	11.56	11.62	14.24	13.85	11.12	11.29	10.20	8.33	13.09
山　　口	2.34	4.54	6.72	10.21	13.24	18.76	9.42	9.42	12.16	13.42	15.67	12.51	10.99
徳　　島	5.02	6.58	11.90	17.36	13.74	16.94	17.78	18.55	15.32	12.56	16.38	14.75	14.61
香　　川	3.34	5.15	7.70	9.20	10.59	12.03	12.79	9.70	11.37	9.99	13.87	10.38	15.20
愛　　媛	3.37	5.64	8.15	11.38	14.20	15.67	15.14	13.05	13.01	10.22	12.89	15.68	12.63
高　　知	1.47	7.65	6.80	14.55	13.36	14.52	10.67	13.98	8.19	12.93	13.33	10.96	9.60
福　　岡	4.84	9.00	10.34	12.39	13.22	14.07	15.01	10.37	10.96	8.74	12.75	10.98	11.90
佐　　賀	4.57	3.61	6.43	11.17	13.54	16.37	10.87	13.60	9.77	12.48	11.86	10.70	11.30
長　　崎	2.70	3.54	4.82	7.66	13.79	8.72	11.25	13.50	9.65	9.52	14.64	12.61	16.16
熊　　本	2.81	7.17	9.34	12.70	15.86	15.78	14.89	14.53	12.85	10.08	12.57	11.78	12.35
大　　分	3.32	6.38	11.39	14.77	15.20	17.21	14.68	13.75	12.82	13.71	18.83	12.95	13.37
宮　　崎	1.21	6.02	7.58	14.05	15.34	16.85	17.65	14.28	14.78	14.04	15.26	13.13	14.10
鹿　児　島	3.61	4.67	8.25	5.64	12.41	14.38	14.09	13.34	11.97	10.33	12.31	14.51	12.98
沖　　縄	2.93	5.58	7.50	12.42	17.51	17.34	13.88	16.92	14.33	14.14	14.00	11.18	14.34

6 都道府県別　肥満傾向児の出現率（12-6）

2. 男　(2)軽度肥満傾向児　　　　　　　　　　　　　　　　　　　　　　　　　　単位（%）

区　分	幼稚園	小学校						中学校			高等学校		
	5歳	6歳	7歳	8歳	9歳	10歳	11歳	12歳	13歳	14歳	15歳	16歳	17歳
全　　国	2.14	3.21	4.69	5.85	6.52	7.22	5.83	5.68	5.68	5.07	5.76	5.79	6.24
北　海　道	2.81	4.29	8.04	11.52	7.24	9.85	5.71	6.56	6.48	5.10	6.81	6.68	5.51
青　　森	3.39	5.39	6.26	4.37	10.64	8.06	10.78	6.25	6.58	6.89	6.75	5.32	7.78
岩　　手	1.63	6.58	7.03	4.98	8.07	7.42	8.97	7.03	5.34	5.66	7.07	4.77	6.88
宮　　城	2.35	3.49	4.85	8.58	7.71	8.52	7.29	7.38	5.53	6.36	5.61	9.19	4.77
秋　　田	3.91	5.57	4.21	6.16	10.02	9.15	6.24	7.55	6.38	6.81	7.63	7.93	9.35
山　　形	1.17	3.16	4.75	5.86	6.69	6.43	8.72	6.55	7.88	7.35	7.09	6.97	9.54
福　　島	2.93	4.71	6.09	4.58	9.56	9.29	7.97	6.83	6.06	6.49	8.55	6.15	6.44
茨　　城	2.59	3.42	5.77	6.16	7.91	10.12	5.83	6.53	6.26	5.67	4.47	6.73	8.00
栃　　木	2.07	5.03	4.50	6.38	7.97	8.88	7.83	5.06	7.78	4.85	7.37	6.87	6.98
群　　馬	2.36	4.08	5.07	7.18	6.68	5.89	6.63	6.01	5.92	5.03	7.11	7.29	6.00
埼　　玉	2.03	1.64	5.56	7.12	7.46	8.87	4.32	6.21	6.11	5.15	6.58	6.24	8.21
千　　葉	2.74	3.17	3.68	6.23	6.84	6.38	7.25	7.34	5.94	4.68	4.36	3.07	6.62
東　　京	2.03	4.65	5.86	6.44	6.31	7.82	4.14	5.08	6.54	5.90	5.38	5.86	6.99
神　奈　川	3.09	1.57	3.29	5.13	5.29	6.14	5.65	6.23	5.16	4.47	4.34	4.50	6.07
新　　潟	2.17	2.99	3.12	7.10	4.85	8.08	7.61	4.04	4.29	5.48	5.92	4.43	6.78
富　　山	1.33	1.87	2.88	4.38	7.44	6.63	5.57	4.85	4.75	4.89	2.91	5.15	3.48
石　　川	0.90	3.18	3.57	3.97	4.95	5.60	3.97	3.55	5.43	5.47	5.47	6.10	8.84
福　　井	2.19	2.78	4.89	7.48	5.32	7.25	7.67	4.29	4.44	4.73	3.94	4.69	6.18
山　　梨	2.64	3.82	5.71	8.47	5.39	6.19	8.73	6.87	7.93	4.87	7.00	7.01	6.74
長　　野	1.07	2.80	4.60	5.53	6.90	7.25	6.68	5.73	4.32	5.16	8.62	6.31	7.20
岐　　阜	2.07	2.56	5.79	5.44	5.92	7.29	6.43	5.20	4.56	6.21	4.93	5.25	4.50
静　　岡	1.73	4.94	4.91	2.93	6.49	5.92	6.98	4.90	4.97	3.78	4.70	3.08	5.93
愛　　知	1.89	2.10	4.83	4.92	6.01	5.91	4.18	4.84	5.41	4.01	6.04	5.59	3.02
三　　重	2.07	2.25	3.70	3.84	7.11	5.99	7.52	5.12	5.01	4.77	6.64	7.26	6.20
滋　　賀	0.45	3.29	3.15	5.65	6.10	5.88	4.14	4.18	4.50	4.10	5.36	4.32	5.26
京　　都	1.64	3.78	2.97	4.13	4.80	6.02	5.78	5.76	6.80	4.27	4.06	6.70	4.76
大　　阪	1.92	2.24	3.05	4.61	4.83	6.16	7.21	4.40	6.63	4.93	5.38	7.36	4.69
兵　　庫	1.59	3.19	4.22	4.04	5.72	5.76	4.79	5.12	4.60	5.81	5.16	4.70	6.27
奈　　良	2.34	2.64	5.55	7.65	7.32	7.34	3.99	4.06	5.41	3.91	6.97	3.46	7.44
和　歌　山	3.38	3.66	3.47	6.93	6.47	9.15	5.95	7.89	5.06	5.27	7.34	4.82	5.76
鳥　　取	1.64	3.82	4.97	6.74	5.67	4.19	4.86	6.36	5.07	5.75	3.43	4.58	4.13
島　　根	2.07	2.84	3.41	3.01	5.83	4.34	2.47	4.70	3.22	4.23	7.21	8.61	9.90
岡　　山	2.00	3.98	5.00	6.04	9.09	5.22	5.18	6.37	5.05	4.33	5.00	4.73	6.45
広　　島	1.25	2.84	2.39	7.55	6.40	7.65	5.94	8.19	5.43	5.55	4.53	4.87	6.06
山　　口	0.93	2.48	4.49	6.12	5.93	8.34	4.40	4.86	5.52	5.32	8.56	6.23	6.03
徳　　島	2.29	3.36	6.28	8.76	5.56	10.34	6.94	9.41	5.76	4.54	10.24	6.61	8.20
香　　川	2.42	3.37	3.77	4.90	7.21	6.39	6.02	5.05	4.92	4.44	7.08	6.15	7.36
愛　　媛	1.79	2.63	3.86	4.37	8.36	9.50	6.30	6.32	5.50	5.00	7.42	7.18	6.74
高　　知	0.43	5.07	3.29	6.51	6.16	6.48	4.26	5.36	3.25	5.42	5.93	5.41	7.32
福　　岡	3.19	4.21	6.84	6.98	6.54	6.90	5.10	3.97	4.55	4.17	5.62	6.59	6.77
佐　　賀	2.60	0.79	3.25	5.54	7.98	7.65	5.74	6.33	3.76	6.05	6.05	5.04	5.38
長　　崎	0.97	2.18	2.87	3.34	6.50	4.63	6.17	6.35	4.75	4.13	6.79	6.05	9.49
熊　　本	1.89	3.88	4.79	4.40	6.82	8.63	6.53	6.06	6.31	4.21	4.59	7.09	4.65
大　　分	2.04	3.75	6.12	8.19	5.74	9.79	6.42	6.94	7.24	5.89	5.94	5.88	5.60
宮　　崎	1.09	2.95	4.03	6.01	7.71	8.36	6.57	6.11	6.50	7.29	6.31	5.58	7.52
鹿　児　島	2.09	2.62	3.64	2.52	5.91	8.53	6.68	4.75	5.27	4.01	6.68	7.84	5.43
沖　　縄	1.84	2.62	4.44	5.27	8.49	7.79	6.04	7.56	6.25	5.94	6.66	5.87	6.95

6 都道府県別 肥満傾向児の出現率 (12-7)

2. 男 (3)中等度肥満傾向児　　　　　　　　　　　　　　　　　　　　　　　　　　　　　　　　単位 (%)

区　分	幼稚園	小学校						中学校			高等学校		
	5歳	6歳	7歳	8歳	9歳	10歳	11歳	12歳	13歳	14歳	15歳	16歳	17歳
全　　国	1.27	2.16	3.27	4.66	5.78	5.45	6.00	5.30	4.78	4.18	4.50	4.00	4.32
北 海 道	1.69	3.31	5.33	3.10	9.14	7.75	11.09	5.82	4.93	4.43	5.42	4.29	5.81
青　　森	0.99	3.45	7.92	4.62	8.31	6.21	8.01	7.77	5.33	5.24	7.92	7.46	5.32
岩　　手	1.02	3.48	3.34	3.40	6.24	6.43	8.14	7.84	5.27	4.76	4.90	8.53	5.81
宮　　城	1.90	1.02	4.73	5.99	9.07	7.64	9.19	7.26	5.10	4.97	6.64	4.46	3.90
秋　　田	0.98	3.06	3.49	5.39	5.51	7.29	6.88	5.42	6.17	3.93	8.51	7.86	7.08
山　　形	1.10	3.16	3.03	5.71	5.44	5.74	9.76	6.78	4.43	5.42	6.05	6.12	3.23
福　　島	1.67	2.84	3.07	4.77	6.43	7.99	7.91	5.66	7.27	3.80	6.67	3.39	5.44
茨　　城	1.89	2.13	5.32	5.83	6.96	5.83	7.27	6.33	4.99	6.19	6.75	4.01	4.23
栃　　木	0.98	3.01	4.22	5.66	7.36	8.75	7.01	7.82	6.84	5.25	4.55	4.97	5.22
群　　馬	1.93	3.15	5.13	7.61	6.37	6.81	8.66	5.94	5.47	5.14	4.91	3.79	5.94
埼　　玉	2.49	3.00	4.74	5.42	7.52	7.24	5.05	5.10	4.16	3.67	3.56	4.13	2.62
千　　葉	1.19	3.10	3.75	5.45	5.73	4.42	7.07	5.94	4.40	4.17	2.01	4.78	2.10
東　　京	1.12	1.88	2.95	5.09	4.33	5.06	4.67	6.72	5.68	3.54	3.93	4.54	4.68
神 奈 川	0.95	1.00	3.19	4.47	3.84	5.29	6.16	5.05	4.84	4.65	5.41	4.12	4.37
新　　潟	0.34	1.62	2.87	4.06	5.19	4.02	4.44	3.99	3.94	3.00	2.15	3.09	5.02
富　　山	0.95	1.93	2.09	3.69	5.98	5.80	4.17	5.23	4.40	3.74	2.49	2.59	3.01
石　　川	0.65	0.90	2.51	3.38	4.81	4.17	7.85	3.63	4.40	4.57	6.20	4.78	5.53
福　　井	0.90	1.33	2.52	4.57	5.11	2.84	3.93	4.77	3.92	3.97	3.82	3.90	5.78
山　　梨	0.89	1.27	6.09	7.76	3.63	7.31	6.25	5.26	4.91	6.03	6.67	4.79	5.13
長　　野	1.06	1.97	2.16	4.82	6.30	3.82	3.96	4.74	5.48	3.48	4.39	2.90	3.05
岐　　阜	1.88	1.50	4.40	5.19	5.39	7.34	8.29	5.63	5.10	3.83	3.81	2.58	3.72
静　　岡	0.73	2.51	2.82	4.86	5.97	4.59	6.17	5.52	3.98	2.89	2.64	2.43	3.95
愛　　知	0.57	1.60	3.82	5.49	6.46	5.17	3.96	4.09	4.09	3.27	4.54	3.69	2.98
三　　重	0.48	0.97	2.16	3.10	5.50	3.36	3.19	4.45	4.66	3.94	2.50	2.96	4.02
滋　　賀	1.58	1.25	2.21	4.10	4.19	3.71	2.92	3.87	3.49	3.39	3.46	3.75	4.41
京　　都	1.50	1.58	2.56	2.28	3.90	3.21	5.59	4.94	3.98	3.23	3.08	2.57	4.03
大　　阪	1.52	2.49	2.30	3.34	6.13	5.09	4.31	4.27	5.34	4.91	4.46	5.37	7.25
兵　　庫	1.58	1.95	2.60	3.91	5.80	4.02	6.70	4.17	4.64	4.34	3.05	1.84	2.03
奈　　良	1.26	3.08	2.39	4.77	4.78	4.71	6.09	3.54	3.83	3.55	4.38	3.01	4.54
和 歌 山	0.78	2.07	2.20	5.17	6.52	6.08	5.49	5.16	5.56	5.58	4.79	4.96	7.00
鳥　　取	1.55	1.13	1.97	2.48	2.64	3.99	3.99	3.35	4.20	4.25	3.06	2.64	2.65
島　　根	0.20	2.30	0.84	3.63	3.88	4.00	6.17	3.36	2.76	2.82	4.90	1.92	3.94
岡　　山	1.10	2.08	3.48	2.85	5.15	4.44	4.63	4.56	3.97	3.99	5.86	4.49	3.61
広　　島	0.57	2.13	2.61	4.48	4.19	3.40	7.17	4.17	4.07	4.99	3.21	2.93	6.58
山　　口	1.28	1.87	0.61	3.91	6.41	7.66	3.71	3.27	4.53	5.63	5.64	3.45	3.02
徳　　島	2.50	2.58	4.23	6.39	6.08	5.34	8.17	6.62	7.38	6.35	5.05	5.02	5.62
香　　川	0.76	1.34	3.39	3.51	2.84	4.45	4.45	3.79	4.54	4.13	5.49	2.83	4.79
愛　　媛	1.43	1.37	3.25	5.67	4.99	4.61	7.19	5.14	4.92	3.13	4.10	5.74	3.84
高　　知	1.05	1.34	3.15	7.60	5.93	5.28	5.11	7.33	4.00	5.18	4.20	3.90	1.40
福　　岡	1.05	3.20	2.15	4.11	5.61	5.77	6.89	4.60	4.33	3.05	5.45	2.91	3.68
佐　　賀	1.62	1.92	2.05	4.67	4.41	7.56	4.16	5.62	4.29	4.59	3.30	4.35	4.04
長　　崎	1.32	1.36	1.79	3.95	4.65	3.21	3.95	5.25	3.97	4.61	6.20	4.65	3.16
熊　　本	0.92	2.46	3.29	6.70	7.24	5.86	6.80	6.04	4.97	3.61	5.42	2.38	5.23
大　　分	0.79	2.37	2.49	5.74	7.43	5.53	6.87	5.98	3.74	5.32	10.11	4.44	4.32
宮　　崎	-	2.93	2.71	5.62	5.86	6.74	8.05	6.45	6.43	5.33	6.64	4.86	4.08
鹿 児 島	1.36	1.72	3.79	2.53	4.39	5.48	5.54	5.74	4.48	4.02	3.55	3.88	4.98
沖　　縄	1.10	2.12	2.29	5.44	8.19	7.76	5.96	6.97	5.00	6.05	5.85	3.64	5.36

6 都道府県別 肥満傾向児の出現率 （12-8）

2. 男 　(4)高度肥満傾向児　　　　　　　　　　　　　　　　　　　　　　　　　　　　　　　　　　単位（%）

区 分	幼稚園	小学校						中学校			高等学校		
	5歳	6歳	7歳	8歳	9歳	10歳	11歳	12歳	13歳	14歳	15歳	16歳	17歳
全　国	0.25	0.47	0.81	1.15	1.28	1.57	1.48	1.74	1.72	1.69	1.81	1.75	1.93
北 海 道	0.13	0.56	1.10	2.60	1.88	2.12	1.26	1.94	1.59	2.37	1.81	2.23	2.05
青　森	0.19	1.09	1.18	1.01	1.82	1.32	2.08	2.54	2.91	2.24	3.50	2.06	2.56
岩　手	0.55	0.89	0.33	0.41	1.83	1.52	1.11	1.84	2.57	3.11	2.85	2.02	2.84
宮　城	0.42	0.84	1.12	1.07	3.11	2.72	1.84	2.41	2.61	2.02	3.51	3.46	4.39
秋　田	1.08	0.59	1.49	1.34	1.91	3.03	1.06	1.84	3.26	2.82	2.67	1.75	2.09
山　形	0.26	-	0.31	1.80	0.65	3.08	2.15	2.97	2.52	1.38	1.64	1.81	2.43
福　島	0.75	-	1.59	1.51	1.03	2.52	1.73	2.84	2.64	1.45	3.22	3.16	3.03
茨　城	-	0.45	1.66	1.49	2.82	2.90	1.30	2.55	2.43	1.60	2.12	1.46	2.14
栃　木	0.25	0.36	1.00	1.13	1.77	2.77	1.37	2.44	1.20	2.07	2.85	1.27	2.70
群　馬	0.89	0.46	0.58	1.89	1.66	1.71	0.91	1.05	1.30	1.98	1.43	1.59	1.58
埼　玉	0.12	0.50	0.81	1.28	1.41	1.74	1.76	2.65	1.36	1.50	2.20	1.66	1.89
千　葉	0.10	1.22	0.93	1.27	0.98	2.70	2.03	2.04	2.75	1.27	2.70	1.74	3.07
東　京	0.27	-	0.66	0.75	0.86	1.07	0.77	1.37	1.21	1.59	2.02	2.08	3.07
神 奈 川	0.36	0.42	0.35	1.05	1.25	1.12	1.07	2.16	1.54	1.93	1.57	1.84	1.65
新　潟	-	-	0.17	1.50	1.59	1.33	1.13	1.61	1.68	0.89	2.19	2.02	1.04
富　山	0.22	0.64	0.98	1.52	1.91	0.98	0.62	1.09	1.41	0.60	1.68	0.52	0.94
石　川	0.14	0.20	0.26	0.54	0.87	1.88	2.08	1.42	1.67	2.48	1.13	1.86	1.71
福　井	-	0.20	-	0.94	0.83	0.64	0.34	0.19	0.33	1.59	1.11	2.18	2.26
山　梨	0.13	0.51	2.02	2.13	2.88	0.94	1.83	1.51	2.10	2.24	1.08	-	4.07
長　野	-	0.72	0.35	0.41	0.72	0.52	2.00	1.27	0.85	1.09	2.49	1.50	3.38
岐　阜	0.13	0.57	1.16	1.53	1.56	0.82	1.22	1.68	2.66	2.41	1.40	2.61	0.90
静　岡	0.10	0.37	0.75	0.65	1.01	1.62	1.43	1.41	1.15	1.55	0.85	0.73	1.12
愛　知	0.54	0.58	0.64	1.23	-	1.46	0.92	1.21	1.01	1.66	1.18	1.86	1.32
三　重	0.09	0.46	0.32	1.81	2.28	0.89	0.94	1.03	1.72	1.21	1.78	1.01	0.79
滋　賀	0.12	0.38	0.56	0.52	0.81	1.05	1.15	0.87	0.89	1.54	0.67	0.84	1.40
京　都	0.10	0.61	1.24	0.84	1.65	0.74	1.25	1.70	0.77	1.80	0.78	1.18	2.64
大　阪	0.11	-	0.85	0.89	2.15	2.03	1.95	1.46	2.84	1.97	0.52	2.07	0.43
兵　庫	0.26	0.18	0.52	1.23	-	1.35	1.18	1.06	1.15	1.20	1.55	0.59	1.10
奈　良	-	0.14	0.41	0.51	1.66	1.23	1.54	1.26	0.63	1.65	1.51	1.07	1.72
和 歌 山	-	0.18	0.74	1.10	2.29	2.00	2.46	1.66	2.66	1.77	2.30	1.52	0.79
鳥　取	0.44	0.34	0.50	0.76	1.69	1.77	0.84	0.98	0.50	0.63	3.06	2.01	0.93
島　根	-	-	0.16	0.40	0.40	1.87	2.01	1.33	0.52	0.79	1.56	1.95	1.39
岡　山	0.25	0.76	0.22	1.09	0.37	1.18	1.77	2.07	1.10	1.64	2.33	0.19	0.50
広　島	0.29	0.13	0.90	1.02	0.97	0.56	1.12	1.49	1.62	0.74	2.46	0.54	0.45
山　口	0.13	0.19	1.62	0.18	0.90	2.76	1.31	1.30	2.11	2.47	1.47	2.83	1.94
徳　島	0.23	0.64	1.38	2.21	2.10	1.26	2.67	2.52	2.19	1.67	1.09	3.12	0.79
香　川	0.16	0.44	0.54	0.79	0.54	1.20	2.32	0.85	1.92	1.43	1.30	1.39	3.05
愛　媛	0.14	1.64	1.03	1.33	0.85	1.55	1.65	1.59	2.58	2.09	1.36	2.77	2.06
高　知	-	1.23	0.35	0.43	1.27	2.77	1.30	1.29	0.95	2.33	3.20	1.66	0.88
福　岡	0.60	1.59	1.35	1.30	1.08	1.40	3.02	1.79	2.08	1.52	1.68	1.48	1.44
佐　賀	0.34	0.91	1.13	0.97	1.15	1.16	0.97	1.65	1.72	1.84	2.50	1.31	1.87
長　崎	0.40	-	0.16	0.37	2.63	0.87	1.12	1.90	0.93	0.78	1.65	1.91	3.51
熊　本	-	0.83	1.26	1.60	1.80	1.29	1.56	2.44	1.57	2.25	2.56	2.31	2.47
大　分	0.49	0.26	2.79	0.84	2.03	1.88	1.39	0.84	1.85	2.50	2.78	2.63	3.45
宮　崎	0.12	0.14	0.85	2.42	1.77	1.75	3.03	1.72	1.85	1.42	2.31	2.70	2.50
鹿 児 島	0.16	0.33	0.82	0.59	2.11	0.38	1.87	2.85	2.22	2.30	2.08	2.79	2.57
沖　縄	-	0.84	0.77	1.70	0.84	1.79	1.88	2.39	3.07	2.15	1.49	1.68	2.04

6 都道府県別　肥満傾向児の出現率（12-9）

3．女　(1)肥満傾向児　　　　　　　　　　　　　　　　　　　　　　　　　　　　　　　　　　単位（％）

区　分	幼稚園	小学校						中学校			高等学校		
	5歳	6歳	7歳	8歳	9歳	10歳	11歳	12歳	13歳	14歳	15歳	16歳	17歳
全　　国	3.37	5.16	7.25	8.89	9.32	9.47	9.36	8.89	8.53	8.29	7.30	6.59	7.63
北　海　道	3.99	8.60	10.81	9.86	11.04	11.27	9.11	9.55	9.05	12.42	9.06	9.34	9.77
青　　森	7.97	5.13	9.11	11.80	16.53	10.42	13.17	16.95	14.57	11.00	13.10	10.80	11.31
岩　　手	6.91	6.63	9.62	10.33	13.73	14.44	12.37	12.31	12.11	11.02	11.90	13.61	11.22
宮　　城	5.05	6.20	10.96	15.31	14.10	13.22	12.50	11.02	11.04	9.30	9.10	4.88	8.83
秋　　田	3.88	7.01	9.18	12.40	12.11	8.83	14.31	9.20	11.06	10.37	15.59	8.38	9.84
山　　形	3.42	5.03	9.01	11.85	8.94	11.16	11.57	10.28	10.61	9.35	11.92	5.84	12.21
福　　島	2.06	7.17	7.64	13.17	11.84	13.70	11.51	11.79	15.03	11.07	12.50	9.92	9.23
茨　　城	6.64	7.43	8.41	9.77	12.97	14.25	11.25	10.05	9.75	10.47	6.61	9.77	8.11
栃　　木	2.53	5.58	8.24	11.77	9.19	9.88	10.93	11.03	10.84	9.29	5.17	6.64	10.04
群　　馬	5.85	7.33	8.64	10.41	10.18	7.43	11.37	8.38	10.90	9.31	8.32	7.75	9.22
埼　　玉	3.71	6.25	8.59	9.61	7.95	8.51	10.82	8.11	10.46	7.68	7.14	4.98	7.35
千　　葉	3.23	5.80	8.42	8.81	11.00	8.91	10.89	9.64	8.78	8.74	6.23	3.96	4.42
東　　京	2.73	6.36	5.40	6.74	7.64	10.06	7.14	8.63	7.52	7.15	6.66	5.18	5.10
神　奈　川	3.22	3.62	6.94	8.77	8.90	7.20	8.00	7.88	8.81	5.85	6.33	6.33	6.45
新　　潟	2.20	4.27	5.23	6.52	8.58	8.31	6.05	8.51	6.92	8.21	9.58	7.97	9.45
富　　山	2.76	5.59	9.27	8.91	6.84	7.34	10.87	7.58	8.83	7.80	6.60	6.74	5.48
石　　川	2.44	3.54	5.52	7.47	8.43	7.77	9.25	7.51	6.69	5.88	8.15	8.28	5.96
福　　井	2.47	3.75	7.39	5.51	7.85	8.17	6.99	9.40	8.17	6.45	8.67	5.97	6.72
山　　梨	3.78	5.32	9.28	8.80	10.85	8.37	11.28	10.24	10.83	8.99	9.19	7.48	6.28
長　　野	3.08	4.69	8.52	9.03	8.97	7.57	7.82	7.79	8.01	8.24	8.50	6.06	9.24
岐　　阜	2.48	4.76	7.82	8.75	9.06	11.04	6.84	9.35	8.08	7.55	8.78	7.23	6.04
静　　岡	1.44	4.29	5.37	8.72	8.62	8.64	8.55	7.65	6.73	8.14	5.07	9.00	7.81
愛　　知	3.42	4.42	7.23	8.87	7.18	8.74	6.64	6.98	5.86	7.75	6.17	5.94	7.20
三　　重	3.64	3.57	6.49	5.90	7.01	9.64	11.28	9.37	6.13	8.16	6.26	5.64	9.73
滋　　賀	2.39	4.28	5.81	5.72	6.81	9.37	6.81	8.03	7.44	8.09	4.87	6.56	4.28
京　　都	2.83	5.09	5.80	6.12	6.66	9.34	9.47	7.32	5.91	5.93	6.95	3.44	5.53
大　　阪	1.60	2.70	5.51	9.05	9.63	6.51	8.72	6.70	5.99	7.21	6.34	7.33	6.18
兵　　庫	3.17	4.11	6.93	7.46	7.63	9.58	7.59	6.26	7.10	6.08	6.46	5.06	8.34
奈　　良	3.41	5.28	6.86	8.71	7.79	8.93	10.21	6.53	7.68	7.31	4.46	7.47	8.74
和　歌　山	4.34	5.39	6.74	9.85	5.94	12.84	10.25	8.46	7.50	6.27	9.05	8.77	9.56
鳥　　取	1.94	4.68	4.56	8.05	6.47	7.63	10.22	6.97	6.41	8.03	7.45	6.86	6.31
島　　根	2.12	3.23	4.73	7.98	8.81	7.95	10.11	7.06	6.03	7.28	6.54	7.13	9.35
岡　　山	3.44	4.24	6.53	6.62	7.16	8.81	11.11	9.95	9.08	7.86	6.89	5.52	6.29
広　　島	2.45	4.78	6.23	8.96	10.80	9.84	12.62	10.96	10.47	9.95	8.40	4.72	11.72
山　　口	3.65	3.24	4.79	10.93	7.91	10.06	8.91	10.62	8.97	6.66	8.26	6.40	8.51
徳　　島	5.34	6.19	7.73	11.41	11.05	12.73	12.83	14.16	12.16	11.07	9.72	8.98	11.62
香　　川	4.59	4.47	5.75	10.04	10.53	11.08	9.72	7.76	9.92	8.96	7.44	8.26	8.22
愛　　媛	4.51	4.85	6.13	8.36	9.21	9.13	8.67	9.67	9.23	7.99	6.08	6.01	10.13
高　　知	5.03	2.54	7.22	9.42	11.93	9.88	12.68	12.48	9.25	9.06	6.25	8.97	11.31
福　　岡	5.46	5.15	8.26	10.56	11.89	9.07	11.32	10.27	8.84	10.08	5.27	6.29	6.47
佐　　賀	2.04	4.97	7.72	8.16	10.34	9.40	9.53	13.11	9.36	7.82	8.07	10.82	11.64
長　　崎	5.02	7.44	6.94	8.05	7.94	10.32	7.65	9.92	9.11	9.88	7.20	4.89	12.04
熊　　本	4.30	5.73	8.03	9.90	12.21	9.31	13.11	9.54	10.35	10.57	10.17	5.70	8.39
大　　分	2.40	4.69	10.41	9.30	13.71	15.07	13.16	13.51	12.18	11.77	7.81	8.42	10.07
宮　　崎	4.68	7.36	9.86	9.33	10.58	14.00	11.05	11.38	8.63	9.36	11.38	7.25	10.87
鹿　児　島	2.59	5.84	6.57	7.88	10.49	14.01	9.37	10.03	8.68	7.34	7.65	6.84	11.97
沖　　縄	4.68	4.07	6.75	9.03	8.61	9.74	7.36	11.50	10.44	12.97	8.32	8.93	6.10

6 都道府県別 肥満傾向児の出現率 (12-10)

3. 女 (2)軽度肥満傾向児 　　　　　　　　　　　　　　　　　　　　　　　　単位（%）

区　分	幼稚園 5歳	小学校 6歳	7歳	8歳	9歳	10歳	11歳	中学校 12歳	13歳	14歳	高等学校 15歳	16歳	17歳
全　国	2.24	3.09	4.09	4.92	5.06	5.35	5.37	5.10	4.86	4.73	4.14	3.81	4.34
北 海 道	3.21	5.42	5.50	5.59	5.79	4.58	5.13	5.16	4.94	6.85	5.33	5.09	5.38
青　森	5.15	2.49	4.16	5.40	6.44	3.92	6.61	7.66	6.77	7.64	6.29	7.01	6.54
岩　手	5.28	2.91	6.31	6.08	9.84	7.37	6.57	6.31	6.12	6.53	6.58	8.23	5.65
宮　城	2.59	3.57	6.10	5.97	6.38	6.95	5.80	6.55	5.16	5.15	5.65	2.50	4.31
秋　田	2.78	4.15	5.92	6.55	6.15	5.45	7.87	5.82	6.84	6.33	8.27	4.39	3.17
山　形	1.89	2.74	4.90	6.08	5.86	7.80	7.18	5.11	5.61	5.09	8.56	3.57	6.05
福　島	1.43	3.80	4.48	7.88	4.34	6.95	6.91	6.69	7.17	6.62	5.85	3.69	2.38
茨　城	3.34	5.27	5.38	4.01	7.05	7.38	6.04	5.71	5.36	5.87	3.99	5.55	3.64
栃　木	1.63	2.80	4.42	6.37	4.51	6.13	8.05	5.45	6.32	5.46	2.94	4.24	5.10
群　馬	2.02	4.00	5.87	4.67	4.38	3.53	5.88	4.65	6.73	5.39	5.81	5.16	5.56
埼　玉	2.68	3.90	4.63	6.33	5.13	3.91	5.84	4.76	5.26	3.95	3.87	2.84	4.66
千　葉	2.53	3.58	4.00	5.03	6.95	4.97	6.24	6.02	5.94	5.11	3.97	1.52	1.33
東　京	1.95	3.55	2.67	3.36	3.93	7.08	4.78	5.32	4.85	4.56	3.85	2.94	2.75
神 奈 川	2.33	1.40	3.19	4.78	5.76	5.27	4.84	4.68	4.76	3.87	3.06	4.56	4.27
新　潟	1.14	2.23	2.54	4.02	4.73	3.45	4.29	5.82	4.08	4.92	5.77	5.58	5.10
富　山	2.23	3.45	5.33	5.29	4.58	3.78	6.00	4.25	4.10	4.61	3.07	4.12	3.88
石　川	1.28	2.76	3.74	5.62	4.73	5.33	4.63	4.94	4.27	3.81	4.81	4.95	3.93
福　井	2.21	2.61	4.42	3.41	4.02	4.83	5.95	5.31	5.33	3.51	4.48	3.11	4.00
山　梨	2.60	4.41	7.58	6.03	6.06	5.04	6.07	5.42	5.74	4.53	3.90	4.72	2.84
長　野	2.54	2.46	3.94	5.40	3.97	4.09	4.54	4.55	4.58	4.49	4.72	2.81	6.27
岐　阜	0.77	2.55	5.46	5.69	3.57	6.41	4.25	4.65	4.92	4.01	5.34	4.08	3.50
静　岡	1.34	3.39	2.24	4.67	4.24	4.65	4.40	4.94	4.15	4.74	3.22	5.19	5.31
愛　知	2.53	3.03	4.10	5.97	3.85	6.36	3.24	4.37	3.70	3.83	4.00	3.75	4.27
三　重	2.64	2.38	4.63	3.62	4.77	5.66	5.23	5.79	3.74	4.68	3.86	2.65	7.39
滋　賀	2.00	2.74	3.81	3.53	3.73	5.03	5.01	4.49	4.10	5.20	3.41	4.09	2.04
京　都	1.39	3.68	3.42	3.97	3.22	4.23	4.92	4.38	4.20	3.66	3.42	2.21	3.37
大　阪	0.96	2.16	3.51	4.01	5.21	3.67	4.91	3.80	3.64	4.05	3.27	5.09	3.77
兵　庫	1.80	2.48	4.41	3.62	4.59	4.84	4.91	3.30	4.27	3.73	3.51	2.33	5.16
奈　良	2.01	2.23	4.37	5.75	3.33	6.14	5.46	2.82	5.43	4.58	2.03	4.33	5.35
和 歌 山	2.61	3.14	3.82	5.46	4.42	5.85	3.19	4.84	3.74	3.58	6.40	5.39	5.65
鳥　取	1.13	2.66	2.51	3.73	2.49	4.93	3.74	3.81	3.67	4.65	3.33	3.93	3.11
島　根	1.74	2.10	3.58	4.89	3.79	4.28	5.31	3.79	3.70	3.99	3.60	5.71	5.43
岡　山	2.87	2.12	4.45	3.87	4.59	4.12	6.93	6.78	4.50	4.93	4.07	2.99	4.02
広　島	1.82	2.18	2.92	5.58	6.00	5.67	7.20	5.66	5.05	5.88	3.98	3.00	7.65
山　口	2.00	2.44	3.42	6.83	3.89	4.95	5.96	5.88	4.16	3.04	4.69	2.70	5.74
徳　島	3.97	3.35	3.93	4.89	4.41	6.61	7.02	7.45	6.75	5.22	7.30	5.86	5.38
香　川	3.67	2.72	3.52	5.66	5.25	5.81	6.54	4.78	5.38	5.65	4.27	5.75	4.42
愛　媛	3.67	2.77	3.94	5.46	5.85	4.49	5.44	5.99	4.34	4.64	2.52	3.90	5.05
高　知	2.27	1.47	4.55	6.80	6.76	4.53	8.09	7.39	5.38	5.40	4.86	4.05	5.11
福　岡	3.32	3.20	5.55	4.91	6.46	5.48	6.57	5.54	5.19	5.09	3.30	2.87	4.00
佐　賀	1.69	4.33	4.80	4.93	3.97	5.31	4.63	6.66	5.58	3.82	3.00	3.57	5.72
長　崎	2.25	2.61	3.70	5.42	4.58	5.78	3.85	4.93	5.00	4.94	4.90	2.45	7.13
熊　本	2.42	3.72	3.43	4.92	6.01	4.42	8.28	5.33	5.86	5.63	5.92	2.37	5.35
大　分	1.72	3.18	6.81	3.23	7.82	6.87	7.55	6.47	6.13	6.47	5.56	5.33	3.54
宮　崎	3.81	4.30	5.04	5.34	5.29	7.84	5.71	6.88	4.70	4.90	4.64	3.06	6.39
鹿 児 島	1.83	3.47	5.06	6.40	4.95	6.68	5.80	4.92	5.00	3.98	4.17	4.62	7.84
沖　縄	2.70	2.72	3.67	5.24	3.81	4.93	4.03	6.66	5.05	7.16	4.38	5.58	2.18

6 都道府県別 肥満傾向児の出現率（12-11）

3. 女　(3)中等度肥満傾向児

単位（%）

区　分	幼稚園 5歳	小学校 6歳	7歳	8歳	9歳	10歳	11歳	中学校 12歳	13歳	14歳	高等学校 15歳	16歳	17歳
全　　国	0.96	1.81	2.65	3.31	3.59	3.41	3.22	2.94	2.79	2.73	2.25	2.06	2.46
北 海 道	0.57	2.64	4.60	3.59	4.21	4.93	2.94	2.90	2.82	4.35	2.25	3.28	2.57
青　　森	2.05	2.47	4.34	5.49	7.91	4.84	5.51	7.03	6.87	2.36	4.87	2.60	3.73
岩　　手	1.64	3.36	2.70	3.33	3.37	6.09	4.60	4.68	4.59	3.30	4.00	3.74	3.66
宮　　城	2.18	2.02	3.74	6.59	6.08	4.68	5.78	3.62	5.15	3.19	2.14	1.78	3.53
秋　　田	0.77	2.57	2.44	5.10	4.34	2.70	4.56	2.43	3.35	3.66	4.92	2.52	5.50
山　　形	1.35	2.07	2.73	4.74	3.07	2.51	2.80	4.06	4.02	3.20	2.00	1.71	4.92
福　　島	0.63	2.85	2.88	4.82	5.74	5.57	3.58	3.29	6.50	3.16	4.66	4.47	5.33
茨　　城	2.65	2.16	2.64	4.55	5.08	5.89	4.49	3.88	3.13	3.27	2.25	2.34	3.21
栃　　木	0.90	2.28	3.16	4.98	3.06	3.02	2.35	4.30	3.83	3.44	1.17	1.95	2.84
群　　馬	3.22	2.78	2.56	5.12	5.01	3.43	4.48	3.19	3.65	3.36	1.53	2.06	1.87
埼　　玉	1.04	2.19	3.39	2.73	2.32	3.63	4.07	2.09	3.85	3.42	2.02	1.57	2.16
千　　葉	0.62	2.02	3.58	3.15	4.05	2.90	3.70	3.00	2.20	2.79	1.57	2.01	2.01
東　　京	0.67	2.62	2.59	3.21	2.73	2.65	2.22	2.50	1.92	1.68	2.12	1.86	1.72
神 奈 川	0.57	1.91	3.20	2.80	2.58	1.45	2.99	2.12	2.79	1.70	2.42	1.34	1.51
新　　潟	1.06	1.83	2.01	2.29	3.51	3.48	1.76	2.23	1.89	3.13	2.04	1.97	3.17
富　　山	0.53	1.28	3.20	2.44	2.26	3.30	4.22	2.13	3.78	2.16	3.53	2.33	1.39
石　　川	1.16	0.78	1.62	1.85	3.52	2.12	4.19	1.83	2.10	1.60	2.77	2.16	1.67
福　　井	0.25	1.14	1.91	1.86	2.81	2.44	1.05	4.00	2.32	2.28	3.02	2.64	1.61
山　　梨	1.03	0.91	1.71	2.33	3.37	2.69	4.27	4.29	3.71	2.94	4.73	1.63	2.84
長　　野	0.54	1.82	4.36	3.24	4.04	3.15	3.07	2.11	3.00	3.33	2.08	2.65	2.27
岐　　阜	1.72	1.88	2.16	2.24	5.29	4.44	2.06	3.98	2.72	2.99	3.44	2.17	1.74
静　　岡	0.09	0.60	2.64	3.73	3.72	2.87	3.54	2.31	1.99	2.40	1.46	2.52	2.01
愛　　知	0.73	1.40	2.76	2.43	2.55	2.22	2.51	2.16	1.36	2.84	1.89	0.95	2.17
三　　重	1.00	1.02	1.71	2.09	2.08	3.38	4.64	2.98	1.95	2.69	1.74	2.10	2.26
滋　　賀	0.39	1.54	1.59	1.79	2.67	3.56	1.80	2.84	2.75	1.87	0.97	2.13	1.10
京　　都	1.25	1.41	2.19	1.87	3.29	4.74	3.35	2.35	1.56	1.95	2.95	0.62	2.16
大　　阪	0.48	0.37	1.65	4.03	4.09	2.49	2.71	2.29	1.74	2.07	1.61	2.09	2.41
兵　　庫	1.29	1.62	1.41	3.19	2.80	3.92	2.10	2.75	2.39	2.03	1.64	1.92	2.63
奈　　良	0.60	1.88	2.28	2.37	3.74	1.11	2.33	3.10	1.89	2.51	1.74	2.61	2.26
和 歌 山	1.73	1.97	2.60	3.95	1.36	6.04	6.41	2.83	2.62	1.94	1.85	1.93	3.22
鳥　　取	0.81	1.71	2.05	3.99	3.41	2.69	6.27	2.68	2.00	2.75	2.96	2.94	2.81
島　　根	0.38	1.13	1.15	2.66	4.60	3.35	3.38	2.29	1.90	2.75	1.78	0.87	2.63
岡　　山	0.50	1.70	1.49	2.55	1.83	4.36	3.33	2.53	3.38	2.58	1.42	1.91	0.99
広　　島	0.63	2.05	2.93	2.46	4.21	3.60	3.74	4.61	3.90	3.54	3.25	1.14	3.08
山　　口	1.65	0.79	1.04	3.03	2.59	5.12	2.12	4.23	3.67	2.61	2.71	2.60	1.44
徳　　島	1.37	2.50	2.53	6.17	5.55	5.42	5.21	4.89	3.12	2.95	1.75	2.01	4.61
香　　川	0.92	1.36	1.87	3.00	4.29	4.55	2.59	2.27	3.12	2.65	2.00	1.76	2.45
愛　　媛	0.38	1.46	2.04	2.56	3.37	3.90	2.46	2.16	3.95	2.22	3.02	1.68	4.94
高　　知	2.76	1.07	2.67	2.33	4.01	3.50	4.00	4.34	3.42	3.21	0.98	3.70	3.35
福　　岡	1.71	1.86	2.39	5.00	4.65	3.16	3.51	3.52	2.53	3.97	1.76	2.99	1.54
佐　　賀	0.12	0.48	2.72	3.06	5.79	2.98	4.40	4.83	3.60	2.91	4.83	6.30	5.56
長　　崎	2.53	4.67	2.17	2.63	2.21	3.65	2.40	3.98	3.29	3.00	1.36	1.81	4.60
熊　　本	1.88	1.42	3.00	4.24	5.51	4.63	4.48	3.23	3.34	3.83	3.80	2.62	2.05
大　　分	0.68	1.08	2.43	3.91	5.89	7.51	3.97	5.71	4.35	4.14	1.78	3.00	5.77
宮　　崎	0.65	2.50	3.59	3.44	4.07	5.54	4.27	3.57	3.25	2.95	4.64	3.45	2.95
鹿 児 島	0.76	1.63	1.50	0.96	4.67	5.89	3.01	4.06	2.64	2.53	2.63	1.25	3.81
沖　　縄	1.17	1.16	2.73	3.00	4.04	3.48	3.00	4.28	4.41	4.12	3.29	1.78	3.06

6 都道府県別 肥満傾向児の出現率 (12-12)

3. 女 (4)高度肥満傾向児　　　　　　　　　　　　　　　　　　　　　　　　　　　　　　　　単位 (%)

区　分	幼稚園	小学校						中学校			高等学校		
	5歳	6歳	7歳	8歳	9歳	10歳	11歳	12歳	13歳	14歳	15歳	16歳	17歳
全　国	0.17	0.25	0.50	0.66	0.68	0.70	0.77	0.85	0.88	0.82	0.91	0.71	0.82
北　海　道	0.21	0.53	0.71	0.68	1.04	1.76	1.04	1.49	1.29	1.22	1.49	0.97	1.82
青　　森	0.77	0.16	0.61	0.91	2.18	1.66	1.05	2.25	0.93	1.00	1.94	1.19	1.04
岩　　手	-	0.37	0.61	0.92	0.52	0.98	1.21	1.31	1.41	1.19	1.32	1.64	1.92
宮　　城	0.28	0.62	1.13	2.76	1.64	1.59	0.92	0.86	0.73	0.96	1.30	0.60	0.99
秋　　田	0.33	0.30	0.82	0.75	1.62	0.68	1.88	0.95	0.88	0.38	2.40	1.47	1.18
山　　形	0.17	0.22	1.37	1.03	-	0.84	1.59	1.12	0.98	1.05	1.36	0.56	1.24
福　　島	-	0.53	0.29	0.47	1.76	1.18	1.02	1.81	1.37	1.29	1.99	1.75	1.51
茨　　城	0.65	-	0.40	1.21	0.84	0.99	0.73	0.47	1.25	1.33	0.37	1.88	1.26
栃　　木	-	0.51	0.65	0.42	1.62	0.73	0.54	1.28	0.69	0.38	1.06	0.45	2.11
群　　馬	0.62	0.55	0.21	0.63	0.79	0.47	1.02	0.54	0.52	0.56	0.98	0.52	1.80
埼　　玉	-	0.15	0.57	0.54	0.50	0.97	0.91	1.26	1.35	0.32	1.25	0.57	0.53
千　　葉	0.08	0.20	0.84	0.63	-	1.04	0.95	0.62	0.65	0.84	0.69	0.43	1.08
東　　京	0.12	0.19	0.15	0.17	0.98	0.33	0.14	0.81	0.75	0.90	0.68	0.38	0.63
神　奈　川	0.31	0.32	0.55	1.19	0.56	0.48	0.18	1.09	1.26	0.27	0.85	0.43	0.66
新　　潟	-	0.20	0.68	0.22	0.34	1.38	-	0.46	0.95	0.15	1.78	0.42	1.18
富　　山	-	0.87	0.74	1.17	-	0.25	0.65	1.20	0.95	1.03	-	0.28	0.21
石　　川	-	-	0.16	-	0.18	0.32	0.43	0.74	0.33	0.47	0.56	1.16	0.35
福　　井	-	-	1.06	0.24	1.01	0.91	-	0.09	0.52	0.66	1.17	0.21	1.11
山　　梨	0.15	-	-	0.45	1.43	0.65	0.95	0.53	1.38	1.52	0.57	1.13	0.60
長　　野	-	0.40	0.22	0.39	0.96	0.33	0.21	1.13	0.42	0.42	1.71	0.59	0.71
岐　　阜	-	0.33	0.20	0.82	0.20	0.19	0.52	0.73	0.43	0.56	-	0.97	0.80
静　　岡	-	0.30	0.49	0.32	0.66	1.12	0.60	0.40	0.58	1.00	0.39	1.29	0.49
愛　　知	0.16	-	0.37	0.47	0.78	0.16	0.88	0.46	0.79	1.08	0.28	1.25	0.76
三　　重	-	0.17	0.15	0.19	0.16	0.61	1.42	0.60	0.45	0.79	0.65	0.89	0.08
滋　　賀	-	-	0.41	0.39	0.41	0.78	-	0.70	0.58	1.01	0.49	0.33	1.15
京　　都	0.18	-	0.19	0.28	0.16	0.38	1.19	0.59	0.15	0.32	0.58	0.60	-
大　　阪	0.16	0.18	0.35	1.01	0.32	0.35	1.11	0.61	0.61	1.09	1.46	0.15	-
兵　　庫	0.08	-	1.10	0.65	0.24	0.82	0.58	0.21	0.44	0.32	1.31	0.80	0.55
奈　　良	0.80	1.17	0.20	0.59	0.72	1.69	2.42	0.61	0.36	0.22	0.70	0.52	1.13
和　歌　山	-	0.28	0.33	0.44	0.16	0.94	0.64	0.79	1.14	0.75	0.80	1.45	0.69
鳥　　取	-	0.31	-	0.33	0.57	-	0.20	0.49	0.74	0.62	1.16	-	0.38
島　　根	-	-	-	0.42	0.42	0.31	1.42	0.99	0.43	0.54	1.15	0.56	1.29
岡　　山	0.08	0.42	0.60	0.21	0.74	0.34	0.85	0.64	1.20	0.35	1.40	0.61	1.28
広　　島	-	0.55	0.39	0.92	0.60	0.57	1.68	0.69	1.52	0.53	1.17	0.58	0.99
山　　口	-	-	0.33	1.07	1.43	-	0.83	0.51	1.14	1.00	0.85	1.10	1.33
徳　　島	-	0.33	1.26	0.36	1.09	0.71	0.61	1.83	2.29	2.91	0.66	1.11	1.63
香　　川	-	0.40	0.36	1.38	0.98	0.71	0.59	0.71	1.42	0.66	1.17	0.74	1.35
愛　　媛	0.45	0.63	0.15	0.34	-	0.73	0.77	1.51	0.94	1.13	0.54	0.42	0.14
高　　知	-	-	-	0.29	1.16	1.86	0.59	0.75	0.45	0.45	0.41	1.22	2.84
福　　岡	0.43	0.09	0.32	0.66	0.79	0.43	1.24	1.22	1.12	1.01	0.22	0.42	0.93
佐　　賀	0.22	0.16	0.20	0.17	0.58	1.10	0.51	1.62	0.18	1.09	0.24	0.94	0.36
長　　崎	0.23	0.16	1.07	-	1.15	0.89	1.40	1.01	0.82	1.94	0.94	0.63	0.31
熊　　本	-	0.59	1.61	0.74	0.68	0.26	0.35	0.98	1.14	1.11	0.45	0.71	0.98
大　　分	-	0.43	1.18	2.16	-	0.69	1.64	1.34	1.69	1.16	0.47	0.09	0.76
宮　　崎	0.22	0.56	1.23	0.55	1.22	0.62	1.07	0.93	0.68	1.51	2.10	0.74	1.53
鹿　児　島	-	0.74	-	0.52	0.86	1.44	0.57	1.05	1.05	0.83	0.86	0.97	0.32
沖　　縄	0.80	0.18	0.35	0.80	0.75	1.33	0.33	0.55	0.98	1.68	0.64	1.58	0.87

7 都道府県別 痩身傾向児の出現率（9-1）

1. 計 （1)痩身傾向児　　　　　　　　　　　　　　　　　　　　　　　　　　単位（%）

区　分	幼稚園	小　学　校						中　学　校			高　等　学　校		
	5歳	6歳	7歳	8歳	9歳	10歳	11歳	12歳	13歳	14歳	15歳	16歳	17歳
全　　国	0.44	0.52	0.64	1.03	2.08	2.76	3.16	4.00	3.09	3.02	3.69	3.66	3.20
北　海　道	0.31	0.24	0.67	1.74	1.82	3.24	2.91	3.76	3.07	2.43	3.41	3.81	2.75
青　　森	0.36	0.36	0.76	1.60	0.83	3.27	2.37	2.58	1.98	2.28	2.77	2.40	2.82
岩　　手	0.45	0.36	0.86	0.53	1.79	2.01	1.71	2.28	2.13	2.06	2.05	3.56	2.37
宮　　城	0.48	0.67	0.98	0.85	1.39	1.61	3.31	2.99	1.98	2.12	2.53	3.29	2.98
秋　　田	0.73	0.37	0.37	0.94	1.39	1.38	2.22	3.22	1.87	2.16	1.83	0.99	0.84
山　　形	0.05	0.72	0.30	0.75	2.22	3.71	3.15	4.25	2.43	1.90	2.17	2.45	2.13
福　　島	－	0.17	0.45	0.48	1.13	2.24	1.76	2.66	1.86	2.33	1.96	2.78	2.26
茨　　城	0.55	0.49	0.38	0.65	2.02	1.42	2.49	2.79	2.92	2.55	3.22	2.70	2.74
栃　　木	0.13	0.64	0.62	0.87	1.98	2.31	2.89	2.89	1.66	3.05	3.07	3.33	2.68
群　　馬	0.27	0.72	0.34	0.92	1.47	3.17	2.91	2.95	2.70	2.91	4.30	4.20	3.71
埼　　玉	0.47	0.51	0.49	1.46	2.27	2.87	2.17	3.07	2.81	2.46	3.13	4.79	2.60
千　　葉	0.52	0.27	1.07	1.52	2.60	2.04	3.36	4.07	3.08	3.62	3.83	4.19	2.18
東　　京	0.67	0.44	0.84	1.09	2.64	2.54	3.68	4.97	3.93	3.31	4.38	5.70	4.80
神　奈　川	0.39	1.26	1.05	1.56	2.97	3.75	4.68	5.14	3.50	3.41	5.62	5.08	4.67
新　　潟	0.21	0.45	0.94	1.06	2.46	3.48	3.95	4.77	2.16	2.89	3.44	3.15	1.94
富　　山	0.17	0.79	0.76	0.49	2.21	3.38	4.23	3.37	2.89	2.72	2.84	3.47	2.78
石　　川	0.96	0.49	0.41	0.83	1.67	2.94	3.14	3.98	3.30	2.66	2.94	3.29	4.63
福　　井	0.41	0.59	0.28	0.58	1.35	1.74	2.63	3.65	3.29	4.11	2.67	3.11	2.48
山　　梨	5.86	0.25	0.26	0.70	2.04	4.16	2.63	3.33	2.52	2.56	5.70	2.30	1.72
長　　野	0.25	0.38	0.43	1.39	2.18	3.49	2.83	3.86	2.65	3.67	3.02	2.54	3.60
岐　　阜	0.32	0.80	0.61	1.32	3.10	2.37	2.28	4.18	3.30	2.94	3.76	3.25	4.30
静　　岡	0.30	0.31	0.63	0.97	1.90	2.16	2.84	4.43	3.36	3.17	4.14	3.25	3.51
愛　　知	0.74	0.62	0.29	0.84	1.93	3.16	3.97	4.89	4.35	4.03	4.44	3.30	4.28
三　　重	0.31	0.32	0.74	1.29	1.71	3.48	2.49	3.96	3.69	3.80	3.55	2.73	1.91
滋　　賀	1.05	0.38	0.43	0.92	1.49	2.86	3.73	4.71	3.01	3.57	5.62	2.47	2.15
京　　都	0.69	0.78	0.35	1.54	2.70	3.89	2.55	5.45	4.45	3.19	3.08	4.16	2.82
大　　阪	0.43	0.34	0.72	0.74	2.30	3.47	3.65	5.03	3.96	3.55	3.62	4.45	3.80
兵　　庫	0.20	0.41	0.51	1.47	1.74	3.07	4.55	4.44	3.39	3.01	4.54	2.71	3.21
奈　　良	0.15	0.20	0.54	1.14	2.35	3.12	2.70	5.42	5.14	3.56	3.94	4.55	1.94
和　歌　山	－	0.93	0.80	1.38	2.24	1.95	2.34	1.86	2.55	2.70	5.05	3.39	2.37
鳥　　取	0.38	0.21	0.53	0.57	1.39	1.73	2.48	3.31	2.28	2.16	2.62	3.14	2.02
島　　根	0.26	0.24	0.61	0.08	2.56	1.69	1.81	2.40	2.21	1.89	2.55	2.12	1.80
岡　　山	0.09	0.32	0.30	0.47	1.43	3.15	2.41	3.70	2.38	3.12	4.13	3.31	2.22
広　　島	0.06	0.46	0.19	0.30	2.19	2.07	2.41	3.12	2.50	2.55	3.85	2.38	2.71
山　　口	0.29	0.45	0.37	0.79	1.31	1.45	2.98	2.07	2.48	2.72	3.81	2.38	2.21
徳　　島	0.22	0.64	0.33	1.04	1.65	3.14	3.27	2.84	1.71	1.05	3.47	4.46	2.62
香　　川	0.49	1.13	0.52	0.60	1.27	1.66	3.04	3.44	3.07	2.44	2.42	3.45	3.08
愛　　媛	0.35	0.07	0.58	0.56	1.20	1.67	2.74	2.59	1.63	2.34	2.83	2.91	2.93
高　　知	0.41	0.40	0.72	0.48	1.08	1.86	2.01	2.72	2.06	3.17	5.27	2.32	2.37
福　　岡	0.43	0.66	0.42	0.66	1.95	3.47	3.18	3.93	2.48	3.31	2.63	2.68	3.47
佐　　賀	0.38	0.35	0.37	0.50	1.37	1.91	3.00	2.68	2.07	2.10	2.57	1.61	1.85
長　　崎	0.20	0.99	0.89	0.43	1.79	1.49	2.69	3.54	1.22	1.62	1.74	2.84	1.71
熊　　本	0.14	0.28	1.17	0.70	2.44	1.44	2.06	3.50	2.70	2.54	2.59	2.39	1.84
大　　分	0.15	0.69	0.42	1.27	0.85	2.80	2.25	1.90	1.86	2.92	2.71	2.31	2.97
宮　　崎	0.16	0.17	0.98	0.34	1.35	2.03	2.40	2.35	1.98	2.28	1.17	1.47	1.37
鹿　児　島	0.21	0.21	0.94	0.83	1.39	1.29	0.83	4.19	2.44	2.49	3.15	2.40	2.67
沖　　縄	0.60	0.67	0.26	0.30	0.79	2.00	2.22	1.80	1.77	1.89	3.87	2.56	2.26

（注）　痩身傾向児とは，性別・年齢別・身長別標準体重から肥満度を求め，肥満度が-20%以下のものである。
　　　以下の各表において同じ。
　　　肥満度＝（実測体重－身長別標準体重）／身長別標準体重　×　100　（%）

7 都道府県別　痩身傾向児の出現率（9-2）

1. 計　(2)軽度痩身傾向児　　　　　　　　　　　　　　　　　　　　　　　　　　　　　　　　　単位（%）

区　分	幼稚園 5歳	小　学　校						中　学　校			高　等　学　校		
		6歳	7歳	8歳	9歳	10歳	11歳	12歳	13歳	14歳	15歳	16歳	17歳
全　　国	0.42	0.51	0.63	1.02	2.04	2.70	3.06	3.90	3.00	2.90	3.56	3.55	3.08
北 海 道	0.31	0.24	0.67	1.74	1.82	3.16	2.91	3.62	2.76	2.33	3.03	3.61	2.75
青　　森	0.36	0.36	0.76	1.60	0.83	3.27	2.37	2.58	1.94	2.13	2.77	2.40	2.82
岩　　手	0.45	0.36	0.86	0.53	1.79	2.01	1.71	2.28	2.09	2.01	2.05	3.56	1.91
宮　　城	0.48	0.67	0.98	0.85	1.39	1.61	3.09	2.82	1.83	2.02	2.53	3.29	2.77
秋　　田	0.73	0.37	0.37	0.94	1.39	1.38	2.22	3.14	1.74	2.01	1.83	0.99	0.84
山　　形	0.05	0.72	0.20	0.75	2.22	3.71	3.15	4.13	2.37	1.90	2.17	2.45	1.94
福　　島	-	0.17	0.45	0.48	1.13	2.24	1.69	2.62	1.79	2.23	1.96	2.78	1.99
茨　　城	0.55	0.39	0.38	0.65	1.91	1.42	2.20	2.74	2.74	2.45	3.22	2.65	2.64
栃　　木	0.13	0.53	0.62	0.87	1.98	2.31	2.89	2.89	1.66	3.01	3.07	3.33	2.68
群　　馬	0.27	0.72	0.34	0.92	1.36	2.81	2.91	2.75	2.70	2.91	4.30	4.20	3.41
埼　　玉	0.41	0.51	0.49	1.46	2.18	2.79	1.99	2.96	2.76	2.41	3.03	4.60	2.60
千　　葉	0.52	0.27	0.98	1.52	2.52	1.97	3.18	3.95	3.03	3.46	3.30	4.12	1.79
東　　京	0.63	0.37	0.84	1.09	2.64	2.43	3.60	4.90	3.70	3.16	4.21	5.58	4.50
神 奈 川	0.29	1.26	1.05	1.56	2.81	3.67	4.42	5.00	3.50	3.35	5.56	5.00	4.56
新　　潟	0.21	0.45	0.94	1.06	2.24	3.48	3.95	4.62	2.16	2.89	3.27	3.15	1.83
富　　山	0.17	0.79	0.76	0.49	2.21	3.38	3.95	3.24	2.81	2.62	2.81	3.15	2.48
石　　川	0.96	0.49	0.41	0.83	1.67	2.84	3.14	3.93	3.16	2.66	2.86	3.07	4.63
福　　井	0.41	0.59	0.28	0.58	1.35	1.74	2.52	3.65	3.15	3.96	2.67	3.11	2.48
山　　梨	5.86	0.25	0.17	0.70	1.94	4.10	2.57	3.33	2.46	2.35	5.37	2.30	1.56
長　　野	0.25	0.38	0.43	1.39	2.18	3.49	2.74	3.86	2.65	3.67	2.76	2.33	3.38
岐　　阜	0.32	0.80	0.61	1.32	2.91	2.37	2.28	4.05	3.10	2.73	3.65	3.25	4.20
静　　岡	0.30	0.31	0.63	0.97	1.90	2.16	2.84	4.37	3.30	3.17	3.84	3.10	3.40
愛　　知	0.66	0.62	0.29	0.84	1.93	3.16	3.80	4.83	4.18	3.77	4.38	3.23	4.21
三　　重	0.31	0.24	0.74	1.29	1.71	3.48	2.49	3.74	3.58	3.59	3.54	2.60	1.66
滋　　賀	1.05	0.38	0.43	0.92	1.49	2.86	3.73	4.65	2.96	3.38	5.62	2.17	2.15
京　　都	0.69	0.78	0.35	1.54	2.70	3.62	2.50	5.28	4.13	2.84	2.99	4.16	2.82
大　　阪	0.43	0.34	0.72	0.74	2.30	3.47	3.56	4.81	3.91	3.40	3.62	4.28	3.74
兵　　庫	0.18	0.41	0.51	1.47	1.74	2.89	4.49	4.26	3.39	2.77	4.30	2.58	3.14
奈　　良	0.15	0.20	0.54	1.14	2.35	3.12	2.60	5.29	5.03	3.56	3.94	4.03	1.94
和 歌 山	-	0.82	0.80	1.18	2.03	1.78	2.34	1.86	2.55	2.59	4.94	2.71	2.04
鳥　　取	0.38	0.11	0.53	0.57	1.39	1.73	2.36	3.13	2.28	2.16	2.62	3.14	2.02
島　　根	0.21	0.24	0.61	0.08	2.56	1.54	1.81	2.36	2.21	1.83	2.55	2.12	1.57
岡　　山	0.09	0.32	0.30	0.47	1.43	2.80	2.32	3.70	2.16	3.03	4.13	3.21	2.22
広　　島	0.06	0.46	0.19	0.30	2.19	2.07	2.41	3.12	2.39	2.33	3.77	2.38	2.49
山　　口	0.26	0.45	0.37	0.70	1.31	1.45	2.98	2.02	2.48	2.55	3.70	2.15	2.21
徳　　島	0.16	0.64	0.33	1.04	1.65	3.14	3.27	2.84	1.71	1.00	3.47	4.46	2.62
香　　川	0.49	1.13	0.52	0.60	1.27	1.49	2.95	3.25	2.91	2.37	2.42	3.45	2.89
愛　　媛	0.35	0.07	0.58	0.56	1.20	1.67	2.74	2.43	1.59	2.20	2.74	2.91	2.93
高　　知	0.41	0.40	0.62	0.48	1.08	1.86	2.01	2.68	2.06	3.14	4.94	2.32	2.37
福　　岡	0.43	0.66	0.42	0.66	1.95	3.47	2.87	3.89	2.42	3.25	2.52	2.60	3.33
佐　　賀	0.38	0.35	0.37	0.50	1.37	1.91	2.88	2.60	1.96	1.95	2.57	1.43	1.85
長　　崎	0.20	0.89	0.89	0.43	1.79	1.41	2.69	3.46	1.22	1.62	1.74	2.54	1.71
熊　　本	0.14	0.28	1.17	0.70	2.44	1.44	1.97	3.28	2.64	2.41	2.02	2.17	1.84
大　　分	0.15	0.57	0.42	1.17	0.71	2.80	2.01	1.86	1.81	2.85	2.61	2.31	2.84
宮　　崎	0.16	0.17	0.98	0.34	1.35	2.03	2.40	2.35	1.98	2.28	1.17	1.47	1.37
鹿 児 島	0.21	0.21	0.94	0.74	1.39	1.29	0.83	4.00	2.44	2.49	2.95	2.40	2.67
沖　　縄	0.60	0.67	0.26	0.30	0.79	2.00	2.22	1.60	1.71	1.84	3.72	2.40	2.26

（注）　軽度痩身傾向児とは，性別・年齢別・身長別標準体重から肥満度を求め，肥満度が-20%以下-30%未満のものである。
　　　　以下の各表において同じ。
　　　　肥満度＝（実測体重－身長別標準体重）／身長別標準体重　×　100　（%）

7 都道府県別 痩身傾向児の出現率 (9-3)

1. 計 (3)高度痩身傾向児　　　　　　　　　　　　　　　　　　　　　　　　　　　　単位 (%)

区分	幼稚園	小学校						中学校			高等学校		
	5歳	6歳	7歳	8歳	9歳	10歳	11歳	12歳	13歳	14歳	15歳	16歳	17歳
全国	0.02	0.02	0.01	0.00	0.03	0.06	0.11	0.11	0.10	0.12	0.13	0.11	0.13
北海道	－	－	－	－	－	0.08	－	0.15	0.31	0.09	0.38	0.20	－
青森	－	－	－	－	－	－	－	－	0.04	0.15	－	－	－
岩手	－	－	－	－	－	－	－	－	0.05	0.06	－	－	0.46
宮城	－	－	－	－	－	－	0.23	0.17	0.15	0.10	－	－	0.21
秋田	－	－	－	－	－	－	－	0.08	0.13	0.15	－	－	－
山形	－	－	0.10	－	－	－	－	0.12	0.07	－	－	－	0.19
福島	－	－	－	－	－	－	0.07	0.04	0.07	0.10	－	－	0.27
茨城	－	0.10	－	－	0.12	－	0.30	0.05	0.18	0.10	－	0.05	0.10
栃木	－	0.11	－	－	－	－	－	－	－	0.04	－	－	－
群馬	－	－	－	－	0.11	0.36	－	0.20	－	－	－	－	0.31
埼玉	0.06	－	－	－	0.09	0.09	0.18	0.11	0.04	0.05	0.10	0.19	－
千葉	－	－	0.09	－	0.08	0.07	0.19	0.12	0.05	0.16	0.53	0.08	0.39
東京	0.04	0.07	－	－	－	0.12	0.08	0.08	0.23	0.14	0.18	0.12	0.31
神奈川	0.09	－	－	－	0.16	0.08	0.26	0.13	－	0.06	0.06	0.08	0.12
新潟	－	－	－	－	0.21	－	－	0.15	－	－	0.18	－	0.11
富山	－	－	－	－	－	－	0.29	0.13	0.07	0.10	0.03	0.32	0.30
石川	－	－	－	－	－	0.10	－	0.05	0.13	－	0.08	0.22	－
福井	－	－	－	－	－	－	0.11	－	0.14	0.16	－	－	－
山梨	－	－	0.09	－	0.09	0.05	0.07	－	0.06	0.21	0.33	－	0.17
長野	－	－	－	－	－	－	0.09	－	－	－	0.26	0.21	0.22
岐阜	－	－	－	－	0.18	－	－	0.13	0.20	0.22	0.11	－	0.10
静岡	－	－	－	－	－	－	－	0.06	0.06	－	0.30	0.15	0.11
愛知	0.07	－	－	－	－	－	0.17	0.06	0.17	0.26	0.07	0.07	0.07
三重	－	0.08	－	－	－	－	－	0.22	0.11	0.22	0.01	0.13	0.24
滋賀	－	－	－	－	－	－	－	0.06	0.05	0.19	－	0.30	－
京都	－	－	－	－	－	0.27	0.05	0.17	0.32	0.35	0.09	－	－
大阪	－	－	－	－	－	－	0.09	0.22	0.05	0.15	－	0.17	0.06
兵庫	0.03	－	－	－	－	0.18	0.06	0.18	－	0.25	0.23	0.14	0.07
奈良	－	－	－	－	－	－	0.10	0.13	0.11	－	－	0.52	－
和歌山	－	0.11	－	0.20	0.21	0.16	－	－	－	0.11	0.10	0.68	0.33
鳥取	－	0.10	－	－	－	－	0.12	0.18	－	－	－	－	－
島根	0.05	－	－	－	－	0.16	－	0.04	－	0.06	－	－	0.23
岡山	－	－	－	－	－	0.35	0.09	－	0.22	0.08	－	0.10	－
広島	－	－	－	－	－	－	－	－	0.11	0.22	0.09	－	0.22
山口	0.03	－	－	0.08	－	－	－	0.05	－	0.17	0.10	0.23	－
徳島	0.06	－	－	－	－	－	－	－	－	0.06	－	－	－
香川	－	－	－	－	－	0.17	0.09	0.19	0.17	0.07	－	－	0.20
愛媛	－	－	－	－	－	－	－	0.16	0.05	0.14	0.08	－	－
高知	－	－	0.10	－	－	－	－	0.04	－	0.03	0.34	－	－
福岡	－	－	－	－	－	－	0.31	0.04	0.06	0.06	0.10	0.08	0.14
佐賀	－	－	－	－	－	－	0.12	0.08	0.11	0.16	－	0.18	－
長崎	－	0.10	－	－	－	0.09	－	0.08	－	－	－	0.31	－
熊本	－	－	－	－	－	－	0.10	0.22	0.05	0.13	0.56	0.22	－
大分	－	0.12	－	0.10	0.14	－	0.23	0.04	0.05	0.06	0.10	－	0.13
宮崎	－	－	－	－	－	－	－	－	－	－	－	－	－
鹿児島	－	－	－	0.10	－	－	－	0.19	－	－	0.20	－	－
沖縄	－	－	－	－	－	－	－	0.20	0.06	0.05	0.15	0.15	－

(注) 高度痩身傾向児とは，性別・年齢別・身長別標準体重から肥満度を求め，肥満度が-30%以下の者である。
　　以下の各表において同じ。
　　肥満度＝（実測体重－身長別標準体重）／身長別標準体重 × 100 （%）

7 都道府県別 痩身傾向児の出現率 (9-4)

2. 男 (1)痩身傾向児

単位 (%)

区 分	幼稚園	小 学 校						中 学 校			高 等 学 校		
	5歳	6歳	7歳	8歳	9歳	10歳	11歳	12歳	13歳	14歳	15歳	16歳	17歳
全 国	0.50	0.42	0.62	0.97	1.83	2.76	3.45	3.65	2.99	3.24	4.24	4.07	3.57
北 海 道	0.35	-	0.38	1.70	1.18	2.57	2.57	3.39	2.80	3.13	4.66	4.56	3.65
青 森	0.72	0.70	0.49	1.48	0.59	2.36	2.12	2.89	1.51	2.48	3.44	2.46	3.12
岩 手	0.53	0.51	0.88	0.21	2.58	2.58	2.29	2.24	1.75	2.05	2.52	4.02	2.24
宮 城	0.70	0.69	1.03	1.12	1.20	1.53	3.08	3.52	1.84	2.15	1.64	3.35	2.53
秋 田	0.79	0.21	-	0.21	1.18	1.31	1.71	3.04	2.11	2.10	2.56	1.01	1.54
山 形	-	0.63	0.58	0.39	1.49	3.89	3.41	2.96	2.44	1.98	3.49	2.65	2.12
福 島	-	-	0.70	0.57	1.20	1.72	2.35	2.61	1.39	2.22	3.15	3.70	2.99
茨 城	0.80	0.52	0.55	0.80	1.52	0.91	2.48	3.22	2.54	3.01	3.40	2.59	2.54
栃 木	0.13	0.59	0.39	1.13	1.82	2.80	2.57	2.56	1.40	3.47	3.30	4.21	4.09
群 馬	0.23	0.53	0.68	1.82	1.83	3.80	2.16	2.84	1.69	2.96	6.45	4.93	3.95
埼 玉	0.41	0.17	0.52	1.82	1.65	2.34	2.74	2.92	3.24	2.50	4.05	5.28	3.42
千 葉	0.76	0.52	0.88	1.43	2.18	2.45	3.69	3.62	3.31	4.34	3.75	5.56	2.34
東 京	0.70	0.14	0.57	0.74	2.41	2.86	3.93	4.53	3.54	4.04	3.69	5.26	4.89
神 奈 川	0.41	0.81	1.26	1.46	2.17	3.88	5.14	4.42	3.68	2.68	6.74	5.49	5.01
新 潟	0.27	0.45	0.65	1.21	3.27	3.65	3.87	4.75	1.57	2.85	4.66	4.53	1.77
富 山	0.20	0.94	0.56	0.50	1.37	3.42	3.65	3.41	1.27	2.82	3.48	4.59	3.57
石 川	0.19	0.39	0.25	0.68	1.19	2.72	3.26	4.23	3.26	3.45	4.23	3.34	4.23
福 井	0.13	0.36	0.17	0.49	1.51	1.73	2.41	3.92	3.06	4.46	2.75	3.61	2.97
山 梨	5.83	0.50	0.17	-	1.41	4.50	3.10	2.23	2.51	2.77	7.82	2.12	1.58
長 野	0.48	0.37	0.23	0.79	1.50	2.61	3.61	3.57	2.27	3.75	3.90	3.82	5.20
岐 阜	0.16	0.60	0.39	0.70	2.77	2.41	1.51	3.76	3.00	3.56	5.28	4.63	4.15
静 岡	0.31	0.60	0.89	0.66	1.24	1.97	2.79	3.69	2.70	3.57	4.80	4.00	2.96
愛 知	0.86	0.28	0.37	0.79	2.31	3.51	5.24	6.00	4.77	4.73	5.04	3.05	4.50
三 重	0.47	0.29	0.75	0.98	1.03	3.30	2.97	3.91	3.53	2.56	3.94	3.16	2.22
滋 賀	1.23	-	0.67	0.86	1.13	3.60	3.87	3.98	2.84	3.65	7.42	3.21	3.29
京 都	0.73	0.56	0.38	1.07	2.17	3.93	2.66	4.26	3.87	3.08	3.42	5.30	2.89
大 阪	0.48	0.36	1.23	0.79	2.37	3.02	4.13	3.51	4.13	4.04	3.65	4.79	4.75
兵 庫	0.25	0.41	0.38	2.04	2.24	3.35	4.76	4.12	3.15	3.15	5.51	2.92	4.55
奈 良	-	0.19	0.72	0.99	1.95	3.03	2.80	4.79	5.62	3.46	3.59	3.37	1.75
和 歌 山	-	1.17	0.36	0.67	1.75	1.88	3.48	1.94	1.76	2.83	6.00	5.14	2.58
鳥 取	0.44	-	0.40	0.32	1.06	2.50	3.47	2.84	1.92	1.78	2.12	3.73	3.04
島 根	0.29	0.22	0.32	0.16	2.89	1.81	2.70	2.11	1.82	1.65	2.52	1.92	1.81
岡 山	0.09	-	0.24	0.38	1.50	3.01	2.76	3.31	2.41	2.88	4.11	3.95	3.30
広 島	0.12	0.44	0.19	0.22	2.38	2.55	3.24	3.53	2.33	2.66	4.26	3.35	2.72
山 口	0.41	0.17	0.18	0.18	0.94	1.66	3.81	1.87	2.07	2.99	4.79	2.94	3.64
徳 島	0.08	0.46	0.47	0.89	2.74	3.82	3.89	2.09	1.97	1.36	3.77	5.48	3.64
香 川	0.97	0.86	0.58	-	1.15	1.35	4.40	2.11	2.86	1.91	3.06	4.25	2.85
愛 媛	0.67	0.13	0.67	0.75	0.57	1.43	1.50	2.44	1.60	2.30	3.06	3.94	3.08
高 知	0.61	0.14	0.75	0.26	1.01	2.05	2.50	2.75	2.05	2.40	7.96	2.41	3.71
福 岡	0.54	0.84	0.54	0.85	1.40	3.65	2.88	3.38	2.94	3.92	3.06	2.74	3.15
佐 賀	0.15	0.16	0.21	0.46	1.62	1.92	3.62	2.44	2.11	1.71	2.95	2.28	1.72
長 崎	0.15	0.82	0.22	0.30	0.90	1.47	2.35	3.21	1.01	1.58	2.57	2.64	2.76
熊 本	0.21	0.38	0.97	0.64	1.31	1.65	2.59	2.57	2.34	2.24	3.00	3.85	1.47
大 分	0.29	1.01	-	0.54	0.97	2.66	2.64	1.83	1.71	3.36	3.05	2.90	4.34
宮 崎	-	0.13	1.10	0.66	1.36	1.75	2.76	2.38	1.47	2.56	1.49	1.66	1.18
鹿 児 島	0.41	0.42	0.75	0.35	0.46	0.83	1.37	2.89	2.20	2.35	4.97	2.14	2.96
沖 縄	0.79	0.70	-	0.16	0.71	1.55	2.43	1.28	1.73	1.95	6.05	3.17	2.34

7 都道府県別 痩身傾向児の出現率 (9-5)

2. 男 (2)軽度痩身傾向児

単位（%）

区 分	幼稚園	小 学 校						中 学 校			高 等 学 校		
	5歳	6歳	7歳	8歳	9歳	10歳	11歳	12歳	13歳	14歳	15歳	16歳	17歳
全 国	0.47	0.39	0.62	0.96	1.80	2.69	3.31	3.57	2.95	3.10	4.09	3.91	3.42
北 海 道	0.35	-	0.38	1.70	1.18	2.41	2.57	3.39	2.54	2.95	4.10	4.50	3.65
青 森	0.72	0.70	0.49	1.48	0.59	2.36	2.12	2.89	1.44	2.48	3.44	2.46	3.12
岩 手	0.53	0.51	0.88	0.21	2.58	2.58	2.29	2.24	1.66	2.05	2.52	4.02	2.24
宮 城	0.70	0.69	1.03	1.12	1.20	1.53	2.83	3.18	1.84	2.06	1.64	3.35	2.27
秋 田	0.79	0.21	-	0.21	1.18	1.31	1.71	3.04	2.01	1.92	2.56	1.01	1.54
山 形	-	0.63	0.39	0.39	1.49	3.89	3.41	2.96	2.31	1.98	3.49	2.65	2.12
福 島	-	-	0.70	0.57	1.20	1.72	2.35	2.61	1.39	2.13	3.15	3.70	2.45
茨 城	0.80	0.33	0.55	0.80	1.52	0.91	2.13	3.22	2.26	2.90	3.40	2.59	2.35
栃 木	0.13	0.37	0.39	1.13	1.82	2.80	2.57	2.56	1.40	3.47	3.30	4.21	4.09
群 馬	0.23	0.53	0.68	1.82	1.83	3.28	2.16	2.74	1.69	2.96	6.45	4.93	3.60
埼 玉	0.41	0.17	0.52	1.82	1.65	2.17	2.39	2.80	3.15	2.40	3.87	5.10	3.42
千 葉	0.76	0.52	0.88	1.43	2.18	2.45	3.51	3.39	3.31	4.13	3.35	5.41	2.16
東 京	0.70	-	0.57	0.74	2.41	2.63	3.78	4.53	3.54	3.75	3.69	5.11	4.26
神 奈 川	0.22	0.81	1.26	1.46	1.99	3.88	4.80	4.26	3.68	2.68	6.61	5.33	4.77
新 潟	0.27	0.45	0.65	1.21	2.85	3.65	3.87	4.55	1.57	2.85	4.31	4.53	1.77
富 山	0.20	0.94	0.56	0.50	1.37	3.42	3.23	3.41	1.27	2.82	3.48	4.01	3.27
石 川	0.19	0.39	0.25	0.68	1.19	2.52	3.26	4.12	3.12	3.45	4.07	2.90	4.23
福 井	0.13	0.36	0.17	0.49	1.51	1.73	2.41	3.92	3.06	4.33	2.75	3.61	2.97
山 梨	5.83	0.50	0.17	-	1.23	4.50	3.10	2.23	2.39	2.51	7.20	2.12	1.58
長 野	0.48	0.37	0.23	0.79	1.50	2.61	3.43	3.57	2.27	3.75	3.55	3.40	5.01
岐 阜	0.16	0.60	0.39	0.70	2.77	2.41	1.51	3.76	2.89	3.45	5.28	4.63	4.15
静 岡	0.31	0.60	0.89	0.66	1.24	1.97	2.79	3.69	2.70	3.57	4.64	3.71	2.96
愛 知	0.72	0.28	0.37	0.79	2.31	3.51	4.91	5.88	4.77	4.52	5.04	2.91	4.35
三 重	0.47	0.29	0.75	0.98	1.03	3.30	2.97	3.91	3.42	2.24	3.92	2.89	1.94
滋 賀	1.23	-	0.67	0.86	1.13	3.60	3.87	3.98	2.84	3.65	7.42	2.85	3.29
京 都	0.73	0.56	0.38	1.07	2.17	3.60	2.66	4.26	3.87	3.00	3.23	5.30	2.89
大 阪	0.48	0.36	1.23	0.79	2.37	3.02	4.13	3.40	4.13	3.75	3.65	4.44	4.75
兵 庫	0.20	0.41	0.38	2.04	2.24	3.16	4.76	3.91	3.15	2.88	5.05	2.75	4.41
奈 良	-	0.19	0.72	0.99	1.95	3.03	2.80	4.79	5.41	3.46	3.59	2.70	1.75
和 歌 山	-	1.17	0.36	0.49	1.50	1.74	3.48	1.94	1.76	2.71	5.80	3.80	2.37
鳥 取	0.44	-	0.40	0.32	1.06	2.50	3.24	2.84	1.92	1.78	2.12	3.73	3.04
島 根	0.19	0.22	0.32	0.16	2.89	1.50	2.70	2.11	1.82	1.53	2.52	1.92	1.54
岡 山	0.09	-	0.24	0.38	1.50	2.76	2.76	3.31	2.26	2.72	4.11	3.75	3.30
広 島	0.12	0.44	0.19	0.22	2.38	2.55	3.24	3.53	2.22	2.24	4.08	3.35	2.51
山 口	0.41	0.17	0.18	0.18	0.94	1.66	3.81	1.87	2.07	2.99	4.79	2.48	3.64
徳 島	0.08	0.46	0.47	0.89	2.74	3.82	3.89	2.09	1.97	1.24	3.77	5.48	3.64
香 川	0.97	0.86	0.58	-	1.15	1.35	4.23	1.86	2.75	1.91	3.06	4.25	2.46
愛 媛	0.67	0.13	0.67	0.75	0.57	1.43	1.50	2.13	1.60	2.23	2.89	3.94	3.08
高 知	0.61	0.14	0.56	0.26	1.01	2.05	2.50	2.75	2.05	2.40	7.56	2.41	3.71
福 岡	0.54	0.84	0.54	0.85	1.40	3.65	2.44	3.30	2.94	3.92	2.85	2.58	2.98
佐 賀	0.15	0.16	0.21	0.46	1.62	1.92	3.39	2.28	1.90	1.53	2.95	1.94	1.72
長 崎	0.15	0.62	0.22	0.30	0.90	1.30	2.35	3.21	1.01	1.58	2.57	2.03	2.76
熊 本	0.21	0.38	0.97	0.64	1.31	1.65	2.40	2.36	2.34	2.24	2.06	3.42	1.47
大 分	0.29	0.78	-	0.54	0.70	2.66	2.31	1.76	1.61	3.24	2.87	2.90	4.09
宮 崎	-	0.13	1.10	0.66	1.36	1.75	2.76	2.38	1.47	2.56	1.49	1.66	1.18
鹿 児 島	0.41	0.42	0.75	0.35	0.46	0.83	1.37	2.77	2.20	2.35	4.64	2.14	2.96
沖 縄	0.79	0.70	-	0.16	0.71	1.55	2.43	1.28	1.73	1.87	5.75	3.17	2.34

7 都道府県別 痩身傾向児の出現率 (9-6)

2. 男 (3)高度痩身傾向児　　　　　　　　　　　　　　　　　　　　　　　　単位（%）

区　分	幼稚園 5歳	小　学　校 6歳	7歳	8歳	9歳	10歳	11歳	中　学　校 12歳	13歳	14歳	高　等　学　校 15歳	16歳	17歳
全　　国	0.03	0.03	0.00	0.00	0.03	0.07	0.14	0.08	0.04	0.13	0.15	0.16	0.15
北　海　道	-	-	-	-	-	0.16	-	-	0.26	0.18	0.56	0.06	-
青　森	-	-	-	-	-	-	-	-	0.07	-	-	-	-
岩　手	-	-	-	-	-	-	-	-	0.09	-	-	-	-
宮　城	-	-	-	-	-	0.25	-	0.34	-	0.08	-	-	0.26
秋　田	-	-	-	-	-	-	-	-	0.10	0.18	-	-	-
山　形	-	-	0.20	-	-	-	-	-	0.13	-	-	-	-
福　島	-	-	-	-	-	-	-	-	-	0.09	-	-	0.54
茨　城	-	0.19	-	-	-	-	0.35	-	0.28	0.11	-	-	0.19
栃　木	-	0.22	-	-	-	-	-	-	-	-	-	-	-
群　馬	-	-	-	-	-	0.52	-	0.09	-	-	-	-	0.34
埼　玉	-	-	-	-	-	0.17	0.35	0.12	0.09	0.10	0.18	0.18	-
千　葉	-	-	-	-	-	-	0.18	0.23	-	0.22	0.40	0.15	0.18
東　京	-	0.14	-	-	-	0.23	0.15	-	-	0.28	-	0.14	0.62
神　奈　川	0.19	-	-	-	0.18	-	0.35	0.16	-	-	0.12	0.16	0.24
新　潟	-	-	-	-	0.42	-	-	0.19	-	-	0.35	-	-
富　山	-	-	-	-	-	-	0.42	-	-	-	-	0.58	0.30
石　川	-	-	-	-	-	0.20	-	0.11	0.14	-	0.16	0.44	-
福　井	-	-	-	-	-	-	-	-	-	0.13	-	-	-
山　梨	-	-	-	-	0.18	-	-	-	0.12	0.26	0.62	-	-
長　野	-	-	-	-	-	-	0.18	-	-	-	0.35	0.42	0.19
岐　阜	-	-	-	-	-	-	-	0.11	0.11	-	-	-	-
静　岡	-	-	-	-	-	-	-	-	-	-	0.16	0.28	-
愛　知	0.14	-	-	-	-	-	0.33	0.12	-	0.21	-	0.14	0.14
三　重	-	-	-	-	-	-	-	-	0.11	0.32	0.02	0.27	0.28
滋　賀	-	-	-	-	-	-	-	-	-	-	-	0.37	-
京　都	-	-	-	-	-	0.33	-	-	-	0.08	0.18	-	-
大　阪	-	-	-	-	-	-	-	0.11	-	0.29	-	0.35	-
兵　庫	0.05	-	-	-	-	0.20	-	0.22	-	0.27	0.46	0.17	0.14
奈　良	-	-	-	-	-	-	-	-	0.22	-	-	0.67	-
和　歌　山	-	-	-	0.18	0.25	0.14	-	-	-	0.12	0.20	1.34	0.21
鳥　取	-	-	-	-	-	0.23	-	-	-	-	-	-	-
島　根	0.10	-	-	-	-	0.30	-	-	-	0.13	-	-	0.27
岡　山	-	-	-	-	-	0.24	-	-	0.15	0.16	-	0.19	-
広　島	-	-	-	-	-	-	-	-	0.11	0.42	0.17	-	0.21
山　口	-	-	-	-	-	-	-	-	-	-	-	0.46	-
徳　島	-	-	-	-	-	-	-	-	-	0.11	-	-	-
香　川	-	-	-	-	-	-	0.17	0.25	0.11	-	-	-	0.39
愛　媛	-	-	-	-	-	-	-	0.31	-	0.08	0.17	-	-
高　知	-	-	0.19	-	-	-	-	-	-	-	0.40	-	-
福　岡	-	-	-	-	-	-	0.44	0.08	-	-	0.20	0.16	0.16
佐　賀	-	-	-	-	-	-	0.23	0.16	0.21	0.18	-	0.34	-
長　崎	-	0.20	-	-	-	0.17	-	-	-	-	-	0.60	-
熊　本	-	-	-	-	-	-	0.19	0.21	-	-	0.94	0.43	-
大　分	-	0.23	-	-	0.27	-	0.32	0.07	0.10	0.12	0.19	-	0.25
宮　崎	-	-	-	-	-	-	-	-	-	-	-	-	-
鹿　児　島	-	-	-	-	-	-	-	0.12	-	-	0.32	-	-
沖　縄	-	-	-	-	-	-	-	-	-	0.09	0.30	-	-

7 都道府県別　痩身傾向児の出現率（9-7）

3. 女　(1)痩身傾向児　　　　　　　　　　　　　　　　　　　　　　　　　　　　　　　単位（%）

区分	幼稚園	小 学 校						中 学 校			高 等 学 校		
	5歳	6歳	7歳	8歳	9歳	10歳	11歳	12歳	13歳	14歳	15歳	16歳	17歳
全　国	0.38	0.63	0.65	1.09	2.35	2.76	2.87	4.37	3.20	2.79	3.13	3.24	2.82
北　海　道	0.27	0.50	0.98	1.79	2.50	3.95	3.25	4.15	3.35	1.69	2.14	3.06	1.83
青　森	-	-	1.05	1.74	1.06	4.20	2.64	2.25	2.44	2.07	2.08	2.34	2.50
岩　手	0.36	0.20	0.84	0.86	0.99	1.41	1.09	2.32	2.52	2.08	1.57	3.07	2.51
宮　城	0.24	0.66	0.92	0.56	1.58	1.70	3.56	2.43	2.13	2.08	3.44	3.23	3.44
秋　田	0.67	0.52	0.74	1.69	1.61	1.46	2.76	3.41	1.62	2.22	1.07	0.96	0.15
山　形	0.11	0.81	-	1.12	2.98	3.51	2.88	5.63	2.42	1.82	0.80	2.25	2.14
福　島	-	0.35	0.17	0.39	1.06	2.77	1.14	2.71	2.33	2.45	0.72	1.84	1.50
茨　城	0.28	0.45	0.20	0.48	2.55	1.96	2.50	2.34	3.33	2.06	3.02	2.81	2.95
栃　木	0.13	0.69	0.86	0.59	2.15	1.78	3.23	3.24	1.93	2.61	2.82	2.40	1.21
群　馬	0.30	0.92	-	-	1.09	2.50	3.70	3.06	3.72	2.87	2.02	3.42	3.48
埼　玉	0.53	0.87	0.46	1.09	2.93	3.44	1.57	3.23	2.35	2.41	2.15	4.27	1.72
千　葉	0.26	-	1.27	1.63	3.03	1.61	3.03	4.53	2.84	2.86	3.91	2.78	2.02
東　京	0.64	0.76	1.13	1.45	2.87	2.21	3.42	5.44	4.34	2.55	5.05	6.14	4.72
神　奈　川	0.37	1.74	0.84	1.68	3.81	3.60	4.20	5.89	3.31	4.18	4.48	4.66	4.33
新　潟	0.14	0.45	1.24	0.90	1.61	3.32	4.04	4.79	2.77	2.93	2.18	1.70	2.10
富　山	0.14	0.64	0.97	0.48	3.14	3.35	4.86	3.34	4.61	2.61	2.19	2.32	1.96
石　川	1.73	0.60	0.57	0.99	2.17	3.17	3.02	3.73	3.34	1.84	1.62	3.24	5.06
福　井	0.71	0.82	0.41	0.68	1.19	1.75	2.88	3.37	3.53	3.75	2.59	2.62	1.95
山　梨	5.90	-	0.35	1.44	2.69	3.78	2.16	4.47	2.53	2.33	3.30	2.51	1.89
長　野	-	0.40	0.64	2.01	2.90	4.41	2.02	4.16	3.05	3.58	2.08	1.22	1.92
岐　阜	0.48	1.01	0.83	1.98	3.45	2.32	3.08	4.62	3.60	2.32	2.18	1.83	4.46
静　岡	0.30	-	0.36	1.29	2.59	2.36	2.89	5.20	4.04	2.75	3.44	2.46	4.10
愛　知	0.61	0.98	0.21	0.89	1.53	2.79	2.62	3.72	3.91	3.31	3.84	3.55	4.06
三　重	0.15	0.35	0.74	1.62	2.43	3.66	1.99	4.01	3.85	5.08	3.16	2.30	1.59
滋　賀	0.85	0.78	0.18	0.98	1.88	2.10	3.59	5.48	3.19	3.48	3.74	1.67	0.95
京　都	0.65	1.01	0.32	2.02	3.26	3.84	2.45	6.67	5.06	3.30	2.75	3.03	2.75
大　阪	0.38	0.32	0.18	0.69	2.24	3.94	3.14	6.63	3.79	3.03	3.59	4.11	2.84
兵　庫	0.16	0.40	0.64	0.88	1.21	2.77	4.34	4.78	3.64	2.87	3.56	2.51	1.87
奈　良	0.31	0.20	0.36	1.30	2.76	3.21	2.60	6.07	4.63	3.65	4.31	5.82	2.14
和　歌　山	-	0.68	1.25	2.08	2.74	2.02	1.15	1.76	3.37	2.56	4.02	1.60	2.16
鳥　取	0.32	0.43	0.67	0.80	1.75	0.93	1.38	3.80	2.65	2.55	3.12	2.52	1.01
島　根	0.23	0.27	0.92	-	2.23	1.58	0.89	2.72	2.62	2.14	2.58	2.33	1.79
岡　山	0.09	0.66	0.35	0.56	1.34	3.30	2.04	4.13	2.36	3.38	4.15	2.64	1.12
広　島	-	0.48	0.18	0.38	1.98	1.56	1.56	2.69	2.67	2.43	3.45	1.41	2.70
山　口	0.16	0.75	0.57	1.40	1.69	1.25	2.11	2.28	2.90	2.43	2.80	1.82	0.82
徳　島	0.36	0.83	0.19	1.20	0.47	2.45	2.60	3.59	1.43	0.74	3.17	3.43	1.60
香　川	-	1.41	0.46	1.23	1.39	1.98	1.60	4.85	3.29	2.96	1.78	2.64	3.33
愛　媛	-	-	0.48	0.36	1.87	1.92	4.01	2.75	1.66	2.37	2.59	1.79	2.77
高　知	0.19	0.68	0.69	0.72	1.16	1.66	1.48	2.70	2.07	3.94	2.53	2.22	0.96
福　岡	0.32	0.47	0.29	0.46	2.54	3.28	3.50	4.49	2.00	2.68	2.19	2.62	3.80
佐　賀	0.62	0.55	0.53	0.54	1.10	1.90	2.38	2.95	2.03	2.50	2.16	0.88	2.00
長　崎	0.26	1.17	1.58	0.57	2.74	1.52	3.05	3.87	1.43	1.66	0.87	3.06	0.61
熊　本	0.08	0.17	1.39	0.76	3.63	1.23	1.52	4.47	3.07	2.84	2.15	0.86	2.23
大　分	-	0.35	0.88	2.03	0.72	2.93	1.84	1.96	2.02	2.46	2.35	1.70	1.58
宮　崎	0.32	0.21	0.86	-	1.33	2.32	2.03	2.32	2.51	1.99	0.83	1.27	1.56
鹿　児　島	-	-	1.13	1.33	2.36	1.79	0.27	5.59	2.69	2.65	1.31	2.66	2.36
沖　縄	0.40	0.63	0.53	0.45	0.87	2.47	2.00	2.34	1.81	1.82	1.67	1.94	2.18

7 都道府県別 痩身傾向児の出現率 (9-8)

3. 女 (2)軽度痩身傾向児

単位 (%)

区分	幼稚園	小学校						中学校			高等学校		
	5歳	6歳	7歳	8歳	9歳	10歳	11歳	12歳	13歳	14歳	15歳	16歳	17歳
全 国	0.36	0.63	0.64	1.09	2.30	2.71	2.80	4.24	3.05	2.69	3.02	3.19	2.73
北 海 道	0.27	0.50	0.98	1.79	2.50	3.95	3.25	3.85	2.99	1.69	1.94	2.73	1.83
青 森	-	-	1.05	1.74	1.06	4.20	2.64	2.25	2.44	1.77	2.08	2.34	2.50
岩 手	0.36	0.20	0.84	0.86	0.99	1.41	1.09	2.32	2.52	1.97	1.57	3.07	1.58
宮 城	0.24	0.66	0.92	0.56	1.58	1.70	3.36	2.43	1.83	1.97	3.44	3.23	3.28
秋 田	0.67	0.52	0.74	1.69	1.61	1.46	2.76	3.24	1.46	2.12	1.07	0.96	0.15
山 形	0.11	0.81	-	1.12	2.98	3.51	2.88	5.39	2.42	1.82	0.80	2.25	1.75
福 島	-	0.35	0.17	0.39	1.06	2.77	0.99	2.63	2.19	2.34	0.72	1.84	1.50
茨 城	0.28	0.45	0.20	0.48	2.31	1.96	2.27	2.24	3.25	1.98	3.02	2.70	2.95
栃 木	0.13	0.69	0.86	0.59	2.15	1.78	3.23	3.24	1.93	2.53	2.82	2.40	1.21
群 馬	0.30	0.92	-	-	0.87	2.29	3.70	2.75	3.72	2.87	2.02	3.42	3.20
埼 玉	0.40	0.87	0.46	1.09	2.75	3.44	1.57	3.13	2.35	2.41	2.14	4.07	1.72
千 葉	0.26	-	1.09	1.63	2.87	1.46	2.83	4.53	2.74	2.76	3.24	2.78	1.41
東 京	0.56	0.76	1.13	1.45	2.87	2.21	3.42	5.28	3.87	2.55	4.70	6.04	4.72
神 奈 川	0.37	1.74	0.84	1.68	3.66	3.44	4.02	5.78	3.31	4.06	4.48	4.66	4.33
新 潟	0.14	0.45	1.24	0.90	1.61	3.32	4.04	4.69	2.77	2.93	2.18	1.70	1.89
富 山	0.14	0.64	0.97	0.48	3.14	3.35	4.71	3.08	4.46	2.40	2.14	2.26	1.66
石 川	1.73	0.60	0.57	0.99	2.17	3.17	3.02	3.73	3.21	1.84	1.62	3.24	5.06
福 井	0.71	0.82	0.41	0.68	1.19	1.75	2.64	3.37	3.24	3.56	2.59	2.62	1.95
山 梨	5.90	-	0.18	1.44	2.69	3.67	2.02	4.47	2.53	2.18	3.30	2.51	1.53
長 野	-	0.40	0.64	2.01	2.90	4.41	2.02	4.16	3.05	3.58	1.92	1.22	1.67
岐 阜	0.48	1.01	0.83	1.98	3.07	2.32	3.08	4.36	3.31	1.98	1.97	1.83	4.26
静 岡	0.30	-	0.36	1.29	2.59	2.36	2.89	5.07	3.91	2.75	3.00	2.46	3.87
愛 知	0.61	0.98	0.21	0.89	1.53	2.79	2.62	3.72	3.55	2.99	3.71	3.55	4.06
三 重	0.15	0.18	0.74	1.62	2.43	3.66	1.99	3.56	3.74	4.96	3.16	2.30	1.38
滋 賀	0.85	0.78	0.18	0.98	1.88	2.10	3.59	5.36	3.08	3.09	3.74	1.44	0.95
京 都	0.65	1.01	0.32	2.02	3.26	3.63	2.35	6.33	4.40	2.67	2.75	3.03	2.75
大 阪	0.38	0.32	0.18	0.69	2.24	3.94	2.94	6.28	3.69	3.03	3.59	4.11	2.72
兵 庫	0.16	0.40	0.64	0.88	1.21	2.61	4.21	4.63	3.64	2.64	3.56	2.40	1.87
奈 良	0.31	0.20	0.36	1.30	2.76	3.21	2.40	5.80	4.63	3.65	4.31	5.46	2.14
和 歌 山	-	0.47	1.25	1.86	2.57	1.83	1.15	1.76	3.37	2.45	4.02	1.60	1.70
鳥 取	0.32	0.22	0.67	0.80	1.75	0.93	1.38	3.43	2.65	2.55	3.12	2.52	1.01
島 根	0.23	0.27	0.92	-	2.23	1.58	0.89	2.63	2.62	2.14	2.58	2.33	1.61
岡 山	0.09	0.66	0.35	0.56	1.34	2.85	1.84	4.13	2.06	3.38	4.15	2.64	1.12
広 島	-	0.48	0.18	0.38	1.98	1.56	1.56	2.69	2.57	2.43	3.45	1.41	2.47
山 口	0.10	0.75	0.57	1.24	1.69	1.25	2.11	2.18	2.90	2.09	2.59	1.82	0.82
徳 島	0.24	0.83	0.19	1.20	0.47	2.45	2.60	3.59	1.43	0.74	3.17	3.43	1.60
香 川	-	1.41	0.46	1.23	1.39	1.64	1.60	4.73	3.06	2.83	1.78	2.64	3.33
愛 媛	-	-	0.48	0.36	1.87	1.92	4.01	2.75	1.57	2.17	2.59	1.79	2.77
高 知	0.19	0.68	0.69	0.72	1.16	1.66	1.48	2.62	2.07	3.89	2.26	2.22	0.96
福 岡	0.32	0.47	0.29	0.46	2.54	3.28	3.31	4.49	1.88	2.55	2.19	2.62	3.69
佐 賀	0.62	0.55	0.53	0.54	1.10	1.90	2.38	2.95	2.03	2.37	2.16	0.88	2.00
長 崎	0.26	1.17	1.58	0.57	2.74	1.52	3.05	3.72	1.43	1.66	0.87	3.06	0.61
熊 本	0.08	0.17	1.39	0.76	3.63	1.23	1.52	4.25	2.96	2.59	1.99	0.86	2.23
大 分	-	0.35	0.88	1.83	0.72	2.93	1.70	1.96	2.02	2.46	2.35	1.70	1.58
宮 崎	0.32	0.21	0.86	-	1.33	2.32	2.03	2.32	2.51	1.99	0.83	1.27	1.56
鹿 児 島	-	-	1.13	1.14	2.36	1.79	0.27	5.33	2.69	2.65	1.23	2.66	2.36
沖 縄	0.40	0.63	0.53	0.45	0.87	2.47	2.00	1.94	1.69	1.82	1.67	1.63	2.18

7 都道府県別 痩身傾向児の出現率 （9-9）

3. 女 （3）高度痩身傾向児　　　　　　　　　　　　　　　　　　　　　　　　　　　　　　単位（%）

区　分	幼稚園	小 学 校						中 学 校			高 等 学 校		
	5歳	6歳	7歳	8歳	9歳	10歳	11歳	12歳	13歳	14歳	15歳	16歳	17歳
全　　国	0.02	0.00	0.01	0.01	0.05	0.05	0.07	0.13	0.15	0.10	0.11	0.05	0.10
北 海 道	－	－	－	－	－	－	－	0.30	0.36	－	0.20	0.33	－
青　　森	－	－	－	－	－	－	－	－	－	0.30	－	－	－
岩　　手	－	－	－	－	－	－	－	－	－	0.11	－	－	0.93
宮　　城	－	－	－	－	－	－	0.21	－	0.30	0.11	－	－	0.16
秋　　田	－	－	－	－	－	－	－	0.17	0.16	0.11	－	－	－
山　　形	－	－	－	－	－	－	－	0.24	－	－	－	－	0.39
福　　島	－	－	－	－	－	－	0.15	0.09	0.13	0.11	－	－	－
茨　　城	－	－	－	－	0.24	－	0.24	0.10	0.08	0.08	－	0.11	－
栃　　木	－	－	－	－	－	－	－	－	－	0.08	－	－	－
群　　馬	－	－	－	－	0.22	0.20	－	0.31	－	－	－	－	0.27
埼　　玉	0.13	－	－	－	0.18	－	－	0.10	－	－	0.01	0.20	－
千　　葉	－	－	0.18	－	0.15	0.15	0.20	－	0.10	0.10	0.67	－	0.61
東　　京	0.08	－	－	－	－	－	－	0.16	0.47	－	0.35	0.10	－
神 奈 川	－	－	－	－	0.15	0.16	0.18	0.11	－	0.13	－	－	－
新　　潟	－	－	－	－	－	－	－	0.10	－	－	－	－	0.21
富　　山	－	－	－	－	－	－	0.14	0.27	0.15	0.21	0.06	0.06	0.30
石　　川	－	－	－	－	－	－	－	－	0.13	－	－	－	－
福　　井	－	－	－	－	－	－	0.23	－	0.29	0.18	－	－	－
山　　梨	－	－	0.18	－	－	0.11	0.14	－	－	0.16	－	－	0.36
長　　野	－	－	－	－	－	－	－	－	－	－	0.16	－	0.25
岐　　阜	－	－	－	－	0.38	－	－	0.26	0.29	0.34	0.21	－	0.20
静　　岡	－	－	－	－	－	－	－	0.12	0.12	－	0.44	－	0.23
愛　　知	－	－	－	－	－	－	－	－	0.35	0.32	0.13	－	－
三　　重	－	0.17	－	－	－	－	－	0.45	0.12	0.11	－	－	0.21
滋　　賀	－	－	－	－	－	－	－	0.12	0.11	0.39	－	0.23	－
京　　都	－	－	－	－	－	0.21	0.10	0.35	0.66	0.63	－	－	－
大　　阪	－	－	－	－	－	－	0.19	0.34	0.10	－	－	－	0.12
兵　　庫	－	－	－	－	－	0.16	0.13	0.15	－	0.22	－	0.11	－
奈　　良	－	－	－	－	－	－	0.20	0.27	－	－	－	0.35	－
和 歌 山	－	0.21	－	0.21	0.17	0.19	－	－	－	0.10	－	－	0.46
鳥　　取	－	0.21	－	－	－	－	－	0.37	－	－	－	－	－
島　　根	－	－	－	－	－	－	－	0.09	－	－	－	－	0.18
岡　　山	－	－	－	－	－	0.45	0.19	－	0.29	－	－	－	－
広　　島	－	－	－	－	－	－	－	－	0.10	－	－	－	0.23
山　　口	0.06	－	－	0.16	－	－	－	0.10	－	0.34	0.21	－	－
徳　　島	0.12	－	－	－	－	－	－	－	－	－	－	－	－
香　　川	－	－	－	－	－	0.34	－	0.12	0.23	0.13	－	－	－
愛　　媛	－	－	－	－	－	－	－	－	0.09	0.20	－	－	－
高　　知	－	－	－	－	－	－	－	0.08	－	0.05	0.27	－	－
福　　岡	－	－	－	－	－	－	0.18	－	0.12	0.13	－	－	0.11
佐　　賀	－	－	－	－	－	－	－	－	－	0.13	－	－	－
長　　崎	－	－	－	－	－	－	－	0.15	－	－	－	－	－
熊　　本	－	－	－	－	－	－	－	0.23	0.11	0.26	0.16	－	－
大　　分	－	－	－	0.20	－	－	0.14	－	－	－	－	－	－
宮　　崎	－	－	－	－	－	－	－	－	－	－	－	－	－
鹿 児 島	－	－	－	0.20	－	－	－	0.26	－	－	－	0.08	－
沖　　縄	－	－	－	－	－	－	－	0.41	0.12	－	－	0.31	－

都道府県表

1　5歳　(1)　計

区　分	計	裸眼視力 視力非矯正者の裸眼視力 1.0以上	1.0未満0.7以上	0.7未満0.3以上	0.3未満	視力矯正者の裸眼視力 1.0以上	1.0未満0.7以上	0.7未満0.3以上	0.3未満	裸眼視力 計	1.0未満0.7以上	0.7未満0.3以上	0.3未満	眼の疾病・異常	難聴	耳鼻咽頭 耳疾患	鼻疾・副鼻腔患	口腔咽喉頭疾患異常	歯・口腔 むし歯（う歯） 計	処置完了者	未処置のある歯者	歯列・咬合	顎関節	歯垢の状態	歯肉の状態	その他の疾病・異常
全　　国	100.00	71.53	20.67	5.44	0.48	0.57	0.45	0.66	0.20	27.90	21.12	6.10	0.68	1.36	…	1.97	2.38	1.04	30.34	12.69	17.66	4.22	0.10	1.11	0.32	1.99
北 海 道	100.0	X	X	X	X	X	X	X	X	X	X	X	X	0.5	…	0.2	1.2	-	39.9	17.2	22.7	4.9	0.3	0.8	0.0	1.0
青　　森	100.0	X	X	X	X	X	X	X	X	X	X	X	X	0.8	…	0.5	0.9	-	45.8	12.6	33.2	4.6	-	0.6	0.3	3.4
岩　　手	100.0	X	X	X	X	X	X	X	X	X	X	X	X	1.0	…	3.1	8.7	0.8	40.1	17.1	23.0	4.6	-	0.6	0.3	3.1
宮　　城	100.0	74.7	20.6	3.4	0.5	0.2	0.3	0.3	-	25.1	20.8	3.7	0.5	1.6	…	4.9	4.6	3.2	29.9	13.6	16.3	5.7	-	5.5	1.3	1.9
秋　　田	100.0	X	X	X	X	X	X	X	X	X	X	X	X	0.4	…	0.6	1.2	-	34.9	12.0	22.9	2.8	-	2.3	0.2	2.9
山　　形	100.0	75.4	18.5	3.7	1.2	0.5	0.3	0.3	-	24.0	18.8	4.1	1.2	1.0	…	1.8	5.3	0.2	28.7	11.4	17.3	3.5	-	0.2	0.1	2.7
福　　島	100.0	X	X	X	X	X	X	X	X	X	X	X	X	0.1	…	0.6	0.5	1.7	37.3	12.9	24.4	3.8	-	0.0	0.1	2.0
茨　　城	100.0	X	X	X	X	X	X	X	X	X	X	X	X	0.4	…	1.2	0.7	0.5	35.6	16.2	19.4	5.7	0.1	0.4	0.0	1.4
栃　　木	100.0	83.2	11.6	3.6	0.1	0.3	0.1	0.8	0.3	16.5	11.7	4.3	0.4	0.7	…	0.4	2.7	3.8	34.4	10.2	24.2	4.9	0.0	1.2	-	0.9
群　　馬	100.0	X	X	X	X	X	X	X	X	X	X	X	X	0.7	…	-	1.1	-	28.4	8.5	19.9	2.1	-	0.3	0.0	1.1
埼　　玉	100.0	75.9	18.5	4.3	0.1	0.2	0.4	0.4	0.2	23.9	18.9	4.7	0.3	0.4	…	0.1	0.9	0.8	26.4	12.1	14.3	2.3	-	0.3	0.0	1.1
千　　葉	100.0	X	X	X	X	X	X	X	X	X	X	X	X	1.3	…	2.4	0.5	-	28.3	13.2	15.1	3.8	0.0	1.3	0.3	2.3
東　　京	100.0	X	X	X	X	X	X	X	X	X	X	X	X	1.0	…	1.1	2.9	0.4	18.1	9.5	8.6	2.8	-	0.6	0.1	1.6
神 奈 川	100.0	X	X	X	X	X	X	X	X	X	X	X	X	1.1	…	0.6	2.1	3.5	26.6	13.4	13.2	6.6	-	2.3	1.6	2.5
新　　潟	100.0	X	X	X	X	X	X	X	X	X	X	X	X	2.4	…	3.0	4.7	-	29.5	14.0	15.5	3.0	-	0.7	1.1	1.7
富　　山	100.0	80.6	12.5	4.7	0.3	0.7	0.8	0.4	-	18.7	13.3	5.0	0.3	3.4	…	2.6	4.0	0.4	26.5	8.8	17.7	4.0	-	0.4	0.1	1.5
石　　川	100.0	72.3	22.2	3.6	0.5	0.3	0.7	0.5	-	27.5	22.8	4.1	0.5	0.3	…	0.8	0.6	-	X	X	X	1.9	-	0.6	-	1.5
福　　井	100.0	X	X	X	X	X	X	X	X	X	X	X	X	1.2	…	-	0.6	-	37.5	13.4	24.0	6.7	0.7	2.7	-	2.3
山　　梨	100.0	X	X	X	X	X	X	X	X	X	X	X	X	0.8	…	0.1	0.3	-	34.2	17.6	16.6	4.6	0.2	0.9	0.1	2.2
長　　野	100.0	74.4	15.2	7.7	0.6	0.9	0.4	0.9	-	24.7	15.5	8.6	0.6	1.0	…	0.5	0.4	0.6	27.2	13.5	13.7	4.7	-	1.2	0.0	1.5
岐　　阜	100.0	X	X	X	X	X	X	X	X	X	X	X	X	2.4	…	2.5	2.0	0.7	28.5	9.9	18.6	7.3	-	2.3	0.4	2.7
静　　岡	100.0	X	X	X	X	X	X	X	X	X	X	X	X	1.3	…	2.2	1.3	-	28.5	12.7	15.8	4.3	0.1	1.3	0.4	1.1
愛　　知	100.0	X	X	X	X	X	X	X	X	X	X	X	X	0.1	…	-	0.4	0.9	26.1	10.5	15.7	5.0	0.3	0.1	0.1	2.9
三　　重	100.0	X	X	X	X	X	X	X	X	X	X	X	X	0.6	…	1.5	2.6	0.5	31.6	10.4	21.2	3.2	-	1.1	0.2	2.3
滋　　賀	100.0	81.4	12.2	2.4	0.2	1.3	0.5	1.7	0.2	17.4	12.8	4.2	0.4	0.5	…	2.1	0.4	-	31.9	9.6	22.3	6.5	-	1.3	0.2	3.2
京　　都	100.0	81.9	12.1	3.4	0.6	0.4	0.1	1.5	0.1	17.8	12.2	4.9	0.7	2.3	…	1.2	1.3	0.3	33.3	13.6	19.7	2.6	-	1.8	-	2.7
大　　阪	100.0	79.0	12.8	4.8	0.7	0.6	0.6	1.0	0.2	20.2	13.4	5.8	0.9	2.4	…	4.6	4.1	0.4	32.4	12.8	19.7	4.9	0.3	1.4	0.2	2.2
兵　　庫	100.0	71.9	19.2	4.9	1.3	0.9	0.7	0.4	2.1	27.2	19.9	5.3	2.1	2.4	…	5.4	5.5	1.2	27.8	8.2	19.6	3.3	0.3	0.2	0.2	3.1
奈　　良	100.0	X	X	X	X	X	X	X	X	X	X	X	X	1.1	…	2.8	3.9	0.6	29.6	13.6	16.0	4.4	-	1.0	0.2	1.8
和 歌 山	100.0	X	X	X	X	X	X	X	X	X	X	X	X	4.5	…	0.4	2.6	4.0				2.5	-			1.4
鳥　　取	100.0	84.7	10.0	4.1	-	-	0.4	0.7	-	15.3	10.4	4.9	-	1.0	…	1.8	-	0.1	32.8	11.9	20.9	5.4	-	4.1	-	1.9
島　　根	100.0	78.2	11.5	5.9	0.8	0.5	0.9	2.2	-	21.3	12.4	8.1	0.8	1.5	…	8.1	8.5	1.9	30.4	15.6	14.8	2.0	-	0.3	0.2	2.1
岡　　山	100.0	73.8	17.3	5.1	0.3	2.6	0.3	0.3	0.2	23.6	17.6	5.4	0.5	2.4	…	3.6	6.4	0.6	26.1	10.1	16.1	3.4	0.7	2.5	0.7	2.4
広　　島	100.0	83.0	12.2	3.5	-	0.7	0.3	0.4	-	16.3	12.5	3.8	-	2.8	…	2.3	4.0	0.3	24.1	12.1	12.0		-	2.4	1.4	0.9
山　　口	100.0	X	X	X	X	X	X	X	X	X	X	X	X	1.1	…	6.2	0.2	-	29.7	12.8	16.9	3.7	-	0.4	0.0	1.9
徳　　島	100.0	74.8	17.3	5.0	0.2	0.6	0.8	0.8	0.3	24.3	18.0	5.8	0.5	2.1	…	6.0	6.5	3.2	33.4	11.3	22.1	6.9	0.1	0.9	0.3	2.5
香　　川	100.0	74.6	18.2	3.7	0.6	0.2	0.9	0.7	0.8	24.5	19.1	4.4	1.0	2.2	…	6.3	3.3	0.1	36.3	15.0	21.3	5.4	-	1.0	0.1	5.2
愛　　媛	100.0	76.0	14.1	5.6	0.5	0.6	1.2	1.3	0.7	23.3	15.3	6.9	1.1	6.9	…	0.4	0.4	-	X	X	X	4.2	0.0	1.5	-	0.9
高　　知	100.0	87.3	3.6	2.2	-	4.5	-	2.3	-	8.1	3.6	4.5	-	1.4	…	1.2	3.3	0.4	34.9	14.0	20.9	8.2	-	1.5	-	1.8
福　　岡	100.0	X	X	X	X	X	X	X	X	X	X	X	X	0.6	…	3.1	3.6	0.6	35.1	18.1	17.0	3.4	-	0.2	0.3	1.7
佐　　賀	100.0	X	X	X	X	X	X	X	X	X	X	X	X		…	2.0	4.8	0.3	38.9	16.5	22.4	3.8	0.2	0.2	-	4.3
長　　崎	100.0	X	X	X	X	X	X	X	X	X	X	X	X		…	-		2.2	37.8	16.8	20.9	4.9	0.1	2.8	0.7	1.3
熊　　本	100.0	64.1	X	X	3.3	0.6	X	X	2.2	0.0	35.3	29.0	5.4	0.0	…	-	0.4	1.5	36.2	13.9	22.4	5.3	-	1.4	0.2	3.3
大　　分	100.0	X	X	X	X	X	X	X	X	X	X	X	X	1.7	…	0.9	2.5	-				4.0	0.0	0.8	0.1	1.0
宮　　崎	100.0	X	X	X	X	X	X	X	X	X	X	X	X	1.0	…	1.5	1.4	0.5	38.0	11.4	26.6	4.1	-	2.5	0.3	0.7
鹿 児 島	100.0	X	X	X	X	X	X	X	X	X	X	X	X	0.5	…	3.0	1.2	-	33.4	12.5	20.9	3.3	-	0.1	-	1.2
沖　　縄	100.0	72.3	20.0	5.4	1.0	0.1	0.1	1.0	0.1	27.6	20.1	6.4	1.1	0.7	…	2.2	2.5	2.8	48.5	16.0	32.5	2.0	-	1.1	0.4	0.7

(注)　1．この表は，疾病・異常該当者（疾病・異常に該当する旨健康診断票に記載のあった者）の割合の推定値を示したものである。以下の各表において同じ。
　　　2．「X」は疾病・異常被患率等の標準誤差が5以上，受検者数が100人（5歳は50人）未満，回答校が1校以下又は疾病・異常被患率が100.0%のため統計数値を公表しない。以下の各表において同じ。

異常被患率等（各年齢ごと）（39-1）

単位（%）

永久歯の1人当り平均むし歯（う歯）等数					栄養状態	せき柱・四肢の状態・胸郭	皮膚疾患		結核の精密検査の対象者	結核	心疾病臓・異常	心電図異常	蛋白検出の者	尿糖検出の者	その他の疾病・異常				区分
		むし歯（う歯）					アトピー性皮膚炎	その他の皮膚疾患							ぜん息	腎臓疾患	言語障害	その他の疾病・異常	
計（本）	喪失歯数（本）	計（本）	処置歯数（本）	未処置歯数（本）															
…	…	…	…	…	0.30	0.35	1,90	1.11	…	…	0.37	…	1.00	…	1.64	0.07	0.32	1.77	全 国
…	…	…	…	…	0.3	0.5	2.8	0.7	…	…	0.6	…	5.3	…	1.7	0.2	0.2	2.9	北 海 道
…	…	…	…	…	0.4	0.1	6.9	1.4	…	…	0.7	…	−	…	1.7	−	0.1	1.5	青 森
…	…	…	…	…	1.0	0.1	1.6	1.1	…	…	0.4	…	0.2	…	0.4	−	2.1	1.1	岩 手
…	…	…	…	…	0.6	0.5	2.0	1.1	…	…	0.3	…	0.9	…	1.1	0.2	−	0.5	宮 城
…	…	…	…	…	0.1	0.8	2.5	0.4	…	…	0.5	…		…	0.8	0.2	0.9	1.7	秋 田
…	…	…	…	…	0.5	0.1	2.4	1.8	…	…	0.4	…	0.4	…	1.6		1.1	1.1	山 形
…	…	…	…	…	0.1	−	2.0	0.4	…	…	0.1	…	0.3	…	1.0		0.9	2.2	福 島
…	…	…	…	…	0.1	−	1.9	0.7	…	…	0.5	…	*0.0	…	1.4		0.2	1.6	茨 城
…	…	…	…	…	0.3	0.2	2.6	1.9	…	…	0.3	…	0.5	…	2.1		1.2	2.7	栃 木
…	…	…	…	…	0.8		1.5	0.4	…	…	0.2	…	0.2	…	2.2		−	2.8	群 馬
…	…	…	…	…	0.1	0.3	1.2	1.9	…	…	0.3	…	1.2	…	1.2	0.2	0.4	0.6	埼 玉
…	…	…	…	…	0.4	0.1	0.9	1.1	…	…	0.2	…	0.7	…	1.8	0.0	0.1	0.5	千 葉
…	…	…	…	…	0.3	0.4	1.4	0.7	…	…	0.4	…	0.8	…	1.8	−	0.2	1.3	東 京
…	…	…	…	…	0.1	0.1	2.2	1.3	…	…	0.5	…	1.6	…	2.6	0.1	0.2	2.8	神 奈 川
…	…	…	…	…	0.4	0.2	2.8	1.5	…	…	0.5	…	0.5	…	5.0	0.3	0.2	1.6	新 潟
…	…	…	…	…	0.6	0.3	0.9	0.2	…	…	0.3	…	1.6	…	1.1	0.4	0.2	1.3	富 山
…	…	…	…	…	0.1	0.1	1.0	0.3	…	…	0.2	…	0.9	…	1.4	0.4	1.0	3.9	石 川
…	…	…	…	…	0.1	0.1	1.6	0.5	…	…	0.3	…	0.1	…	1.5	0.1	−	0.7	福 井
…	…	…	…	…	0.4	0.1	2.9	1.6	…	…	0.4	…	0.7	…	1.3	−	0.8	1.7	山 梨
…	…	…	…	…			1.7	0.6	…	…	1.1	…	0.7	…	3.0	−		1.4	長 野
…	…	…	…	…	−	2.0	1.9	0.7	…	…	0.5	…	0.2	…	1.1	0.1	0.7	1.4	岐 阜
…	…	…	…	…	0.8	0.1	3.1	1.1	…	…	0.6	…	0.1	…	3.9	−	0.7	3.1	静 岡
…	…	…	…	…	0.2	0.1	2.3	1.0	…	…	0.4	…	2.1	…	0.9	0.1	0.3	0.9	愛 知
…	…	…	…	…	0.1	0.0	1.7	2.1	…	…	0.2	…	0.4	…	0.9	−	1.6	1.6	三 重
…	…	…	…	…	0.1	0.2	0.8	0.7	…	…	0.4	…	0.3	…	0.6	0.1	0.1	0.6	滋 賀
…	…	…	…	…	0.4	2.8	0.5	1.1	…	…	0.3	…	0.6	…	0.1	−	0.5	2.0	京 都
…	…	…	…	…	0.5	0.4	1.8	1.5	…	…	0.2	…	0.9	…	0.7	−	0.1	2.1	大 阪
…	…	…	…	…	0.2	0.1	2.3	0.8	…	…	0.4	…	0.4	…	1.4	−	0.1	2.1	兵 庫
…	…	…	…	…	0.2				…	…	0.1	…	0.5	…	0.9	−		5.3	奈 良
…	…	…	…	…	0.6	−	1.9	0.8	…	…	0.2	…	1.4	…	0.8	−	0.3	2.4	和 歌 山
…	…	…	…	…	0.7	2.0	2.3	4.3	…	…	0.5	…	0.4	…	1.4	0.2	0.1	1.8	鳥 取
…	…	…	…	…	0.5	0.1	2.3	1.6	…	…	0.4	…	0.6	…	2.5	−	0.1	2.1	島 根
…	…	…	…	…	0.3	1.2	1.4	1.3	…	…	0.5	…	0.5	…	1.1	−	0.4	5.3	岡 山
…	…	…	…	…	0.0	0.1	1.7	0.6	…	…	0.3	…	0.4	…	0.5	−	0.1	0.7	広 島
…	…	…	…	…	−	0.2	4.9	2.3	…	…	1.0	…	0.5	…	1.4	−	0.6	0.3	山 口
…	…	…	…	…	0.1	0.1	0.8	0.1	…	…	0.5	…	1.0	…	0.2	−	1.6	0.1	徳 島
…	…	…	…	…	0.2	−	1.2	0.9	…	…	0.3	…	1.1	…	0.9	−	−	0.8	香 川
…	…	…	…	…		3.0	1.5	0.7	…	…	0.0	…	1.3	…	1.5	−	0.2	1.0	愛 媛
…	…	…	…	…	0.3	0.4	1.6	0.7	…	…	0.4	…	0.2	…	1.4	−	0.1	0.9	高 知
…	…	…	…	…	0.2	0.1	2.6	1.0	…	…	0.4	…	0.7	…	4.1	−	0.5	3.1	福 岡
…	…	…	…	…	0.6	0.3	2.2	1.2	…	…	1.2	…	0.5	…	2.4	0.2	0.2	2.6	佐 賀
…	…	…	…	…	0.5	0.0	2.1	1.2	…	…	0.1	…	1.4	…	1.4	0.1	0.9	1.3	長 崎
…	…	…	…	…	0.4	0.3	1.0	1.3	…	…	1.6	…	0.6	…	0.6	−	−	0.5	熊 本
…	…	…	…	…	1.7	1.8	3.5	0.1	…	…	0.0	…	0.3	…	1.2	0.4	0.2	0.7	大 分
…	…	…	…	…	0.1	0.2	1.5	1.1	…	…	0.5	…	0.9	…	3.4	0.2	0.7	1.5	宮 崎
…	…	…	…	…	−	0.1	0.8	2.7	…	…	0.2	…	0.1	…	1.0	−	0.3	0.9	鹿 児 島
…	…	…	…	…	0.9	0.2	0.8	0.8	…	…	0.1	…	0.2	…	1.8		0.3	1.5	沖 縄

3. 結核に関する検診の取扱いについては，「学校保健安全法施行規則」の一部改正に伴い，平成24年4月から教育委員会に設置された結核対策委員会からの意見を聞かずに精密検査を行うことができるようになったため，「結核の精密検査の対象者」には，学校医の診察の結果，精密検査が必要と認められたものも含まれる。以下の各表において同じ。

1　6歳 (1)　計

区分	計	非矯正 1.0以上	非矯正 1.0未満0.7以上	非矯正 0.7未満0.3以上	非矯正 0.3未満	矯正 1.0以上	矯正 1.0未満0.7以上	矯正 0.7未満0.3以上	矯正 0.3未満	裸眼 計	裸眼 1.0未満0.7以上	裸眼 0.7未満0.3以上	裸眼 0.3未満	眼の疾病・異常	難聴	耳疾患	鼻疾・副鼻腔患	口腔咽喉頭疾患異常	むし歯 計	処置完了者	未処置歯のある者	歯列・咬合	顎関節	歯垢の状態	歯肉の状態	その他の疾病・異常
全　国	100.00	75.28	14.52	6.80	1.20	0.49	0.58	0.72	0.40	24.22	15.10	7.52	1.60	4.65	0.78	9.49	11.44	1.50	36.46	15.36	21.10	3.61	0.05	1.82	1.04	5.74
北 海 道	100.0	73.7	15.0	9.0	1.4	0.2	0.1	0.1	0.5	26.1	15.1	9.1	1.9	4.3	0.4	9.1	12.7	3.8	46.3	19.3	27.1	5.9	0.1	2.3	2.0	4.0
青　森	100.0	67.6	20.4	7.7	1.1	0.5	1.1	1.0	0.6	31.8	21.5	8.7	1.7	2.9	0.4	6.4	19.0	1.3	49.6	17.8	31.8	2.0	0.4	1.2	1.0	11.5
岩　手	100.0	69.1	19.5	7.6	1.1	0.7	0.8	1.0	0.1	30.2	20.4	8.7	1.1	8.9	0.7	6.7	17.6	2.4	43.0	18.0	25.0	3.8	0.3	1.0	0.4	5.4
宮　城	100.0	75.4	15.0	6.0	1.0	0.6	0.8	0.6	0.5	24.0	15.8	6.6	1.6	6.0	0.3	9.2	10.2	1.0	41.7	16.4	25.4	4.8	0.1	2.8	3.6	6.2
秋　田	100.0	69.3	19.7	9.0	0.5	0.2	0.6	0.5	0.3	30.5	20.2	9.4	0.8	11.2	0.8	10.5	18.7	3.0	45.7	20.3	25.5	3.0	0.1	0.0	0.1	8.4
山　形	100.0	81.1	9.0	4.7	0.8	1.4	1.2	1.2	0.7	17.5	10.2	5.8	1.5	4.6	0.6	10.4	13.6	3.1	41.0	14.4	26.6	3.6	-	2.2	1.9	9.8
福　島	100.0	69.1	19.1	8.6	1.0	0.1	0.6	0.9	0.6	30.8	19.7	9.5	1.6	3.0	0.7	12.9	11.7	3.0	46.7	20.0	26.7	1.6	-	1.2	0.5	8.4
茨　城	100.0	73.9	14.4	6.8	1.2	0.8	0.9	1.4	0.5	25.2	15.3	8.2	1.8	9.3	0.9	3.1	13.6	0.2	43.1	15.3	27.8	2.5	0.0	1.4	0.4	8.0
栃　木	100.0	78.7	12.2	5.3	1.0	0.9	0.7	0.7	0.5	20.4	12.9	6.0	1.6	4.1	0.5	9.4	11.0	1.0	39.3	14.1	25.2	3.1	0.0	1.4	0.4	7.3
群　馬	100.0	74.6	12.5	8.4	1.0	0.7	0.7	1.3	0.7	24.7	13.2	9.7	1.7	1.6	0.6	7.3	6.9	0.7	40.5	16.7	23.8	6.1	0.3	1.5	1.1	5.9
埼　玉	100.0	74.5	15.8	6.7	1.5	0.4	0.6	0.3	0.2	25.2	16.4	7.1	1.7	3.3	0.7	8.7	8.9	0.6	32.4	14.6	17.8	2.8	-	0.6	0.3	5.8
千　葉	100.0	76.5	13.9	6.6	0.7	0.4	0.9	0.6	0.3	23.1	14.9	7.2	1.0	5.6	0.8	11.8	14.6	0.8	32.4	9.8	22.6	6.9	-	4.6	2.8	7.0
東　京	100.0	71.5	16.9	7.7	1.6	0.6	0.5	0.8	0.5	28.0	17.3	8.5	2.1	5.0	0.9	10.2	10.5	1.6	27.9	13.8	14.1	2.0	0.1	0.3	0.3	4.3
神 奈 川	100.0	77.8	13.7	6.7	1.5	-	0.1	0.1	-	22.2	13.8	6.9	1.5	4.8	0.9	13.1	14.1	1.1	28.4	13.9	14.5	2.5	-	0.6	0.3	3.3
新　潟	100.0	80.6	12.0	5.2	0.5	0.3	0.4	0.6	0.2	19.0	12.4	5.8	0.8	0.8	0.5	7.7	14.9	0.8	31.0	14.3	16.8	2.3	-	1.4	2.0	5.4
富　山	100.0	81.3	9.1	4.8	0.6	1.3	0.7	1.1	1.1	17.4	9.9	5.9	1.7	9.5	0.4	6.2	10.5	0.3	33.3	16.5	16.8	3.4	0.1	2.4	0.9	2.7
石　川	100.0	79.7	11.0	5.2	1.0	0.7	0.7	1.2	0.4	19.6	11.7	6.5	1.4	3.3	0.7	11.5	15.1	1.9	31.1	9.4	21.6	2.9	-	2.2	0.1	5.5
福　井	100.0	77.0	11.2	6.6	1.1	0.9	1.0	1.2	0.8	22.0	12.2	7.8	2.0	0.7	0.0	3.1	4.8	0.3	47.2	17.1	30.2	2.3	-	1.5	0.9	6.0
山　梨	100.0	74.0	12.3	7.4	1.6	1.3	0.6	2.1	0.6	24.7	12.9	9.5	2.2	5.0	1.4	7.8	9.6	1.2	42.3	17.5	24.8	3.5	0.1	1.3	0.6	7.6
長　野	100.0	78.7	12.4	6.3	0.7	0.5	0.9	0.6	0.3	20.9	13.0	6.9	1.0	2.2	0.2	8.8	6.1	0.1	38.5	16.8	21.7	3.6	0.0	1.7	0.9	5.1
岐　阜	100.0	76.1	13.5	6.1	1.2	0.9	0.7	1.0	0.5	23.0	14.2	7.1	1.7	3.6	0.4	5.2	9.6	2.4	38.6	17.3	21.3	2.8	0.0	1.2	0.4	4.3
静　岡	100.0	82.5	9.3	4.4	0.7	0.8	0.6	0.9	0.7	16.8	9.9	5.5	1.4	2.7	0.8	9.6	5.6	1.0	31.6	13.4	18.2	3.8	0.1	2.3	1.3	6.8
愛　知	100.0	72.3	16.2	6.7	1.8	0.6	0.8	0.8	0.6	27.1	17.1	7.6	2.4	5.3	1.5	7.4	9.3	2.2	30.4	14.3	16.1	3.1	0.0	2.1	1.2	7.4
三　重	100.0	76.6	15.4	7.0	0.7	-	0.2	0.1	0.0	23.4	15.6	7.1	0.7	5.4	1.1	9.0	11.3	3.2	40.2	14.4	25.8	4.6	-	2.2	1.2	5.7
滋　賀	100.0	79.4	13.7	5.4	1.0	0.2	0.2	0.2	-	20.4	13.9	5.6	1.0	2.0	0.5	5.2	2.9	0.7	35.3	13.8	21.5	4.7	-	0.9	0.8	7.9
京　都	100.0	79.8	11.6	5.8	1.0	0.5	0.4	0.7	0.2	19.7	12.0	6.4	1.3	4.0	0.2	9.3	9.7	0.9	36.2	12.4	23.7	1.6	0.0	1.6	0.6	4.3
大　阪	100.0	78.3	11.3	7.1	0.9	0.4	0.6	0.7	0.6	21.2	11.9	7.9	1.5	6.3	0.6	13.2	11.0	1.1	35.1	15.0	20.1	5.2	0.1	2.8	1.0	5.8
兵　庫	100.0	77.4	14.7	6.3	1.0	0.4	0.6	0.7	0.9	22.4	14.9	6.6	0.9	6.2	1.2	11.1	13.8	2.9	35.3	16.3	19.0	3.2	0.0	1.6	0.6	5.9
奈　良	100.0	82.5	9.6	3.0	0.6	0.8	1.6	1.2	0.8	16.7	11.1	4.2	1.4	5.3	1.0	8.1	7.9	1.3	37.8	14.0	23.8	5.9	0.0	3.2	1.4	5.2
和 歌 山	100.0	76.9	11.2	6.0	1.1	1.0	1.6	1.4	0.8	22.1	12.9	7.4	1.8	6.1	1.1	8.2	10.7	3.2	40.1	16.0	24.1	4.4	-	1.4	0.8	5.4
鳥　取	100.0	79.2	11.0	5.2	0.7	0.9	1.2	1.4	0.5	20.1	11.8	6.9	1.4	7.6	0.4	6.3	13.8	4.4	41.9	17.9	24.0	4.2	-	1.5	0.5	6.5
島　根	100.0	75.8	12.0	6.2	1.0	0.9	1.6	1.6	0.9	23.3	13.6	8.2	4.0	7.6	0.6	10.8	15.3	0.6	45.1	18.3	26.9	3.3	-	1.9	1.4	4.7
岡　山	100.0	72.6	16.9	6.7	1.0	0.5	0.8	1.1	0.4	26.7	17.7	7.7	1.3	4.4	0.4	9.7	15.3	2.7	39.0	15.3	23.8	6.3	0.0	1.3	0.6	6.7
広　島	100.0	75.2	13.7	7.6	1.5	0.3	0.6	0.6	0.3	24.5	14.5	8.2	1.8	4.0	0.9	5.8	8.4	0.8	34.4	15.7	18.7	2.7	0.0	1.6	0.6	4.1
山　口	100.0	80.9	8.3	7.1	0.9	0.5	0.7	1.3	0.4	18.6	9.0	8.4	1.2	4.9	1.3	6.1	12.0	1.4	40.1	15.7	24.4	3.0	0.0	1.7	1.5	7.9
徳　島	100.0	77.8	11.1	6.5	1.2	0.9	1.2	0.7	0.5	21.4	12.2	7.4	1.7	8.1	0.4	10.8	15.5	5.8	39.2	15.5	23.7	3.6	-	2.8	1.5	7.5
香　川	100.0	76.9	13.9	5.4	1.2	0.9	0.8	0.9	0.9	22.4	14.7	6.3	1.4	4.0	1.1	9.8	18.2	5.4	40.2	18.2	22.0	3.8	-	2.4	2.6	9.0
愛　媛	100.0	75.6	14.2	6.1	1.0	0.5	0.9	1.0	0.6	23.8	15.1	7.1	1.6	6.5	0.6	6.9	18.5	3.1	44.3	15.3	29.0	3.1	-	1.6	0.6	6.8
高　知	100.0	77.2	13.0	5.8	1.9	0.7	0.6	0.4	0.5	22.1	13.4	6.4	2.3	5.8	0.6	11.8	9.0	2.8	36.4	12.7	23.7	3.6	0.2	4.2	1.8	5.8
福　岡	100.0	65.2	21.5	9.2	1.7	0.6	0.4	1.0	0.5	34.2	21.9	10.2	2.2	3.3	0.7	10.2	13.0	1.3	42.5	19.6	22.9	4.2	0.1	1.9	1.2	4.9
佐　賀	100.0	74.3	17.9	5.3	1.0	0.4	0.6	0.4	0.2	25.3	18.5	5.8	1.1	2.8	0.6	10.2	11.0	0.9	45.3	17.6	27.7	2.0	0.0	1.8	0.9	7.3
長　崎	100.0	76.8	14.6	6.9	1.2	0.1	0.3	0.3	0.1	23.2	14.7	7.2	1.3	2.8	0.6	9.2	12.8	1.0	45.2	19.4	25.9	2.5	-	1.1	0.2	7.0
熊　本	100.0	74.1	15.3	6.1	1.2	1.0	0.6	1.2	0.5	24.9	15.8	7.4	1.7	5.4	1.3	8.2	17.1	2.2	46.5	19.1	27.4	2.7	0.0	2.1	1.6	7.7
大　分	100.0	73.9	15.3	6.9	1.1	0.6	1.0	0.9	0.2	25.5	16.3	7.9	1.3	6.0	0.7	8.4	16.2	1.0	47.2	17.6	29.6	4.9	0.1	1.5	1.4	3.4
宮　崎	100.0	76.8	14.2	4.7	0.9	0.8	1.2	0.9	0.5	22.4	15.4	5.6	1.4	4.2	0.6	11.4	11.8	1.6	43.6	15.8	27.8	2.5	0.1	1.7	0.7	5.7
鹿 児 島	100.0	78.6	13.0	5.0	0.8	0.7	0.5	1.4	0.1	20.6	13.3	6.4	1.0	4.2	0.6	12.3	18.3	2.8	47.0	18.3	28.7	2.6	-	1.5	0.2	5.4
沖　縄	100.0	73.5	16.2	8.2	1.2	0.2	0.2	0.2	0.3	26.3	16.4	8.5	1.5	1.7	0.4	5.2	10.2	2.5	50.4	18.4	32.0	1.0	0.0	1.8	0.9	4.5

異常被患率等（各年齢ごと）（39-2）

単位　（%）

永久歯の1人当り平均むし歯（う歯）等数					栄養状態	せき柱・胸郭四肢の状態	皮膚疾患		結核検査の対象の精密者	結核	心疾病臓・異常の常	心電図異常	蛋白検出の者	尿糖検出の者	その他の疾病・異常				区分
計（本）	喪失歯数（本）	むし歯（う歯）計（本）	処置歯数（本）	未処置歯数（本）			アトピー性皮膚炎	その他の皮膚疾患							ぜん息	腎臓疾患	言語障害	その他の疾病・異常	
...	...	...	...	...	0.94	0.63	3.16	0.51	0.36	0.00	0.98	2.52	0.49	0.07	3.71	0.15	0.68	4.16	全　国
...	...	...	...	...	0.9	0.8	5.2	0.5	0.0	-	0.2	1.2	0.8	-	4.8	0.0	1.2	5.1	北 海 道
...	...	...	...	...	2.2	1.0	1.4	0.6	-	-	0.3	1.3	0.3	0.0	1.2	0.0	0.3	4.0	青　森
...	...	...	...	...	1.7	0.5	2.5	0.4	-	-	0.9	2.5	0.5	0.0	3.0	0.2	2.5	3.6	岩　手
...	...	...	...	...	0.6	1.4	3.8	1.3	0.1	-	0.5	0.5	0.2	0.0	5.9	0.0	2.0	5.1	宮　城
...	...	...	...	...	2.5	2.2	4.0	0.6	0.1	-	1.3	4.1	0.1	-	4.3	0.0	0.3	7.1	秋　田
...	...	...	...	...	1.8	0.5	3.3	1.1	0.1	-	0.8	3.9	0.1	-	4.9	0.2	4.1	9.1	山　形
...	...	...	...	...	1.5	0.3	2.3	0.7	-	-	0.3	4.2	0.2	0.1	3.7	0.1	0.6	6.4	福　島
...	...	...	...	...	2.3	1.1	6.1	1.0	0.6	-	1.4	3.2	0.2	0.0	6.5	0.2	0.9	3.6	茨　城
...	...	...	...	...	2.0	0.5	4.0	0.8	0.2	-	2.1	2.7	0.8	0.1	5.1	0.1	1.7	5.2	栃　木
...	...	...	...	...	0.5	0.7	3.5	0.9	0.4	0.0	2.2	4.1	0.1	0.1	3.5	0.1	0.9	5.8	群　馬
...	...	...	...	...	0.4	0.4	3.3	0.4	0.9	0.0	0.8	1.5	1.0	0.0	3.9	0.1	0.7	3.1	埼　玉
...	...	...	...	...	0.6	0.5	3.5	0.8	0.5	-	1.0	1.1	0.3	0.0	6.1	0.2	2.3	4.0	千　葉
...	...	...	...	...	0.6	0.2	3.6	0.5	0.7	-	0.9	1.7	0.5	0.0	3.7	0.2	0.4	2.0	東　京
...	...	...	...	...	0.6	0.9	2.3	0.8	0.4	-	0.6	1.7	0.4	0.1	3.9	0.1	0.4	2.8	神 奈 川
...	...	...	...	...	0.9	0.5	4.4	0.1	0.1	0.0	1.9	4.0	0.2	0.0	7.3	0.1	1.3	6.7	新　潟
...	...	...	...	...	1.4	2.0	2.3	0.2	0.4	-	1.2	2.8	0.5	0.0	3.2	0.1	0.3	6.3	富　山
...	...	...	...	...	0.2	0.1	1.7	0.4	0.4	-	1.2	3.1	0.3	0.1	2.1	0.2	0.3	2.6	石　川
...	...	...	...	...	0.7	0.2	5.0	0.2	0.2	-	1.3	2.7	1.1	-	2.1	0.1	0.3	4.9	福　井
...	...	...	...	...	0.7	0.6	1.9	1.0	0.0	-	0.4	4.5	1.0	0.0	3.2	0.1	0.9	6.1	山　梨
...	...	...	...	...	0.7	0.3	4.3	0.4	0.3	-	1.7	3.4	0.6	0.0	6.0	0.1	0.6	6.2	長　野
...	...	...	...	...	0.7	0.4	3.2	0.8	0.3	-	1.1	3.1	0.2	0.2	2.0	0.2	1.6	7.7	岐　阜
...	...	...	...	...	0.8	0.9	1.5	0.3	0.4	-	1.0	2.2	0.4	0.2	2.2	0.1	0.8	4.1	静　岡
...	...	...	...	...	0.8	0.6	5.3	0.5	0.6	-	1.1	2.4	0.4	0.2	4.2	0.1	0.2	5.3	愛　知
...	...	...	...	...	1.8	0.2	3.6	0.1	0.2	0.0	0.6	1.7	0.2	0.0	4.1	0.1	0.4	3.9	三　重
...	...	...	...	...	0.2	0.3	1.9	0.3	0.6	-	1.4	4.1	0.3	0.0	1.8	0.2	0.3	4.3	滋　賀
...	...	...	...	...	2.6	1.5	3.5	0.9	0.3	-	3.0	5.8	0.8	0.0	3.4	0.2	0.8	4.9	京　都
...	...	...	...	...	0.7	0.6	3.1	0.5	0.2	-	0.7	3.8	0.4	0.1	3.1	0.0	0.2	4.4	大　阪
...	...	...	...	...	1.5	0.6	1.9	0.5	0.4	-	1.4	3.8	0.6	0.0	2.7	0.1	0.2	5.4	兵　庫
...	...	...	...	...	1.1	1.1	2.3	0.5	0.3	0.0	0.8	2.1	1.3	0.0	1.7	0.1	0.3	4.1	奈　良
...	...	...	...	...	0.4	1.3	1.3	0.2	0.0	-	1.1	1.3	2.2	0.1	1.5	0.1	0.2	4.2	和 歌 山
...	...	...	...	...	0.6	0.4	6.3	0.2	0.2	-	1.2	2.1	0.3	-	5.3	0.4	0.2	8.1	鳥　取
...	...	...	...	...	0.7	0.2	3.9	0.2	0.0	-	0.4	2.9	0.5	0.0	4.7	0.1	1.2	5.0	島　根
...	...	...	...	...	1.7	0.7	3.4	0.3	0.2	-	1.1	2.6	0.8	0.0	4.8	0.1	1.5	7.6	岡　山
...	...	...	...	...	0.7	0.7	1.8	0.5	0.3	-	0.8	3.2	0.3	0.0	2.3	0.0	0.3	3.3	広　島
...	...	...	...	...	1.5	0.7	2.1	0.8	0.1	-	1.6	2.4	0.7	-	3.2	0.1	0.7	5.6	山　口
...	...	...	...	...	0.8	0.4	2.5	0.0	0.1	-	0.6	1.5	0.5	0.0	3.1	0.2	0.8	4.8	徳　島
...	...	...	...	...	2.1	0.4	3.4	0.7	0.0	-	0.9	4.6	2.1	0.0	3.6	0.1	0.3	7.0	香　川
...	...	...	...	...	0.6	0.3	1.6	0.1	0.1	-	1.3	2.5	0.6	0.2	2.3	0.1	0.5	2.2	愛　媛
...	...	...	...	...	0.5	0.1	2.8	0.2	0.1	-	0.4	2.3	0.6	0.0	1.6	0.1	0.1	3.6	高　知
...	...	...	...	...	0.9	1.3	2.0	0.1	0.3	-	0.6	2.9	0.1	0.1	2.6	0.3	0.2	2.8	福　岡
...	...	...	...	...	0.6	0.7	2.5	0.2	0.1	-	0.8	2.5	0.1	0.0	2.7	0.1	0.7	7.1	佐　賀
...	...	...	...	...	1.0	-	3.5	0.3	0.0	-	1.0	3.0	0.4	-	3.2	0.1	0.4	3.5	長　崎
...	...	...	...	...	2.2	0.3	1.7	0.3	0.0	-	0.4	1.4	1.4	0.2	1.2	0.1	0.1	1.8	熊　本
...	...	...	...	...	0.2	0.5	1.1	0.2	0.1	-	0.7	2.1	0.5	0.1	1.7	0.4	0.1	1.4	大　分
...	...	...	...	...	1.9	1.1	1.2	0.1	0.2	-	1.4	4.1	0.1	0.0	4.6	0.1	0.6	3.9	宮　崎
...	...	...	...	...	(0.2)	0.1	1.4	0.2	0.1	-	1.6	1.5	0.5	1.5	3.8	0.1	0.7	1.6	鹿 児 島
...	...	...	...	...	1.0	0.5	2.5	0.6	0.1	-	0.9	2.1	0.3	0.0	3.1	0.2	0.4	3.8	沖　縄

都道府県表

1 7歳 (1) 計

区分	計	〔視力非矯正者の裸眼視力〕1.0以上	1.0未満0.7以上	0.7未満0.3以上	0.3未満	〔視力矯正者の裸眼視力〕1.0以上	1.0未満0.7以上	0.7未満0.3以上	0.3未満	〔裸眼視力〕計	1.0未満	0.7未満0.3以上	0.3未満	眼の疾病・異常	難聴	耳疾患	鼻疾患・副鼻腔患	口腔咽喉頭疾患異常	〔むし歯(う歯)〕計	処置完了者	未処置歯のある者	歯列・咬合	顎関節	歯垢の状態	歯肉の状態	その他の疾病・異常
全　国	100.00	70.99	13.20	9.40	2.99	0.58	0.73	1.03	1.06	28.43	13.93	10.43	4.06	4.40	0.70	6.77	11.02	1.22	44.21	21.48	22.73	4.92	0.08	3.02	1.58	4.93
北　海　道	100.0	69.4	15.4	9.6	3.3	0.1	0.5	0.5	1.4	30.6	15.8	10.0	4.7	2.1	0.7	5.7	17.3	1.2	52.6	21.8	30.7	6.8	0.1	5.5	2.4	4.6
青　森	100.0	60.5	20.1	11.3	3.1	0.6	1.4	1.6	1.4	38.9	21.5	12.9	4.5	4.8	0.7	6.3	18.4	0.9	56.0	22.7	33.4	3.0	0.4	2.2	1.3	10.1
岩　手	100.0	70.7	16.0	7.5	2.3	0.6	0.8	1.2	1.0	28.7	16.7	8.7	3.3	5.9	0.3	6.1	18.7	1.8	46.5	23.3	23.2	6.6	0.6	1.2	0.7	4.5
宮　城	100.0	71.1	13.5	9.2	2.3	0.7	0.8	1.3	1.1	28.2	14.3	10.6	3.4	6.4	0.4	8.4	6.7	0.1	48.2	21.2	27.1	6.1	0.1	5.6	4.6	6.7
秋　田	100.0	71.6	14.9	7.3	2.3	0.4	0.9	1.4	1.2	28.0	15.7	8.7	3.5	8.8	0.4	8.8	20.4	2.4	52.9	26.2	26.7	3.1	0.0	3.3	1.2	5.9
山　形	100.0	73.0	10.8	8.8	1.6	1.3	1.3	2.0	1.2	25.7	12.1	10.8	2.8	6.1	0.4	7.5	13.4	3.2	50.2	21.5	28.6	6.6	0.0	4.3	3.1	9.3
福　島	100.0	68.0	15.2	11.2	1.9	0.6	0.7	1.5	1.0	31.4	15.9	12.7	2.8	2.6	0.8	2.9	4.0	1.3	54.1	28.4	25.6	4.4	0.0	1.8	0.6	8.4
茨　城	100.0	67.6	13.3	10.4	3.8	0.7	1.3	1.4	1.3	31.6	14.7	11.8	5.1	10.7	0.4	1.2	16.5	0.6	50.2	21.6	28.6	3.6	0.0	2.5	1.2	8.6
栃　木	100.0	72.7	12.5	8.3	2.1	0.6	1.1	1.6	1.1	26.8	13.6	10.0	3.2	2.8	0.4	5.5	10.0	0.9	46.2	19.9	26.2	5.2	0.6	3.5	1.0	3.9
群　馬	100.0	71.0	11.4	10.4	3.6	0.5	0.7	1.1	1.3	28.5	12.1	11.5	4.9	1.7	0.6	5.5	7.8	0.6	49.3	25.2	24.1	6.3	0.0	2.4	1.7	6.1
埼　玉	100.0	74.3	11.7	8.9	2.5	0.6	0.4	0.9	0.7	25.1	12.0	9.9	3.2	3.9	0.7	5.2	7.7	0.4	39.5	20.8	18.7	3.5	-	0.9	0.6	4.7
千　葉	100.0	70.3	14.5	8.9	2.3	0.7	1.1	0.9	1.3	29.0	15.5	9.8	3.7	7.4	0.6	7.8	X	6.1	36.1	15.0	21.1	6.1	0.1	3.7	2.9	5.6
東　京	100.0	66.9	15.1	10.2	4.1	0.5	0.8	1.2	1.2	32.7	15.9	11.4	5.4	5.7	0.7	8.1	10.0	0.6	38.2	21.3	16.9	4.1	-	3.3	1.0	2.5
神　奈　川	100.0	72.7	13.8	10.2	2.9	0.2	0.0	0.1	0.0	27.1	13.8	10.3	3.0	4.5	0.8	3.9	8.6	0.1	34.6	19.5	15.1	3.2	-	1.7	0.7	3.4
新　潟	100.0	73.4	11.0	9.3	2.5	0.4	1.1	1.5	0.7	26.2	12.1	10.8	3.3	2.6	0.3	6.9	12.4	0.6	36.3	17.8	18.5	2.6	-	3.6	3.0	3.2
富　山	100.0	77.6	8.9	6.4	2.3	1.1	0.8	1.6	1.5	21.3	9.6	8.0	3.7	9.1	0.4	5.2	10.9	0.2	39.4	21.5	17.9	4.4	0.1	3.1	1.5	2.2
石　川	100.0	75.9	9.9	6.8	2.4	0.7	1.3	1.3	1.7	23.4	11.2	8.0	4.2	2.0	0.6	0.9	-	-	40.2	14.8	25.4	2.9	-	3.1	0.7	3.9
福　井	100.0	73.3	10.5	7.9	2.4	1.0	1.6	2.1	1.1	25.7	12.1	10.1	3.5	1.0	0.6	2.0	5.6	0.3	51.2	23.9	27.3	6.1	0.1	4.0	1.7	4.8
山　梨	100.0	69.8	13.6	8.6	2.7	1.3	0.9	1.8	1.3	28.9	14.5	10.4	4.1	6.3	0.7	6.2	13.1	0.8	48.7	24.5	24.2	5.4	0.1	3.1	2.1	5.9
長　野	100.0	75.6	11.9	7.1	2.2	0.7	0.9	0.8	0.8	23.7	12.8	7.9	3.0	2.4	0.3	6.9	6.7	0.9	43.0	23.2	19.8	4.1	-	3.2	2.2	5.8
岐　阜	100.0	71.5	12.1	8.3	2.7	1.5	1.0	1.5	1.4	27.1	13.2	9.8	4.1	4.0	0.2	3.2	7.2	1.2	44.6	22.2	22.4	4.1	0.0	2.7	0.8	3.0
静　岡	100.0	78.6	8.6	7.2	2.1	0.6	0.8	1.1	1.0	20.7	9.3	8.3	3.1	2.9	0.5	8.7	9.2	1.2	38.7	19.5	19.2	4.9	0.0	2.6	2.2	6.0
愛　知	100.0	69.7	13.0	10.4	3.0	0.8	0.8	0.9	1.2	29.5	13.8	11.3	4.3	4.9	1.2	9.0	10.3	1.8	36.4	19.2	17.1	5.2	0.0	2.6	2.2	5.9
三　重	100.0	72.7	15.5	8.8	2.1	0.5	0.2	0.1	0.1	26.8	15.7	8.9	2.2	4.2	1.0	3.2	9.2	0.6	46.7	19.6	27.1	5.4	-	3.1	1.6	4.8
滋　賀	100.0	76.9	11.8	8.0	1.7	0.2	0.2	0.3	0.8	22.9	12.0	8.4	2.5	2.2	0.7	2.6	1.8	0.2	42.8	21.1	21.7	7.1	0.0	2.5	1.3	7.1
京　都	100.0	73.9	10.6	8.8	2.8	0.7	1.1	1.1	0.9	25.4	11.8	9.9	3.7	4.9	0.6	9.1	7.9	0.8	48.7	21.6	27.0	7.7	0.1	2.7	1.0	4.1
大　阪	100.0	72.3	10.9	9.2	3.5	0.5	0.8	1.4	1.6	27.3	11.7	10.5	5.1	3.8	0.4	10.5	8.9	0.6	44.4	21.6	22.8	7.4	0.0	2.8	0.8	4.6
兵　庫	100.0	69.6	13.1	11.0	4.2	0.5	0.4	0.5	0.9	30.3	13.8	11.4	5.1	5.1	1.5	6.6	9.0	1.5	45.0	22.8	22.2	5.4	0.1	2.5	1.8	4.6
奈　良	100.0	76.3	9.5	7.6	1.8	0.7	0.6	2.2	1.2	23.0	10.2	9.8	3.0	2.0	0.8	2.4	9.3	0.4	44.8	19.2	25.6	6.7	0.2	1.8	0.9	3.9
和　歌　山	100.0	76.1	8.6	6.8	2.5	1.5	1.2	1.7	1.5	22.4	9.8	8.6	4.0	7.5	0.8	6.6	11.3	2.1	49.0	20.6	28.3	9.3	0.1	4.1	2.0	4.7
鳥　取	100.0	74.5	11.0	7.1	2.3	0.9	0.7	2.0	1.4	24.6	11.8	9.1	3.7	10.8	0.7	6.4	18.3	1.6	52.5	26.3	26.2	6.9	-	4.3	1.4	5.4
島　根	100.0	70.3	11.5	9.0	3.2	1.5	1.1	2.3	1.1	28.2	12.7	11.3	4.3	4.8	0.7	10.0	15.7	0.6	51.8	23.4	28.4	3.3	-	2.2	1.6	5.1
岡　山	100.0	69.9	13.1	9.8	2.6	1.1	0.9	1.3	1.4	29.0	13.9	11.1	3.9	3.7	0.5	8.0	15.2	2.6	46.5	21.9	24.6	6.2	0.2	5.4	3.6	5.6
広　島	100.0	69.4	14.7	10.1	2.7	0.9	0.7	0.9	0.6	29.7	15.4	11.0	3.4	4.6	0.5	5.4	7.9	0.7	42.1	21.5	20.6	4.9	0.1	3.3	3.5	3.5
山　口	100.0	75.7	8.7	9.6	2.9	0.5	0.5	0.9	1.1	23.8	9.3	10.5	4.0	3.6	0.5	8.7	11.7	2.0	51.9	20.8	31.1	3.0	0.0	1.7	1.4	6.3
徳　島	100.0	72.7	10.5	9.6	2.4	0.7	0.8	2.0	1.3	26.5	11.3	11.5	3.7	5.0	0.4	9.5	16.1	7.0	49.1	25.5	23.6	4.9	0.3	5.5	1.5	6.2
香　川	100.0	72.6	11.1	7.6	2.9	1.4	1.4	1.4	1.4	26.0	12.7	9.0	4.2	4.5	0.6	6.4	10.8	0.6	46.1	25.7	20.4	4.2	0.6	3.9	1.8	8.3
愛　媛	100.0	72.1	11.8	8.2	3.1	0.6	1.0	1.5	1.1	26.7	12.8	9.7	4.2	1.0	0.5	5.9	8.0	0.9	54.2	23.2	31.0	4.6	0.1	3.6	2.0	5.9
高　知	100.0	71.2	11.7	10.7	2.8	0.6	0.6	1.5	1.7	28.4	12.4	11.6	4.5	1.0	0.5	3.8	3.7	1.8	45.6	20.5	25.5	4.6	0.4	4.4	2.6	5.9
福　岡	100.0	62.6	18.3	11.8	4.3	0.6	0.5	0.7	1.2	36.8	18.8	12.5	5.5	2.3	0.8	7.0	12.3	1.1	52.0	25.9	26.1	6.0	0.2	4.3	3.2	4.5
佐　賀	100.0	70.3	14.8	9.7	3.1	0.5	0.8	1.1	1.1	29.1	15.4	10.4	3.2	2.8	0.8	8.1	10.3	0.8	53.7	24.9	28.8	2.7	0.1	2.5	0.9	7.6
長　崎	100.0	72.4	14.0	10.0	1.4	0.8	0.7	0.7	0.8	27.3	14.3	10.7	2.2	2.0	0.6	-	1.2	1.6	52.2	26.6	25.5	3.2	0.0	2.0	1.7	6.2
熊　本	100.0	69.1	13.8	10.3	3.1	0.6	1.0	2.5	1.1	29.9	14.6	11.0	4.3	2.1	0.7	6.5	10.0	0.7	54.8	25.0	29.8	3.4	0.0	3.4	2.0	9.0
大　分	100.0	70.5	14.6	8.4	1.8	0.8	1.1	1.9	0.9	29.2	14.9	11.5	2.7	6.5	0.5	9.2	16.9	1.5	54.1	20.7	33.4	5.2	0.4	3.0	1.4	3.3
宮　崎	100.0	71.9	13.4	6.4	2.7	0.9	1.4	1.7	1.6	27.3	14.8	8.1	4.3	3.3	0.4	8.2	18.0	1.4	53.6	20.5	33.1	5.6	0.3	3.7	2.2	5.3
鹿　児　島	100.0	77.7	12.5	5.0	1.2	0.9	0.9	0.9	0.7	21.4	13.4	6.0	2.0	3.4	0.5	9.4	20.0	1.3	57.4	27.2	30.3	4.0	0.1	1.8	0.5	6.3
沖　縄	100.0	69.0	15.1	9.9	4.1	0.1	0.2	0.4	1.1	30.9	15.3	10.3	5.3	1.2	0.3	4.6	11.7	1.9	61.5	25.9	35.5	1.1	0.1	3.3	1.5	4.8

異常被患率等（各年齢ごと）（39-3）

単位　（％）

| 永久歯の1人当り平均むし歯（う歯）等数 | | むし歯（う歯） | | | 栄養状態 | せき柱・四肢・胸郭の状態 | 皮膚疾患 | | 結核の検査の対象の精密者 | 結核 | 心疾病臓・異常 | 心電図異常 | 蛋白検出の者 | 尿糖検出の者 | その他の疾病・異常 | | | | 区分 |
計（本）	喪失歯数（本）	計（本）	処置歯数（本）	未処置歯数（本）			アトピー性皮膚炎	その他の皮膚疾患							ぜん息	腎臓疾患	言語障害	その他の疾病・異常	
...	...	...	...	...	1.45	0.78	3.30	0.43	0.15	0.00	0.84	...	0.54	0.04	3.45	0.19	0.53	4.42	全　国
...	...	...	...	...	1.2	0.4	6.1	0.4	0.0	-	0.6		0.7	-	5.1	0.1	1.0	5.8	北 海 道
...	...	...	...	...	3.8	1.7	1.3	0.6	0.0	-	0.3		0.7	0.0	1.8	0.1	0.4	4.3	青　森
...	...	...	...	...	1.7	0.5	2.5	0.4	0.1	-	0.3		0.5	0.0	3.6	0.1	2.0	5.5	岩　手
...	...	...	...	...	1.4	1.8	4.7	1.1	0.0	-	0.4		0.0	0.0	6.6	0.2	1.2	5.8	宮　城
...	...	...	...	...	3.4	2.4	3.4	0.7	0.1	-	0.8		0.0	0.0	3.3	0.1	0.3	8.0	秋　田
...	...	...	...	...	2.1	0.7	3.1	1.0	-	-	0.7		0.2	-	4.1	0.0	1.5	7.6	山　形
...	...	...	...	...	2.1	0.8	2.2	0.4	-	-	0.4		0.4	-	2.9	0.1	0.4	7.2	福　島
...	...	...	...	...	2.8	1.4	6.2	0.5	0.2	-	0.9		0.4	0.0	5.5	0.1	0.6	4.3	茨　城
...	...	...	...	...	2.2	0.8	4.6	0.6	0.1	-	1.8		1.4	0.1	6.2	0.1	0.8	6.0	栃　木
...	...	...	...	...	1.1	0.4	2.8	0.1	0.2	-	1.1		0.2	0.0	3.7	0.2	1.4	5.2	群　馬
...	...	...	...	...	0.6	0.6	3.7	0.2	0.3	-	0.9		1.0	0.0	4.1	0.1	0.6	3.5	埼　玉
...	...	...	...	...	0.9	0.6	4.0	0.6	0.2	-	1.3		0.2	0.1	5.4	0.3	1.2	4.3	千　葉
...	...	...	...	...	1.2	0.5	3.8	0.6	0.3	-	0.7		0.3	-	3.3	0.3	0.2	2.0	東　京
...	...	...	...	...	0.8	1.1	2.4	0.5	0.1	-	0.7		0.1	0.1	3.5	0.3	0.4	2.9	神 奈 川
...	...	...	...	...	1.6	0.3	4.5	0.3	0.0	-	1.7		0.4	0.1	6.2	0.4	1.2	6.9	新　潟
...	...	...	...	...	1.4	2.6	2.5	0.2	0.2	-	1.8		0.4	0.0	2.5	0.2	0.3	7.3	富　山
...	...	...	...	...	0.5	0.2	1.9	0.4	0.2	-	0.7		0.6	0.0	1.6	0.1	0.3	2.4	石　川
...	...	...	...	...	2.1	0.3	4.5	0.6	0.1	-	1.3		1.1	0.0	2.8	0.1	0.7	6.2	福　井
...	...	...	...	...	2.2	0.7	2.5	1.0	0.0	-	0.5		1.1	-	4.1	0.2	0.7	5.9	山　梨
...	...	...	...	...	1.5	0.5	3.9	0.3	0.4	-	1.6		0.4	0.0	5.6	0.3	0.4	7.4	長　野
...	...	...	...	...	1.6	0.4	3.3	0.5	0.2	-	1.4		0.3	0.1	1.7	0.1	1.3	7.9	岐　阜
...	...	...	...	...	1.9	1.2	2.2	0.4	0.2	-	0.8		0.6	0.0	1.7	0.2	0.6	4.8	静　岡
...	...	...	...	...	1.3	1.0	5.6	0.5	0.2	-	0.7		0.7	0.1	3.8	0.1	0.3	6.3	愛　知
...	...	...	...	...	2.3	0.4	3.8	0.1	0.1	0.0	0.8		0.5	0.1	3.2	0.1	0.3	4.1	三　重
...	...	...	...	...	0.4	0.2	2.0	0.2	0.3	-	1.4		0.2	0.1	2.3	0.2	0.3	5.0	滋　賀
...	...	...	...	...	2.7	1.6	3.6	0.5	0.1	-	2.2		1.2	-	2.6	0.1	1.1	5.6	京　都
...	...	...	...	...	1.1	0.5	2.9	0.4	0.1	-	0.2		0.7	0.0	2.8	0.1	0.3	3.8	大　阪
...	...	...	...	...	2.2	0.7	1.9	0.4	0.0	-	1.5		0.5	0.0	2.4	0.1	0.5	5.4	兵　庫
...	...	...	...	...	1.9	1.0	2.5	0.3	0.0	-	0.3		1.0	0.0	1.5	0.0	0.4	4.8	奈　良
...	...	...	...	...	1.3	1.3	1.4	0.6	0.0	-	0.9		2.8	0.0	0.9	0.0	0.6	3.7	和 歌 山
...	...	...	...	...	1.1	0.5	6.6	0.3	0.1	-	1.9		0.4	-	4.2	0.3	0.5	9.2	鳥　取
...	...	...	...	...	1.0	0.7	5.0	0.3	0.1	-	0.3		1.2	-	4.8	0.2	1.2	4.6	島　根
...	...	...	...	...	1.9	0.6	3.6	0.7	0.1	-	1.3		0.9	0.1	3.7	0.3	0.8	7.5	岡　山
...	...	...	...	...	1.6	0.9	2.2	0.6	0.2	-	0.2		0.6	0.0	2.7	0.1	0.3	3.6	広　島
...	...	...	...	...	1.5	1.0	2.0	0.8	0.0	-	1.1		0.6	0.1	2.6	0.1	0.3	5.6	山　口
...	...	...	...	...	1.7	0.1	2.9	-	0.1	-	0.6		0.6	0.0	2.6	0.2	0.7	5.6	徳　島
...	...	...	...	...	3.2	0.3	3.0	0.4	0.2	-	0.9		1.9	0.0	3.1	0.2	0.2	6.9	香　川
...	...	...	...	...	0.7	0.2	1.4	0.2	-	-	0.9		0.7	0.0	2.3	0.1	0.5	2.4	愛　媛
...	...	...	...	...	0.9	0.4	2.7	0.1	0.1	-	0.7		0.4	0.1	1.3	0.1	0.1	4.2	高　知
...	...	...	...	...	1.3	1.5	1.5	0.1	0.1	-	0.8		0.2	0.1	2.4	0.3	0.1	2.7	福　岡
...	...	...	...	...	1.4	0.8	1.7	0.6	0.1	-	0.7		-	0.1	3.0	0.1	0.8	5.7	佐　賀
...	...	...	...	...	1.2	0.1	3.6	-	0.1	-	1.1		0.3	-	3.7	0.1	0.5	3.9	長　崎
...	...	...	...	...	2.7	0.3	1.3	0.4	0.0	-	0.3		1.1	0.0	0.7	0.1	0.2	2.3	熊　本
...	...	...	...	...	1.2	0.4	1.6	0.1	0.0	-	0.5		0.6	0.0	1.8	0.0	0.1	1.5	大　分
...	...	...	...	...	2.3	0.9	2.2	0.3	0.0	-	0.8		0.1	0.0	3.7	0.2	0.5	4.8	宮　崎
...	...	...	...	...	1.3	0.3	1.4	0.2	-	-	0.7		0.2	0.0	3.7	0.1	0.2	1.7	鹿 児 島
...	...	...	...	...	0.9	0.5	2.8	0.4	0.0	-	0.4		0.4	0.1	2.6	0.0	0.3	4.0	沖　縄

都道府県表

1 8歳 (1) 計

区分	計	裸眼視力 視力非矯正者の裸眼視力 1.0以上	1.0未満0.7以上	0.7未満0.3以上	0.3未満	視力矯正者の裸眼視力 1.0以上	1.0未満0.7以上	0.7未満0.3以上	0.3未満	裸眼視力 計	1.0未満0.7以上	0.7未満0.3以上	0.3未満	眼の疾病・異常	難聴	耳鼻咽頭 耳疾患	鼻疾患・副鼻腔患	口腔咽喉頭疾患異常	歯・口腔 むし歯(う歯) 計	処置完了者	未処置歯のある者	歯列・咬合	顎関節	歯垢の状態	歯肉の状態	その他の疾病・異常
全国	100.00	65.33	11.88	11.64	4.63	0.78	0.87	1.88	3.00	33.89	12.75	13.52	7.62	4.83	0.67	6.04	10.84	0.91	47.51	24.60	22.91	5.36	0.08	3.56	2.15	5.57
北海道	100.0	64.2	15.5	14.3	3.5	0.4	0.4	0.8	0.9	35.4	16.0	15.0	4.4	4.5	0.6	4.7	X	2.0	56.2	26.1	30.2	7.5	0.2	5.0	3.1	3.9
青森	100.0	54.8	16.1	12.6	6.0	0.7	1.1	3.2	5.6	44.5	17.2	15.8	11.6	4.6	0.3	6.8	19.1	0.8	57.7	27.1	30.7	4.0	0.0	1.7	1.7	10.6
岩手	100.0	64.1	13.6	12.5	2.8	0.5	1.5	2.2	2.7	35.4	15.2	14.7	5.6	8.5	0.3	5.4	22.7	1.1	54.6	26.9	27.7	8.1	0.2	3.9	2.5	5.0
宮城	100.0	63.4	12.6	11.0	5.4	1.1	0.2	2.5	2.9	35.5	13.5	13.6	8.4	6.7	0.5	6.5	12.1	0.9	54.5	26.9	27.5	7.4	0.1	6.9	6.2	6.8
秋田	100.0	65.3	12.8	10.2	4.7	0.7	1.3	2.7	2.2	34.0	14.2	12.9	6.9	14.8	0.4	4.8	24.2	1.0	55.4	27.6	27.8	3.8	0.0	3.3	1.1	6.6
山形	100.0	68.6	10.3	10.7	3.6	0.8	1.3	2.0	2.7	30.7	11.6	12.7	6.3	4.9	0.6	6.1	16.2	1.4	51.6	26.6	25.0	6.5	-	4.5	3.5	8.3
福島	100.0	63.4	13.1	11.1	3.9	0.9	0.8	2.3	4.4	35.7	14.0	13.4	8.3	3.1	0.4	10.0	10.5	1.8	62.7	32.4	30.3	4.1	-	3.1	1.5	9.1
茨城	100.0	63.6	12.0	10.8	5.7	0.9	1.3	2.6	3.1	35.5	13.4	13.3	8.8	11.0	0.7	1.3	16.8	0.3	55.1	27.0	28.1	3.5	0.1	3.0	1.3	8.5
栃木	100.0	66.2	11.8	9.8	3.9	1.1	0.9	2.4	3.9	32.7	12.7	12.3	7.8	2.6	0.7	5.8	8.7	0.5	50.7	22.2	28.5	4.0	0.4	4.0	1.1	5.8
群馬	100.0	65.8	10.5	10.8	5.2	1.1	0.7	2.4	3.4	33.1	11.2	13.2	8.7	4.8	0.5	7.8	5.9	0.5	50.1	26.4	23.6	6.1	0.4	3.1	1.5	6.0
埼玉	100.0	68.6	11.4	10.4	4.7	0.7	1.1	1.5	1.7	30.7	12.5	11.9	6.3	2.7	0.3	5.6	7.0	0.6	43.3	23.9	19.4	4.5	-	1.8	0.9	5.3
千葉	100.0	68.8	11.9	10.1	3.3	0.7	1.3	1.5	2.4	30.5	13.2	11.6	5.7	8.0	0.3	5.2	12.5	0.7	37.3	15.5	21.8	8.1	0.1	4.6	4.1	6.4
東京	100.0	62.3	12.0	12.5	4.7	0.9	1.2	2.2	4.1	36.8	13.3	14.7	8.9	5.7	0.8	7.5	10.4	0.5	41.0	23.3	17.7	3.5	0.0	1.4	1.3	3.1
神奈川	100.0	69.7	11.7	12.9	4.8	0.2	-	0.3	0.5	30.1	11.7	13.2	5.3	5.1	0.8	5.7	7.3	0.8	38.2	22.8	15.4	3.5	0.0	2.2	1.2	3.2
新潟	100.0	66.4	10.1	11.6	4.8	0.8	1.0	2.7	2.6	32.8	11.1	14.4	7.4	2.4	0.6	4.9	13.3	0.5	39.8	23.5	16.3	2.8	0.0	3.2	2.5	4.7
富山	100.0	67.5	9.8	9.8	3.5	1.8	2.1	2.2	3.2	30.7	11.9	12.0	6.7	10.6	0.5	3.4	13.7	0.1	42.0	22.6	19.4	4.2	-	3.8	2.0	4.0
石川	100.0	64.6	10.8	11.6	4.4	0.7	1.2	2.2	4.4	34.6	12.0	13.8	8.8	1.1	0.6	0.7	-	-	43.9	18.3	25.6	3.4	0.0	3.7	0.8	4.9
福井	100.0	65.0	11.2	10.8	3.9	1.1	1.8	2.4	4.3	33.9	12.9	12.8	8.2	1.0	0.3	2.6	5.8	0.4	57.9	29.5	28.4	7.5	0.0	5.0	2.7	5.0
山梨	100.0	67.7	9.9	9.8	4.5	1.1	1.3	2.9	2.9	31.2	11.2	12.7	7.4	6.5	0.6	6.2	12.5	0.6	52.1	28.0	24.1	4.4	-	4.1	2.0	6.9
長野	100.0	69.7	11.0	10.1	3.2	1.2	0.8	1.7	2.3	29.1	11.8	11.8	5.5	2.9	0.2	5.8	5.8	0.4	47.3	24.9	22.5	4.6	0.0	2.9	1.6	4.9
岐阜	100.0	65.8	12.1	11.0	4.6	0.8	0.8	1.9	3.1	33.4	12.9	12.9	7.7	3.7	0.3	3.0	10.7	1.6	49.5	27.7	21.8	4.9	-	2.9	1.5	3.5
静岡	100.0	71.9	9.0	9.5	3.7	0.7	0.9	1.6	2.8	27.4	9.9	11.0	6.5	3.5	0.5	6.4	6.0	0.4	41.6	22.5	19.1	6.5	0.6	5.5	3.1	7.9
愛知	100.0	62.2	12.4	12.1	3.8	1.5	1.1	3.2	3.8	36.4	13.5	15.3	7.6	4.3	1.0	4.6	8.1	0.8	39.9	22.0	17.9	5.6	0.0	3.6	3.7	6.4
三重	100.0	64.1	14.7	12.3	5.1	0.7	0.4	1.3	1.4	35.2	15.0	13.6	6.5	5.5	0.4	5.2	10.4	1.4	49.5	22.6	26.9	6.2	0.3	4.4	1.6	5.7
滋賀	100.0	69.5	12.0	11.2	5.2	0.2	0.3	0.6	0.9	30.3	12.3	11.8	6.2	2.0	0.4	2.8	2.9	0.7	46.2	23.3	22.9	7.8	0.1	2.9	1.6	8.7
京都	100.0	67.9	9.6	10.6	4.8	0.8	0.8	2.5	3.0	31.2	10.4	13.1	7.8	5.4	0.4	7.7	8.3	0.9	49.1	23.0	26.1	4.8	0.1	1.7	1.7	5.1
大阪	100.0	64.6	9.2	11.8	6.5	1.0	0.6	2.1	4.1	34.4	9.8	13.9	10.6	4.6	0.7	8.4	6.9	0.2	45.2	23.3	21.9	2.0	0.1	3.5	1.8	6.3
兵庫	100.0	63.3	12.5	14.2	5.1	0.6	0.3	1.0	3.1	36.1	12.8	15.2	8.1	5.6	0.7	8.8	14.6	2.1	49.0	27.2	21.8	5.0	-	1.5	1.4	5.6
奈良	100.0	70.7	8.6	10.3	2.9	1.0	0.9	2.4	3.2	28.3	9.4	12.4	6.5	2.1	1.1	4.1	8.6	0.5	49.4	23.5	25.9	5.5	-	4.6	1.8	6.1
和歌山	100.0	69.8	10.1	8.5	2.8	2.1	1.5	2.1	3.1	28.1	11.6	10.6	5.9	6.5	0.4	7.6	11.8	1.2	52.1	26.6	25.5	7.6	0.2	3.7	2.6	6.6
鳥取	100.0	68.3	10.2	10.5	3.7	0.8	0.9	2.5	3.2	30.9	11.1	12.9	6.9	9.9	0.6	3.3	18.3	1.2	55.8	27.6	28.2	8.1	0.2	6.5	3.0	7.3
島根	100.0	64.8	12.3	9.7	5.2	1.1	1.3	2.3	3.3	34.1	13.6	12.0	8.5	5.3	1.3	4.1	17.6	1.4	55.4	25.5	29.9	6.0	0.3	5.2	3.2	5.6
岡山	100.0	66.6	12.5	9.6	4.0	1.2	1.0	2.6	2.6	32.3	13.4	12.2	6.6	4.9	0.6	5.8	19.5	1.8	51.5	25.6	25.9	7.2	0.1	5.1	4.1	6.4
広島	100.0	64.2	12.2	11.8	5.4	1.0	0.9	1.5	3.1	34.8	13.1	13.3	8.5	4.0	0.7	4.7	9.5	1.0	46.3	25.9	20.5	4.1	0.0	2.8	0.9	5.9
山口	100.0	66.2	9.4	12.8	4.7	0.7	0.7	2.0	3.5	33.1	10.1	14.8	8.2	4.7	0.7	6.6	11.1	0.5	52.9	26.2	26.6	4.1	0.1	2.3	2.4	6.6
徳島	100.0	60.3	14.1	11.5	4.6	0.8	1.0	2.1	5.6	38.9	15.0	13.7	10.2	11.6	0.4	7.3	20.9	5.7	53.6	27.1	26.6	4.9	0.9	6.5	3.1	6.8
香川	100.0	62.8	9.7	11.5	4.5	1.2	1.5	3.8	4.9	36.0	11.2	15.3	9.4	4.4	0.5	7.2	10.7	1.2	51.2	28.7	22.5	4.9	0.1	4.2	3.0	8.0
愛媛	100.0	61.6	13.5	10.9	5.5	0.5	1.7	1.9	4.4	37.9	15.2	12.8	9.9	5.6	0.9	6.6	10.6	1.3	53.3	25.4	28.0		0.2	1.9	1.1	8.4
高知	100.0	68.0	10.3	10.6	5.7	0.6	0.6	1.3	2.8	31.1	11.0	11.9	8.5	0.4	0.7	4.2	6.8	1.6	52.6	26.2	26.4	6.3	0.3	4.2	4.2	5.9
福岡	100.0	57.3	15.8	12.7	6.0	0.7	0.5	2.3	4.8	42.3	16.5	15.0	10.7	3.0	1.0	7.0	12.8	1.1	55.7	29.0	26.7	4.0	0.1	3.1	2.2	4.7
佐賀	100.0	62.8	13.6	13.0	5.3	0.7	0.9	1.6	2.1	36.5	14.5	14.6	7.4	3.0	0.7	8.5	12.3	1.0	56.7	27.4	29.3	3.0	0.1	3.1	1.3	7.5
長崎	100.0	68.9	13.4	12.9	2.4	0.2	0.2	0.7	1.3	30.8	13.5	13.6	3.7	0.4	0.5	7.0	9.8	2.5	55.7	31.7	24.0	3.4	0.2	3.4	2.6	6.9
熊本	100.0	67.0	11.6	11.3	3.5	0.6	0.3	2.2	3.4	32.4	12.4	13.5	6.5	2.0	0.9	5.9	16.7	2.8	56.3	28.0	28.3	-		4.7	3.1	8.5
大分	100.0	64.4	13.2	11.6	4.0	0.6	0.8	1.8	3.8	34.9	13.7	13.4	7.7	7.0	0.8	1.5	4.2	-	57.0	26.0	31.0	4.5	-	2.1	2.4	4.7
宮崎	100.0	66.8	11.1	8.9	3.5	1.0	1.7	2.3	4.7	32.3	12.8	11.2	8.2	8.0	0.9	9.7	11.6	1.4	55.5	24.9	30.6	6.1	0.5	6.1	3.6	7.0
鹿児島	100.0	72.4	9.7	9.1	3.1	0.3	0.9	2.1	2.4	27.3	10.5	11.3	5.5	4.0	0.5	8.3	19.2	1.4	59.7	30.2	29.5	4.3	-	2.4	1.2	5.5
沖縄	100.0	62.6	13.0	13.3	7.2	0.2	0.2	0.8	2.7	37.2	13.2	14.1	9.9	0.9	0.3	3.6	12.9	1.2	67.2	30.3	36.9	1.5	0.3	5.9	2.5	5.7

異常被患率等（各年齢ごと）　（39-4）

単位　（％）

| 永久歯の1人当り平均むし歯（う歯）等数 | | | | | 栄養状態 | せき柱・四肢の状態・胸郭 | 皮膚疾患 | | 結核の検査の対象精密者 | 結核 | 心疾病臓・異常の常 | 心電図異常 | 蛋白検出の者 | 尿糖検出の者 | その他の疾病・異常 | | | | 区分 |
計（本）	喪失歯数（本）	むし歯（う歯）計（本）	処置歯数（本）	未処置歯数（本）			アトピー性皮膚炎	その他の皮膚疾患							ぜん息	腎臓疾患	言語障害	その他の疾病・異常	
…	…	…	…	…	2.05	0.84	3.19	0.40	0.14	0.00	0.77	…	0.59	0.06	3.33	0.19	0.45	4.43	全　国
…	…	…	…	…	2.4	0.4	5.4	0.5	0.0	-	0.3	…	0.5	0.0	4.7	0.2	0.9	7.0	北 海 道
…	…	…	…	…	3.9	1.6	1.4	0.7	0.0	-	0.3	…	0.5	-	1.6	0.1	0.7	5.0	青　森
…	…	…	…	…	2.6	0.6	2.9	0.3	0.0	-	0.3	…	0.7	-	4.5	0.3	1.1	4.1	岩　手
…	…	…	…	…	2.5	2.0	4.5	0.8	0.1	-	0.5	…	0.1	-	5.8	0.3	0.7	5.3	宮　城
…	…	…	…	…	3.9	1.8	3.4	0.6	0.0	-	0.7	…	0.0	0.0	3.0	0.3	0.2	7.7	秋　田
…	…	…	…	…	3.7	0.8	3.8	1.0	0.0	-	0.7	…	0.2	-	4.8	0.3	0.8	8.8	山　形
…	…	…	…	…	3.2	0.5	2.5	0.2	0.0	-	0.3	…	0.2	0.0	3.3	0.0	0.6	7.5	福　島
…	…	…	…	…	4.4	1.4	5.7	0.4	0.3	-	1.0	…	0.3	0.0	5.7	0.2	0.6	4.4	茨　城
…	…	…	…	…	3.2	0.6	3.9	0.3	0.1	-	1.6	…	1.2	0.2	5.1	0.3	0.8	5.3	栃　木
…	…	…	…	…	1.4	0.8	3.0	0.3	-	-	1.2	…	0.1	0.0	3.8	0.3	0.8	5.3	群　馬
…	…	…	…	…	1.1	0.7	3.1	0.3	0.6	0.0	0.8	…	1.2	0.0	4.2	0.1	0.4	3.3	埼　玉
…	…	…	…	…	1.0	0.7	4.1	0.6	0.2	-	0.5	…	0.4	0.1	4.6	0.2	1.2	4.3	千　葉
…	…	…	…	…	1.5	0.4	3.6	0.4	0.3	-	0.5	…	0.5	0.1	3.0	0.2	0.4	2.3	東　京
…	…	…	…	…	1.2	1.5	2.3	0.6	0.1	-	0.4	…	0.2	0.0	4.1	0.2	0.2	3.3	神 奈 川
…	…	…	…	…	2.5	0.3	4.7	0.1	0.1	-	1.9	…	0.6	-	5.7	0.3	1.5	5.8	新　潟
…	…	…	…	…	3.1	2.1	2.3	0.1	0.0	-	1.5	…	0.5	0.0	2.9	0.1	0.3	6.8	富　山
…	…	…	…	…	0.7	0.4	1.8	0.1	0.1	0.0	1.0	…	0.6	0.0	1.5	0.1	0.4	3.9	石　川
…	…	…	…	…	1.6	0.6	4.4	0.3	0.1	-	0.8	…	0.9	0.1	2.5	0.1	0.4	6.6	福　井
…	…	…	…	…	2.3	0.8	3.4	1.2	0.0	-	0.4	…	1.0	0.2	3.3	0.2	0.6	5.7	山　梨
…	…	…	…	…	1.5	0.4	4.7	0.4	0.2	-	0.9	…	0.3	0.0	4.3	0.3	0.6	7.3	長　野
…	…	…	…	…	1.8	0.4	3.7	0.6	0.2	-	1.2	…	0.5	0.2	1.8	0.2	0.8	8.7	岐　阜
…	…	…	…	…	2.7	1.3	2.5	0.3	0.2	-	0.8	…	0.4	0.0	1.5	0.2	0.5	4.8	静　岡
…	…	…	…	…	2.5	1.2	4.5	0.5	0.2	-	0.8	…	0.7	0.0	3.6	0.3	0.2	4.7	愛　知
…	…	…	…	…	2.8	0.2	3.1	0.2	-	-	0.4	…	0.4	0.1	3.1	0.2	0.2	4.2	三　重
…	…	…	…	…	0.8	0.3	2.0	0.3	0.2	-	1.5	…	0.5	0.0	2.0	0.1	0.3	3.9	滋　賀
…	…	…	…	…	4.2	1.7	3.6	0.5	0.2	-	2.3	…	1.3	0.1	3.1	0.1	0.6	6.5	京　都
…	…	…	…	…	1.8	0.6	2.9	0.3	0.1	-	0.3	…	0.2	0.0	2.3	0.2	0.1	3.5	大　阪
…	…	…	…	…	2.1	0.9	2.0	0.3	0.1	-	1.5	…	0.5	0.1	2.6	0.1	0.4	5.1	兵　庫
…	…	…	…	…	2.3	1.3	2.6	0.1	0.2	-	0.6	…	1.1	0.1	1.2	0.1	0.3	4.6	奈　良
…	…	…	…	…	1.9	1.1	1.6	0.2	0.1	-	0.9	…	2.3	0.2	1.3	0.1	0.2	4.3	和 歌 山
…	…	…	…	…	2.0	0.2	6.9	0.3	-	-	1.1	…	0.5	0.0	5.1	0.4	0.5	9.0	鳥　取
…	…	…	…	…	1.4	1.4	4.9	0.3	0.0	-	0.6	…	0.9	0.0	4.2	0.4	0.8	5.6	島　根
…	…	…	…	…	2.7	0.6	4.4	0.6	0.0	-	1.3	…	0.8	0.0	4.6	0.2	0.6	7.4	岡　山
…	…	…	…	…	2.3	1.3	2.2	0.3	0.0	-	0.4	…	0.4	0.1	2.0	0.2	0.3	3.4	広　島
…	…	…	…	…	2.7	1.1	2.3	0.8	0.0	-	1.4	…	0.6	0.0	3.5	0.2	0.5	7.0	山　口
…	…	…	…	…	2.0	0.2	3.1	0.1	0.0	-	0.2	…	0.5	0.1	3.8	0.2	0.4	5.8	徳　島
…	…	…	…	…	3.7	1.4	2.9	0.4	-	-	1.3	…	2.0	-	2.7	0.2	0.5	5.4	香　川
…	…	…	…	…	1.2	0.5	1.3	0.1	-	-	0.9	…	1.4	-	1.5	0.1	0.2	2.4	愛　媛
…	…	…	…	…	0.9	0.2	2.0	0.0	0.0	-	2.4	…	0.6	-	1.1	0.1	0.1	3.3	高　知
…	…	…	…	…	2.3	0.9	1.9	0.2	0.1	-	0.6	…	0.3	0.1	2.7	0.4	0.1	3.0	福　岡
…	…	…	…	…	2.2	0.8	1.9	0.4	-	-	0.5	…	0.2	0.1	2.8	0.1	0.5	5.9	佐　賀
…	…	…	…	…	1.1	0.1	4.2	0.1	0.0	-	1.2	…	0.6	0.1	3.4	0.2	0.4	5.2	長　崎
…	…	…	…	…	3.4	1.3	1.2	0.3	0.0	-	0.3	…	1.0	0.0	1.1	0.1	0.4	2.8	熊　本
…	…	…	…	…	0.9	0.4	1.9	0.0	0.0	-	0.7	…	0.6	0.0	1.9	0.1	0.1	1.5	大　分
…	…	…	…	…	3.5	1.8	1.6	0.2	0.0	-	1.0	…	0.1	0.0	3.6	0.5	0.5	4.1	宮　崎
…	…	…	…	…	1.5	0.3	1.4	0.2	-	-	0.9	…	0.3	0.4	2.7	0.1	0.3	2.1	鹿 児 島
…	…	…	…	…	1.2	0.4	2.0	0.5	0.0	-	0.8	…	0.4	-	3.2	0.0	0.3	3.6	沖　縄

都道府県表

1 9歳 (1) 計

区分	計	視力非矯正者の裸眼視力 1.0以上	1.0未満0.7以上	0.7未満0.3以上	0.3未満	視力矯正者の裸眼視力 1.0以上	1.0未満0.7以上	0.7未満0.3以上	0.3未満	裸眼視力 計	1.0未満0.7以上	0.7未満0.3以上	0.3未満	眼の疾病・異常	難聴	耳疾患	鼻疾・副鼻腔患	口腔咽喉頭疾患異常	むし歯(う歯) 計	処置完了者	未処置のある歯者	歯列・咬合	顎関節	歯垢の状態	歯肉の状態	疾病・異常その他の
全国	100.00	57.65	11.19	13.57	5.88	0.89	1.09	3.03	6.69	41.46	12.28	16.60	12.58	5.00	…	5.36	11.73	0.86	45.38	24.49	20.89	5.04	0.10	4.00	2.41	7.39
北海道	100.0	55.0	13.8	15.8	3.2	0.6	1.0	4.6	6.0	44.4	14.8	20.4	9.2	3.0	…	5.0	10.5	0.7	53.3	23.3	30.0	4.9	0.3	6.1	2.8	6.4
青森	100.0	48.6	12.0	13.6	6.7	0.7	1.5	5.2	11.8	50.7	13.5	18.8	18.4	5.7	…	5.1	17.7	0.8	57.2	26.5	30.7	4.1	0.3	3.4	1.5	13.5
岩手	100.0	55.8	9.6	12.1	6.0	1.9	2.8	3.4	8.5	42.3	12.4	15.5	14.4	7.7	…	4.5	25.9	3.0	53.3	28.5	24.8	9.0	0.1	3.7	2.4	7.0
宮城	100.0	55.4	11.3	13.7	7.0	1.0	1.6	3.8	6.3	43.6	12.9	17.4	13.3	6.3	…	5.3	6.6	-	49.7	24.9	24.9	6.5	0.2	6.8	5.6	11.3
秋田	100.0	54.7	14.3	11.9	5.6	1.5	2.0	2.6	7.4	43.7	16.3	14.4	13.0	10.2	…	7.0	22.3	1.8	50.9	27.1	23.8	4.1	0.0	3.8	1.7	9.1
山形	100.0	61.1	9.3	11.4	4.3	1.3	1.1	4.9	6.5	37.6	10.4	16.4	10.8	4.6	…	6.3	14.4	1.3	52.0	28.7	23.4	6.1	0.1	3.6	3.6	12.1
福島	100.0	58.2	12.9	11.2	5.9	0.5	1.0	3.6	6.8	41.3	13.9	14.8	12.7	2.9	…	2.1	4.4	2.8	59.2	33.7	25.4	4.8	-	4.0	2.2	11.5
茨城	100.0	56.4	10.2	13.5	7.3	1.0	1.2	3.8	6.5	42.6	11.5	17.3	13.8	12.5	…	1.0	21.0	0.0	53.3	27.9	25.4	3.6	0.0	3.5	1.3	11.4
栃木	100.0	60.4	11.5	11.8	4.7	0.7	1.5	2.9	6.5	38.9	13.0	14.7	11.2	3.1	…	4.8	11.6	0.3	49.8	26.7	23.1	3.8	0.6	2.9	1.2	8.8
群馬	100.0	57.3	9.0	13.1	7.1	1.4	1.2	3.6	7.3	41.3	10.2	16.8	14.4	1.5	…	3.6	4.4	1.1	51.4	27.3	24.0	6.8	0.2	3.2	3.2	8.7
埼玉	100.0	60.8	9.9	13.8	6.4	0.3	0.7	3.2	4.8	38.9	10.6	17.0	11.3	3.8	…	4.9	9.0	0.3	39.8	23.0	16.7	5.5	0.1	1.5	0.7	7.1
千葉	100.0	59.9	10.4	13.9	4.9	1.1	1.2	2.6	6.1	39.0	11.6	16.5	11.0	6.4	…	3.1	14.6	1.1	37.2	18.0	19.1	6.5	0.0	5.1	3.4	9.6
東京	100.0	51.7	12.6	15.1	6.4	1.1	1.2	3.2	8.8	47.2	13.8	18.2	15.2	6.3	…	6.9	11.1	0.5	40.0	23.9	16.2	4.0	0.0	3.6	1.7	4.3
神奈川	100.0	60.8	16.7	15.1	5.3	0.7	0.5	0.4	0.5	38.5	17.2	15.5	5.8	5.0	…	9.2	15.0	0.9	34.7	20.4	14.2	3.8	0.1	1.9	1.5	3.5
新潟	100.0	59.8	10.1	12.4	5.6	1.2	1.4	3.4	5.9	39.0	11.5	15.9	11.6	3.1	…	7.1	13.0	0.4	37.0	21.6	15.4	2.5	-	3.0	3.1	7.3
富山	100.0	64.5	8.4	10.5	4.4	2.1	1.7	3.4	5.1	33.5	10.2	13.9	9.5	11.4	…	2.9	11.7	0.2	40.3	22.5	17.8	4.4	0.0	3.5	2.7	5.3
石川	100.0	56.4	9.8	12.5	5.1	1.0	0.9	4.3	10.0	42.6	10.7	16.8	15.1	4.0	…	8.3	17.4	1.7	43.6	18.4	25.3	3.3	0.1	3.6	1.6	6.6
福井	100.0	57.0	10.0	12.5	6.3	1.0	1.2	3.2	8.8	42.0	11.2	15.7	15.1	4.0	…	0.9	3.8	0.5	57.0	29.2	27.8	4.6	-	4.0	2.1	7.5
山梨	100.0	60.0	9.8	10.6	4.3	1.4	1.1	4.7	8.0	38.5	10.9	15.3	12.3	6.1	…	5.3	12.7	0.6	49.4	27.3	22.1	5.9	0.1	3.6	2.6	10.2
長野	100.0	63.5	9.8	13.0	3.5	1.3	0.7	3.8	4.3	35.2	10.5	16.8	7.9	2.7	…	4.9	6.5	0.3	45.9	27.1	18.8	5.0	0.0	4.0	4.4	8.2
岐阜	100.0	59.2	10.6	13.5	6.1	0.8	1.0	2.5	6.5	40.0	11.4	16.0	12.6	4.9	…	3.1	10.4	1.2	44.3	26.1	18.2	4.7	0.1	4.6	2.1	4.6
静岡	100.0	63.9	9.7	10.4	5.3	0.4	1.0	2.7	6.5	35.7	10.7	13.1	11.9	2.3	…	7.1	9.2	0.5	40.0	22.2	17.8	5.5	0.0	3.1	2.0	9.5
愛知	100.0	58.2	10.3	12.4	5.8	0.7	1.2	3.7	7.7	41.2	11.5	16.2	13.5	5.3	…	2.2	9.3	1.1	39.1	24.1	14.9	4.9	0.1	3.7	2.7	7.4
三重	100.0	65.0	11.5	12.6	4.3	1.1	0.9	2.1	2.5	33.9	12.4	14.7	6.8	4.3	…	2.2	10.0	1.1	50.4	24.5	25.9	5.6	0.0	5.9	2.2	8.0
滋賀	100.0	X	X	X	X	X	X	X	X	X	X	X	X	2.5	…	2.2	2.1	0.6	43.2	22.4	20.9	5.8	0.0	3.9	2.0	9.7
京都	100.0	60.5	8.6	13.2	5.4	1.2	1.0	3.9	6.2	38.3	9.6	17.1	11.6	5.0	…	6.9	7.8	0.3	43.8	23.5	20.3	8.6	0.1	3.4	2.4	6.6
大阪	100.0	53.6	8.2	14.5	7.1	0.8	0.9	4.1	10.7	45.6	9.2	18.6	17.8	5.7	…	7.6	10.2	0.5	42.7	21.9	20.9	7.2	0.1	4.6	1.6	6.2
兵庫	100.0	55.9	10.4	13.9	8.0	1.0	0.8	2.4	7.8	42.7	11.2	15.7	15.9	5.9	…	6.8	13.5	1.0	47.4	26.6	20.9	5.1	0.0	4.6	1.8	8.2
奈良	100.0	61.0	10.9	9.6	2.9	1.0	1.4	4.6	8.7	38.1	12.5	14.2	11.5	4.2	…	4.1	11.2	0.5	47.2	23.5	23.8	6.0	0.0	6.3	2.5	7.3
和歌山	100.0	65.1	8.3	11.0	5.0	1.1	1.6	3.5	4.3	33.8	10.0	14.5	9.4	7.0	…	2.9	8.9	0.2	48.7	24.9	23.8	10.7	-	6.2	3.7	9.1
鳥取	100.0	60.0	8.4	12.0	4.7	1.4	1.4	4.0	8.1	38.6	9.8	16.0	12.9	10.9	…	4.1	21.4	2.2	54.9	28.9	26.0	7.8	0.2	6.1	3.4	8.8
島根	100.0	60.5	10.5	11.7	5.1	0.7	2.3	2.7	6.5	38.8	12.8	14.5	11.6	5.6	…	5.6	13.8	1.4	53.6	27.6	26.1	4.5	0.1	4.4	4.2	6.3
岡山	100.0	58.4	11.4	11.7	4.0	1.4	2.5	4.8	5.7	40.2	14.0	16.5	9.7	5.6	…	9.0	16.4	1.4	47.3	24.6	22.7	7.0	0.0	7.2	5.3	8.1
広島	100.00	58.3	12.1	12.3	5.88	0.5	1.0	2.7	7.3	41.2	13.1	15.0	13.1	4.1	…	3.36	11.4	0.4	40.7	24.4	16.3	3.8	0.1	3.4	1.6	5.8
山口	100.0	62.2	7.2	12.8	5.1	0.8	0.8	3.5	7.7	37.1	8.0	16.3	12.8	5.3	…	5.7	14.1	0.2	51.1	25.3	25.9	3.6	0.2	2.1	1.7	11.6
徳島	100.0	58.1	10.8	11.9	4.8	1.7	1.5	3.9	7.2	40.2	12.3	15.9	12.0	8.1	…	4.0	14.9	0.6	51.6	24.9	26.7	5.8	0.5	6.7	3.9	8.4
香川	100.0	58.1	9.6	11.8	4.6	1.3	1.2	4.0	9.3	40.6	11.0	15.7	13.9	4.3	…	7.0	10.7	0.5	47.0	29.2	17.8	4.6	0.4	5.9	2.1	11.1
愛媛	100.0	58.1	10.8	12.9	6.0	1.2	1.2	3.0	8.2	40.6	11.4	15.9	14.2	3.0	…	5.3	12.9	0.5	53.1	25.3	27.8	4.8	0.1	2.2	1.4	10.2
高知	100.0	62.1	8.5	11.9	4.6	0.4	2.1	3.4	6.8	37.4	10.6	15.3	11.5	0.2	…	2.4	5.4	0.2	50.5	24.9	24.6	7.1	0.7	7.3	4.4	7.3
福岡	100.0	50.6	13.9	14.2	8.4	0.6	1.1	2.7	8.5	48.8	15.0	16.9	16.9	2.8	…	5.4	11.7	0.5	52.4	29.4	23.1	4.0	0.1	3.8	2.4	6.6
佐賀	100.0	55.1	11.8	13.9	8.5	1.0	1.2	2.8	5.9	44.0	12.8	16.7	14.4	3.3	…	7.4	10.8	1.4	54.2	26.1	28.1	3.3	0.1	5.1	2.3	11.4
長崎	100.0	X	X	X	X	X	X	X	X	X	X	X	X	2.6	…	1.1	4.1	1.7	54.4	32.8	21.7	2.9	0.0	3.5	2.3	8.5
熊本	100.0	59.5	9.8	13.1	6.6	0.8	0.9	3.5	6.2	39.7	10.7	16.6	12.8	6.7	…	6.4	17.4	1.4	54.8	28.8	26.0	4.3	0.2	4.3	5.0	11.3
大分	100.0	55.3	16.4	12.9	4.0	0.8	0.9	2.3	6.3	43.9	17.6	15.2	11.1	10.6	…	3.3	18.0	2.0	59.5	23.8	35.7	5.0	0.0	6.4		6.4
宮崎	100.0	60.1	12.0	10.7	5.0	1.2	1.3	3.0	6.8	38.7	13.2	13.7	11.8	4.0	…	7.9	12.3	0.5	57.6	24.1	33.4	4.3	0.3	5.3	3.2	7.3
鹿児島	100.0	62.4	8.1	14.2	2.7	1.1	2.1	2.7	6.7	36.4	10.2	16.8	9.4	4.6	…	5.5	20.4	1.3	60.1	30.8	29.3	4.6	0.1	2.4	1.3	8.3
沖縄	100.0	56.3	10.3	13.8	9.9	0.6	0.7	1.9	6.6	43.1	11.0	15.7	16.4	1.8	…	4.9	14.1	1.8	61.0	28.9	32.1	2.0	0.3	3.6	2.6	7.5

異常被患率等（各年齢ごと）（39-5）

単位（％）

永久歯の1人当り平均むし歯（う歯）等数					栄養状態	せき柱・四肢の胸郭・状態	皮膚疾患		結核の検査の対象精密者	結核	心疾病臓・異常	心電図異常	蛋白検出の者	尿糖検出の者	その他の疾病・異常				区分
計(本)	喪失歯数(本)	むし歯(う歯)計(本)	処置歯数(本)	未処置歯数(本)			アトピー性皮膚炎	その他の皮膚疾患							ぜん息	腎臓疾患	言語障害	その他の疾病・異常	
...	...	...	...	...	2.51	0.90	3.19	0.35	0.14	0.00	0.79	...	0.82	0.06	3.15	0.20	0.35	4.46	全　国
...	...	...	...	...	2.9	0.9	5.6	1.0	0.0	-	0.5	...	1.1	0.0	5.3	0.1	1.1	6.7	北 海 道
...	...	...	...	...	5.7	2.0	1.4	0.3	-	-	0.3	...	0.7	0.1	1.6	0.1	0.3	4.9	青　森
...	...	...	...	...	4.0	0.6	2.2	0.3	-	-	0.1	...	1.2	-	2.6	0.2	0.2	4.5	岩　手
...	...	...	...	...	2.9	1.9	4.9	0.5	0.1	-	0.6	...	0.5	0.0	6.4	0.2	0.6	7.0	宮　城
...	...	...	...	...	4.7	2.3	3.9	0.7	0.1	-	0.9	...	0.3	0.0	3.1	0.1	0.3	7.7	秋　田
...	...	...	...	...	3.4	0.4	3.7	0.5	-	-	0.6	...	0.6	0.0	3.5	0.2	0.3	9.3	山　形
...	...	...	...	...	3.6	0.5	2.4	0.5	-	-	0.7	...	0.2	0.1	2.9	0.1	0.3	5.9	福　島
...	...	...	...	...	4.9	1.4	6.2	0.5	0.2	-	0.7	...	0.5	0.1	4.9	0.2	0.8	4.1	茨　城
...	...	...	...	...	3.2	1.2	3.7	0.7	0.1	-	1.6	...	2.2	0.0	4.3	0.2	0.8	6.7	栃　木
...	...	...	...	...	1.5	0.8	3.0	0.1	0.1	-	1.2	...	0.3	0.1	3.2	0.4	1.0	4.9	群　馬
...	...	...	...	...	1.1	0.9	2.9	0.2	0.3	-	1.0	...	1.6	0.1	3.6	0.1	0.2	2.9	埼　玉
...	...	...	...	...	1.3	1.0	3.2	0.2	0.2	-	0.9	...	0.4	0.1	5.4	0.1	0.5	4.2	千　葉
...	...	...	...	...	1.9	0.4	3.3	0.3	0.3	-	0.6	...	0.7	0.1	2.8	0.2	0.3	2.2	東　京
...	...	...	...	...	1.6	1.2	2.3	0.3	0.2	-	0.5	...	0.6	0.1	3.0	0.1	0.2	3.6	神 奈 川
...	...	...	...	...	3.2	0.2	4.5	0.3	0.1	-	1.3	...	0.6	0.1	6.3	0.6	0.4	5.8	新　潟
...	...	...	...	...	2.4	2.6	2.1	0.1	0.3	-	1.0	...	0.9	0.1	2.6	0.0	0.1	7.1	富　山
...	...	...	...	...	0.4	0.2	1.4	0.1	0.1	-	0.9	...	1.1	0.1	1.5	0.2	0.3	3.6	石　川
...	...	...	...	...	1.9	0.4	6.1	0.2	0.0	-	1.1	...	0.9	0.2	2.2	0.5	0.3	6.7	福　井
...	...	...	...	...	3.0	0.9	3.8	0.7	-	-	0.6	...	0.9	0.0	3.4	0.3	0.3	5.5	山　梨
...	...	...	...	...	2.1	0.8	4.0	0.2	0.0	-	1.0	...	0.4	0.0	5.1	0.1	0.6	6.6	長　野
...	...	...	...	...	2.6	0.4	3.3	0.5	0.1	-	2.3	...	0.9	0.0	1.6	0.2	0.5	9.4	岐　阜
...	...	...	...	...	3.0	1.0	2.2	0.3	0.2	-	0.9	...	0.8	0.0	1.6	0.2	0.3	4.6	静　岡
...	...	...	...	...	2.8	0.8	5.4	0.6	0.2	-	0.7	...	0.9	0.0	3.1	0.1	0.4	4.9	愛　知
...	...	...	...	...	3.9	0.6	3.6	-	0.1	-	1.1	...	0.5	0.1	3.7	0.1	0.3	4.0	三　重
...	...	...	...	...	0.6	0.2	1.9	0.2	0.2	-	1.8	...	0.6	0.1	2.2	0.1	0.2	4.2	滋　賀
...	...	...	...	...	4.7	2.2	3.6	0.5	0.6	-	2.4	...	1.2	0.1	2.7	0.1	0.6	6.4	京　都
...	...	...	...	...	2.0	0.8	3.1	0.4	0.1	-	0.2	...	0.9	0.0	2.2	0.2	0.4	4.4	大　阪
...	...	...	...	...	3.2	0.6	2.2	0.2	0.1	-	1.2	...	0.6	0.0	2.8	0.1	0.4	4.5	兵　庫
...	...	...	...	...	3.1	1.4	2.4	0.2	0.1	0.0	0.5	...	1.5	0.1	1.0	0.1	0.3	4.4	奈　良
...	...	...	...	...	2.0	1.0	1.4	0.1	0.1	-	0.2	...	3.1	0.2	1.1	0.1	0.4	4.7	和 歌 山
...	...	...	...	...	2.2	0.3	5.9	0.3	0.1	-	1.2	...	0.6	0.1	4.3	0.3	0.6	11.1	鳥　取
...	...	...	...	...	2.2	0.8	4.9	0.2	-	-	0.5	...	1.0	0.1	4.3	0.2	0.7	5.1	島　根
...	...	...	...	...	3.3	0.5	3.5	0.2	0.1	-	1.1	...	0.9	0.1	3.4	0.2	0.5	8.3	岡　山
...	...	...	...	...	1.9	1.6	2.2	0.2	0.1	-	0.4	...	0.6	0.4	1.7	0.0	0.2	3.2	広　島
...	...	...	...	...	3.8	1.3	2.1	0.5	0.0	-	1.0	...	1.0	0.0	2.7	0.2	0.3	5.7	山　口
...	...	...	...	...	2.2	0.1	3.0	0.2	0.0	-	0.8	...	0.8	0.0	3.1	0.1	0.3	3.6	徳　島
...	...	...	...	...	4.6	0.2	3.2	0.4	0.1	-	0.9	...	2.8	0.0	2.8	0.4	0.2	6.3	香　川
...	...	...	...	...	1.9	0.5	1.5	0.2	0.2	-	0.9	...	1.0	-	2.3	0.1	0.5	2.7	愛　媛
...	...	...	...	...	1.1	0.4	2.3	0.2	0.1	-	0.8	...	0.5	0.1	1.4	0.1	0.5	5.6	高　知
...	...	...	...	...	3.1	1.6	2.1	0.3	0.1	-	0.5	...	0.4	0.0	2.4	0.3	0.2	2.6	福　岡
...	...	...	...	...	3.4	1.4	1.6	0.5	-	-	0.7	...	0.5	0.0	2.7	0.3	0.4	6.2	佐　賀
...	...	...	...	...	1.9	0.3	4.5	0.0	0.0	-	0.6	...	0.8	0.1	3.1	0.1	0.2	4.4	長　崎
...	...	...	...	...	5.1	0.6	1.2	0.1	-	-	0.7	...	1.3	0.0	2.8	0.2	0.2	2.7	熊　本
...	...	...	...	...	0.9	0.5	1.4	0.0	0.1	-	0.4	...	0.7	0.0	2.0	0.1	0.2	1.4	大　分
...	...	...	...	...	4.5	1.6	2.0	0.1	0.0	-	0.8	...	0.5	0.0	3.4	0.1	0.4	5.3	宮　崎
...	...	...	...	...	1.9	0.2	2.4	0.3	0.1	-	1.2	...	0.4	0.3	2.8	0.2	0.2	2.4	鹿 児 島
...	...	...	...	...	1.7	0.6	2.0	0.4	0.0	-	0.3	...	0.7	0.1	2.7	0.1	0.1	3.0	沖　縄

異常被患率等（各年齢ごと）（39-5）

1 10歳 (1) 計

区分	計	非矯正1.0以上	非矯正1.0未満0.7以上	非矯正0.7未満0.3以上	非矯正0.3未満	矯正1.0以上	矯正1.0未満0.7以上	矯正0.7未満0.3以上	矯正0.3未満	裸眼計	裸眼1.0未満0.7以上	裸眼0.7未満0.3以上	裸眼0.3未満	眼の疾病・異常	難聴	耳疾患	鼻疾患・副鼻腔患	口腔咽喉頭疾患異常	むし歯 計	処置完了者	未処置歯のある者	歯列・咬合	顎関節	歯垢の状態	歯肉の状態	その他の疾病・異常
全　国	100.00	52.44	10.44	12.92	6.55	1.05	1.43	4.47	10.70	46.51	11.87	17.40	17.25	4.85	0.46	5.34	11.12	0.71	37.05	20.23	16.82	5.16	0.11	4.08	2.74	8.01
北　海　道	100.0	47.3	X	X	X	0.6	X	X	X	52.1	X	X	X	6.0	0.2	3.2	X	1.1	47.5	21.2	26.3	6.0	0.4	6.8	2.4	6.3
青　森	100.0	43.9	11.1	14.1	6.9	1.0	1.7	4.6	16.6	55.1	12.8	18.7	23.5	4.8	0.4	4.9	17.3	1.0	45.6	24.9	20.7	4.4	0.7	3.2	2.3	13.5
岩　手	100.0	46.4	13.2	13.1	4.7	1.6	3.0	7.0	11.0	52.0	16.2	20.2	15.6	7.0	0.3	6.2	20.7	1.1	44.8	25.6	19.2	7.4	0.1	4.4	2.3	8.0
宮　城	100.0	54.1	9.4	13.1	6.0	1.3	1.8	3.7	10.6	44.6	11.3	16.8	16.6	7.1	0.4	5.7	10.8	0.4	44.6	22.8	21.9	7.8	0.1	7.4	7.0	10.5
秋　田	100.0	51.9	12.3	13.2	4.7	1.8	1.5	5.1	9.4	46.2	13.8	18.3	14.1	15.4	0.3	4.3	21.4	2.1	43.2	23.7	19.5	3.4	0.1	4.9	2.2	12.1
山　形	100.0	57.3	7.8	11.5	5.2	1.1	1.7	4.9	10.4	41.5	9.5	16.4	15.6	4.8	0.2	5.4	13.8	1.2	39.0	22.8	16.2	6.1	0.0	4.8	4.2	12.3
福　島	100.0	52.7	9.5	14.7	5.7	0.6	1.4	4.4	10.9	46.7	10.9	19.1	16.7	2.3	0.3	4.1	6.2	1.3	47.0	27.9	19.1	4.3	0.3	3.6	1.5	14.8
茨　城	100.0	50.8	10.3	12.8	8.3	1.2	1.6	4.2	10.9	48.1	11.9	17.0	19.2	12.4	0.5	9.4	19.4	0.6	45.7	23.6	22.1	4.3	0.3	3.6	1.3	12.6
栃　木	100.0	57.4	9.2	12.1	5.2	1.0	1.3	4.0	9.8	41.6	10.5	16.0	15.0	0.5	0.5		10.3	0.3	41.7	21.7	19.9	4.2	0.2	3.2	1.3	8.7
群　馬	100.0	52.9	8.2	13.4	6.9	1.4	1.3	3.9	12.0	45.6	9.4	17.3	18.9	1.7	0.7	5.2	6.0	0.7	39.4	22.1	17.4	8.0	0.6	4.5	3.8	9.7
埼　玉	100.0	56.0	10.2	13.5	6.4	0.8	1.1	3.7	8.4	43.2	11.2	17.2	14.8	2.4	0.5	4.5	7.5	0.3	35.3	20.0	15.3	4.3	0.1	2.6	1.4	6.9
千　葉	100.0	54.0	10.7	12.2	5.4	0.5	1.2	4.9	11.1	45.5	11.9	17.2	16.5	8.1	0.3	7.4	15.5	0.6	31.4	15.2	16.2	6.1	0.4	4.3	3.0	8.2
東　京	100.0	50.7	9.8	14.2	6.9	1.4	1.6	4.6	10.8	47.9	11.3	18.9	17.8	0.4	0.5	7.0	10.8	0.4	31.9	19.1	12.8	6.1	0.4	3.7	2.1	4.4
神　奈　川	100.0	X	X	X	X	X	X	X	X	X	X	X	X	4.4	0.5	5.6	7.1	0.2	28.5	15.4	13.1	3.2	0.1	2.1	1.6	4.0
新　潟	100.0	50.6	9.9	14.3	6.3	1.4	2.0	4.3	11.2	48.0	11.9	18.6	17.5	3.1	0.3	5.4	15.6	0.6	26.8	18.7	8.1	2.6	-	2.8	3.2	7.5
富　山	100.0	55.7	9.0	11.3	5.7	2.3	2.5	4.5	8.9	42.0	11.6	15.9	14.6	9.9	0.2	3.4	13.6	0.2	31.1	17.2	13.9	3.2	0.1	3.4	3.6	6.9
石　川	100.0	51.3	9.7	14.1	5.1	0.5	2.2	4.6	12.5	48.2	11.9	18.7	17.6	1.1	0.3	1.0	3.2	-	35.4	15.6	19.9	3.1	0.0	3.8	1.6	6.5
福　井	100.0	51.3	10.3	12.1	6.7	0.9	1.5	5.0	12.2	47.8	11.7	17.1	18.9	0.9	0.2	4.4	4.6	0.2	46.6	25.1	21.5	6.9	-	4.5	3.4	8.9
山　梨	100.0	55.2	9.6	12.0	4.7	1.1	1.4	4.3	11.7	43.7	11.0	16.3	16.4	7.0	0.5	4.4	10.9	0.6	38.8	23.7	15.1	6.2	0.1	3.3	2.1	10.1
長　野	100.0	58.7	9.4	10.8	5.3	0.9	1.6	3.2	10.2	40.5	11.0	14.0	15.4	2.8	0.2	5.2	5.3	0.2	37.0	22.3	14.7	4.3	0.0	3.9	4.2	9.0
岐　阜	100.0	54.0	11.0	11.7	6.0	1.0	1.4	3.9	11.0	44.9	12.3	15.6	17.0	3.0	0.5	2.5	9.9	1.3	35.2	22.0	13.2	3.5	0.1	3.6	2.1	4.2
静　岡	100.0	61.3	8.1	11.0	4.6	0.7	1.0	3.7	9.6	38.0	9.1	14.7	14.2	2.8	0.6	6.4	6.8	0.4	31.4	19.2	12.2	5.0	-	4.9	3.1	11.1
愛　知	100.0	52.3	9.6	14.9	5.7	0.8	1.5	4.7	10.5	46.9	11.1	19.6	16.2	4.0	0.6	4.2	8.5	0.3	30.7	18.4	12.3	5.6	0.2	3.7	4.1	9.5
三　重	100.0	61.4	11.0	14.5	4.8	0.2	0.3	2.4	5.3	38.4	11.3	17.0	10.1	4.0	0.5	1.0	10.0	0.3	44.0	23.8	20.2	5.2	0.1	5.9	4.0	7.8
滋　賀	100.0	57.7	X	X	X	1.0	X	X	X	41.3	X	X	X	3.0	0.6	2.9	3.4	0.5	35.2	18.1	17.1	6.4	0.0	4.5	2.2	11.7
京　都	100.0	51.1	10.2	12.8	6.0	1.4	1.6	5.2	11.7	47.5	11.8	18.0	17.7	5.5	0.3	6.2	7.3	0.4	34.1	19.4	14.9	10.2	0.1	3.9	1.1	7.0
大　阪	100.0	49.8	8.9	12.1	8.2	0.8	1.4	4.3	14.6	49.4	10.3	16.4	22.7	5.3	0.6	5.9	6.0	0.3	33.9	17.9	16.1	7.7	0.3	3.7	2.5	7.8
兵　庫	100.0	X	X	X	X	X	X	X	X	X	X	X	X	5.8	0.7	6.0	15.1	1.0	36.9	21.4	15.6	5.5	0.1	3.4	2.7	8.1
奈　良	100.0	56.0	7.3	9.7	3.5	2.0	2.0	8.1	12.3	42.1	8.5	17.8	15.8	2.1	0.5	5.3	10.4	1.4	37.5	18.2	19.2	6.3	-	5.4	2.4	8.9
和　歌　山	100.0	57.4	10.0	11.5	3.7	1.4	2.4	5.6	8.0	41.2	12.4	17.1	11.6	7.7	0.4	5.3	10.4	1.4	37.0	20.0	17.1	7.7	-	6.8	4.4	9.6
鳥　取	100.0	57.2	7.6	11.7	4.3	1.7	1.4	6.0	10.2	41.2	8.9	17.7	14.5	15.1	0.2	2.9	20.8	2.1	43.0	24.5	18.5	8.0	0.1	7.3	4.2	10.4
島　根	100.0	57.0	9.2	11.2	6.1	1.6	1.3	3.7	9.9	41.4	10.5	14.9	16.0	3.7	0.4	6.6	18.8	0.9	42.5	19.8	22.7	5.0	-	5.7	5.3	8.8
岡　山	100.0	54.9	10.1	11.3	5.5	1.9	2.3	6.6	7.5	43.2	12.3	17.9	13.0	5.9	0.4	6.6	19.0	1.3	38.8	18.3	20.5	7.3	0.2	7.5	6.0	9.9
広　島	100.0	52.5	10.5	13.6	7.1	0.6	1.1	4.1	10.8	46.9	11.3	17.7	17.9	3.1	0.3	3.7	10.0	0.2	34.5	18.7	15.8	5.6	0.3	3.2	4.0	8.0
山　口	100.0	59.5	6.8	11.5	5.0	0.7	1.4	4.1	11.6	39.8	8.2	15.1	16.5	5.0	0.2	6.9	9.3	0.6	44.2	22.6	21.6	4.4	0.2	3.2	4.0	12.8
徳　島	100.0	55.8	8.1	10.3	4.1	0.9	1.2	6.4	13.1	43.3	9.3	16.8	17.3	11.5	0.2	7.3	17.9	0.5	39.4	22.4	17.1	4.5	0.6	6.4	4.0	8.2
香　川	100.0	52.9	7.8	11.1	4.9	1.4	1.6	5.7	14.6	45.7	9.4	16.8	19.5	4.5	0.5	6.1	10.2	0.3	37.4	23.1	14.3	4.5	0.2	6.0	3.8	13.0
愛　媛	100.0	54.8	8.8	13.2	5.9	0.7	1.0	4.7	11.0	44.5	9.7	17.9	16.8	4.0	0.2	5.1	9.8	0.2	41.6	20.6	21.0	4.0	0.1	5.6	1.6	11.1
高　知	100.0	53.2	8.5	13.3	7.1	1.0	1.3	5.2	10.4	45.9	9.8	18.6	17.5	0.5	0.2	6.8	12.8	0.4	39.0	20.9	18.1	8.6	0.0	9.0	3.6	10.3
福　岡	100.0	46.4	14.3	14.3	8.7	0.6	1.3	4.6	11.7	53.1	14.9	17.9	20.3	4.4	0.5	7.9	12.8	0.4	41.9	22.0	20.0	4.7	0.1	3.6	2.2	6.2
佐　賀	100.0	53.8	11.1	12.6	7.0	0.8	0.8	2.4	11.3	45.2	11.9	14.9	18.3	3.6	0.4	7.1	10.9	0.8	42.3	21.6	20.6	4.3	0.0	7.0	3.5	10.9
長　崎	100.0	X	X	X	X	X	X	X	X	X	X	X	X	0.4	0.6	4.9	11.1	1.1	43.6	25.6	18.0	3.8	0.3	2.4	2.4	9.4
熊　本	100.0	56.3	9.2	12.4	6.2	1.2	1.4	4.0	9.8	42.7	10.4	16.4	15.9	0.5	0.5	5.8	15.7	0.9	42.1	22.9	19.2	4.6	0.0	4.2	4.2	11.9
大　分	100.0	52.0	12.4	14.0	6.4	0.5	0.5	3.0	10.9	47.5	12.8	17.5	16.5	7.4	0.6	11.2	22.3	1.3	46.9	23.6	23.3	4.2	0.3	3.7	3.1	7.5
宮　崎	100.0	55.5	9.5	11.0	5.8	1.1	1.3	3.6	12.3	43.1	11.4	15.0	16.5	7.0	0.4	7.4	14.9	1.1	46.4	22.9	23.5	5.9	0.4	5.6	3.9	9.0
鹿　児　島	100.0	62.9	9.4	9.0	4.7	1.0	1.2	3.7	8.0	36.1	10.6	12.7	12.7	5.1	0.4	6.4	20.9	0.7	54.7	30.9	23.8	3.7	0.1	3.4	2.0	10.4
沖　縄	100.0	50.2	11.1	13.9	10.7	0.6	0.8	3.0	9.7	49.1	11.9	16.9	20.4	1.5	0.2	3.8	10.9	1.7	54.9	26.7	28.2	1.4	0.4	4.5	2.9	8.1

異常被患率等（各年齢ごと）（39-6）

単位（%）

永久歯の1人当り平均むし歯（う歯）等数					栄養状態	せき柱・四肢の状態・胸郭	皮膚疾患		結核の検査の対象精密者	結核	心疾病臓・異常	心電図異常	蛋白検出の者	尿糖検出の者	その他の疾病・異常				区分
計（本）	喪失歯数（本）	むし歯（う歯）計（本）	処置歯数（本）	未処置歯数（本）			アトピー性皮膚炎	その他の皮膚疾患							ぜん息	腎臓疾患	言語障害	その他の疾病・異常	
...	...	...	...	...	2.57	1.13	3.18	0.36	0.14	0.00	0.75	...	1.18	0.08	3.20	0.23	0.24	4.59	全　国
...	...	...	...	...	3.6	0.6	5.4	0.1	0.0	-	0.3	...	1.0	0.1	5.4	0.2	0.7	5.8	北　海　道
...	...	...	...	...	4.4	3.5	2.1	0.8	-	-	0.0	...	1.6	-	1.4	0.2	0.1	5.1	青　森
...	...	...	...	...	3.5	0.5	2.7	0.3	-	-	0.4	...	1.0	0.1	3.0	0.2	0.4	5.2	岩　手
...	...	...	...	...	2.8	2.0	4.8	1.0	0.0	-	0.6	...	0.6	0.0	4.7	0.3	0.2	8.1	宮　城
...	...	...	...	...	4.8	2.0	3.5	0.5	0.0	-	0.4	...	0.7	0.0	3.7	0.2	0.1	7.2	秋　田
...	...	...	...	...	4.3	0.7	4.7	0.5	-	-	0.7	...	0.6	0.1	3.7	0.2	0.3	9.8	山　形
...	...	...	...	...	3.1	1.4	2.9	0.3	-	-	0.8	...	0.7	0.1	3.7	0.1	0.6	7.7	福　島
...	...	...	...	...	4.8	1.7	5.8	0.2	0.2	-	1.2	...	0.8	0.1	5.2	0.2	0.7	4.2	茨　城
...	...	...	...	...	3.8	1.1	3.8	0.8	0.1	-	1.8	...	2.1	0.0	4.1	0.2	0.8	6.2	栃　木
...	...	...	...	...	1.4	1.3	2.2	0.2	-	-	0.9	...	0.5	0.1	3.2	0.5	0.5	5.2	群　馬
...	...	...	...	...	1.6	0.8	2.8	0.1	0.2	-	0.8	...	2.2	0.1	3.7	0.2	0.1	3.3	埼　玉
...	...	...	...	...	1.4	1.0	3.4	0.3	0.2	-	0.9	...	0.8	0.0	5.0	0.5	0.5	4.0	千　葉
...	...	...	...	...	2.2	0.5	3.4	0.4	0.3	-	0.6	...	1.1	0.1	2.8	0.3	0.2	2.1	東　京
...	...	...	...	...	1.8	1.4	2.8	0.4	0.3	0.0	0.3	...	0.7	0.0	3.9	0.2	0.1	3.1	神　奈　川
...	...	...	...	...	3.7	0.7	4.5	0.3	0.1	-	0.9	...	1.0	0.1	6.0	0.2	0.5	6.9	新　潟
...	...	...	...	...	2.5	2.1	1.5	0.2	0.2	-	1.1	...	1.5	0.1	2.6	0.2	0.0	6.6	富　山
...	...	...	...	...	0.6	0.3	2.7	0.5	0.0	-	0.6	...	0.9	0.0	1.7	0.2	0.1	3.4	石　川
...	...	...	...	...	1.6	0.3	3.1	0.3	-	-	1.1	...	0.9	0.2	1.6	0.1	0.4	5.4	福　井
...	...	...	...	...	2.2	1.0	3.3	0.7	0.0	-	0.7	...	1.6	0.2	3.0	0.3	0.4	5.2	山　梨
...	...	...	...	...	1.9	0.7	4.4	0.4	0.1	-	1.4	...	0.7	0.0	3.6	0.2	0.2	6.6	長　野
...	...	...	...	...	1.9	2.0	2.9	0.6	0.2	-	1.7	...	1.2	0.1	1.5	0.6	0.3	8.9	岐　阜
...	...	...	...	...	2.8	1.9	2.1	0.4	0.1	0.0	0.9	...	0.9	0.0	1.5	0.1	0.3	4.5	静　岡
...	...	...	...	...	2.8	1.4	5.1	0.4	0.3	-	0.7	...	1.3	0.0	3.5	0.2	0.1	6.0	愛　知
...	...	...	...	...	3.4	0.5	2.9	0.3	0.0	-	0.4	...	0.9	0.0	3.3	0.3	0.1	3.8	三　重
...	...	...	...	...	0.6	0.4	1.6	0.1	0.1	-	2.0	...	0.7	0.0	1.5	0.2	0.1	3.9	滋　賀
...	...	...	...	...	5.7	1.9	3.4	0.6	0.1	-	2.0	...	2.1	0.1	2.2	0.2	0.4	6.1	京　都
...	...	...	...	...	2.1	1.0	3.3	0.4	0.0	-	0.2	...	1.4	0.2	2.4	0.2	0.1	4.9	大　阪
...	...	...	...	...	2.6	1.8	2.4	0.2	0.0	-	1.3	...	1.1	0.0	2.7	0.2	0.1	5.2	兵　庫
...	...	...	...	...	4.1	1.3	3.2	0.2	0.0	-	0.9	...	1.8	0.1	1.4	0.1	0.2	4.3	奈　良
...	...	...	...	...	3.2	1.1	1.3	0.3	-	-	0.7	...	3.5	0.1	1.2	0.1	0.1	3.6	和　歌　山
...	...	...	...	...	2.7	1.0	5.4	0.1	0.0	-	1.3	...	0.7	0.0	3.9	0.2	0.4	11.5	鳥　取
...	...	...	...	...	2.5	1.9	4.2	0.1	0.0	-	0.4	...	1.7	0.0	5.6	0.2	0.7	5.9	島　根
...	...	...	...	...	4.1	0.6	4.2	0.3	0.1	-	0.9	...	1.5	0.1	4.1	0.3	0.4	9.2	岡　山
...	...	...	...	...	2.2	1.3	2.5	0.6	0.0	-	0.9	...	1.2	0.0	2.4	0.0	0.1	2.9	広　島
...	...	...	...	...	2.7	1.1	2.0	0.3	-	-	1.0	...	1.0	0.0	2.5	0.2	0.2	6.6	山　口
...	...	...	...	...	1.9	0.4	2.8	0.0	0.0	-	0.3	...	1.0	0.0	3.6	0.1	0.9	6.6	徳　島
...	...	...	...	...	4.2	0.5	3.7	0.4	0.0	-	0.7	...	3.0	0.0	3.2	0.3	0.2	6.9	香　川
...	...	...	...	...	1.3	0.6	1.2	0.2	-	-	0.9	...	1.7	0.1	2.3	0.2	0.3	2.6	愛　媛
...	...	...	...	...	1.8	1.0	2.8	0.5	0.0	-	1.2	...	1.0	0.1	1.4	0.1	0.1	3.8	高　知
...	...	...	...	...	2.9	1.5	1.6	0.1	0.1	-	0.8	...	0.7	0.1	2.4	0.3	0.1	3.0	福　岡
...	...	...	...	...	2.2	1.5	1.9	0.4	-	-	0.6	...	0.5	0.1	2.6	0.1	0.2	6.1	佐　賀
...	...	...	...	...	1.7	0.4	4.0	0.4	-	-	0.8	...	0.5	-	3.3	0.2	0.2	4.5	長　崎
...	...	...	...	...	3.9	0.8	1.2	0.1	0.2	-	0.8	...	2.6	0.0	0.7	0.1	0.1	1.9	熊　本
...	...	...	...	...	0.9	0.8	1.4	0.1	-	-	0.9	...	0.9	0.0	1.6	0.3	0.0	1.5	大　分
...	...	...	...	...	4.4	3.0	1.5	0.1	0.0	-	1.0	...	0.9	0.0	3.3	0.4	0.2	3.9	宮　崎
...	...	...	...	...	2.1	0.4	1.3	0.0	-	-	1.3	...	1.1	0.1	4.4	0.2	0.2	2.3	鹿　児　島
...	...	...	...	...	1.5	0.5	1.5	0.5	0.0	-	0.6	...	1.3	0.1	1.9	0.1	0.2	3.4	沖　縄

都道府県表

1　11歳　(1)　計

区分	計	視力非矯正者の裸眼視力 1.0以上	1.0未満0.7以上	0.7未満0.3以上	0.3未満	視力矯正者の裸眼視力 1.0以上	1.0未満0.7以上	0.7未満0.3以上	0.3未満	裸眼視力 計	1.0未満0.7以上	0.7未満0.3以上	0.3未満	眼の疾病・異常	難聴	耳疾患	鼻疾患・副鼻腔患	口腔咽喉頭疾患・異常	むし歯 計	処置完了者	未処置歯のある者	歯列・咬合	顎関節	歯垢の状態	歯肉の状態	その他の疾病・異常
全　国	100.00	49.49	8.95	12.34	7.26	1.04	1.56	5.07	14.28	49.47	10.51	17.42	21.54	4.93	…	4.05	10.00	0.62	30.88	17.28	13.60	5.17	0.17	4.09	3.03	6.63
北 海 道	100.0	49.6	13.9	9.3	10.6	0.6	1.1	3.0	12.1	49.8	15.0	12.2	22.6	4.8	…	0.3	X	0.1	36.9	16.8	20.1	8.3	0.5	8.0	5.4	5.7
青　森	100.0	39.4	10.6	13.0	5.8	1.2	2.2	6.2	21.6	59.4	12.8	19.1	27.4	5.5	…	8.0	13.8	0.3	37.7	20.2	17.5	3.7	0.1	3.4	3.3	10.2
岩　手	100.0	43.5	12.3	12.0	4.2	2.5	4.0	8.1	13.4	54.0	16.2	20.2	17.6	6.1	…	6.9	22.7	2.2	39.5	22.8	16.7	5.9	0.2	2.9	2.1	7.0
宮　城	100.0	46.6	9.6	14.0	6.5	1.2	1.7	5.6	14.8	52.2	11.4	19.5	21.3	5.3	…	5.7	4.0	-	35.5	19.5	16.0	6.3	0.1	5.9	7.7	8.9
秋　田	100.0	46.6	9.6	9.1	5.4	1.4	2.7	7.0	18.2	52.0	12.3	16.1	23.6	10.2	…	8.0	24.8	1.5	33.9	16.9	17.1	4.9	0.1	3.9	1.8	8.1
山　形	100.0	49.9	8.9	12.9	6.3	1.4	1.4	6.4	12.7	48.7	10.3	19.4	19.0	6.1	…	4.6	13.5	2.0	33.6	20.2	13.3	5.6	0.1	3.5	4.2	10.0
福　島	100.0	49.4	9.3	12.6	7.3	0.7	1.6	5.6	13.5	49.9	10.9	18.2	20.8	2.1	…	1.5	3.8	1.7	39.8	26.4	13.4	3.4	0.0	4.0	2.2	11.4
茨　城	100.0	49.0	9.0	12.4	7.8	1.1	1.6	5.1	14.0	49.9	10.5	17.5	21.8	13.7	…	0.7	21.3	0.3	37.3	19.4	17.9	3.9	0.1	3.9	1.6	11.0
栃　木	100.0	51.4	9.0	12.2	5.8	1.1	1.7	5.3	13.5	47.5	10.6	17.6	19.3	3.0	…	4.1	9.2	0.3	35.2	19.8	15.4	4.1	0.6	3.8	1.9	7.6
群　馬	100.0	47.5	7.2	12.8	7.0	1.4	1.9	5.8	16.4	51.2	9.2	18.5	23.5	1.9	…	2.5	4.3	0.3	31.6	17.9	13.6	7.4	0.5	3.7	3.8	7.6
埼　玉	100.0	52.6	8.5	13.2	5.4	1.4	1.8	5.7	11.4	46.0	10.3	18.8	16.9	4.9	…	3.9	X	0.1	27.0	16.9	10.1	5.0	0.1	3.0	1.4	5.9
千　葉	100.0	51.2	9.4	12.0	6.6	1.1	1.1	4.6	14.0	47.8	10.5	16.7	20.6	5.7	…	0.8	13.4	3.0	28.9	15.7	13.2	6.3	0.3	3.2	2.3	7.0
東　京	100.0	42.5	10.8	14.4	7.9	0.8	2.0	5.8	15.8	56.7	12.8	20.3	23.6	5.9	…	7.2	9.6	0.2	27.0	15.7	11.3	3.5	0.2	4.5	3.0	3.8
神 奈 川	100.0	65.4	X	X	X	1.6	X	X	X	32.9	X	X	X	4.3	…	0.8	3.8	0.1	24.4	13.5	11.0	3.7	0.1	2.5	3.2	3.8
新　潟	100.0	47.3	7.3	14.7	7.5	0.9	1.3	5.0	16.0	51.8	8.6	19.7	23.5	3.4	…	4.7	14.5	0.1	20.0	13.5	6.5	3.2	0.0	3.2	3.8	6.6
富　山	100.0	51.3	7.5	12.6	6.5	2.9	3.1	6.0	11.9	45.8	10.6	16.8	18.3	9.2	…	4.0	13.5	0.0	27.2	14.7	12.4	8.0	0.2	2.9	3.3	3.4
石　川	100.0	46.6	8.3	13.1	6.0	0.7	1.4	4.6	19.2	52.7	9.7	17.7	25.2	2.9	…	0.6	-		30.5	15.0	15.5	3.9	0.2	3.1	1.6	6.0
福　井	100.0	47.8	9.2	11.4	5.9	1.6	1.9	6.0	16.3	50.6	11.1	17.3	22.2	1.5	…	0.9	4.6	0.3	39.6	21.9	17.7	6.1	0.0	5.1	2.9	6.8
山　梨	100.0	49.7	9.3	11.3	6.1	1.1	2.0	4.4	16.1	49.2	11.4	15.6	22.2	6.0	…	4.5	12.2	0.3	31.5	19.3	12.2	5.6	0.1	3.3	2.6	6.9
長　野	100.0	54.7	9.7	11.8	4.0	0.9	1.6	4.6	12.6	44.4	11.4	16.3	16.7	2.8	…	3.8	5.4	0.2	29.4	19.0	10.4	4.3	0.0	3.9	4.2	8.0
岐　阜	100.0	50.0	10.2	12.4	7.1	1.0	1.6	4.6	14.1	49.4	11.2	17.0	21.3	3.4	…	2.4	6.6	0.5	25.2	15.6	9.6	4.0	0.1	3.7	2.5	3.9
静　岡	100.0	55.1	7.4	10.9	5.5	0.8	0.8	5.2	14.3	44.1	8.3	16.0	19.8	3.7	…	6.7	9.2	0.5	25.3	14.1	11.2	5.3	0.1	4.1	3.6	8.3
愛　知	100.0	48.5	8.6	12.1	5.7	1.1	1.8	6.1	16.1	50.5	10.4	18.2	21.9	4.1	…	2.3	7.7	0.6	25.2	15.4	9.7	4.7	0.1	4.1	3.6	7.2
三　重	100.0	X	X	X	X	X	X	X	X	X	X	X	X	4.7	…	0.1	8.3	0.1	35.3	18.4	16.9	5.8	0.0	5.0	3.5	7.4
滋　賀	100.0	X	X	X	X	X	X	X	X	X	X	X	X	2.6	…	2.3	1.6	0.3	29.7	17.2	12.4	7.0	0.1	3.5	2.9	9.4
京　都	100.0	49.5	8.1	12.8	5.7	1.5	1.9	6.1	14.3	49.0	10.0	18.9	20.0	5.6	…	6.5	7.6	0.3	27.8	15.8	12.0	11.1	0.1	3.2	1.9	6.4
大　阪	100.0	43.5	7.7	13.1	7.2	0.8	0.8	4.7	22.1	55.6	8.6	17.8	29.3	5.0	…	5.7	6.7	0.1	29.9	15.9	14.0	6.6	0.1	3.9	2.0	6.6
兵　庫	100.0	44.3	X	X	X	X	X	X	X	55.6	X	X	X	6.4	…	6.0	14.3	0.6	30.3	17.7	12.6	6.1	0.2	5.2	4.1	5.8
奈　良	100.0	50.4	10.1	10.1	4.2	2.3	2.0	7.2	13.7	47.3	12.1	17.4	17.8	2.3	…	1.9	9.3	0.6	31.7	15.8	15.9	5.6	0.1	3.6	2.9	6.7
和 歌 山	100.0	54.0	8.0	11.0	4.8	2.0	1.6	7.1	11.4	44.0	9.6	18.1	16.3	8.6	…	3.4	5.9	1.4	27.4	15.4	12.0	8.5	0.1	3.9	3.5	8.1
鳥　取	100.0	52.7	7.3	11.0	4.0	2.0	2.1	6.7	14.1	45.2	9.4	17.7	18.2	15.2	…	2.6	21.4	1.3	36.3	21.5	14.8	8.2	0.2	5.6	4.0	8.0
島　根	100.0	53.1	7.4	11.0	6.3	1.9	1.3	5.9	13.3	45.1	8.6	16.8	19.6	6.3	…	6.0	14.2	0.1	30.3	16.3	14.0	4.0	0.0	5.2	4.1	8.2
岡　山	100.0	51.5	8.2	11.5	6.2	1.6	2.5	7.1	11.4	47.0	10.7	18.6	17.6	5.5	…	8.1	16.8	1.2	30.4	16.0	14.4	5.9	0.6	6.8	5.0	7.8
広　島	100.0	48.2	7.6	12.5	8.1	1.1	1.2	5.0	16.3	50.7	8.7	17.5	24.5	4.7	…	4.2	8.8	0.2	26.7	15.9	10.8	4.0	0.1	3.2	1.9	5.2
山　口	100.0	51.4	8.8	10.8	4.6	0.6	0.8	6.0	17.0	47.9	9.6	16.8	21.6	4.7	…	5.5	10.9	0.9	36.4	18.4	18.0	4.5	0.4	3.6	3.0	9.6
徳　島	100.0	53.8	7.9	10.6	5.3	1.2	1.7	4.3	15.4	45.0	9.5	14.8	20.6	6.5	…	6.0	X	7.1	32.7	19.2	13.6	5.5	1.0	7.1	4.6	8.0
香　川	100.0	48.9	9.3	11.6	5.5	1.3	1.6	6.5	16.6	49.8	11.2	16.6	22.1	4.5	…	5.6	11.6	0.4	29.9	20.2	9.7	3.5	0.4	4.5	2.3	10.7
愛　媛	100.0	46.2	10.5	12.5	6.6	0.7	1.6	4.0	17.9	53.1	12.1	16.5	24.5	3.4	…	2.3	4.2	1.0	36.9	18.6	18.4	2.2	0.3	4.5	2.3	10.0
高　知	100.0	50.5	7.2	13.9	5.4	1.1	2.8	5.2	13.7	48.3	10.0	19.2	19.1	0.2	…	1.9	0.2	0.6	33.8	20.7	13.1	7.5	1.0	5.4	7.1	7.9
福　岡	100.0	40.5	11.3	14.7	10.9	0.4	0.8	5.0	16.4	59.1	12.0	19.7	27.4	3.6	…	4.7	11.2	0.5	36.7	20.3	16.3	5.1	0.1	3.8	2.5	6.0
佐　賀	100.0	48.7	10.4	14.4	8.3	0.8	1.0	4.5	11.9	50.6	11.4	18.9	20.2	3.1	…	7.6	10.9	0.4	35.0	18.2	16.8	5.0	0.1	4.8	2.4	10.3
長　崎	100.0	X	X	X	X	X	X	X	X	X	X	X	X	3.2	…	-	0.9	0.8	39.3	23.5	15.8	6.1	0.4	4.5	2.1	7.1
熊　本	100.0	53.3	8.7	12.9	6.4	1.5	2.0	4.5	11.8	45.2	9.7	17.4	18.2	5.5	…	4.3	14.0	1.8	36.5	18.8	17.7	4.5	0.1	3.7	3.6	8.5
大　分	100.0	50.1	13.0	12.2	7.4	0.9	1.1	4.2	11.7	49.6	14.1	16.4	19.1	3.2	…	X	6.8	0.9	44.9	22.4	22.5	5.4	0.3	4.9	2.8	4.8
宮　崎	100.0	50.1	13.0	9.8	5.7	1.0	1.5	4.1	17.4	48.9	11.8	13.9	23.1	6.3	…	10.5	17.1	1.0	37.9	18.7	19.2	5.5	0.6	7.0	4.1	6.4
鹿 児 島	100.0	57.2	9.1	10.0	5.2	0.4	1.3	4.8	11.9	42.4	10.4	14.8	17.1	4.6	…	5.5	20.1	0.5	48.8	26.9	21.9	2.7	1.2	3.4	2.3	7.8
沖　縄	100.0	45.7	9.2	13.2	11.0	0.5	1.3	4.4	14.7	53.8	10.4	17.6	25.7	2.3	…	4.0	11.7	1.3	48.3	23.8	24.5	1.8	0.7	5.0	3.6	7.5

異常被患率等（各年齢ごと）（39-7）

単位　（％）

計 (本)	喪失歯数 (本)	むし歯（う歯）計 (本)	処置歯数 (本)	未処置歯数 (本)	栄養状態	せき柱・胸郭・四肢の状態	アトピー性皮膚炎	その他の皮膚疾患	結核の検査の対象精密者	結核	心疾病臓・異常	心電図異常	蛋白検出の者	尿糖検出の者	ぜん息	腎臓疾患	言語障害	その他の疾病・異常	区分
...	...	...	...	...	2.55	1.32	3.04	0.35	0.13	0.00	0.70	...	1.90	0.11	3.06	0.25	0.21	4.55	全　国
...	...	...	...	...	2.5	0.8	6.3	0.4	-	-	0.3	...	1.6	0.1	6.1	0.1	0.5	6.8	北 海 道
...	...	...	...	...	4.9	2.6	1.2	0.4	-	-	0.3	...	2.1	0.1	1.4	0.2	0.3	4.9	青　森
...	...	...	...	...	2.7	1.2	3.3	0.2	0.0	-	0.2	...	1.5	0.3	2.5	0.1	0.2	4.8	岩　手
...	...	...	...	...	2.1	3.0	4.4	0.2	0.0	-	1.1	...	1.3	0.1	5.2	0.4	0.1	6.1	宮　城
...	...	...	...	...	5.0	2.7	3.0	0.4	0.0	-	0.8	...	0.5	-	2.5	0.2	0.2	7.7	秋　田
...	...	...	...	...	4.3	0.9	4.4	0.7	-	-	0.4	...	1.6	-	3.1	0.2	0.3	11.1	山　形
...	...	...	...	...	3.6	0.7	2.0	0.3	-	-	0.3	...	1.3	0.1	3.0	0.2	0.3	5.9	福　島
...	...	...	...	...	4.5	1.5	6.6	0.4	0.2	-	0.7	...	1.2	0.2	3.9	0.2	0.4	4.4	茨　城
...	...	...	...	...	3.3	2.1	3.5	0.6	0.1	-	1.4	...	4.1	0.2	4.0	0.4	0.5	7.2	栃　木
...	...	...	...	...	2.0	1.3	2.9	0.2	0.1	-	0.9	...	0.6	0.1	3.7	0.5	0.5	5.4	群　馬
...	...	...	...	...	1.1	0.5	3.5	0.2	0.4	0.0	0.8	...	3.4	0.1	3.4	0.2	0.2	3.1	埼　玉
...	...	...	...	...	2.3	1.7	3.1	0.2	0.2	-	0.4	...	0.8	0.1	4.8	0.4	0.5	4.2	千　葉
...	...	...	...	...	1.8	0.6	3.5	0.6	0.3	-	0.4	...	1.7	0.1	2.6	0.3	0.1	2.3	東　京
...	...	...	...	...	1.6	1.5	2.1	0.4	0.3	-	0.5	...	1.4	0.1	3.4	0.1	0.2	2.7	神 奈 川
...	...	...	...	...	2.4	1.4	4.3	0.3	0.0	-	1.1	...	2.2	0.1	5.0	0.3	0.6	6.7	新　潟
...	...	...	...	...	3.1	3.2	2.2	0.1	0.0	-	0.8	...	1.4	0.1	1.9	0.1	0.1	5.8	富　山
...	...	...	...	...	0.5	0.3	1.5	0.4	0.1	-	1.1	...	1.8	0.1	1.7	0.3	0.1	3.2	石　川
...	...	...	...	...	1.4	0.4	4.4	0.4	0.1	-	0.6	...	2.3	0.1	1.8	0.4	0.2	8.1	福　井
...	...	...	...	...	2.7	0.8	3.4	1.7	0.0	-	0.8	...	2.5	0.0	3.4	0.2	0.8	5.3	山　梨
...	...	...	...	...	2.3	1.2	4.4	0.2	0.2	-	1.5	...	1.7	0.1	5.0	0.1	0.2	7.8	長　野
...	...	...	...	...	2.4	0.5	3.1	0.3	0.1	-	2.3	...	2.1	0.1	1.4	0.5	0.5	8.4	岐　阜
...	...	...	...	...	2.9	1.5	1.5	0.5	0.1	-	0.7	...	2.0	0.1	1.2	0.2	0.2	4.4	静　岡
...	...	...	...	...	2.4	1.6	4.4	0.5	0.2	-	0.6	...	2.2	0.1	3.4	0.2	0.2	5.4	愛　知
...	...	...	...	...	3.6	0.6	3.6	0.0	0.0	-	0.6	...	1.1	0.1	4.0	0.4	0.1	4.0	三　重
...	...	...	...	...	0.8	0.4	1.5	0.2	0.1	-	1.5	...	1.5	0.1	1.6	0.2	0.1	4.7	滋　賀
...	...	...	...	...	6.0	2.9	3.1	0.8	0.1	-	2.3	...	3.0	0.1	2.7	0.2	0.4	6.4	京　都
...	...	...	...	...	2.4	1.0	2.4	0.4	0.1	-	0.2	...	2.1	0.1	2.1	0.3	0.1	4.0	大　阪
...	...	...	...	...	3.7	2.2	2.0	0.2	0.1	-	1.2	...	1.7	0.2	2.4	0.1	0.0	5.3	兵　庫
...	...	...	...	...	3.5	1.6	2.3	0.3	-	-	0.4	...	3.0	0.0	1.7	0.1	0.3	3.7	奈　良
...	...	...	...	...	3.5	2.2	2.2	0.0	0.0	-	1.3	...	5.1	0.3	1.1	0.1	0.1	4.1	和 歌 山
...	...	...	...	...	2.5	0.7	5.5	0.2	0.1	-	1.0	...	1.1	0.1	4.0	0.2	0.3	11.9	鳥　取
...	...	...	...	...	2.8	1.3	4.3	0.1	0.0	-	0.4	...	2.7	0.7	3.8	0.1	0.4	7.5	島　根
...	...	...	...	...	4.1	2.2	4.6	0.5	0.1	-	0.4	...	2.4	0.1	3.8	0.3	0.3	7.5	岡　山
...	...	...	...	...	1.9	1.9	2.3	0.4	0.13	-	0.3	...	1.8	0.11	2.2	0.1	0.1	3.6	広　島
...	...	...	...	...	2.1	1.5	1.7	0.2	0.0	-	1.2	...	2.6	0.1	1.7	0.5	0.3	6.5	山　口
...	...	...	...	...	2.1	0.3	2.3	0.0	-	-	0.3	...	2.5	0.0	3.7	0.3	0.3	4.7	徳　島
...	...	...	...	...	4.4	0.7	3.0	0.5	0.0	-	1.0	...	4.1	0.0	2.9	0.5	0.5	7.2	香　川
...	...	...	...	...	1.9	1.1	0.7	0.1	-	-	1.0	...	3.0	0.0	2.0	0.1	0.1	2.3	愛　媛
...	...	...	...	...	1.2	1.0	1.9	0.3	-	-	0.7	...	1.6	0.1	1.2	0.1	0.1	4.2	高　知
...	...	...	...	...	2.9	1.9	1.9	0.1	0.1	-	0.5	...	1.0	0.1	2.9	0.5	0.1	3.2	福　岡
...	...	...	...	...	2.0	2.7	2.3	0.2	-	-	0.4	...	0.5	0.1	2.4	0.2	0.2	6.0	佐　賀
...	...	...	...	...	2.2	0.7	2.9	0.2	0.0	-	0.4	...	1.2	0.1	2.5	0.3	0.2	4.7	長　崎
...	...	...	...	...	5.4	1.1	1.5	0.1	0.1	-	0.4	...	3.1	0.3	1.0	0.1	0.1	2.2	熊　本
...	...	...	...	...	0.9	0.9	1.6	0.1	-	-	0.2	...	2.2	0.1	1.5	0.1	0.1	1.6	大　分
...	...	...	...	...	4.1	3.7	1.5	0.1	-	-	1.1	...	1.1	0.1	3.9	0.2	0.5	4.2	宮　崎
...	...	...	...	...	2.5	0.3	1.8	0.0	-	-	0.8	...	1.3	0.1	3.4	0.2	0.1	2.7	鹿 児 島
...	...	...	...	...	1.5	0.8	2.0	0.4	0.0	-	0.7	...	1.9	0.2	2.1	0.0	0.1	4.3	沖　縄

1　12歳　(1)　計

裸眼視力グループ: 区分／計／視力非矯正者の裸眼視力（1.0以上・1.0未満0.7以上・0.7未満0.3以上・0.3未満）／視力矯正者の裸眼視力（1.0以上・1.0未満0.7以上・0.7未満0.3以上・0.3未満）／裸眼視力（計・1.0未満0.7以上・0.7未満0.3以上・0.3未満）／眼の疾病・異常／難聴／耳鼻咽頭（耳疾患・鼻疾副鼻腔患・口腔咽喉頭疾患異常）／歯・口腔（むし歯〈う歯〉:計・処置完了者・未処置歯のある者／歯列・咬合／顎関節／歯垢の状態／歯肉の状態／疾病・異常その他の）

区分	計	1.0以上	1.0未満0.7以上	0.7未満0.3以上	0.3未満	1.0以上	1.0未満0.7以上	0.7未満0.3以上	0.3未満	計	1.0未満0.7以上	0.7未満0.3以上	0.3未満	眼の疾病・異常	難聴	耳疾患	鼻疾・副鼻腔患	口腔咽喉頭疾患異常	むし歯 計	処置完了者	未処置歯のある者	歯列・咬合	顎関節	歯垢の状態	歯肉の状態	疾病・異常その他の
全国	100.00	43.87	11.97	13.58	7.95	0.94	1.84	5.37	14.48	55.19	13.81	18.95	22.43	5.08	0.44	6.38	11.70	0.63	29.44	16.93	12.51	5.31	0.29	4.55	3.70	4.82
北海道	100.0	X	X	X	X	X	X	X	X	X	X	X	X	3.5	0.6	5.4	9.4	1.0	35.6	19.7	15.9	5.0	0.3	3.3	1.6	4.4
青森	100.0	36.9	10.5	11.4	8.0	0.9	2.1	5.2	25.1	62.2	12.6	16.6	33.0	3.2	0.3	5.9	15.3	0.3	36.8	21.1	15.6	2.6	0.1	3.7	3.7	9.4
岩手	100.0	43.4	X	X	X	2.1	X	X	X	54.5	X	X	X	6.5	0.3	6.0	19.8	0.8	32.7	19.7	13.1	9.1	0.5	7.4	7.0	4.9
宮城	100.0	40.3	9.7	12.7	9.8	2.9	2.7	8.2	13.8	56.8	12.4	20.9	23.6	6.3	0.4	7.0	12.4	0.4	34.9	19.9	14.9	8.2	0.3	6.4	6.2	4.6
秋田	100.0	X	X	X	X	X	X	X	X	X	X	X	X	8.1	0.4	7.7	17.0	1.1	29.9	18.2	11.7	4.8	0.3	4.1	2.4	6.6
山形	100.0	43.4	12.6	11.2	5.2	2.1	2.4	5.1	18.1	54.6	15.0	16.2	23.3	2.7	0.3	7.9	13.2	2.1	24.5	13.9	10.6	6.1	0.1	4.2	2.9	5.7
福島	100.0	42.3	11.1	11.8	7.6	1.0	1.4	6.9	18.0	56.8	12.4	18.7	25.6	2.1	0.2	6.0	18.7	0.7	38.2	21.1	17.0	7.4	0.4	8.6	6.2	5.7
茨城	100.0	43.9	10.4	12.6	9.3	0.2	2.4	5.4	14.0	54.1	12.9	18.0	23.3	12.7	0.2	1.9	18.9	1.3	33.2	18.2	15.0	4.0	0.2	4.4	2.6	8.6
栃木	100.0	45.6	10.2	12.1	8.2	0.9	1.6	4.2	17.3	53.5	11.7	16.3	25.5	4.9	0.2	4.8	17.3	1.2	32.0	19.7	12.3	3.3	0.1	5.2	3.8	6.3
群馬	100.0	43.7	9.8	11.0	8.1	1.4	1.9	6.0	18.1	54.9	11.7	17.1	26.2	2.1	0.5	6.3	9.2	0.7	31.3	22.0	9.3	7.0	0.3	5.1	4.3	6.3
埼玉	100.0	X	X	X	X	X	X	X	X	X	X	X	X	2.4	0.6	7.6	8.6	0.4	26.2	17.4	8.8	3.2	0.2	3.1	2.2	4.7
千葉	100.0	50.3	12.0	12.2	7.0	0.5	0.6	3.2	14.1	49.2	12.6	15.5	21.1	6.2	0.6	5.7	16.2	2.0	25.1	14.3	10.8	8.6	0.2	7.4	6.1	3.9
東京	100.0	36.3	9.3	13.3	13.4	2.0	2.3	6.4	18.8	63.5	11.6	19.7	32.2	8.2	0.5	6.7	13.5	0.4	25.6	15.8	9.8	4.0	0.3	2.5	2.3	
神奈川	100.0	38.1	17.2	18.3	10.4	2.3	2.2	8.3	3.2	59.6	19.4	26.6	13.6	0.6	0.4	5.4	11.4	0.2	26.0	14.8	11.2	6.3	0.6	8.0	6.1	4.7
新潟	100.0	41.5	9.8	11.7	5.7	0.6	1.1	5.1	24.5	57.9	10.9	16.8	30.2	4.2	0.3	8.3	16.0	0.0	17.4	10.4	7.0	2.6	0.3	3.3	4.2	3.6
富山	100.0	X	X	X	X	X	X	X	X	X	X	X	X	8.4	0.2	3.1	8.6	0.0	23.3	14.8	8.6	2.8	0.3	4.8	3.7	3.6
石川	100.0	34.2	10.8	16.1	5.4	0.2	0.8	8.4	24.1	65.7	11.6	24.6	29.5	2.6	0.4	6.8	16.2	0.4	30.6	17.6	13.0	5.7	0.1	3.8	2.4	4.8
福井	100.0	39.6	8.2	13.4	7.1	0.4	1.1	6.3	23.9	60.0	9.3	19.7	31.0	1.3	0.5	1.4	3.8	0.1	35.4	20.7	14.7	6.3	0.5	5.8	4.1	5.1
山梨	100.0	55.2	10.4	10.7	4.2	0.7	0.9	2.1	15.8	44.1	11.2	12.8	20.0	8.3	0.4	5.9	12.8	0.4	32.9	18.3	14.6	7.1	0.0	4.6	3.3	5.1
長野	100.0	40.0	X	X	X	0.3	X	X	X	59.7	X	X	X	2.7	0.4	4.2		0.3	25.8	15.2	10.5	4.5	0.0	2.8	2.7	5.2
岐阜	100.0	40.4	10.8	13.8	7.8	0.5	1.2	6.1	19.4	59.1	12.0	19.8	27.2	3.9	0.3	4.8	7.2	0.6	23.3	15.6	7.7	4.8	0.1	4.3	2.6	3.9
静岡	100.0	48.4	8.8	11.0	6.9	0.7	1.5	6.6	16.0	50.9	10.4	17.6	22.9	2.3	0.4	7.1	5.5	0.2	22.3	14.1	8.1	3.8	0.2	4.6	3.5	6.4
愛知	100.0	41.5	9.7	10.5	5.7	0.9	1.1	5.9	24.8	57.5	10.7	16.3	30.5	4.8	0.2	7.8	12.7	0.6	24.6	14.5	10.0	5.4	0.4	3.4	3.4	4.6
三重	100.0	X	X	X	X	X	X	X	X	X	X	X	X	7.5	0.5	6.2	13.8	1.1	31.6	17.3	14.3	4.1	0.2	3.1	2.6	5.5
滋賀	-	-	-	-	-	-	-	-	-	-	-	-	-	1.6	0.5	3.0	3.0	0.2	28.6	16.2	12.4	8.3	0.2	3.1	2.3	5.6
京都	100.0	46.4	9.7	14.3	4.8	1.4	0.9	4.1	18.5	52.2	10.6	18.4	23.2	4.4	0.2	7.2	7.4	0.2	26.7	17.8	8.9	6.2	0.3	4.1	3.2	2.6
大阪	100.0	43.5	12.0	12.1	9.6	1.1	4.0	6.1	11.5	55.4	16.0	18.3	21.1	5.1	0.5	7.1	7.7	0.1	30.2	16.0	14.1	3.9	0.4	4.1	3.2	5.5
兵庫	100.0	X	X	X	X	X	X	X	X	X	X	X	X	5.5	0.5	8.2	11.8	0.6	25.9	15.7	10.2	7.5	0.4	5.1	4.5	6.6
奈良	100.0	X	X	X	X	X	X	X	X	X	X	X	X	4.4	0.5	6.8	8.2	0.9	28.1	15.7	12.4	3.8	0.0	4.2	2.7	3.4
和歌山	100.0	49.1	8.6	10.4	5.7	2.6	2.4	7.3	14.0	48.4	11.0	17.6	19.7	7.9	0.4	5.4	8.8	1.5	31.7	18.2	13.5	7.4	0.3	6.6	2.6	4.8
鳥取	100.0	44.7	9.0	13.0	8.4	1.3	2.4	5.3	15.8	53.9	11.4	18.3	24.2	6.5	0.2	2.7	18.2	0.2	32.6	21.0	11.6	4.4	0.2	6.6	6.0	
島根	100.0	46.4	9.5	12.7	6.3	0.7	0.9	5.1	18.4	52.9	10.4	17.8	24.7	6.5	0.2	7.2	16.4	1.7	35.9	22.6	13.4	5.4	0.0	5.4	4.1	6.6
岡山	100.0	49.7	‥4	10.3	5.2	3.7	3.5	6.6	11.6	46.6	12.9	17.0	16.8	4.9	0.4	7.0	15.1	1.2	27.4	13.9	13.5	4.6	0.2	4.9	4.4	4.4
広島	100.0	50.5	X	X	X	2.2	X	X	X	47.3	X	X	X	4.9	0.4	5.0	10.3	0.2	29.8	16.7	12.6	5.0	0.3	3.3	4.0	3.3
山口	100.0	42.5	10.0	15.1	7.1	0.6	0.6	4.6	19.5	56.9	10.5	19.7	26.6	6.1	0.5	6.3	12.5	0.3	30.0	18.1	11.9	2.4	0.2	4.0	2.4	6.6
徳島	100.0	41.9	10.4	13.1	5.7	1.3	2.4	5.6	19.7	56.8	12.8	18.6	25.4	10.3	0.3	14.5	7.2	2.6	34.5	20.5	14.0	5.1	0.4	4.0	3.6	6.2
香川	100.0	48.9	X	X	X	1.1	X	X	X	50.0	X	X	X	5.8	0.4	5.5	5.2	0.2	33.5	22.3	11.1	8.4	0.0	10.6	9.9	6.6
愛媛	100.0	45.1	10.8	13.1	8.3	0.6	1.5	4.7	16.0	54.3	12.2	17.8	24.3	6.5	0.2	3.9	7.2	0.4	29.2	14.3	14.9	3.8	0.1	2.1	2.1	6.7
高知	100.0	47.5	9.9	12.6	6.8	0.6	0.9	5.0	17.3	52.2	10.7	17.8	24.1	0.2	0.5	3.9	8.3	0.4	29.8	16.8	13.0	7.1	0.1	4.9	4.1	5.8
福岡	100.0	41.2	12.3	15.2	8.5	0.9	2.0	3.4	18.5	58.6	13.0	18.6	27.0	5.0	0.9	5.6	16.7	0.4	38.9	19.8	19.2	7.7	0.5	4.8	4.0	4.8
佐賀	100.0	48.3	10.7	11.6	7.0	1.4	1.6	4.8	15.3	50.4	11.7	16.4	22.3	2.6	0.5	6.1	11.0	0.5	25.3	13.8	11.5	4.5	0.0	3.4	2.9	7.3
長崎	100.0	X	X	X	X	X	X	X	X	X	X	X	X	2.7	0.5	4.8	8.3	1.9	35.6	21.5	14.0	3.8	0.3	3.3	3.2	6.2
熊本	100.0	47.2	10.9	13.1	6.5	0.4	1.1	3.4	17.5	52.3	11.9	16.5	23.9	6.0	0.4	4.1	18.4	1.0	34.9	18.8	16.1	5.5	0.3	3.7	3.4	6.1
大分	100.0	42.6	13.1	12.0	7.9	0.4	1.5	5.7	17.3	57.3	14.5	17.7	25.2	9.4	0.8	6.5	17.7	0.9	51.2	27.4	23.8	5.7	0.4	5.8	2.3	
宮崎	100.0	52.4	9.8	14.0	5.5	0.9	1.4	5.2	15.2	47.3	11.6	15.2	20.5	4.3	0.3	6.5	12.1	0.7	35.0	16.4	18.5	7.1	0.1	5.5	5.8	5.2
鹿児島	100.0	48.3	9.9	9.5	6.0	0.3	0.9	3.6	21.6	51.4	10.7	13.1	27.5	4.2	0.6	8.0	16.8	0.8	37.1	20.3	16.8	5.7	0.1	3.4	3.2	4.8
沖縄	100.0	45.1	10.9	11.9	13.5	0.5	0.8	2.7	14.5	54.4	11.7	14.6	28.0	1.5	0.4	5.6	9.6	2.0	55.8	22.2	33.5	2.1	0.2	3.0	2.0	4.8

異常被患率等（各年齢ごと）（39-8）

単位　（％）

| 永久歯の1人当り平均むし歯（う歯）等数 | | | | | 栄養状態 | せき柱・胸郭・四肢の状態 | 皮膚疾患 | | 結核の検査の対象の精密者 | 結核 | 心臓・疾病・異常 | 心電図異常 | 蛋白検出の者 | 尿糖検出の者 | その他の疾病・異常 | | | | 区分 |
計（本）	喪失歯数（本）	むし歯（う歯）計（本）	処置歯数（本）	未処置歯数（本）			アトピー性皮膚炎	その他の皮膚疾患							ぜん息	腎臓疾患	言語障害	その他の疾病・異常	
0.68	0.01	0.67	0.42	0.25	1.18	1.58	2.85	0.28	0.15	0.00	1.15	3.33	3.10	0.13	2.67	0.23	0.10	4.45	全　国
1.0	0.0	1.0	0.6	0.4	0.7	0.7	4.8	0.2	0.0	-	0.6	2.7	2.7	0.1	3.5	0.4	0.1	6.3	北 海 道
1.0	0.0	1.0	0.6	0.4	2.1	1.8	1.1	0.6	0.0	-	0.1	3.2	3.8	0.2	0.9	0.2	0.2	3.6	青　森
0.7	0.0	0.7	0.5	0.2	1.3	1.1	2.0	0.2	0.1	-	0.3	2.1	3.4	0.1	3.2	0.4	0.2	5.8	岩　手
0.9	0.0	0.9	0.6	0.3	0.7	1.2	3.3	0.2	0.1	-	0.4	1.6	1.6	0.1	2.6	0.2	0.0	5.4	宮　城
0.6	0.0	0.6	0.4	0.2	3.3	3.4	3.7	0.5	-	-	0.7	5.1	0.9	-	2.6	0.5	0.2	7.4	秋　田
0.6	0.0	0.5	0.4	0.2	2.1	1.4	3.3	0.2	0.1	-	0.6	5.0	1.9	0.1	2.5	0.3	0.2	9.5	山　形
1.0	0.0	1.0	0.6	0.4	3.6	0.9	2.6	0.4	0.1	-	0.5	3.7	3.1	0.1	3.3	0.1	0.1	5.3	福　島
0.8	0.0	0.8	0.6	0.3	3.0	0.9	6.1	0.3	0.1	-	1.0	3.1	1.5	0.1	4.1	0.1	0.1	4.3	茨　城
0.8	0.0	0.8	0.5	0.2	2.8	2.7	4.7	0.5	0.1	-	2.7	5.1	6.7	0.2	3.8	0.3	0.1	5.2	栃　木
0.7	0.0	0.7	0.6	0.2	1.9	1.5	3.3	3.3	0.2	-	1.9	4.3	0.6	0.0	2.5	0.3	0.0	4.9	群　馬
0.6	0.0	0.6	0.4	0.2	0.2	1.0	2.5	0.1	0.2	-	1.1	3.0	4.1	0.1	2.1	0.1	0.1	3.5	埼　玉
0.6	0.0	0.6	0.4	0.2	0.8	2.2	3.1	0.1	0.1	-	1.0	2.2	2.5	0.1	4.0	0.3	0.0	3.1	千　葉
0.6	0.0	0.6	0.4	0.2	0.9	1.5	3.6	0.1	0.5	-	1.3	2.4	3.6	0.2	3.5	0.4	0.1	4.7	東　京
0.6	0.0	0.6	0.3	0.3	0.9	2.3	2.4	0.4	0.2	-	0.6	2.8	2.1	0.1	3.6	0.3	0.1	3.5	神 奈 川
0.3	0.0	0.3	0.2	0.1	2.3	0.8	5.2	0.4	0.0	-	1.3	3.8	1.6	0.0	3.5	0.3	0.1	6.3	新　潟
0.5	0.0	0.5	0.3	0.2	1.5	4.3	2.1	-	0.1	-	1.7	4.0	3.5	0.2	1.9	0.2	0.1	4.0	富　山
0.8	0.0	0.8	0.5	0.3	0.9	0.7	1.8	0.4	0.1	0.0	1.0	3.5	2.9	0.2	1.5	0.2	0.1	3.4	石　川
0.8	0.0	0.8	0.5	0.3	1.7	0.4	3.0	0.7	0.0	-	0.7	1.4	2.3	0.0	1.4	0.1	0.0	6.1	福　井
0.8	0.0	0.8	0.5	0.3	1.0	0.2	2.9	0.3	0.0	-	0.1	4.4	4.7	0.1	1.9	0.1	0.0	4.2	山　梨
0.5	0.0	0.5	0.3	0.2	0.9	1.3	3.7	0.2	0.3	-	1.5	2.9	1.8	0.1	4.1	0.1	0.2	7.0	長　野
0.4	0.0	0.4	0.3	0.1	1.5	2.5	2.1	0.1	0.2	0.0	2.3	3.2	4.2	0.2	1.8	0.7	0.3	7.5	岐　阜
0.5	0.0	0.5	0.4	0.1	2.2	2.7	1.7	0.2	0.0	-	1.3	3.0	3.0	0.1	2.2	0.2	0.1	4.8	静　岡
0.5	0.0	0.5	0.3	0.2	1.6	1.0	4.1	0.2	0.1	-	1.1	3.0	2.2	0.1	2.7	0.3	0.1	5.5	愛　知
0.6	0.0	0.6	0.4	0.2	2.4	2.2	2.6	0.0	0.2	-	1.0	3.8	2.6	0.1	3.5	0.2	0.2	3.8	三　重
0.6	0.0	0.6	0.4	0.2	0.2	0.8	1.7	0.4	0.1	-	2.3	5.0	2.7	0.1	1.1	0.2	0.1	3.7	滋　賀
0.5	0.0	0.5	0.3	0.2	1.6	2.3	3.3	0.1	0.9	-	2.7	6.7	5.6	0.2	2.6	0.1	0.1	7.4	京　都
0.7	0.0	0.7	0.4	0.3	2.0	1.8	2.0	0.1	0.0	-	1.0	5.6	3.6	0.1	1.8	0.1	0.1	3.7	大　阪
0.5	0.0	0.5	0.4	0.2	0.6	2.0	1.8	0.0	0.0	-	1.4	3.3	3.6	0.1	1.9	0.1	0.0	2.7	兵　庫
0.5	0.0	0.5	0.4	0.2	0.4	1.5	4.1	0.0	0.0	-	0.0	4.2	5.7	0.2	1.1	0.1	0.2	6.1	奈　良
0.8	0.0	0.8	0.5	0.3	1.1	1.1	1.2	0.1	-	-	1.3	4.5	6.7	0.2	1.5	0.1	0.2	2.7	和 歌 山
0.6	0.0	0.6	0.4	0.2	1.9	1.4	3.7	0.5	0.1	-	1.4	1.8	1.6	-	4.1	0.3	0.1	10.7	鳥　取
0.8	0.0	0.8	0.5	0.3	1.4	1.7	4.8	0.2	-	-	0.7	1.8	4.3	0.0	2.3	0.0	0.1	5.1	島　根
0.6	0.0	0.6	0.4	0.2	1.4	1.5	3.3	0.1	0.0	-	3.4	3.4	4.4	0.4	2.5	0.3	0.1	7.9	岡　山
0.7	0.0	0.6	0.4	0.2	1.2	2.6	2.5	0.1	0.0	-	0.7	4.4	3.1	0.1	1.5	0.1	0.1	3.0	広　島
0.6	0.0	0.6	0.4	0.2	1.2	2.2	1.9	0.1	0.1	-	1.0	1.6	0.5	0.3	2.2	0.2	0.1	6.8	山　口
0.9	0.0	0.9	0.6	0.3	3.1	0.4	3.0	0.1	0.0	-	0.4	2.6	2.3	0.2	2.1	0.2	0.1	4.8	徳　島
0.8	0.0	0.8	0.6	0.3	3.8	0.3	2.7	0.1	0.0	-	1.0	3.9	4.1	0.1	1.9	0.2	0.0	4.4	香　川
0.6	0.0	0.6	0.4	0.2	1.3	1.8	2.1	0.1	-	0.0	1.4	3.5	6.1	0.2	2.0	0.2	0.1	3.5	愛　媛
0.6	0.0	0.6	0.4	0.2	1.3	2.2	1.9	0.1	0.0	-	1.6	3.3	2.0	0.1	2.4	0.1	0.1	3.1	高　知
1.0	0.0	1.0	0.6	0.4	0.6	1.1	1.3	0.1	0.0	-	0.9	3.0	2.8	0.1	2.5	0.4	0.1	2.0	福　岡
0.5	0.0	0.4	0.3	0.1	2.1	2.3	1.0	0.1	-	-	1.3	4.2	1.7	0.1	1.6	0.1	0.1	6.2	佐　賀
0.8	0.0	0.8	0.5	0.3	2.1	0.8	4.1	0.5	-	0.0	0.9	3.1	2.1	0.0	3.3	0.1	0.1	5.3	長　崎
0.9	0.0	0.9	0.5	0.4	1.7	1.3	1.3	0.1	-	-	0.7	2.7	5.9	0.1	1.3	0.3	0.1	2.4	熊　本
1.2	0.0	1.2	0.7	0.5	1.8	1.6	1.6	0.1	-	-	1.0	2.9	4.5	0.2	2.1	0.4	0.0	2.2	大　分
0.9	0.0	0.9	0.5	0.4	0.2	1.4	1.4	0.2	-	-	1.5	4.7	2.1	0.1	1.8	0.2	0.1	4.1	宮　崎
0.8	0.0	0.8	0.5	0.3	0.7	0.8	1.0	0.1	0.0	-	1.4	3.1	1.9	0.1	1.0	0.1	0.0	1.1	鹿 児 島
1.8	0.0	1.8	0.9	0.9	0.9	2.0	1.8	0.4	-	-	0.8	1.9	1.7	0.1	2.3	0.1	0.1	3.7	沖　縄

1 13歳 (1) 計

区分	計	非矯正 1.0以上	非矯正 1.0未満0.7以上	非矯正 0.7未満0.3以上	非矯正 0.3未満	矯正 1.0以上	矯正 1.0未満0.7以上	矯正 0.7未満0.3以上	矯正 0.3未満	計	1.0未満0.7以上	0.7未満0.3以上	0.3未満	眼の疾病・異常	難聴	耳疾患	鼻疾患・副鼻腔患	口腔咽喉頭疾患・異常	むし歯 計	処置完了者	未処置歯のある者	歯列・咬合	顎関節	歯垢の状態	歯肉の状態	その他の疾病・異常
全国	100.00	39.36	11.90	14.17	8.68	1.34	1.70	5.35	17.50	59.30	13.60	19.51	26.19	4.53	…	4.66	9.49	0.40	32.04	18.87	13.17	5.15	0.34	4.59	3.82	3.22
北海道	100.0	X	X	X	X	X	X	X	X	X	X	X	X	1.0	…	0.3	6.5	1.0	40.1	22.7	17.5	5.0	0.4	3.5	2.4	2.8
青森	100.0	31.6	10.7	11.9	7.7	1.0	2.1	5.7	29.3	67.4	12.9	17.5	37.1	3.3	…	3.3	12.8	0.2	39.8	24.1	15.7	3.5	0.2	3.7	4.9	4.5
岩手	100.0	X	X	X	X	X	X	X	X	X	X	X	X	7.5	…	5.0	X	0.0	35.2	22.7	12.5	8.2	0.8	7.1	6.3	3.1
宮城	100.0	36.7	8.0	13.4	9.2	2.4	5.2	9.0	16.0	60.9	13.2	22.5	25.2	7.3	…	3.7	X	-	42.3	23.6	18.8	8.3	0.3	5.1	6.3	2.4
秋田	100.0	X	X	X	X	X	X	X	X	X	X	X	X	8.5	…	3.7	14.3	0.5	30.4	17.6	12.9	4.6	0.2	3.5	2.2	3.2
山形	100.0	38.3	11.7	11.1	7.7	2.3	3.3	4.5	21.1	59.3	14.9	15.6	28.8	2.6	…	6.7	15.3	1.7	29.1	17.5	11.7	6.4	0.4	3.3	3.3	3.4
福島	100.0	30.3	8.9	15.0	10.0	1.1	1.3	6.7	26.6	68.6	10.2	21.8	36.6	3.1	…	1.2	3.5	1.5	42.1	22.7	19.4	6.5	0.3	9.0	6.1	4.9
茨城	100.0	37.0	9.7	12.9	9.6	2.2	3.5	6.2	18.9	60.9	13.3	19.2	28.5	13.1	…	0.6	18.9	0.6	36.0	21.1	14.9	4.0	0.5	4.2	3.0	5.0
栃木	100.0	36.9	10.6	14.4	9.3	0.7	1.4	4.4	22.4	62.5	12.0	18.7	31.8	4.2	…	4.3	15.2	0.6	34.6	21.1	13.5	4.2	0.2	5.2	3.7	5.6
群馬	100.0	37.5	9.6	12.0	5.7	1.6	3.2	8.7	21.7	60.9	12.8	20.7	27.4	1.8	…	4.2	2.9	0.1	34.2	24.5	9.7	5.8	0.5	3.6	3.6	2.8
埼玉	100.0	48.3	14.7	17.2	X	-	0.3	1.8	X	51.7	14.9	19.0	17.8	1.8	…	4.8	6.8	0.4	26.8	17.9	8.9	3.7	0.2	3.2	3.2	3.2
千葉	100.0	44.8	10.4	13.4	7.5	1.3	0.5	2.4	19.7	53.9	10.9	15.8	27.2	8.6	…	7.9	19.4	0.3	26.2	16.0	10.2	9.4	0.1	6.6	4.0	3.1
東京	100.0	29.6	13.0	13.7	X	0.0	1.2	6.8	X	70.4	14.2	20.5	35.7	7.4	…	6.4	10.7	0.1	29.3	19.5	9.8	3.8	0.3	3.4	2.8	1.5
神奈川	100.0	37.0	18.2	18.6	10.5	2.1	1.0	8.8	3.8	60.9	19.2	27.4	14.3	2.9	…	7.0	3.7	-	28.2	16.5	11.7	5.5	0.7	7.8	5.7	3.0
新潟	100.0	39.0	7.4	13.8	4.9	0.4	1.6	6.8	26.2	60.6	9.0	20.5	31.1	3.3	…	6.9	12.5	-	19.0	12.8	6.2	2.5	0.4	3.1	4.3	2.3
富山	-													8.7	…	2.4	8.9	0.0	25.1	15.7	9.5	2.3	0.1	4.0	4.0	2.9
石川	100.0	35.4	12.8	11.1	3.9	0.6	0.3	7.7	28.2	64.0	13.1	18.8	32.1	1.4	…	-	-		32.2	19.2	12.9	5.9	0.4	9.1	2.6	3.4
福井	100.0	34.5	8.8	12.3	4.7	0.8	1.3	5.2	32.3	64.7	10.1	17.6	37.1	1.4	…	0.2	3.0	0.1	40.4	24.5	15.9	3.9	0.5	6.5	5.4	2.3
山梨	100.0	47.0	7.4	12.3	6.4	-	1.5	3.0	22.5	53.0	8.9	15.3	28.8	7.4	…	4.6	13.3	0.4	37.7	20.6	17.1	8.0	0.0	5.8	3.4	2.6
長野	100.0	39.8	11.0	10.7	6.7	0.5	1.7	5.5	24.1	59.7	12.7	16.2	30.9	2.6	…	1.8	5.3	0.3	31.4	18.9	12.5	4.1	-	2.8	2.9	3.6
岐阜	100.0	37.8	11.4	14.4	4.9	0.4	2.2	8.8	20.0	61.7	13.6	23.2	24.9	2.6	…	1.9	4.0	0.4	21.8	14.8	7.1	5.0	0.1	5.0	3.7	2.3
静岡	100.0	42.4	8.1	11.0	7.5	0.9	1.7	5.6	22.8	56.7	9.8	16.7	30.3	1.9	…	3.4	17.8	0.1	27.3	17.8	9.4	3.6	0.1	4.4	3.6	3.8
愛知	100.0	38.0	8.9	10.8	7.5	0.6	1.3	6.1	26.8	61.4	10.2	16.9	34.3	4.0	…	6.4	11.4	0.3	27.2	16.0	11.3	4.6	0.2	3.4	3.5	3.3
三重	100.0	X	X	X	X	X	X	X	X	X	X	X	X	2.9	…	1.3	3.1	1.4	36.3	21.4	14.9	4.6	0.6	4.3	4.2	3.0
滋賀	-													1.3	…	1.3	1.7	-	34.2	20.7	13.5	8.8	0.2	4.4	4.1	4.7
京都	100.0	X	X	X	X	X	X	X	X	X	X	X	X	5.0	…	6.1	7.6	0.2	26.8	17.2	9.6	4.9	0.3	4.0	1.9	
大阪	100.0	37.9	15.0	17.7	X	3.6	2.3	3.2	X	58.5	17.4	20.8	20.3	4.3	…	4.4	6.2	0.3	33.2	17.7	15.5	0.5	0.3	3.3	2.7	4.0
兵庫	-													4.9	…				27.3	17.5	9.9	8.1	0.5	4.6	4.5	4.8
奈良	100.0	X	X	X	X	X	X	X	X	X	X	X	X	2.1	…	2.0	2.2	-	28.6	15.0	13.7	4.0	0.0	3.7	3.2	3.8
和歌山	100.0	40.7	8.2	12.2	7.3	2.0	2.7	7.5	19.4	57.4	10.9	19.7	26.8	7.5	…	4.7	6.6	0.8	33.9	21.2	12.7	7.8	0.5	7.3	2.2	
鳥取	100.0	40.9	9.4	14.8	7.0	1.3	2.2	6.0	18.5	57.8	11.5	20.8	25.5	0.6	…	2.0	19.7	0.6	33.3	22.4	10.9	5.7	0.7	5.4	4.2	3.0
島根	100.0	42.8	7.9	12.8	9.1	0.3	0.7	5.4	21.0	56.9	8.5	18.2	30.1	5.9	…	6.4	15.7	0.7	33.7	20.0	13.6	5.7	0.7	5.6	5.4	2.8
岡山	100.0	40.0	X	X	X	5.3	X	X	X	54.6	X	X	X	5.7	…	8.9	10.5		31.5	17.2	14.3	4.0	0.1	6.0	5.8	3.1
広島	100.0	39.2	12.5	10.0	5.7	0.8	1.9	7.8	22.2	60.0	14.3	17.8	27.9	4.9	…	5.3	9.3	0.4	28.2	15.2	13.1	4.5	0.1	2.6	4.2	2.4
山口	100.0	42.5	6.3	12.1	6.7	2.3	1.3	7.3	21.4	55.1	7.6	19.4	28.1	5.3	…	5.8	11.6	0.3	31.1	18.7	12.5	1.9	0.3	3.9	3.6	3.5
徳島	100.0	34.6	9.9	11.3	7.7	1.5	2.0	5.6	27.6	64.0	11.9	16.8	35.3	5.9	…	4.7	X	2.8	34.6	20.4	14.2	6.6	0.4	4.0	2.9	2.8
香川	100.0	38.5	6.9	9.6	3.4	0.6	0.6	13.2	27.1	60.8	7.5	22.8	30.5	3.0	…	3.7	5.3	0.2	38.4	25.8	12.6	9.8	0.3	12.0	12.6	2.9
愛媛	100.0	37.2	13.2	12.5	7.2	0.4	1.3	6.4	21.0	62.4	15.3	18.9	28.2	4.7	…	0.7	7.5	0.1	32.3	16.3	15.9	4.1	0.1	2.7	1.8	4.1
高知	100.0	44.3	9.2	12.8	7.4	0.1	1.5	5.7	19.0	55.6	10.7	18.5	26.4	0.5	…	0.4	9.1	0.2	29.2	16.3	12.9	6.5	0.1	5.1	5.2	4.0
福岡	100.0	42.7	10.9	12.0	5.8	1.4	0.7	5.0	21.5	55.9	11.6	17.0	27.3	4.1	…	3.6	13.8	0.7	40.9	20.9	20.0	6.0	0.5	5.3	2.8	1.7
佐賀	100.0	43.8	12.0	11.1	9.5	-	1.0	5.3	17.3	56.2	13.0	16.4	26.8	2.8	…	4.0	7.4	0.2	28.8	16.2	12.5	5.6	0.6	4.6	4.7	5.3
長崎	100.0	X	X	X	X	X	X	X	X	X	X	X	X	2.8	…	2.7	8.8	0.9	40.3	27.6	12.6	4.2	0.3	3.6	3.8	5.6
熊本	100.0	46.5	10.5	12.6	5.1	0.6	0.6	4.7	19.5	53.2	11.3	17.3	24.6	5.9	…	1.2	7.4	0.1	38.0	21.1	16.9	6.9	0.4	4.2	4.4	5.7
大分	100.0	X	X	X	X	X	X	X	X	X	X	X	X	8.9	…	6.9	12.2	0.6	52.1	27.9	24.2	7.7	1.1	5.3	3.0	1.8
宮崎	100.0	46.3	11.7	9.7	4.8	0.8	0.2	2.4	24.0	52.9	11.9	12.1	28.9	4.7	…	7.7	15.6	0.5	36.5	19.3	17.3	6.2	0.1	4.3	4.6	3.9
鹿児島	100.0	40.8	10.3	11.4	5.7	0.6	0.5	3.5	27.3	58.7	10.8	14.9	33.0	3.8	…	6.4	18.6	0.5	38.9	18.9	20.0	5.6	0.0	4.1	5.6	3.9
沖縄	100.0	42.1	8.7	11.9	10.1	0.9	0.8	5.7	19.8	57.0	9.5	17.6	29.9	1.3	…	5.3	9.5	1.7	60.4	23.2	37.2	2.4	0.9	3.5	2.4	3.9

異常被患率等（各年齢ごと）（39-9）

単位　（%）

永久歯の1人当り平均むし歯（う歯）等数					栄養状態	せき柱・四肢の状態・胸郭	皮膚疾患		結核の検査の対象精密者	結核	心疾病臓・異常	心電図異常	蛋白検出の者	尿糖検出の者	その他の疾病・異常				区分
計(本)	喪失歯数(本)	むし歯（う歯）					アトピー性皮膚炎	その他の皮膚疾患							ぜん息	腎臓疾患	言語障害	その他の疾病・異常	
		計(本)	処置歯数(本)	未処置歯数(本)															
...	...	...	...	...	1.12	1.69	2.83	0.20	0.09	0.00	0.96	...	3.42	0.18	2.62	0.26	0.09	4.58	全　国
...	...	...	...	...	0.5	0.8	4.9	0.1	-		1.3	...	2.9	0.1	3.5	0.2	-	7.0	北 海 道
...	...	...	...	...	2.2	2.5	1.1	0.4	0.0	-	0.3	...	4.2	0.1	1.1	0.1	0.0	3.4	青　森
...	...	...	...	...	1.3	1.6	2.8	0.3	0.1	-	0.2	...	3.8	0.3	2.8	0.1	0.2	5.7	岩　手
...	...	...	...	...	0.6	1.4	3.4	0.3	-	-	0.4	...	1.6	0.0	3.2	0.2	0.1	4.9	宮　城
...	...	...	...	...	2.8	3.7	3.3	0.5	0.0	-	1.1	...	1.2	0.1	2.8	0.3	0.1	8.0	秋　田
...	...	...	...	...	2.2	1.3	3.4	0.4	0.1	-	0.7	...	2.1	0.1	2.3	0.1	0.1	9.0	山　形
...	...	...	...	...	3.5	0.8	2.7	0.2	0.1	-	0.5	...	3.2	0.1	3.3	0.1	0.1	6.4	福　島
...	...	...	...	...	2.8	1.0	5.7	0.4	0.1	-	1.2	...	1.6	0.1	3.8	0.2	0.1	5.6	茨　城
...	...	...	...	...	1.7	2.8	4.5	0.4	0.1	-	2.1	...	7.0	0.1	3.5	0.2	0.1	5.4	栃　木
...	...	...	...	...	2.1	1.7	3.0	0.1	0.0	-	1.3	...	0.7	0.2	2.4	0.3	0.1	5.3	群　馬
...	...	...	...	...	0.3	0.7	2.2	0.2	0.2	-	0.8	...	4.4	0.2	2.0	0.1	0.0	3.4	埼　玉
...	...	...	...	...	0.7	2.8	3.7	0.1	0.1	-	1.2	...	3.2	0.1	4.4	0.2	0.1	3.0	千　葉
...	...	...	...	...	0.7	1.1	3.8	0.1	0.2	-	0.4	...	3.9	0.1	4.2	0.4	0.1	4.3	東　京
...	...	...	...	...	1.0	2.7	2.1	0.5	0.1	-	0.5	...	1.9	0.3	3.0	0.3	0.0	4.2	神 奈 川
...	...	...	...	...	2.2	1.0	4.4	0.6	-	-	1.6	...	2.2	0.2	2.3	0.3	0.4	8.0	新　潟
...	...	...	...	...	1.3	5.5	2.2	0.0	0.1	-	1.8	...	3.3	0.2	1.3	0.2	0.1	4.3	富　山
...	...	...	...	...	0.8	0.5	2.2	0.1	0.1	-	0.9	...	3.5	0.5	1.7	0.4	0.0	4.1	石　川
...	...	...	...	...	1.9	0.6	2.5	1.0	-	-	1.0	...	2.9	0.3	1.3	0.2	0.2	6.3	福　井
...	...	...	...	...	0.8	0.3	3.3	0.0	0.2	-	0.2	...	6.2	0.3	2.5	0.1	0.1	4.1	山　梨
...	...	...	...	...	1.1	2.2	3.8	0.1	0.0	-	1.7	...	1.9	0.2	2.8	0.6	0.2	7.2	長　野
...	...	...	...	...	0.6	0.8	2.3	0.2	0.1	-	2.2	...	4.9	0.2	2.0	0.6	0.1	8.1	岐　阜
...	...	...	...	...	1.6	2.9	1.7	0.2	0.0	-	0.9	...	3.8	0.2	2.0	0.3	0.2	4.8	静　岡
...	...	...	...	...	1.9	1.6	3.6	0.3	0.0	-	0.9	...	2.8	0.2	2.7	0.3	0.2	5.3	愛　知
...	...	...	...	...	2.7	1.9	2.3	0.0	0.0	-	0.9	...	2.3	0.0	3.7	0.1	0.0	4.5	三　重
...	...	...	...	...	0.1	0.7	1.8	0.3	0.2	-	2.0	...	3.5	0.1	1.3	0.3	0.1	3.3	滋　賀
...	...	...	...	...	2.0	2.9	3.4	0.1	0.5	-	2.1	...	6.3	0.3	2.3	0.2	0.1	7.9	京　都
...	...	...	...	...	0.3	1.6	2.0	0.1	0.2	-	0.6	...	3.9	0.2	2.1	0.1	0.1	3.4	大　阪
...	...	...	...	...	0.6	2.6	1.8	0.1	0.1	-	1.4	...	3.3	0.2	1.1	0.1	0.1	2.5	兵　庫
...	...	...	...	...	0.7	2.1	3.0	0.3	0.1	-	0.2	...	5.2	0.3	1.1	0.1	0.1	4.8	奈　良
...	...	...	...	...	1.7	1.6	1.0	0.1	0.1	-	0.6	...	6.6	0.5	1.1	0.2	0.0	2.3	和 歌 山
...	...	...	...	...	1.4	1.7	4.3	0.4	0.1	-	1.2	...	1.5	0.1	3.8	0.3	0.1	10.1	鳥　取
...	...	...	...	...	0.9	2.2	4.6	0.3	-	-	0.3	...	4.9	0.1	2.3	0.1	0.4	5.7	島　根
...	...	...	...	...	1.2	1.8	4.3	0.1	0.0	-	3.1	...	5.3	0.2	3.2	0.4	0.2	7.8	岡　山
...	...	...	...	...	1.0	3.0	2.4	0.4	0.0	-	0.8	...	4.3	0.1	2.3	0.1	0.1	3.4	広　島
...	...	...	...	...	1.7	1.5	1.2	0.0	0.1	-	0.7	...	1.5	0.2	2.2	0.1	0.1	6.6	山　口
...	...	...	...	...	3.2	0.8	2.3	0.1	0.0	-	0.4	...	3.0	0.1	2.3	0.3	0.1	4.6	徳　島
...	...	...	...	...	3.9	0.5	2.8	0.4	0.0	-	1.1	...	4.4	0.1	1.9	0.3	0.2	4.1	香　川
...	...	...	...	...	1.2	2.0	1.8	0.1	0.0	-	1.3	...	5.8	0.1	2.0	0.1	0.1	4.3	愛　媛
...	...	...	...	...	0.5	0.3	1.8	0.2	0.0	-	0.8	...	2.1	0.1	2.0	0.1	0.1	2.4	高　知
...	...	...	...	...	0.6	1.3	1.5	0.1	0.0	-	0.8	...	3.1	0.1	2.4	0.5	0.1	2.3	福　岡
...	...	...	...	...	1.7	2.8	1.3	0.2	0.2	-	1.1	...	1.7	0.1	1.8	0.1	0.1	6.0	佐　賀
...	...	...	...	...	1.7	0.7	3.1	0.2	0.2	-	1.0	...	2.2	0.1	1.9	0.1	0.2	6.0	長　崎
...	...	...	...	...	1.5	1.2	1.6	0.1	0.0	0.0	0.6	...	5.2	0.1	1.6	0.1	0.1	2.5	熊　本
...	...	...	...	...	0.4	1.4	1.5	0.3	0.0	-	0.9	...	5.6	0.2	2.0	0.4	0.1	2.2	大　分
...	...	...	...	...	0.3	1.7	1.7	0.0	-	-	1.4	...	3.1	0.1	2.0	0.3	-	4.3	宮　崎
...	...	...	...	...	0.3	0.8	1.0	0.4	0.0	-	1.1	...	3.1	0.2	1.0	0.2	0.0	1.1	鹿 児 島
...	...	...	...	...	0.7	1.5	2.0	0.1	-	-	0.6	...	2.3	0.1	2.1	0.1	0.1	3.9	沖　縄

異常被患率等　（各年齢ごと）（39-9）

1 14歳 (1) 計

区分	計	非矯正 1.0以上	非矯正 1.0未満0.7以上	非矯正 0.7未満0.3以上	非矯正 0.3未満	矯正 1.0以上	矯正 1.0未満0.7以上	矯正 0.7未満0.3以上	矯正 0.3未満	裸眼 計	裸眼 1.0未満0.7以上	裸眼 0.7未満0.3以上	裸眼 0.3未満	眼の疾病・異常	難聴	耳疾患	鼻疾・副鼻腔患	口腔咽喉頭疾患・異常	むし歯 計	処置完了者	未処置歯のある者	歯列・咬合	顎関節	歯垢の状態	歯肉の状態	疾病・異常その他の
全国	100.00	37.88	10.97	13.55	7.84	1.51	2.16	6.29	19.79	60.61	13.13	19.84	27.64	4.36	0.38	3.96	9.42	0.31	35.07	20.51	14.56	5.08	0.45	4.76	4.22	2.39
北海道	100.0	X	X	X	X	X	X	X	X	X	X	X	X	2.9	0.4	0.4	7.7	-	40.0	20.8	19.2	4.1	0.7	3.9	2.7	2.2
青森	100.0	29.6	11.0	11.7	5.9	1.5	2.5	7.4	30.5	68.9	13.5	19.1	36.4	2.6	0.4	4.0	10.0	0.2	42.1	24.2	17.9	2.8	0.4	4.6	4.7	3.3
岩手	100.0	X	X	X	X	X	X	X	X	X	X	X	X	6.9	0.3	5.4	X	0.7	38.2	23.4	14.9	7.1	0.6	6.8	7.0	2.8
宮城	100.0	34.5	8.3	14.9	8.9	2.8	4.4	11.8	14.4	62.7	12.7	26.7	23.3	7.1	0.4	4.4	12.1	0.1	44.0	24.9	19.1	9.1	0.5	6.3	7.7	1.6
秋田	100.0	X	X	X	X	X	X	X	X	X	X	X	X	10.3	0.5	4.1	18.9	0.8	34.5	20.9	13.6	4.4	0.4	2.7	2.0	2.6
山形	100.0	38.0	9.9	10.4	X	1.3	0.5	5.3	X	60.7	10.5	15.7	34.5	2.7	0.4	5.4	11.4	1.1	29.1	17.7	11.4	5.6	0.1	3.2	2.4	2.9
福島	100.0	31.4	8.2	10.6	7.0	1.0	2.4	8.0	31.4	67.6	10.6	18.6	38.4	3.2	0.3	0.7	3.6	1.1	43.7	22.5	21.2	6.0	0.1	7.9	6.4	2.7
茨城	100.0	35.9	9.1	12.8	8.6	2.1	3.2	6.9	21.3	62.0	12.3	19.8	29.9	11.3	0.6	0.6	16.8	0.8	39.3	21.1	18.2	3.2	0.4	2.4	2.4	3.5
栃木	100.0	31.8	10.5	13.9	8.1	0.9	2.2	6.0	26.6	67.3	12.7	19.9	34.7	4.2	0.3	4.5	15.2	0.2	37.1	21.6	15.5	4.0	0.3	4.8	4.0	2.2
群馬	100.0	34.6	7.3	11.8	6.7	1.9	2.3	8.7	26.7	63.6	9.6	20.5	33.4	4.0	0.4	1.5	4.5	0.1	36.7	27.3	9.4	5.5	0.5	3.4	4.1	2.4
埼玉	100.0	57.7	14.9	18.4	4.9	0.2	0.1	0.6	3.1	42.1	15.1	19.0	8.1	2.0	0.5	4.2	6.3	0.0	27.9	20.1	7.8	3.9	0.4	3.8	2.9	2.1
千葉	100.0	48.9	8.3	10.3	6.4	0.1	0.3	4.5	21.2	51.0	8.6	14.8	27.6	5.4	0.2	4.8	13.8	0.3	29.6	19.1	10.5	8.4	0.4	5.8	5.0	2.1
東京	100.0	30.1	X	X	X	1.0	X	X	X	69.0	X	X	X	7.3	0.3	6.2	10.0	0.3	33.2	21.4	11.7	5.5	0.5	2.6	0.9	
神奈川	100.0	X	16.1	X	15.1	X	4.1	X	3.2	65.6	20.2	27.1	18.2	3.5	0.3	6.2	2.1	-	33.1	18.4	14.7	5.5	1.1	7.7	6.4	2.7
新潟	100.0	34.8	6.4	12.2	X	0.2	0.5	6.9	X	64.9	6.9	19.1	38.9	4.8	0.3	3.4	15.5	-	21.3	15.3	6.0	2.1	0.3	2.0	3.5	1.6
富山	-	-	-	-	-	-	-	-	-	-	-	-	-	7.7	0.3	2.2	8.7	0.0	29.7	18.2	11.5	3.2	0.1	4.2	3.6	1.9
石川	100.0	29.2	X	X	X	0.2	X	X	X	70.5	X	X	X	2.8	0.3	1.6	0.7	0.2	37.1	23.0	14.2	4.6	0.6	2.6	2.0	2.9
福井	100.0	34.3	6.3	10.0	4.4	0.6	0.7	6.5	37.0	65.1	7.0	16.6	41.4	1.5	0.4	0.4	2.7	0.4	42.6	23.9	18.7	4.9	0.8	8.1	5.8	2.3
山梨	100.0	35.0	9.0	14.2	2.9	0.4	0.9	8.4	29.3	64.7	9.9	22.6	32.2	5.3	0.3	3.9	12.7	0.5	39.2	21.0	18.2	6.7	0.1	5.2	2.7	2.8
長野	100.0	31.3	10.8	10.7	6.1	1.2	2.8	7.0	30.1	67.5	13.6	17.7	36.2	2.9	0.2	3.7	0.4		31.8	19.1	12.7	4.9	0.1	3.3	4.2	2.7
岐阜	100.0	36.0	5.3	16.0	6.7	0.1	2.2	7.9	25.9	63.9	7.4	23.9	32.6	3.9	0.3	0.9	3.5	0.4	28.8	19.3	9.5	5.7	0.2	4.6	3.9	1.9
静岡	100.0	39.4	9.8	9.1	8.0	1.0	2.0	7.3	23.4	59.6	11.8	16.4	31.4	1.8	0.4	3.8	3.8	0.1	32.6	21.5	11.2	4.6	0.2	6.8	5.4	2.1
愛知	100.0	31.0	8.7	10.3	6.1	0.6	1.2	5.9	36.1	68.4	10.0	16.3	42.2	3.0	0.5	3.7	13.3	0.2	30.0	19.1	10.9	4.5	0.4	3.1	3.4	2.8
三重	100.0	X	X	X	X	X	X	X	X	X	X	X	X	7.1	0.3	5.1	10.8	0.6	41.4	22.2	19.2	5.7	0.8	6.9	6.5	2.5
滋賀	-	-	-	-	-	-	-	-	-	-	-	-	-	1.5	0.2	1.3	1.2	-	37.6	21.8	15.8	6.9	0.1	3.5	3.2	3.2
京都	100.0	X	X	X	X	X	X	X	X	X	X	X	X	5.0	0.4	5.1	7.3	0.2	29.1	17.5	11.7	5.1	0.4	5.1	5.1	1.1
大阪	100.0	42.0	11.2	15.5	X	2.0	0.8	5.9	X	56.0	12.0	21.4	22.6	3.7	0.4	3.8	6.4	0.1	36.4	20.2	16.2	3.9	0.4	4.5	4.6	4.3
兵庫	-	-	-	-	-	-	-	-	-	-	-	-	-	4.7	0.5	5.8	12.0	0.2	31.1	18.2	12.9	7.6	0.4	5.4	5.3	3.2
奈良	100.0	X	X	X	X	X	X	X	X	X	X	X	X	1.6	0.2	1.5	1.9	X	31.6	17.2	14.4	3.1	0.1	3.0	2.2	2.2
和歌山	100.0	38.6	8.2	10.5	3.8	5.5	4.2	7.9	21.2	55.8	12.5	18.4	25.0	6.7	0.3	5.3	9.0	0.3	36.9	23.7	13.2	9.8	1.0	8.6	4.4	0.8
鳥取	100.0	37.1	9.2	11.5	6.6	2.6	2.9	10.3	19.8	60.3	12.1	21.8	26.4	5.0	0.4	1.5	18.4	0.2	37.6	25.8	11.8	4.4	0.6	6.6	4.4	2.4
島根	100.0	36.1	9.2	13.3	7.4	0.1	1.2	6.2	26.5	63.8	10.4	19.5	33.9	4.6	0.3	4.6	14.8	0.4	37.7	21.9	15.8	5.2	0.0	4.1	4.5	3.0
岡山	100.0	40.1	6.2	11.1	8.3	2.3	3.5	7.7	20.7	57.6	9.7	18.8	29.0	5.2	0.3	7.7	11.1	0.6	33.2	19.4	13.8	3.7	0.1	4.5	4.7	2.2
広島	100.0	31.4	X	X	X	1.9	X	X	X	66.7	X	X	X	5.5	0.4	2.4	9.9	0.2	30.4	16.0	14.4	6.6	0.1	4.6	4.1	1.5
山口	100.0	41.2	8.4	12.7	5.5	-	0.4	4.5	27.4	58.8	8.7	17.2	32.9	5.0	0.4	5.1	12.9	0.3	34.5	19.6	14.9	2.8	0.5	3.8	3.8	3.2
徳島	100.0	37.5	9.0	13.3	6.1	1.0	1.5	4.2	27.5	61.5	10.4	17.4	33.6	4.7	0.5	3.4	X	2.5	41.8	25.1	16.7	6.3	0.7	4.3	3.9	1.9
香川	100.0	32.1	X	X	X	1.2	X	X	X	66.7	X	X	X	2.4	0.3	3.5	4.8	0.1	41.2	27.2	14.0	7.8	0.5	10.0	10.7	1.6
愛媛	100.0	31.2	X	X	X	1.2	X	X	X	67.6	X	X	X	4.1	0.2	2.9	7.1	0.2	34.4	17.7	16.6	4.3	0.1	2.6	2.5	2.6
高知	100.0	40.8	9.1	10.9	5.1	0.1	1.3	4.6	28.2	59.1	10.4	15.4	33.3	0.9	0.3	1.7	9.0	0.2	34.3	19.9	14.4	7.0	0.6	6.7	5.0	2.8
福岡	100.0	34.9	8.9	16.8	7.4	0.1	0.5	3.7	27.7	65.0	9.5	20.4	35.1	3.7	0.4	3.7	14.2	0.6	44.1	20.3	23.8	6.0	0.7	4.8	5.0	1.4
佐賀	100.0	41.5	11.2	12.1	5.9	0.1	1.7	3.8	23.7	58.4	12.9	15.9	29.6	2.8	0.1	3.9	8.9	0.2	28.3	14.1	14.2	6.0	0.1	4.1	3.5	3.4
長崎	100.0	X	X	X	X	X	X	X	X	X	X	X	X	1.7	0.5	1.5	7.6	1.5	41.6	28.7	12.9	3.2	0.2	4.3	3.5	3.1
熊本	100.0	44.2	8.1	12.0	5.7	0.1	0.4	2.9	25.0	55.7	9.0	16.0	30.7	4.4	0.4	1.0	9.9	0.2	41.3	24.3	17.0	5.0	0.4	3.8	3.6	4.3
大分	100.0	35.3	X	X	X	0.1	X	X	X	64.6	X	X	X	6.6	0.4	4.3	X	0.4	54.0	27.5	26.5	6.5	1.0	4.8	3.9	0.6
宮崎	100.0	37.2	9.1	12.8	10.5	-	0.9	5.4	24.1	62.8	10.0	18.2	34.6	3.1	0.4	6.9	15.3	0.3	40.3	23.2	17.1	4.2	0.2	4.2	4.5	2.8
鹿児島	100.0	36.2	8.7	9.6	5.8	0.4	0.5	5.2	33.3	63.5	9.5	14.8	39.1	4.5	0.4	7.8	17.0	0.3	39.5	18.4	21.1	6.6	0.3	5.0	5.2	2.8
沖縄	100.0	41.8	9.6	11.2	11.2	0.8	1.6	2.9	20.9	57.4	11.2	14.1	32.1	1.3	0.3	3.6	8.5	2.1	64.7	26.0	38.7	2.3	0.6	3.7	2.6	2.8

異常被患率等（各年齢ごと）（39-10）

単位（%）

永久歯の1人当り平均むし歯（う歯）等数					栄養状態	せき柱・胸郭・四肢の状態	皮膚疾患		検査の精密対象者	結核	心疾病・臓・異常	心電図異常	蛋白検出の者	尿糖検出の者	その他の疾病・異常				区分
計（本）	喪失歯数（本）	むし歯（う歯）計（本）	処置歯数（本）	未処置歯数（本）			アトピー性皮膚炎	その他の皮膚疾患							ぜん息	腎臓疾患	言語障害	その他の疾病・異常	
...	...	...	...	...	1.05	1.69	2.90	0.22	0.07	-	0.89	...	3.22	0.27	2.49	0.24	0.07	4.65	全　国
...	...	...	...	...	0.5	0.9	6.1	0.1	-	-	0.4	...	2.3	0.3	4.5	0.3	-	7.4	北　海　道
...	...	...	...	...	1.4	3.4	1.1	0.5	-	-	0.4	...	2.2	0.3	0.7	0.1	0.0	3.6	青　森
...	...	...	...	...	1.0	0.9	2.3	0.2	0.0	-	0.3	...	4.1	0.1	2.7	0.2	0.1	6.3	岩　手
...	...	...	...	...	1.0	1.6	2.6	0.2	-	-	0.4	...	1.7	0.2	2.9	0.2	0.0	4.9	宮　城
...	...	...	...	...	2.9	4.0	2.9	0.4	-	-	0.8	...	1.0	0.1	2.1	0.4	0.1	10.0	秋　田
...	...	...	...	...	2.1	1.4	3.1	0.3	0.0	-	0.6	...	2.7	0.2	1.8	0.1	0.0	8.4	山　形
...	...	...	...	...	2.5	0.7	2.3	0.2	0.0	-	0.6	...	2.7	0.1	3.7	0.1	0.1	7.1	福　島
...	...	...	...	...	2.6	0.8	5.0	0.3	0.0	-	0.9	...	1.4	0.2	2.6	0.2	0.1	4.9	茨　城
...	...	...	...	...	2.2	3.2	3.6	0.5	0.1	-	1.6	...	8.4	0.2	3.4	0.3	0.2	5.5	栃　木
...	...	...	...	...	2.3	2.7	2.6	0.2	0.0	-	0.9	...	0.8	0.2	2.3	0.4	0.2	4.9	群　馬
...	...	...	...	...	0.0	0.6	2.1	0.2	0.1	-	0.8	...	3.9	0.3	2.0	0.1	0.0	3.8	埼　玉
...	...	...	...	...	0.7	2.9	3.9	0.2	0.2	-	1.2	...	2.3	0.1	4.0	0.6	0.0	3.2	千　葉
...	...	...	...	...	0.7	1.3	4.0	0.1	0.2	-	0.5	...	3.3	0.2	2.8	0.3	0.1	4.9	東　京
...	...	...	...	...	0.7	2.1	2.1	0.7	0.0	-	0.5	...	2.4	0.1	3.2	0.1	-	4.0	神　奈　川
...	...	...	...	...	1.7	1.1	4.6	0.5	0.0	-	1.9	...	1.8	0.1	3.1	0.4	0.2	8.5	新　潟
...	...	...	...	...	1.4	4.9	2.3		0.0	-	1.3	...	3.2	0.3	1.4	0.3	0.1	4.0	富　山
...	...	...	...	...	0.7	0.4	1.7	0.2	0.0	-	1.0	...	4.1	0.7	1.5	0.3	0.1	4.1	石　川
...	...	...	...	...	1.4	0.5	2.4	0.3	-	-	0.7	...	2.0	0.2	1.1	0.2	0.1	6.7	福　井
...	...	...	...	...	0.8	0.3	1.9	0.1	0.2	-	0.3	...	5.4	0.2	2.0	0.1	0.0	4.0	山　梨
...	...	...	...	...	0.8	1.8	3.9	0.0	0.1	-	1.7	...	1.9	0.2	3.7	0.1	0.1	7.4	長　野
...	...	...	...	...	0.8	0.7	3.1	0.3	0.1	-	2.2	...	4.8	0.3	2.5	0.7	0.0	8.2	岐　阜
...	...	...	...	...	2.0	2.4	1.5	0.2	0.0	-	0.7	...	3.6	0.1	2.1	0.2	0.2	3.8	静　岡
...	...	...	...	...	1.6	1.2	4.8	0.1	0.1	-	0.9	...	2.7	0.3	3.0	0.3	0.1	5.9	愛　知
...	...	...	...	...	2.1	2.5	2.3	0.1	0.1	-	0.8	...	2.4	0.2	2.8	0.1	0.1	4.4	三　重
...	...	...	...	...	0.2	0.7	2.2	0.2	0.1	-	1.9	...	4.0	0.2	1.1	0.3	-	3.7	滋　賀
...	...	...	...	...	1.9	3.4	3.7	0.1	0.3	-	1.9	...	5.2	0.2	2.8	0.2	0.0	7.7	京　都
...	...	...	...	...	0.3	1.8	2.0	0.1	0.1	-	0.4	...	3.7	0.2	1.9	0.2	0.0	3.5	大　阪
...	...	...	...	...	0.9	2.8	1.4	0.1	0.1	-	1.1	...	3.5	0.2	1.8	0.3	0.0	2.6	兵　庫
...	...	...	...	...	0.8	2.2	2.8	0.1	0.1	-	1.1	...	6.4	0.3	0.7	0.1	0.0	5.5	奈　良
...	...	...	...	...	1.3	1.3	1.4	-	0.0	-	0.5	...	6.4	0.2	1.6	0.0	0.0	1.7	和　歌　山
...	...	...	...	...	1.2	1.9	4.0	0.3	0.1	-	1.7	...	1.2	0.1	3.9	0.4	0.3	10.0	鳥　取
...	...	...	...	...	0.9	1.6	5.1	0.2	-	-	0.4	...	4.2	0.1	3.0	0.1	0.5	4.8	島　根
...	...	...	...	...	1.4	1.1	3.5	0.2	-	-	2.9	...	5.0	0.3	2.5	0.3	0.1	6.5	岡　山
...	...	...	...	...	0.7	3.5	2.5	0.2	-	-	0.6	...	4.2	0.3	0.9	0.0	0.1	3.3	広　島
...	...	...	...	...	1.9	1.8	1.9	0.2	-	-	0.9	...	1.4	0.2	1.8	0.2	0.1	5.4	山　口
...	...	...	...	...	2.2	0.6	2.9	0.0	-	-	0.5	...	2.4	0.1	1.6	0.3	0.1	4.0	徳　島
...	...	...	...	...	3.2	0.5	2.9	0.2	-	-	1.3	...	3.4	0.1	2.0	0.2	0.0	4.0	香　川
...	...	...	...	...	1.5	1.7	1.6	0.1	-	-	1.2	...	5.3	0.5	1.9	0.1	0.1	4.7	愛　媛
...	...	...	...	...	0.4	0.4	2.5	0.2	0.0	-	0.7	...	2.3	0.2	1.7	0.1	0.1	2.6	高　知
...	...	...	...	...	0.6	1.2	1.7	0.1	0.1	-	0.8	...	2.8	1.0	2.2	0.3	0.0	2.0	福　岡
...	...	...	...	...	1.9	2.8	1.5	0.3	0.0	-	0.7	...	1.4	1.6	1.4	0.1	0.1	5.9	佐　賀
...	...	...	...	...	1.8	0.6	2.9	0.2	-	-	0.6	...	1.6	0.2	2.5	0.1	0.1	5.1	長　崎
...	...	...	...	...	1.4	1.0	1.4	0.1	-	-	0.5	...	6.7	0.2	1.2	0.2	0.1	2.6	熊　本
...	...	...	...	...	0.4	1.8	2.3	0.6	-	-	1.1	...	5.4	1.3	1.9	0.5	0.0	3.0	大　分
...	...	...	...	...	0.3	1.5	1.7	0.1	-	-	1.5	...	2.9	0.1	1.9	0.1	0.0	4.1	宮　崎
...	...	...	...	...	0.3	0.8	1.2	0.6	0.0	-	1.3	...	2.3	0.2	0.7	0.1	-	0.9	鹿　児　島
...	...	...	...	...	0.8	1.6	1.6	0.6	-	-	0.6	...	2.1	0.1	1.9	0.2	0.0	3.8	沖　縄

都道府県表

1 15歳 (1) 計

区分	裸眼視力 計	視力非矯正者の裸眼視力 1.0以上	1.0未満 0.7以上	0.7未満 0.3以上	0.3未満	視力矯正者の裸眼視力 1.0以上	1.0未満 0.7以上	0.7未満 0.3以上	0.3未満	裸眼視力 計	1.0未満 0.7以上	0.7未満 0.3以上	0.3未満	眼の疾病・異常	難聴	耳疾患	鼻疾・副鼻腔患	口腔咽喉頭疾患・異常	むし歯(う歯) 計	処置完了者	未処置歯のある者	歯列・咬合	顎関節	歯垢の状態	歯肉の状態	疾病・異常その他の
全国	100.00	35.51	12.00	15.25	9.05	1.20	1.63	5.42	19.95	63.29	13.63	20.67	29.00	3.46	0.33	3.27	7.76	0.26	37.29	22.27	15.02	4.49	0.43	4.52	3.98	1.13
北海道	100.0	X	X	X	X	X	X	X	X	X	X	X	X	2.0	0.3	1.8	5.9	0.1	47.1	27.9	19.2	5.2	0.2	2.5	2.2	0.6
青森	100.0	27.9	10.4	10.5	6.0	0.4	0.8	5.3	38.7	71.6	11.2	15.8	44.7	2.4	0.2	5.1	12.5	0.5	43.4	26.3	17.1	3.7	0.3	4.1	3.8	1.0
岩手	100.0	32.9	12.1	7.5	3.2	0.3	0.6	7.1	36.3	66.8	12.7	14.6	39.5	4.9	0.1	6.4	17.4	0.2	47.2	25.2	22.0	6.2	0.2	3.9	4.6	1.0
宮城	100.0	45.6	8.7	15.9	9.8	–	0.3	5.7	14.0	54.4	9.0	21.5	23.8	6.0	0.1	5.4	13.8	0.6	43.2	25.7	17.5	6.3	0.6	7.3	8.0	0.8
秋田	100.0	X	X	X	X	X	X	X	X	X	X	X	X	6.2	0.2	4.3	13.4	0.1	32.9	17.3	15.5	3.8	0.2	2.3	1.5	3.3
山形	100.0	X	X	X	X	X	X	X	X	X	X	X	X	2.3	0.2	3.3	9.1	0.2	29.4	18.3	11.1	2.6	0.1	3.0	4.7	0.8
福島	–	–	–	–	–	–	–	–	–	–	–	–	–	1.4	0.1	0.1	X	0.5	46.9	28.8	18.1	9.4	2.8	7.1	7.2	1.1
茨城	100.0	28.1	10.5	12.6	8.4	0.0	0.7	5.5	34.1	71.8	11.2	18.1	42.5	7.5	0.5	0.8	11.9	0.2	43.3	22.5	20.9	4.6	0.1	4.9	2.9	1.7
栃木	100.0	23.8	X	X	X	0.2	X	X	X	76.0	X	X	X	2.4	0.5	3.6	7.5	0.1	37.9	21.7	16.2	4.3	0.1	5.7	5.7	0.9
群馬	100.0	X	X	X	X	X	X	X	X	X	X	X	X	3.6	0.5	6.5	9.2	0.1	41.1	25.9	15.3	4.8	0.4	4.5	5.6	0.5
埼玉	100.0	X	X	X	X	X	X	X	X	X	X	X	X	1.5	0.3	5.4	7.2	0.2	33.1	19.2	13.9	0.4	0.4	4.6	3.0	0.6
千葉	100.0	X	X	X	X	X	X	X	X	X	X	X	X	2.1	0.2	4.5	8.7	0.2	36.0	20.8	15.2	5.9	1.0	4.2	3.4	1.7
東京	100.0	33.1	X	X	X	1.3	X	X	X	65.5	X	X	X	3.0	0.5	3.7	5.3	0.3	33.9	22.3	11.6	5.6	0.1	5.8	4.4	0.8
神奈川	100.0	X	X	X	X	X	X	X	X	X	X	X	X	3.3	0.5	3.5	7.8	0.1	38.6	21.4	17.2	5.2	0.3	6.5	4.6	2.4
新潟	100.0	X	X	X	X	X	X	X	X	X	X	X	X	0.8	0.2	2.1	7.5	0.0	20.9	14.6	6.3	1.6	0.3	2.4	2.3	0.7
富山	100.0	X	X	X	X	X	X	X	X	X	X	X	X	7.8	0.2	2.4	8.6	0.0	31.2	18.6	12.6	2.5	0.3	3.3	2.0	0.3
石川	–	–	–	–	–	–	–	–	–	–	–	–	–	0.2	0.4	3.2	5.1	0.0	38.9	23.6	15.3	4.3	0.9	5.5	4.7	0.5
福井	100.0	X	X	X	X	X	X	X	X	X	X	X	X	0.3	0.2	0.6	3.0	0.1	53.1	30.2	22.9	6.5	0.2	4.3	5.3	1.0
山梨	100.0	X	X	X	X	X	X	X	X	X	X	X	X	5.7	0.3	2.7	5.8	0.4	40.2	25.8	14.4	2.3	0.2	4.2	7.3	0.4
長野	100.0	40.1	14.7	15.9	7.4	5.2	5.6	7.7	3.4	54.7	20.3	23.6	10.8	3.9	0.3	2.3	5.8	0.4	34.6	21.9	12.8	4.5	0.0	2.6	2.9	0.9
岐阜	100.0	X	X	X	X	X	X	X	X	X	X	X	X	3.0	0.5	2.5	3.7	0.1	26.0	16.4	9.6	1.8	0.2	2.8	5.3	2.5
静岡	100.0	33.9	6.7	11.1	6.6	0.2	0.5	8.9	32.1	66.0	7.2	20.0	38.7	1.7	0.5	5.0	8.1	0.2	33.2	22.5	10.6	5.5	0.7	4.7	3.0	0.7
愛知	100.0	X	X	X	X	X	X	X	X	X	X	X	X	6.9	0.4	2.3	8.1	0.1	28.3	18.7	9.6	2.3	0.3	3.4	4.6	0.7
三重	–	–	–	–	–	–	–	–	–	–	–	–	–	3.0	0.3	3.0	8.3	0.3	47.6	29.0	18.6	3.7	1.0	6.3	5.1	0.4
滋賀	–	–	–	–	–	–	–	–	–	–	–	–	–	1.3	0.3	0.4	4.4	0.0	31.9	21.4	10.5	4.6	0.3	5.8	2.3	0.8
京都	100.0	X	X	X	X	X	X	X	X	X	X	X	X	4.6	0.3	4.1	8.0	0.9	28.0	18.4	9.6	3.4	0.4	4.4	2.6	1.0
大阪	–	–	–	–	–	–	–	–	–	–	–	–	–	1.5	0.3	1.1	6.7	0.3	35.0	21.6	13.4	2.0	0.4	4.1	1.6	1.1
兵庫	–	–	–	–	–	–	–	–	–	–	–	–	–	3.6	0.3	5.5	7.0	0.2	36.7	23.2	13.4	7.2	0.9	3.4	5.1	0.4
奈良	100.0	X	X	X	X	X	X	X	X	X	X	X	X	3.7	0.2	0.6	7.2	0.1	42.2	26.1	16.0	5.4	0.6	9.1	3.7	1.2
和歌山	100.0	32.0	8.3	X	10.2	0.1	0.4	X	24.5	67.8	8.7	24.5	34.6	2.4	0.3	0.9	0.9	0.1	39.9	25.1	14.8	2.0	0.1	1.8	2.3	2.8
鳥取	100.0	X	X	X	X	X	X	X	X	X	X	X	X	3.7	0.0	0.4	7.0	–	38.8	21.3	17.5	5.5	0.7	5.2	3.5	0.6
島根	100.0	X	X	X	X	X	X	X	X	X	X	X	X	6.0	0.1	2.9	17.7	0.9	45.7	23.4	22.3	1.8	0.1	4.2	2.1	0.5
岡山	100.0	X	X	X	X	X	X	X	X	X	X	X	X	6.7	0.1	4.3	8.7	0.2	35.2	20.8	14.3	2.3	0.2	4.5	5.5	1.3
広島	100.0	X	X	X	X	X	X	X	X	X	X	X	X	4.4	0.2	3.0	6.6	0.1	29.4	17.5	11.9	5.4	0.3	4.4	6.1	1.6
山口	100.0	X	X	17.0	4.6	X	X	18.0	7.6	71.3	24.1	35.0	12.2	3.7	0.4	3.7	11.3	0.1	33.1	18.3	14.8	4.8	0.3	5.8	3.1	0.6
徳島	100.0	30.6	9.0	9.7	5.0	0.1	0.6	8.3	36.6	69.2	9.6	18.1	41.6	10.2	0.1	5.7	10.8	0.6	42.3	26.0	16.3	3.7	0.7	3.5	4.4	1.4
香川	100.0	X	X	X	X	X	X	X	X	56.3	X	X	X	2.1	0.1	4.2	5.8	0.1	36.0	25.0	11.0	3.2	0.4	3.2	5.3	1.0
愛媛	100.0	27.6	X	X	X	0.1	X	X	X	72.3	X	X	X	2.3	0.0	0.1	11.7	–	32.7	19.9	12.9	2.1	0.9	2.9	2.0	1.0
高知	100.0	33.9	X	X	X	0.3	X	X	X	65.8	X	X	X	2.3	0.0	X	11.6	0.4	42.9	23.1	19.8	4.6	0.0	3.7	4.4	8.2
福岡	100.0	27.9	8.9	14.5	X	–	0.2	5.1	X	72.1	9.1	19.6	43.4	5.4	0.6	3.1	9.7	0.3	45.9	21.5	24.4	4.1	0.4	3.9	3.0	0.9
佐賀	100.0	X	X	X	X	X	X	X	X	X	X	X	X	2.7	0.4	4.5	12.1	0.2	40.7	21.1	19.6	6.6	0.2	7.0	6.4	3.8
長崎	100.0	X	X	X	X	X	X	X	X	X	X	X	X	4.0	0.2	4.4	4.7	0.2	36.1	24.6	11.5	4.3	0.9	4.4	4.8	1.3
熊本	100.0	X	X	X	X	X	X	X	X	X	X	X	X	6.5	0.2	4.4	17.1	0.2	45.0	29.0	16.0	5.0	0.2	2.5	2.8	1.5
大分	100.0	X	X	X	X	X	X	X	X	X	X	X	X	3.3	0.2	–			50.5	31.0	19.4	7.1	1.0	5.8	5.3	0.9
宮崎	–	–	–	–	–	–	–	–	–	–	–	–	–	4.0	0.3	4.5	7.5	1.4	47.8	26.3	21.5	3.5	0.6	4.1	3.9	1.2
鹿児島	100.0	32.1	17.6	10.5	8.3	–	0.4	5.4	25.7	67.9	18.0	15.9	34.0	3.2	0.4	6.7	16.1	0.6	49.9	26.1	23.8	6.6	0.8	4.7	7.6	1.8
沖縄	100.0	30.2	6.9	11.5	9.0	–	0.3	6.7	35.5	69.8	7.1	18.2	44.5	0.4	0.1	0.0	1.1	0.9	59.3	28.4	30.9	3.9	0.2	3.3	3.3	0.8

異常被患率等（各年齢ごと）（39-11）

単位　（%）

| 永久歯の1人当り平均むし歯（う歯）等数 | | | | | 栄養状態 | せき柱・四肢の状態・胸郭 | 皮膚疾患 | | 結核検査の対象の精密者 | 結核 | 心疾病臓・異常の常 | 心電図異常 | 蛋白検出の者 | 尿糖検出の者 | その他の疾病・異常 | | | | 区分 |
計(本)	喪失歯数(本)	むし歯（う歯）計(本)	処置歯数(本)	未処置歯数(本)			アトピー性皮膚炎	その他の皮膚疾患							ぜん息	腎臓疾患	言語障害	その他の疾病・異常	
…	…	…	…	…	0.65	1.34	2.58	0.19	…	0.03	0.98	3.30	3.81	0.22	1.76	0.20	0.05	4.11	全　国
…	…	…	…	…	0.3	0.6	4.5	0.2	…	0.0	0.5	1.8	3.1	0.2	3.5	0.1	0.0	5.8	北 海 道
…	…	…	…	…	0.4	0.7	2.0	0.4	…	0.0	0.4	1.5	2.2	0.4	1.2	0.2	0.0	4.7	青　森
…	…	…	…	…	0.1	0.4	1.6	0.0	…	－	0.8	4.1	2.6	0.2	1.6	0.2	0.2	3.5	岩　手
…	…	…	…	…	0.2	0.8	3.1	0.2	…	－	0.5	2.0	1.5	0.0	1.3	0.1	0.1	3.4	宮　城
…	…	…	…	…	0.9	1.5	3.5	0.1	…	0.0	0.4	2.2	1.0	0.3	2.2	0.0	－	6.4	秋　田
…	…	…	…	…	0.9	0.9	3.1	0.7	…	0.0	0.4	5.2	5.4	0.1	1.8	0.4	0.2	10.5	山　形
…	…	…	…	…	0.6	0.8	2.1	0.4	…	0.0	1.0	4.3	2.5	0.2	2.0	0.2	0.1	5.0	福　島
…	…	…	…	…	1.0	1.2	5.3	0.2	…	－	0.7	4.0	7.6	0.2	2.7	0.2	0.2	5.8	茨　城
…	…	…	…	…	0.4	2.0	4.1	0.1	…	－	2.0	5.6	5.5	0.3	3.0	0.2	0.0	5.9	栃　木
…	…	…	…	…	0.9	2.7	3.3	0.0	…	0.0	1.3	4.6	0.7	0.1	2.0	0.4	0.0	4.5	群　馬
…	…	…	…	…	1.5	1.6	1.3	0.3	…	0.0	0.8	3.6	2.6	0.1	1.5	0.1	0.0	2.7	埼　玉
…	…	…	…	…	0.6	1.7	2.3	0.1	…	0.1	0.8	2.3	3.0	0.1	2.3	0.3	0.1	3.2	千　葉
…	…	…	…	…	0.3	1.0	2.3	0.2	…	0.0	0.6	2.7	4.1	0.2	1.6	0.2	0.1	2.2	東　京
…	…	…	…	…	0.3	1.2	2.5	0.2	…	0.2	0.5	2.5	2.8	0.5	2.2	0.1	0.0	5.0	神 奈 川
…	…	…	…	…	0.3	0.4	1.9	0.2	…	0.1	1.5	3.7	3.6	0.2	1.3	0.2	0.1	7.5	新　潟
…	…	…	…	…	0.4	3.9	2.8	0.1	…	0.0	2.1	5.9	2.4	0.3	1.5	0.1	－	5.2	富　山
…	…	…	…	…	0.7	0.8	1.7	0.8	…	0.1	1.2	3.1	7.7	0.2	1.6	0.2	0.1	5.2	石　川
…	…	…	…	…	1.4	0.5	2.0	0.2	…	0.1	0.9	0.7	5.7	0.4	0.9	0.1	0.0	4.1	福　井
…	…	…	…	…	0.5	0.4	2.3	0.2	…	0.0	2.4	11.5	1.1	0.2	1.4	0.2	0.0	6.5	山　梨
…	…	…	…	…	0.1	2.2	1.6	0.1	…	－	1.0	3.1	0.4	0.1	1.3	0.1	0.0	2.7	長　野
…	…	…	…	…	0.7	2.7	2.5	0.1	…	0.1	1.9	3.9	3.6	0.2	1.9	0.8	0.1	5.9	岐　阜
…	…	…	…	…	1.7	1.3	2.0	0.2	…	－	0.7	2.6	3.5	0.3	1.3	0.2	0.1	4.5	静　岡
…	…	…	…	…	1.2	1.0	3.7	0.1	…	－	0.6	2.9	4.3	0.1	1.3	0.2	0.0	3.9	愛　知
…	…	…	…	…	1.6	0.4	2.8	0.2	…	－	1.3	2.9	4.2	0.2	2.7	0.1	0.0	3.8	三　重
…	…	…	…	…	0.1	1.2	2.0	0.1	…	0.1	2.0	5.0	4.5	0.2	0.8	0.3	0.1	2.2	滋　賀
…	…	…	…	…	1.4	2.8	2.5	0.2	…	0.0	2.4	5.5	3.5	0.6	1.7	0.3	0.1	5.3	京　都
…	…	…	…	…	0.4	2.6	2.9	0.2	…	－	1.1	3.5	4.2	0.1	1.3	0.2	0.0	4.9	大　阪
…	…	…	…	…	0.6	1.0	2.2	0.1	…	0.0	1.9	4.0	4.3	0.2	2.0	0.2	0.0	3.3	兵　庫
…	…	…	…	…	0.3	1.2	2.3	0.1	…	0.0	0.3	2.2	11.8	0.1	1.6	0.3	－	3.0	奈　良
…	…	…	…	…	－	1.1	0.5	0.0	…	0.1	1.2	5.6	5.8	0.1	0.4	0.1	0.0	2.9	和 歌 山
…	…	…	…	…	0.3	0.8	3.5	0.4	…	－	1.5	3.6	4.1	0.4	2.2	0.3	0.0	7.7	鳥　取
…	…	…	…	…	0.1	0.5	2.2	0.1	…	0.1	0.2	1.9	4.2	0.1	1.5	0.1	0.1	3.2	島　根
…	…	…	…	…	0.2	0.2	4.3	0.3	…	0.0	1.4	2.6	2.9	0.4	2.6	0.2	0.1	7.3	岡　山
…	…	…	…	…	0.4	2.0	2.6	0.5	…	0.1	1.9	3.2	4.9	0.2	1.3	0.2	0.1	3.0	広　島
…	…	…	…	…	0.2	1.9	1.7	0.1	…	－	0.6	2.1	0.9	0.2	1.8	0.3	0.0	3.7	山　口
…	…	…	…	…	2.6	0.9	2.3	－	…	－	0.8	3.1	2.9	0.1	2.6	0.2	0.0	2.5	徳　島
…	…	…	…	…	0.9	0.7	3.0	0.1	…	0.1	1.5	6.0	1.6	0.1	1.3	0.1	0.0	3.1	香　川
…	…	…	…	…	0.2	1.2	3.2	0.1	…	0.0	1.3	3.2	6.4	0.2	2.4	0.2	0.1	5.7	愛　媛
…	…	…	…	…	0.5	0.9	2.9	0.1	…	0.1	1.9	3.5	1.6	0.1	0.9	0.1	0.0	5.6	高　知
…	…	…	…	…	1.0	1.3	2.7	0.1	…	0.0	0.7	3.2	6.1	0.1	2.0	0.1	0.1	3.4	福　岡
…	…	…	…	…	2.9	2.4	1.9	0.3	…	－	0.7	3.6	2.5	0.3	1.5	0.2	0.0	4.9	佐　賀
…	…	…	…	…	0.1	0.5	3.4	0.2	…	0.1	1.6	6.2	3.6	0.1	1.2	0.3	0.0	3.4	長　崎
…	…	…	…	…	0.6	1.1	1.1	0.1	…	0.0	0.8	1.9	3.6	0.2	0.5	0.2	0.1	2.1	熊　本
…	…	…	…	…	0.2	0.3	0.9	0.1	…	－	0.6	2.4	1.0	0.2	1.6	0.1	－	5.3	大　分
…	…	…	…	…	1.2	1.4	1.3	0.4	…	－	1.9	5.0	4.5	0.4	1.6	0.1	0.0	2.4	宮　崎
…	…	…	…	…	0.1	1.5	2.5	0.4	…	0.1	1.4	3.8	4.5	0.4	1.7	0.3	0.1	3.7	鹿 児 島
…	…	…	…	…	0.2	0.8	0.8	0.4	…	－	0.5	2.8	2.9	0.1	0.6	0.1	0.0	1.7	沖　縄

異常被患率等（各年齢ごと）（39-11）

都道府県表

1　16歳　(1)　計

区分	計	非矯正1.0以上	非矯正1.0未満0.7以上	非矯正0.7未満0.3以上	非矯正0.3未満	矯正1.0以上	矯正1.0未満0.7以上	矯正0.7未満0.3以上	矯正0.3未満	裸眼視力計	裸眼1.0未満0.7以上	裸眼0.7未満0.3以上	裸眼0.3未満	眼の疾病・異常	難聴	耳疾患	鼻疾・副鼻腔患	口腔咽喉頭疾患異常	むし歯計	処置完了者	未処置歯のある者	歯列・咬合	顎関節	歯垢の状態	歯肉の状態	その他の疾病・異常
全国	100.00	36.78	11.30	12.65	8.67	1.45	1.72	5.12	22.31	61.77	13.03	17.77	30.98	3.78	…	1.95	6.10	0.21	42.26	25.36	16.91	4.45	0.51	4.67	4.15	1.16
北海道	100.0	X	X	X	X	X	X	X	X	X	X	X	X	2.0	…	0.4	5.3	0.1	54.2	32.1	22.1	5.5	0.4	2.8	2.7	0.5
青森	100.0	29.9	8.8	8.7	6.5	-	0.9	4.8	40.5	70.1	9.7	13.4	47.0	1.3	…	X	X	X	48.4	29.4	19.0	5.1	0.3	4.2	3.7	0.8
岩手	100.0	29.8	6.4	9.3	3.3	0.2	0.3	7.4	43.2	70.0	6.8	16.8	46.5	8.4	…	7.0	14.0	0.6	52.8	27.8	25.0	6.7	0.3	6.2	5.9	0.2
宮城	100.0	36.1	9.6	17.8	6.7	-	0.1	3.9	25.7	63.9	9.8	21.7	32.4	5.7	…	2.6	X	X	45.8	27.0	18.9	4.6	0.7	5.3	5.8	1.2
秋田	100.0	X	X	X	X	X	X	X	X	X	X	X	X	8.3	…	2.4	6.1	0.1	39.6	20.4	19.2	3.8	0.1	3.1	2.5	3.1
山形	100.0	X	X	X	X	X	X	X	X	X	X	X	X	3.4	…	3.3	X	X	36.1	23.0	13.2	3.3	0.6	5.2	5.4	0.6
福島	-													1.7	…	0.0	X	0.5	53.3	33.6	19.8	8.6	2.9	7.0	5.9	0.9
茨城	100.0	26.7	10.2	11.7	7.7	0.2	0.5	6.6	36.4	73.1	10.7	18.3	44.1	6.1	…	0.1	14.2		46.6	24.9	21.7	4.3	0.1	6.2	3.1	1.3
栃木	100.0	X	X	X	X	X	X	X	X	X	X	X	X	1.9	…	2.8	7.4		43.9	25.0	18.9	4.0	0.2	5.8	5.8	1.0
群馬	100.0	31.6	X	X	X		X	X	X	68.4	X	X	X	2.8	…	0.1	0.9		46.5	30.1	16.4	4.0	0.2	3.4	4.9	1.1
埼玉	100.0	X	X	X	X	X	X	X	X	X	X	X	X	1.3	…	4.2	3.1	0.2	35.2	19.9	15.3	4.5	0.3	4.6	3.2	0.5
千葉	100.0	X	X	X	X	X	X	X	X	X	X	X	X	1.1	…	1.2	0.4		38.8	23.9	14.9	6.6	1.1	4.0	3.2	2.1
東京	100.0	X	17.1	21.9	17.6	X	3.0	2.4	4.1	66.0	20.1	24.3	21.6	2.5	…	3.8	5.0	0.2	37.5	23.8	13.6	4.3	0.3	4.6		0.9
神奈川	100.0	X	X	X	X	X	X	X	X	X	X	X	X	0.8	…	2.3	3.8	0.1	44.3	22.7	21.5	4.7	0.5	7.0	5.0	2.4
新潟	100.0	X	X	X	X	X	X	X	X	X	X	X	X	1.1	…	X	X		27.0	19.2	7.8	1.3	0.5	2.3	3.4	0.4
富山	100.0	X	X	X	X	X	X	X	X	X	X	X	X	9.2	…	1.8	8.5	0.0	39.5	24.8	14.7	2.2	0.1	3.4	1.6	0.4
石川	-	-	-	-	-	-	-	-	-	-	-	-	-	0.2					45.8	29.5	16.3	4.1	1.0	6.0	6.0	1.0
福井	100.0	-	-	-	-	-	-	-	-	-	-	-	-	0.4	…	0.1	2.4		60.6	36.2	24.3	4.2	0.5	4.5	4.7	1.0
山梨	100.0	X	X	X	X	X	X	X	X	X	X	X	X	2.6	…	1.5	4.1	0.0	45.2	29.8	15.4	2.1	0.2	3.6	5.6	0.7
長野	100.0	50.2	X	X	X	4.1	X	X	X	45.8	X	X	X	7.6	…	0.7	5.4	0.8	40.8	26.3	14.4	3.3	0.8	2.8	3.8	1.1
岐阜	100.0	X	X	X	X	X	X	X	X	X	X	X	X	2.9	…	0.1	3.3	0.0	31.6	21.9	9.7	2.8	0.7	3.6	5.5	2.0
静岡	100.0	27.5	7.3	10.1	6.8	0.1	0.4	6.0	41.7	72.4	7.7	16.1	48.6	2.9	…	1.4	3.5	0.6	41.3	27.6	13.7	5.9	0.7	4.2	3.1	0.4
愛知	100.0	X	X	X	X	X	X	X	X	X	X	X	X	10.6	…	0.8	X		33.5	22.1	11.3	2.1	0.2	3.6	5.3	0.9
三重	-	-	-	-	-	-	-	-	-	-	-	-	-	2.8	…	0.2	14.0	1.4	50.4	30.1	20.3	3.4	1.0	5.5	5.6	0.3
滋賀	-	-	-	-	-	-	-	-	-	-	-	-	-	1.1	…	0.4	3.2	0.0	38.6	26.6	11.9	5.2	0.5	5.1	2.8	1.4
京都	100.0	X	X	X	X	X	X	X	X	X	X	X	X	4.3	…	3.8	5.7	0.7	32.7	22.6	10.2	4.5	0.3	5.3	3.3	1.1
大阪	-	-	-	-	-	-	-	-	-	-	-	-	-	1.5	…	0.6	5.7		39.7	24.5	15.2	4.3	0.3	4.6	1.5	1.0
兵庫	-	-	-	-	-	-	-	-	-	-	-	-	-	3.1	…	4.1	5.8	0.2	41.4	25.2	16.1	7.4	0.6	3.4	5.2	0.6
奈良	100.0	X	X	X	X	X	X	X	X	X	X	X	X	3.0	…	-	5.3	0.4	47.1	28.4	18.7	4.8	0.5	9.0	3.4	3.0
和歌山	100.0	36.9	9.3	10.0	6.1	0.3	0.4	8.3	28.8	62.8	9.7	18.2	34.9	2.8	…	0.1	5.3		47.7	30.0	17.6	2.1	0.2	2.1	2.8	0.9
鳥取	100.0	X	X	X	X	X	X	X	X	X	X	X	X	3.5	…	0.4	5.3		47.5	28.7	18.9	6.4	0.4	5.9	4.9	0.9
島根	100.0	X	X	X	X	X	X	X	X	X	X	X	X	9.1	…	6.5	X		47.4	23.8	23.6	2.2	0.2	3.3	1.0	0.7
岡山	100.0	X	X	X	X	X	X	X	X	X	X	X	X	7.1	…	1.4	0.7		40.2	25.8	14.3	1.8	0.2	3.8	5.1	1.1
広島	100.0	X	X	X	X	X	X	X	X	X	X	X	X	4.6	…	2.4	6.4	0.1	33.8	20.8	13.0	5.4	0.4	4.9	5.3	1.5
山口	100.0	31.8	X	X	X	6.6	X	X	X	61.7	X	X	X	3.6	…	3.6	9.3	0.2	40.7	25.6	15.1	5.6	0.4	6.8	4.7	0.6
徳島	100.0	29.3	6.3	6.8	4.3	0.0	0.1	6.5	46.6	70.7	6.4	13.3	50.9	0.1	…	0.2	0.2	0.1	49.8	31.3	18.4	4.4	0.8	2.9	5.2	1.1
香川	100.0	39.7	X	X	X	2.3	X	X	X	58.0	X	X	X	7.9	…	6.8	9.4	0.0	42.3	30.9	11.4	3.1	0.2	3.2	3.6	0.7
愛媛	100.0	29.2	X	X	X	0.5	X	X	X	70.4	X	X	X	3.8	…	0.1	15.0		37.2	21.9	15.3	3.3	1.0	3.4	3.9	0.7
高知	100.0	35.9	7.1	14.7	5.2	0.2	0.4	3.4	33.2	63.9	7.5	18.0	38.4	0.1	…	0.4	8.4	0.0	49.5	27.9	21.6	4.5	0.4	4.9	5.0	7.7
福岡	100.0	31.2	X	X	X	0.5	X	X	X	68.4	X	X	X	X	…		5.6	0.2	50.0	23.5	26.5	5.0	0.4	4.1	3.3	0.6
佐賀	100.0	X	X	X	X	X	X	X	X	X	X	X	X	2.2	…	1.2	7.1	0.3	45.2	24.0	21.2	6.8	0.4	7.3	7.1	2.6
長崎	100.0	X	X	X	X	X	X	X	X	X	X	X	X		…	1.4	4.4		43.1	28.9	14.1	3.3	1.8	3.7	4.1	1.2
熊本	100.0	X	X	X	X	X	X	X	X	X	X	X	X	10.0	…	3.6	10.0	0.1	47.9	30.5	17.3	4.3	0.2	2.9	2.9	1.5
大分	100.0	X	X	X	X	X	X	X	X	X	X	X	X	0.7	…				60.1	36.0	24.1	10.0	0.7	7.3	7.8	1.3
宮崎	-	-	-	-	-	-	-	-	-	-	-	-	-	2.4	…	3.0	6.1	0.6	55.6	30.7	24.9	3.9	0.4	4.0	3.5	1.0
鹿児島	100.0	31.2	8.1	9.3	6.8	-	0.4	6.8	37.4	68.8	8.5	16.1	44.3	2.3	…	4.1	X		55.8	31.3	24.5	6.9	0.8	5.5	8.1	1.9
沖縄	100.0	27.1	8.8	9.4	7.6	-	0.8	6.9	39.5	72.9	9.6	16.3	47.1	0.3	…	0.3	1.3	1.6	62.7	30.2	32.5	3.1	0.3	4.4	3.3	1.4

異常被患率等（各年齢ごと）（39-12）

単位（%）

永久歯の1人当り平均むし歯（う歯）等数		むし歯（う歯）			栄養状態	せき柱・四肢の状態・胸郭	皮膚疾患		結核の検査の対象者精密	結核	心疾病臓・異常	心電図異常	蛋白検出の者	尿糖検出の者	その他の疾病・異常				区分
計（本）	喪失歯数（本）	計（本）	処置歯数（本）	未処置歯数（本）			アトピー性皮膚炎	その他の皮膚疾患							ぜん息	腎臓疾患	言語障害	その他の疾病・異常	
…	…	…	…	…	0.61	1.17	2.40	0.19	…	…	0.84	…	3.10	0.22	1.77	0.21	0.04	3.99	全　国
…	…	…	…	…	0.2	0.7	4.0	0.2	…	…	0.4	…	2.3	0.2	3.7	0.2	0.0	5.6	北 海 道
…	…	…	…	…	0.1	0.9	1.5	0.3	…	…	0.4	…	1.7	0.2	1.0	0.2	0.1	3.4	青　森
…	…	…	…	…	0.2	0.4	1.6	0.1	…	…	0.5	…	2.2	0.2	1.3	0.2	0.0	3.2	岩　手
…	…	…	…	…	0.2	0.3	2.6	0.3	…	…	0.6	…	1.0	0.0	1.7	0.1	0.0	4.1	宮　城
…	…	…	…	…	0.7	1.0	2.6	0.1	…	…	0.4	…	0.7	0.3	1.8	0.4	0.1	4.0	秋　田
…	…	…	…	…	0.9	1.0	2.7	0.8	…	…	0.5	…	3.9	0.1	2.1	0.3	0.1	9.2	山　形
…	…	…	…	…	0.5	1.0	2.3	0.2	…	…	0.5	…	1.7	0.1	2.1	0.2	0.2	5.2	福　島
…	…	…	…	…	0.8	0.9	5.2	0.2	…	…	0.6	…	7.0	0.2	2.6	0.2	0.1	6.2	茨　城
…	…	…	…	…	0.4	1.6	3.0	0.1	…	…	1.3	…	3.4	0.3	2.7	0.3	0.0	5.2	栃　木
…	…	…	…	…	0.9	2.1	3.2	0.1	…	…	1.4	…	0.4	0.1	2.2	0.5	0.0	4.5	群　馬
…	…	…	…	…	1.3	1.3	1.1	0.2	…	…	0.6	…	2.3	0.1	1.2	0.1	-	2.3	埼　玉
…	…	…	…	…	0.6	1.9	2.0	0.3	…	…	0.9	…	2.2	0.2	2.3	0.2	0.0	3.0	千　葉
…	…	…	…	…	0.4	1.0	2.2	0.2	…	…	0.5	…	3.2	0.2	1.6	0.2	0.0	1.8	東　京
…	…	…	…	…	0.2	0.9	2.0	0.1	…	…	0.8	…	2.5	0.4	2.4	0.2	0.0	5.3	神 奈 川
…	…	…	…	…	0.3	0.4	2.3	0.2	…	…	1.0	…	2.5	0.3	1.8	0.3	0.1	6.8	新　潟
…	…	…	…	…	0.1	3.6	2.5	0.0	…	…	2.1	…	2.0	0.2	0.8	0.2	0.0	4.0	富　山
…	…	…	…	…	0.9	1.0	1.7	0.4	…	…	1.6	…	5.8	0.3	1.2	0.2	0.0	5.2	石　川
…	…	…	…	…	1.6	0.8	1.4	0.3	…	…	1.0	…	5.4	0.3	1.0	0.2	0.0	4.3	福　井
…	…	…	…	…	0.4	0.5	2.0	0.1	…	…	1.9	…	0.7	0.1	1.3	0.2	0.0	5.5	山　梨
…	…	…	…	…	0.1	0.8	1.8	0.1	…	…	1.0	…	0.4	0.1	0.8	0.1	0.0	1.9	長　野
…	…	…	…	…	0.5	0.9	2.6	0.3	…	…	2.5	…	3.0	0.2	2.1	0.7	0.1	5.1	岐　阜
…	…	…	…	…	1.0	1.3	1.9	0.3	…	…	0.8	…	2.8	0.2	1.2	0.1	0.1	3.9	静　岡
…	…	…	…	…	0.8	0.5	3.1	0.1	…	…	0.6	…	3.9	0.2	1.2	0.2	0.0	3.8	愛　知
…	…	…	…	…	1.3	0.5	2.6	0.1	…	…	1.0	…	3.2	0.1	2.7	0.2	0.1	3.3	三　重
…	…	…	…	…	0.1	1.1	1.3	0.1	…	…	2.2	…	3.4	0.2	1.0	0.2	-	1.8	滋　賀
…	…	…	…	…	2.1	4.1	2.6	0.1	…	…	1.1	…	2.7	0.6	1.7	0.1	0.0	6.4	京　都
…	…	…	…	…	0.3	2.2	2.8	0.3	…	…	0.6	…	3.7	0.2	1.5	0.3	0.0	5.4	大　阪
…	…	…	…	…	0.5	0.7	2.6	0.1	…	…	1.4	…	3.8	0.3	1.7	0.2	0.1	3.1	兵　庫
…	…	…	…	…	0.3	1.4	1.7	0.1	…	…	0.3	…	10.0	0.2	1.7	0.2	0.1	2.8	奈　良
…	…	…	…	…	-	0.6	0.6	0.1	…	…	0.5	…	4.5	0.2	0.4	0.0	0.0	3.0	和 歌 山
…	…	…	…	…	0.2	0.6	4.0	0.3	…	…	1.6	…	3.2	0.1	2.4	0.5	0.1	8.2	鳥　取
…	…	…	…	…	0.1	0.3	2.2	0.1	…	…	0.3	…	3.4	0.1	1.9	0.0	0.1	4.1	島　根
…	…	…	…	…	0.3	0.2	4.5	0.1	…	…	1.3	…	2.6	0.4	2.3	0.2	0.1	7.1	岡　山
…	…	…	…	…	0.4	2.3	2.7	0.4	…	…	0.7	…	3.9	0.2	1.6	0.1	-	2.7	広　島
…	…	…	…	…	0.4	1.6	1.8	0.0	…	…	0.6	…	0.5	0.2	1.7	0.3	0.1	3.7	山　口
…	…	…	…	…	2.7	0.8	2.4	-	…	…	0.6	…	2.3	0.4	2.0	0.4	0.0	1.9	徳　島
…	…	…	…	…	1.0	0.3	3.3	0.1	…	…	1.3	…	1.1	0.2	1.6	0.4	-	3.7	香　川
…	…	…	…	…	0.1	1.3	3.2	0.1	…	…	1.0	…	3.6	0.2	2.5	0.1	0.1	5.6	愛　媛
…	…	…	…	…	0.1	0.8	1.9	0.1	…	…	1.8	…	2.0	0.1	1.2	0.4	0.0	4.8	高　知
…	…	…	…	…	1.2	1.2	2.6	0.1	…	…	0.6	…	5.1	0.3	1.6	0.2	0.1	3.7	福　岡
…	…	…	…	…	3.1	2.2	1.8	0.4	…	…	0.5	…	1.3	0.1	2.2	0.2	0.1	6.6	佐　賀
…	…	…	…	…	0.1	0.5	2.3	0.1	…	…	1.7	…	2.1	0.0	1.4	0.2	0.0	2.7	長　崎
…	…	…	…	…	0.7	1.0	0.7	0.1	…	…	0.3	…	3.1	0.2	0.5	0.1	0.1	1.9	熊　本
…	…	…	…	…	0.3	0.4	1.0	0.1	…	…	0.7	…	4.0	0.2	2.1	0.2	0.1	4.8	大　分
…	…	…	…	…	0.8	1.2	1.3	0.2	…	…	1.8	…	3.5	0.4	2.3	0.2	0.1	2.9	宮　崎
…	…	…	…	…	0.1	0.9	2.3	0.4	…	…	1.6	…	4.2	0.2	2.1	0.3	0.0	3.9	鹿 児 島
…	…	…	…	…	0.2	0.5	0.9	0.2	…	…	0.5	…	2.4	0.2	0.5	0.2	0.0	1.6	沖　縄

異常被患率等（各年齢ごと）（39-12）

都道府県表

1　17歳 (1)　計

区分	計	非矯正 1.0以上	非矯正 1.0未満0.7以上	非矯正 0.7未満0.3以上	非矯正 0.3未満	矯正 1.0以上	矯正 1.0未満0.7以上	矯正 0.7未満0.3以上	矯正 0.3未満	裸眼計	裸眼 1.0未満	裸眼 0.7未満	裸眼 0.3未満	眼の疾病・異常	難聴	耳疾患	鼻疾患・副鼻腔患	口腔咽喉頭疾患・異常	むし歯 計	処置完了者	未処置歯のある者	歯列・咬合	顎関節	歯垢の状態	歯肉の状態	その他の疾病・異常
全　国	100.00	34.45	12.06	11.57	7.66	1.12	1.86	4.37	26.92	64.43	13.91	15.94	34.58	3.44	0.30	2.18	6.77	0.30	45.46	27.50	17.96	4.40	0.52	4.56	4.34	1.06
北 海 道	100.0	X	X	X	X	X	X	X	X	X	X	X	X	1.8	0.2	0.2	5.3	0.1	57.4	35.7	21.7	5.4	0.3	2.2	2.0	0.3
青　森	100.0	26.5	8.3	7.4	4.6	0.4	0.8	7.2	44.9	73.2	9.1	14.6	49.4	2.4	0.3	X	X	X	54.4	32.8	21.5	3.5	0.2	4.6	5.1	1.1
岩　手	100.0	29.4	8.7	7.5	2.2	0.3	0.3	7.4	44.2	70.3	9.0	14.9	46.4	4.5	0.3	5.7	20.7	0.4	54.1	28.3	25.8	7.2	0.6	4.6	5.3	0.6
宮　城	100.0	46.3	11.1	8.2	3.9	0.4	0.9	4.2	25.0	53.3	12.0	12.4	28.9	6.5	0.2	5.1	X	0.1	49.0	30.9	18.1	5.4	0.7	5.0	8.5	1.0
秋　田	100.0	X	X	X	X	X	X	X	X	X	X	X	X	10.7	0.2	1.6	6.6	0.4	45.1	23.8	21.2	3.6	0.1	2.6	2.2	2.2
山　形	100.0	X	X	X	X	X	X	X	X	X	X	X	X	3.0	0.2	3.6	X	-	39.5	25.3	14.2	3.5	0.6	4.3	5.5	0.9
福　島	-	-	-	-	-	-	-	-	-	-	-	-	-	1.8	0.2	0.1	X	0.6	58.5	35.5	23.0	9.4	2.4	7.5	6.4	0.7
茨　城	100.0	24.1	7.6	10.8	8.3	0.3	0.4	6.1	42.4	75.6	8.0	16.9	50.7	6.6	0.2	0.2	15.2	0.5	51.1	27.5	23.6	4.5	0.1	5.2	4.0	1.5
栃　木	100.0	27.5	X	X	X	0.2	X	X	X	72.3	X	X	X	2.5	0.3	2.5	8.9	0.1	46.9	27.2	19.8	4.7	0.1	6.5	7.1	0.6
群　馬	100.0	31.1	X	X	X	0.2	X	X	X	68.8	X	X	X	3.2	0.3	0.1	0.4	-	47.3	29.3	17.9	3.9	0.4	4.0	5.2	0.9
埼　玉	100.0	X	X	X	X	X	X	X	X	X	X	X	X	1.6	0.2	5.1	3.2	0.1	36.3	21.6	14.8	3.9	0.3	4.3	2.8	0.4
千　葉	100.0	X	X	X	X	X	X	X	X	X	X	X	X	4.1	0.2	0.9	1.0	0.1	41.1	25.8	15.3	6.2	0.4	4.3	3.9	1.5
東　京	100.0	X	17.3	19.1	16.6	X	1.9	3.0	2.9	60.9	19.3	22.2	19.5	2.8	0.4	3.4	8.1	0.2	40.1	25.6	14.5	5.2	0.6	6.0	5.1	0.8
神 奈 川	100.0	X	X	X	X	X	X	X	X	X	X	X	X	0.7	0.5	1.7	4.2	0.7	49.0	26.6	22.5	5.6	0.3	6.7	5.4	2.3
新　潟	100.0	30.6	X	X	-	X	X	X	X	69.4	X	X	X	1.0	0.2	3.7	X	2.6	33.4	22.8	10.6	2.0	0.3	1.9	3.1	0.4
富　山	100.0	X	X	X	X	X	X	X	X	X	X	X	X	6.3	0.2	1.4	9.2	-	42.2	26.4	15.8	2.1	0.1	3.0	2.7	0.7
石　川	100.0	X	X	X	X	X	X	X	X	X	X	X	X	0.1	0.3	X	0.9	0.1	48.7	32.9	15.8	2.9	0.4	4.6	4.2	0.8
福　井	100.0	X	X	X	X	X	X	X	X	X	X	X	X	0.0			0.9	X	60.7	36.7	23.9	4.9	0.4	5.6	5.4	0.8
山　梨	100.0	X	X	X	X	X	X	X	X	X	X	X	X	2.8	0.4	1.3	4.1	0.1	49.2	32.7	16.5	2.0	0.3	5.2	6.4	0.9
長　野	100.0	X	X	X	X	X	X	X	X	X	X	X	X	5.8	0.2	3.0	3.9	0.3	43.7	26.7	16.9	4.6	0.1	2.6	3.6	1.1
岐　阜	100.0	20.7	X	X	X	0.2	X	X	X	79.2	X	X	X	2.5	0.3	0.2	4.3	0.1	37.9	26.0	11.9	2.8	0.5	3.3	5.3	2.4
静　岡	100.0	33.6	6.4	6.6	2.9	0.1	0.6	8.6	41.3	66.3	7.0	15.2	44.2	1.8	0.3	2.7	2.3	0.3	45.7	30.5	15.3	5.6	0.5	3.9	2.7	0.5
愛　知	100.0	X	X	X	X	X	X	X	X	X	X	X	X	9.9	0.4	4.8	5.1	-	36.7	23.8	12.8	2.0	0.3	3.6	6.1	0.8
三　重	-	-	-	-	-	-	-	-	-	-	-	-	-	3.3	0.6	2.2	X	1.2	56.7	34.9	21.8	3.6	1.3	6.7	5.7	0.4
滋　賀	-	-	-	-	-	-	-	-	-	-	-	-	-	1.2	0.4	0.3	4.3	0.0	39.9	26.3	13.6	4.8	0.3	4.8	2.2	1.5
京　都	100.0	X	X	X	X	X	X	X	X	X	X	X	X	4.6	0.4	3.5	4.8	0.4	36.0	24.2	11.8	2.0	0.4	4.5	3.1	0.9
大　阪	-	-	-	-	-	-	-	-	-	-	-	-	-	1.4	0.3	0.4	4.7	0.1	43.2	26.4	16.8	1.8	0.4	3.4	1.2	0.9
兵　庫	-	-	-	-	-	-	-	-	-	-	-	-	-	3.2	0.2	0.4	6.8	0.1	45.3	26.9	18.4	7.6	1.0	3.6	5.5	0.4
奈　良	100.0	X	X	X	X	X	X	X	X	X	X	X	X	3.0	0.2	-	5.4	0.9	51.3	33.1	18.2	4.1	0.4	10.2	3.9	2.9
和 歌 山	100.0	35.1	10.3	8.8	6.0	0.2	0.4	8.6	30.5	64.7	10.7	17.5	36.5	2.0	0.6	0.1	0.4	0.6	47.1	29.4	17.7	2.1	0.2	2.3	3.0	3.2
鳥　取	100.0	X	X	X	X	X	X	X	X	X	X	X	X	1.8	0.1	0.0	5.5	0.0	50.2	31.9	18.3	4.4	0.5	4.2	4.0	0.5
島　根	100.0	X	X	X	X	X	X	X	X	X	X	X	X	9.6	0.1	1.3	X	0.0	51.7	28.1	23.6	1.7	0.4	3.3	1.5	0.4
岡　山	100.0	X	X	X	X	X	X	X	X	X	X	X	X	7.0	0.2	1.5	4.5	0.1	40.0	25.2	14.8	2.9	0.3	4.1	4.7	1.1
広　島	100.0	21.9	X	X	X	-	X	X	X	78.1	X	X	X	4.0	0.2	2.8	5.9	0.0	34.9	21.1	13.7	5.0	0.5	5.1	5.8	1.7
山　口	100.0	X	X	X	X	X	X	X	X	X	X	X	X	3.0	0.3	3.8	8.5	0.1	42.6	25.3	17.4	5.2	0.6	6.9	5.2	0.2
徳　島	100.0	29.9	6.8	6.2	2.7	0.1	0.8	10.8	42.7	69.9	7.6	17.0	45.4	1.1	0.1	0.3	0.1	-	53.3	34.4	18.9	3.8	0.8	3.0	4.2	0.9
香　川	100.0	X	X	X	X	X	X	X	X	X	X	X	X	7.3	0.4	3.7	9.9	0.2	43.3	31.8	11.5	2.9	0.2	3.5	3.5	0.6
愛　媛	100.0	27.6	X	X	X	X	X	X	X	72.3	X	X	X	3.4	0.2	0.0	X	-	42.4	25.0	17.4	3.1	1.5	3.7	3.7	0.7
高　知	100.0	40.9	8.7	6.3	5.0	0.2	0.6	4.7	33.9	58.8	8.9	11.0	38.9	0.8	0.4	8.7	0.5	0.6	53.6	28.7	24.9	8.7	0.5	5.2	5.9	7.0
福　岡	100.0	X	X	X	X	X	X	X	X	X	X	X	X	5.7	0.5	X	X	0.6	52.2	25.9	26.3	3.6	0.5	4.1	3.4	0.8
佐　賀	100.0	X	X	X	X	X	X	X	X	X	X	X	X	2.3	0.3	1.1	4.6	0.2	47.5	25.0	22.6	6.2	0.3	7.4	7.0	2.7
長　崎	100.0	X	X	X	X	X	X	X	X	X	X	X	X	0.2	0.2	1.1	3.3	-	42.4	28.9	13.5	3.6	1.4	4.8	5.5	1.0
熊　本	100.0	X	X	X	X	X	X	X	X	X	X	X	X	6.4	0.2	2.0	X	0.1	55.0	36.5	18.5	3.8	0.1	3.3	3.3	1.5
大　分	100.0	X	X	X	X	X	X	X	X	X	X	X	X	1.7	0.2	X	X	-	63.5	39.2	24.4	9.8	1.4	6.4	7.4	1.0
宮　崎	-	-	-	-	-	-	-	-	-	-	-	-	-	1.9	0.2	3.7	8.6	0.5	58.4	30.9	27.5	3.1	0.4	3.8	3.8	1.0
鹿 児 島	100.0	X	X	X	X	X	X	X	X	X	X	X	X	3.2	0.3	5.2	14.7	0.3	59.9	32.7	27.2	6.3	0.7	5.6	7.8	2.4
沖　縄	100.0	29.2	7.4	8.5	8.2	-	0.8	9.5	36.3	70.8	8.2	18.0	44.6	0.4	0.1	0.2	0.9	0.8	65.0	31.2	33.8	3.4	0.5	3.6	3.7	0.8

異常被患率等（各年齢ごと）（39-13）

単位　（%）

| 永久歯の1人当り平均むし歯（う歯）等数 | | | | | 栄養状態 | せき柱・四肢の胸郭・状態 | 皮膚疾患 | | 結核検査の対象の精密者 | 結核 | 心疾病臓・異常の常 | 心電図異常 | 蛋白検出の者 | 尿糖検出の者 | その他の疾病・異常 | | | | 区分 |
| | | むし歯（う歯） | | | | | アトピー性皮膚炎 | その他の皮膚疾患 | | | | | | | ぜん息 | 腎臓疾患 | 言語障害 | その疾病の他・異常の常 | |
計（本）	喪失歯数（本）	計（本）	処置歯数（本）	未処置歯数（本）															
...	...	...	...	...	0.63	1.05	2.33	0.15	...	...	0.76	...	2.66	0.25	1.73	0.20	0.03	3.94	全　国
...	...	...	...	...	0.2	0.8	3.6	0.1	...	...	0.5	...	2.1	0.2	3.7	0.1	0.0	6.4	北 海 道
...	...	...	...	...	0.0	0.8	1.6	0.2	...	...	0.3	...	1.4	0.2	0.7	0.2	0.0	4.4	青　森
...	...	...	...	...	0.3	0.4	1.6	0.0	...	...	0.6	...	2.1	0.2	1.1	0.1	0.1	3.2	岩　手
...	...	...	...	...	0.3	0.5	2.7	0.4	...	...	0.4	...	1.0	0.1	1.1	0.1	-	2.7	宮　城
...	...	...	...	...	0.6	1.0	2.8	0.1	...	...	0.4	...	0.5	0.3	1.8	0.1	0.0	4.2	秋　田
...	...	...	...	...	1.3	0.6	2.6	0.5	...	...	0.5	...	3.0	0.2	2.0	0.2	0.2	7.5	山　形
...	...	...	...	...	0.9	0.4	2.1	0.2	...	...	0.5	...	1.4	0.3	2.1	0.2	0.1	5.0	福　島
...	...	...	...	...	1.1	1.0	5.0	0.2	...	...	0.8	...	6.5	0.3	3.0	0.3	0.0	5.7	茨　城
...	...	...	...	...	0.4	1.6	2.7	0.1	...	...	1.3	...	3.2	0.3	2.5	0.4	0.0	5.5	栃　木
...	...	...	...	...	0.6	1.7	3.7	0.2	...	...	1.2	...	0.5	0.1	2.3	0.4	-	4.1	群　馬
...	...	...	...	...	1.2	0.9	1.1	0.1	...	...	0.7	...	1.8	0.2	1.2	0.1	-	2.5	埼　玉
...	...	...	...	...	0.7	1.6	2.2	0.2	...	...	0.6	...	2.0	0.3	2.3	0.3	0.0	2.8	千　葉
...	...	...	...	...	0.5	0.9	2.0	0.1	...	...	0.5	...	2.8	0.2	1.6	0.1	-	2.0	東　京
...	...	...	...	...	0.4	0.9	2.1	0.1	...	...	0.5	...	2.0	0.4	2.6	0.2	0.1	5.4	神 奈 川
...	...	...	...	...	0.3	0.4	2.3	0.2	...	...	1.3	...	2.1	0.3	1.4	0.2	0.0	6.2	新　潟
...	...	...	...	...	0.4	3.2	2.3	0.0	...	...	1.7	...	1.7	0.3	1.1	0.2	-	4.5	富　山
...	...	...	...	...	0.5	0.6	1.3	0.1	...	...	1.2	...	4.9	0.4	1.4	0.2	0.1	4.9	石　川
...	...	...	...	...	1.7	0.7	1.5	0.1	...	...	0.8	...	4.2	0.3	0.7	0.1	0.1	4.4	福　井
...	...	...	...	...	0.4	0.4	1.3	0.1	...	...	0.9	...	0.7	0.1	1.0	0.3	0.0	5.2	山　梨
...	...	...	...	...	0.1	0.6	1.1	0.0	...	...	0.8	...	0.4	0.1	1.3	0.1	-	2.1	長　野
...	...	...	...	...	0.8	1.2	2.4	0.2	...	...	2.2	...	2.2	0.3	1.5	0.5	0.1	4.1	岐　阜
...	...	...	...	...	1.0	0.9	1.4	0.1	...	...	0.7	...	1.9	0.2	1.2	0.1	0.0	3.8	静　岡
...	...	...	...	...	0.6	0.4	3.1	0.1	...	...	0.4	...	3.3	0.3	1.0	0.2	0.0	3.2	愛　知
...	...	...	...	...	1.4	0.4	2.8	0.1	...	...	1.0	...	2.0	0.2	2.0	0.2	0.1	3.6	三　重
...	...	...	...	...	0.2	1.0	1.6	0.1	...	...	1.8	...	2.3	0.2	0.7	0.4	0.0	1.7	滋　賀
...	...	...	...	...	1.5	3.6	2.7	0.1	...	...	1.0	...	2.0	0.8	1.9	0.2	0.0	6.9	京　都
...	...	...	...	...	0.2	2.2	2.7	0.1	...	...	0.7	...	3.3	0.2	1.4	0.2	0.0	5.7	大　阪
...	...	...	...	...	0.7	0.7	2.5	0.1	...	...	1.1	...	3.1	0.2	1.7	0.1	0.0	3.0	兵　庫
...	...	...	...	...	0.2	1.4	1.8	0.1	...	...	0.5	...	8.9	0.2	1.2	0.2	0.0	2.9	奈　良
...	...	...	...	...	0.0	0.6	0.5	0.2	...	...	0.6	...	4.2	0.2	0.5	0.2	0.0	2.3	和 歌 山
...	...	...	...	...	0.2	0.6	3.1	0.3	...	...	1.4	...	2.7	0.3	2.4	0.3	0.1	6.8	鳥　取
...	...	...	...	...	0.1	0.5	2.4	0.0	...	...	0.3	...	3.2	0.3	1.4	0.2	0.1	2.6	島　根
...	...	...	...	...	0.2	0.3	5.3	0.1	...	...	1.1	...	2.0	0.3	2.3	0.2	0.0	7.1	岡　山
...	...	...	...	...	0.5	1.7	2.5	0.2	...	...	0.6	...	3.1	0.4	1.4	0.1	0.0	3.7	広　島
...	...	...	...	...	0.7	1.8	1.2	0.1	...	...	0.6	...	0.6	0.2	1.2	1.1	0.0	3.0	山　口
...	...	...	...	...	2.5	0.4	2.5	-	...	...	0.6	...	1.8	0.4	1.4	0.4	0.1	1.7	徳　島
...	...	...	...	...	1.0	0.5	3.6	0.1	...	...	1.1	...	1.0	0.1	1.6	0.4	-	3.2	香　川
...	...	...	...	...	0.2	0.9	2.8	0.1	...	...	1.0	...	3.7	0.2	1.8	0.4	-	4.7	愛　媛
...	...	...	...	...	1.1	0.6	2.7	0.1	...	...	1.6	...	1.1	0.1	1.8	0.4	-	4.9	高　知
...	...	...	...	...	1.2	1.1	2.1	0.1	...	...	1.0	...	5.0	0.2	1.7	0.2	0.1	3.7	福　岡
...	...	...	...	...	3.0	1.9	1.7	0.2	...	...	0.5	...	0.9	0.2	2.0	0.1	0.0	5.0	佐　賀
...	...	...	...	...	0.2	0.5	2.6	0.2	...	...	0.7	...	2.1	0.2	1.5	0.1	0.1	3.5	長　崎
...	...	...	...	...	0.7	1.0	2.6	0.1	...	...	0.5	...	2.3	0.4	0.3	0.0	0.1	2.4	熊　本
...	...	...	...	...	0.3	0.4	1.1	0.1	...	...	0.5	...	3.4	0.1	2.5	0.2	0.1	3.8	大　分
...	...	...	...	...	0.8	1.2	1.6	0.3	...	...	1.4	...	3.0	0.3	2.0	0.2	0.0	2.5	宮　崎
...	...	...	...	...	0.1	0.7	2.3	0.3	...	...	1.3	...	3.8	0.2	1.8	0.4	0.1	3.5	鹿 児 島
...	...	...	...	...	0.2	0.5	0.9	0.2	...	...	0.4	...	2.2	0.2	0.8	0.1	0.0	2.5	沖　縄

1 5歳 (2) 男

区分	計	裸眼視力 視力非矯正者の裸眼視力 1.0以上	1.0未満0.7以上	0.7未満0.3以上	0.3未満	視力矯正者の裸眼視力 1.0以上	1.0未満0.7以上	0.7未満0.3以上	0.3未満	裸眼視力 計	1.0未満0.7以上	0.7未満0.3以上	0.3未満	眼の疾病・異常	難聴	耳鼻咽頭 耳疾患	鼻疾患・副鼻腔患	口腔咽喉頭疾患異常	歯・口腔 むし歯(う歯) 計	処置完了者	未処置歯のある者	歯列・咬合	顎関節	歯垢の状態	歯肉の状態	その他の疾病・異常
全国	100.00	72.18	20.30	5.09	0.51	0.59	0.45	0.64	0.24	27.24	20.75	5.73	0.76	1.32	…	2.18	2.91	1.04	30.92	12.77	18.15	3.76	0.11	1.27	0.35	2.04
北海道	100.0	X	X	X	X	X	X	X	X	X	X	X	X	0.4	…	-	0.5	-	37.8	15.5	22.3	4.1	-	0.8	-	0.6
青森	100.0	90.9	6.9	0.8	-	0.4	-	0.6	0.4	8.7	6.9	1.5	0.4	1.6	…	1.0	1.7	-	47.0	13.0	34.0	5.0	-	0.6	0.6	3.7
岩手	100.0	76.5	X	X	X	0.2	X	X	X	23.3	X	X	X	1.5	…	3.7	8.4	1.0	39.8	18.0	21.8	3.4	-	0.4	0.6	3.6
宮城	100.0	X	X	X	X	X	X	X	X	X	X	X	X	2.1	…	5.0	3.2	5.5	32.5	15.4	17.1	5.3	-	6.9	1.6	1.7
秋田	100.0	X	X	X	X	X	X	X	X	X	X	X	X	0.5	…	0.6	1.6	-	41.9	14.8	27.2	2.6	-	3.4	0.2	2.4
山形	100.0	78.7	16.1	2.4	1.3	0.3	0.5	0.7	-	21.0	16.6	3.0	1.3	1.1	…	1.2	5.1	1.1	27.6	12.3	15.3	3.0	-	0.3	0.1	2.0
福島	100.0	X	X	X	X	X	X	X	X	X	X	X	X	0.1	…	0.3	0.2	1.3	39.7	14.1	25.6	3.9	-	-	0.1	1.5
茨城	100.0	X	X	X	X	X	X	X	X	X	X	X	X	0.4	…	1.3	1.0	-	35.3	17.0	18.3	5.5	0.1	0.3	0.1	1.2
栃木	100.0	82.9	11.6	2.9	0.2	0.6	0.2	1.1	0.5	16.5	11.8	4.0	0.7	0.6	…	0.6	3.4	0.3	34.4	10.8	23.6			1.0		0.8
群馬	100.0	X	X	X	X	X	X	X	X	X	X	X	X	0.2	…	-	0.6	-	27.0	7.1	19.9	1.7	-	-	-	1.0
埼玉	100.0	76.6	18.0	3.9	0.1	0.4	0.2	0.4	0.4	23.0	18.2	4.3	0.5	0.3	…	0.1	1.0	1.0	26.1	12.1	14.0	1.3	-	0.4	0.0	0.7
千葉	100.0	X	X	X	X	X	X	X	X	X	X	X	X	1.3	…	4.1	0.7	-	30.2	13.6	16.6	3.5	0.1	1.7	0.1	2.2
東京	100.0	X	X	X	X	X	X	X	X	X	X	X	X	0.9	…	1.2	3.7	0.4	18.4	8.9	9.5	2.6	-	-	-	1.9
神奈川	100.0	X	X	X	X	X	X	X	X	X	X	X	X	1.1	…	0.8	3.1	3.2	25.7	13.1	12.6	5.3	-	2.6	1.6	3.0
新潟	100.0	X	X	X	X	X	X	X	X	X	X	X	X		…	2.8	7.2		26.9	13.6	13.3	2.7	-	1.0	1.2	1.6
富山	100.0	82.6	12.0	3.4	0.3	0.8	1.0	-	-	16.6	12.9	3.4	0.3	4.9	…	2.7	5.9	0.3	29.6	9.1	20.6	4.2	-	0.6	-	2.0
石川	100.0	70.7	X	2.5	0.2	0.6	X	0.8	-	28.8	25.3	3.3	0.2	0.2	…	-	0.2	-	X	X	X	1.6	-	1.1	-	1.7
福井	100.0	X	X	X	X	X	X	X	X	X	X	X	X	0.6	…	-	0.2	-	37.4	12.8	24.6	6.1	-	3.7	-	2.0
山梨	100.0	X	X	X	X	X	X	X	X	X	X	X	X		…	-	0.5	-	34.0	18.9	15.1	5.7	0.3	1.5	-	2.1
長野	100.0	77.9	11.5	6.6	1.0	1.7	0.1	1.1	-	20.4	11.6	7.7	1.0	1.9	…	0.6	0.4	0.8	30.9	14.9	16.0	4.6	-	1.5	0.1	1.2
岐阜	100.0	X	X	X	X	X	X	X	X	X	X	X	X	3.1	…	2.3	2.5	0.8	29.0	11.1	17.9	5.7	-	3.1	0.2	3.2
静岡	100.0	X	X	X	X	X	X	X	X	X	X	X	X	0.2	…	1.7	1.3	-	30.4	15.0	15.4	4.2	-	2.5	0.8	1.7
愛知	100.0	X	X	X	X	X	X	X	X	X	X	X	X	0.1	…	-	0.5	0.3	27.4	10.4	17.0	4.9	0.4	0.4	-	3.2
三重	100.0	X	X	X	X	X	X	X	X	X	X	X	X	0.7	…	1.2	3.9	0.2	33.9	11.4	22.5	2.4	0.1	0.4	0.4	3.8
滋賀	100.0	81.1	12.9	2.1	0.2	1.1	0.9	1.2	0.5	17.8	13.7	3.3	0.7	0.7	…	2.1	-	-	31.1	10.0	21.0	6.9	-	0.6	0.2	2.7
京都	100.0	83.9	12.2	2.5	0.1	0.4	0.1	0.6	0.1	15.7	12.4	3.1	0.2	3.7	…	1.4	2.6	0.5	36.2	13.2	22.9	2.4	-	1.5	-	2.1
大阪	100.0	77.7	13.9	5.1	0.9	0.8	0.5	1.1	1.0	21.6	14.5	6.2	1.0	2.0	…	5.4	5.1	0.5	32.5	12.8	19.6	4.4	0.5	1.6	0.3	2.1
兵庫	100.0	73.7	17.5	4.9	0.9	0.9	1.0	0.3	0.8	25.4	18.5	5.2	1.7	4.0	…	5.6	5.0	1.0	29.4	8.1	21.3	2.2	0.7	0.3	0.3	2.9
奈良	100.0	X	X	X	X	X	X	X	X	X	X	X	X	1.4	…	3.8	4.2	1.0	34.3	14.2	20.0	2.7	-	0.8	-	0.9
和歌山	100.0	X	X	X	X	X	X	X	X	X	X	X	X	5.0	…	0.4	0.4	4.4	46.0	18.9	27.0	2.9	-	-	-	1.8
鳥取	100.0	85.5	9.5	3.9	-	-	0.6	0.6	-	14.5	10.1	4.5	-	0.7	…	2.7	-	-	34.8	12.2	22.6	6.1	-	4.5	-	2.7
島根	100.0	X	X	X	X	X	X	X	X	X	X	X	X	1.7	…	8.0	8.8	1.5	34.6	18.4	16.2	2.0	-	0.3	0.2	2.5
岡山	100.0	74.6	15.7	5.6	-	3.2	0.2	0.3	0.4	22.2	15.9	5.9	0.4	1.6	…	4.1	8.5	0.6	25.2	9.9	15.3	2.2	0.8	2.9	1.0	2.8
広島	100.0	83.0	12.0	4.0	-	0.4	0.4	0.2	-	16.6	12.4	4.2	-	1.32	…	2.4	0.4	-	22.3	11.1	11.3	5.1	-	2.9	1.1	0.8
山口	100.0	X	X	X	X	X	X	X	X	X	X	X	X		…	0.8	0.4	-	30.2	13.8	16.4	3.4	-	0.6	0.1	2.0
徳島	100.0	75.7	17.5	4.6	0.2	0.9	0.5	0.3	0.3	23.4	18.0	4.9	0.5	3.0	…	5.8	8.0	3.3	32.4	11.3	21.2	7.1	0.1	1.0	0.3	2.3
香川	100.0	78.6	15.7	4.1	0.1	-	0.9	0.4	0.3	21.4	16.5	4.5	0.3	2.8	…	3.7	5.0	-	36.6	15.1	21.6	5.7	-	1.1	0.1	5.6
愛媛	100.0	78.8	12.1	4.9	0.5	0.4	0.7	2.3	0.2	20.7	12.8	7.2	0.8	8.8	…	0.6	-	-	X	X	X	4.1	0.0	0.6	-	1.1
高知	100.0	89.3	6.0	-	-	2.4	-	2.4	-	8.4	6.0	2.4	-	1.4	…	2.4	3.3	-	31.1	11.6	19.5	7.1	-	0.7	-	2.4
福岡	100.0	86.3	11.6	1.4	-	-	-	-	0.7	13.7	11.6	1.4	0.7	0.5	…	5.1			33.8	17.0	16.9	4.2	-	0.1	0.3	1.9
佐賀	100.0	X	X	X	X	X	X	X	X	X	X	X	X	-	…	2.2	6.1	1.0	38.9	16.8	22.1	3.6	-	-	0.2	5.7
長崎	100.0	X	X	X	X	X	X	X	X	X	X	X	X		…	-	-	3.7	41.4	18.8	22.6	4.5	0.2	3.3	0.2	2.0
熊本	100.0	66.0	X	2.3	1.2	0.6	X	2.0	-	33.4	27.9	4.3	1.2	0.3	…	-	0.6	1.9	37.8	15.1	22.7	5.7	-	1.5	0.2	2.9
大分	100.0	X	X	X	X	X	X	X	X	X	X	X	X	0.7	…	0.7	3.1	-	X	X	X	4.1	-	0.7	-	1.1
宮崎	100.0	X	X	X	X	X	X	X	X	X	X	X	X		…	0.6	0.9	0.9	40.4	10.9	29.6	2.9	-	3.2	0.5	0.7
鹿児島	100.0	X	X	X	X	X	X	X	X	X	X	X	X	0.6	…	3.0	2.0	-	34.8	12.0	22.8	3.1	-	0.1	-	1.6
沖縄	100.0	71.6	21.5	4.2	1.4	0.2	0.1	0.9	0.3	28.2	21.6	5.1	1.6	0.3	…	2.9	3.6	3.3	49.4	15.8	33.6	1.5	-	1.0	0.5	0.6

異常被患率等（各年齢ごと）（39-14）

単位　（％）

計(本)	喪失歯数(本)	むし歯(う歯)計(本)	処置歯数(本)	未処置歯数(本)	栄養状態	せき柱・四肢の状態・胸郭	アトピー性皮膚炎	その他の皮膚疾患	結核の検査の対象の精密者	結核	心臓病・疾患・異常	心電図異常	蛋白検出の者	尿糖検出の者	ぜん息	腎臓疾患	言語障害	その他の疾病・異常	区分
...	...	...	...	...	0.30	0.43	2.05	1.13	...	...	0.35	...	0.99	...	1.86	0.09	0.48	2.16	全国
...	...	...	...	...	0.2	1.0	2.6	0.9	...	...	1.1	...	X	...	2.2	0.2	0.3	5.3	北海道
...	...	...	...	...	0.4	X	1.4		...	...	0.6	...	-	...	1.4	-	0.2	1.7	青森
...	...	...	...	...	1.3		1.5	0.2	...	...	0.8	...	0.5	...	0.9	-	3.7	1.8	岩手
...	...	...	...	...	0.7	0.6	2.7	1.8	...	...	0.2	...	0.8	...	1.3	0.3	-	0.7	宮城
...	...	...	...	...	0.1	0.1	2.9	0.6	...	...	0.1	...		...	1.0	-	1.6	2.5	秋田
...	...	...	...	...	0.4	0.1	2.2	1.3	...	...	0.3	...	0.9	...	2.0	-	1.2	1.1	山形
...	...	...	...	...	0.1	-	1.4	0.1	...	...	0.3	...	0.1	...	1.0	-	1.0	2.9	福島
...	...	...	...	...	0.1		2.0	0.4	...	...		...	0.1	...	2.0	-	0.1	2.0	茨城
...	...	...	...	...	0.3	0.2	2.7	2.0	...	...	0.3	...	0.3	...	2.7	-	2.0	4.0	栃木
...	...	...	...	...	0.7	-	1.5	0.5	...	...	0.1	...	-	...	3.1	-	0.4	2.9	群馬
...	...	...	...	...	0.0	0.3	1.5	1.7	...	...	0.2	...	1.3	...	1.6	0.3	0.8	0.7	埼玉
...	...	...	...	...	0.3	0.3	0.5	1.4	...	...	0.2	...	1.0	...	2.0	0.1	0.1	0.6	千葉
...	...	...	...	...	0.4	0.3	1.1	1.1	...	...	0.2	...	0.6	...	1.8	-	0.3	1.6	東京
...	...	...	...	...	0.2	0.0	2.6	1.5	...	...	0.4	...	1.4	...	3.3	0.1	0.2	3.5	神奈川
...	...	...	...	...	0.5	0.1	3.4	1.8	...	...	-	...	0.6	...	5.4	0.5	0.5	1.6	新潟
...	...	...	...	...	0.5	0.5	0.9	0.5	...	...	0.2	...	1.4	...	1.8	-	0.4	1.6	富山
...	...	...	...	...	-	0.1	1.3		...	...	0.4	...	0.2	...	1.5	0.6	1.1	4.8	石川
...	...	...	...	...	0.1	-	2.1	0.4	...	...	0.7	...	-	...	1.3	0.2	-	0.2	福井
...	...	...	...	...	0.3	-	3.1	1.7	...	...	0.3	...	0.4	...	1.0	-	1.6	1.6	山梨
...	...	...	...	...		-	1.4	0.5	...	...	0.6	...	0.9	...	3.4	-	-	1.7	長野
...	...	...	...	...	-	1.3	2.0	0.9	...	...	0.9	...	0.2	...	1.2	0.1	1.1	1.7	岐阜
...	...	...	...	...	0.8	0.2	3.1	1.0	...	...	0.5	...		...	3.9	-	1.1	3.1	静岡
...	...	...	...	...	0.1	0.2	2.2	0.7	...	...	0.1	...	1.1	...	1.1	-	0.2	1.1	愛知
...	...	...	...	...	0.1	0.0	1.7	2.4	...	...	0.1	...	0.6	...	1.4	-	2.5	1.9	三重
...	...	...	...	...	-	0.4	1.2	1.1	...	...	0.4	...	0.2	...	0.3	-	0.2	0.9	滋賀
...	...	...	...	...	0.6	4.6	0.5	0.5	...	...	0.6	...	0.4	...	-	-	0.9	2.2	京都
...	...	...	...	...	0.2	0.5	2.3	1.5	...	...	0.2	...	1.1	...	0.8	0.2	-	2.6	大阪
...	...	...	...	...	0.1	0.1	2.9	0.9	...	...	0.3	...	0.2	...	1.4	-	0.2	2.3	兵庫
...	...	...	...	...	0.3	0.1	2.0	0.8	...	...	0.1	...	0.3	...	0.7	-	0.2	4.0	奈良
...	...	...	...	...	0.5	-	1.1	0.7	...	...	0.2	...	1.8	...	0.4	-	0.1	2.8	和歌山
...	...	...	...	...	0.8	2.6	2.8	5.6	...	...	0.2	...	0.6	...	2.6	0.4	0.2	2.4	鳥取
...	...	...	...	...	1.0	0.2	3.0	0.6	...	...	0.6	...	0.2	...	3.1	0.3	-	3.0	島根
...	...	...	...	...	0.2	1.7	1.5	0.5	...	...	0.5	...	0.1	...	1.4	-	0.6	6.0	岡山
...	...	...	...	...	0.0		1.7	0.7	...	...	0.7	...	-	...	0.5	-	0.1	1.2	広島
...	...	...	...	...			4.4	1.8	...	...	1.0	...	0.4	...	1.7	-	0.7	0.1	山口
...	...	...	...	...	0.1	0.1	1.4	0.1	...	...	0.9	...	0.3	...	0.3	-	1.6	0.1	徳島
...	...	...	...	...	0.3		1.5	1.1	...	...	-	...	1.4	...	0.9	-	-	0.9	香川
...	...	...	...	...	-	3.1	1.5	0.6	...	...	0.6	...	-	...	1.6	-	0.3	1.3	愛媛
...	...	...	...	...	0.3	0.3			...	...	0.6	...	-	...	1.5	-	0.2		高知
...	...	...	...	...	0.2		3.0	1.3	...	...	0.2	...	0.8	...	4.0	-	0.7	3.3	福岡
...	...	...	...	...	0.9	0.6	2.0	0.9	...	...	1.7	...	0.4	...	2.7	0.3	0.2	3.5	佐賀
...	...	...	...	...	0.6	0.1	2.8	1.4	...	...	0.2	...	1.9	...	1.5	0.1	1.2	1.9	長崎
...	...	...	...	...	0.1	0.1	1.0	1.8	...	...	2.0	...	0.6	...	0.8	0.1	-	0.6	熊本
...	...	...	...	...	3.4	3.4	3.8	2.1	...	...	0.1	...	0.4	...	1.1	0.8	0.4	0.4	大分
...	...	...	...	...	0.2	0.6	1.2	1.0	...	...	0.6	...	0.6	...	5.1	0.4	0.4	2.2	宮崎
...	...	...	...	...	-	0.2	0.8	2.1	...	...	0.3	...	0.1	...	1.4	-	0.1	0.7	鹿児島
...	...	...	...	...	0.8	0.3	1.1	0.6	...	...	0.1	...	0.4	...	2.4	-	0.7	2.1	沖縄

異常被患率等（各年齢ごと）　（39-14）

都道府県表

1 6歳 (2) 男

区分	計	裸眼視力 視力非矯正者の裸眼視力 1.0以上	1.0未満0.7以上	0.7未満0.3以上	0.3未満	視力矯正者の裸眼視力 1.0以上	1.0未満0.7以上	0.7未満0.3以上	0.3未満	裸眼視力 計	1.0未満0.7以上	0.7未満0.3以上	0.3未満	眼の疾病・異常	難聴	耳鼻咽頭 耳疾患	鼻疾・副鼻腔患	口腔咽喉頭疾患異常	歯・口腔 むし歯(う歯) 計	処置完了者	未処置歯のある者	歯列・咬合	顎関節	歯垢の状態	歯肉の状態	その他の疾病・異常
全国	100.00	76.22	14.01	6.51	1.19	0.46	0.52	0.71	0.38	23.32	14.53	7.22	1.57	4.95	0.75	9.38	13.81	1.68	37.35	15.83	21.52	3.30	0.05	1.80	0.93	5.71
北海道	100.0	75.4	14.0	7.8	1.7	0.3	0.1	-	0.8	24.4	14.1	7.8	2.4	4.1	0.4	9.7	15.7	4.3	47.6	18.8	28.8	5.8	0.1	2.6	1.4	3.7
青森	100.0	67.7	19.7	7.1	1.5	0.8	1.4	1.2	0.6	31.5	21.1	8.3	2.1	3.5	0.4	6.3	21.4	1.2	50.3	16.9	33.4	1.5	0.7	1.5	1.3	12.2
岩手	100.0	70.4	19.7	7.4	0.6	0.4	0.3	1.2	0.1	29.3	20.0	8.5	0.7	9.6	0.7	6.4	21.5	2.8	45.5	18.0	27.5	3.4	0.1	1.1	0.3	5.8
宮城	100.0	76.4	15.4	5.3	0.6	0.8	0.8	0.4	0.3	22.8	16.2	5.7	0.9	6.6	0.2	8.8	13.4	1.0	43.4	16.4	27.0	4.4	0.1	2.6	3.5	5.2
秋田	100.0	71.0	20.2	7.3	0.3	0.2	0.6	0.4	0.1	28.9	20.8	7.7	0.4	10.7	0.8	11.3	22.2	3.0	45.4	19.5	25.9	2.1	0.0	0.5	0.2	8.3
山形	100.0	81.7	8.9	4.6	1.1	1.5	0.9	0.9	0.4	16.9	9.9	5.5	1.5	4.3	0.6	9.9	16.2	3.7	42.0	15.9	26.2	3.3	-	1.8	1.4	9.1
福島	100.0	72.8	15.5	8.4	1.2	0.1	0.4	1.0	0.6	27.1	15.9	9.4	1.8	3.1	0.7	13.0	14.0	2.8	47.1	21.9	25.2	1.2	-	1.4	0.7	8.1
茨城	100.0	74.8	14.0	6.5	1.6	0.4	0.9	1.4	0.3	24.9	14.9	7.9	2.1	10.3	1.2	2.7	15.3	0.2	45.0	16.7	28.3	1.9	-	1.8	0.3	8.3
栃木	100.0	80.5	11.1	4.8	1.0	0.5	0.6	0.8	0.7	19.0	11.7	5.7	1.7	4.7	0.7	8.7	12.7	1.6	40.4	15.4	25.1	3.3	0.7	1.8	0.7	7.0
群馬	100.0	74.2	13.2	8.0	0.9	0.9	0.7	1.1	0.9	24.9	13.9	9.1	1.9	1.2	0.6	7.4	6.6	1.0	44.0	18.3	25.8	5.2	-	1.4	1.1	5.7
埼玉	100.0	76.5	14.4	6.5	1.3	0.6	0.5	0.2	0.2	23.1	14.9	6.7	1.5	3.6	0.7	8.5	10.9	1.0	33.6	14.5	19.1	2.8	-	0.7	0.3	5.9
千葉	100.0	77.9	13.0	6.0	1.1	0.5	0.8	0.4	0.3	21.6	13.8	6.5	1.3	5.9	0.6	11.1	17.2	1.1	33.1	10.6	22.4	6.9	-	4.4	2.1	6.8
東京	100.0	71.3	17.4	7.7	1.0	0.5	0.4	0.7	0.5	28.2	17.8	8.4	2.0	5.0	0.7	10.2	12.2	0.8	27.9	14.1	13.9	4.2	-	1.7	0.3	4.2
神奈川	100.0	77.8	14.1	6.8	1.1	-	0.1	0.1	-	22.2	14.1	6.9	1.1	5.8	0.8	14.3	17.1	1.6	30.9	15.0	15.9	2.3	-	0.8	0.3	3.5
新潟	100.0	80.8	10.7	6.0	0.8	0.2	0.4	0.8	0.4	19.1	11.1	6.8	1.2	2.5	0.9	8.1	18.6	0.3	30.8	15.0	15.8	1.9	-	1.6	1.5	4.2
富山	100.0	81.8	8.6	4.9	0.4	1.4	0.8	1.3	0.8	16.8	9.4	6.2	1.2	10.1	0.4	6.4	12.3	0.3	34.8	17.4	17.4	3.5	0.1	2.2	1.0	2.2
石川	100.0	80.9	11.1	4.3	1.0	0.2	0.6	1.4	0.5	18.9	11.7	5.7	1.5	3.8	0.3	12.1	18.2	2.1	31.1	9.9	21.2	2.6	-	2.6	0.2	5.7
福井	100.0	76.9	10.7	7.2	1.4	0.6	0.9	1.2	1.1	22.5	11.6	8.4	2.4	3.2	0.5	3.2	5.5	0.3	49.5	17.0	32.6	2.2	-	2.1	1.3	6.7
山梨	100.0	76.1	10.9	6.7	1.8	1.6	1.2	2.0	0.4	22.3	11.4	8.7	2.1	5.1	1.0	6.9	12.4	1.5	42.4	18.5	24.0	0.1	0.1	1.7	0.6	7.4
長野	100.0	80.6	11.6	5.3	0.8	0.4	0.8	0.4	0.1	19.0	12.4	5.7	0.9	1.9	0.3	8.6	7.8	0.1	39.0	17.6	21.4	4.2	-	1.6	1.4	5.2
岐阜	100.0	75.5	14.1	5.8	1.5	0.9	1.0	0.8	0.5	23.6	15.1	6.6	2.0	3.8	0.3	4.2	11.1	2.3	39.1	17.6	21.5	2.4	0.1	1.0	0.2	4.5
静岡	100.0	83.9	8.4	4.3	0.6	0.7	0.4	1.1	0.7	15.5	8.8	5.4	1.2	2.9	1.0	8.6	7.1	1.1	32.0	13.5	18.5	3.3	-	2.1	1.0	7.0
愛知	100.0	73.7	16.2	6.1	1.4	0.5	0.7	0.8	0.5	25.8	17.0	6.8	2.0	5.9	1.5	7.0	12.0	2.0	30.8	14.3	16.5	2.5	0.1	1.2	1.2	8.0
三重	100.0	76.1	15.0	7.7	0.9	-	0.3	-	0.1	23.9	15.2	7.7	0.9	6.9	0.9	8.4	13.3	3.0	39.8	15.8	24.1	4.7	-	2.3	0.4	5.8
滋賀	100.0	80.5	13.5	4.4	0.9	0.3	0.2	0.2	-	19.2	13.7	4.6	0.9	2.1	0.3	5.3	3.6	1.0	36.5	14.3	22.2	3.9	-	0.9	0.7	7.7
京都	100.0	81.5	10.2	5.6	0.9	0.4	0.3	0.5	0.5	18.1	10.6	6.1	1.4	4.1	0.2	8.5	12.1	0.9	38.1	14.8	23.3	4.3	0.1	1.2	0.3	3.9
大阪	100.0	80.2	9.2	7.3	1.2	0.4	0.4	0.9	0.6	19.5	9.5	8.2	1.8	6.5	1.4	13.4	13.2	1.1	36.6	15.3	21.3	4.4	0.2	2.4	1.0	5.8
兵庫	100.0	78.1	14.8	6.0	0.5	0.1	0.5	0.4	0.6	21.8	14.9	6.4	0.6	5.4	1.4	10.9	15.3	2.4	35.1	17.0	18.1	2.7	-	2.0	1.1	6.6
奈良	100.0	83.0	8.3	2.8	0.4	1.4	1.1	1.9	0.3	16.6	11.1	4.7	0.7	5.4	0.9	8.6	10.1	2.2	37.4	14.1	23.3	5.9	-	3.3	1.7	5.3
和歌山	100.0	79.4	9.2	5.7	1.0	1.1	1.4	1.5	0.6	19.4	10.6	7.2	1.6	4.7	0.7	7.9	12.1	1.2	40.8	16.5	24.3	3.8	-	1.4	0.4	5.1
鳥取	100.0	79.8	10.6	5.0	0.8	0.9	0.7	1.6	0.6	19.3	11.3	6.6	1.4	7.3	0.4	5.0	17.5	4.8	43.6	19.2	24.4	3.8	-	1.6	0.4	6.8
島根	100.0	76.1	11.6	6.1	1.2	1.1	1.6	2.0	0.4	22.8	13.2	8.1	1.5	4.6	0.4	9.9	18.7	0.6	45.0	18.2	26.8	3.9	-	1.4	1.3	4.7
岡山	100.0	72.6	17.0	6.8	1.1	0.8	0.7	0.6	1.3	26.6	17.7	7.6	1.3	5.3	0.3	10.6	19.4	3.6	41.1	15.8	25.3	6.7	-	2.6	1.1	6.4
広島	100.0	75.1	14.4	6.6	1.6	0.3	0.6	0.7	0.3	24.6	15.3	7.4	1.9	1.0	0.5	10.6	10.2	1.0	35.5	16.5	18.7	2.6	-	0.6	0.6	4.5
山口	100.0	82.8	7.5	5.8	0.7	0.5	0.5	1.9	0.3	16.8	8.0	7.7	1.0	5.8	1.0	8.4	15.8	1.4	38.9	16.5	22.4	2.9	0.1	1.7	1.5	6.7
徳島	100.0	77.9	11.2	6.3	0.7	1.1	1.8	0.8	0.5	21.3	13.0	7.1	1.2	6.6	0.3	8.8	16.9	6.2	40.8	15.8	25.0	3.7	-	4.0	1.3	7.6
香川	100.0	77.0	14.3	6.0	0.9	0.2	0.6	0.7	0.4	22.8	14.8	6.7	1.3	4.6	1.2	9.8	12.2	0.3	40.1	17.4	22.7	3.8	-	2.6	2.5	8.0
愛媛	100.0	76.4	13.1	6.2	1.1	0.6	1.2	0.9	0.6	23.1	14.3	7.0	1.7	7.2	0.7	6.5	9.8	2.4	44.9	17.0	27.9	3.4	-	1.2	0.5	7.4
高知	100.0	75.3	13.5	6.1	2.9	0.7	0.5	0.4	0.6	23.9	14.0	6.5	3.5	2.3	0.2	10.2	10.0	3.4	37.8	11.5	26.3	3.1	0.1	4.8	1.8	4.6
福岡	100.0	66.5	20.5	8.8	1.7	0.7	0.3	1.0	0.6	32.8	20.9	10.0	2.2	3.7	0.4	9.5	17.1	1.6	43.9	19.6	24.3	2.9	-	1.6	0.5	5.0
佐賀	100.0	76.7	16.9	3.9	0.3	0.4	0.3	0.3	0.5	22.7	17.2	4.2	1.3	1.9	0.5	10.6	14.5	1.2	48.2	20.1	28.2	1.9	-	1.6	1.0	7.6
長崎	100.0	78.8	13.9	5.5	1.4	-	-	0.2	0.1	21.2	13.9	5.7	1.6	3.2	0.4	8.6	11.6	2.3	46.3	19.3	27.0	2.5	-	1.1	0.3	6.8
熊本	100.0	74.5	14.3	6.4	1.6	1.1	0.4	0.7	1.1	24.4	14.7	7.6	2.1	5.2	1.3	8.8	18.1	2.7	47.5	19.4	28.1	2.1	-	2.1	1.4	7.5
大分	100.0	70.7	16.4	8.3	1.2	0.4	1.3	0.9	0.7	28.9	17.7	9.7	1.5	6.1	0.8	7.7	17.5	1.4	47.6	19.2	28.5	4.7	0.1	1.9	0.9	3.5
宮崎	100.0	79.2	13.5	3.7	0.9	0.5	0.8	0.7	0.4	20.0	13.9	4.6	1.3	4.8	0.5	6.7	14.6	1.3	43.7	16.1	27.6	1.6	0.1	1.3	0.7	5.4
鹿児島	100.0	80.7	11.3	4.4	0.6	0.5	0.5	1.6	0.1	18.3	11.6	6.0	0.7	4.7	0.8	11.4	22.4	3.7	46.0	17.2	28.8	2.5	-	0.8	0.2	4.9
沖縄	100.0	75.0	15.6	7.4	1.3	0.1	0.2	0.2	0.2	24.9	15.8	7.6	1.5	1.9	0.4	4.8	13.1	2.6	50.7	18.8	31.9	0.8	-	1.2	0.5	3.8

異常被患率等（各年齢ごと）（39-15）

単位　（%）

計（本）	喪失歯数（本）	むし歯（う歯）計（本）	処置歯数（本）	未処置歯数（本）	栄養状態	せき柱・胸郭・四肢の状態	アトピー性皮膚炎	その他の皮膚疾患	結核の検査の対象密者	結核	心疾病臓・異常	心電図異常	蛋白検出の者	尿糖検出の者	ぜん息	腎臓疾患	言語障害	その他の疾病・異常	区分
…	…	…	…	…	1.08	0.65	3.30	0.52	0.37	0.00	0.99	2.94	0.38	0.09	4.43	0.16	0.85	4.95	全 国
…	…	…	…	…	0.9	0.2	5.4	0.6	0.0	-	0.3	1.4	0.9	-	6.0	-	1.7	5.0	北 海 道
…	…	…	…	…	2.9	0.9	1.1	0.6	-	-	0.3	1.7	0.3	0.1	1.6	0.0	0.5	4.9	青 森
…	…	…	…	…	1.9	0.3	2.5	0.5	-	-	1.6	3.0	0.5	-	4.2	0.1	2.8	5.0	岩 手
…	…	…	…	…	0.5	0.9	3.8	1.4	0.2	-	0.5	0.6	-	-	6.5	0.3	2.6	6.3	宮 城
…	…	…	…	…	2.8	2.9	3.4	0.5	-	-	1.3	4.7	0.1	-	5.0	-	0.3	8.2	秋 田
…	…	…	…	…	1.6	0.5	3.9	0.7	0.1	-	0.9	5.4	0.2	-	5.9	0.4	4.4	11.5	山 形
…	…	…	…	…	2.0	0.3	2.4	0.7	-	-	0.3	4.5	0.1	-	4.7	0.1	1.0	7.3	福 島
…	…	…	…	…	2.4	1.2	6.6	0.9	0.5	-	1.2	3.3	0.1	0.0	7.4	0.3	1.2	4.8	茨 城
…	…	…	…	…	2.3	0.7	3.9	1.0	0.2	-	2.6	3.0	0.7	0.0	5.4	0.2	2.3	6.1	栃 木
…	…	…	…	…	0.6	0.5	3.6	0.9	0.4	0.1	2.5	5.2	0.2	0.1	4.4	0.2	1.0	6.8	群 馬
…	…	…	…	…	0.4	0.7	3.7	0.6	0.6	0.0	0.7	1.7	0.8	-	4.6	0.1	0.9	3.9	埼 玉
…	…	…	…	…	0.7	0.5	3.7	0.8	0.7	-	1.0	1.1	0.1	0.0	7.2	0.2	2.8	4.6	千 葉
…	…	…	…	…	0.8	0.2	3.6	0.5	0.8	-	0.9	2.1	0.1	-	4.2	0.1	0.4	2.4	東 京
…	…	…	…	…	0.9	1.0	2.5	0.7	0.5	-	0.5	2.1	0.1	0.1	5.1	0.1	0.1	3.3	神 奈 川
…	…	…	…	…	0.8	0.5	4.0	0.1	0.1	-	2.2	4.9	0.1	0.0	9.0	0.1	1.8	8.3	新 潟
…	…	…	…	…	1.7	1.8	2.1	0.3	0.2	-	1.1	2.9	0.2	0.1	4.0	0.1	0.6	7.4	富 山
…	…	…	…	…	0.2	0.0	1.5	0.3	0.3	-	1.2	3.8	0.3	0.1	2.4	0.3	0.6	3.2	石 川
…	…	…	…	…	1.0	0.2	4.9	0.5	0.3	-	0.6	2.2	1.1	-	2.9	0.1	0.4	6.1	福 井
…	…	…	…	…	1.0	0.9	2.2	1.1	0.0	-	0.2	4.2	0.6	-	3.7	0.1	1.3	7.4	山 梨
…	…	…	…	…	1.0	0.3	5.3	0.6	0.2	-	1.8	4.2	0.6	0.0	6.7	0.2	0.8	7.4	長 野
…	…	…	…	…	0.6	0.5	3.0	1.1	0.4	-	1.5	3.8	0.1	0.1	2.2	0.2	2.3	9.2	岐 阜
…	…	…	…	…	1.1	1.0	1.4	0.2	0.5	-	1.0	2.7	0.3	-	2.9	0.1	0.9	4.8	静 岡
…	…	…	…	…	0.8	0.7	6.0	0.5	0.6	-	1.2	2.5	0.5	-	5.3	0.2	0.3	6.4	愛 知
…	…	…	…	…	1.7	0.3	3.7	0.1	0.3	-	0.7	1.5	0.3	0.1	5.1	0.1	0.4	4.5	三 重
…	…	…	…	…	0.4	0.3	1.9	0.3	0.7	-	1.6	4.6	0.1	-	2.1	0.2	0.3	5.1	滋 賀
…	…	…	…	…	2.6	1.5	3.2	1.0	0.3	-	2.6	6.5	1.0	0.1	4.2	0.3	1.0	5.4	京 都
…	…	…	…	…	0.8	0.8	3.4	0.4	0.3	-	0.6	4.5	0.3	0.1	3.4	0.1	0.2	5.3	大 阪
…	…	…	…	…	1.8	0.5	2.1	0.4	0.4	-	1.3	3.9	0.7	-	3.0	0.2	0.2	6.8	兵 庫
…	…	…	…	…	1.3	1.0	2.4	0.4	0.4	-	0.6	2.0	1.2	0.1	1.6	0.2	0.1	4.3	奈 良
…	…	…	…	…	0.5	1.6	1.1	0.0	0.0	-	0.8	1.5	2.0	0.1	2.5	0.2	0.2	5.8	和 歌 山
…	…	…	…	…	0.7	0.4	6.3	0.6	0.3	-	1.3	2.7	0.2	-	6.3	0.5	0.3	8.8	鳥 取
…	…	…	…	…	1.0	0.4	4.2	0.1	0.1	-	0.3	1.9	0.5	0.0	5.7	0.3	1.3	6.2	島 根
…	…	…	…	…	2.0	0.9	4.0	0.3	0.2	-	1.3	3.2	0.6	0.0	5.8	0.0	2.2	10.1	岡 山
…	…	…	…	…	0.8	0.6	1.7	0.5	0.2	-	0.6	4.1	0.2	-	3.2	0.1	0.3	3.9	広 島
…	…	…	…	…	1.9	0.8	2.6	1.1	0.0	-	1.9	3.3	0.4	-	4.4	0.1	0.8	7.3	山 口
…	…	…	…	…	0.9	0.7	3.0	0.0	0.0	-	1.0	1.9	0.4	0.0	3.9	0.3	1.1	5.3	徳 島
…	…	…	…	…	2.5	0.4	3.7	0.6	0.0	-	0.9	5.6	2.1	0.0	4.1	0.1	0.4	9.2	香 川
…	…	…	…	…	0.6	0.3	1.7	0.1	0.0	-	1.2	2.9	0.4	0.5	2.7	0.1	0.7	2.6	愛 媛
…	…	…	…	…	0.7	0.1	2.0	0.3	0.1	-	0.3	2.2	0.3	0.0	2.0	0.2	0.3	3.4	高 知
…	…	…	…	…	1.1	1.3	1.8	0.4	0.3	-	0.7	3.8	0.1	0.1	3.2	0.1	0.2	3.1	福 岡
…	…	…	…	…	0.7	0.6	1.7	0.2	0.2	-	1.0	4.8	0.0	0.0	3.1	0.1	0.9	8.7	佐 賀
…	…	…	…	…	0.8	-	3.6	0.4	0.2	-	1.2	3.4	0.1	-	3.2	0.0	0.6	4.2	長 崎
…	…	…	…	…	2.2	0.3	2.0	0.2	0.2	-	0.5	1.7	0.7	0.3	1.4	0.0	0.1	2.5	熊 本
…	…	…	…	…	0.3	0.5	1.2	0.3	0.1	-	0.7	3.1	0.4	-	2.1	0.0	0.0	1.7	大 分
…	…	…	…	…	1.8	1.4	1.5	0.1	0.2	-	1.2	5.0	0.3	-	5.3	0.1	0.7	4.1	宮 崎
…	…	…	…	…	0.7	0.2	1.3	0.3	0.1	-	1.6	1.7	0.3	3.0	4.9	0.1	0.9	1.8	鹿 児 島
…	…	…	…	…	1.3	0.8	2.5	0.5	0.1	-	0.8	2.5	0.1	0.1	3.1	0.0	0.4	4.4	沖 縄

都道府県表

1　7歳 (2) 男

区分	計	非矯正 1.0以上	非矯正 1.0未満0.7以上	非矯正 0.7未満0.3以上	非矯正 0.3未満	矯正 1.0以上	矯正 1.0未満0.7以上	矯正 0.7未満0.3以上	矯正 0.3未満	裸眼視力 計	裸眼 1.0未満0.7以上	裸眼 0.7未満0.3以上	裸眼 0.3未満	眼の疾病・異常	難聴	耳疾患	鼻疾・副鼻腔患	口腔咽喉頭疾患・異常	むし歯 計	むし歯 処置完了者	むし歯 未処置のある歯者	歯列・咬合	顎関節	歯垢の状態	歯肉の状態	その他の疾病・異常
全　国	100.00	72.50	12.75	8.79	2.91	0.53	0.65	0.91	0.94	26.96	13.41	9.70	3.86	4.70	0.60	6.77	13.70	1.59	45.45	21.94	23.51	4.70	0.08	3.24	1.66	4.91
北 海 道	100.0	68.7	15.6	9.5	4.1	0.1	0.7	0.2	1.1	31.3	16.3	9.8	5.2	2.5	0.6	3.3	X	0.7	53.2	21.6	31.6	6.4	0.2	7.0	3.3	4.6
青　森	100.0	61.5	19.0	11.4	3.1	0.7	1.4	1.5	1.5	37.8	20.4	12.8	4.7	5.1	0.4	7.1	23.1	1.0	57.8	23.8	34.1	3.1	0.7	2.6	1.8	10.6
岩　手	100.0	72.6	14.1	8.3	2.5	0.5	0.6	0.5	1.0	26.9	14.7	8.8	3.4	6.6	0.3	6.6	24.2	1.9	48.7	24.6	24.1	7.0	0.7	1.2	0.8	5.2
宮　城	100.0	74.3	11.5	8.8	2.5	0.5	0.6	0.7	1.0	25.2	12.1	9.5	3.6	6.8	0.3	10.2	9.9	0.1	47.1	22.2	24.9	5.0	0.1	5.4	4.6	6.2
秋　田	100.0	74.5	14.0	6.9	1.9	0.3	0.6	1.1	0.8	25.3	14.6	7.9	2.7	8.9	0.2	9.1	22.9	3.1	55.8	27.4	28.4	2.8	-	3.7	1.3	5.3
山　形	100.0	73.0	11.2	9.4	1.6	1.1	0.9	2.1	0.8	25.9	12.0	11.5	2.4	5.8	0.5	7.5	16.4	2.7	49.7	21.5	28.2	6.2	0.1	4.7	3.2	10.7
福　島	100.0	69.3	14.8	10.7	1.6	0.4	0.7	1.3	1.1	30.3	15.6	12.0	2.7	2.7	0.6	-	5.1	0.9	54.2	28.3	25.9	3.6	0.1	2.1	0.7	7.8
茨　城	100.0	69.2	11.9	10.4	4.0	0.6	1.3	1.2	1.4	30.2	13.2	11.6	5.4	5.4	0.4	6.1	17.6	0.6	51.5	21.1	30.4	3.5	-	2.4	1.2	8.4
栃　木	100.0	74.4	11.7	8.1	2.0	0.3	1.1	1.2	1.4	25.3	12.8	9.3	3.3	3.1	0.5	6.1	12.4	1.4	49.5	18.8	30.8	5.4	0.7	3.5	1.0	4.4
群　馬	100.0	72.1	11.0	10.1	3.5	0.6	0.5	0.8	1.3	27.3	11.6	11.0	4.8	1.7	0.6	7.0	9.0	0.8	50.7	25.5	25.2	6.5	-	2.8	1.6	6.4
埼　玉	100.0	75.1	12.2	8.3	2.6	0.4	1.0	0.7	0.5	24.5	12.3	9.0	3.1	4.1	0.5	5.2	9.1	0.5	39.4	20.9	18.5	3.1	-	0.9	0.8	4.4
千　葉	100.0	72.5	14.1	8.0	1.7	0.7	1.0	0.9	1.0	26.8	15.1	9.0	2.6	7.9	0.5	4.8	X	X	39.2	16.7	22.5	6.4	0.1	4.6	3.2	6.0
東　京	100.0	68.7	14.6	9.2	4.2	0.5	0.6	1.1	1.0	30.8	15.2	10.3	5.3	6.3	0.8	7.9	12.2	0.7	40.8	22.6	18.2	3.7	-	3.6	1.0	2.3
神 奈 川	100.0	75.2	13.5	8.4	2.4	0.3	0.1	0.1	0.1	24.5	13.6	8.5	2.5	4.2	0.7	3.5	10.7	0.2	35.2	20.0	15.2	3.4	-	1.8	0.7	3.5
新　潟	100.0	74.1	10.4	9.7	2.4	0.5	1.1	1.3	0.5	25.4	11.5	10.9	3.0	2.5	0.2	7.8	16.7	1.2	40.1	18.6	21.5	2.7	-	3.8	2.8	2.9
富　山	100.0	79.4	9.3	5.7	2.5	1.0	0.4	1.1	0.4	19.6	9.8	6.8	3.0	10.0	0.3	5.5	13.5	0.2	40.6	22.3	18.3	4.2	0.1	3.0	1.4	2.1
石　川	100.0	77.4	9.7	6.2	2.4	0.6	1.5	0.7	1.4	22.0	11.3	6.9	3.8	3.8	0.3	0.3	-	-	43.9	15.2	28.7	2.4	-	4.0	-	7.0
福　井	100.0	72.4	11.2	7.4	2.5	0.8	2.2	2.4	1.3	26.9	13.4	9.7	3.7	1.4	0.5	2.5	7.2	0.3	51.3	24.5	26.8	6.1	-	4.4	2.3	4.4
山　梨	100.0	70.6	15.6	7.0	2.3	0.6	0.8	2.0	1.0	28.8	16.4	9.0	3.4	6.5	0.4	6.1	14.9	0.6	50.1	24.4	25.7	4.4	0.2	3.1	2.9	7.1
長　野	100.0	77.4	11.5	6.5	1.8	0.6	0.8	0.8	0.7	22.0	12.2	7.3	2.5	3.0	0.4	7.4	8.0	1.1	43.4	23.1	20.3	4.5	-	3.3	2.5	5.5
岐　阜	100.0	72.9	12.2	7.5	2.7	1.1	1.2	0.9	1.6	26.1	13.4	8.4	4.3	4.2	0.2	2.4	9.0	0.7	46.4	23.3	23.1	3.9	0.0	2.4	0.8	3.5
静　岡	100.0	80.8	7.4	6.7	1.9	0.5	0.9	1.0	0.9	18.7	8.2	7.8	2.7	3.1	0.5	8.9	12.4	1.9	41.1	21.3	19.8	4.2	0.1	3.8	2.0	6.2
愛　知	100.0	72.6	12.5	9.1	3.0	0.5	0.9	1.0	0.4	26.9	13.1	9.8	4.0	4.0	0.9	9.0	13.2	1.6	38.3	20.4	17.9	5.4	0.0	2.9	2.4	6.0
三　重	100.0	75.2	12.5	9.3	2.3	0.2	0.2	0.1	0.1	24.5	12.6	9.4	2.4	5.9	1.1	3.9	12.4	1.6	48.7	19.7	29.0	5.5	-	3.4	1.8	4.4
滋　賀	100.0	78.2	11.4	7.9	1.6	0.2	0.4	0.2	0.1	21.6	11.8	8.1	1.7	1.5	0.6	2.7	2.5	0.2	44.5	21.3	23.2	6.5	0.0	2.4	1.2	6.3
京　都	100.0	76.6	9.0	8.8	2.4	0.6	1.0	1.0	0.6	22.8	10.0	9.7	3.1	5.7	0.7	8.7	9.6	0.7	49.1	22.0	27.1	7.1	0.0	0.8	0.4	4.4
大　阪	100.0	72.8	10.9	8.4	3.5	0.7	0.9	1.1	1.7	26.5	11.7	9.6	5.2	3.8	0.2	12.5	9.6	0.7	45.2	21.7	23.4	6.9	-	2.8	0.6	4.5
兵　庫	100.0	68.9	14.9	10.6	3.8	0.1	0.2	0.5	0.9	31.0	15.1	11.2	4.8	5.5	1.1	10.1	16.7	0.9	45.1	23.4	21.7	5.0	-	2.6	0.8	4.4
奈　良	100.0	76.4	8.3	7.4	2.0	0.8	0.5	1.1	1.3	22.8	9.1	10.3	3.4	2.5	0.2	2.1	10.5	0.4	44.4	19.1	25.3	7.0	0.3	4.7	2.1	4.1
和 歌 山	100.0	78.2	8.3	6.6	2.2	0.8	0.5	1.1	1.2	20.9	9.1	8.4	3.4	8.5	0.4	6.2	14.9	2.1	51.3	21.2	30.1	8.4	-	3.8	1.3	4.6
鳥　取	100.0	76.7	10.9	5.9	1.8	0.8	0.5	2.2	1.2	22.5	11.4	8.1	3.0	10.5	0.3	5.3	21.5	2.0	53.0	26.6	26.4	6.6	-	5.0	0.9	6.0
島　根	100.0	71.7	10.1	8.7	3.0	1.8	1.2	2.8	0.8	26.6	11.3	11.5	3.8	3.8	0.3	10.0	20.1	1.9	54.5	25.5	29.0	3.9	-	2.6	1.9	4.9
岡　山	100.0	72.6	12.1	8.0	2.7	1.0	1.1	1.2	1.3	26.4	13.2	9.2	4.0	3.6	0.3	7.8	20.6	3.4	47.1	21.4	25.7	5.7	0.3	5.7	4.1	6.0
広　島	100.0	70.8	14.3	9.8	2.6	0.5	0.6	0.5	0.9	28.1	14.7	10.3	3.2	5.6	0.60	5.9	10.2	1.0	43.1	22.3	20.8	3.8	0.1	2.5	1.3	2.8
山　口	100.0	78.7	7.6	8.1	2.9	0.4	0.4	1.0	0.8	20.9	8.1	9.1	3.7	3.7	0.2	6.3	13.2	3.1	54.3	21.5	32.8	3.1	-	1.5	1.6	7.6
徳　島	100.0	75.2	8.5	9.5	2.3	0.6	0.7	1.9	1.3	24.2	9.1	11.4	3.6	4.4	0.3	9.2	19.0	8.8	48.7	24.7	24.0	3.8	-	5.8	1.2	7.2
香　川	100.0	73.5	10.3	7.8	2.4	0.9	2.0	1.6	1.4	25.5	12.3	9.4	3.8	3.8	0.3	6.9	12.3	0.7	48.1	25.6	22.5	3.6	0.6	4.6	2.0	9.0
愛　媛	100.0	75.2	10.0	7.6	3.0	0.9	1.1	1.3	0.9	24.0	11.0	8.9	4.0	3.7	0.3	6.6	11.0	1.0	56.3	23.4	32.9	4.4	0.1	3.4	1.2	6.4
高　知	100.0	77.6	8.8	7.8	2.2	0.6	0.4	0.5	1.0	22.0	9.2	8.8	4.1	1.0	0.4	6.0	18.3	2.4	45.0	19.9	25.1	6.9	0.2	3.4	2.6	6.4
福　岡	100.0	63.2	17.8	11.8	4.5	0.6	0.9	0.6	1.1	36.2	18.2	12.3	5.6	1.3	1.3	7.3	14.2	1.6	52.1	24.6	27.5	5.5	0.1	4.5	3.4	4.5
佐　賀	100.0	71.4	14.1	9.1	2.0	0.6	0.9	0.8	1.1	28.0	14.9	10.0	3.1	3.1	0.9	7.6	12.1	0.7	54.8	25.1	29.7	2.4	0.1	2.4	1.0	8.0
長　崎	100.0	76.0	11.4	9.8	1.3	-	0.1	1.0	1.0	24.0	11.5	10.1	2.3	2.3	0.3	-	2.2	1.5	53.4	26.9	26.5	2.1	-	2.8	1.3	4.8
熊　本	100.0	69.0	13.7	8.3	3.4	0.8	0.5	0.9	1.1	30.2	14.5	11.1	4.6	4.6	0.5	6.4	10.5	1.8	53.7	24.6	29.0	3.6	0.2	3.6	2.1	7.7
大　分	100.0	70.4	14.5	10.8	1.6	0.4	1.2	0.5	0.8	29.2	15.7	11.3	2.4	2.4	0.9	9.4	19.8	1.4	55.6	22.1	33.5	5.5	-	3.6	0.0	3.0
宮　崎	100.0	73.0	12.2	7.3	2.1	0.7	1.5	1.9	1.3	26.3	13.7	9.2	3.3	4.5	0.2	7.7	18.6	2.4	54.8	20.0	34.8	5.4	0.3	3.6	1.4	4.8
鹿 児 島	100.0	79.9	11.0	4.9	1.3	0.8	0.6	1.1	0.4	19.3	11.7	6.0	1.6	3.6	0.3	10.3	25.2	1.4	57.2	26.2	31.0	2.9	0.1	1.8	0.6	6.2
沖　縄	100.0	70.8	14.8	9.4	3.7	0.1	0.1	0.4	0.6	29.1	14.9	9.8	4.4	4.4	1.5	4.2	15.1	2.0	62.9	26.4	36.5	0.9	0.2	4.0	1.4	5.3

異常被患率等（各年齢ごと）（39-16）

単位（％）

永久歯の1人当り平均むし歯（う歯）等数 計（本）	喪失歯数（本）	むし歯（う歯）計（本）	処置歯数（本）	未処置歯数（本）	栄養状態	せき柱・四肢の状態・胸郭	皮膚疾患 アトピー性皮膚炎	その他の皮膚疾患	結核の検査の対象密者	結核	心疾病・臓・異常	心電図異常	蛋白検出の者	尿糖検出の者	その他の疾病・異常 ぜん息	腎臓疾患	言語障害	その他の疾病・異常	区分
…	…	…	…	…	1.74	0.82	3.49	0.42	0.15	0.00	0.84	…	0.42	0.03	4.03	0.20	0.70	5.34	全 国
…	…	…	…	…	1.4	0.6	7.5	0.2		-	0.1		0.7	-	5.6	0.2	1.3	6.8	北 海 道
…	…	…	…	…	4.6	1.9	1.3	0.9		-	0.4		0.7	0.0	2.2	0.2	0.6	4.6	青 森
…	…	…	…	…	2.1	0.5	2.8	0.5	0.0	-	0.4		0.4	-	4.7	0.1	3.1	7.3	岩 手
…	…	…	…	…	1.5	1.7	4.7	1.1	0.0	-	0.4		0.0	0.0	7.8	0.1	1.5	6.5	宮 城
…	…	…	…	…	3.5	2.0	4.2	0.8	0.2	-	0.5		0.0	0.0	3.9	0.3	0.3	8.9	秋 田
…	…	…	…	…	1.6	0.5	4.5	1.1		-	0.7		0.2		5.4	-	2.1	10.0	山 形
…	…	…	…	…	2.5	0.9	2.2	0.6		-	0.4		0.1		3.7	0.1	0.5	8.0	福 島
…	…	…	…	…	3.7	1.0	6.5	0.6	0.2	-	1.0		0.2	0.0	6.7	0.1	0.8	5.1	茨 城
…	…	…	…	…	3.2	0.6	5.0	0.7	0.0	-	1.8		1.1	0.1	7.0	0.1	0.9	8.6	栃 木
…	…	…	…	…	1.3	0.6	3.1	0.1	0.1	-	1.2		0.1		4.5	0.2	2.1	5.9	群 馬
…	…	…	…	…	0.9	0.8	4.3	0.2	0.3	-	1.0		0.7	0.0	4.6	0.1	0.9	4.3	埼 玉
…	…	…	…	…	1.2	0.8	4.5	0.2		-	1.5		0.1	0.0	6.6	0.3	1.5	5.6	千 葉
…	…	…	…	…	1.6	0.8	3.5	0.7	0.3	-	0.6		0.2		3.8	0.2	0.4	2.0	東 京
…	…	…	…	…	0.9	1.1	2.4	0.5	0.1	-	0.7		0.0	0.1	3.9	0.3	0.5	3.4	神 奈 川
…	…	…	…	…	1.6	0.2	4.7	0.2	0.0	-	1.6		0.1	0.0	7.1	0.6	1.3	8.8	新 潟
…	…	…	…	…	2.0	2.6	3.0			-	1.7		0.3		3.0	0.3	0.2	9.6	富 山
…	…	…	…	…	0.6	0.1	2.1	0.3	0.3	-	0.9		0.3	0.0	1.9	0.1	0.3	2.6	石 川
…	…	…	…	…	1.4	0.3	4.9	0.6		-	1.3		1.3		3.7	0.2	0.9	8.1	福 井
…	…	…	…	…	3.1	1.2	2.2	1.2	0.0	-	0.4		1.0		5.3	0.3	1.1	5.8	山 梨
…	…	…	…	…	1.9	0.6	4.7	0.3	0.7	-	1.9		0.5		6.0	0.4	0.4	8.8	長 野
…	…	…	…	…	1.6	0.6	2.9	0.5	0.2	-	1.5		0.2	0.0	2.0	0.1	1.8	10.8	岐 阜
…	…	…	…	…	2.2	1.0	2.7	0.4	0.2	-	0.7		0.5	0.0	1.8	0.1	0.9	5.8	静 岡
…	…	…	…	…	1.8	0.9	6.1	0.3	0.0	-	0.7		0.5		4.9	0.2	0.4	7.1	愛 知
…	…	…	…	…	2.6	0.4	4.9	0.0	0.0	0.0	0.6		0.5	0.1	4.4	0.1	0.4	5.5	三 重
…	…	…	…	…	0.4	0.2	2.1	0.1	0.4	-	1.5		0.1	0.1	2.7	0.2	0.4	5.9	滋 賀
…	…	…	…	…	3.4	1.3	3.8	0.5	0.1	-	2.0		0.9	-	3.0	0.0	1.6	5.8	京 都
…	…	…	…	…	1.5	0.5	2.6	0.4	0.1	-	0.3		0.6		3.5	0.1	0.2	5.0	大 阪
…	…	…	…	…	2.4	0.7	2.6	0.3		-	1.7		0.6		2.8	0.3	0.2	6.5	兵 庫
…	…	…	…	…	2.0	0.7	2.7	0.4		-	0.3		1.0	0.1	2.0	-	0.7	6.0	奈 良
…	…	…	…	…	1.5	1.2	1.5	1.0		-	1.2		2.2	0.1	1.0	0.1	0.2	5.3	和 歌 山
…	…	…	…	…	1.5	0.8	7.1	0.1	0.1	-	2.1		0.5		5.4	0.4	0.6	12.1	鳥 取
…	…	…	…	…	1.0	0.8	5.3	0.2	0.2	-	0.3		0.8		5.9	0.2	0.6	5.3	島 根
…	…	…	…	…	1.9	0.8	3.2	0.8	0.2	-	1.1		0.6	0.0	4.8	0.1	0.9	9.3	岡 山
…	…	…	…	…	2.0	1.1	1.9	0.4	0.0	-	0.2		0.3	0.0	2.7	0.3	0.2	4.2	広 島
…	…	…	…	…	1.8	1.1	2.5	0.7	0.0	-	0.8		0.3		3.1	0.0	0.7	7.4	山 口
…	…	…	…	…	2.0	0.2	3.3	-		-	0.8		0.7	0.0	2.8	0.2	1.1	5.8	徳 島
…	…	…	…	…	3.2	0.2	3.1	0.4		-	1.1		1.8	0.0	3.4	0.2	0.3	8.1	香 川
…	…	…	…	…	0.9	0.2	1.7	0.3		-	0.7		0.6		2.3	0.1	0.7	2.9	愛 媛
…	…	…	…	…	1.0	0.3	2.8	0.0		-	0.6		0.6		1.4	0.1	0.1	5.4	高 知
…	…	…	…	…	1.5	1.6	1.6	0.0	0.1	-	0.7		0.1	0.0	2.3	0.3	0.1	3.3	福 岡
…	…	…	…	…	1.7	0.9	1.4	0.6		-	0.7		-	0.1	3.5	0.1	0.8	8.1	佐 賀
…	…	…	…	…	1.1	0.2	4.0	-		-	0.9		0.1		4.6	0.2	0.6	4.9	長 崎
…	…	…	…	…	2.9	0.4	1.1	0.4		-	0.4		0.4	0.0	0.8	-	0.6	2.4	熊 本
…	…	…	…	…	2.0	0.2	1.3	0.4		-	0.6		0.6		2.0	0.2	0.1	1.9	大 分
…	…	…	…	…	2.3	0.7	2.0	0.5		-	0.6		0.0		4.6	0.2	0.7	6.0	宮 崎
…	…	…	…	…	1.6	0.2	2.1	0.2		-	0.7		0.2		3.8	0.1	0.2	1.8	鹿 児 島
…	…	…	…	…	1.2	0.5	2.7	0.3	0.0	-	0.5		0.3	0.2	2.6	0.0	0.3	4.2	沖 縄

1　8歳（2）男

区分	計	視力非矯正者 1.0以上	1.0未満0.7以上	0.7未満0.3以上	0.3未満	視力矯正者 1.0以上	1.0未満0.7以上	0.7未満0.3以上	0.3未満	裸眼視力 計	1.0未満0.7以上	0.7未満0.3以上	0.3未満	眼の疾病・異常	難聴	耳疾患	鼻疾患・副鼻腔患	口腔咽喉頭疾患・異常	むし歯 計	処置完了者	未処置歯のある者	歯列・咬合	顎関節	歯垢の状態	歯肉の状態	その他の疾病・異常
全　国	100.00	68.02	10.56	10.94	4.50	0.77	0.68	1.72	2.80	31.20	11.23	12.66	7.30	5.02	0.61	5.90	13.29	1.00	48.90	25.17	23.73	5.28	0.07	4.15	2.43	5.37
北 海 道	100.0	X	X	X	X	X	X	X	X	X	X	X	X	4.2	0.3	4.6	X	1.2	58.6	26.8	31.8	7.3	0.2	6.0	4.0	4.0
青　森	100.0	57.1	16.0	11.5	5.3	0.7	0.9	3.1	5.3	42.1	16.9	14.6	10.6	4.5	-	6.9	25.2	1.0	59.5	28.1	31.4	4.4	0.1	2.6	2.2	10.5
岩　手	100.0	66.0	10.8	13.7	2.2	0.1	1.5	2.5	3.2	33.3	12.4	16.2	5.4	8.3	0.2	5.4	26.6	1.0	54.5	26.8	27.7	8.3	-	5.1	3.3	5.1
宮　城	100.0	66.9	11.3	10.5	5.3	1.2	0.6	2.1	2.1	31.8	12.0	12.6	7.3	5.7	0.3	6.3	14.6	1.0	56.6	27.5	29.1	7.7	0.1	7.3	6.6	6.0
秋　田	100.0	68.9	9.4	10.2	5.5	0.9	0.2	2.1	2.8	30.2	9.6	12.3	8.3	15.0	0.5	4.9	27.3	0.9	57.5	27.8	29.7	3.4	0.0	4.5	1.0	6.3
山　形	100.0	70.6	11.1	9.2	2.4	0.6	1.3	1.5	3.2	28.7	12.4	10.7	5.6	5.0	0.4	6.8	21.3	1.6	56.0	27.0	29.0	7.2	-	5.1	4.5	7.6
福　島	100.0	66.4	12.7	9.1	3.6	0.8	1.0	2.0	4.4	32.8	13.7	11.1	8.0	3.3	0.4	10.1	13.1	2.6	64.0	30.7	33.3	4.4	-	4.2	1.8	8.0
茨　城	100.0	67.9	11.1	9.4	5.5	0.6	0.9	1.9	2.5	31.4	12.0	11.3	8.1	11.3	0.8	1.5	19.6	0.2	55.2	26.9	28.2	3.8	0.0	4.2	1.8	8.4
栃　木	100.0	68.4	11.3	9.5	3.4	1.1	0.8	2.1	3.5	30.5	12.1	11.6	6.8	2.0	0.7	6.3	10.6	0.5	52.9	23.0	29.9	4.8	0.3	4.3	1.1	5.7
群　馬	100.0	69.2	10.0	9.4	5.2	0.9	0.6	1.8	2.9	29.9	10.7	11.1	8.1	1.8	0.4	6.5	7.1	0.5	53.4	27.1	26.4	6.4	0.3	3.4	1.5	5.7
埼　玉	100.0	74.2	8.3	9.2	4.6	0.6	0.7	1.2	1.2	25.2	9.0	10.5	5.8	2.7	0.3	5.6	8.8	0.6	43.8	23.9	19.9	4.6	-	2.3	0.9	5.2
千　葉	100.0	71.4	11.1	9.3	2.4	0.5	1.3	1.6	2.4	28.1	12.4	10.8	4.9	7.0	0.4	6.4	14.2	0.9	38.6	16.6	22.0	7.8	0.1	5.1	4.0	5.3
東　京	100.0	65.4	10.9	11.3	4.5	0.9	0.9	2.0	4.1	33.6	11.8	13.2	8.5	6.4	0.9	7.6	13.1	0.6	42.6	24.0	18.6	3.4	0.0	3.7	1.6	3.3
神 奈 川	100.0	71.6	9.2	13.6	5.0	0.2	-	0.2	0.3	28.2	9.2	13.8	5.3	5.6	0.8	4.9	9.1	0.7	39.0	23.2	15.7	3.0	0.0	2.8	1.4	3.1
新　潟	100.0	68.7	8.9	11.2	4.2	0.9	1.2	2.1	2.9	30.4	10.1	13.3	7.1	2.3	1.0	3.3	17.0	0.9	41.3	23.7	17.6	2.4	-	3.9	2.9	4.0
富　山	100.0	69.5	8.6	9.4	4.0	1.5	1.6	2.3	3.2	29.1	10.2	11.7	7.1	11.5	0.5	4.3	17.2	0.1	44.0	24.5	19.4	3.9	-	4.4	1.5	3.5
石　川	100.0	65.8	11.2	11.5	4.2	0.8	1.4	2.0	3.2	33.5	12.6	13.5	7.4	1.3	0.4	-	-		44.7	18.4	26.3	4.8	0.0	3.9		
福　井	100.0	65.9	10.2	10.7	4.1	1.2	0.9	1.9	5.0	32.9	11.2	12.6	9.1	1.2	0.2	2.8	6.6	1.3	59.3	30.2	29.1	6.8	-	5.2	2.4	4.1
山　梨	100.0	71.5	8.8	7.7	4.1	0.7	1.4	3.1	2.6	27.8	10.2	10.9	6.7	7.0	0.4	5.2	14.8	0.3	53.6	29.6	24.0	3.5	-	4.6	1.8	6.3
長　野	100.0	74.9	10.6	5.9	2.8	1.3	0.8	1.8	1.9	23.8	11.4	7.7	4.7	3.0	0.2	6.3	7.2	0.6	49.9	25.7	24.2	4.1	0.0	3.7	1.8	5.0
岐　阜	100.0	68.5	12.1	10.0	3.9	0.7	0.7	1.4	2.7	30.7	12.7	11.4	6.6	4.3	0.1	2.3	13.3	1.8	51.7	29.3	22.5	4.6	-	2.9	2.0	3.1
静　岡	100.0	74.8	8.5	8.5	3.7	0.5	0.7	1.5	2.1	24.6	9.2	10.0	5.4	4.0	0.4	6.9	7.7	0.5	43.2	23.8	19.4	6.2	0.3	3.6	6.3	7.3
愛　知	100.0	65.0	11.3	11.4	3.4	1.7	0.8	2.6	4.0	33.4	12.1	14.0	7.4	4.6	0.4	3.8	10.7	1.2	39.8	21.9	17.9	5.4	0.1	3.4	4.2	6.4
三　重	100.0	65.6	12.8	11.9	6.6	0.6	0.5	1.5	0.9	33.9	13.0	13.4	7.5	6.3	0.4	4.8	13.2	1.3	51.0	22.4	28.6	6.9	0.3	5.4	1.9	5.9
滋　賀	100.0	72.1	11.1	10.2	4.9	-	0.3	0.6	0.8	27.9	11.4	10.8	5.7	2.6	0.3	3.0	3.7	1.0	48.7	24.4	24.3	7.2	0.1	3.5	2.2	8.2
京　都	100.0	71.1	7.5	10.4	4.8	0.7	0.8	2.4	2.4	28.2	8.3	12.8	7.2	5.7	0.2	7.6	9.0	1.0	51.0	24.2	26.8	8.4	-	3.1	1.6	5.2
大　阪	100.0	66.5	8.2	10.7	7.2	1.1	0.5	2.1	3.8	32.4	8.7	12.8	11.0	4.2	0.5	7.8	8.4	0.2	46.9	25.0	21.9	9.6	0.1	4.5	3.0	6.9
兵　庫	100.0	64.3	10.5	14.2	5.1	0.6	0.7	1.3	3.5	34.7	11.1	15.4	8.6	5.7	1.0	8.1	17.7	1.7	50.5	28.3	22.1	5.2	0.0	4.6	1.6	5.3
奈　良	100.0	69.4	8.6	11.4	3.0	1.0	0.6	2.3	4.0	29.6	9.0	13.7	7.0	2.3	0.6	4.5	10.8	0.8	53.5	23.6	29.9	5.3	-	4.8	2.0	5.7
和 歌 山	100.0	72.8	8.8	7.9	3.2	1.9	1.2	1.8	2.4	25.4	10.0	9.8	5.6	6.5	0.4	7.1	13.5	0.6	53.2	27.4	25.8	7.1	0.4	4.1	2.7	6.4
鳥　取	100.0	70.9	10.0	9.2	4.1	0.7	0.7	2.0	2.4	28.4	10.7	11.2	6.5	10.0	0.3	3.2	20.9	1.1	58.5	29.3	29.3	3.0	-	8.0	3.7	7.7
島　根	100.0	70.2	10.8	7.0	5.3	0.6	1.0	1.9	3.2	29.1	11.8	8.9	8.5	5.5	0.6	7.6	20.5	0.5	54.8	24.8	30.1	4.9	0.0	6.0	3.7	6.1
岡　山	100.0	68.8	11.5	8.4	3.6	1.0	1.2	2.6	2.8	29.9	12.6	11.0	6.4	5.4	0.6	8.0	23.6	0.2	52.9	26.7	26.2	7.9	0.2	5.3	4.6	6.1
広　島	100.0	66.3	12.4	10.7	4.9	1.1	0.9	1.1	2.6	32.6	13.3	11.8	7.5	4.4	0.4	4.4	11.5	1.1	49.0	25.7	23.3	3.8	0.0	3.1	0.9	3.3
山　口	100.0	69.9	7.2	11.8	4.5	0.6	1.0	1.6	3.6	29.5	8.1	13.4	8.0	4.9	1.1	7.6	15.2	0.4	53.9	27.4	26.5	3.6	0.1	2.4	2.4	6.6
徳　島	100.0	66.0	10.4	10.4	4.4	0.6	0.9	2.0	5.2	33.4	11.3	12.4	9.7	13.4	0.1	8.7	24.8	9.3	55.2	27.5	27.7	4.5	1.2	7.0	3.2	6.0
香　川	100.0	66.1	9.6	9.6	3.3	1.5	1.6	3.5	3.7	32.4	11.3	14.1	7.0	4.9	0.4	7.5	12.2	1.2	52.4	30.3	22.1	4.7	0.1	4.8	3.2	8.0
愛　媛	100.0	61.4	14.5	10.7	6.1	0.5	2.0	2.0	4.2	38.1	15.0	12.8	10.3	6.6	0.3	3.3	11.6	1.4	53.8	24.7	29.1	4.6	-	2.2	1.1	7.5
高　知	100.0	66.8	10.9	9.8	6.4	0.6	0.8	1.3	3.3	32.3	11.7	11.1	9.6	0.3	0.4	4.2	8.3	1.4	55.3	27.4	27.9	6.9	-	6.9	4.5	6.1
福　岡	100.0	59.3	14.7	12.0	6.4	0.2	0.4	2.7	4.3	40.5	15.1	14.7	10.7	3.2	0.7	6.7	14.4	1.1	56.0	29.2	26.8	4.0	-	3.6	2.5	4.1
佐　賀	100.0	65.8	11.0	13.0	5.0	0.6	0.6	1.3	2.3	33.2	11.7	14.3	7.3	2.3	0.6	7.7	15.8	0.7	58.6	27.0	31.6	3.5	0.1	3.6	1.5	7.7
長　崎	100.0	X	X	X	X	X	X	X	X	X	X	X	X	0.3	0.5	6.6	11.7	2.1	59.3	32.7	26.7	4.9	-	4.4	3.1	5.1
熊　本	100.0	68.8	10.7	11.0	3.7	0.6	0.6	1.9	2.6	30.5	11.2	12.9	6.5	6.5	0.6	6.6	18.7	4.5	57.4	28.2	29.2	4.0	-	5.2	3.3	7.7
大　分	100.0	66.5	13.5	10.3	3.9	0.1	0.2	2.4	3.2	33.4	13.5	12.7	7.2	X	0.8	1.1	7.5	-	59.0	27.5	31.4	4.0	-	2.4	2.5	4.6
宮　崎	100.0	71.4	9.7	7.9	3.1	0.6	1.2	2.1	4.1	28.0	10.9	10.0	7.1	X	0.5	10.5	14.1	1.4	56.1	25.0	31.1	6.1	0.4	8.0	4.9	8.0
鹿 児 島	100.0	76.1	9.8	7.2	1.8	0.7	0.7	2.4	1.8	23.7	10.5	9.6	3.6	4.4	0.5	7.6	25.1	1.4	62.4	28.9	33.6	5.0	-	2.7	1.4	6.2
沖　縄	100.0	62.7	13.5	13.1	6.9	0.2	0.2	0.7	2.7	37.1	13.7	13.8	9.6	1.0	0.4	3.4	15.4	1.7	68.6	29.5	39.0	1.9	0.4	7.2	3.2	5.5

異常被患率等（各年齢ごと）（39-17）

単位　（%）

計(本)	喪失歯数(本)	むし歯(う歯) 計(本)	処置歯数(本)	未処置歯数(本)	栄養状態	せき柱・四肢の状態・胸郭	アトピー性皮膚炎	その他の皮膚疾患	結核の検査の対象者精密	結核	心臓・疾病異常	心電図異常	蛋白検出の者	尿糖検出の者	ぜん息	腎臓疾患	言語障害	その他の疾病・異常	区分
…	…	…	…	…	2.45	0.83	3.45	0.42	0.15	-	0.81	…	0.35	0.07	3.93	0.20	0.62	5.37	全　国
…	…	…	…	…	3.4	0.4	5.5	0.8	-		0.4		0.3	0.1	5.8	0.2	1.2	7.2	北海道
…	…	…	…	…	4.4	1.2	1.5	0.9	0.0		0.2		0.3	-	1.7	0.1	1.1	6.1	青　森
…	…	…	…	…	2.4	0.7	2.6	0.3			0.3		0.5	-	5.0	0.2	1.5	5.4	岩　手
…	…	…	…	…	2.4	2.5	4.6	0.9	0.1		0.3		-	-	7.4	0.2	0.9	5.7	宮　城
…	…	…	…	…	4.0	2.3	3.7	0.9			0.7		0.0		3.5	0.5	0.3	8.9	秋　田
…	…	…	…	…	4.4	0.6	3.9	0.8			0.3		0.0		5.9	0.2	1.2	10.7	山　形
…	…	…	…	…	3.4	0.3	2.8	0.3			0.3		0.1		3.5	0.0	1.0	9.1	福　島
…	…	…	…	…	5.0	1.2	6.7	0.4	0.2		1.1		0.1	0.1	6.9	0.3	0.8	5.3	茨　城
…	…	…	…	…	4.3	0.7	4.0	0.4	0.1		1.9		0.7	0.3	6.4	0.4	1.1	6.6	栃　木
…	…	…	…	…	1.8	0.8	2.9	0.3	0.0		1.6		-		4.5	0.3	1.2	6.0	群　馬
…	…	…	…	…	1.5	0.6	3.5	0.1	0.6		0.8		0.9	0.0	4.8	0.2	0.4	3.5	埼　玉
…	…	…	…	…	1.2	0.7	4.3	0.6	0.2		0.6		0.3	0.1	5.6	0.1	1.7	4.7	千　葉
…	…	…	…	…	2.0	0.3	3.6	0.5	0.3		0.6		0.3	0.0	3.4	0.2	0.5	3.1	東　京
…	…	…	…	…	1.5	1.3	2.6	0.7	0.2		0.2		0.1	0.0	4.5	0.2	0.2	3.6	神奈川
…	…	…	…	…	3.0	0.3	5.1	-	0.1		2.4		0.2		6.7	0.3	2.3	6.8	新　潟
…	…	…	…	…	3.5	2.5	2.4	0.2	0.1		2.1		0.2	0.1	3.9	0.2	0.3	7.6	富　山
…	…	…	…	…	0.7	0.1	2.1	0.2	0.1		0.9		0.5	0.1	1.9	0.1	0.4	4.9	石　川
…	…	…	…	…	2.2	0.7	4.1	0.1			1.1		0.6	0.0	2.0	0.1	0.7	7.2	福　井
…	…	…	…	…	2.9	0.9	4.8	1.3			0.4		0.6	0.1	4.4	0.1	0.6	5.9	山　梨
…	…	…	…	…	1.8	0.3	5.2	0.4	0.1		1.2		0.1	0.1	5.3	0.4	0.9	9.9	長　野
…	…	…	…	…	1.9	0.6	4.1	0.6	0.1		1.5		0.4	0.3	1.9	0.1	1.1	11.3	岐　阜
…	…	…	…	…	3.2	1.1	2.9	0.4	0.6		1.0		0.2	0.0	1.7	0.2	0.7	6.0	静　岡
…	…	…	…	…	2.8	1.2	5.0	0.5	0.1		0.6		0.2	0.0	4.4	0.2	0.4	6.0	愛　知
…	…	…	…	…	3.5	0.1	3.4	0.4	-		0.6		0.2	0.0	3.9	0.2	0.3	5.3	三　重
…	…	…	…	…	0.9	0.3	2.2	0.3	0.2		1.7		0.6	-	2.3	0.2	0.4	5.2	滋　賀
…	…	…	…	…	4.6	1.8	3.5	0.4	0.3		2.0		0.8	0.1	2.9	0.1	0.8	8.2	京　都
…	…	…	…	…	2.0	0.4	3.2	0.4	0.1		0.5		0.5	0.0	2.6	0.2	0.4	4.6	大　阪
…	…	…	…	…	2.6	1.0	2.5	0.3	0.1		1.9		0.4	0.2	3.2	0.1	0.4	6.4	兵　庫
…	…	…	…	…	2.8	1.5	2.2	0.1	0.1		0.7		1.0	0.1	1.2	0.2	0.6	5.6	奈　良
…	…	…	…	…	1.5	0.9	1.9	0.1	0.1		0.6		1.4	0.2	1.9	0.1	0.2	5.3	和歌山
…	…	…	…	…	2.2	0.9	7.1	0.5	0.0		0.9		0.2	0.3	6.6	0.4	0.5	11.4	鳥　取
…	…	…	…	…	1.6	2.2	5.2	0.3	0.1		0.5		0.6	0.1	4.9	0.1	1.2	7.8	島　根
…	…	…	…	…	3.0	0.7	5.1	0.8	0.0		0.2		0.2	0.1	5.9	0.2	0.9	9.4	岡　山
…	…	…	…	…	2.5	1.4	2.1	0.4	0.1		0.4		0.2	0.1	2.2	0.20	0.3	4.9	広　島
…	…	…	…	…	3.0	1.0	2.2	0.8	0.0		1.4		0.5	0.0	3.7	0.2	0.8	8.5	山　口
…	…	…	…	…	2.7	0.3	3.8	-			0.4		0.6	0.1	4.8	0.2	0.7	7.3	徳　島
…	…	…	…	…	4.3	2.1	3.2	0.4			1.4		1.5		3.3	0.2	0.9	5.9	香　川
…	…	…	…	…	1.5	0.2	1.2	0.1			0.3		0.3		1.6	0.1	1.0	2.6	愛　媛
…	…	…	…	…	1.0	0.1	2.2	0.1			1.6		0.2		1.3	0.1	0.3	4.4	高　知
…	…	…	…	…	3.2	0.8	2.2	0.3	0.2		0.7		0.1	0.1	3.2	0.6	0.1	3.6	福　岡
…	…	…	…	…	2.5	1.1	2.0	0.4			0.5		-		3.1	0.1	0.7	7.4	佐　賀
…	…	…	…	…	1.5	0.1	4.2	0.0			1.0		0.4	0.1	3.9	0.2	0.5	6.6	長　崎
…	…	…	…	…	3.9	0.6	1.4	0.3			0.2		0.3		1.2	0.1	0.3	3.6	熊　本
…	…	…	…	…	0.5	0.4	2.4	0.1			0.9		0.5	0.1	2.3	0.2	0.1	2.1	大　分
…	…	…	…	…	4.0	2.2	1.7	0.0	0.0		1.1		0.1	0.0	3.8	0.7	0.5	4.5	宮　崎
…	…	…	…	…	1.5	0.2	1.2	0.2			1.0		0.3	0.6	3.5	0.1	0.3	2.0	鹿児島
…	…	…	…	…	1.5	0.4	2.2	0.5	0.0		0.8		0.2	-	4.2	-	0.3	4.5	沖　縄

1 9歳 (2) 男

区分	計	視力非矯正者の裸眼視力 1.0以上	1.0未満0.7以上	0.7未満0.3以上	0.3未満	視力矯正者の裸眼視力 1.0以上	1.0未満0.7以上	0.7未満0.3以上	0.3未満	裸眼視力 計	1.0未満0.7以上	0.7未満0.3以上	0.3未満	眼の疾病・異常	難聴	耳疾患	鼻疾・副鼻腔患	口腔咽喉頭疾患異常	むし歯(う歯) 計	処置完了者	未処置歯のある者	歯列・咬合	顎関節	歯垢の状態	歯肉の状態	その他の疾病・異常
全国	100.00	61.18	10.31	12.51	5.64	0.79	1.00	2.52	6.04	38.03	11.31	15.04	11.68	5.20	…	5.27	14.21	0.98	47.37	25.54	21.83	4.96	0.09	4.67	2.74	6.95
北海道	100.0	60.1	9.0	14.4	2.6	0.2	0.7	4.4	8.6	39.6	9.6	18.8	11.2	4.0	…	4.9	13.4	1.0	55.4	24.6	30.8	4.7	0.5	6.6	3.5	6.4
青森	100.0	53.5	11.0	12.5	6.3	0.7	1.0	5.1	9.9	45.8	12.1	17.6	16.2	5.9	…	5.0	24.1	1.1	58.4	26.8	31.6	4.8	0.6	4.2	1.9	13.9
岩手	100.0	59.4	6.8	11.7	5.2	2.8	3.3	2.7	8.0	37.9	10.1	14.5	13.3	7.6	…	4.1	33.0	3.9	59.1	30.4	28.7	8.2	0.0	4.5	3.3	7.0
宮城	100.0	57.4	11.4	13.2	6.9	1.1	1.7	3.5	4.8	41.4	13.1	16.6	11.7	6.6	…	7.1	8.5	-	52.5	26.6	25.9	7.2	0.1	8.4	6.7	9.6
秋田	100.0	X	12.9	9.7	3.9	X	1.7	1.5	10.0	39.7	14.6	11.2	13.9	9.8	…	7.7	27.5	1.9	53.7	29.3	24.4	4.5	0.0	4.7	2.0	8.2
山形	100.0	66.5	9.4	9.2	3.1	1.3	1.2	4.5	5.0	32.3	10.6	13.7	8.0	5.3	…	5.9	18.0	1.2	54.9	32.1	22.7	6.2	-	5.3	3.7	11.9
福島	100.0	60.6	12.6	11.1	5.2	0.5	0.9	2.6	6.6	38.9	13.4	13.6	11.8	3.9	…	1.9	7.1	2.0	60.9	32.2	28.7	4.7	-	4.7	2.7	10.1
茨城	100.0	60.3	8.7	12.7	6.6	0.9	1.1	3.6	6.2	38.8	9.7	16.3	12.8	12.6	…	1.0	23.5	0.9	55.6	29.8	25.7	3.4	-	4.4	1.7	11.0
栃木	100.0	62.7	10.8	10.8	5.3	0.7	1.6	2.2	6.0	36.6	12.4	13.0	11.2	3.7	…	4.4	14.1	0.4	52.6	28.8	23.8	3.2	0.6	3.9	1.2	8.6
群馬	100.0	60.3	8.1	12.8	6.9	1.2	0.9	2.8	6.4	38.2	9.3	15.6	13.3	1.5	…	3.0	4.9	0.4	53.3	28.0	25.3	6.9	0.2	3.2	2.8	8.3
埼玉	100.0	63.6	9.1	12.9	7.1	0.5	0.9	2.5	3.5	35.9	9.9	15.4	10.6	3.9	…	3.8	9.2	0.4	40.7	23.7	17.0	6.0	-	3.5	1.7	6.8
千葉	100.0	63.6	10.2	10.4	5.1	1.3	1.0	2.5	5.8	35.1	11.2	13.0	10.9	6.6	…	2.8	17.5	0.9	37.0	18.7	18.4	6.5	0.6	6.0	3.7	9.1
東京	100.0	56.2	12.1	13.0	6.2	1.1	1.2	2.5	7.8	42.7	13.3	15.5	13.9	6.1	…	6.5	12.7	0.5	41.3	24.0	17.4	3.9	0.4	2.1	3.9	3.9
神奈川	100.0	X	X	X	X	X	X	X	X	X	X	X	X	4.9	…	8.9	18.4	1.2	37.0	21.4	15.6	3.9	0.1	2.2	1.5	3.4
新潟	100.0	61.9	10.7	11.9	5.0	0.7	1.5	2.9	5.5	37.4	12.2	14.8	10.5	3.3	…	X	16.8	0.1	39.6	22.0	17.6	2.5	-	4.2	3.9	5.6
富山	100.0	65.5	9.2	8.5	5.4	1.8	1.4	3.6	4.5	32.7	10.6	12.1	9.9	12.8	…	2.8	15.5	0.5	41.7	23.9	17.8	3.9	0.0	4.1	2.7	4.5
石川	100.0	57.8	11.0	11.6	5.2	1.3	0.7	3.8	8.5	40.8	11.7	15.4	13.7	4.7	…	8.4	21.6	0.4	47.2	21.6	25.5	3.1	0.1	3.5	1.5	6.3
福井	100.0	59.9	9.7	11.8	4.8	0.6	1.3	3.0	8.8	39.5	11.0	14.8	13.7	0.8	…	1.0	5.2	0.4	60.5	30.7	29.8	5.1	-	5.1	2.4	7.3
山梨	100.0	63.3	8.8	9.9	4.6	1.1	0.8	4.4	7.2	35.6	9.6	14.2	11.8	6.4	…	5.4	15.8	0.1	52.9	28.1	24.9	5.7	0.1	4.7	3.6	10.1
長野	100.0	70.1	8.5	10.8	3.5	0.7	0.9	2.6	2.8	29.2	9.3	13.4	6.4	3.0	…	5.2	8.5	-	46.0	25.8	20.1	5.3	-	5.2	6.0	7.4
岐阜	100.0	61.9	10.3	12.0	6.5	0.9	0.7	2.4	5.4	37.2	10.9	14.3	11.9	4.7	…	2.2	12.2	1.4	45.7	27.1	18.6	5.0	0.0	5.3	2.7	4.6
静岡	100.0	67.2	8.2	10.0	4.7	0.9	0.9	2.2	6.3	32.4	9.1	12.2	11.1	2.4	…	6.0	12.8	0.6	40.8	21.3	19.5	5.1	-	4.2	3.5	8.9
愛知	100.0	60.9	9.2	12.2	6.3	0.3	1.0	3.2	6.9	38.7	10.2	15.3	13.2	6.3	…	2.3	10.9	1.8	40.7	24.8	15.9	5.0	0.1	4.5	3.3	6.5
三重	100.0	65.1	8.5	13.3	5.4	1.4	1.0	2.6	2.8	33.5	9.5	15.9	8.2	4.6	…	3.4	13.5	1.0	54.2	27.3	26.8	5.3	0.0	6.6	2.4	8.1
滋賀	100.0	X	X	X	X	X	X	X	X	X	X	X	X	2.6	…	2.1	2.5	0.6	44.3	22.8	21.5	5.0	0.0	5.1	2.4	9.3
京都	100.0	65.6	7.3	11.9	5.8	1.2	0.8	3.1	4.4	33.3	8.1	15.0	10.2	4.6	…	7.1	10.1	0.1	46.4	24.8	21.6	8.2	-	2.8	2.1	5.9
大阪	100.0	56.1	7.0	14.3	7.4	0.8	0.9	2.6	11.0	43.2	7.9	16.9	18.4	6.2	…	8.2	13.2	0.6	46.4	24.7	21.7	7.2	0.1	5.6	1.8	6.5
兵庫	100.0	59.1	11.0	14.3	5.3	1.4	1.0	1.4	6.5	39.5	12.0	15.7	11.8	6.3	…	6.6	15.8	1.1	49.6	27.6	22.0	4.2	-	4.7	2.8	6.8
奈良	100.0	62.9	9.8	8.9	2.8	1.0	1.0	4.3	6.9	36.1	12.1	14.3	9.8	4.2	…	2.3	13.1	0.6	49.1	24.2	24.8	5.7	0.1	7.1	2.4	7.3
和歌山	100.0	69.0	7.1	10.6	3.9	0.7	2.0	2.6	4.1	30.3	9.1	13.2	8.0	6.8	…	3.1	10.4	1.1	49.8	25.6	24.2	10.1	-	8.1	4.2	7.2
鳥取	100.0	62.6	7.6	11.5	4.4	1.1	1.4	3.5	7.9	36.3	9.0	15.0	12.3	9.4	…	3.0	25.6	2.7	58.7	30.6	28.1	6.3	0.1	6.8	3.3	8.8
島根	100.0	64.4	9.5	10.3	4.8	0.7	3.1	2.1	4.6	34.9	12.7	12.9	9.4	6.1	…	6.1	17.6	1.0	56.1	28.5	27.6	5.4	0.1	4.3	5.2	6.4
岡山	100.0	59.4	11.2	11.4	4.0	1.2	2.7	4.4	5.8	39.4	13.8	15.8	9.8	5.5	…	9.2	20.5	1.4	48.7	25.9	22.8	6.7	0.1	4.2	5.8	8.6
広島	100.0	59.8	12.4	12.4	5.2	0.6	1.3	2.9	5.2	39.6	13.3	14.9	11.5	4.2	…	4.1	14.4	0.4	43.7	26.3	17.4	4.0	0.1	3.8	1.6	6.1
山口	100.0	64.3	8.0	11.8	4.9	0.6	0.7	3.3	6.9	35.1	8.8	15.1	11.2	5.7	…	4.9	17.8	0.2	51.6	27.2	24.4	2.5	0.1	2.9	2.0	10.4
徳島	100.0	64.5	8.1	11.2	4.6	1.3	1.7	3.1	5.5	34.2	9.8	14.3	10.0	6.9	…	2.6	15.5	7.5	54.9	26.6	28.2	5.2	0.6	8.4	5.1	7.8
香川	100.0	62.4	9.8	11.6	5.0	0.7	0.9	2.2	6.9	36.6	10.8	13.8	12.0	4.4	…	7.2	12.2	0.4	50.0	31.8	18.2	3.9	0.3	6.8	2.4	10.1
愛媛	100.0	64.3	8.3	10.8	6.8	0.7	0.5	1.8	6.7	35.0	8.8	12.6	13.5	4.1	…	2.3	12.5	1.2	54.3	28.2	26.1	4.4	0.1	2.9	1.3	10.1
高知	100.0	66.8	8.4	9.0	5.8	0.7	1.3	2.6	4.8	32.5	9.6	12.3	10.6	0.2	…	2.3	12.1	1.0	51.6	27.4	24.2	7.7	0.6	7.6	4.6	7.4
福岡	100.0	53.9	12.1	13.4	9.0	0.6	1.1	2.6	7.2	45.5	13.2	16.0	16.3	2.8	…	5.8	14.2	0.6	54.7	30.9	23.8	4.7	0.0	4.7	2.8	6.2
佐賀	100.0	59.8	11.1	12.3	7.1	1.2	0.4	2.1	6.1	39.0	11.4	14.3	13.2	4.3	…	7.9	13.0	0.5	56.6	28.2	28.4	0.1	-	2.4	2.1	9.9
長崎	100.0	X	X	X	X	X	X	X	X	X	X	X	X	2.9	…	1.2	5.4	1.8	56.2	32.7	23.5	2.7	-	4.4	3.1	6.5
熊本	100.0	60.6	11.3	11.6	6.8	0.9	1.0	2.7	5.0	38.5	11.7	13.8	12.9	6.6	…	6.6	21.8	1.1	56.9	28.8	28.1	4.5	-	4.5	4.9	10.3
大分	100.0	58.1	16.1	12.1	4.2	1.4	0.4	2.7	5.0	40.5	16.5	14.8	9.2	X	…	1.8	X	5.1	58.8	24.6	34.2	5.3	-	5.4	3.6	6.4
宮崎	100.0	65.3	11.5	9.5	3.7	1.1	1.1	2.4	5.4	33.6	12.6	11.9	9.1	8.1	…	8.1	15.3	0.8	60.0	24.5	35.5	4.6	0.5	5.4	3.3	6.6
鹿児島	100.0	64.6	7.9	15.7	2.7	0.4	1.9	2.2	4.7	35.0	9.8	17.9	7.3	5.3	…	5.7	23.0	1.0	65.2	32.6	32.6	5.4	0.1	3.0	1.7	8.4
沖縄	100.0	59.4	10.3	12.9	9.8	0.6	1.0	1.7	4.3	40.0	11.3	14.6	14.1	2.0	…	3.9	15.7	2.3	63.3	29.0	34.3	2.2	0.2	4.4	2.7	8.0

異常被患率等（各年齢ごと）（39-18）

単位（%）

永久歯の1人当り平均むし歯（う歯）等数		むし歯（う歯）			栄養状態	せき柱・四肢の状態・胸郭	皮膚疾患		結核の精密検査の対象者	結核	心疾病臓・異常	心電図異常	蛋白検出の者	尿糖検出の者	その他の疾病・異常				区分
計(本)	喪失歯数(本)	計(本)	処置歯数(本)	未処置歯数(本)			アトピー性皮膚炎	その他の皮膚疾患							ぜん息	腎臓疾患	言語障害	その他の疾病・異常	
…	…	…	…	…	3.17	0.86	3.42	0.37	0.12	−	0.80	…	0.49	0.06	3.62	0.18	0.45	5.43	全　国
…	…	…	…	…	4.7	0.4	5.1	1.2	0.0	−	0.4		0.9	0.0	5.4	0.2	1.7	7.4	北 海 道
…	…	…	…	…	6.1	2.6	1.5	0.3		−	0.4		0.3	0.2	1.9	0.1	0.6	5.1	青　森
…	…	…	…	…	4.6	0.7	2.6	0.4	0.0	−	0.1		0.3	−	3.1	0.2	0.2	5.7	岩　手
…	…	…	…	…	3.3	1.9	4.6	0.4	0.0	−	0.3		0.4	−	7.4	0.2	0.6	8.7	宮　城
…	…	…	…	…	5.5	3.1	4.8	0.7	0.1	−	0.7		0.2	−	4.0	0.0	0.3	10.4	秋　田
…	…	…	…	…	4.5	0.4	4.6	0.3		−	0.3		0.3	0.0	4.3	0.2	0.2	12.8	山　形
…	…	…	…	…	4.1	0.6	3.1	0.5		−	0.7		0.1	0.1	2.9	0.1	0.5	7.6	福　島
…	…	…	…	…	6.2	1.3	6.7	0.6	0.2	−	0.8		0.4	0.1	5.6	0.3	0.7	5.3	茨　城
…	…	…	…	…	4.5	1.1	3.8	1.0	0.1	−	1.9		1.2	0.0	4.7	0.2	1.2	8.0	栃　木
…	…	…	…	…	1.6	0.9	3.1	0.2		−	1.4		0.2	0.1	3.3	0.2	0.8	5.8	群　馬
…	…	…	…	…	1.7	1.0	3.0	0.1	0.3	−	1.1		1.2	0.0	4.1	0.1	0.2	3.8	埼　玉
…	…	…	…	…	1.8	0.7	3.8	0.1	0.1	−	0.9		0.1	0.1	7.1	0.4	0.7	5.3	千　葉
…	…	…	…	…	2.3	0.5	3.7	0.3	0.2	−	0.6		0.4	0.1	3.4	0.1	0.4	2.5	東　京
…	…	…	…	…	1.5	1.3	2.4	0.2	0.3	−	0.5		0.3	0.1	3.6	0.2	0.1	4.5	神 奈 川
…	…	…	…	…	4.0	0.4	4.9	0.5	0.1	−	1.4		0.2	0.0	7.5	0.8	0.4	7.7	新　潟
…	…	…	…	…	3.3	3.2	2.6	0.4		−	1.1		0.4	0.1	3.3	0.1	0.1	8.2	富　山
…	…	…	…	…	0.6	0.3	1.3	0.1	0.0	−	1.1		0.6	0.0	1.4	0.2	0.2	4.3	石　川
…	…	…	…	…	2.8	0.4	6.5	0.3	0.2	−	1.1		0.8	0.4	2.9	0.4	0.3	7.7	福　井
…	…	…	…	…	4.3	1.2	3.7	0.9	0.0	−	0.9		0.7	0.0	4.4	0.4	0.4	6.0	山　梨
…	…	…	…	…	2.9	0.4	4.5	0.3		−	0.8		0.5	0.1	5.7	0.2	0.9	8.9	長　野
…	…	…	…	…	3.8	0.6	3.7	0.7	0.1	−	2.0		0.3	−	2.0	0.3	0.9	11.8	岐　阜
…	…	…	…	…	4.0	1.0	2.8	0.4	0.1	−	0.8		0.3	−	1.9	0.2	0.3	5.3	静　岡
…	…	…	…	…	3.0	0.8	5.8	0.6	0.2	−	0.4		0.4	−	3.2	0.1	0.5	5.9	愛　知
…	…	…	…	…	5.3	0.6	3.7	−	0.1	−	0.9		0.2	−	3.8	0.0	0.4	4.8	三　重
…	…	…	…	…	0.8	0.2	2.0	0.3	0.2	−	2.0		0.2	0.0	2.5	0.1	0.2	4.5	滋　賀
…	…	…	…	…	5.2	2.4	3.7	0.5	0.1	−	2.3		0.5	0.0	2.9	0.1	1.1	7.7	京　都
…	…	…	…	…	2.9	0.6	3.3	0.6	0.0	−	0.2		0.6	0.0	2.5	0.1	0.4	4.8	大　阪
…	…	…	…	…	3.6	0.7	2.2	0.3	0.1	−	1.5		0.2	0.0	3.5	0.1	0.2	5.6	兵　庫
…	…	…	…	…	4.6	1.2	2.6	0.1		−	1.3		1.3	0.0	1.1	0.1	0.5	5.5	奈　良
…	…	…	…	…	2.2	0.8	1.5	0.3		−	0.3		2.8	0.1	1.3	0.1	0.3	5.8	和 歌 山
…	…	…	…	…	2.5	0.5	6.7	0.1	0.1	−	1.3		0.3	0.0	5.1	0.2	0.6	12.9	鳥　取
…	…	…	…	…	3.0	0.6	5.1	0.2		−	0.5		0.3	0.2	4.2	0.1	1.1	6.3	島　根
…	…	…	…	…	4.0	0.4	3.9	0.3	0.1	−	1.1		0.5	0.2	3.9	0.3	0.8	11.5	岡　山
…	…	…	…	…	2.0	0.2	8.0	0.2	0.0	−	0.5		0.3	0.4	1.5	0.0	0.2	4.2	広　島
…	…	…	…	…	4.6	1.3	2.4	0.5	0.0	−	1.0		0.8	0.1	3.2	0.1	0.5	7.2	山　口
…	…	…	…	…	2.8	0.1	3.0	0.1		−	0.4		0.5	0.1	3.4	0.1	0.7	3.8	徳　島
…	…	…	…	…	5.2	0.1	3.1	0.4		−	1.0		2.9	0.0	3.4	0.1	0.3	8.4	香　川
…	…	…	…	…	2.3	0.1	1.8	0.3		−	0.5		0.8	−	2.8	0.1	0.6	3.5	愛　媛
…	…	…	…	…	1.4	0.4	2.0	0.4		−	0.8		0.3	−	1.5	0.1	0.1	7.1	高　知
…	…	…	…	…	4.6	1.4	2.5	0.2		−	0.3		0.3	−	2.8	0.1	0.2	3.1	福　岡
…	…	…	…	…	3.4	1.5	2.0	0.4		−	0.6		0.1	0.0	3.0	0.3	0.3	7.6	佐　賀
…	…	…	…	…	2.7	0.4	4.7	0.0		−	0.7		0.4	0.1	3.7	0.1	0.2	4.9	長　崎
…	…	…	…	…	6.5	0.5	1.6	0.2		−	0.8		0.8	0.1	1.0	−	0.2	3.8	熊　本
…	…	…	…	…	0.9	0.2	2.0	0.3		−	1.1		0.2	0.0	2.2	0.0	0.1	1.6	大　分
…	…	…	…	…	5.6	1.5	1.6	0.1		−	0.7		0.1	0.1	3.9	0.1	0.3	5.8	宮　崎
…	…	…	…	…	2.2	0.2	2.2	0.3	0.1	−	1.1		0.1	0.0	3.2	0.1	0.2	3.3	鹿 児 島
…	…	…			2.1	0.5	1.8	0.3		−	0.3		0.3	0.0	2.9	0.0	0.2	3.4	沖　縄

都道府県表

1　10歳　(2)　男

区分	計	裸眼視力 視力非矯正者の裸眼視力 1.0以上	1.0未満0.7以上	0.7未満0.3以上	0.3未満	視力矯正者の裸眼視力 1.0以上	1.0未満0.7以上	0.7未満0.3以上	0.3未満	裸眼視力 計	1.0未満0.7以上	0.7未満0.3以上	0.3未満	眼の疾病・異常	難聴	耳疾患	鼻疾・副鼻腔患	口腔咽喉頭疾患・異常	むし歯(う歯) 計	処置完了者	未処置歯のある者	歯列・咬合	顎関節	歯垢の状態	歯肉の状態	その他の疾病・異常
全国	100.00	57.26	10.28	11.59	5.82	1.02	1.22	3.97	8.82	41.72	11.51	15.56	14.64	5.28	0.39	5.39	13.16	0.81	38.86	21.11	17.75	5.02	0.11	4.81	3.15	8.20
北海道	100.0	54.5	10.3	13.5	5.6	0.5	1.6	4.3	9.7	44.9	11.9	17.9	15.2	7.6	0.1	3.2	X	1.4	52.1	23.4	28.8	5.7	0.4	9.1	2.7	6.4
青森	100.0	47.2	11.2	12.0	6.9	1.4	1.3	4.6	15.5	51.5	12.5	16.6	22.4	5.2	0.3	5.7	21.7	1.4	47.7	26.0	21.7	4.6	1.3	3.8	2.8	13.5
岩手	100.0	50.7	13.2	11.0	5.7	1.2	1.9	6.6	9.8	48.1	15.0	17.6	15.5	7.1	0.2	8.7	27.2	1.4	46.4	27.3	19.1	7.1	0.2	5.9	2.4	7.9
宮城	100.0	57.7	8.7	11.8	4.7	1.8	1.7	4.0	9.5	40.5	10.5	15.8	14.2	7.1	0.2	5.0	13.2	0.4	46.4	24.3	22.2	7.4	0.0	8.6	8.1	10.0
秋田	100.0	57.8	12.9	11.9	3.2	2.1	0.8	4.3	7.0	40.1	13.7	16.2	10.2	15.5	0.4	4.6	24.6	2.2	45.4	25.2	20.1	3.4	0.1	5.7	3.1	12.2
山形	100.0	61.4	7.4	11.0	4.0	1.3	1.5	4.3	9.0	37.3	8.9	15.3	13.1	5.7	0.1	6.2	17.7	1.0	40.3	22.1	18.2	6.5	-	5.6	4.1	13.1
福島	100.0	56.6	9.3	13.3	5.5	0.6	1.2	3.5	10.1	42.9	10.5	16.7	15.6	2.7	0.4	5.2	8.4	1.7	47.9	29.3	18.5	5.2	-	4.5	1.9	14.7
茨城	100.0	56.0	9.9	11.1	7.7	1.2	1.6	3.0	9.4	42.7	11.5	14.2	17.1	13.6	0.3	0.9	20.8	0.5	48.4	25.0	23.4	4.5	-	4.5	1.4	11.9
栃木	100.0	62.8	8.3	10.8	5.1	0.7	0.7	3.3	8.3	36.5	9.0	14.1	13.4	2.3	0.4	4.5	11.5	0.2	42.9	21.5	21.4	4.1	0.3	4.1	1.6	9.8
群馬	100.0	59.3	6.7	12.6	6.1	1.3	1.1	3.3	9.6	39.4	7.8	15.9	15.8	1.8	0.7	4.2	7.2	0.3	41.4	23.3	18.1	7.4	0.4	5.4	4.6	9.0
埼玉	100.0	62.5	7.9	13.3	5.9	0.4	0.9	2.9	6.1	37.0	8.8	16.2	12.0	2.6	0.4	4.5	7.8	0.3	37.0	21.0	16.0	4.7	0.0	2.9	1.5	7.4
千葉	100.0	58.2	9.0	12.1	4.7	0.5	1.5	4.7	9.3	41.3	10.5	16.8	13.9	10.2	0.4	8.5	16.9	0.8	33.7	15.8	17.9	5.6	0.4	5.3	3.4	8.5
東京	100.0	56.3	9.6	11.3	6.7	1.2	1.6	4.4	8.9	42.5	11.2	15.7	15.6	5.9	0.4	6.9	13.1	0.4	32.7	19.4	13.3	4.6	0.0	4.2	2.2	4.4
神奈川	100.0	X	X	X	X	X	X	X	X	X	X	X	X	4.3	0.4	4.8	7.8	0.3	29.5	16.4	13.1	2.6	0.0	2.4	1.9	4.3
新潟	100.0	53.8	9.3	12.8	6.4	1.7	2.0	3.9	10.1	44.5	11.3	16.7	16.5	3.2	0.3	5.4	17.6	0.0	28.7	19.7	8.9	2.7	-	3.6	3.9	7.4
富山	100.0	58.9	8.7	9.3	5.2	2.7	2.5	4.4	8.4	38.5	11.2	13.6	13.7	9.1	0.2	2.5	17.0	0.2	34.3	18.7	15.6	3.0	-	4.4	4.6	5.9
石川	100.0	54.1	11.2	13.5	4.3	0.3	2.0	3.4	11.1	45.6	13.2	16.9	15.4	2.0	0.1	1.2	4.3	-	38.8	16.1	22.8	2.7	0.1	4.7	1.9	5.7
福井	100.0	54.2	9.3	12.6	5.4	1.3	1.1	5.1	11.0	44.5	10.4	17.7	16.4	0.6	0.1	1.8	4.1	0.2	49.2	26.8	22.5	6.6	-	5.9	3.2	8.8
山梨	100.0	61.2	9.1	10.1	3.7	0.7	1.0	3.7	10.4	38.0	10.2	13.8	14.1	7.6	0.7	5.0	12.6	0.6	39.4	23.6	15.8	4.9	0.1	4.4	2.9	10.8
長野	100.0	65.5	8.1	8.0	6.0	0.9	1.8	2.8	6.9	33.6	9.9	10.7	13.0	3.6	0.1	5.2	7.0	0.2	40.5	22.9	17.6	4.9	-	4.4	5.1	8.8
岐阜	100.0	58.8	10.1	10.4	5.3	1.1	1.0	3.0	10.2	40.0	11.2	13.4	15.5	2.9	0.3	2.6	11.6	1.6	37.5	23.3	14.2	3.7	0.1	4.4	2.6	4.0
静岡	100.0	64.9	7.3	10.3	4.6	0.6	0.8	3.5	8.0	34.4	8.1	13.8	12.6	2.7	0.5	7.1	8.9	0.6	32.9	20.0	12.9	4.7	-	5.8	3.5	11.0
愛知	100.0	54.7	10.3	13.4	5.2	0.9	1.7	4.3	9.4	44.4	12.0	17.7	14.6	3.9	0.4	4.4	9.4	2.0	32.2	18.5	13.7	5.5	0.2	4.0	5.2	9.4
三重	100.0	66.2	9.6	13.3	3.6	0.4	0.5	0.3	6.0	33.4	10.1	13.6	9.6	5.1	0.4	4.3	11.2	1.3	46.9	24.9	22.0	5.2	0.0	7.2	4.4	7.5
滋賀	100.0	X	X	X	X	X	X	X	X	X	X	X	X	2.7	0.6	3.1	4.3	0.4	38.2	20.3	17.9	6.2	-	5.5	2.7	11.1
京都	100.0	56.8	8.9	9.8	5.4	1.7	1.5	5.4	10.4	41.5	10.4	15.3	15.8	5.2	0.3	6.7	9.9	0.3	35.4	19.7	15.7	9.5	0.1	5.0	1.3	6.5
大阪	100.0	53.9	8.1	11.7	7.6	0.4	0.9	4.0	13.2	45.7	9.1	15.7	20.9	5.2	0.5	5.5	7.9	0.2	36.2	18.8	17.4	7.1	-	4.4	4.4	9.2
兵庫	100.0	X	X	X	X	X	X	X	X	X	X	X	X	6.9	0.8	6.9	18.2	1.3	37.4	22.0	15.4	5.3	0.1	4.1	2.9	8.4
奈良	100.0	58.4	8.3	10.4	3.2	2.1	0.9	6.9	9.8	39.5	9.3	17.2	13.0	2.3	0.3	3.7	13.1	0.2	39.2	18.9	20.4	6.0	-	6.2	2.9	9.0
和歌山	100.0	60.6	10.4	11.0	3.1	1.9	1.8	4.7	6.6	37.6	12.2	15.6	9.7	8.5	0.1	6.4	13.6	1.8	40.8	23.1	17.7	7.3	0.0	8.6	5.5	10.7
鳥取	100.0	61.2	8.1	10.8	4.2	1.5	1.3	3.8	9.1	37.4	9.4	14.6	13.3	15.0	0.3	3.8	25.2	2.2	47.0	27.1	19.9	7.6	0.3	7.3	4.9	10.6
島根	100.0	60.5	7.9	10.4	5.6	1.5	1.8	3.3	9.0	37.9	9.7	13.7	14.6	6.9	0.3	6.9	23.8	0.7	45.1	22.2	22.9	4.8	-	6.3	4.2	9.7
岡山	100.0	57.5	9.7	10.5	5.5	1.6	2.7	6.6	5.9	41.0	12.4	17.1	11.5	6.9	0.3	6.6	22.4	1.3	40.2	19.5	20.7	6.4	0.4	7.9	6.8	9.0
広島	100.0	57.2	10.8	10.8	5.6	0.6	0.7	3.8	10.6	42.3	11.5	14.6	16.2	3.8	0.3	3.4	12.2	0.1	36.4	20.3	16.1	3.7	0.1	4.9	2.7	7.0
山口	100.0	63.5	6.6	10.7	4.2	0.7	0.9	4.0	9.4	35.8	7.5	14.7	13.6	5.0	0.3	6.3	11.0	0.5	46.2	22.0	24.2	3.5	0.1	3.9	5.0	14.4
徳島	100.0	58.4	7.2	11.1	4.1	1.2	1.6	5.4	11.0	40.4	8.8	16.5	15.2	12.6	0.2	7.3	22.7	5.3	41.1	23.7	17.4	3.8	0.7	6.2	4.2	8.4
香川	100.0	55.8	7.8	10.4	4.8	2.0	1.4	4.2	13.7	42.2	9.3	14.6	18.5	3.4	0.2	6.5	19.9	0.9	38.1	23.0	15.1	7.1	0.4	7.1	4.4	13.6
愛媛	100.0	56.8	7.8	13.6	6.0	0.8	1.0	4.5	9.5	42.4	8.8	18.1	15.5	3.9	0.4	4.9	12.8	0.4	44.3	21.1	23.1	4.2	-	5.3	1.3	11.7
高知	100.0	59.4	8.4	11.1	6.7	0.3	1.0	4.0	9.0	40.3	9.4	15.2	15.7	5.0	0.4	3.9	8.8	1.4	42.4	23.4	19.0	7.6	0.1	10.9	8.7	11.2
福岡	100.0	50.9	13.1	13.1	8.6	0.8	0.6	2.9	10.1	48.3	13.7	16.0	18.7	4.7	0.4	5.8	16.9	0.4	43.4	22.5	20.9	5.0	0.1	4.0	2.7	6.8
佐賀	100.0	55.9	12.2	11.0	6.5	1.1	0.7	1.9	10.6	43.0	12.9	13.0	17.1	4.5	0.4	7.1	14.1	0.8	45.2	23.1	22.0	4.6	0.1	9.2	4.2	11.5
長崎	100.0	X	X	X	X	X	X	X	X	37.2	X	X	X	0.5	0.1	5.4	12.8	0.7	46.4	27.5	18.8	4.0	0.5	3.3	2.9	9.8
熊本	100.0	60.3	8.6	11.2	5.6	0.9	1.3	3.3	8.6	38.7	9.9	14.6	14.3	6.1	0.4	6.8	23.6	0.7	44.9	23.6	21.3	4.2	-	4.2	4.9	13.1
大分	100.0	57.8	13.8	11.2	4.5	0.7	0.3	2.3	9.4	41.5	14.2	13.4	14.0	8.1	0.9	11.3	25.0	1.5	47.9	24.5	23.3	4.8	0.2	5.0	3.7	7.3
宮崎	100.0	63.9	7.7	9.3	3.6	1.0	1.7	4.1	8.6	35.1	9.5	13.4	12.2	4.9	0.3	8.2	15.2	0.3	48.6	24.3	24.2	6.5	0.5	7.0	4.4	9.2
鹿児島	100.0	67.3	8.4	8.9	3.7	1.1	1.0	2.7	6.8	31.6	9.4	11.6	10.5	3.4	0.1	6.0	26.2	0.9	55.6	32.2	23.4	3.5	0.1	4.2	1.8	9.9
沖縄	100.0	55.9	12.1	9.4	10.8	0.6	0.6	2.9	7.8	43.5	12.7	12.2	18.6	1.9	0.3	3.3	14.4	1.7	54.5	26.7	27.8	1.6	0.7	4.7	2.7	7.5

異常被患率等（各年齢ごと）（39-19）

単位　（%）

永久歯の1人当り平均むし歯（う歯）等数 計（本）	喪失歯数（本）	むし歯（う歯）計（本）	処置歯数（本）	未処置歯数（本）	栄養状態	せき柱・胸郭・四肢の状態	アトピー性皮膚炎	その他の皮膚疾患	結核の検査の対象者精密	結核	心臓病・疾の異常	心電図異常	蛋白検出の者	尿糖検出の者	ぜん息	腎臓疾患	言語障害	その他の疾病・異常	区分
…	…	…	…	…	3.42	1.06	3.19	0.38	0.13	0.00	0.76	…	0.75	0.06	3.95	0.21	0.29	5.43	全　国
…	…	…	…	…	5.0	0.6	5.9	0.2	0.1	-	0.3	…	1.1	0.1	7.3	0.2	0.9	6.5	北 海 道
…	…	…	…	…	5.4	3.5	2.6	0.7	-	-	0.0	…	1.2	-	1.5	0.2	0.2	6.6	青　森
…	…	…	…	…	4.4	0.6	2.4	0.3	-	-	0.7	…	0.7	0.0	3.6	0.1	0.6	6.7	岩　手
…	…	…	…	…	3.6	1.9	4.6	0.9	0.1	-	0.4	…	0.2	0.0	5.4	0.3	0.3	8.4	宮　城
…	…	…	…	…	6.4	1.8	3.5	0.5	-	-	0.5	…	0.8	-	3.8	0.1	0.1	8.0	秋　田
…	…	…	…	…	5.6	0.5	4.9	0.4	-	-	1.1	…	0.5	0.1	4.8	0.2	0.2	12.2	山　形
…	…	…	…	…	4.0	1.3	3.4	0.6	-	-	0.4	…	0.5	0.1	4.4	0.1	0.5	9.3	福　島
…	…	…	…	…	6.1	1.3	6.3	0.2	0.2	-	1.3	…	0.4	0.1	6.3	0.2	1.0	4.6	茨　城
…	…	…	…	…	5.4	0.9	3.5	1.0	0.1	-	2.0	…	1.3	0.0	4.5	0.2	0.7	7.4	栃　木
…	…	…	…	…	1.9	1.4	2.2	0.2	-	-	0.5	…	0.2	0.1	3.6	0.7	0.8	5.9	群　馬
…	…	…	…	…	2.2	0.9	3.0	0.1	0.1	-	1.1	…	1.6	0.2	4.8	0.2	0.1	3.7	埼　玉
…	…	…	…	…	2.3	0.9	3.1	0.3	0.3	-	0.8	…	0.2	0.0	6.4	0.4	0.6	4.3	千　葉
…	…	…	…	…	3.1	0.4	3.6	0.3	0.2	-	0.6	…	0.7	0.0	3.4	0.2	0.2	2.7	東　京
…	…	…	…	…	2.8	1.2	2.2	0.4	0.4	-	0.3	…	0.3	0.0	4.4	0.1	0.2	3.7	神 奈 川
…	…	…	…	…	4.0	0.7	4.7	0.2	-	-	0.9	…	0.6	-	7.0	0.2	0.8	8.5	新　潟
…	…	…	…	…	2.9	1.8	1.4	0.3	0.2	-	1.4	…	1.1	0.1	3.2	0.3	0.0	8.4	富　山
…	…	…	…	…	0.8	0.3	2.6	0.4	-	-	0.8	…	0.6	0.0	2.1	0.3	0.1	4.5	石　川
…	…	…	…	…	2.3	0.2	3.0	0.2	-	-	1.1	…	0.8	-	1.7	0.2	0.5	6.9	福　井
…	…	…	…	…	3.2	1.1	4.0	0.8	-	-	0.7	…	1.3	0.1	4.2	0.2	0.3	5.8	山　梨
…	…	…	…	…	2.6	0.5	5.2	0.6	0.1	-	1.2	…	0.2	-	4.8	0.2	0.3	8.3	長　野
…	…	…	…	…	2.7	2.0	2.3	0.8	0.2	-	2.0	…	0.6	0.1	2.1	0.3	0.4	11.6	岐　阜
…	…	…	…	…	3.4	1.5	2.5	0.3	0.1	0.0	0.6	…	0.7	0.1	1.5	0.2	0.3	5.0	静　岡
…	…	…	…	…	3.8	1.3	4.6	0.7	0.2	-	0.5	…	1.0	0.0	4.6	0.1	0.1	7.2	愛　知
…	…	…	…	…	3.0	0.5	2.5	0.5	0.0	-	0.4	…	0.4	0.0	3.8	0.4	0.1	5.3	三　重
…	…	…	…	…	0.6	0.5	1.7	0.2	0.2	-	2.2	…	0.3	0.1	1.8	0.2	0.1	4.9	滋　賀
…	…	…	…	…	6.7	1.6	2.6	0.5	0.1	-	2.2	…	1.2	0.1	2.5	0.3	0.4	6.4	京　都
…	…	…	…	…	3.3	1.0	3.6	0.4	0.1	-	0.3	…	0.7	0.1	3.3	0.1	0.0	5.9	大　阪
…	…	…	…	…	3.3	2.0	2.4	0.4	0.1	-	1.4	…	1.0	0.2	1.8	0.1	0.1	5.9	兵　庫
…	…	…	…	…	5.3	1.0	3.5	0.2	0.1	-	0.8	…	1.5	0.1	1.8	0.1	0.1	5.3	奈　良
…	…	…	…	…	3.0	1.5	1.6	0.0	0.1	-	0.5	…	3.3	-	1.5	0.0	0.1	4.2	和 歌 山
…	…	…	…	…	3.4	1.2	6.2	0.3	0.0	-	1.2	…	0.5	-	4.8	0.2	0.3	14.3	鳥　取
…	…	…	…	…	3.5	1.6	3.7	0.1	0.0	-	0.3	…	0.7	-	6.6	0.1	1.2	7.6	島　根
…	…	…	…	…	5.1	0.4	4.5	0.4	0.2	-	0.9	…	0.6	0.1	4.7	0.2	0.6	11.3	岡　山
…	…	…	…	…	3.0	0.8	2.5	0.7	0.1	-	0.4	…	0.8	-	3.1	0.1	0.1	3.7	広　島
…	…	…	…	…	3.6	0.9	2.0	0.4	0.0	-	1.3	…	0.5	0.0	3.4	0.2	0.2	7.6	山　口
…	…	…	…	…	2.4	0.1	3.1	0.0	-	-	0.2	…	0.5	-	4.9	0.1	1.0	8.2	徳　島
…	…	…	…	…	4.6	0.3	3.8	0.4	0.1	-	0.7	…	2.6	0.1	4.6	0.3	0.3	8.6	香　川
…	…	…	…	…	2.0	0.2	1.4	0.2	-	-	0.7	…	1.3	-	2.4	0.1	0.5	3.6	愛　媛
…	…	…	…	…	2.6	1.5	2.1	0.5	-	-	0.8	…	0.2	0.1	1.5	0.0	0.1	4.3	高　知
…	…	…	…	…	4.6	1.5	1.7	0.3	0.1	-	0.5	…	0.3	0.1	2.7	0.3	0.1	3.5	福　岡
…	…	…	…	…	2.9	1.7	1.9	0.4	-	-	0.6	…	0.1	0.1	3.1	0.3	0.3	8.1	佐　賀
…	…	…	…	…	2.1	0.6	3.0	0.2	-	-	1.2	…	0.3	-	4.0	0.2	0.2	5.1	長　崎
…	…	…	…	…	4.8	0.8	1.4	0.1	0.1	-	0.2	…	1.7	0.1	0.7	0.1	0.2	2.3	熊　本
…	…	…	…	…	1.7	0.4	1.1	0.1	-	-	0.3	…	0.6	0.1	1.9	0.1	0.1	1.8	大　分
…	…	…	…	…	4.6	4.0	1.8	0.1	0.0	-	1.3	…	1.1	0.0	3.4	0.3	0.1	4.2	宮　崎
…	…	…	…	…	2.1	0.4	1.3	0.1	-	-	1.0	…	0.1	0.1	5.9	0.3	0.3	2.3	鹿 児 島
…	…	…	…	…	1.7	0.4	1.6	0.4	0.0	-	0.4	…	0.5	0.0	2.5	0.2	0.2	3.4	沖　縄

都道府県表

1　11歳　(2)　男

区分	計	裸眼視力 非矯正 1.0以上	非矯正 1.0未満0.7以上	非矯正 0.7未満0.3以上	非矯正 0.3未満	矯正 1.0以上	矯正 1.0未満0.7以上	矯正 0.7未満0.3以上	矯正 0.3未満	裸眼視力 計	1.0未満0.7以上	0.7未満0.3以上	0.3未満	眼の疾病・異常	難聴	耳疾患	鼻疾・副鼻腔患	口腔咽喉頭疾患異常	むし歯 計	処置完了者	未処置のある歯者	歯列・咬合	顎関節	歯垢の状態	歯肉の状態	疾病・異常その他の
全　国	100.00	53.54	9.07	12.03	6.59	1.03	1.36	4.39	11.97	45.43	10.43	16.43	18.57	5.22	…	4.27	11.57	0.86	31.55	17.46	14.09	5.09	0.18	4.94	3.60	7.15
北海道	100.0	52.2	14.1	10.7	7.8	0.5	1.3	2.4	11.1	47.3	15.4	13.1	18.8	5.9	…	0.2	X	0.2	38.0	17.4	20.5	7.7	0.8	10.6	7.6	7.0
青　森	100.0	45.0	10.5	13.2	5.8	0.8	1.9	4.5	18.2	54.2	12.4	17.7	24.1	5.5	…	3.2	15.5	0.5	37.4	19.7	17.6	3.1	0.1	5.5	5.1	10.7
岩　手	100.0	51.5	13.8	7.2	3.6	1.4	3.7	6.6	12.2	47.1	17.5	13.8	15.8	7.1	…	6.8	26.0	2.4	39.3	22.5	16.8	6.3	0.0	3.6	2.9	7.5
宮　城	100.0	51.2	9.3	12.1	6.0	1.5	1.6	5.1	13.0	47.3	10.9	17.2	19.1	5.4	…	6.6	2.7	-	38.5	20.8	17.7	6.6	0.2	7.5	8.8	9.4
秋　田	100.0	53.9	8.2	8.8	5.0	2.3	1.5	5.1	15.2	43.8	9.6	13.9	20.2	11.4	…	8.8	26.4	2.1	32.2	15.4	16.8	5.2	0.1	4.8	2.2	8.4
山　形	100.0	52.2	9.2	12.1	6.0	1.2	0.9	6.4	11.0	46.6	11.1	18.5	17.0	7.8	…	4.4	16.8	2.6	33.8	20.7	13.1	6.3	0.1	4.8	4.8	10.6
福　島	100.0	54.6	10.0	11.3	5.9	0.8	1.3	4.8	11.3	44.5	11.3	16.1	17.2	2.4	…	1.9	9.4	0.6	41.4	26.8	14.6	3.0	0.0	4.7	2.1	13.9
茨　城	100.0	55.4	7.7	10.7	6.8	1.1	1.6	5.2	11.4	43.5	9.4	15.9	18.2	14.0	…	0.8	22.5	0.9	39.2	20.3	19.0	3.6	0.0	4.6	2.0	11.7
栃　木	100.0	54.3	9.9	12.0	4.8	1.0	2.0	4.5	11.5	44.7	11.9	16.5	16.3	3.0	…	4.5	10.0	2.2	33.9	19.2	14.7	0.7	0.7	2.5	2.5	7.1
群　馬	100.0	52.5	8.0	11.9	6.8	0.7	1.7	4.6	13.7	46.8	9.8	16.6	20.5	2.4	…	3.6	6.2	0.4	31.9	18.7	13.2	7.8	0.3	4.8	4.0	8.8
埼　玉	100.0	56.3	8.1	12.1	4.7	1.7	1.9	4.9	10.4	42.1	10.0	17.0	15.1	4.4	…	4.2	X	0.4	27.6	17.3	10.3	4.9	0.0	3.3	1.6	6.2
千　葉	100.0	57.0	9.0	10.9	6.1	0.8	0.6	4.3	11.3	42.2	9.6	15.2	17.4	6.0	…	1.3	10.3	X	30.0	15.7	14.3	6.8	0.0	4.1	3.2	7.4
東　京	100.0	46.9	11.5	15.1	7.0	0.6	1.5	5.0	12.5	52.5	13.0	20.0	19.5	7.1	…	7.8	11.4	0.3	28.3	15.9	12.4	3.7	0.5	5.4	4.0	4.0
神奈川	100.0	X	X	X	X	X	X	X	X	X	X	X	X	4.0	…	0.9	6.4	-	25.2	13.0	12.2	3.4	0.0	2.6	3.3	4.2
新　潟	100.0	51.1	8.0	12.4	7.7	1.3	1.4	3.8	14.3	47.6	9.4	16.2	22.0	4.5	…	5.4	16.1	0.2	22.5	14.7	7.8	2.8	-	3.3	3.8	7.3
富　山	100.0	52.9	8.2	9.2	8.0	2.4	2.9	5.6	10.7	44.6	11.1	14.8	18.7	8.4	…	3.9	14.6	0.2	28.5	16.6	11.9	3.9	0.3	3.4	2.8	3.9
石　川	100.0	51.0	8.1	12.7	5.4	0.6	1.9	3.8	16.5	48.4	10.0	16.5	21.9	2.0	…	-	5.4	10.9	31.2	15.4	15.8	4.1	0.4	3.5	1.8	7.7
福　井	100.0	50.8	8.0	12.0	6.4	2.0	2.2	5.3	13.5	47.2	10.1	17.3	19.8	1.8	…	-	5.4	0.6	41.7	21.5	20.3	6.0	0.1	4.7	2.1	8.4
山　梨	100.0	54.6	9.1	10.6	7.0	1.0	1.7	4.4	11.5	44.4	10.9	15.1	18.5	6.1	…	5.5	13.9	0.6	32.4	20.6	11.7	5.7	0.1	3.6	3.5	7.8
長　野	100.0	58.7	9.9	12.3	4.2	0.9	1.0	3.6	9.4	40.4	10.9	15.9	13.7	3.0	…	4.3	7.3	0.5	30.2	19.6	10.7	4.5	-	5.1	4.7	9.3
岐　阜	100.0	55.6	9.5	12.1	6.3	0.4	1.2	3.7	11.2	44.0	10.7	15.8	17.5	3.5	…	2.1	7.8	0.7	26.5	16.1	10.5	4.0	0.1	5.0	2.6	4.1
静　岡	100.0	60.6	7.0	9.4	5.5	0.9	0.7	4.7	11.2	38.5	7.7	14.2	16.7	4.1	…	6.9	9.4	0.5	25.8	13.8	12.0	5.9	0.1	3.5	2.6	9.0
愛　知	100.0	52.1	8.7	11.5	5.2	1.0	1.8	5.6	14.1	46.9	10.5	17.1	19.3	4.3	…	2.5	8.0	1.1	24.7	15.1	9.6	4.4	0.2	4.1	2.1	7.9
三　重	100.0	X	X	X	X	X	X	X	X	X	X	X	X	3.6	…	-	10.1	0.1	35.4	17.4	18.0	6.8	0.1	6.7	4.6	8.5
滋　賀	100.0	X	X	X	X	X	X	X	X	X	X	X	X	3.2	…	2.5	1.6	0.2	29.5	16.5	13.0	6.8	-	4.3	3.5	10.5
京　都	100.0	55.0	7.5	12.3	5.1	1.4	1.9	4.3	12.4	43.6	9.4	16.7	17.6	6.0	…	6.7	9.0	0.4	29.2	17.3	11.9	10.9	0.1	4.8	2.6	7.2
大　阪	100.0	46.2	7.6	14.3	6.0	0.9	2.0	4.6	19.5	53.0	8.6	18.9	25.6	5.2	…	6.2	X	0.2	30.3	16.3	13.9	6.5	0.1	4.4	2.4	6.5
兵　庫	100.0	X	X	X	X	X	X	X	X	X	X	X	X	7.4	…	6.1	17.7	0.6	31.2	18.0	13.2	5.5	0.9	4.6	4.6	6.1
奈　良	100.0	54.7	11.2	9.4	4.0	1.7	1.9	6.6	11.4	43.6	12.8	15.5	15.3	6.0	…	2.3	7.2	0.2	33.7	18.2	15.5	4.7	0.1	4.3	3.2	6.9
和歌山	100.0	57.6	7.0	11.7	5.0	1.3	1.0	6.6	9.8	41.1	8.0	18.3	14.8	9.9	…	2.8	9.0	0.4	29.8	17.4	12.4	9.1	0.1	4.2	3.4	6.9
鳥　取	100.0	55.4	7.2	10.7	4.4	1.6	1.9	5.3	13.6	43.1	9.0	16.0	18.1	14.4	…	2.2	25.9	1.2	38.9	22.7	16.2	7.0	0.4	7.0	4.9	8.0
島　根	100.0	60.1	7.1	10.2	5.1	0.6	0.9	4.9	11.0	39.3	8.0	15.1	16.1	6.2	…	6.0	10.0	0.5	30.3	14.8	15.4	3.3	-	5.7	4.8	11.1
岡　山	100.0	55.3	8.4	11.0	6.3	1.6	1.9	6.3	9.3	43.1	10.4	17.2	15.5	5.5	…	8.9	19.3	1.6	31.3	15.8	15.5	5.8	0.2	9.3	6.0	9.1
広　島	100.0	51.9	8.5	12.0	8.2	0.8	1.36	4.5	12.9	47.3	9.9	16.4	21.0	4.7	…	5.1	11.5	0.3	24.7	14.9	9.8	4.4	0.0	4.0	2.5	7.15
山　口	100.0	53.0	9.0	10.6	3.7	0.7	1.5	6.3	15.9	46.3	9.8	16.9	19.6	5.5	…	5.6	14.3	1.2	39.6	20.0	19.5	4.4	0.4	4.9	3.7	10.0
徳　島	100.0	57.5	7.9	11.0	5.2	1.1	1.5	3.7	12.2	41.3	9.3	14.6	17.4	7.7	…	7.3	X	X	32.5	19.6	12.9	5.5	0.4	8.4	6.6	9.2
香　川	100.0	54.5	9.8	9.2	4.5	0.7	1.9	6.0	13.4	44.9	11.7	15.2	17.9	4.2	…	5.9	13.5	0.4	29.8	19.6	10.2	3.1	0.5	5.2	2.7	12.1
愛　媛	100.0	52.0	10.5	9.9	6.8	1.0	1.3	3.8	14.8	47.3	12.1	13.7	21.5	4.1	…	3.1	8.9	0.7	39.0	19.3	19.7	4.6	-	2.5	2.6	10.5
高　知	100.0	55.6	7.6	12.0	5.4	1.5	3.1	3.6	10.9	43.0	10.7	15.9	16.3	0.1	…	2.0	14.8	6.0	34.9	20.2	14.8	6.0	0.8	8.0	8.0	6.5
福　岡	100.0	45.1	11.9	14.1	6.0	0.4	0.8	4.6	14.4	54.5	12.7	18.7	23.0	3.9	…	5.4	14.3	0.2	36.6	20.0	16.6	4.8	0.1	4.5	2.7	6.9
佐　賀	100.0	50.7	10.2	14.3	8.1	1.0	2.0	3.9	10.9	48.3	11.2	18.1	19.0	3.1	…	8.3	12.5	0.2	36.5	17.8	18.7	5.1	0.2	5.3	2.9	11.8
長　崎	100.0	X	X	X	X	X	X	X	X	X	X	X	X	3.2	…	-	0.8	0.5	40.5	23.5	17.1	7.2	0.6	5.0	2.2	7.5
熊　本	100.0	57.2	8.7	11.3	6.7	1.6	1.6	3.6	10.1	41.2	9.5	14.8	16.8	6.9	…	5.2	17.0	1.3	35.2	18.2	17.0	4.0	0.1	4.4	4.0	7.9
大　分	100.0	53.4	13.2	11.2	5.7	0.9	0.9	3.2	12.4	46.3	14.1	14.4	17.8	2.8	…	1.8	22.6	2.1	43.8	22.6	21.2	5.8	0.3	3.1	4.1	8.9
宮　崎	100.0	57.0	10.3	7.7	5.5	1.2	0.1	4.5	12.4	41.7	11.7	12.2	17.9	4.0	…	10.4	18.4	0.9	39.4	20.0	19.4	5.3	0.3	7.7	4.7	6.9
鹿児島	100.0	60.7	9.7	10.0	3.7	0.5	0.9	4.5	10.1	38.8	11.2	13.8	13.8	4.5	…	6.3	21.4	0.4	49.8	28.1	21.7	2.1	1.3	4.7	2.7	6.8
沖　縄	100.0	53.0	9.9	11.5	8.9	0.4	0.9	4.1	11.3	46.6	10.9	15.6	20.2	2.4	…	3.6	14.4	1.5	47.4	23.9	23.5	1.8	0.6	6.2	3.8	7.7

異常被患率等（各年齢ごと）（39-20）

単位　（％）

永久歯の1人当り平均むし歯（う歯）等数					栄養状態	せき柱・四肢の状態・胸郭	皮膚疾患		結核の検査の対象者精密	結核	心臓・疾病・異常	心電図異常	蛋白検出の者	尿糖検出の者	その他の疾病・異常				区分
計（本）	喪失歯数（本）	むし歯（う歯）					アトピー性皮膚炎	その他の皮膚疾患							ぜん息	腎臓疾患	言語障害	その他の疾病・異常	
		計（本）	処置歯数（本）	未処置歯数（本）															
…	…	…	…	…	3.30	1.29	3.25	0.37	0.14	-	0.74	…	1.64	0.09	3.61	0.26	0.26	5.33	全　国
…	…	…	…	…	4.0	0.8	5.6	0.4		-	0.2	…	1.3	0.1	7.8	0.0	0.8	7.6	北 海 道
…	…	…	…	…	5.2	2.2	1.6	0.2		-	0.4	…	1.8	0.2	1.8	0.2	0.5	6.9	青　森
…	…	…	…	…	3.1	1.1	3.0	0.3	0.0	-	0.1	…	1.0	0.4	3.3	0.0	0.2	6.2	岩　手
…	…	…	…	…	2.4	3.0	5.3	0.2	0.1	-	0.5	…	1.5	0.0	6.4	0.5	0.1	6.6	宮　城
…	…	…	…	…	5.2	2.1	3.3	0.3	0.0	-	0.4	…	0.4	-	3.0	0.2	0.3	8.8	秋　田
…	…	…	…	…	5.8	0.8	4.8	0.7		-	0.5	…	2.1	-	3.6	0.2	0.2	14.2	山　形
…	…	…	…	…	5.1	0.7	2.4	0.5		-	0.3	…	1.4	0.1	3.5	0.0	0.1	7.2	福　島
…	…	…	…	…	5.6	1.2	6.5	0.5	0.2	-	0.8	…	1.0	0.3	4.9	0.2	0.4	5.2	茨　城
…	…	…	…	…	4.6	2.2	2.8	0.8	0.1	-	1.7	…	4.1	0.1	4.8	0.7	0.7	9.0	栃　木
…	…	…	…	…	2.3	1.6	3.3	0.2	0.2	-	0.9	…	0.3	0.2	4.4	0.2	0.7	6.5	群　馬
…	…	…	…	…	1.7	0.6	4.1	0.3	0.4	-	0.8	…	3.4	0.2	4.0	0.2	0.2	3.5	埼　玉
…	…	…	…	…	3.5	1.4	2.6	0.3	0.1	-	0.5	…	0.5	0.1	5.5	0.4	0.8	5.0	千　葉
…	…	…	…	…	2.5	0.6	4.1	0.6	0.3	-	0.5	…	1.5	0.1	2.9	0.2	0.1	2.3	東　京
…	…	…	…	…	1.9	1.4	2.0	0.3	0.3	-	0.6	…	0.9	0.1	4.0	0.1	0.2	2.6	神 奈 川
…	…	…	…	…	3.1	1.9	5.2	0.1	-	-	1.4	…	1.0	0.1	5.2	0.2	0.8	8.1	新　潟
…	…	…	…	…	3.4	3.0	2.6	0.1	-	-	1.1	…	0.9	0.2	2.6	0.1	0.0	6.6	富　山
…	…	…	…	…	0.7	0.2	1.2	0.3	0.0	-	0.9	…	1.9	0.4	2.0	0.4	0.1	4.5	石　川
…	…	…	…	…	1.8	0.2	5.3	0.3	0.1	-	0.5	…	2.1	0.0	1.7	0.4	0.2	8.9	福　井
…	…	…	…	…	4.1	1.0	3.5	0.7	0.1	-	0.7	…	2.8	0.0	4.2	0.3	0.6	6.7	山　梨
…	…	…	…	…	3.3	1.3	5.2	0.4	0.3	-	1.2	…	1.5	0.1	6.6	0.2	0.2	9.1	長　野
…	…	…	…	…	3.4	0.2	3.3	0.4	0.1	-	2.5	…	1.9	0.1	1.4	0.2	0.6	10.6	岐　阜
…	…	…	…	…	3.6	1.3	1.6	0.5	0.2	-	1.1	…	2.0	0.1	1.4	0.2	0.4	5.1	静　岡
…	…	…	…	…	2.9	1.8	4.7	0.5	0.1	-	0.7	…	2.0	0.1	3.9	0.3	0.1	6.4	愛　知
…	…	…	…	…	3.6	0.6	3.2	-	0.1	-	0.5	…	1.0	0.2	4.6	0.3	0.2	5.4	三　重
…	…	…	…	…	1.3	0.3	1.6	0.1	0.1	-	1.4	…	1.4	0.1	2.2	0.1	0.1	5.8	滋　賀
…	…	…	…	…	6.7	3.4	3.7	0.5	0.1	-	2.7	…	2.5	0.1	3.4	0.2	0.5	7.8	京　都
…	…	…	…	…	3.0	1.2	2.9	0.4	0.2	-	0.1	…	1.5	0.0	2.3	0.5	0.4	4.6	大　阪
…	…	…	…	…	4.5	2.2	2.4	0.4		-	1.3	…	1.1	0.0	3.0	0.1	0.2	5.4	兵　庫
…	…	…	…	…	4.4	1.0	2.3	0.3		-	0.5	…	2.9	0.1	1.9	0.1	0.2	4.3	奈　良
…	…	…	…	…	3.5	2.3	3.1	0.0		-	1.5	…	6.2	0.5	1.7	0.2	0.1	4.9	和 歌 山
…	…	…	…	…	2.6		5.6	0.0	0.0	-	0.9	…	0.8	0.3	5.0	0.3	0.4	15.2	鳥　取
…	…	…	…	…	3.4	1.4	4.0	0.1		-	0.3	…	2.6	0.2	4.0	0.1	0.5	9.9	島　根
…	…	…	…	…	5.1	0.9	4.1	0.6	0.0	-	1.5	…	1.6	-	4.6	0.0	0.6	9.0	岡　山
…	…	…	…	…	2.6	1.4	2.5	0.7	0.1	-	0.2	…	1.3	0.0	2.8	0.1	0.1	4.3	広　島
…	…	…	…	…	2.6	1.6	2.1	0.2	0.0	-	0.8	…	2.3	0.0	2.0	0.5	0.4	8.2	山　口
…	…	…	…	…	2.7	0.3	2.3	0.1	0.1	-	0.4	…	1.9	0.0	4.6	0.5	0.5	5.5	徳　島
…	…	…	…	…	5.4	0.8	3.0	0.7	0.0	-	1.1	…	3.2	0.1	3.0	0.4	0.6	8.3	香　川
…	…	…	…	…	2.8	1.1	0.6	0.1		-	1.0	…	2.4	-	2.2	0.2	0.2	2.4	愛　媛
…	…	…	…	…	1.7	1.0	2.5	0.2		-	0.8	…	1.7	0.1	1.4	0.1	0.1	5.6	高　知
…	…	…	…	…	4.5	1.7	2.3	0.2	0.1	-	0.5	…	1.1	0.1	3.2	0.5	0.4	4.1	福　岡
…	…	…	…	…	2.7	2.4	2.0	0.2		-	0.3	…	0.3	0.1	3.2	0.3	0.3	7.4	佐　賀
…	…	…	…	…	2.7	0.8	2.3	0.2		-	0.4	…	1.0	-	3.1	0.1	0.3	5.8	長　崎
…	…	…	…	…	7.2	0.4	3.0	0.7	0.2	-	0.2	…	2.8	0.2	0.8	0.1	0.3	2.6	熊　本
…	…	…	…	…	1.0	1.0	1.8	0.1		-	0.2	…	2.2	0.1			0.2	2.0	大　分
…	…	…	…	…	5.0	4.0	1.5	0.1		-	1.6	…	1.2	0.2	3.9	0.2	0.3	5.2	宮　崎
…	…	…	…	…	2.9	0.3	1.4	-	-	-	1.0	…	1.8		4.3	0.3	0.2	2.7	鹿 児 島
…	…	…	…	…	1.8	0.5	1.7	0.4	0.0	-	1.0	…	1.5	0.0	2.4	0.1	0.1	5.2	沖　縄

異常被患率等（各年齢ごと）

都道府県表

1 12歳 (2) 男

区分	計	非矯正者 1.0以上	非矯正者 1.0未満0.7以上	非矯正者 0.7未満0.3以上	非矯正者 0.3未満	矯正者 1.0以上	矯正者 1.0未満0.7以上	矯正者 0.7未満0.3以上	矯正者 0.3未満	裸眼視力計(1.0未満)	1.0未満0.7以上	0.7未満0.3以上	0.3未満	眼の疾病・異常	難聴	耳疾患	鼻疾・副鼻腔患	口腔咽喉頭疾患異常	むし歯 計	処置完了者	未処置歯のある者	歯列・咬合	顎関節	歯垢の状態	歯肉の状態	その他の疾病・異常
全 国	100.00	47.87	12.12	13.05	6.88	0.97	1.66	5.06	12.40	51.17	13.78	18.10	19.29	5.43	0.40	7.35	13.68	0.65	28.50	16.00	12.50	5.22	0.27	5.66	4.55	5.27
北 海 道	100.0	X	X	X	X	X	X	X	X	X	X	X	X	2.6	0.5	6.2	9.5	1.2	35.2	18.7	16.5	4.4	0.1	4.1	2.0	5.0
青 森	100.0	43.4	10.2	11.1	8.3	0.6	1.3	4.4	20.6	56.0	11.6	15.5	29.0	3.9	0.1	7.6	17.9	0.3	36.4	20.3	16.1	2.9	0.1	4.9	4.9	9.9
岩 手	100.0	X	X	X	X	X	X	X	X	X	X	X	X	6.5	0.2	7.1	21.5	0.9	32.1	18.9	13.2	9.9	0.4	9.6	8.8	5.3
宮 城	100.0	45.6	9.3	12.6	9.4	2.0	2.3	6.6	12.1	52.3	11.6	19.2	21.5	6.3	0.3	8.1	14.6	0.4	33.5	18.7	14.8	7.8	0.3	7.1	6.5	4.7
秋 田	100.0	X	X	X	X	X	X	X	X	X	X	X	X	9.4	0.1	8.1	17.9	1.3	28.5	17.3	11.2	3.9	-	4.9	3.1	7.0
山 形	100.0	47.6	11.3	10.9	5.6	1.1	3.0	5.1	15.4	51.2	14.3	16.0	20.9	3.0	0.4	8.7	15.7	2.9	23.9	13.0	10.8	6.1	0.0	5.5	3.6	6.4
福 島	100.0	46.9	10.6	11.9	6.6	0.8	1.5	6.0	15.9	52.3	12.1	17.8	22.4	3.0	0.4	7.3	8.7	0.9	36.8	19.3	17.5	7.2	0.5	10.6	7.8	6.6
茨 城	100.0	48.9	10.0	13.0	9.4	1.3	2.3	4.2	10.8	49.8	12.3	17.3	20.2	13.3	0.4	2.2	20.5	1.9	31.5	16.4	15.1	3.7	0.0	4.9	3.2	9.3
栃 木	100.0	49.8	9.6	12.0	9.0	0.6	1.6	3.5	13.9	49.6	11.1	15.6	22.9	5.4	0.2	5.8	17.9	1.3	31.0	19.0	12.1	2.8	0.1	6.6	5.2	8.0
群 馬	100.0	49.5	10.2	10.0	6.9	1.2	2.0	4.3	15.8	49.3	12.1	14.3	22.8	2.5	0.2	7.8	11.8	0.5	29.4	19.4	10.0	7.5	0.2	6.8	5.7	6.8
埼 玉	100.0	50.4	15.8	12.8	X	-	0.4	2.0	X	49.6	16.1	14.8	18.7	2.4	0.1	6.5	16.5	0.5	26.0	16.5	9.5	3.2	0.1	3.8	2.7	4.8
千 葉	100.0	48.8	13.5	13.3	6.2	1.0	1.2	4.0	12.0	50.3	14.7	17.4	18.2	6.5	0.2	8.0	19.5	0.8	23.5	13.4	10.1	8.0	0.2	8.8	7.7	4.3
東 京	100.0	X	X	X	X	X	X	X	X	X	X	X	X	9.6	0.6	7.9	16.2	0.1	25.5	14.8	10.7	0.4	0.4	4.3	3.0	2.5
神 奈 川	100.0	X	X	X	X	X	X	X	X	X	X	X	X	5.0	0.7	11.6	13.4	0.3	24.6	13.6	11.0	7.0	0.8	10.3	7.7	4.7
新 潟	100.0	45.2	9.6	11.0	5.7	0.4	1.5	5.2	21.4	54.4	11.1	16.2	27.1	3.9	0.2	3.5	19.0	0.1	17.9	10.4	7.5	2.4	0.1	3.8	4.8	3.4
富 山	100.0	X	X	X	X	X	X	X	X	X	X	X	X	9.1	0.3	3.6	9.4	0.1	21.6	13.0	8.6	3.1	0.2	5.8	4.9	3.7
石 川	100.0	38.9	10.7	16.8	4.5	-	0.2	5.0	23.8	61.1	10.9	21.9	28.4	3.4	0.4	7.8	18.8	1.1	30.3	17.0	13.3	5.4	0.0	4.3	2.9	5.1
福 井	100.0	42.8	8.2	12.3	7.3	0.3	1.4	7.4	20.2	56.9	9.6	19.7	27.5	1.6	0.5	1.3	4.3	0.1	32.7	19.7	13.1	0.6	0.3	5.9	4.6	6.7
山 梨	100.0	X	X	X	X	X	X	X	X	X	X	X	X	7.7	0.1	6.7	13.9	0.4	31.5	17.3	14.2	5.9	-	5.4	4.3	6.2
長 野	100.0	47.8	11.9	10.2	5.5	0.3	0.5	8.6	15.3	52.0	12.3	18.8	20.8	3.5	0.6	4.2	5.5	0.4	24.7	13.9	10.8	4.1	-	2.6	3.3	5.0
岐 阜	100.0	44.5	10.5	14.3	7.6	0.2	1.0	7.0	15.1	55.4	11.5	21.3	22.7	4.9	0.1	5.3	9.0	0.5	20.9	14.1	6.8	4.0	0.1	5.9	3.4	4.4
静 岡	100.0	54.4	9.2	10.5	6.1	0.4	1.4	5.1	12.9	45.2	10.6	15.6	19.0	2.9	0.5	7.7	7.3	0.3	21.8	13.3	8.5	4.1	0.2	5.8	5.1	7.2
愛 知	100.0	46.2	10.2	9.4	5.2	1.0	0.6	5.5	22.0	52.9	10.8	14.8	27.2	4.8	0.2	8.3	14.0	0.6	23.8	14.5	9.3	5.8	0.3	4.0	3.0	5.8
三 重	100.0	X	X	X	X	X	X	X	X	X	X	X	X	7.8	0.5	7.1	16.5	1.2	29.6	16.1	13.5	4.2	0.2	4.0	3.1	5.8
滋 賀	-	-	-	-	-	-	-	-	-	-	-	-	-	1.8	0.4	3.6	3.8	0.2	27.4	15.7	11.8	7.8	0.3	4.0	2.6	6.4
京 都	100.0	48.6	9.3	13.3	5.6	1.1	0.7	3.5	18.0	50.3	10.0	16.7	23.6	5.0	0.2	8.8	8.6	0.0	26.1	16.6	9.5	5.7	0.0	4.9	4.2	2.9
大 阪	100.0	45.6	11.4	11.7	8.3	1.1	2.5	8.6	10.8	53.3	13.9	20.3	19.0	5.1	0.3	8.0	9.2	0.1	29.0	15.4	13.6	3.9	0.4	6.6	3.9	6.4
兵 庫	100.0	X	X	X	X	X	X	X	X	X	X	X	X	6.1	0.4	9.6	13.7	0.3	23.3	14.2	9.1	7.2	0.1	6.6	5.2	7.5
奈 良	100.0	X	X	X	X	X	X	X	X	X	X	X	X	5.0	0.5	8.1	8.4	0.8	27.2	14.5	12.7	3.3	0.0	5.9	3.2	3.6
和 歌 山	100.0	56.4	7.9	10.0	5.1	2.1	1.6	4.9	12.1	41.6	9.5	14.9	17.2	8.3	0.2	6.5	12.9	1.1	31.1	17.3	13.8	7.2	0.2	7.9	3.4	5.6
鳥 取	100.0	47.2	7.9	15.0	8.1	1.5	1.8	5.3	13.1	51.3	9.7	20.3	21.3	5.9	0.1	2.4	21.6	0.2	33.8	21.1	12.7	4.4	0.0	7.2	4.9	7.3
島 根	100.0	49.5	10.0	12.8	6.5	0.9	0.6	3.9	15.8	49.6	10.5	16.7	22.3	8.1	0.2	8.2	19.8	2.1	34.0	24.1	14.2	5.5	0.5	6.9	5.2	6.2
岡 山	100.0	54.2	9.9	9.3	6.8	2.5	2.2	6.0	9.2	43.3	12.1	15.2	16.0	5.2	0.4	6.9	16.9	1.6	25.3	12.2	13.1	4.1	0.2	4.3	5.9	5.2
広 島	100.0	55.4	X	X	X	1.6	X	X	X	42.9	X	X	X	6.4	0.4	4.8	11.6	0.2	29.0	14.8	14.2	4.8	0.0	4.1	5.6	3.8
山 口	100.0	45.2	12.4	12.1	7.7	0.9	0.3	4.5	16.8	53.9	12.8	16.6	24.5	5.7	0.4	7.5	14.6	1.0	31.3	19.3	12.0	2.6	0.1	4.9	3.4	7.6
徳 島	100.0	43.8	10.5	10.3	6.0	0.8	2.9	6.1	19.6	55.4	13.4	16.4	25.6	9.8	0.4	7.3	17.3	3.7	34.0	19.8	14.2	6.0	0.1	4.9	4.5	5.9
香 川	100.0	48.6	X	X	X	0.4	X	X	X	51.0	X	X	X	3.5	0.3	6.5	6.2	1.0	31.5	21.2	10.3	8.0	0.0	12.3	11.7	6.3
愛 媛	100.0	48.6	9.8	13.2	10.0	0.2	0.6	3.6	13.9	51.2	10.5	16.8	23.9	6.2	0.2	4.8	9.0	0.3	29.7	14.6	15.0	2.9	0.1	2.5	2.7	6.5
高 知	100.0	52.4	10.7	11.7	7.6	0.3	0.6	4.0	12.5	47.3	11.6	15.7	20.1	7.0	0.2	4.3	13.8	0.6	27.4	13.8	13.6	6.5	0.4	6.5	4.6	6.6
福 岡	100.0	45.7	13.4	14.4	8.6	0.1	0.2	2.7	14.9	54.2	13.6	17.1	23.4	5.1	0.2	5.7	16.6	1.0	32.5	19.7	13.0	7.5	0.3	6.4	5.1	6.8
佐 賀	100.0	56.4	9.8	8.2	6.8	0.8	1.1	5.3	11.5	42.8	11.0	13.5	18.3	2.3	0.2	7.8	13.1	0.4	23.7	13.0	10.7	4.4	0.0	4.4	3.6	6.9
長 崎	100.0	X	X	X	X	X	X	X	X	X	X	X	X	2.4	0.2	5.5	10.1	2.4	34.0	20.7	13.3	4.9	0.5	5.2	4.7	8.4
熊 本	100.0	49.1	10.4	14.1	6.8	0.7	0.7	2.9	15.4	50.2	11.0	17.0	22.2	6.4	0.4	4.9	19.7	1.1	32.6	17.6	15.0	4.4	0.3	4.3	4.3	6.8
大 分	100.0	46.4	14.0	10.5	6.7	0.2	-	6.2	16.1	53.5	14.0	16.7	22.8	10.1	0.4	4.1	X	1.0	50.5	26.0	24.5	6.0	0.0	5.6	4.3	2.3
宮 崎	100.0	59.7	9.4	12.6	5.5	0.6	0.7	-	12.0	39.7	10.1	12.2	17.5	4.5	0.2	7.0	11.6	2.2	33.4	15.0	18.4	7.1	0.1	6.9	7.1	5.9
鹿 児 島	100.0	53.4	9.9	10.0	6.1	0.3	0.5	3.4	16.1	46.4	10.8	13.4	22.2	3.7	0.7	8.7	20.3	1.0	37.3	18.9	18.3	4.6	0.0	4.0	3.7	5.6
沖 縄	100.0	49.4	11.5	12.4	12.5	0.4	0.8	2.1	10.9	50.1	12.3	14.5	23.4	1.7	0.4	7.1	11.6	2.7	55.8	21.2	34.6	2.5	0.2	4.2	2.2	5.8

異常被患率等（各年齢ごと）（39-21）

単位　（%）

計 (本)	喪失歯数 (本)	むし歯（う歯） 計 (本)	処置歯数 (本)	未処置歯数 (本)	栄養状態	せき柱・胸郭四肢の状態	アトピー性皮膚炎	その他の皮膚疾患	結核の検査の対象の精密者	結核	心臓・疾病異常の常	心電図異常	蛋白検出の者	尿糖検出の者	ぜん息	腎臓疾患	言語障害	その他の疾病・異常	区分
0.63	0.01	0.62	0.38	0.24	1.44	1.45	2.94	0.30	0.17	-	1.21	3.70	3.36	0.11	3.28	0.22	0.12	5.04	全　国
0.9	0.0	0.9	0.5	0.4	1.0	0.7	5.1	0.2	0.0	-	0.7	3.8	3.1	0.0	4.1	0.3	0.1	6.1	北 海 道
0.9	0.0	0.9	0.6	0.3	2.2	1.7	1.7	0.6	0.0	-	0.1	3.1	4.3	0.3	1.1	0.3	0.3	4.5	青　森
0.6	-	0.6	0.4	0.2	1.3	0.9	2.2	0.4	0.1	-	0.3	2.2	3.5	0.1	3.8	0.4	0.3	5.6	岩　手
0.8	0.0	0.8	0.5	0.3	0.9	0.9	3.4	0.2	0.2	-	0.5	2.2	2.0	0.1	3.1	0.1	0.0	5.9	宮　城
0.5	0.0	0.5	0.3	0.2	2.9	2.9	3.9	0.5	-	-	0.7	5.6	1.3	-	3.5	0.4	0.4	8.2	秋　田
0.5	0.0	0.5	0.3	0.2	3.0	1.1	3.7	0.2	0.1	-	0.5	5.9	2.1	0.2	3.0	0.1	0.1	12.1	山　形
0.9	0.0	0.9	0.5	0.4	4.7	0.8	2.6	0.5	-	-	0.7	4.0	3.7		4.1	0.0	0.0	6.0	福　島
0.7	0.0	0.7	0.5	0.2	4.1	1.0	6.5	0.3	0.1	-	0.9	3.0	1.3		5.0	0.1	0.1	4.8	茨　城
0.7	0.0	0.7	0.5	0.2	3.4	2.8	4.8	0.3	0.1	-	2.3	4.9	8.1	0.1	4.8	0.2	0.1	6.1	栃　木
0.6	0.0	0.6	0.5	0.1	2.5	2.0	3.6	3.2	0.3	-	2.6	4.9	0.7	0.1	3.1	0.2	0.0	6.3	群　馬
0.5	0.0	0.5	0.3	0.2	0.3	0.9	2.5	0.1	0.2	-	1.1	3.2	4.3	0.1	2.9	0.1	0.1	3.7	埼　玉
0.5	0.0	0.5	0.3	0.2	1.1	1.8	3.3	0.5	0.1	-	1.3	2.8	2.9	0.1	4.9	0.3	0.1	3.4	千　葉
0.6	0.0	0.6	0.4	0.2	0.5	1.3	3.7	0.1	0.5	-	0.9	2.5	3.2	0.1	4.3	0.5	0.1	5.5	東　京
0.5	0.0	0.5	0.3	0.2	1.1	2.1	2.8	0.3	0.3	-	0.8	3.3	2.0	0.2	4.6	0.1	0.2	4.0	神 奈 川
0.2	0.0	0.2	0.1	0.1	2.7	0.7	4.6	0.4	0.0	-	1.6	4.5	1.3	-	4.0	0.3	0.0	7.5	新　潟
0.5	0.0	0.4	0.3	0.1	1.8	4.7	2.5	-	0.1	-	1.8	4.1	3.2	0.1	2.5	0.2	0.1	4.5	富　山
0.7	0.0	0.7	0.5	0.2	1.3	1.2	1.6	0.6	0.1	-	1.4	4.3	3.8	0.3	1.9	0.1	0.1	3.9	石　川
0.7	0.0	0.7	0.5	0.2	1.5	0.4	2.9	0.5	0.1	-	0.8	1.6	3.3	0.1	1.7	0.2	0.1	6.7	福　井
0.7	0.0	0.7	0.4	0.3	1.3	0.1	3.5	0.4	-	-	0.1	4.8	5.0	0.1	2.6	0.1	0.0	4.6	山　梨
0.5	0.0	0.5	0.3	0.2	1.3	1.1	3.0	0.2	0.3	-	1.1	3.4	2.6	0.1	4.9	0.3	0.3	7.6	長　野
0.3	-	0.3	0.2	0.1	2.4	2.3	2.4	0.2	0.1	-	3.0	4.0	5.0	0.1	2.4	0.4	0.2	8.7	岐　阜
0.5	0.0	0.5	0.3	0.1	3.0	1.9	1.7	0.3	-	-	1.0	3.3	3.8	0.0	2.7	0.3	0.1	5.6	静　岡
0.4	0.0	0.4	0.3	0.2	2.1	1.0	3.9	0.4	0.2	-	1.3	3.1	2.2	0.1	3.4	0.2	0.1	6.3	愛　知
0.6	0.0	0.6	0.3	0.2	2.4	2.6	2.5	-	0.2	-	1.0	3.8	2.9		4.1	0.2	0.1	4.1	三　重
0.6	0.0	0.6	0.4	0.2	0.2	0.8	1.7	0.4	0.1	-	2.6	5.8	2.9		1.3	0.2	0.1	4.3	滋　賀
0.5	0.0	0.5	0.3	0.2	2.1	2.1	3.6	0.1	1.5	-	3.1	7.0	7.1	0.2	3.4	0.2	0.1	8.7	京　都
0.6	0.0	0.6	0.4	0.3	2.0	1.8	2.1	0.3	0.0	-	1.0	6.2	4.0	0.3	2.2	0.1	0.1	3.9	大　阪
0.4	0.0	0.4	0.3	0.2	0.9	1.7	1.8	0.0	-	-	1.7	3.6	4.2	0.0	2.2	0.2	0.1	2.8	兵　庫
0.6	0.0	0.6	0.4	0.2	0.6	1.2	3.9	0.4	-	-	0.6	4.1	6.1	0.0	2.6	0.2	0.1	6.4	奈　良
0.7	0.0	0.7	0.5	0.2	1.4	0.9	1.4	0.0	-	-	1.3	4.6	7.4	0.0	1.8	0.1	0.1	3.3	和 歌 山
0.6	0.0	0.6	0.4	0.2	2.1	1.2	3.5	0.7	0.2	-	1.5	2.1	1.4	-	4.8	0.3	0.1	13.1	鳥　取
0.8	0.0	0.8	0.5	0.3	1.6	1.3	5.7	0.3	-	-	0.6	1.9	5.2	0.1	3.0	0.2	0.1	6.3	島　根
0.5	0.0	0.5	0.3	0.2	1.6	1.4	3.4	0.2	0.0	-	3.7	3.9	4.7	0.3	2.9	0.4	0.2	9.2	岡　山
0.6	0.0	0.6	0.4	0.2	1.6	1.6	2.8	0.7	0.1	-	0.6	4.7	3.6	0.1	2.1	0.1	0.3	3.5	広　島
0.6	0.0	0.6	0.4	0.2	1.6	2.2	1.8	0.1	0.0	-	0.9	1.9	0.7	0.1	2.8	0.1	0.0	7.8	山　口
0.9	0.0	0.9	0.6	0.3	4.3	0.4	3.1	-	-	-	0.5	3.3	2.4	0.4	2.3	0.3	0.2	6.2	徳　島
0.7	0.0	0.7	0.5	0.3	4.5	0.2	2.6	0.4	-	-	1.0	4.1	4.2	0.1	2.1	0.2	0.0	5.1	香　川
0.6	0.0	0.6	0.4	0.2	1.7	1.6	2.0	0.1	-	-	1.6	3.7	5.4	0.0	2.6	0.0	0.1	3.8	愛　媛
0.5	0.0	0.5	0.3	0.2	0.2	0.5	1.9	0.3	-	-	1.4	3.7	1.7	0.0	3.2	0.1	0.0	3.3	高　知
1.0	0.0	1.0	0.6	0.4	1.1	1.4	1.4	0.0	-	-	1.2	2.9	3.1	0.0	3.0	0.2	-	2.6	福　岡
0.4	0.0	0.4	0.2	0.1	2.5	2.6	1.2	0.1	-	-	1.7	5.0	2.6	0.0	2.1	0.0	0.2	7.3	佐　賀
0.7	0.0	0.7	0.5	0.3	2.1	0.8	3.9	0.3	-	-	0.8	4.0	2.9	0.0	4.1	0.2	0.0	5.4	長　崎
0.8	0.0	0.8	0.4	0.3	1.0	1.0	1.0	0.1	-	-	0.7	3.6	6.6	0.0	1.2	0.0	0.2	2.7	熊　本
1.1	0.0	1.1	0.6	0.5	0.5	1.7	1.3	0.0	-	-	0.8	3.2	5.3	0.0	2.3	0.2	0.0	2.2	大　分
0.8	0.0	0.8	0.4	0.4	0.4	1.7	1.5	0.1	-	-	1.7	5.3	2.6	0.0	2.5	0.2	0.1	5.2	宮　崎
0.8	0.0	0.8	0.5	0.3	0.8	1.0	0.9	0.0	-	-	1.4	3.5	1.9	0.0	1.2	0.0	-	1.5	鹿 児 島
1.7	0.0	1.7	0.8	0.9	1.0	1.9	1.6	0.5	-	-	0.8	2.2	1.7	0.0	2.4	0.1	0.3	4.6	沖　縄

都道府県表

1　13歳　(2)　男

区分	計	視力非矯正者の裸眼視力 1.0以上	1.0未満0.7以上	0.7未満0.3以上	0.3未満	視力矯正者の裸眼視力 1.0以上	1.0未満0.7以上	0.7未満0.3以上	0.3未満	裸眼視力 計	1.0未満0.7以上	0.7未満0.3以上	0.3未満	眼の疾病・異常	難聴	耳疾患	鼻疾・副鼻腔患	口腔咽喉頭疾患異常	むし歯 計	処置完了者	未処置歯のある者	歯列・咬合	顎関節	歯垢の状態	歯肉の状態	その他の疾病・異常
全国	100.00	43.07	11.34	14.00	9.13	1.21	1.60	4.63	15.02	55.72	12.94	18.63	24.15	4.91	…	5.57	10.51	0.49	30.53	17.48	13.05	4.86	0.28	5.75	4.72	3.60
北海道	100.0	X	X	X	X	X	X	X	X	X	X	X	X	1.5	…	-	5.9	1.2	37.5	19.4	18.1	4.3	0.4	4.2	2.7	3.2
青森	100.0	34.9	12.4	12.8	7.4	1.1	2.1	4.4	24.9	64.0	14.5	17.2	32.3	4.8	…	4.7	14.4	0.0	37.2	23.3	13.9	2.8	0.1	4.7	6.3	5.5
岩手	100.0	X	X	X	X	X	X	X	X	X	X	X	X	8.0	…	8.1	X	-	34.7	21.8	12.9	6.8	0.7	9.9	8.2	4.1
宮城	100.0	40.4	7.1	13.3	10.5	2.5	4.7	7.8	13.7	57.1	11.9	21.1	24.2	8.7	…	4.1	X	-	42.1	23.1	19.0	7.7	0.1	5.9	6.4	3.0
秋田	100.0	X	X	X	X	X	X	X	X	X	X	X	X	10.1	…	4.5	16.5	0.9	28.7	16.6	12.1	4.7	0.3	4.6	3.0	3.5
山形	100.0	43.4	11.1	11.8	7.7	1.6	1.4	4.6	18.3	55.0	12.6	16.5	26.0	3.1	…	8.2	17.1	1.8	27.9	16.1	11.8	6.4	0.3	5.3	3.9	3.6
福島	100.0	35.0	9.5	12.4	9.1	0.9	1.3	7.6	24.2	64.0	10.8	20.0	33.3	3.9	…	0.5	3.4	1.7	40.9	21.4	19.5	5.2	0.1	10.7	7.4	6.8
茨城	100.0	43.3	9.6	12.8	9.9	1.8	2.8	5.3	14.5	54.9	12.4	18.1	24.4	13.9	…	0.7	21.2		34.0	19.6	14.4	3.8	0.4	5.3	4.1	5.5
栃木	100.0	38.9	12.4	14.3	10.3	1.1	1.6	3.8	17.7	60.1	14.0	18.0	28.0	4.7	…	5.5	16.7	0.4	32.4	18.9	13.5	3.6	0.1	7.1	4.7	6.0
群馬	100.0	44.5	9.3	10.3	5.2	1.6	2.6	7.2	19.2	53.8	11.9	17.5	24.4	1.9	…	6.2	2.0	0.1	32.1	21.9	10.2	6.0	0.3	5.7	5.7	2.7
埼玉	100.0	54.0	12.9	X	6.4	-	0.2	X	6.5	46.0	13.2	20.0	12.8	2.1	…	5.3	8.1	0.6	26.2	17.4	8.8	3.8	0.1	3.4	3.4	
千葉	100.0	49.7	7.8	13.3	X	1.8	-	2.7	X	48.5	7.8	16.0	24.7	8.1	…	9.5	X	0.6	25.5	15.1	10.4	9.2	0.1	8.2	5.3	3.8
東京	100.0	31.1	14.0	16.3	13.2	0.4	0.9	3.8	21.4	68.8	14.3	20.0	34.5	8.0	…	7.7	12.3	0.1	27.4	17.3	10.0	1.0	0.3	4.5	3.7	1.9
神奈川	100.0	X	X	X	X	X	X	X	X	X	X	X	X	3.6	…	8.8	5.4		26.4	15.0	11.3	5.4	0.6	9.5	6.8	3.3
新潟	100.0	44.6	8.5	13.2	5.3	0.3	1.4	5.5	21.2	55.1	10.0	18.7	26.5	3.4	…	X	13.5	-	17.3	11.3	6.0	2.5	0.2	4.2	5.5	2.7
富山	-	-	-	-	-	-	-	-	-	-	-	-	-	9.1	…	3.0	9.8	0.0	24.4	15.2	9.2	2.0	0.1	4.6	4.3	3.2
石川	100.0	34.5	X	X	X	X	X	X	X	65.4	X	X	X	1.9	…	-	-	-	30.5	18.2	12.3	5.6	0.9	5.0	3.6	3.2
福井	100.0	38.6	8.3	14.0	4.8	1.5	0.9	4.4	27.4	59.9	9.2	18.4	32.3	1.5	…	-	3.3	0.2	37.9	24.7	13.2	4.2	0.4	7.1	5.9	2.4
山梨	100.0	50.8	7.8	10.5	6.1	-	1.5	2.7	20.7	49.2	9.2	13.2	26.8	5.4	…	6.5	14.9	0.4	35.9	19.7	16.2	7.8	-	7.2	4.2	2.6
長野	100.0	43.7	12.6	9.7	6.3	0.4	1.1	5.7	20.5	55.9	13.7	15.4	26.9	3.4	…	2.1	5.9	0.3	30.0	18.0	12.0	3.1	-	3.3	3.6	4.1
岐阜	100.0	45.1	13.0	12.6	4.6	0.1	1.9	8.4	14.4	54.8	14.8	21.0	19.0	2.5	…	2.4	4.5	0.2	21.1	13.9	7.1	4.9	0.1	6.7	4.9	2.4
静岡	100.0	47.2	8.3	12.1	6.4	0.7	1.1	4.4	19.8	52.1	9.4	16.5	26.2	1.9	…	4.2	3.7	0.4	25.3	16.1	9.2	3.5	0.1	5.8	4.7	5.1
愛知	100.0	40.2	10.1	10.4	9.5	0.5	1.1	5.8	22.5	59.3	11.2	16.2	32.0	4.6	…	6.8	12.4	0.5	25.1	14.6	10.6	4.4	0.2	4.3	4.3	3.3
三重	100.0	X	X	X	X	X	X	X	X	X	X	X	X	2.9	…	1.4	2.8	1.7	35.1	20.0	15.1	4.9	0.4	5.2	5.3	3.6
滋賀	-	-	-	-	-	-	-	-	-	-	-	-	-	1.4	…	1.5	2.1	-	32.1	18.6	13.6	8.2	0.2	5.8	5.4	4.9
京都	100.0	X	X	X	X	X	X	X	X	X	X	X	X	6.4	…	7.5	8.6	0.2	26.2	16.9	9.3	4.4	0.1	4.5	2.0	
大阪	100.0	X	X	X	X	X	X	X	X	X	X	X	X	4.7	…	5.1	5.7		31.7	16.5	15.2	0.4	0.1	3.3	4.4	
兵庫	-	-	-	-	-	-	-	-	-	-	-	-	-	5.8	…	6.2	11.9	0.3	25.9	16.3	9.6	7.7	0.4	5.3	4.8	
奈良	100.0	X	X	X	X	X	X	X	X	X	X	X	X	2.1	…	2.6	3.3	-	26.9	13.7	13.2	4.2	0.1	4.2	3.8	3.9
和歌山	100.0	45.0	8.6	12.4	8.0	1.2	1.6	6.0	17.3	53.8	10.1	18.4	25.3	8.2	…	5.9	7.7	0.5	31.8	18.3	13.5	7.7	0.4	7.1	3.8	2.3
鳥取	100.0	43.9	10.3	15.8	5.1	1.9	1.4	5.4	16.2	54.2	11.8	21.1	21.3	6.8	…	2.6	20.8	0.5	32.1	20.7	11.3	3.0	0.1	7.1	5.5	5.5
島根	100.0	47.4	8.3	13.9	10.4	0.3	0.4	4.0	15.3	52.3	8.6	17.9	25.8	5.9	…	8.1	18.4	0.6	31.9	18.1	13.8	4.5	0.5	8.7	7.6	2.7
岡山	100.0	43.2	11.0	11.4	6.7	4.9	4.3	6.2	12.4	51.8	15.2	17.5	19.1	5.7	…	11.0	11.9	0.4	30.1	15.2	15.0	3.6	0.0	7.2	7.0	3.3
広島	100.0	38.9	X	X	X	0.7	X	X	X	60.4	X	X	X	2.9	…	7.4	10.5	0.1	27.2	14.7	12.7	3.9	0.1	4.5	2.9	
山口	100.0	46.4	7.5	14.6	11.9	0.4	1.0	3.1	15.2	53.2	8.5	17.6	27.1	6.2	…	7.8	13.2	0.2	29.9	16.9	13.1	1.8	0.2	3.7	3.9	4.2
徳島	100.0	38.9	8.8	11.5	8.1	2.0	2.8	4.4	23.6	59.1	11.5	15.9	31.7	5.4	…	6.2	X	X	31.3	16.1	15.2	7.1	0.4	4.4	4.0	3.4
香川	100.0	X	X	X	X	X	X	X	X	X	X	X	X	4.0	…	3.9	6.5	0.4	36.8	25.0	11.7	9.2	0.2	13.8	14.2	2.1
愛媛	100.0	41.6	13.1	10.7	6.5	0.8	1.7	3.5	22.1	57.6	14.8	14.2	28.6	4.1	…	0.7	9.5	0.2	30.3	15.5	14.7	3.7	0.1	3.5	2.9	4.4
高知	100.0	50.4	9.1	13.4	7.7	-	0.3	4.0	15.0	49.6	9.4	17.5	22.7	0.6	…	0.6	8.4	0.3	25.3	11.7	11.6	0.0	0.2	4.4	3.4	1.7
福岡	100.0	X	X	X	X	X	X	X	X	X	X	X	X	4.2	…	4.3	13.6	0.6	40.8	20.9	19.9	0.4	0.6	6.5	3.4	1.7
佐賀	100.0	45.6	13.5	9.5	10.3	-	0.8	4.4	15.9	54.4	14.3	13.9	26.2	3.6	…	5.4	7.8	0.2	26.7	14.1	12.5	4.8	-	5.4	5.3	5.7
長崎	100.0	X	X	X	X	X	X	X	X	X	X	X	X	3.7	…	3.1	10.6	0.9	39.0	27.4	11.6	3.4	0.2	4.7	4.6	5.2
熊本	100.0	53.8	10.1	12.1	4.8	0.6	1.2	3.2	14.5	46.1	11.3	15.7	19.2	5.9	…	1.2	8.1	0.6	36.3	19.4	16.8	6.2	0.1	5.2	5.5	6.1
大分	100.0	X	X	X	X	X	X	X	X	X	X	X	X	7.5	…	6.4	14.2	0.6	48.2	25.3	22.8	7.4	0.5	5.1	3.4	1.3
宮崎	100.0	53.6	7.4	7.5	X	1.5	0.2	1.6	X	44.9	7.8	9.1	28.0	4.3	…	8.9	19.2	0.2	36.1	18.2	18.0	6.3	0.1	5.9	6.2	4.3
鹿児島	100.0	46.3	11.0	10.5	5.9	-	0.3	2.9	22.5	53.1	11.3	13.4	28.4	4.7	…	7.0	21.6	1.4	38.4	18.1	20.3	6.0	0.1	5.2	7.4	3.9
沖縄	100.0	45.3	8.1	12.8	9.2	0.9	0.8	5.5	17.6	53.9	8.9	18.3	26.8	1.4	…	5.7	11.1	2.4	59.7	21.2	38.5	2.1	0.8	4.7	3.1	4.3

異常被患率等（各年齢ごと）（39-22）

単位　（%）

永久歯の1人当り平均むし歯（う歯）等数					栄養状態	せき柱・胸郭・四肢の状態	皮膚疾患		結核の精密検査の対象者	結核	心臓・異常の疾病	心電図異常	蛋白検出の者	尿糖検出の者	その他の疾病・異常				区分
計（本）	喪失歯数（本）	むし歯（う歯）					アトピー性皮膚炎	その他の皮膚疾患							ぜん息	腎臓疾患	言語障害	その他の疾病・異常	
		計（本）	処置歯数（本）	未処置歯数（本）															
…	…	…	…	…	1.28	1.53	2.95	0.20	0.10	-	0.99	…	4.16	0.17	3.15	0.30	0.12	5.09	全　国
…	…	…	…	…	0.6	0.8	4.6	0.1		-	1.3	…	3.8	0.1	3.9	0.3	-	7.5	北 海 道
…	…	…	…	…	2.5	2.1	1.5	0.5		-	0.2	…	5.9	0.1	1.4	0.1	0.1	4.0	青　森
…	…	…	…	…	1.5	1.1	3.5	0.2	0.2	-	0.3	…	4.2	0.2	3.7	0.1	0.0	6.8	岩　手
…	…	…	…	…	0.9	1.1	4.3	0.2		-	0.3	…	2.3	0.1	3.4	0.0	0.0	5.2	宮　城
…	…	…	…	…	3.9	2.9	3.9	0.7		-	1.2	…	2.0	0.2	3.5	0.2	0.1	7.6	秋　田
…	…	…	…	…	2.5	1.4	3.5	0.4	0.1	-	0.6	…	2.5	0.1	3.1	0.2	0.1	9.9	山　形
…	…	…	…	…	3.5	0.7	3.1	0.1	0.0	-	0.4	…	3.9	0.1	4.4	0.1	0.1	7.0	福　島
…	…	…	…	…	3.2	1.0	6.0	0.5	0.1	-	1.3	…	1.8	0.0	4.2	0.2	0.1	5.8	茨　城
…	…	…	…	…	2.3	2.1	4.6	0.4	0.0	-	2.1	…	8.5	0.1	4.4	0.2	0.2	5.0	栃　木
…	…	…	…	…	2.6	2.0	3.4	0.0	0.1	-	1.2	…	0.7	0.1	3.5	0.3	0.1	5.6	群　馬
…	…	…	…	…	0.3	0.7	2.3	0.1	0.3	-	0.8	…	5.6	0.1	2.2	0.2	-	3.7	埼　玉
…	…	…	…	…	0.8	2.0	3.9	0.1	0.2	-	1.2	…	3.9	0.2	5.0	0.3	0.0	3.5	千　葉
…	…	…	…	…	0.5	0.6	4.0	0.0	0.3	-	0.4	…	4.2	0.1	5.0	0.6	0.1	4.7	東　京
…	…	…	…	…	1.1	2.3	1.8	0.5	0.1	-	0.5	…	1.8	0.3	3.5	0.4	0.0	4.2	神 奈 川
…	…	…	…	…	2.3	0.7	4.6	0.7	-	-	1.8	…	2.3	0.1	3.0	0.5	0.6	8.3	新　潟
…	…	…	…	…	1.8	6.2	1.8	0.1		-	2.1	…	2.9	0.2	1.6	0.1	0.1	3.9	富　山
…	…	…	…	…	0.9	0.5	1.5	0.1		-	1.0	…	5.6	0.5	2.3	0.5	0.0	3.3	石　川
…	…	…	…	…	2.0	0.4	2.6	0.9		-	0.8	…	4.0	0.3	1.4	0.5	0.2	6.6	福　井
…	…	…	…	…	1.1	0.3	4.1	-		-	0.2	…	8.0	0.2	3.1	0.1	0.1	4.2	山　梨
…	…	…	…	…	1.2	1.9	3.8	0.0		-	1.4	…	2.7	0.2	3.4	1.0	0.4	8.7	長　野
…	…	…	…	…	0.7	0.9	2.5	0.2	0.1	-	2.2	…	7.0	0.2	2.7	0.5	0.2	10.0	岐　阜
…	…	…	…	…	2.0	2.6	1.8	0.2	0.0	-	1.3	…	5.4	0.1	2.3	0.3	0.2	5.7	静　岡
…	…	…	…	…	2.6	1.8	3.5	0.3	0.1	-	1.0	…	3.4	0.2	3.4	0.4	0.3	6.1	愛　知
…	…	…	…	…	3.2	1.9	2.3	-		-	1.1	…	3.0	-	4.1	0.1	0.0	5.0	三　重
…	…	…	…	…	0.1	0.7	1.7	0.2	0.1	-	2.0	…	4.2	0.1	1.7	0.4	0.1	3.6	滋　賀
…	…	…	…	…	2.1	2.5	3.8	0.1	0.5	-	2.2	…	8.3	0.2	2.8	0.2	0.1	9.3	京　都
…	…	…	…	…	0.4	1.8	2.3	0.2		-	0.6	…	4.3	0.1	2.4	0.1	0.2	4.3	大　阪
…	…	…	…	…	0.6	2.1	1.6	0.1		-	1.5	…	4.1	0.1	1.9	0.2	0.1	2.9	兵　庫
…	…	…	…	…	0.7	2.0	3.7	0.5	0.1	-	0.1	…	6.6	0.3	1.3	0.1	0.0	5.8	奈　良
…	…	…	…	…	1.7	1.9	1.6	0.0	-	-	0.5	…	8.3	0.6	1.6	0.3	-	3.3	和 歌 山
…	…	…	…	…	1.5	1.4	4.2	0.4	0.0	-	1.5	…	2.1	0.1	4.5	0.3	0.1	11.9	鳥　取
…	…	…	…	…	0.7	1.8	5.1	0.4		-	0.2	…	6.4	0.1	2.1	0.1	0.7	6.9	島　根
…	…	…	…	…	1.4	1.1	4.2	0.1		-	2.7	…	6.0	0.2	3.9	0.6	0.3	8.9	岡　山
…	…	…	…	…	1.1	2.4	3.0	0.1		-	0.8	…	5.8	0.2	1.3	0.30	0.2	3.7	広　島
…	…	…	…	…	2.5	1.6	1.3	0.1		-	0.6	…	1.8	0.2	2.2	0.2	0.2	8.0	山　口
…	…	…	…	…	3.7	1.0	2.8	0.2	0.0	-	0.3	…	3.8	0.2	3.0	0.2	0.1	4.3	徳　島
…	…	…	…	…	4.6	0.3	2.6	0.6	0.0	-	1.1	…	5.0	0.0	1.9	0.3	0.3	4.4	香　川
…	…	…	…	…	1.4	1.3	2.1	0.1		-	1.3	…	6.7	0.3	2.7	0.2	0.2	5.2	愛　媛
…	…	…	…	…	0.3	1.6	1.6	0.3		-	1.2	…	2.6	0.1	2.2	0.1	0.0	3.0	高　知
…	…	…	…	…	0.9	1.6	1.9	0.1	0.0	-	0.8	…	3.4	0.2	3.0	0.4	0.1	2.7	福　岡
…	…	…	…	…	2.2	1.9	1.7	0.3		-	1.3	…	2.4	0.2	2.2	0.3	0.2	6.5	佐　賀
…	…	…	…	…	1.0	0.9	3.6	0.2		-	1.0	…	3.0	0.2	2.6	0.1	0.3	6.6	長　崎
…	…	…	…	…	1.7	1.3	1.8	0.1	0.0	-	0.3	…	6.3	0.2	2.2	0.2	0.1	3.0	熊　本
…	…	…	…	…	0.3	1.5	1.4	0.1		-	1.2	…	7.5	0.1	2.1	0.1	0.2	2.7	大　分
…	…	…	…	…	0.3	1.9	1.6	-		-	1.4	…	4.2	0.1	2.7	0.2	-	3.9	宮　崎
…	…	…	…	…	0.6	0.6	1.2	0.6	-	-	1.3	…	4.3	0.2	1.5	0.3	-	1.0	鹿 児 島
…	…	…	…	…	0.8	1.2	1.5	0.1	-	-	0.4	…	3.0	0.1	2.5	0.2	0.1	4.0	沖　縄

異常被患率等（各年齢ごと）（39-22）

1 14歳 (2) 男

区分	計	裸眼視力 視力非矯正者の裸眼視力 1.0以上	1.0未満0.7以上	0.7未満0.3以上	0.3未満	視力矯正者の裸眼視力 1.0以上	1.0未満0.7以上	0.7未満0.3以上	0.3未満	裸眼視力 計	1.0未満0.7以上	0.7未満0.3以上	0.3未満	眼の疾病・異常	難聴	耳疾患	鼻疾・副鼻腔患	口腔咽喉頭疾患異常	歯・口腔 むし歯(う歯) 計	処置完了者	未処置歯のある者	歯列・咬合	顎関節	歯垢の状態	歯肉の状態	その他の疾病・異常
全 国	100.00	42.38	10.87	13.36	8.33	1.29	1.81	5.77	16.19	56.33	12.68	19.13	24.52	4.90	0.35	4.94	10.30	0.34	33.48	18.95	14.52	4.94	0.36	5.88	5.24	2.54
北 海 道	100.0	X	X	X	X	X	X	X	X	X	X	X	X	3.6	0.2	0.2	X	-	40.0	20.9	19.2	3.4	0.7	4.7	3.8	2.5
青 森	100.0	34.1	13.2	11.6	7.3	1.0	1.9	3.9	26.9	64.8	15.1	15.6	34.2	2.7	0.2	6.2	11.2	0.4	39.3	21.9	17.4	3.2	0.3	6.1	6.0	4.2
岩 手	100.0	X	X	X	X	X	X	X	X	X	X	X	X	7.7	0.3	5.8	X	0.8	35.9	22.1	13.7	8.5	0.3	7.4	7.9	2.3
宮 城	100.0	40.4	8.2	17.5	7.7	2.2	3.3	10.9	9.6	57.3	11.5	28.5	17.3	8.4	0.3	5.7	13.6	0.1	43.2	24.2	19.1	9.0	0.1	7.4	9.1	1.6
秋 田	100.0	X	X	X	X	X	X	X	X	X	X	X	X	10.4	0.6	4.9	X	1.4	30.9	18.1	12.8	4.6	0.5	3.9	3.2	3.2
山 形	100.0	40.2	X	X	X	X	X	X	X	57.6	X	X	X	3.0	0.1		10.5	1.0	26.8	15.2	11.6	5.7	0.1	4.4	3.2	2.9
福 島	100.0	37.1	10.4	11.1	6.9	0.9	1.6	6.5	25.4	62.0	12.0	17.7	32.3	4.0	0.2	0.9	5.6	1.5	40.4	19.8	20.6	5.5	0.0	10.3	8.9	2.6
茨 城	100.0	39.1	10.1	13.4	9.2	1.4	2.5	5.7	18.6	59.5	12.6	19.1	27.8	11.6	0.7	0.7	18.4	0.9	37.2	18.8	18.4	3.2	0.2	5.9	2.8	3.2
栃 木	100.0	37.0	11.4	15.1	6.3	1.1	2.4	4.6	22.0	61.9	13.7	19.8	28.4	4.8	0.4	6.0	15.6	0.4	36.1	20.1	16.0	4.3	0.4	6.5	5.7	3.2
群 馬	100.0	41.3	7.3	10.5	7.9	1.3	2.3	8.7	20.7	57.5	9.6	19.2	28.6	1.9	0.5	2.0	3.5	-	35.4	25.9	9.5	5.1	0.4	4.3	5.2	2.6
埼 玉	100.0													2.3	0.2	5.1	7.8	0.1	27.2	18.9	8.2	4.1	0.1	4.2	3.4	2.3
千 葉	100.0	57.9	5.7	10.9	8.1	0.1	0.1	1.7	15.5	42.0	5.8	12.6	23.6	6.2	0.3	8.4	14.3	0.1	28.1	17.4	10.7	6.1	0.1	7.2	6.8	2.4
東 京	100.0	38.3	X	X	X	0.4	X	X	X	61.4	X	X	X	8.2	0.3	8.4	11.6	0.1	31.9	20.5	11.4	4.1	0.1	4.1	3.2	1.0
神 奈 川	100.0	X	X	X	X	X	X	X	X	X	X	X	X	3.8	0.3	5.8	2.9		30.4	15.8	14.6	5.7	0.9	9.5	7.6	2.6
新 潟	100.0	43.0	5.6	14.1	6.1	0.1	0.2	6.2	24.7	56.9	5.8	20.3	30.8	4.8	0.2	3.9	15.8	-	18.6	13.0	5.6	2.0	0.2	2.7	4.8	1.7
富 山	-	-	-	-	-	-	-	-	-	-	-	-	-	8.3	0.4	2.3	10.2	0.1	29.3	17.5	11.8	2.7	0.1	5.6	4.0	2.1
石 川	100.0	28.0	X	X	X	X	X	X	X	71.7	X	X	X	2.4	0.1	1.9	6.0	0.2	35.3	21.0	14.3	3.7	0.1	5.6	4.2	2.1
福 井	100.0	35.1	7.6	11.4	5.3	0.8	0.1	7.0	32.5	64.1	7.8	18.5	37.9	1.3	0.5	0.6	2.2	0.2	40.1	22.2	17.9	0.8	0.9	9.8	6.7	2.9
山 梨	100.0	X	X	X	X	X	X	X	X	X	X	X	X	7.3	0.2	5.1	13.4	0.5	35.8	19.2	16.6	6.6	0.1	6.4	3.8	2.6
長 野	100.0	42.1	11.5	12.3	7.5	1.5	3.9	7.3	13.9	56.4	15.4	19.7	21.4	3.6	0.1	3.4	3.8	0.3	30.6	18.1	12.4	3.9	0.0	3.9	4.6	2.8
岐 阜	100.0	46.3	6.1	9.2	7.8	-	1.5	5.6	23.5	53.7	7.6	14.8	31.3	4.7	0.3	1.0	4.1	0.8	24.1	15.4	8.7	5.0	0.3	6.3	4.6	2.6
静 岡	100.0	42.1	10.5	10.6	8.4	0.7	1.4	6.5	19.9	57.2	11.9	17.1	28.2	2.0	0.4	5.1	3.8	0.2	30.8	19.5	11.3	4.6	0.0	8.4	7.0	2.1
愛 知	100.0	36.2	9.8	11.0	6.4	0.3	0.6	5.1	30.6	63.5	10.3	16.1	37.1	3.3	0.7	3.4	12.8	0.3	28.6	17.4	11.2	4.2	0.4	3.6	3.4	3.4
三 重	100.0	X	X	X	X	X	X	X	X	X	X	X	X	7.8	0.2	6.8	11.2	0.6	39.0	20.2	18.7	5.5	0.4	7.7	7.4	2.6
滋 賀	-	-	-	-	-	-	-	-	-	-	-	-	-	1.7	0.3	1.6	1.1	-	36.9	20.6	16.3	7.2	0.1	4.4	4.3	3.4
京 都	100.0	X	X	X	X	X	X	X	X	X	X	X	X	6.2	0.3	6.5	7.2	0.1	26.4	15.1	11.4	7.4	0.1	7.4	5.7	1.3
大 阪	100.0	X	X	X	X	X	X	X	X	X	X	X	X	4.5	0.2	5.2	6.1	0.1	34.3	18.5	15.8	3.6	0.1	5.6	5.7	4.2
兵 庫	100.0													5.3	0.2	6.6	12.9	0.1	30.1	17.3	12.8	6.8	0.4	6.3	3.8	3.1
奈 良	100.0	X	X	X	X	X	X	X	X	X	X	X	X	1.9	0.2	2.0	2.2	0.4	29.6	15.7	13.9	3.0	0.1	6.5	3.4	2.9
和 歌 山	100.0	42.8	10.5	11.9	3.7	5.3	3.4	5.1	17.1	51.9	13.9	17.1	20.9	8.5	0.3	6.0	11.1	0.2	33.7	20.2	13.6	9.7	0.9	9.6	6.1	1.0
鳥 取	100.0	44.7	11.0	9.6	4.8	2.8	3.0	8.7	15.5	52.5	14.0	18.3	20.2	6.0	0.2	1.4	21.2	0.2	35.9	24.6	11.3	4.7	0.4	8.6	6.2	2.6
島 根	100.0	43.5	9.3	14.1	6.1	0.1	0.9	3.4	22.7	56.4	10.2	17.4	28.8	7.6	0.2	5.7	15.7	0.2	36.4	21.1	15.3	6.3	0.0	6.4	6.0	3.1
岡 山	100.0	47.9	6.6	9.7	9.0	1.1	4.1	6.1	15.6	51.0	10.7	15.8	24.6	6.4	0.2	8.7	11.2	0.0	30.7	16.7	14.0	3.5	0.2	5.6	5.8	2.5
広 島	100.0	37.6	X	X	X	1.6	X	X	X	60.8	X	X	X	6.1	0.3	4.7	11.4	0.1	28.2	14.1	14.0	6.7	0.6	6.0	5.2	1.6
山 口	100.0	X	X	X	X	X	X	X	X	X	X	X	X	5.8	0.5	6.6	15.2	0.3	33.2	18.0	15.2	2.7	0.3	4.3	5.0	3.9
徳 島	100.0	46.1	9.6	12.9	5.2	1.2	1.4	1.8	21.8	52.7	10.9	14.7	27.0	2.6	0.9	X	4.0		43.5	25.6	17.9	5.0	0.5	5.7	5.5	1.8
香 川	100.0	35.4	X	X	X	-	X	X	X	64.6	X	X	X	2.5	0.2	4.5	5.1	0.1	39.0	25.3	13.7	8.6	0.6	12.1	12.9	1.4
愛 媛	100.0	32.9	X	X	X	2.0	X	X	X	65.1	X	X	X	2.8	0.2				33.7	17.4	16.2	3.9	0.0	7.3	3.3	2.5
高 知	100.0	X	X	X	X	X	X	X	X	X	X	X	X	2.8	0.2	7.9	3.5		31.5	16.4	15.1	4.2		5.3		3.9
福 岡	100.0	37.6	11.2	19.2	7.4	0.1	0.8	3.5	20.1	62.2	12.1	22.7	27.5	5.0	0.6	3.9	14.7	0.6	43.2	18.8	24.4	3.0	0.3	5.6	3.5	1.7
佐 賀	100.0	44.1	11.5	13.0	4.6	0.2	1.1	3.7	21.9	55.7	12.6	16.7	26.5	3.5	0.1	5.1	10.3	0.2	25.7	12.1	13.6	5.2	0.1	5.1	4.8	3.7
長 崎	100.0	X	X	X	X	X	X	X	X	X	X	X	X	0.4	0.4	2.2	7.3	0.8	43.0	29.9	13.2	6.2	0.6	6.6	4.7	3.1
熊 本	100.0	51.6	7.1	11.7	5.5	0.1	0.6	3.4	19.9	48.3	7.7	15.2	25.4	5.5	0.4	1.4	10.5	0.2	40.4	23.5	16.9	5.3	0.4	4.9	4.6	4.2
大 分	100.0	34.9	X	X	X	-	X	X	X	65.1	X	X	X	6.2	0.4	4.2	10.5	0.1	53.6	27.1	26.5	7.2	1.0	6.3	5.2	1.6
宮 崎	100.0	X	X	X	X	X	X	X	X	X	X	X	X	3.4	0.4	10.0	15.8	0.1	38.1	22.2	16.0	7.2	0.3	5.8	6.1	2.7
鹿 児 島	100.0	38.6	9.6	10.8	6.1	0.3	0.7	5.2	28.7	61.1	10.3	16.0	34.8	4.9	0.3	9.7	20.4	0.4	39.4	17.7	21.7	6.2	0.3	6.1	6.5	3.1
沖 縄	100.0	X	8.4	11.9	11.4	X	0.8	2.9	12.0	47.5	9.2	14.9	23.4	1.5	0.3	4.3	8.6	2.0	63.7	23.7	40.1	2.3	0.6	4.6	3.3	3.1

異常被患率等（各年齢ごと）（39-23）

単位　（％）

永久歯の1人当り平均むし歯（う歯）等数					栄養状態	せき柱・胸郭・四肢の状態	皮膚疾患		結核検査の対象精密者	結核	心臓疾病・異常	心電図異常	蛋白検出の者	尿糖検出の者	その他の疾病・異常				区分
計(本)	喪失歯数(本)	むし歯（う歯）計(本)	処置歯数(本)	未処置歯数(本)			アトピー性皮膚炎	その他の皮膚疾患							ぜん息	腎臓疾患	言語障害	その他の疾病・異常	
…	…	…	…	…	1.25	1.40	3.07	0.24	0.07	-	0.92	…	4.06	0.24	2.96	0.24	0.08	4.92	全　国
…	…	…	…	…	0.8	0.8	6.8	0.1		-	0.6	…	2.6	0.3	5.5	0.4	-	8.1	北 海 道
…	…	…	…	…	1.8	3.0	1.1	0.5	-	-	0.4	…	2.5	0.3	1.0	0.1	0.0	3.6	青　森
…	…	…	…	…	1.2	0.7	2.6	0.3	0.1	-	0.3	…	5.0	0.1	2.7	0.1	0.0	6.9	岩　手
…	…	…	…	…	1.4	1.7	3.0	0.3	-	-	0.2	…	2.6	0.4	3.2	0.2	-	5.5	宮　城
…	…	…	…	…	3.9	2.5	3.6	0.3	-	-	0.9	…	1.6	0.1	2.8	0.5	0.1	10.3	秋　田
…	…	…	…	…	2.6	1.3	3.8	0.2	-	-	0.5	…	2.9	0.2	1.9	0.2	0.1	9.7	山　形
…	…	…	…	…	2.7	0.5	2.4	0.4	-	-	0.5	…	2.9	0.1	4.7	0.2	0.1	7.5	福　島
…	…	…	…	…	3.0	0.9	5.3	0.4	0.1	-	1.0	…	1.7	0.2	3.3	0.2	0.1	5.1	茨　城
…	…	…	…	…	2.8	2.7	3.8	0.5	0.0	-	1.5	…	10.3	0.3	4.2	0.3	0.2	5.1	栃　木
…	…	…	…	…	3.3	3.7	2.6	0.2	0.1	-	1.2	…	1.0	0.2	2.9	0.4	0.2	5.4	群　馬
…	…	…	…	…	-	0.4	2.2	0.0	0.2	-	0.8	…	5.0	0.3	2.5	0.1	-	3.5	埼　玉
…	…	…	…	…	1.1	1.9	4.0	0.1	0.1	-	1.2	…	3.1	0.2	4.5	0.6	-	3.3	千　葉
…	…	…	…	…	0.5	0.8	3.8	0.1	0.1	-	0.6	…	3.9	0.2	3.2	0.1	0.1	5.5	東　京
…	…	…	…	…	0.8	1.6	2.1	0.8	-	-	0.5	…	2.6	0.1	3.8	0.1	-	4.1	神 奈 川
…	…	…	…	…	2.2	0.8	5.0	0.4	0.1	-	2.1	…	2.4	0.1	4.0	0.4	0.1	7.8	新　潟
…	…	…	…	…	1.6	4.8	2.3	0.1	-	-	1.4	…	3.5	0.4	1.3	0.5	0.0	3.9	富　山
…	…	…	…	…	0.7	0.5	2.1	0.4	0.1	-	1.0	…	6.5	1.2	2.1	0.3	0.1	3.6	石　川
…	…	…	…	…	1.8	0.4	2.5	0.4	-	-	0.6	…	2.4	0.1	1.3	0.2	-	7.0	福　井
…	…	…	…	…	0.9	0.3	2.8	0.2	0.2	-	0.2	…	6.4	0.3	2.3	0.1	0.0	4.6	山　梨
…	…	…	…	…	1.1	1.4	4.1	0.0	0.2	-	2.0	…	3.1	0.3	4.1	0.1	0.1	7.6	長　野
…	…	…	…	…	1.0	0.6	3.9	0.2	0.1	-	2.4	…	6.7	0.4	2.8	0.9	0.1	9.1	岐　阜
…	…	…	…	…	2.5	1.8	1.5	0.2	0.0	-	0.8	…	5.2	0.1	2.4	0.2	-	4.3	静　岡
…	…	…	…	…	2.0	1.0	4.7	0.1	0.1	-	1.0	…	3.3	0.5	3.7	0.4	0.2	6.4	愛　知
…	…	…	…	…	2.3	2.5	2.6	0.0	0.0	-	0.8	…	2.9	0.2	3.2	0.0	0.1	4.6	三　重
…	…	…	…	…	0.3	0.6	2.3	0.2	0.1	-	1.9	…	5.3	0.1	1.4	0.3	-	3.7	滋　賀
…	…	…	…	…	2.1	2.5	3.5	0.1	0.2	-	2.1	…	7.5	0.2	2.5	0.2	0.0	8.4	京　都
…	…	…	…	…	0.4	1.9	2.1	0.2	0.1	-	0.6	…	4.1	0.2	2.6	0.1	0.1	3.8	大　阪
…	…	…	…	…	1.1	2.0	1.7	0.2	-	-	1.3	…	4.3	0.2	2.3	0.4	0.1	2.6	兵　庫
…	…	…	…	…	1.2	2.1	3.5	0.3	0.1	-	0.2	…	7.7	0.4	0.8	0.2	-	5.2	奈　良
…	…	…	…	…	1.2	1.1	1.8	-	0.0	-	0.7	…	8.3	0.3	2.0	0.0	-	1.5	和 歌 山
…	…	…	…	…	1.2	1.8	4.5	0.3	0.2	-	1.7	…	1.6	0.0	5.2	0.5	0.0	11.9	鳥　取
…	…	…	…	…	1.1	1.5	4.3	0.3	-	-	0.6	…	5.6	0.3	3.4	0.0	0.9	5.2	島　根
…	…	…	…	…	1.9	1.0	3.9	0.3	-	-	2.2	…	5.9	0.4	2.7	0.3	0.1	7.5	岡　山
…	…	…	…	…	0.9	2.0	2.9	0.4	-	-	0.6	…	5.8	0.1	1.2	0.0	0.0	3.8	広　島
…	…	…	…	…	2.1	1.7	2.6	0.2	-	-	1.1	…	1.9	0.2	2.2	0.2	0.0	5.7	山　口
…	…	…	…	…	2.2	0.3	2.7	0.1	-	-	0.5	…	3.3	0.1	1.8	0.2	0.2	4.5	徳　島
…	…	…	…	…	3.6	0.4	2.8	0.3	-	-	1.4	…	5.0	0.2	3.0	0.3	-	4.5	香　川
…	…	…	…	…	1.7	1.4	2.1	0.1	-	-	1.4	…	6.9	0.5	2.3	0.1	-	5.5	愛　媛
…	…	…	…	…	0.4	0.4	2.1	0.3	-	-	0.6	…	2.6	0.1	1.2	0.2	-	3.4	高　知
…	…	…	…	…	0.7	1.3	2.1	0.1	0.1	-	0.7	…	3.9	0.1	2.6	0.0	0.0	2.3	福　岡
…	…	…	…	…	2.4	2.6	1.7	0.4	0.2	-	0.8	…	2.0	0.1	1.7	0.2	-	6.0	佐　賀
…	…	…	…	…	1.4	0.4	2.7	0.2	0.1	-	0.6	…	2.8	0.2	2.1	0.2	-	5.0	長　崎
…	…	…	…	…	0.9	1.0	1.5	0.1	-	-	0.6	…	7.3	0.2	1.4	0.0	0.0	2.4	熊　本
…	…	…	…	…	0.4	1.4	2.9	0.6	-	-	0.8	…	7.7	0.3	2.5	0.0	0.0	3.4	大　分
…	…	…	…	…	0.4	1.4	2.0	0.0	-	-	1.6	…	4.3	0.1	2.4	0.0	-	3.6	宮　崎
…	…	…	…	…	0.5	0.7	1.3	0.7	0.0	-	1.4	…	3.5	0.2	0.9	0.1	-	0.8	鹿 児 島
…	…	…	…	…	0.8	1.4	1.6	0.6	-	-	0.6	…	2.7	0.1	1.9	0.2	0.0	3.8	沖　縄

1　15歳　(2)　男

区分	計	視力非矯正者の裸眼視力				視力矯正者の裸眼視力				裸眼視力				眼の疾病・異常	難聴	耳鼻咽頭			歯・口腔 むし歯（う歯）							
		1.0以上	1.0未満0.7以上	0.7未満0.3以上	0.3未満	1.0以上	1.0未満0.7以上	0.7未満0.3以上	0.3未満	計	1.0未満0.7以上	0.7未満0.3以上	0.3未満			耳疾患	鼻疾・副鼻腔患	口腔咽喉頭疾患・異常	計	処置完了者	未処置歯のある者	歯列・咬合	顎関節	歯垢の状態	歯肉の状態	疾病・異常その他の
全　国	100.00	39.79	12.53	15.30	9.26	1.22	1.39	4.59	15.93	58.99	13.92	19.89	25.19	3.62	0.32	3.95	8.38	0.26	35.32	20.32	15.00	4.41	0.38	5.44	4.74	1.13
北 海 道	100.0	X	X	X	X	X	X	X	X	X	X	X	X	1.7	0.1	2.1	6.2	0.1	46.2	26.2	19.9	4.8	0.2	2.9	2.8	0.6
青　森	100.0	31.0	12.1	9.3	5.6	0.1	0.5	5.1	36.3	68.9	12.6	14.4	41.9	3.0	0.3	5.9	12.3	0.5	40.0	23.3	16.6	3.4	0.4	4.5	4.3	1.1
岩　手	100.0	X	X	X	X	X	X	X	X	X	X	X	X	6.7	0.1	8.1	19.3	0.1	46.2	24.8	21.4	6.7	0.1	4.7	5.2	1.2
宮　城	100.0	X	X	X	X	X	X	X	X	X	X	X	X	7.6	0.1	6.9	18.9	0.4	42.3	26.1	16.3	6.3	0.4	8.2	9.8	0.6
秋　田	100.0	X	X	X	X	X	X	X	X	X	X	X	X	5.6	0.1	5.1	13.8	0.1	33.8	17.2	16.7	3.7	0.3	3.0	1.4	3.0
山　形	100.0	X	X	X	X	X	X	X	X	X	X	X	X	2.0	0.2	3.8	10.2	0.2	26.4	16.1	10.2	1.6	0.1	3.7	4.8	0.7
福　島	-	-	-	-	-	-	-	-	-	-	-	-	-	2.0	0.0	0.1	X	0.3	43.2	25.7	17.5	9.8	3.3	9.6	9.6	1.0
茨　城	100.0	31.8	10.0	13.2	10.5	0.1	0.5	5.7	28.2	68.2	10.5	19.0	38.6	8.7	0.5	8.3	13.0	0.2	39.4	19.5	20.0	4.5	0.0	5.3	3.6	1.9
栃　木	100.0	X	X	X	X	X	X	X	X	X	X	X	X	3.4	0.5	4.0	7.5	0.1	34.9	19.3	15.6	3.5	0.1	7.0	7.2	1.3
群　馬	100.0	X	X	X	X	X	X	X	X	X	X	X	X	3.4	0.6	6.2	8.1	0.2	37.1	21.0	16.1	3.9	0.2	3.9	5.1	0.6
埼　玉	100.0	X	X	X	X	X	X	X	X	X	X	X	X	1.5	0.2	6.3	5.8	0.2	31.3	17.6	13.7	4.3	0.2	5.1	3.8	0.7
千　葉	100.0	X	X	X	X	X	X	X	X	X	X	X	X	3.2	0.2	4.2	7.7	0.1	35.3	19.8	15.5	5.3	1.1	5.9	4.6	1.0
東　京	100.0	X	X	X	X	X	X	X	X	X	X	X	X	3.2	0.5	4.6	6.2	0.1	30.6	19.3	11.3	6.2	0.1	7.0	5.1	0.9
神 奈 川	100.0	X	X	X	X	X	X	X	X	X	X	X	X	2.4	0.5	4.7	9.7	0.2	34.4	17.8	16.5	6.2	0.2	8.1	6.4	2.3
新　潟	100.0	38.5	13.9	14.3	X	0.3	0.3	2.2	X	61.3	14.3	16.5	30.6	0.9	0.3	2.6	7.0	-	19.8	13.2	6.6	1.7	0.5	3.5	3.1	0.8
富　山	100.0	X	X	X	X	X	X	X	X	X	X	X	X	7.5	0.3	3.1	9.7	0.0	31.0	16.2	14.8	3.0	0.5	4.5	3.2	0.3
石　川	-	-	-	-	-	-	-	-	-	-	-	-	-	0.4	0.4	3.4	6.1	1.2	38.5	23.0	15.5	3.9	0.6	6.9	6.0	1.4
福　井	100.0	X	X	X	X	X	X	X	X	X	X	X	X	0.1	0.1	1.0	3.5	-	53.8	29.8	23.9	0.2	0.2	5.2	6.4	1.4
山　梨	100.0	X	X	X	X	X	X	X	X	X	X	X	X	6.6	0.3	3.4	6.7	0.0	39.4	25.0	14.3	0.2	0.2	5.5	7.1	0.3
長　野	100.0	X	X	X	X	X	X	X	X	X	X	X	X	3.4	0.3	4.4	5.5	0.6	33.1	19.9	13.2	3.8	0.0	3.4	3.8	1.2
岐　阜	100.0	X	X	X	X	X	X	X	X	X	X	X	X	3.9	0.5	3.1	3.9	0.1	24.5	15.6	8.9	2.1	0.1	3.8	6.0	2.3
静　岡	100.0	39.7	7.5	10.8	9.3	0.1	0.5	5.2	26.9	60.2	8.0	16.0	36.2	2.1	0.2	6.3	8.2	0.3	32.8	21.0	11.8	4.3	0.4	5.5	3.6	0.8
愛　知	100.0	X	X	X	X	X	X	X	X	X	X	X	X	6.2	0.5	3.6	7.8	0.4	26.3	17.0	9.2	2.4	0.2	3.6	3.7	0.5
三　重	-	-	-	-	-	-	-	-	-	-	-	-	-	3.3	0.2	3.1	9.5	0.4	44.6	26.9	17.7	3.7	0.9	7.2	6.0	0.3
滋　賀	-	-	-	-	-	-	-	-	-	-	-	-	-	1.4	0.3	6.1	5.5	0.0	29.3	19.0	10.4	4.7	0.2	6.6	3.3	1.0
京　都	100.0	X	X	X	X	X	X	X	X	X	X	X	X	5.2	0.4	4.9	6.9	0.9	26.1	17.1	9.0	3.5	0.6	6.0	3.8	1.0
大　阪	-	-	-	-	-	-	-	-	-	-	-	-	-	1.4	0.2	1.5	5.1	0.4	32.5	19.9	12.5	2.1	0.4	4.0	1.5	1.1
兵　庫	-	-	-	-	-	-	-	-	-	-	-	-	-	4.4	0.3	7.3	6.0	0.1	35.0	21.6	13.3	5.8	0.7	4.4	6.1	0.3
奈　良	100.0	X	X	X	X	X	X	X	X	X	X	X	X	4.1	0.1	0.9	6.2	0.1	36.8	22.4	14.4	6.7	0.6	11.0	5.1	1.5
和 歌 山	100.0	35.5	9.3	11.4	10.9	-	0.1	12.0	20.9	64.5	9.4	23.4	31.8	2.9	0.3	0.5	6.3	0.1	36.1	21.3	14.7	2.1	0.1	1.9	2.3	2.8
鳥　取	100.0	X	X	X	X	X	X	X	X	X	X	X	X	4.4	-	0.7	6.2	-	36.1	18.0	18.1	5.4	0.7	7.4	5.1	0.7
島　根	100.0	X	X	X	X	X	X	X	X	X	X	X	X	6.7	0.1	3.6	17.7	0.9	43.4	22.5	20.9	1.6	0.0	4.8	2.7	0.7
岡　山	100.0	X	X	X	X	X	X	X	X	X	X	X	X	7.7	0.4	5.3	12.3	0.2	34.4	20.8	13.6	1.9	0.3	6.0	6.5	1.5
広　島	100.0	X	X	X	X	X	X	X	X	X	X	X	X	4.3	0.3	3.7	8.1	0.2	28.5	16.2	12.3	5.1	0.2	5.1	6.3	1.7
山　口	100.0	X	X	X	X	X	X	X	X	X	X	X	X	3.6	0.6	4.2	12.8	0.2	32.2	16.7	15.4	4.7	0.3	6.3	3.9	0.7
徳　島	100.0	38.6	10.1	12.5	X	-	0.3	8.0	X	61.4	10.3	20.6	30.4	9.5	0.1	6.9	11.6	0.4	41.9	24.6	17.3	3.1	0.5	4.4	5.7	1.6
香　川	100.0	X	X	X	X	X	X	X	X	X	X	X	X	2.3	0.1	5.3	6.9	0.1	33.8	21.9	11.8	3.4	0.3	4.3	6.4	0.8
愛　媛	100.0	27.6	X	X	X	X	X	X	X	72.4	X	X	X	4.1	0.0	0.1	14.6	-	33.7	19.4	14.4	2.3	0.1	1.9	3.4	0.9
高　知	100.0	X	X	X	X	X	X	X	X	X	X	X	X	4.1	0.2	3.3	13.6	0.5	40.6	22.0	18.6	4.0	0.1	4.5	5.5	0.3
福　岡	100.0	30.6	8.5	14.5	X	-	-	5.3	X	69.4	8.5	19.8	41.1	5.0	0.6	3.1	10.0	0.0	44.6	19.2	25.4	4.2	0.4	5.1	4.3	0.6
佐　賀	100.0	38.3	X	X	X	1.3	X	X	X	60.4	X	X	X	3.2	0.4	5.8	12.8	0.1	40.4	20.7	19.8	5.6	0.2	9.0	8.5	3.4
長　崎	-	-	-	-	-	-	-	-	-	-	-	-	-	3.9	0.1	5.2	4.3	0.3	33.7	21.6	12.0	3.2	0.7	5.4	5.3	1.5
熊　本	100.0	X	X	X	X	X	X	X	X	X	X	X	X	5.8	0.2	4.4	17.7	0.2	46.8	28.8	18.0	5.1	0.1	3.1	3.5	1.7
大　分	100.0	X	X	X	X	X	X	X	X	X	X	X	X	4.4	0.2	-	6.1	-	47.5	27.4	20.1	6.0	0.7	7.1	6.1	1.2
宮　崎	-	-	-	-	-	-	-	-	-	-	-	-	-	4.5	0.3	5.1	8.9	1.5	46.7	24.0	22.6	2.9	1.1	4.4	4.5	1.3
鹿 児 島	100.0	38.0	X	X	X	-	X	X	X	62.0	X	X	X	3.7	0.5	8.7	19.1	1.4	49.0	24.6	24.5	7.1	0.4	7.3	9.9	2.0
沖　縄	100.0	32.2	7.1	12.5	10.0	-	-	6.2	32.0	67.8	7.1	18.7	42.0	0.4	0.1	0.0	0.8	1.2	59.2	27.2	32.0	3.5	0.1	5.2	4.5	0.9

異常被患率等（各年齢ごと）（39-24）

単位　（％）

永久歯の1人当り平均むし歯（う歯）等数					栄養状態	せき柱・四肢の状態（胸郭・）	皮膚疾患		結核検査の対象者（密者）	結核	心疾患（心臓・異常）	心電図異常	蛋白検出の者	尿糖検出の者	その他の疾病・異常				区分
計（本）	喪失歯数（本）	むし歯（う歯）計（本）	処置歯数（本）	未処置歯数（本）			アトピー性皮膚炎	その他の皮膚疾患							ぜん息	腎臓疾患	言語障害	その他の疾病・異常	
…	…	…	…	…	0.75	1.16	2.64	0.20	…	0.03	1.02	4.01	4.63	0.25	1.95	0.24	0.07	4.29	全　国
…	…	…	…	…	0.2	0.5	4.7	0.1	…	0.0	0.5	2.1	4.2	0.2	3.6	0.1	0.0	5.4	北 海 道
…	…	…	…	…	0.6	0.4	2.4	0.6	…	0.0	0.4	1.7	2.2	0.4	1.4	0.1	0.1	5.0	青　森
…	…	…	…	…	0.1	0.5	1.8	0.0	…	-	1.0	5.5	2.4	0.0	2.0	0.1	0.3	4.4	岩　手
…	…	…	…	…	0.2	0.7	4.1	0.2	…	-	0.5	2.4	2.3	0.1	1.6	0.2	0.3	4.4	宮　城
…	…	…	…	…	1.1	1.1	4.2	-	…	-	0.4	3.2	1.5	0.5	2.8	0.0	-	6.0	秋　田
…	…	…	…	…	1.2	0.5	2.9	0.5	…	-	0.3	6.4	6.3	0.1	2.1	0.4	0.4	9.8	山　形
…	…	…	…	…	1.0	0.7	1.9	0.5	…	0.0	1.2	5.3	3.0	0.2	2.1	0.3	0.2	4.9	福　島
…	…	…	…	…	1.2	0.9	5.2	0.3	…	-	0.6	4.7	9.5	0.2	3.0	0.2	0.3	6.1	茨　城
…	…	…	…	…	0.8	2.6	3.7	0.1	…	-	2.3	6.4	7.1	0.4	3.1	0.3	0.0	6.6	栃　木
…	…	…	…	…	0.8	3.1	3.0	0.0	…	0.0	0.9	5.3	0.7	0.1	1.7	0.5	0.1	4.2	群　馬
…	…	…	…	…	1.5	1.1	1.1	0.2	…	0.0	0.6	3.4	3.1	0.2	1.6	0.1	0.0	3.0	埼　玉
…	…	…	…	…	0.7	1.1	2.3	0.1	…	0.1	0.9	2.5	3.2	0.2	2.8	0.2	0.1	3.1	千　葉
…	…	…	…	…	0.2	0.6	2.5	0.4	…	-	0.6	3.8	4.4	0.2	1.8	0.4	0.0	2.2	東　京
…	…	…	…	…	0.4	1.2	2.7	0.2	…	0.1	0.6	3.1	3.8	0.7	2.5	0.2	0.0	5.1	神 奈 川
…	…	…	…	…	0.2	0.4	1.9	0.2	…	0.2	1.7	4.1	4.0	0.2	1.5	0.2	-	7.3	新　潟
…	…	…	…	…	0.8	2.7	2.9	0.1	…	-	2.6	7.4	2.7	0.3	1.3	0.1	-	5.9	富　山
…	…	…	…	…	1.1	0.8	1.8	0.4	…	0.1	1.4	3.8	10.5	0.3	2.3	0.3	-	4.8	石　川
…	…	…	…	…	1.1	0.5	1.4	0.3	…	0.1	1.1	0.6	6.9	0.6	0.8	0.1	-	3.7	福　井
…	…	…	…	…	0.7	0.5	2.4	0.3	…	0.0	2.0	11.7	1.3	0.2	1.4	0.2	-	8.1	山　梨
…	…	…	…	…	0.1	1.5	1.9	0.1	…	-	1.0	4.3	0.4	0.1	1.2	0.1	-	2.3	長　野
…	…	…	…	…	1.3	1.9	3.0	0.2	…	-	2.5	4.7	4.3	0.2	2.1	0.9	0.3	5.8	岐　阜
…	…	…	…	…	1.8	1.1	1.8	0.2	…	-	0.8	3.4	4.1	0.4	1.4	0.3	0.1	4.6	静　岡
…	…	…	…	…	1.1	0.7	3.7	0.0	…	-	0.6	4.2	5.0	0.2	1.4	0.3	0.2	4.4	愛　知
…	…	…	…	…	2.2	0.1	2.7	0.2	…	-	1.5	3.5	6.1	0.2	2.5	0.2	0.1	3.2	三　重
…	…	…	…	…	0.1	1.0	2.3	0.1	…	0.1	2.0	5.7	5.6	0.2	1.0	0.4	0.1	2.5	滋　賀
…	…	…	…	…	1.7	2.8	2.5	0.1	…	0.0	2.6	5.9	4.9	0.7	2.0	0.2	0.1	5.3	京　都
…	…	…	…	…	0.4	2.6	2.8	0.1	…	-	1.1	3.9	4.7	0.1	1.4	0.2	0.1	5.2	大　阪
…	…	…	…	…	0.8	0.7	2.4	0.1	…	0.0	2.3	4.7	5.4	0.2	2.1	0.2	0.0	3.8	兵　庫
…	…	…	…	…	0.3	0.9	2.3	0.1	…	0.1	0.4	3.3	12.6	0.2	1.6	0.4	-	2.4	奈　良
…	…	…	…	…	-	1.0	0.5	0.0	…	0.0	2.0	7.4	7.5	0.2	0.5	0.1	0.0	3.9	和 歌 山
…	…	…	…	…	0.2	0.5	3.7	0.3	…	-	1.8	4.4	4.2	0.3	2.5	0.3	0.1	7.4	鳥　取
…	…	…	…	…	0.2	0.3	1.9	-	…	-	0.1	2.6	5.1	0.0	1.6	0.1	0.2	3.1	島　根
…	…	…	…	…	0.3	0.1	4.2	0.3	…	0.0	1.1	3.0	3.6	0.5	3.4	0.2	0.1	7.2	岡　山
…	…	…	…	…	0.7	1.7	2.6	0.7	…	0.0	0.7	2.9	6.3	0.2	1.3	0.1	0.1	2.9	広　島
…	…	…	…	…	0.4	1.9	1.7	0.1	…	-	0.5	2.5	1.1	0.2	1.9	0.4	-	4.3	山　口
…	…	…	…	…	3.9	1.4	3.0	-	…	-	0.9	4.1	4.1	0.2	2.6	0.3	0.0	2.2	徳　島
…	…	…	…	…	1.2	0.9	2.8	0.2	…	0.0	1.6	8.1	1.9	0.2	1.1	0.1	-	2.8	香　川
…	…	…	…	…	0.2	0.9	3.5	0.2	…	0.0	1.1	4.5	6.6	0.3	2.5	0.3	0.1	6.0	愛　媛
…	…	…	…	…	0.6		3.9	0.4	…	0.1	2.2	4.4	2.1	0.1	1.0	-	-	6.3	高　知
…	…	…	…	…	1.3	1.5	2.1	0.1	…	0.0	0.8	4.3	8.6	0.4	2.6	0.1	0.0	4.3	福　岡
…	…	…	…	…	2.9	2.4	2.1	0.3	…	-	1.1	4.0	3.0	0.3	1.7	0.4	0.1	6.0	佐　賀
…	…	…	…	…	0.0	0.5	3.4	0.0	…	-	1.2	6.8	5.3	0.1	1.1	0.5	0.1	4.2	長　崎
…	…	…	…	…	0.6	1.3	1.5	0.0	…	0.1	0.7	2.4	4.1	0.1	0.7	0.1	0.1	2.8	熊　本
…	…	…	…	…	0.6	1.3	0.0	0.0	…	-	0.7	3.5	5.8	0.1	1.8	0.1	-	5.8	大　分
…	…	…	…	…	1.4	1.3	1.1	0.4	…	0.0	2.2	6.3	6.3	0.2	1.7	0.2	0.1	2.4	宮　崎
…	…	…	…	…	0.1	1.7	2.6	0.4	…	0.1	1.2	4.6	5.5	0.4	1.8	0.2	0.1	3.6	鹿 児 島
…	…	…	…	…	0.2	0.5	0.8	0.4	…	-	0.4	3.1	3.8	0.2	0.6	0.1	0.0	1.4	沖　縄

都道府県表

1　16歳　(2)　男

裸眼視力欄: 「視力非矯正者の裸眼視力」(計／1.0以上／1.0未満0.7以上／0.7未満0.3以上／0.3未満)、「視力矯正者の裸眼視力」(1.0以上／1.0未満0.7以上／0.7未満0.3以上／0.3未満)、「裸眼視力」(計／1.0未満0.7以上／0.7未満0.3以上／0.3未満)。歯・口腔欄「むし歯(う歯)」は 計／処置完了者／未処置歯のある者。

区分	計	1.0以上	1.0未満0.7以上	0.7未満0.3以上	0.3未満	1.0以上	1.0未満0.7以上	0.7未満0.3以上	0.3未満	計	1.0未満0.7以上	0.7未満0.3以上	0.3未満	眼の疾病・異常	難聴	耳疾患	鼻疾・副鼻腔患	口腔咽喉頭疾患・異常	むし歯計	処置完了者	未処置歯のある者	歯列・咬合	顎関節	歯垢の状態	歯肉の状態	その他の疾病・異常
全国	100.00	39.32	13.37	12.90	9.28	1.11	1.23	4.70	18.09	59.58	14.60	17.60	27.37	3.72	…	2.28	6.43	0.21	40.30	23.10	17.21	4.45	0.45	5.66	5.11	1.11
北海道	100.0	X	X	X	X	X	X	X	X	X	X	X	X	1.4	…	0.5	5.5	-	51.2	29.2	22.0	5.9	0.4	4.0	3.9	0.6
青森	100.0	29.2	8.3	9.0	6.7	-	0.2	4.6	42.1	70.8	8.4	13.6	48.8	1.4	…	X	X	X	44.9	26.0	18.8	5.7	0.1	5.2	5.1	1.0
岩手	100.0	37.7	7.8	9.4	4.7	0.5	0.4	7.0	32.6	61.8	8.2	16.3	37.3	10.7	…	8.9	17.1	0.5	50.8	25.6	25.2	6.3	0.3	6.0	6.9	0.3
宮城	100.0	X	X	X	X	X	X	X	X	X	X	X	X	7.1	…	1.1	X	-	43.1	26.3	16.8	5.5	0.3	5.9	7.1	1.3
秋田	100.0	X	X	X	X	X	X	X	X	X	X	X	X	3.8	…	3.8	7.2	-	39.0	18.1	21.0	4.0	0.1	4.5	4.0	2.4
山形	100.0	X	X	X	X	X	X	X	X	X	X	X	X	2.8	…	3.2	X	-	31.8	20.0	11.8	2.3	0.5	5.4	5.0	0.5
福島	-	-	-	-	-	-	-	-	-	-	-	-	-	2.1	…	0.1	X	0.3	51.6	30.0	21.6	7.5	3.0	9.0	7.3	0.9
茨城	100.0	29.6	11.1	12.1	8.4	0.4	0.5	7.4	30.5	70.0	11.6	19.5	38.9	6.2	…	0.1	14.7	0.1	43.4	22.6	20.8	4.9	0.1	8.1	4.1	1.2
栃木	100.0	X	X	X	X	X	X	X	X	X	X	X	X	2.6	…	3.1	7.6	0.1	41.7	22.3	19.4	3.6	0.1	8.4	7.5	1.0
群馬	100.0	36.3	8.9	11.6	3.6	-	0.7	4.3	34.5	63.7	9.7	15.9	38.1	2.8	…	0.0	0.3		43.5	25.5	18.0	3.0	0.1	2.9	4.7	1.6
埼玉	100.0	X	X	X	X	X	X	X	X	X	X	X	X	1.3	…	5.9	2.0	0.2	34.4	18.9	15.4	5.1	0.3	5.6	4.1	0.5
千葉	100.0	X	X	X	X	X	X	X	X	X	X	X	X	1.4	…	1.3	0.4		37.7	21.4	16.3	6.2	1.1	5.6	4.3	0.9
東京	100.0	33.5	X	X	X	0.4	X	X	X	66.1	X	X	X	2.4	…	4.4	5.3	0.1	34.6	20.9	13.7	6.1	0.4	7.4	5.6	1.3
神奈川	100.0	X	X	X	X	X	X	X	X	X	X	X	X	0.8	…	2.8	4.7	0.2	41.8	20.1	21.6	4.9	0.6	8.5	6.5	1.9
新潟	100.0	X	X	X	X	X	X	X	X	X	X	X	X	0.8	…	1.5	X	-	25.7	18.0	7.7	1.0	0.5	3.2	4.9	0.6
富山	100.0	X	X	X	X	X	X	X	X	X	X	X	X	9.0	…	2.3	8.5	0.1	39.6	23.5	16.0	1.7	0.0	4.7	2.5	0.4
石川	-	-	-	-	-	-	-	-	-	-	-	-	-	0.4	…				42.2	28.2	14.0	2.8	0.6	6.8	6.6	0.6
福井	100.0	X	X	X	X	X	X	X	X	X	X	X	X	0.2	…	-	3.2	-	58.2	33.8	24.4	5.7	0.3	5.9	5.9	1.1
山梨	100.0	X	X	X	X	X	X	X	X	X	X	X	X	2.9	…	1.4	3.9	1.1	43.8	28.4	15.4	1.8	0.1	5.1	6.9	0.4
長野	100.0	X	X	X	X	X	X	X	X	X	X	X	X	X	…	0.9	4.8	0.4	39.7	24.2	15.5	2.0	1.1	3.8	5.5	1.2
岐阜	100.0	X	X	X	X	X	X	X	X	X	X	X	X	3.2	…	0.2	3.5		31.0	20.3	10.7	2.9	0.3	5.4	7.1	1.9
静岡	100.0	31.3	8.8	10.1	6.1	0.1	0.3	6.3	37.1	68.7	9.1	16.4	43.2	4.0	…	1.4	3.3	1.1	40.7	25.2	15.5	5.1	0.6	5.2	4.4	0.4
愛知	100.0	X	X	X	X	X	X	X	X	X	X	X	X	11.5	…	0.2	X		31.3	19.3	12.0	2.1	0.1	3.4	4.6	0.5
三重	-	-	-	-	-	-	-	-	-	-	-	-	-	4.0	…		X	2.0	47.9	28.0	19.9	3.9	1.1	6.6	7.4	0.4
滋賀	-	-	-	-	-	-	-	-	-	-	-	-	-	1.2	…	0.6	3.4		36.2	24.7	11.5	4.7	0.2	5.9	3.7	1.4
京都	100.0	X	X	X	X	X	X	X	X	X	X	X	X	5.3	…	5.0	6.2	0.7	31.2	21.0	10.1	2.9	0.7	5.8	4.0	1.1
大阪	-	-	-	-	-	-	-	-	-	-	-	-	-	1.4	…	0.8	3.3	0.1	36.5	22.8	13.6	2.2	0.3	3.4	2.1	1.1
兵庫	-	-	-	-	-	-	-	-	-	-	-	-	-	3.8	…	4.9	6.5	0.2	38.8	23.6	15.2	7.0	0.4	4.8	6.5	0.8
奈良	100.0	X	X	X	X	X	X	X	X	X	X	X	X	3.7	…	-	X	0.2	43.4	25.4	17.9	5.2	0.8	11.0	4.4	2.8
和歌山	100.0	39.8	9.2	11.8	7.0	0.1	X	8.4	23.3	60.1	9.5	20.2	30.4	3.1	…	0.1	0.3	-	46.1	26.9	19.2	2.0	0.2	2.7	3.7	2.6
鳥取	100.0	X	X	X	X	X	X	X	X	X	X	X	X	3.6	…	0.9	6.6	-	45.5	25.4	20.1	6.6	0.6	7.9	6.6	0.7
島根	100.0	X	X	X	X	X	X	X	X	X	X	X	X	10.0	…	X	X	-	45.0	22.0	23.1	2.2	0.1	3.6	1.5	0.6
岡山	100.0	X	X	X	X	X	X	X	X	X	X	X	X	8.2	…	2.0	1.0	-	38.8	24.7	14.1	1.8	0.2	4.6	5.7	1.4
広島	100.0	X	X	X	X	X	X	X	X	X	X	X	X	4.6	…	3.0	7.7	-	33.6	19.3	14.3	5.8	0.0	5.8	6.1	1.4
山口	100.0	X	X	X	X	X	X	X	X	X	X	X	X	3.4	…	6.0	10.6	-	39.2	22.2	17.0	5.8	0.1	8.5	6.5	0.5
徳島	100.0	X	X	X	X	X	X	X	X	X	X	X	X	-	…	0.2	-	0.2	50.2	32.5	17.7	4.5	0.9	3.3	6.6	1.3
香川	100.0	X	X	X	X	X	X	X	X	X	X	X	X	9.5	…	8.4	X	0.1	41.2	29.2	12.0	3.8	0.2	3.9	4.4	0.7
愛媛	100.0	32.1	15.2	12.5	X		0.1	6.7	X	67.9	15.3	19.3	33.4	4.2	…	0.0	17.5	-	38.5	21.3	17.1	3.7	1.2	4.3	4.4	0.9
高知	100.0	44.8	X	X	X	X	X	X	X	55.2	X	X	X	0.6	…	0.5	8.4	0.8	47.5	26.4	21.1	4.4	0.1	6.9	7.0	6.7
福岡	100.0	X	X	X	X	X	X	X	X	X	X	X	X	4.0	…	X	X	-	48.3	19.4	28.9	3.6	0.5	4.7	4.3	0.9
佐賀	100.0	X	X	X	X	X	X	X	X	X	X	X	X	2.7	…	0.8	4.5	0.2	42.5	21.7	20.8	6.1	0.3	10.0	9.7	1.9
長崎	-	-	-	-	-	-	-	-	-	-	-	-	-	2.4	…	X			42.5	27.6	14.9	3.7	1.0	5.3	4.8	1.5
熊本	100.0	X	X	X	X	X	X	X	X	X	X	X	X	4.4	…	4.4	11.0	-	48.3	29.7	18.6	3.1	0.3	3.8	3.4	1.7
大分	-	-	-	-	-	-	-	-	-	-	-	-	-	0.2	…	-	-		57.3	33.1	24.2	9.8	0.7	8.9	9.3	1.3
宮崎	-	-	-	-	-	-	-	-	-	-	-	-	-	2.4	…	4.1	7.0	0.8	54.6	30.5	24.1	3.9	0.4	4.4	4.3	0.8
鹿児島	100.0	X	X	X	X	X	X	X	X	X	X	X	X	3.0	…	8.0	X	-	55.4	27.9	27.4	5.6	0.4	5.9	8.6	2.4
沖縄	100.0	32.2	X	X	X	-	X	X	X	67.8	X	X	X	0.4	…	0.4	1.4	1.6	60.9	27.1	33.8	3.2	0.2	6.1	4.3	1.3

異常被患率等（各年齢ごと）（39-25）

単位　（%）

永久歯の1人当り平均むし歯（う歯）等数					栄養状態	せき柱・四肢の胸郭・状態	皮膚疾患		結核の検査の対象精密者	結核	心疾病臓・異常の常	心電図異常	蛋白検出の者	尿糖検出の者	その他の疾病・異常				区分
計（本）	喪失歯数（本）	むし歯（う歯）計（本）	処置歯数（本）	未処置歯数（本）			アトピー性皮膚炎	その他の皮膚疾患							ぜん息	腎臓疾患	言語障害	その他の疾病・異常	
…	…	…	…	…	0.68	0.99	2.53	0.18	…	…	0.88	…	3.68	0.26	1.97	0.25	0.05	4.13	全　国
…	…	…	…	…	0.3	0.4	4.3	0.2	…	…	0.6	…	3.2	0.3	4.0	0.2	0.0	5.4	北 海 道
…	…	…	…	…	0.1	0.6	1.7	0.3	…	…	0.5	…	2.2	0.3	1.0	0.3	0.0	3.0	青　森
…	…	…	…	…	0.1	0.4	2.0	0.1	…	…	0.7	…	2.3	0.2	1.8	0.1	－	3.6	岩　手
…	…	…	…	…	0.4	0.3	3.0	0.4	…	…	1.1	…	1.6	0.1	2.7	0.1	0.0	5.3	宮　城
…	…	…	…	…	0.9	0.8	2.6	0.1	…	…	0.4	…	0.8	0.6	2.0	0.6	0.1	3.2	秋　田
…	…	…	…	…	0.7	0.1	2.5	0.6	…	…	0.4	…	4.9	0.2	2.7	0.3	0.1	8.8	山　形
…	…	…	…	…	0.8	0.9	2.3	0.3	…	…	0.6	…	2.5	0.1	2.0	0.4	0.2	5.8	福　島
…	…	…	…	…	1.3	0.8	4.9	0.3	…	…	0.5	…	7.9	0.3	2.9	0.3	0.1	7.1	茨　城
…	…	…	…	…	0.6	2.1	2.9	0.1	…	…	1.4	…	4.5	0.3	3.0	0.4	0.0	5.2	栃　木
…	…	…	…	…	0.7	2.8	3.3	0.1	…	…	1.1	…	0.4	0.2	2.5	0.4	0.1	3.7	群　馬
…	…	…	…	…	1.1	0.9	1.1	0.1	…	…	0.7	…	2.5	0.1	1.4	0.0	－	2.6	埼　玉
…	…	…	…	…	0.9	1.2	2.2	0.3	…	…	0.8	…	2.3	0.2	2.7	0.3	0.0	2.8	千　葉
…	…	…	…	…	0.2	0.4	2.5	0.3	…	…	0.6	…	3.3	0.3	1.9	0.3	0.0	1.8	東　京
…	…	…	…	…	0.3	0.8	2.4	0.1	…	…	0.9	…	3.2	0.5	2.7	0.3	0.1	5.3	神 奈 川
…	…	…	…	…	0.4	0.4	2.7	0.2	…	…	1.0	…	2.5	0.3	2.3	0.5	－	7.3	新　潟
…	…	…	…	…	0.1	2.7	2.9	0.0	…	…	2.3	…	2.0	0.2	0.7	0.2	0.0	4.8	富　山
…	…	…	…	…	1.0	0.8	2.4	0.4	…	…	1.5	…	7.9	0.3	1.4	0.2	0.1	4.6	石　川
…	…	…	…	…	1.5	0.8	1.2	0.4	…	…	1.2	…	6.2	0.3	1.0	0.3	0.0	4.0	福　井
…	…	…	…	…	0.6	0.6	1.8	0.1	…	…	1.8	…	0.5	0.1	0.9	0.2	0.0	5.7	山　梨
…	…	…	…	…	0.2	0.4	2.2	0.0	…	…	1.1	…	0.7	0.1	0.8	0.2	－	2.1	長　野
…	…	…	…	…	0.8	0.8	2.9	0.1	…	…	3.2	…	3.8	0.2	2.3	0.8	0.0	5.1	岐　阜
…	…	…	…	…	1.2	0.8	1.5	0.4	…	…	0.8	…	3.5	0.3	1.0	0.1	0.1	3.8	静　岡
…	…	…	…	…	0.9	0.5	3.4	0.1	…	…	0.6	…	4.7	0.2	1.3	0.2	0.1	4.2	愛　知
…	…	…	…	…	1.5	0.2	2.8	0.1	…	…	1.2	…	5.1	0.1	2.8	0.2	0.1	3.5	三　重
…	…	…	…	…	0.0	0.7	1.3	0.1	…	…	2.3	…	3.9	0.1	0.8	0.3	－	1.8	滋　賀
…	…	…	…	…	2.1	4.2	2.5	0.1	…	…	1.2	…	3.6	0.6	2.0	0.2	0.1	6.0	京　都
…	…	…	…	…	0.4	2.1	2.1	0.1	…	…	0.4	…	3.9	0.1	1.5	0.4	－	6.0	大　阪
…	…	…	…	…	0.6	0.4	3.3	0.1	…	…	1.5	…	4.4	0.3	1.9	0.3	0.1	3.2	兵　庫
…	…	…	…	…	0.3	1.0	2.0	0.1	…	…	0.3	…	10.5	0.3	2.0	0.2	0.0	1.9	奈　良
…	…	…	…	…	－	0.3	0.7	0.1	…	…	0.3	…	5.4	0.1	0.4	0.1	0.0	3.6	和 歌 山
…	…	…	…	…	0.2	0.3	3.4	0.0	…	…	1.4	…	3.6	0.0	2.7	0.6	0.2	8.7	鳥　取
…	…	…	…	…	－	0.1	2.2	0.2	…	…	0.4	…	4.6	0.1	2.1	0.0	－	4.5	島　根
…	…	…	…	…	0.4	0.1	4.5	0.1	…	…	1.3	…	3.3	0.5	3.2	0.2	0.1	8.0	岡　山
…	…	…	…	…	0.8	3.5	3.2	0.4	…	…	0.4	…	4.4	0.3	1.2	0.1	－	2.9	広　島
…	…	…	…	…	0.5	2.2	2.4	0.1	…	…	0.7	…	0.7	0.3	1.9	0.3	0.1	4.0	山　口
…	…	…	…	…	3.1	0.8	2.2	－	…	…	0.5	…	2.9	0.5	2.1	0.5	－	1.4	徳　島
…	…	…	…	…	1.1	0.2	3.8	0.2	…	…	1.3	…	1.4	0.3	1.6	0.4	－	3.6	香　川
…	…	…	…	…	0.1	0.6	3.9	0.0	…	…	1.0	…	3.9	0.2	2.8	0.2	0.1	5.1	愛　媛
…	…	…	…	…	0.3	1.1	2.3	0.2	…	…	2.2	…	2.9	0.2	1.7	0.3	0.0	6.4	高　知
…	…	…	…	…	1.5	1.1	2.2	0.0	…	…	0.7	…	6.6	0.3	1.9	0.2	0.1	3.9	福　岡
…	…	…	…	…	2.4	2.4	2.3	0.5	…	…	0.7	…	1.8	0.2	2.3	0.1	0.2	7.5	佐　賀
…	…	…	…	…	0.2	0.2	2.5	0.2	…	…	1.0	…	3.3	0.0	1.6	0.4	0.0	3.3	長　崎
…	…	…	…	…	1.2	1.4	0.9	0.1	…	…	0.2	…	3.9	0.1	0.6	0.1	0.0	1.9	熊　本
…	…	…	…	…	0.3	0.4	1.2	0.1	…	…	0.6	…	4.7	0.2	2.2	0.3	0.0	5.0	大　分
…	…	…	…	…	1.0	0.9	1.1	0.2	…	…	1.7	…	4.4	0.3	2.5	0.2	0.1	2.7	宮　崎
…	…	…	…	…	0.2	1.3	2.3	0.4	…	…	1.4	…	5.0	0.3	2.2	0.3	0.0	3.7	鹿 児 島
…	…	…	…	…	0.1	0.3	0.8	0.2	…	…	0.4	…	2.9	0.1	0.5	0.2	0.0	1.2	沖　縄

都道府県表

1　17歳 (2) 男

裸眼視力の列は、左から〔視力非矯正者の裸眼視力：計／1.0以上／1.0未満0.7以上／0.7未満0.3以上／0.3未満〕〔視力矯正者の裸眼視力：1.0以上／1.0未満0.7以上／0.7未満0.3以上／0.3未満〕、次の裸眼視力は〔計／1.0未満0.7以上／0.7未満0.3以上／0.3未満〕、歯・口腔のむし歯(う歯)は〔計／処置完了者／未処置歯のある者〕。

区分	計	非1.0以上	非1.0未満0.7以上	非0.7未満0.3以上	非0.3未満	矯1.0以上	矯1.0未満0.7以上	矯0.7未満0.3以上	矯0.3未満	計	1.0未満0.7以上	0.7未満0.3以上	0.3未満	眼の疾病・異常	難聴	耳疾患	鼻疾・副鼻腔患	口腔咽喉頭疾患・異常	むし歯計	処置完了者	未処置歯のある者	歯列・咬合	顎関節	歯垢の状態	歯肉の状態	その他の疾病・異常
全国	100.00	38.08	12.36	12.46	8.30	0.84	1.37	3.65	22.94	61.07	13.73	16.11	31.23	3.69	0.31	2.33	7.20	0.28	43.86	25.31	18.55	4.40	0.51	5.55	5.30	1.03
北海道	100.0	X	X	X	X	X	X	X	X	X	X	X	X	2.1	0.2	0.3	6.7	0.1	53.8	31.5	22.2	5.2	0.2	2.5	2.5	0.4
青森	100.0	27.3	9.4	5.7	4.0	0.2	0.8	8.6	43.9	72.4	10.3	14.3	47.9	3.1	0.4	X	X	X	51.3	28.6	22.8	3.9	0.1	5.7	6.4	1.2
岩手	100.0	37.8	13.6	6.1	2.3	-	0.2	8.2	31.7	62.2	13.8	14.3	34.0	6.3	0.3	6.4	X	0.8	51.4	25.8	25.6	6.8	0.6	6.2	7.7	0.5
宮城	100.0	X	X	X	X	X	X	X	X	X	X	X	X	6.9	0.1	4.4	X	0.1	48.8	30.3	18.6	4.9	0.5	5.5	11.1	1.1
秋田	100.0	X	X	X	X	X	X	X	X	X	X	X	X	4.7	0.2	1.9	6.9	0.7	44.4	21.6	22.8	3.4	0.0	3.6	3.1	1.9
山形	100.0	X	X	X	X	X	X	X	X	X	X	X	X	2.9	0.1	5.6	X	-	38.4	23.4	15.0	3.1	0.6	5.8	5.4	1.3
福島	-	-	-	-	-	-	-	-	-	-	-	-	-	2.4	0.3	0.2	X	X	55.7	31.0	24.7	9.6	2.7	11.0	8.6	0.7
茨城	100.0	27.6	8.4	11.4	8.80	0.3	0.2	7.7	35.5	72.1	8.6	19.2	44.3	6.9	0.3	X	17.1	0.3	49.6	25.0	24.7	4.5	0.0	6.5	4.9	1.6
栃木	100.0	X	X	X	X	X	X	X	X	X	X	X	X	3.3	0.3	3.0	9.3	0.0	45.0	25.5	19.5	4.7	0.2	8.3	9.3	0.4
群馬	100.0	32.7	7.2	12.2	X	0.2	0.8	6.0	X	67.1	8.0	18.2	40.9	3.2	0.3	0.2	0.5	0.1	45.5	26.3	19.2	3.1	0.3	3.8	5.5	1.1
埼玉	100.0	X	X	X	X	X	X	X	X	X	X	X	X	2.0	0.3	4.7	2.9	0.1	35.7	20.9	14.8	X		5.3	3.6	0.4
千葉	100.0	X	X	X	X	X	X	X	X	X	X	X	X	X	0.2	1.1	0.9		41.6	24.8	16.8	6.6	1.0	6.3	5.4	0.4
東京	100.0	31.5	X	X	X	0.9	X	X	X	67.6	X	X	X	2.8	0.4	2.7	11.0	0.1	39.4	23.5	15.8	1.0		7.2	6.0	1.0
神奈川	100.0	X	X	X	X	X	X	X	X	X	X	X	X	0.7	0.5	2.7	5.5	0.9	43.9	22.7	21.3	6.5	0.3	7.8	6.8	1.5
新潟	100.0	X	X	X	X	X	X	X	X	X	X	X	X	1.0	0.1	4.3	X	2.1	32.0	21.2	10.8	1.9	0.4	2.7	4.2	0.5
富山	100.0	X	X	X	X	X	X	X	X	X	X	X	X	5.4	0.1	1.7	10.3	-	42.6	23.5	19.0	1.9	0.1	4.4	4.0	0.7
石川	100.0	X	X	X	X	X	X	X	X	X	X	X	X	0.2	0.5	-	X	-	47.2	31.7	15.5	2.4	0.5	4.5	4.5	0.5
福井	100.0	X	X	X	X	X	X	X	X	X	X	X	X	0.2	0.2	-	1.0	0.1	60.2	35.8	24.4	4.6	0.4	7.1	6.8	0.8
山梨	100.0	X	X	X	X	X	X	X	X	X	X	X	X	2.6	0.4	1.8	3.1	1.1	46.8	30.0	16.8		0.3	6.5	6.3	0.9
長野	100.0	X	X	X	X	X	X	X	X	X	X	X	X	8.0	0.2	5.4	3.5	0.3	43.1	24.7	18.3	3.7	0.1	3.7	5.4	1.6
岐阜	100.0	X	X	X	X	X	X	X	X	X	X	X	X	2.2	0.3	0.0	5.0	0.1	37.9	25.6	12.3	2.7	0.5	3.7	5.8	1.8
静岡	100.0	35.4	7.0	7.8	3.7	-	0.1	8.5	37.5	64.6	7.1	16.3	41.3	2.4	0.2	3.9	2.8	0.1	46.2	28.2	18.0	5.2	0.2	4.8	3.6	0.4
愛知	100.0	X	X	X	X	X	X	X	X	X	X	X	X	X	0.4	0.3	4.4	-	34.4	21.2	13.3	2.1	0.3	3.5	5.6	0.4
三重	-	-	-	-	-	-	-	-	-	-	-	-	-	3.5	0.8	X	X	X	53.0	32.8	20.2	3.2	0.8	8.4	7.0	0.4
滋賀	-	-	-	-	-	-	-	-	-	-	-	-	-	1.2	0.4	0.4	4.9	-	37.8	24.4	13.4	4.7	0.2	5.3	3.1	1.8
京都	100.0	X	X	X	X	X	X	X	X	X	X	X	X	4.7	0.5	4.3	5.3	0.8	34.9	22.8	12.1	3.1	0.6	4.4	4.4	1.0
大阪	-	-	-	-	-	-	-	-	-	-	-	-	-	1.8	0.2	0.5	2.4	0.3	40.9	25.3	15.6	1.9	0.3	3.4	1.4	1.0
兵庫	-	-	-	-	-	-	-	-	-	-	-	-	-	3.8	0.4	5.2	7.9	0.2	42.3	24.5	17.8	6.3	0.9	4.6	6.3	0.4
奈良	100.0	X	X	X	X	X	X	X	X	X	X	X	X	3.2	0.0	-	5.8		48.5	31.0	17.5	4.1	0.4	X	5.0	2.6
和歌山	100.0	34.8	X	X	X	0.3	X	X	X	64.9	X	X	X	2.3	0.6	0.1	0.4	0.1	X	X	X	2.6	0.2	2.9	3.1	3.5
鳥取	100.0	X	X	X	X	X	X	X	X	X	X	X	X	2.7	0.1	0.3	6.6	0.1	46.9	29.1	17.8	4.6	0.6	5.6	5.5	0.5
島根	100.0	X	X	X	X	X	X	X	X	X	X	X	X	10.9	0.2	1.7	X	-	48.9	25.6	23.3	1.7	0.4	3.8	1.7	0.7
岡山	100.0	X	X	X	X	X	X	X	X	X	X	X	X	7.8	0.3	1.7	5.1	0.1	39.8	24.4	15.4	2.8	0.3	5.2	5.4	1.5
広島	100.0	X	X	X	X	X	X	X	X	X	X	X	X	4.3	0.1	3.4	7.3	0.0	34.3	18.8	15.5	5.5	0.6	6.7	7.4	1.5
山口	100.0	X	X	X	X	X	X	X	X	X	X	X	X	2.6	0.3	5.3	9.7	0.1	43.9	23.8	20.1	5.5	0.5	7.4	6.2	0.2
徳島	100.0	X	X	X	X	X	X	X	X	X	X	X	X	0.1	0.1	-	X	-	55.0	35.0	19.9	4.0	0.7	2.8	5.0	1.3
香川	100.0	X	X	X	X	X	X	X	X	X	X	X	X	3.9	0.3	4.1	11.3	0.0	41.7	29.5	12.2	3.2	0.2	4.2	4.7	0.4
愛媛	100.0	33.0	X	X	X	0.1	X	X	X	66.9	X	X	X	3.2	0.2	0.0	X	X	42.9	23.8	19.0	3.1	1.7	3.9	4.2	0.6
高知	100.0	X	X	X	X	X	X	X	X	X	X	X	X	1.9	0.3	X	X	X	51.0	26.1	24.9	2.8	0.2	7.0	6.7	7.0
福岡	100.0	X	X	X	X	X	X	X	X	X	X	X	X	3.2	0.6	X	X	X	50.1	22.9	27.2	3.0	0.2	4.8	4.3	1.1
佐賀	100.0	X	X	X	X	X	X	X	X	X	X	X	X	2.8	0.2	0.8	3.6	0.1	44.7	22.9	21.8	5.5	0.3	9.6	8.3	2.5
長崎	-	-	-	-	-	-	-	-	-	-	-	-	-	0.4	0.2	1.4	4.9	-	39.4	25.5	13.9	4.4	0.6	6.4	6.6	0.9
熊本	100.0	X	X	X	X	X	X	X	X	X	X	X	X	8.0	0.2	2.4	X	0.3	55.6	34.2	21.4	3.7	0.2	3.9	4.5	1.7
大分	100.0	X	X	X	X	X	X	X	X	X	X	X	X	2.1	0.2	-	X	-	62.3	36.7	25.6	10.4	1.1	7.5	9.0	1.0
宮崎	-	-	-	-	-	-	-	-	-	-	-	-	-	2.0	0.1	3.1	10.4	0.5	57.7	29.2	28.4	3.4	0.5	3.9	4.8	0.8
鹿児島	100.0	X	X	X	X	X	X	X	X	X	X	X	X	2.9	0.3	8.2	X	0.7	60.3	30.2	30.1	6.0	0.3	7.9	10.3	2.6
沖縄	100.0	36.2	6.3	7.4	8.7	-	0.2	10.9	30.3	63.8	6.5	18.3	39.1	0.5	0.1	0.3	0.9	0.6	63.5	27.1	36.4	3.6	0.4	4.9	5.4	0.8

異常被患率等（各年齢ごと）（39-26）

単位（%）

計（本）	喪失歯数（本）	むし歯(う歯)計（本）	処置歯数（本）	未処置歯数（本）	栄養状態	せき柱・胸郭・四肢の状態	アトピー性皮膚炎	その他の皮膚疾患	結核の検査の対象者	結核	心疾病臓・異常	心電図異常	蛋白検出の者	尿糖検出の者	ぜん息	腎臓疾患	言語障害	その他の疾病・異常	区分
…	…	…	…	…	0.72	0.85	2.51	0.14	…	…	0.81	…	3.12	0.30	1.91	0.21	0.04	3.99	全 国
…	…	…	…	…	0.3	0.6	3.3	0.0	…	…	0.6	…	2.5	0.2	4.0	0.1	0.0	6.1	北 海 道
…	…	…	…	…	-	0.4	2.1	0.2	…	…	0.3	…	1.4	0.2	0.5	0.2	0.0	4.0	青 森
…	…	…	…	…	0.2	0.4	1.9	0.0	…	…	1.0	…	2.2	0.2	0.9	0.1	0.2	3.3	岩 手
…	…	…	…	…	0.2	0.3	3.3	0.4	…	…	0.5	…	1.7	0.1	1.5	0.2	-	3.0	宮 城
…	…	…	…	…	0.8	0.6	3.6	0.0	…	…	0.4	…	0.5	0.4	2.1	0.2	0.0	3.8	秋 田
…	…	…	…	…	1.5	0.5	2.8	0.0	…	…	0.7	…	3.7	0.3	2.1	0.1	0.1	7.0	山 形
…	…	…	…	…	1.3	0.3	2.5	0.0	…	…	0.6	…	1.6	0.5	2.2	0.3	0.1	5.2	福 島
…	…	…	…	…	1.6	0.7	5.1	0.1	…	…	0.9	…	7.5	0.3	3.4	0.4	0.1	5.9	茨 城
…	…	…	…	…	0.7	1.6	3.3	0.1	…	…	1.8	…	4.3	0.3	2.7	0.4	0.1	6.4	栃 木
…	…	…	…	…	0.7	1.7	4.1	0.2	…	…	1.0	…	0.3	0.2	2.3	0.3	-	3.3	群 馬
…	…	…	…	…	1.2	0.5	1.0	0.0	…	…	0.8	…	2.1	0.2	1.4	0.1	-	2.7	埼 玉
…	…	…	…	…	1.1	1.1	2.3	0.3	…	…	0.6	…	1.9	0.3	2.8	0.4	0.0	2.7	千 葉
…	…	…	…	…	0.3	0.4	2.3	0.1	…	…	0.4	…	2.8	0.3	1.8	0.1	-	1.7	東 京
…	…	…	…	…	0.5	0.8	2.3	0.1	…	…	0.5	…	2.6	0.7	3.2	0.3	0.1	5.9	神 奈 川
…	…	…	…	…	0.3	0.3	2.5	0.3	…	…	1.2	…	2.3	0.3	1.8	0.2	0.0	6.3	新 潟
…	…	…	…	…	0.6	2.8	3.3	0.0	…	…	2.1	…	1.4	0.2	1.4	0.3	-	4.9	富 山
…	…	…	…	…	0.7	0.5	1.7	0.4	…	…	1.2	…	7.3	0.5	1.4	0.2	-	4.5	石 川
…	…	…	…	…	1.4	0.8	1.3	0.1	…	…	0.7	…	3.5	0.3	0.8	0.2	-	3.8	福 井
…	…	…	…	…	0.4	0.5	1.4	0.1	…	…	0.7	…	0.6	0.1	0.9	0.4	0.1	4.8	山 梨
…	…	…	…	…	0.2	0.4	1.2	0.0	…	…	1.0	…	0.5	0.1	1.5	0.1	-	2.3	長 野
…	…	…	…	…	1.5	0.8	3.1	0.3	…	…	3.2	…	3.2	0.3	1.8	0.5	0.3	4.1	岐 阜
…	…	…	…	…	1.1	0.7	1.6	0.3	…	…	0.8	…	2.1	0.3	1.1	0.1	0.1	3.4	静 岡
…	…	…	…	…	0.7	0.5	3.4	0.1	…	…	3.8	…			0.9	0.1	0.0	3.4	愛 知
…	…	…	…	…	1.6	0.3	2.3	0.2	…	…	0.9	…	2.3	0.2	2.2	0.1	0.2	3.1	三 重
…	…	…	…	…	0.1	0.9	1.8	0.0	…	…	2.3	…	2.9	0.3	0.7	0.4	0.1	1.8	滋 賀
…	…	…	…	…	1.6	2.4	3.2	0.1	…	…	1.3	…	2.4	1.0	2.3	0.2	0.1	7.3	京 都
…	…	…	…	…	0.3	2.3	2.6	0.1	…	…	0.6	…	3.8	0.2	1.4	0.2	0.0	6.2	大 阪
…	…	…	…	…	1.0	0.6	2.8	0.1	…	…	1.3	…	4.0	0.2	2.1	0.1	0.0	3.1	兵 庫
…	…	…	…	…	0.2	0.8	2.4	0.1	…	…	0.6	…	9.4	0.2	1.3	0.1	0.0	1.5	奈 良
…	…	…	…	…	-	0.5	0.5	0.0	…	…	0.5	…	5.4	0.2	0.5	0.3	0.0	2.6	和 歌 山
…	…	…	…	…	0.2	0.4	3.0	0.1	…	…	1.5	…	3.0	0.5	3.2	0.5	0.0	7.5	鳥 取
…	…	…	…	…	0.1	0.4	2.8	0.0	…	…	0.4	…	4.5	0.1	1.6	0.1	0.2	2.8	島 根
…	…	…	…	…	0.3	0.3	5.6	0.2	…	…	1.1	…	2.3	0.3	2.5	0.2	-	7.3	岡 山
…	…	…	…	…	1.0	1.2	2.7	0.0	…	…	0.5	…	4.3	0.4	1.2	0.1	-	3.9	広 島
…	…	…	…	…	0.9	2.2	1.3	0.2	…	…	0.4	…	0.8	0.3	1.5	0.3	-	2.9	山 口
…	…	…	…	…	3.8	0.2	2.7		…	…	0.6	…	2.2	0.5	1.6	0.4	0.0	1.4	徳 島
…	…	…	…	…	1.1	0.4	4.4	0.1	…	…	1.3	…	1.5	0.0	1.8	0.6	-	2.8	香 川
…	…	…	…	…	0.1	0.5	3.1	0.2	…	…	1.0	…	4.1	0.3	2.5	0.2	-	5.2	愛 媛
…	…	…	…	…	1.7	0.4	4.3	0.0	…	…	2.1	…	1.6	0.1	2.3	0.6	-	5.6	高 知
…	…	…	…	…	0.9	1.2	1.7	0.2	…	…	0.9	…	6.5	0.2	2.3	0.2	0.1	4.1	福 岡
…	…	…	…	…	2.4	1.7	2.1	0.3	…	…	0.5	…	1.1	0.3	2.3	0.1	0.1	5.4	佐 賀
…	…	…	…	…	0.1	0.3	2.9	0.1	…	…	0.8	…	3.2	0.3	1.6	0.2	0.1	3.9	長 崎
…	…	…	…	…	0.8	1.4	0.9	0.1	…	…	0.6	…	2.4	0.5	0.4	0.0	0.1	2.3	熊 本
…	…	…	…	…	0.4	0.3	1.0	0.2	…	…	0.5	…	4.6	0.2	2.4	-	-	3.8	大 分
…	…	…	…	…	1.0	1.0	1.8	0.2	…	…	1.7	…	4.3	0.2	1.9	0.3	-	2.4	宮 崎
…	…	…	…	…	0.1	0.7	2.3	0.1	…	…	1.6	…	3.4	0.2	1.5	0.3	0.1	2.9	鹿 児 島
…	…	…	…	…	0.1	0.4	1.0	0.2	…	…	0.5	…	2.7	0.2	0.6	0.2	0.1	1.8	沖 縄

1　5歳 (3) 女

区分	計	非矯正 1.0以上	非矯正 1.0未満0.7以上	非矯正 0.7未満0.3以上	非矯正 0.3未満	矯正 1.0以上	矯正 1.0未満0.7以上	矯正 0.7未満0.3以上	矯正 0.3未満	裸眼視力 計	裸眼 1.0未満0.7以上	裸眼 0.7未満0.3以上	裸眼 0.3未満	眼の疾病・異常	難聴	耳疾患	鼻疾・副鼻腔患	口腔咽喉頭疾患異常	むし歯 計	処置完了者	未処置歯のある者	歯列・咬合	顎関節	歯垢の状態	歯肉の状態	その他の疾病・異常
全国	100.00	70.87	21.06	5.80	0.44	0.54	0.44	0.69	0.16	28.59	21.50	6.49	0.60	1.41	…	1.76	1.83	1.04	29.75	12.60	17.14	4.69	0.09	0.95	0.30	1.93
北海道	100.0	X	X	X	X	X	X	X	X	X	X	X	X	0.6	…	0.4	2.1	-	42.1	19.0	23.1	5.7	0.7	0.9	0.1	1.5
青森	100.0	X	X	X	X	X	X	X	X	X	X	X	X	-	…	-	-	-	44.6	12.3	32.2	4.3	-	0.6	-	3.0
岩手	100.0	X	X	X	X	X	X	X	X	X	X	X	X	0.4	…	2.4	9.1	0.6	40.4	16.2	24.3	5.9	-	0.7	-	2.6
宮城	100.0	78.4	16.7	3.6	0.3	0.3	0.4	0.3	-	21.4	17.1	3.9	0.3	1.0	…	4.7	6.0	0.8	27.1	11.7	15.4	6.2	-	4.0	1.0	2.1
秋田	100.0	69.3	25.4	4.5	0.8	-	-	-	-	30.7	25.4	4.5	0.8	0.3	…	0.5	0.9	-	27.3	9.1	18.2	3.0	-	1.0	0.2	3.4
山形	100.0	X	X	X	X	X	X	X	X	X	X	X	X	0.9	…	2.3	5.5	0.2	29.8	10.5	19.4	3.9	-	0.2	0.3	3.3
福島	100.0	X	X	X	X	X	X	X	X	X	X	X	X	X	…	0.8	0.8	2.2	34.9	11.7	23.2	3.7	-	0.1	0.1	2.5
茨城	100.0	X	X	X	X	X	X	X	X	X	X	X	X	0.3	…	1.2	0.4	0.2	35.8	15.3	20.5	5.9	0.1	0.5	-	1.5
栃木	100.0	83.5	11.5	4.3	0.1	0.0	0.1	0.4	0.1	16.4	11.6	4.7	0.2	0.6	…	0.2	2.0	4.3	34.5	9.7	24.8	5.9	0.0	1.4	-	1.0
群馬	100.0	X	X	X	X	X	X	X	X	X	X	X	X	1.3	…		1.6		29.8	10.0	19.9	2.5	-	0.3	-	1.4
埼玉	100.0	75.1	19.1	4.8	0.0	1.0	0.5	0.4	0.0	24.9	19.6	5.2	0.1	0.6	…	0.2	0.7	0.7	26.7	12.1	14.7	3.4	-	0.3	-	1.4
千葉	100.0	X	X	X	X	X	X	X	X	X	X	X	X	1.2	…	0.6	0.3	-	26.3	12.8	13.5	4.2	-	0.9	0.4	2.4
東京	100.0	X	X	X	X	X	X	X	X	X	X	X	X	1.1	…	1.0	2.0	0.2	17.9	10.1	7.8	-		0.4	-	1.3
神奈川	100.0	X	X	X	X	X	X	X	X	X	X	X	X	1.0	…	0.3	1.1	3.7	27.6	13.8	13.8	7.9	-	2.0	1.5	2.1
新潟	100.0	X	X	X	X	X	X	X	X	X	X	X	X	3.1	…	3.3	2.1	-	32.2	14.4	17.9	3.3	-	0.4	0.9	1.8
富山	100.0	78.4	13.0	6.0	0.4	0.7	0.7	0.8	-	20.9	13.7	6.8	0.4	1.7	…	2.4	2.0	0.5	23.2	8.5	14.7	3.9	-	0.1	0.1	0.9
石川	100.0	73.9	19.8	4.8	0.8	-	0.6	0.2		26.1	20.4	5.0	0.8	0.5	…	1.6	1.0	-	X	X	X	2.2	-	0.2	-	1.2
福井	100.0	X	X	X	X	X	X	X	X	X	X	X	X	1.8	…	-	1.0	-	37.6	14.1	23.5	7.4	0.7	1.7	-	1.6
山梨	100.0	X	X	X	X	X	X	X	X	X	X	X	X	0.7	…	0.3	-	-	X	X	X	3.5	-	0.4	0.2	2.3
長野	100.0	X	X	X	X	X	X	X	X	X	X	X	X	0.1	…	0.5	0.3	0.5	23.4	12.1	11.3	4.9	-	0.8	-	1.8
岐阜	100.0	X	X	X	X	X	X	X	X	X	X	X	X	1.7	…	2.7	1.6	0.6	28.0	8.8	19.3	8.9	-	1.4	0.5	2.2
静岡	100.0	X	X	X	X	X	X	X	X	X	X	X	X	2.5	…	2.6	1.3	-	26.5	10.3	16.3	4.4	-	1.1	-	0.6
愛知	100.0	X	X	X	X	X	X	X	X	X	X	X	X	X	…		0.2	1.5	24.8	10.6	14.3	5.1	0.1	0.3	0.1	2.5
三重	100.0	X	X	X	X	X	X	X	X	X	X	X	X	0.6	…	1.7	1.2	0.8	29.3	9.4	19.9	4.0	-	1.1	0.1	0.7
滋賀	100.0	81.6	11.5	2.8	0.2	1.4	0.2	2.2	-	16.9	11.7	5.0	0.2	0.2	…	2.0	0.8	0.8	32.8	9.2	23.5	6.2	-	2.1	0.1	3.8
京都	100.0	79.8	12.0	4.3	1.1	0.4	-	2.4		19.8	12.0	6.7	1.1	0.8	…	0.9			30.4	13.9	16.5	2.8	-			3.3
大阪	100.0	80.4	11.7	4.5	0.5	0.8	0.7	1.0	0.4	18.8	12.4	5.5	0.9	2.8	…	3.7			32.4	12.7	19.7	5.5	-	1.2	-	2.4
兵庫	100.0	70.0	20.9	4.8	1.7	0.8	0.7	0.6	0.8	29.2	21.3	5.4	2.5	4.1	…	5.2	4.6	1.4	26.2	8.3	17.8	4.3	0.4	0.5	0.1	3.3
奈良	100.0	X	X	X	X	X	X	X	X	X	X	X	X	1.8	…	2.2	2.2	0.2	24.8	13.0	11.7	6.1	-	0.8	0.2	2.7
和歌山	100.0	X	X	X	X	X	X	X	X	X	X	X	X	4.0	…	0.4	0.4	3.6	X	X	X	2.2	-			1.0
鳥取	100.0	X	X	X	X	X	X	X	X	X	X	X	X	1.3	…	0.9			30.7	11.5	19.2	4.6	-	3.7	-	1.2
島根	100.0	81.2	8.4	4.1	1.2	0.1	1.4	3.5	-	18.6	9.7	7.7	1.2	1.2	…	8.2	8.2	0.4	26.1	12.7	13.4	1.9	-	0.4	0.2	1.8
岡山	100.0	X	X	X	X	X	X	X	X	X	X	X	X	3.2	…	3.1	4.2	0.6	27.1	10.2	16.9	4.7	0.7	2.1	0.4	2.1
広島	100.0	82.9	12.4	2.9	-	1.0	0.1	0.5	-	16.0	12.5	3.5	-	3.8	…	2.2	4.7		X	X	X	5.7	-	2.0	1.6	1.0
山口	100.0	X	X	X	X	X	X	X	X	X	X	X	X	1.2	…				29.1	11.8	17.3	4.1	-	0.1	-	1.8
徳島	100.0	73.7	17.1	5.5	0.2	1.0	1.1	1.2	0.3	25.3	18.1	6.7	0.5	1.2	…	6.3	4.9	3.0	34.4	11.3	23.1	6.6	-	0.9	0.3	2.7
香川	100.0	70.4	20.8	3.2	0.3	1.8	1.1	1.1	1.4	27.8	21.8	4.3	1.7	1.5	…	9.0	1.5	0.2	36.0	14.9	21.1	5.0	-	0.9	-	4.7
愛媛	100.0	73.0	16.2	6.3	0.5	0.1	1.7	0.3	1.1	26.2	18.0	6.6	1.6	1.5	…	0.1	0.2		X	X	X	4.3	-			4.3
高知	100.0	85.3	1.2	4.5	-	6.8	-	2.2	-	7.9	1.2	6.7	-	1.5	…	3.4			39.0	16.5	22.5	9.4	-	2.3	-	1.3
福岡	100.0	X	X	X	X	X	X	X	X	X	X	X	X	0.7	…	1.0	2.0	-	36.5	19.3	17.2	2.7	-	0.3	0.2	1.6
佐賀	100.0	X	X	X	X	X	X	X	X	X	X	X	X	1.3	…	1.9	3.4	0.8	38.9	16.3	22.7	4.0	0.5	0.5	-	2.9
長崎	100.0	X	X	X	X	X	X	X	X	X	X	X	X	1.3	…		-	0.7	34.2	14.9	19.3	5.3	-	2.2	1.2	0.6
熊本	100.0	62.3	X	X	X	X	X	X	0.5	37.1	X	X	X	1.3	…	0.3	0.2	-	34.6	12.6	22.0	4.8	-	1.4	0.2	3.7
大分	100.0	X	X	X	X	X	X	X	X	X	X	X	X	2.7	…	1.1	2.0	-	X	X	X	3.9	0.1	0.8	-	0.9
宮崎	100.0	X	X	X	X	X	X	X	X	X	X	X	X	1.0	…	2.3			35.5	12.0	23.5	5.3	-	1.7	0.2	0.8
鹿児島	100.0	X	X	X	X	X	X	X	X	X	X	X	X	0.5	…	2.9		0.2	32.0	13.1	19.0	3.4	-	0.1	-	0.8
沖縄	100.0	73.1	18.4	6.7	0.5	-	0.2	1.1	-	26.9	18.6	7.8	0.5	1.0	…	1.4	1.4	2.3	47.6	16.3	31.2	2.5	-	1.2	0.3	0.8

異常被患率等（各年齢ごと）（39-27）

単位　（%）

永久歯の1人当り平均むし歯（う歯）等数					栄養状態	せき柱・胸郭・四肢の状態	皮膚疾患		結核検査の対象精密者	結核	心臓・疾病異常	心電図異常	蛋白検出の者	尿糖検出の者	その他の疾病・異常				区分
計（本）	喪失歯数（本）	むし歯（う歯） 計（本）	処置歯数（本）	未処置歯数（本）	状態	状態	アトピー性皮膚炎	その他の皮膚疾患	密者	核	の常	常	者	者	ぜん息	腎臓疾患	言語障害	その他の疾病・異常	
...	...	...	...	...	0.31	0.28	1.74	1.10	...	...	0.39	...	1.01	...	1.42	0.05	0.16	1.37	全　国
...	...	...	...	...	0.4	-	3.1	0.6	...	...	0.1	...	2.5	...	1.2	0.2	-	0.3	北 海 道
...	...	...	...	...	0.5	0.1	2.7	1.4	...	...	0.9	...	-	...	2.0		-	1.3	青　森
...	...	...	...	...	0.6	0.1	1.7	2.1	...	...	-	...	-	...	-		0.5	0.4	岩　手
...	...	...	...	...	0.4	0.4	1.2	0.3	...	...	0.4	...	1.0	...	1.0		-	0.3	宮　城
...	...	...	...	...	0.1	1.7	2.0	0.2	...	...	0.9	...	-	...	0.5	0.4	0.2	0.9	秋　田
...	...	...	...	...	0.6	0.1	2.6	2.2	...	...	0.5	...	-	...	1.2		1.0	1.0	山　形
...	...	...	...	...	0.1		2.7	0.6	...	...		...	0.4	...	1.0		0.7	1.5	福　島
...	...	...	...	...	0.1	-	1.8	1.0	...	...	0.1	...	-	...	0.8		0.3	1.1	茨　城
...	...	...	...	...	0.3	0.3	2.4	1.8	...	...	0.2	...	0.7	...	1.6		0.4	1.3	栃　木
...	...	...	...	...	0.9	-	1.5	0.3	...	...	0.2	...	0.3	...	1.3		-	2.7	群　馬
...	...	...	...	...	0.2	1.0	0.8	2.2	...	...	0.5	...	1.1	...	0.8	0.1	0.0	0.5	埼　玉
...	...	...	...	...	0.5	-	1.3	0.8	...	...	0.2	...	0.5	...	1.6		0.1	0.4	千　葉
...	...	...	...	...	0.2	0.6	1.8	0.3	...	...	0.6	...	0.9	...	1.8			1.0	東　京
...	...	...	...	...	0.1	0.1	1.8	1.2	...	...	0.6	...	1.7	...	1.9	0.0	0.1	2.2	神 奈 川
...	...	...	...	...	0.4	0.4	2.1	2.0	...	...		...	0.5	...	4.7			1.6	新　潟
...	...	...	...	...	0.7	-	0.8		...	...	0.4	...	1.9	...	0.5	0.8	0.1	1.1	富　山
...	...	...	...	...	0.2	0.1	0.7		...	...		...	1.5	...	1.3	0.2	1.0	2.9	石　川
...	...	...	...	...	0.1	0.2	1.1	0.7	...	...		...	0.2	...	1.7			1.3	福　井
...	...	...	...	...	0.6	0.2	2.8	1.5	...	...	0.6	...	1.1	...	1.7		-	1.8	山　梨
...	...	...	...	...	-	-	1.9	0.6	...	...	1.5	...	0.6	...	2.6		-	1.0	長　野
...	...	...	...	...	-	2.7	1.7	0.5	...	...	0.1	...	0.3	...	1.0		0.3	1.0	岐　阜
...	...	...	...	...	0.9	0.1	3.2	1.3	...	...	0.7	...	0.3	...	3.9		0.2	3.0	静　岡
...	...	...	...	...	0.3	-	2.4	1.2	...	...	0.7	...	3.2	...	0.7	0.2	0.3	0.8	愛　知
...	...	...	...	...	0.2	-	1.7	1.9	...	...	0.4	...	0.2	...	0.3		0.7	1.3	三　重
...	...	...	...	...	0.1	-	0.5	0.3	...	...	0.4	...	0.4	...	0.9	0.1		0.4	滋　賀
...	...	...	...	...	0.2	1.0	0.6	1.6	...	...	-	...	0.8	...	0.1		0.1	1.7	京　都
...	...	...	...	...	0.5	0.4	1.3	1.6	...	...	0.3	...	0.8	...	0.7	0.2		1.5	大　阪
...	...	...	...	...	0.3	0.1	1.6	0.8	...	...	0.4	...	1.3	...	1.4			1.8	兵　庫
...	...	...	...	...	0.5		0.9	1.6	...	...	0.1	...	0.7	...	1.0			X	奈　良
...	...	...	...	...	0.6		2.7	1.0	...	...	0.1	...	1.0	...	1.2		0.6	1.9	和 歌 山
...	...	...	...	...	0.6	1.3	1.8	3.0	...	...	0.7	...	0.1	...	0.2			1.1	鳥　取
...	...	...	...	...	0.1		1.6	2.5	...	...	0.2	...	1.0	...	1.9		0.1	1.2	島　根
...	...	...	...	...	0.3	0.7	1.3	2.1	...	...	0.4	...	0.8	...	0.7		0.3	4.7	岡　山
...	...	...	...	...	0.0	0.3	1.6	0.6	...	...		...	0.8	...	0.4			0.3	広　島
...	...	...	...	...	-	0.5	5.4	2.8	...	...	1.0	...	0.7	...	1.2		0.5	0.4	山　口
...	...	...	...	...	0.1	0.1	0.1	0.1	...	...	0.1	...	1.7	...	0.2		1.5	0.2	徳　島
...	...	...	...	...	0.1		0.8	0.6	...	...	0.6	...	0.8	...	0.8			0.6	香　川
...	...	...	...	...	-	3.0	1.5	0.8	...	...	0.0	...	2.1	...	1.4			0.7	愛　媛
...	...	...	...	...	0.4	0.5	1.4	0.5	...	...	0.2	...	0.4	...	1.3			0.5	高　知
...	...	...	...	...	0.2	0.3	2.2	0.7	...	...	0.6	...	0.5	...	4.2		0.2	2.9	福　岡
...	...	...	...	...	0.4	-	2.4	1.6	...	...	0.6	...	0.6	...	2.0		0.8	1.5	佐　賀
...	...	...	...	...	0.5	0.4	1.5	1.1	...	...		...	0.9	...	1.2		0.5	0.8	長　崎
...	...	...	...	...	0.6	0.4	1.0	0.8	...	...	1.1	...	0.7	...	0.5		-	0.4	熊　本
...	...	...	...	...	-		3.2	-	...	...		...	0.3	...	1.2		-	1.0	大　分
...	...	...	...	...	0.1		1.7	1.2	...	...	0.4	...	1.2	...	1.5		0.9	0.8	宮　崎
...	...	...	...	...	-		0.8	3.3	...	...	0.1	...	0.1	...	0.6		0.5	1.1	鹿 児 島
異常被患率等（各年齢ごと） ...					1.0	0.2	0.5	1.1	...	...	0.1	...	-	...	1.2		-	1.0	沖　縄

16歳(3)女

区分	計	非矯正 1.0以上	非矯正 1.0未満0.7以上	非矯正 0.7未満0.3以上	非矯正 0.3未満	矯正 1.0以上	矯正 1.0未満0.7以上	矯正 0.7未満0.3以上	矯正 0.3未満	裸眼 計	裸眼 1.0未満0.7以上	裸眼 0.7未満0.3以上	裸眼 0.3未満	眼の疾病・異常	難聴	耳疾患	鼻疾患・副鼻腔疾患	口腔咽喉頭疾患・異常	むし歯 計	処置完了者	未処置歯のある者	歯列・咬合	顎関節	歯垢の状態	歯肉の状態	その他の疾病・異常
全　国	100.00	74.30	15.06	7.10	1.22	0.53	0.64	0.73	0.42	25.17	15.69	7.84	1.64	4.34	0.82	9.61	8.96	1.32	35.53	14.87	20.66	3.93	0.05	1.85	1.16	5.78
北 海 道	100.0	72.0	16.1	10.3	1.1	0.1	0.1	0.1	0.2	27.9	16.2	10.4	1.3	4.4	0.4	8.4	9.7	3.4	45.0	19.8	25.2	5.9	0.1	2.1	2.7	4.2
青　森	100.0	67.6	21.0	8.3	0.7	0.3	0.9	0.8	0.5	32.2	21.9	9.1	1.2	2.3	0.3	6.5	16.5	1.3	48.8	18.7	30.1	2.6	−	1.0	0.7	10.7
岩　手	100.0	67.8	19.4	7.9	1.5	1.0	1.4	0.9	0.0	31.2	20.8	8.8	1.6	8.1	0.6	7.1	13.4	1.9	40.5	18.0	22.4	4.2	0.6	0.8	0.5	5.1
宮　城	100.0	74.4	14.6	6.7	1.5	0.4	0.8	0.8	0.8	25.2	15.4	7.6	2.2	5.3	0.5	9.6	6.8	1.0	40.0	16.3	23.6	5.3	0.1	3.1	3.8	7.3
秋　田	100.0	67.7	19.1	10.7	0.7	0.2	0.6	0.5	0.4	32.1	19.7	11.2	1.2	11.8	0.8	9.7	15.2	3.1	46.1	21.0	25.0	3.9	0.1	1.3	0.1	8.6
山　形	100.0	80.5	9.2	4.7	0.4	1.3	1.4	1.5	1.0	18.2	10.6	6.2	1.4	4.9	0.5	11.0	11.0	2.4	40.0	12.9	27.0	4.0	−	2.5	2.5	10.6
福　島	100.0	65.3	22.8	8.8	0.7	0.1	0.6	0.8	0.6	34.6	23.6	9.7	1.3	3.0	0.8	12.9	9.3	3.1	46.2	18.0	28.3	1.9	−	0.9	0.3	8.7
茨　城	100.0	73.1	14.9	7.1	0.9	1.3	0.8	1.3	0.5	25.6	15.8	8.4	1.4	0.5	0.5	3.5	11.9	0.2	41.0	13.8	27.3	3.1	0.0	1.0	0.5	7.6
栃　木	100.0	76.7	13.2	5.7	1.0	1.3	1.4	0.6	0.5	21.9	14.1	6.3	1.5	0.4	0.4	10.2	9.2	0.5	38.2	12.8	25.4	2.9	0.7	1.3	0.5	7.7
群　馬	100.0	75.0	11.8	8.9	1.1	0.6	0.6	1.5	0.4	24.4	12.5	10.3	1.6	2.0	0.7	7.1	7.2	0.4	36.8	15.0	21.8	7.1	0.6	1.5	1.1	6.2
埼　玉	100.0	72.4	17.4	7.0	1.8	0.2	0.6	0.4	0.2	27.3	18.0	7.5	1.9	3.0	1.0	8.9	6.7	0.4	31.2	14.7	16.5	2.8	−	0.4	0.5	5.7
千　葉	100.0	75.1	14.9	7.2	0.4	0.3	1.1	0.8	0.3	24.6	16.0	8.0	0.7	5.3	1.0	12.6	11.9	0.5	31.7	8.8	22.9	6.9	−	4.9	3.6	7.2
東　京	100.0	71.6	16.3	7.8	1.6	0.7	0.6	0.8	0.5	27.7	16.9	8.7	2.2	5.0	1.1	10.3	8.7	0.4	27.9	13.6	14.3	2.7	−	1.9	0.4	4.6
神 奈 川	100.0	77.8	13.2	6.7	2.0	−	0.2	0.2	−	22.2	13.4	6.8	2.0	3.7	0.9	11.9	10.9	0.7	25.8	12.7	13.1	2.7	−	0.7	0.9	3.2
新　潟	100.0	80.5	13.4	4.4	0.2	0.5	0.4	0.4	0.1	19.0	13.8	4.8	0.3	2.6	0.6	7.4	11.1	0.8	31.3	13.5	17.8	2.7	−	1.3	2.5	6.7
富　山	100.0	80.7	9.7	4.7	0.8	1.3	0.7	0.8	1.3	18.1	10.4	5.5	2.1	8.8	0.4	5.9	8.7	0.3	31.8	15.7	16.1	3.3	0.1	2.5	0.8	3.2
石　川	100.0	78.5	10.9	6.2	1.0	1.2	0.8	1.1	0.4	20.3	11.7	7.3	1.4	2.8	1.2	11.0	11.7	1.5	31.0	9.0	22.0	3.1	−	1.8	0.1	5.4
福　井	100.0	77.2	11.8	6.0	0.9	1.2	1.1	1.2	0.6	21.5	12.9	7.2	1.5	0.4	0.5	3.0	4.1	0.2	44.8	17.2	27.6	2.4	−	2.1	1.7	5.5
山　梨	100.0	71.8	13.8	8.1	1.4	1.1	0.7	2.3	0.8	27.1	14.5	10.4	2.2	6.3	1.8	8.6	6.7	0.9	42.3	16.6	25.7	4.0	0.1	0.9	0.5	7.8
長　野	100.0	76.7	13.2	7.3	0.5	0.5	0.4	0.8	0.6	22.8	13.6	8.1	1.1	2.6	0.2	9.1	4.4	0.2	38.1	16.0	22.1	3.0	0.1	1.9	0.4	5.0
岐　阜	100.0	76.7	12.8	6.5	0.8	0.9	0.5	1.1	0.6	22.4	13.3	7.7	1.4	3.4	0.5	6.2	8.0	2.5	38.1	16.9	21.2	3.2	0.1	1.5	0.5	4.1
静　岡	100.0	81.0	10.2	4.6	0.9	0.8	0.9	1.0	0.7	18.1	11.0	5.5	1.6	2.4	0.4	10.7	4.2	0.9	31.2	13.3	17.9	4.2	0.1	2.6	1.5	6.6
愛　知	100.0	70.8	16.2	7.4	2.2	0.8	0.9	0.9	0.7	28.4	17.1	8.3	3.0	4.7	1.4	7.9	6.5	2.2	30.0	14.3	15.7	3.7	0.0	1.2	1.3	6.8
三　重	100.0	77.1	15.8	6.2	0.5	−	0.1	0.2	−	22.9	16.0	6.5	0.5	3.8	1.4	9.8	9.2	3.5	40.6	13.0	27.6	4.5	−	2.1	1.7	5.5
滋　賀	100.0	78.2	13.8	6.5	1.0	0.1	0.2	0.2	−	21.7	14.0	6.7	1.0	1.9	0.8	5.2	2.1	0.4	34.1	13.2	20.8	5.5	−	0.9	0.9	8.0
京　都	100.0	77.9	13.1	6.0	1.0	0.7	0.5	0.7	0.2	21.5	13.6	6.7	1.2	3.8	0.3	10.1	7.1	1.0	35.0	11.0	24.0	5.4	−	2.1	0.4	4.7
大　阪	100.0	76.4	13.4	6.9	0.6	0.5	1.0	0.6	0.7	23.1	14.4	7.5	1.2	6.0	0.6	13.0	8.6	1.0	33.4	14.7	18.8	6.0	−	3.1	0.9	5.9
兵　庫	100.0	76.8	14.6	6.5	1.3	0.2	0.2	0.3	0.1	23.0	14.8	6.8	1.3	4.9	1.0	11.4	10.7	2.9	35.5	15.6	19.8	3.7	−	0.9	0.8	5.2
奈　良	100.0	82.0	13.3	3.2	0.7	0.2	0.3	0.4	1.4	16.8	11.2	3.6	2.1	2.0	1.2	7.7	9.2	4.1	38.2	13.9	24.4	5.1	0.0	3.1	1.1	5.1
和 歌 山	100.0	74.3	13.4	6.3	1.1	0.9	1.8	1.3	0.9	24.8	15.2	7.5	2.1	7.5	1.6	6.9	9.2	4.1	39.5	15.5	24.0	5.1	−	1.3	1.0	5.1
鳥　取	100.0	78.6	11.3	5.3	0.7	0.5	1.0	1.9	0.6	20.9	12.3	7.2	1.3	7.9	0.4	5.5	9.9	3.9	40.2	16.6	23.7	4.6	−	1.4	0.6	6.2
島　根	100.0	75.5	12.5	6.3	0.8	0.8	1.6	1.9	0.7	23.8	14.1	8.2	1.5	0.4	0.4	11.6	11.8	0.9	45.3	18.3	26.9	3.2	−	2.4	1.6	4.8
岡　山	100.0	72.5	16.8	6.5	0.9	0.7	0.9	1.3	0.3	26.8	17.7	7.8	1.3	3.4	0.4	8.6	11.1	1.6	36.8	14.7	22.1	5.9	0.0	2.0	1.6	7.0
広　島	100.0	75.2	13.1	8.6	1.5	0.3	0.6	0.5	0.3	24.5	13.7	9.1	1.7	4.2	0.8	9.6	6.6	0.6	33.5	14.8	18.7	3.9		1.7	0.9	3.8
山　口	100.0	78.9	9.1	8.4	1.1	0.6	1.0	0.6	0.2	20.5	10.0	9.0	1.4	4.0	1.6	9.6	8.0	1.1	41.4	14.8	26.6	3.2	−	1.7	1.5	9.2
徳　島	100.0	77.6	11.0	6.7	1.7	0.9	0.5	1.2	0.5	21.4	11.4	7.8	2.2	9.6	0.5	7.1	14.0	5.4	37.5	15.1	22.4	3.5	−	1.5	1.8	7.5
香　川	100.0	76.8	13.5	4.7	1.1	1.2	1.2	1.2	0.4	22.0	14.6	5.9	1.5	3.4	1.0	9.8	7.2	2.5	40.2	19.0	21.2	3.9	−	2.3	2.8	10.1
愛　媛	100.0	74.7	15.4	6.0	0.9	0.6	0.7	1.1	0.6	24.7	16.1	7.1	1.5	5.7	0.3	6.7	8.5	2.4	43.6	13.4	30.2	2.9	−	2.0	2.0	6.1
高　知	100.0	79.1	12.6	5.5	0.9	0.6	0.6	1.0	0.6	20.2	12.8	6.4	1.1	0.5	1.0	13.5	7.9	2.4	34.9	14.0	20.9	4.2	0.3	3.7	1.9	7.1
福　岡	100.0	63.8	22.5	9.5	1.8	0.5	0.4	0.6	0.9	35.7	22.9	10.3	2.4	2.8	1.0	11.0	8.8	1.0	41.1	19.6	21.5	2.3	0.1	1.7	0.4	4.9
佐　賀	100.0	71.7	18.9	6.8	0.5	0.3	0.5	0.6	0.5	27.9	19.7	7.4	0.8	2.6	0.8	9.7	7.4	0.5	42.4	15.1	27.3	2.2	−	1.4	0.6	6.9
長　崎	100.0	74.7	15.4	8.3	0.9	0.4	0.7	0.4	0.1	25.3	16.5	8.7	1.0	2.5	0.8	10.1	6.2	2.7	44.1	19.4	24.6	2.5	−	1.0	0.1	7.2
熊　本	100.0	73.7	16.3	5.8	0.7	1.0	0.8	1.3	0.5	25.3	17.1	7.0	1.2	5.7	1.3	7.5	16.0	1.8	45.4	18.8	26.6	3.3	0.2	2.0	1.8	8.0
大　分	100.0	77.2	14.3	5.4	1.0	0.8	0.6	0.6	0.1	22.1	14.8	6.1	1.2	5.9	0.6	9.1	14.9	0.8	46.8	16.0	30.7	5.1	−	1.3	0.9	3.2
宮　崎	100.0	74.3	15.0	5.7	0.9	1.1	1.9	0.9	0.6	24.8	16.9	6.7	1.3	4.2	0.5	13.2	8.7	1.4	43.5	15.5	28.0	3.5	0.1	2.6	1.5	5.9
鹿 児 島	100.0	76.5	14.6	5.6	1.1	0.4	0.4	1.2	0.5	23.0	15.0	6.7	1.3	3.7	0.7	13.3	14.0	1.8	48.1	19.4	28.7	2.4	−	0.7	0.3	6.0
沖　縄	100.0	72.0	16.8	9.0	1.0	0.2	0.2	0.3	0.4	27.8	17.0	9.3	1.5	1.5	0.4	5.6	7.2	2.3	50.2	18.0	32.2	1.1	0.0	2.5	1.2	5.3

異常被患率等（各年齢ごと）（39-28）

単位　（%）

永久歯の1人当り平均むし歯(う歯)等数					栄養状態	せき柱・四肢の状態・胸郭	皮膚疾患		結核の検査の対象者精密	結核	心臓疾病・異常	心電図異常	蛋白検出の者	尿糖検出の者	その他の疾病・異常				区分
計(本)	喪失歯数(本)	むし歯(う歯)計(本)	処置歯数(本)	未処置歯数(本)			アトピー性皮膚炎	その他の皮膚疾患							ぜん息	腎臓疾患	言語障害	その他の疾病・異常	
…	…	…	…	…	0.80	0.61	3.02	0.50	0.35	0.00	0.97	2.08	0.61	0.04	2.96	0.13	0.50	3.32	全　国
…	…	…	…	…	0.9	1.4	5.1	0.3	0.1	-	0.2	1.1	0.7	-	3.5	0.0	0.7	5.3	北 海 道
…	…	…	…	…	1.5	1.1	1.7	0.7	-	-	0.4	0.9	0.3	-	0.7	-	0.1	3.2	青　森
…	…	…	…	…	1.5	0.7	2.6	0.4	-	-	0.2	1.9	0.5	0.0	1.7	0.2	2.2	2.1	岩　手
…	…	…	…	…	0.7	1.9	3.8	1.2	0.1	-	0.5	0.4	0.5	0.1	5.2	0.1	1.3	3.9	宮　城
…	…	…	…	…	2.2	1.5	4.6	0.6	0.1	-	1.4	3.5	0.1	-	3.5	0.1	0.2	6.0	秋　田
…	…	…	…	…	2.0	0.5	2.6	1.7	0.1	-	0.6	2.4	0.1	-	3.9	-	3.8	6.6	山　形
…	…	…	…	…	1.1	0.3	2.2	0.8	-	-	0.2	3.8	0.3	0.0	2.6	0.0	0.2	5.6	福　島
…	…	…	…	…	2.1	0.9	5.6	1.1	0.7	-	1.6	3.1	0.2	-	5.5	0.2	0.6	2.4	茨　城
…	…	…	…	…	1.7	0.3	4.2	0.6	0.4	-	1.6	2.3	1.0	0.1	4.8	-	1.0	4.3	栃　木
…	…	…	…	…	0.3	0.9	3.4	1.0	0.3	-	1.9	3.0	-	0.0	2.5	0.1	0.7	4.9	群　馬
…	…	…	…	…	0.4	0.2	2.9	0.1	1.2	-	1.0	1.3	1.3	0.1	3.2	0.2	0.6	2.2	埼　玉
…	…	…	…	…	0.5	0.6	3.3	0.9	0.3	-	1.0	1.1	0.5	0.0	4.9	0.3	1.7	3.5	千　葉
…	…	…	…	…	0.3	0.2	3.6	0.6	0.7	-	0.9	1.3	0.8	-	3.1	0.2	0.4	1.6	東　京
…	…	…	…	…	0.4	0.8	2.2	0.6	0.4	-	0.7	1.2	0.3	0.1	2.6	-	0.4	2.2	神 奈 川
…	…	…	…	…	1.0	0.4	4.8	0.2	0.2	0.0	1.5	3.1	0.2	-	5.6	0.1	0.7	5.0	新　潟
…	…	…	…	…	1.2	2.1	2.5	0.0	0.5	-	1.2	2.8	0.8	-	2.3	0.1	0.1	5.1	富　山
…	…	…	…	…	0.2	0.1	1.9	0.4	0.4	-	1.2	2.3	0.3	0.0	1.7	-	0.1	1.9	石　川
…	…	…	…	…	0.3	0.3	5.1	0.4	0.1	-	2.0	3.2	1.0	-	1.4	0.0	0.2	3.5	福　井
…	…	…	…	…	0.5	0.3	1.6	1.0	0.0	-	0.6	4.7	1.4	0.0	2.7	0.2	0.5	4.7	山　梨
…	…	…	…	…	0.4	0.3	3.4	0.2	0.4	-	1.6	2.6	0.6	-	5.4	0.1	0.4	5.0	長　野
…	…	…	…	…	0.8	0.2	3.4	0.5	0.2	-	0.7	2.3	0.2	-	1.8	0.2	0.9	6.1	岐　阜
…	…	…	…	…	0.6	0.9	1.7	0.4	0.3	-	0.9	1.6	0.5	-	1.5	0.1	0.6	3.4	静　岡
…	…	…	…	…	0.8	0.5	4.6	0.5	0.5	-	0.9	2.3	0.5	0.0	3.1	0.0	0.1	4.2	愛　知
…	…	…	…	…	1.9	0.1	3.5	0.2	0.2	0.0	0.4	1.8	0.1	0.0	3.0	-	0.3	3.2	三　重
…	…	…	…	…	0.0	0.2	1.8	0.3	0.4	-	1.2	3.6	0.5	0.0	1.4	0.3	0.4	3.4	滋　賀
…	…	…	…	…	2.6	1.5	3.9	0.7	0.3	-	3.5	5.1	0.6	-	2.5	0.0	0.4	4.3	京　都
…	…	…	…	…	0.6	0.5	2.8	0.6	0.1	-	0.8	3.1	0.5	0.1	2.7	0.0	0.1	3.6	大　阪
…	…	…	…	…	1.2	0.6	1.6	0.8	0.1	-	1.4	3.7	0.6	-	2.5	0.1	0.1	3.9	兵　庫
…	…	…	…	…	0.8	1.2	2.2	0.6	0.1	0.0	1.1	2.3	1.5	0.0	1.9	0.1	0.4	3.9	奈　良
…	…	…	…	…	0.2	0.9	1.5	0.3	0.0	-	1.5	1.1	2.3	0.1	0.5	0.1	0.2	2.6	和 歌 山
…	…	…	…	…	0.6	0.4	6.4	0.2	0.1	-	1.2	1.5	0.4	-	4.4	0.4	0.1	7.3	鳥　取
…	…	…	…	…	0.4	0.7	3.7	0.1	-	-	0.5	2.1	0.6	-	3.7	0.1	1.1	3.7	島　根
…	…	…	…	…	0.3	0.4	2.9	0.4	0.2	-	1.1	2.0	1.0	-	3.7	0.1	0.8	5.0	岡　山
…	…	…	…	…	0.5	0.9	1.9	0.4	0.4	-	1.0	2.3	0.3	0.0	1.4	-	0.2	2.6	広　島
…	…	…	…	…	1.0	0.6	1.6	0.6	0.1	-	1.3	1.5	0.9	-	2.0	0.1	0.5	3.9	山　口
…	…	…	…	…	0.6	0.1	2.0	0.1	-	-	0.3	1.1	0.6	-	2.3	0.1	0.5	4.2	徳　島
…	…	…	…	…	1.7	0.3	3.0	0.8	0.0	-	0.9	3.5	2.0	-	3.0	0.1	0.2	4.6	香　川
…	…	…	…	…	0.7	0.3	1.5	0.2	0.0	-	1.4	2.0	0.6	-	2.0	0.2	0.4	1.7	愛　媛
…	…	…	…	…	0.3	0.0	3.6	0.1	0.0	-	0.4	2.5	0.9	-	1.2	0.0	0.1	3.8	高　知
…	…	…	…	…	0.5	1.3	2.3	0.1	0.4	-	0.6	1.9	0.0	0.1	2.0	0.3	0.1	2.4	福　岡
…	…	…	…	…	0.4	0.7	2.3	0.6	-	-	0.6	2.8	0.1	0.1	2.2	0.3	0.5	5.4	佐　賀
…	…	…	…	…	1.2	-	3.4	0.2	0.1	-	0.8	2.5	0.7	-	3.1	0.1	0.2	2.7	長　崎
…	…	…	…	…	2.2	0.4	1.5	0.2	-	-	0.4	1.0	2.0	-	0.9	0.1	0.1	1.1	熊　本
…	…	…	…	…	0.2	0.5	0.9	0.2	0.0	-	0.6	1.1	0.7	0.1	1.3	0.7	0.1	1.0	大　分
…	…	…	…	…	1.9	0.8	0.8	0.1	0.1	-	1.6	3.0	0.2	-	3.8	-	0.5	3.7	宮　崎
…	…	…	…	…	1.0	0.1	1.5	0.2	-	-	1.6	1.4	0.7	0.0	2.6	0.1	0.5	1.5	鹿 児 島
…	…	…	…	…	0.6	0.1	2.5	0.7	0.0	-	0.9	1.6	0.5	0.0	3.1	0.5	0.3	3.2	沖　縄

1　7歳 (3) 女

区分	計	裸眼視力 視力非矯正者の裸眼視力 1.0以上	1.0未満0.7以上	0.7未満0.3以上	0.3未満	視力矯正者の裸眼視力 1.0以上	1.0未満0.7以上	0.7未満0.3以上	0.3未満	裸眼視力 計	1.0未満0.7以上	0.7未満0.3以上	0.3未満	眼の疾病・異常	難聴	耳疾患	鼻疾・副鼻腔患	口腔咽喉頭疾患異常	むし歯(う歯) 計	処置完了者	未処置のある歯者	歯列・咬合	顎関節	歯垢の状態	歯肉の状態	その他の疾病・異常
全国	100.00	69.41	13.67	10.05	3.08	0.64	0.82	1.16	1.19	29.96	14.48	11.21	4.27	4.08	0.81	6.76	8.21	0.83	42.91	21.00	21.91	5.15	0.07	2.80	1.49	4.95
北海道	100.0	70.1	15.2	9.6	2.5	0.0	0.2	0.7	1.7	29.9	15.4	10.3	4.2	1.7	0.7	8.2	13.1	1.8	51.9	22.1	29.8	7.2	0.1	3.9	1.5	4.6
青森	100.0	59.4	21.4	11.2	3.1	0.5	1.4	1.8	1.2	40.1	22.8	13.0	4.3	4.4	1.1	5.4	13.4	0.8	54.0	21.4	32.6	2.8	0.1	1.8	0.9	9.6
岩手	100.0	68.7	18.0	6.7	2.2	0.7	0.9	1.9	0.9	30.7	18.9	8.6	3.1	5.1	0.3	5.7	12.8	1.8	44.2	21.9	22.4	6.2	0.5	1.1	0.6	3.8
宮城	100.0	67.9	15.5	9.7	2.0	0.8	1.0	1.9	1.2	31.3	16.5	11.7	3.2	6.0	0.4	6.5	3.4	0.1	49.4	20.1	29.3	7.3	0.1	5.9	4.7	7.3
秋田	100.0	68.7	15.8	7.8	2.7	0.6	1.1	1.8	1.7	30.8	16.9	9.5	4.3	8.6	0.6	8.6	17.8	1.6	50.0	25.0	25.0	3.5	0.0	2.9	1.1	6.5
山形	100.0	73.1	10.4	8.1	1.6	1.5	1.8	1.9	1.6	25.4	12.2	10.1	3.2	6.4	0.3	7.4	10.3	4.0	50.7	21.5	29.2	7.0	-	3.8	3.0	7.7
福島	100.0	66.6	15.6	11.8	2.1	0.8	0.7	1.6	0.8	32.6	16.4	13.4	2.9	2.5	1.1	2.1	2.8	1.8	54.0	28.6	25.4	5.3	-	1.4	0.6	9.1
茨城	100.0	66.0	14.8	10.4	3.6	0.9	1.4	1.6	1.3	33.1	16.1	12.1	4.9	10.6	0.5	1.6	15.3	0.7	49.0	22.2	26.7	3.7	0.0	2.6	1.3	8.7
栃木	100.0	70.9	13.4	8.6	2.3	0.9	1.1	2.1	0.8	28.2	14.5	10.7	3.1	2.5	0.3	5.0	7.5	0.5	42.7	21.1	21.6	5.0	0.5	3.6	1.0	3.4
群馬	100.0	69.8	11.8	10.7	3.6	0.5	0.9	1.4	1.3	29.7	12.7	12.1	4.9	1.7	0.6	6.0	6.5	0.4	47.9	24.9	23.0	6.2	0.2	1.9	1.8	5.8
埼玉	100.0	73.4	11.1	9.6	2.4	0.7	0.6	1.1	0.9	25.8	11.7	10.8	3.4	3.8	0.8	5.1	6.2	0.3	39.6	20.6	18.9	4.0	-	0.8	0.5	4.9
千葉	100.0	67.9	14.8	9.9	3.1	0.7	1.2	0.8	1.7	31.4	16.0	10.7	4.8	6.9	0.7	11.0	X	0.5	32.8	13.1	19.7	5.8	-	2.9	2.6	5.2
東京	100.0	65.0	15.7	11.2	4.0	0.4	1.0	1.3	1.4	34.6	16.7	12.5	5.5	5.1	0.4	8.4	7.6	0.5	35.5	20.0	15.5	4.5	-	3.0	0.9	2.7
神奈川	100.0	70.0	14.1	12.1	3.4	0.1	-	0.2	-	29.9	14.1	12.3	3.4	4.8	1.0	4.3	6.5	-	34.0	19.0	15.0	3.0	-	1.7	0.7	3.3
新潟	100.0	72.7	11.6	8.9	2.7	0.3	1.2	1.8	1.0	27.1	12.8	10.7	3.6	2.6	0.3	5.8	8.0	-	32.4	17.1	15.3	2.3	-	3.4	3.1	3.4
富山	100.0	75.6	8.3	7.1	2.0	1.3	1.1	2.1	2.5	23.1	9.4	9.2	4.5	8.1	0.5	4.9	8.3	0.2	38.2	20.7	17.5	4.6	0.2	3.1	1.6	2.3
石川	100.0	74.4	10.1	7.3	2.6	0.7	1.1	1.8	2.0	24.9	11.2	9.1	4.6	0.9	0.9	X	X	-	36.5	14.5	22.0	3.4	-	2.6	0.6	3.9
福井	100.0	74.3	9.6	8.5	2.4	1.2	1.1	1.9	1.0	24.5	10.7	10.4	3.4	0.7	0.2	1.6	3.9	0.1	51.0	23.3	27.8	6.1	0.1	3.7	1.1	5.2
山梨	100.0	69.1	11.6	10.2	3.2	1.9	0.9	1.6	1.6	29.1	12.5	11.8	4.8	6.1	1.1	6.3	11.2	1.0	47.2	24.6	22.7	6.4	-	3.2	1.4	4.8
長野	100.0	73.8	12.3	7.8	2.6	0.8	1.0	0.8	0.8	25.4	13.3	8.6	3.4	1.8	0.2	6.3	5.3	0.7	42.6	23.3	19.4	3.6	-	3.0	2.0	6.1
岐阜	100.0	70.0	12.1	9.1	2.8	1.9	0.9	2.1	1.2	28.1	13.0	11.2	3.8	4.0	0.2	4.0	5.4	1.6	42.7	21.0	21.7	4.3	0.1	3.0	0.9	2.4
静岡	100.0	76.3	9.9	7.7	2.4	0.7	0.7	1.2	1.2	23.0	10.5	8.8	3.6	2.6	0.5	8.6	5.9	0.6	36.2	17.7	18.5	5.7	0.0	3.1	1.9	5.7
愛知	100.0	66.7	13.5	11.7	3.1	1.1	1.1	1.2	1.5	32.2	14.7	12.9	4.6	4.1	1.6	9.0	7.2	2.0	34.4	18.0	16.4	4.9	-	2.2	2.0	5.7
三重	100.0	70.0	18.7	8.2	1.8	0.7	0.3	0.2	0.1	29.3	19.0	8.4	1.9	2.5	1.0	2.4	5.9	0.6	44.5	19.4	25.1	5.3	-	2.7	1.4	5.2
滋賀	100.0	75.7	12.1	8.2	1.7	0.2	0.1	0.5	1.6	24.2	12.2	8.7	3.3	2.9	0.2	2.5	1.0	0.1	41.1	20.9	20.2	7.7	-	2.5	1.5	7.9
京都	100.0	71.2	12.3	8.9	2.8	0.7	1.4	1.2	1.3	28.1	13.6	10.1	4.4	4.0	0.4	9.5	6.1	0.9	48.2	21.3	26.9	8.4	-	2.2	1.2	4.0
大阪	100.0	71.8	10.9	10.0	3.4	0.2	0.7	1.4	1.5	28.0	11.6	11.5	3.9	4.0	0.7	8.4	4.3	0.4	43.6	21.5	22.1	7.8	0.1	2.7	0.6	4.8
兵庫	100.0	70.2	11.2	11.4	4.6	0.5	1.1	0.6	0.9	29.7	12.4	11.8	5.5	4.6	0.2	9.1	4.9	0.3	44.9	22.1	22.7	5.8	-	3.4	1.2	4.8
奈良	100.0	76.2	10.8	7.8	1.5	0.6	0.4	1.6	1.1	23.2	11.3	9.4	2.6	1.5	0.2	2.1	8.1	1.4	45.3	19.3	26.0	6.4	-	3.3	1.5	3.7
和歌山	100.0	73.9	9.0	7.1	2.8	2.1	1.6	1.6	1.8	23.9	10.6	8.8	4.6	6.5	1.2	7.1	7.5	2.1	46.5	20.0	26.5	10.3	0.2	4.4	2.9	4.9
鳥取	100.0	72.1	11.1	8.4	2.9	1.1	1.0	1.8	1.6	26.8	12.1	10.2	4.5	11.1	0.2	7.6	14.9	1.3	52.0	26.0	26.1	7.1	-	3.6	1.4	4.7
島根	100.0	68.8	13.1	9.3	3.4	1.2	1.1	1.7	1.5	30.0	14.1	11.1	4.9	1.0	1.0	10.0	10.8	1.7	49.0	21.2	27.8	2.6	-	1.8	1.4	5.3
岡山	100.0	67.1	14.2	11.7	2.4	1.3	0.5	1.4	1.2	31.7	14.7	13.1	3.8	3.8	0.6	8.1	10.7	1.7	45.8	22.4	23.4	6.8	0.1	5.1	3.0	5.1
広島	100.0	68.0	15.2	10.4	2.9	0.7	1.0	1.2	0.7	31.3	16.2	11.6	3.5	3.5	0.4	4.9	5.3	0.6	41.1	20.7	20.5	4.1	0.0	2.8	1.2	4.3
山口	100.0	72.7	9.9	11.2	2.8	0.6	0.6	0.8	1.4	26.8	10.5	12.0	4.3	3.1	0.9	8.1	10.1	0.9	49.4	20.2	29.3	3.0	-	1.9	1.2	4.9
徳島	100.0	70.1	12.7	9.6	2.6	0.9	0.9	2.0	1.2	29.0	13.6	11.6	5.6	4.4	0.5	9.9	13.4	5.1	49.6	26.3	23.3	6.1	0.6	5.1	1.7	5.1
香川	100.0	71.6	11.9	7.4	3.3	2.0	1.2	1.3	1.4	26.4	13.2	8.6	4.6	3.9	0.6	5.9	9.2	0.4	44.1	25.8	18.3	4.9	-	1.5	1.5	7.5
愛媛	100.0	68.9	13.7	8.8	1.5	1.6	1.6	1.4	1.0	29.5	14.6	10.1	4.4	4.0	0.2	5.6	4.4	0.0	52.0	23.0	29.1	4.4	-	2.3	1.1	5.6
高知	100.0	64.5	14.8	13.7	3.5	0.4	1.3	1.8	1.6	35.1	15.6	14.4	5.0	1.0	0.6	1.6	1.6	0.4	46.3	20.4	25.9	5.4	-	4.4	2.3	5.6
福岡	100.0	61.9'	18.9	11.9	4.1	0.6	0.6	0.8	1.3	37.5	19.5	12.7	5.3	2.3	0.4	6.6	10.3	0.6	51.9	27.2	24.7	6.1	0.4	4.0	2.9	4.6
佐賀	100.0	69.1	15.5	10.3	2.6	0.4	0.7	1.0		30.3	15.9	10.9	3.4	2.0	0.7	8.6	8.4	0.7	52.5	24.7	27.9	3.0	0.0	2.5	0.7	7.1
長崎	100.0	68.7	16.7	10.3	1.6	0.6	0.6	1.1	0.5	30.6	17.2	11.3	2.1	0.2	0.9	-	0.1	1.6	50.9	26.3	24.5	3.8	-	2.4	2.1	7.7
熊本	100.0	69.3	14.0	10.0	2.1	0.6	0.7	1.2	1.2	29.5	14.7	11.3	4.0	5.2	0.7	6.7	10.0	0.5	55.9	25.4	30.5	3.9	-	3.2	1.9	10.4
大分	100.0	70.6	13.1	10.3	2.1	0.6	1.0	2.0	0.9	29.1	14.1	12.0	3.1	6.1	1.2	9.1	13.9	1.6	52.4	19.2	33.2	4.9	0.2	3.1	1.5	3.7
宮崎	100.0	70.7	14.7	5.5	3.3	1.0	1.3	1.5	2.0	28.3	16.0	7.0	5.3	2.2	0.4	8.7	X	0.1	52.3	20.9	31.3	5.8	0.3	3.8	2.6	5.7
鹿児島	100.0	75.5	14.1	5.2	1.2	0.9	1.0	0.9	1.1	23.6	15.3	6.0	2.3	3.2	0.3	8.5	14.5	1.2	57.7	28.2	29.5	5.2	0.2	1.7	0.4	6.3
沖縄	100.0	67.2	15.3	10.4	4.5	0.1	0.3	0.5	1.6	32.7	15.6	10.9	6.2	0.8	0.4	5.0	8.2	1.8	60.0	25.5	34.5	1.4	0.1	2.5	1.6	4.2

異常被患率等（各年齢ごと）（39-29）

単位　（%）

| 永久歯の1人当り平均むし歯（う歯）等数 | | | | | 栄養状態 | せき柱・四肢の状態・胸郭 | 皮膚疾患 | | 結核の検査の対象精密者 | 結核 | 心臓・疾病・異常 | 心電図異常 | 蛋白検出の者 | 尿糖検出の者 | その他の疾病・異常 | | | | 区分 |
| 計（本） | 喪失歯数（本） | むし歯（う歯） | | | | | アトピー性皮膚炎 | その他の皮膚疾患 | | | | | | | ぜん息 | 腎臓疾患 | 言語障害 | その他の疾病・異常 | |
		計（本）	処置歯数（本）	未処置歯数（本）															
...	...	...	...	...	1.15	0.74	3.10	0.45	0.16	-	0.85	...	0.66	0.04	2.85	0.18	0.36	3.47	全　国
...	...	...	...	...	0.9	0.2	4.6	0.6	0.0	-	1.2	...	0.8		4.4	0.1	0.6	4.8	北 海 道
...	...	...	...	...	2.9	1.6	1.3	0.3	0.1	-	0.2	...	0.8		1.2	0.1	0.1	4.0	青　森
...	...	...	...	...	1.3	0.4	2.2	0.3	0.1	-	0.2	...	0.7	0.1	2.4	-	0.7	3.6	岩　手
...	...	...	...	...	1.3	1.8	4.6	1.0	0.0	-	0.3	...	0.1	-	5.5	0.2	1.0	5.1	宮　城
...	...	...	...	...	3.2	2.8	2.6	0.6	0.0	-	1.1	...	0.1	0.0	2.7	0.0	0.2	7.1	秋　田
...	...	...	...	...	2.6	1.0	1.6	0.9	-	-	0.7	...	0.3		2.7	0.1	0.9	5.1	山　形
...	...	...	...	...	1.7	0.7	2.1	0.2	0.1	-	0.5	...	0.3		2.1	0.1	-	6.3	福　島
...	...	...	...	...	2.0	1.8	5.9	0.3	0.2	-	0.8	...	0.6	0.0	4.4	0.1	0.3	3.4	茨　城
...	...	...	...	...	1.2	1.0	4.2	0.6	0.2	-	1.7	...	1.6	0.0	5.4	0.2	0.7	3.3	栃　木
...	...	...	...	...	1.0	0.3	2.4	0.1	0.3	-	1.0	...	0.2	0.0	2.9	0.1	0.8	4.5	群　馬
...	...	...	...	...	0.2	0.5	3.1	0.3	0.4	-	0.8	...	1.4	0.0	3.6	0.1	0.2	2.6	埼　玉
...	...	...	...	...	0.6	0.4	3.4	0.6	0.2	-	1.1	...	0.2	0.1	4.1	0.3	0.8	2.8	千　葉
...	...	...	...	...	0.8	0.3	4.1	0.5	0.4	-	0.7	...	0.5	-	2.9	0.3	0.2	1.9	東　京
...	...	...	...	...	0.8	1.1	2.5	0.6	0.2	-	0.7	...	0.2	0.1	3.1	0.2	0.3	2.4	神 奈 川
...	...	...	...	...	1.5	0.5	4.4	0.4	-	-	1.7	...	0.7	0.1	5.2	0.3	1.1	4.9	新　潟
...	...	...	...	...	0.9	2.6	2.0	0.2	0.2	-	1.8	...	0.4	0.1	2.0	0.1	0.3	4.9	富　山
...	...	...	...	...	0.4	0.2	1.7	0.6	0.1	-	0.4	...	0.9	-	1.4	0.1	0.2	2.2	石　川
...	...	...	...	...	2.9	0.2	4.0	0.7	0.0	-	1.2	...	0.9	0.0	1.8	0.1	0.4	4.1	福　井
...	...	...	...	...	1.2	0.3	2.9	0.7	0.0	-	0.7	...	1.3	-	2.9	0.2	0.4	5.9	山　梨
...	...	...	...	...	1.1	0.4	3.1	0.3	0.0	-	1.3	...	0.3	0.0	5.2	0.1	0.3	6.0	長　野
...	...	...	...	...	1.6	0.2	3.7	0.5	0.2	-	1.4	...	0.4	0.1	1.5	0.1	0.8	5.0	岐　阜
...	...	...	...	...	1.6	1.3	1.7	0.5	0.1	-	0.9	...	0.7	0.0	1.5	0.3	0.3	3.6	静　岡
...	...	...	...	...	0.9	1.1	5.1	0.6	0.2	-	0.7	...	0.9	0.1	2.7	0.2	0.4	5.5	愛　知
...	...	...	...	...	2.1	0.4	2.8	0.1	0.1	-	1.1	...	0.4	0.0	2.0	-	0.2	2.5	三　重
...	...	...	...	...	0.3	0.2	2.0	0.2	0.1	-	1.3	...	0.3	0.1	1.8	0.1	0.2	4.1	滋　賀
...	...	...	...	...	2.0	1.9	3.4	0.5	0.0	-	2.4	...	1.6	-	2.2	0.1	0.5	5.3	京　都
...	...	...	...	...	0.8	0.5	3.2	0.3	0.0	-	0.7	...	0.7	-	2.0	0.1	0.2	2.6	大　阪
...	...	...	...	...	2.0	0.9	1.7	0.6	0.0	-	1.4	...	0.3	0.0	2.0	0.1	0.2	4.3	兵　庫
...	...	...	...	...	1.9	1.3	2.2	0.4	0.0	-	0.4	...	1.0	-	1.0	0.1	0.1	3.6	奈　良
...	...	...	...	...	1.0	1.4	1.2	0.1	0.1	-	0.6	...	3.5	-	0.9	0.0	0.9	2.0	和 歌 山
...	...	...	...	...	0.7	0.3	6.2	0.5	0.0	-	1.6	...	0.4	-	3.0	0.2	0.3	6.2	鳥　取
...	...	...	...	...	1.0	0.7	4.6	0.5	0.0	-	0.3	...	1.6	-	3.6	0.1	1.9	3.8	島　根
...	...	...	...	...	1.9	0.4	4.0	0.6	0.1	-	1.4	...	1.2	0.1	2.5	0.5	0.6	5.6	岡　山
...	...	...	...	...	1.3	0.6	2.5	0.8	0.1	-	0.3	...	0.6	-	2.7	-	0.0	2.9	広　島
...	...	...	...	...	1.1	1.0	1.5	0.8	0.0	-	1.3	...	0.9	0.1	2.0	0.1	0.4	3.9	山　口
...	...	...	...	...	1.4	0.0	2.5	-	-	-	0.4	...	0.4	-	2.4	0.1	0.2	5.4	徳　島
...	...	...	...	...	3.3	0.4	2.8	0.3	0.0	-	0.8	...	2.1	-	2.9	0.2	0.1	5.7	香　川
...	...	...	...	...	0.5	0.4	1.1	0.2	-	-	1.0	...	0.9	-	2.4	0.1	0.0	1.9	愛　媛
...	...	...	...	...	0.9	0.5	2.6	0.1	0.1	-	0.8	...	0.6	-	1.2	0.1	0.0	2.9	高　知
...	...	...	...	...	1.2	1.4	1.4	0.1	0.1	-	0.8	...	0.4	0.1	2.5	0.4	0.1	2.1	福　岡
...	...	...	...	...	1.1	0.8	2.0	0.5	-	-	0.6	...	-	0.1	2.3	-	0.8	3.2	佐　賀
...	...	...	...	...	1.2	0.0	3.2	-	0.0	-	1.3	...	0.5	-	2.8	0.1	0.4	2.9	長　崎
...	...	...	...	...	2.6	0.3	1.4	0.4	0.0	-	0.8	...	1.9	0.0	0.6	0.1	0.2	2.2	熊　本
...	...	...	...	...	0.3	0.4	2.0	0.1	0.1	-	0.6	...	0.6	-	1.5	0.1	0.0	1.1	大　分
...	...	...	...	...	2.3	1.0	2.5	0.2	-	-	1.0	...	0.2	0.0	2.9	0.2	0.4	3.5	宮　崎
...	...	...	...	...	1.0	0.3	0.8	0.1	-	-	0.7	...	0.3	0.0	3.6	0.1	0.2	1.5	鹿 児 島
...	...	...	...	...	0.5	0.4	2.9	0.5	0.0	-	0.3	...	0.5	0.0	2.5	0.1	0.4	3.8	沖　縄

都道府県表

1 8歳 (3) 女

区分	計	視力非矯正者の裸眼視力				視力矯正者の裸眼視力				裸眼視力 計	1.0未満 0.7以上	0.7未満 0.3以上	0.3未満	眼の疾病・異常	難聴	耳疾患	鼻疾患・副鼻腔患	口腔咽喉頭疾患異常	むし歯(う歯) 計	処置完了者	未処置歯のある者	歯列・咬合	顎関節	歯垢の状態	歯肉の状態	疾病・異常その他の
		1.0以上	1.0未満 0.7以上	0.7未満 0.3以上	0.3未満	1.0以上	1.0未満 0.7以上	0.7未満 0.3以上	0.3未満																	
全　国	100.00	62.52	13.26	12.37	4.76	0.79	1.06	2.04	3.20	36.70	14.33	14.41	7.96	4.63	0.72	6.18	8.27	0.82	46.07	24.01	22.06	5.44	0.09	2.95	1.86	5.78
北　海　道	100.0	X	X	X	X	X	X	X	X	X	X	X	X	4.8	0.9	4.8	13.7	2.8	53.8	25.3	28.5	7.7	0.1	4.0	2.2	3.8
青　森	100.0	52.4	16.1	13.7	6.7	0.7	1.4	3.2	5.8	46.9	17.5	16.9	12.5	4.7	0.6	6.6	12.9	0.6	55.9	26.0	29.9	3.6	-	2.6	1.2	10.8
岩　手	100.0	62.1	16.5	11.3	3.5	0.9	1.6	2.0	2.3	37.0	18.0	13.2	5.8	8.7	0.4	5.4	18.6	1.3	54.7	26.9	27.8	7.9	0.5	2.6	1.5	4.9
宮　城	100.0	59.8	13.8	11.6	5.6	0.9	1.4	3.1	3.8	39.2	15.2	14.6	9.4	7.7	0.6	6.8	9.6	0.8	52.3	26.3	26.0	7.1	0.1	6.4	5.7	7.5
秋　田	100.0	61.7	16.3	10.1	3.9	0.5	2.5	3.4	1.6	37.8	18.8	13.5	5.5	14.6	0.4	4.8	21.0	1.1	53.3	27.4	26.0	4.2	-	2.1	1.1	6.9
山　形	100.0	66.4	9.6	12.3	4.9	0.9	1.3	2.5	2.2	32.7	10.8	14.8	7.0	4.9	0.7	5.4	10.8	1.3	47.0	26.3	20.8	5.7	-	4.0	2.5	9.0
福　島	100.0	60.1	13.6	13.2	4.2	1.0	0.7	2.7	4.5	38.8	14.2	15.9	8.7	2.8	0.5	10.0	7.7	0.8	61.5	34.3	27.2	3.7	-	1.2	1.2	10.2
茨　城	100.0	59.1	13.0	12.4	6.0	0.8	1.9	3.1	3.7	39.9	14.8	15.4	9.7	10.6	0.6	1.1	13.9	0.3	54.9	27.0	27.9	3.0	0.1	1.8	0.8	8.5
栃　木	100.0	63.8	12.4	10.1	4.4	1.0	0.9	2.9	4.4	35.1	13.3	13.0	8.8	3.3	0.8	5.3	6.7	0.8	48.4	21.3	27.1	6.0	0.5	3.7	1.2	5.8
群　馬	100.0	62.3	11.0	12.4	5.3	1.3	0.9	3.0	4.0	36.4	11.9	15.3	9.2	1.8	0.5	9.0	4.6	1.4	46.7	25.8	20.8	5.7	0.4	2.8	1.4	6.3
埼　玉	100.0	62.7	14.7	11.6	4.8	0.8	1.4	1.8	2.1	36.5	16.2	13.4	6.9	2.8	0.5	5.6	5.0	0.6	42.9	24.0	18.9	4.4	-	1.4	0.9	5.5
千　葉	100.0	66.1	12.7	11.1	4.3	0.8	1.3	1.4	2.3	33.1	14.0	12.5	6.6	9.0	0.3	3.9	10.8	0.6	35.9	14.4	21.5	8.4	0.2	4.1	4.3	7.5
東　京	100.0	59.0	13.1	13.7	5.0	0.9	1.7	2.5	4.2	40.1	14.7	16.2	9.2	5.1	0.7	7.3	7.7	0.5	39.3	22.5	16.8	3.0	0.0	2.2	1.1	3.0
神　奈　川	100.0	67.7	14.3	12.2	4.6	0.2	-	0.5	0.7	32.2	14.3	12.6	5.2	4.6	0.7	6.5	5.4	0.4	37.4	22.3	15.1	4.0	0.0	1.6	1.0	3.3
新　潟	100.0	63.9	11.4	12.0	5.4	0.7	0.8	3.5	2.4	35.4	12.2	15.5	7.7	2.8	0.2	6.7	9.4	-	38.1	23.3	14.8	3.3	0.0	2.4	2.0	5.5
富　山	100.0	65.4	11.2	10.2	3.1	2.2	2.6	3.2	3.2	32.4	13.8	12.4	6.3	9.7	0.5	2.4	9.8	0.1	39.9	20.6	19.3	4.5	-	3.2	2.6	4.4
石　川	100.0	63.5	10.4	11.8	4.6	0.7	1.0	2.4	5.7	35.9	11.4	14.2	10.3	0.9	0.7	1.5	-	-	43.1	18.1	25.0	2.9	0.1	2.6	0.7	5.9
福　井	100.0	64.1	12.1	10.8	3.6	1.0	2.6	2.2	2.3	34.9	14.8	13.0	7.1	2.4	0.5	2.3	5.0	0.4	56.4	28.7	27.7	8.3	0.1	4.8	5.0	5.9
山　梨	100.0	63.7	11.0	11.9	4.9	1.4	1.2	2.7	3.2	34.9	12.2	14.6	8.2	5.9	0.7	7.3	10.1	0.9	50.5	26.3	24.2	5.3	-	3.5	2.3	7.5
長　野	100.0	64.2	11.4	14.4	3.7	1.0	0.8	1.6	2.8	34.7	12.2	16.1	6.5	2.7	0.2	5.3	4.3	0.2	44.6	23.9	20.7	5.1	-	2.0	1.4	4.9
岐　阜	100.0	63.0	12.1	12.0	5.2	0.8	0.9	2.5	3.5	36.2	13.0	14.5	8.7	3.2	0.4	3.7	8.0	1.5	47.2	26.0	21.2	5.1	-	2.8	1.1	3.9
静　岡	100.0	68.8	9.6	10.4	4.0	0.9	1.1	1.7	3.6	30.3	10.7	12.1	7.5	2.9	0.7	5.9	4.2	0.3	40.0	21.2	18.8	7.1	-	4.7	2.6	8.6
愛　知	100.0	59.3	13.5	12.9	4.3	1.2	1.4	3.8	3.4	39.5	15.0	16.7	7.9	4.1	1.1	5.4	5.4	0.3	40.0	22.0	17.9	5.9	0.0	3.8	3.2	6.5
三　重	100.0	62.6	16.6	12.8	3.5	0.9	0.6	1.1	2.0	36.6	17.2	13.9	5.5	4.7	0.4	5.7	8.6	1.5	47.9	22.9	25.0	5.4	0.3	1.3	1.3	5.4
滋　賀	100.0	66.8	12.9	12.3	5.6	0.4	0.4	0.6	1.1	32.8	13.3	12.9	6.7	1.3	0.5	2.6	2.1	0.4	43.5	22.1	21.4	8.3	0.1	2.2	0.9	9.2
京　都	100.0	64.6	11.7	10.9	4.9	1.0	0.8	2.5	3.5	34.4	12.6	13.4	8.4	5.1	0.6	7.9	7.6	0.7	47.1	21.7	25.5	10.0		1.8	0.9	5.7
大　阪	100.0	62.7	10.3	12.9	5.9	0.9	0.7	2.5	4.4	36.5	11.0	15.1	10.3	4.9	0.5	8.9	5.3	0.4	43.3	21.5	21.8	6.0	-	1.4	1.4	5.7
兵　庫	100.0	62.2	14.6	14.1	5.1	0.1	0.5	0.8	2.6	37.6	15.0	14.9	7.7	5.6	0.8	9.5	11.3	2.5	47.4	26.0	21.4	4.7	0.0	3.1	1.2	6.5
奈　良	100.0	72.1	8.6	9.1	2.7	1.1	1.4	1.9	3.3	26.9	9.9	11.0	5.9	1.9	1.2	3.8	6.4	0.3	47.2	23.4	23.9	5.8	-	4.4	1.6	6.5
和　歌　山	100.0	66.8	11.3	9.0	2.4	2.4	1.8	2.4	3.9	30.8	13.1	11.4	6.3	6.5	0.5	8.1	10.2	1.2	51.1	25.8	25.2	4.2	-	3.4	2.3	6.9
鳥　取	100.0	65.7	10.4	11.8	3.2	0.9	1.0	2.9	4.0	33.3	11.5	14.7	7.2	6.6	0.9	3.5	15.8	1.2	53.2	26.0	27.2	8.3	0.5	3.6	2.9	7.0
島　根	100.0	59.1	13.9	12.6	5.0	1.6	1.6	3.2	3.5	39.4	15.5	15.4	8.5	5.1	2.0	7.3	10.6	1.2	56.0	26.3	29.7	5.1	0.1	4.3	2.6	5.2
岡　山	100.0	64.1	13.5	10.8	4.4	1.1	0.9	2.7	2.5	34.8	14.4	13.5	6.9	4.4	0.6	6.6	15.1	1.5	50.1	24.4	25.7	6.5	0.1	4.8	3.6	6.6
広　島	100.0	61.9	13.6	12.9	5.9	0.9	0.9	1.9	3.0	37.1	12.9	14.8	9.0	5.0	0.6	7.5	7.5	0.9	43.6	26.1	17.5	4.5	0.0	3.8	0.9	6.5
山　口	100.0	62.5	11.6	13.8	4.9	0.8	0.5	2.5	3.4	36.7	12.2	16.3	8.3	4.4	0.4	5.5	6.9	0.6	51.8	25.0	26.8	4.6	0.0	2.3	2.5	6.5
徳　島	100.0	54.3	17.9	12.7	4.8	0.9	1.1	2.3	5.9	44.8	19.0	15.0	10.8	9.7	0.7	5.8	16.6	2.0	52.0	26.6	25.4	5.3	0.6	6.0	2.9	7.6
香　川	100.0	59.3	9.8	12.6	5.7	0.9	1.4	4.1	6.2	39.8	11.2	16.7	11.9	3.8	0.6	7.0	9.0	0.5	50.0	27.1	22.9	5.1	-	3.6	2.8	8.0
愛　媛	100.0	61.8	12.4	11.2	4.9	0.6	3.0	1.7	4.6	37.7	15.3	12.9	9.5	4.5	1.0	4.7	7.7	1.1	52.8	26.0	26.8	3.6	-	1.7	1.1	9.4
高　知	100.0	69.2	9.8	11.5	5.1	0.4	0.5	1.2	2.3	30.3	10.2	12.7	7.4	0.6	1.3	4.3	5.4	1.4	49.9	25.0	25.0	6.3		1.8	1.9	4.7
福　岡	100.0	55.3	16.9	13.4	5.7	0.6	1.0	1.8	5.3	44.1	18.0	15.3	10.8	2.9	1.4	7.3	11.2	1.0	55.3	28.7	26.6	4.1	0.1	2.5	1.9	5.4
佐　賀	100.0	59.7	16.3	13.0	5.7	0.4	1.1	2.0	1.8	39.9	17.4	15.0	7.5	3.8	0.5	10.0	8.6	0.8	54.7	27.9	26.8	4.2	0.1	1.2	1.0	7.4
長　崎	100.0	65.0	15.4	14.4	1.8	0.2	0.3	0.9	2.1	34.8	15.7	15.3	3.9	0.3	0.2	6.9	7.8	3.0	52.0	30.7	21.3	3.1	0.0	2.5	2.0	8.7
熊　本	100.0	65.0	12.7	11.7	3.4	0.5	0.9	2.5	3.4	34.5	13.6	14.1	6.8	5.4	1.2	5.4	14.5	1.0	55.1	27.7	27.3	4.1	-	4.2	2.9	9.5
大　分	100.0	62.3	13.0	12.9	4.0	1.4	0.8	1.2	4.3	36.3	13.9	14.1	8.3	4.1	0.8	2.0	4.2	-	55.0	24.5	30.5	5.0	-	1.8	2.0	4.7
宮　崎	100.0	61.9	12.5	10.0	3.9	1.4	2.3	2.6	5.4	36.7	14.8	12.6	9.3	4.5	0.8	8.9	9.1	1.4	54.9	24.8	30.2	6.1	0.7	4.1	2.3	5.9
鹿　児　島	100.0	68.7	9.5	11.1	4.4	0.4	1.1	1.9	3.0	31.0	10.6	13.0	7.4	3.6	0.9	6.0	13.0	1.4	56.8	31.6	25.2	3.7	-	2.1	1.1	4.8
沖　縄	100.0	62.4	12.4	13.4	7.5	0.3	0.3	0.9	2.7	37.3	12.7	14.4	10.2	0.8	0.3	3.7	10.4	0.7	65.8	31.0	34.8	1.1	0.2	4.5	1.8	5.9

異常被患率等（各年齢ごと）（39-30）

単位　（%）

| 永久歯の1人当り平均むし歯（う歯）等数 | | | | | 栄養状態 | せき柱・四肢の胸郭・状態 | 皮膚疾患 | | 結核検査の対象の精密者 | 結核 | 心疾病臓・異常の常 | 心電図異常 | 蛋白検出の者 | 尿糖検出の者 | その他の疾病・異常 | | | | 区分 |
計（本）	喪失歯数（本）	むし歯（う歯）計（本）	処置歯数（本）	未処置歯数（本）			アトピー性皮膚炎	その他の皮膚疾患							ぜん息	腎臓疾患	言語障害	その疾病・他の異常	
…	…	…	…	…	1.64	0.86	2.92	0.38	0.13	0.00	0.74	…	0.84	0.05	2.71	0.18	0.27	3.45	全　国
…	…	…	…	…	1.4	0.4	5.4	0.2	0.1		0.3	…	0.8		3.5	0.2	0.6	6.8	北 海 道
…	…	…	…	…	3.3	2.0	1.3	0.5		-	0.4		0.8	-	1.5	0.2	0.3	4.0	青　森
…	…	…	…	…	2.7	0.5	3.2	0.2	0.1		0.3		0.9	-	3.9	0.3	0.7	2.7	岩　手
…	…	…	…	…	2.7	1.6	4.4	0.8		-	0.7		0.3	-	4.2	0.4	0.5	4.8	宮　城
…	…	…	…	…	3.8	1.2	3.2	0.2	0.1		0.7		-	0.0	2.5	0.1	0.0	6.4	秋　田
…	…	…	…	…	2.9	0.9	3.6	1.1	0.1		0.5		0.5		3.6	0.0	0.3	7.0	山　形
…	…	…	…	…	3.0	0.7	2.3	0.1	0.0		0.3		0.4	0.0	3.1		0.1	5.8	福　島
…	…	…	…	…	3.8	1.6	4.6	0.3	0.3	-	1.0		0.5		4.3		0.4	3.3	茨　城
…	…	…	…	…	1.9	0.5	3.7	0.2	0.0		1.4		1.6	0.1	3.6	0.2	0.5	3.9	栃　木
…	…	…	…	…	1.0	0.7	3.2	0.3	0.0		0.8		0.3	0.1	3.0	0.3	0.5	4.6	群　馬
…	…	…	…	…	0.6	0.7	2.6	0.5	0.5	0.0	0.9		1.5	0.0	3.6	0.0	0.5	3.1	埼　玉
…	…	…	…	…	0.7	0.7	3.9	0.7	0.2		0.4		0.4	0.0	3.6	0.2	0.5	3.8	千　葉
…	…	…	…	…	1.0	0.4	3.7	0.4	0.3		0.5		0.7	0.1	2.6	0.2	0.3	1.4	東　京
…	…	…	…	…	1.0	1.7	2.0	0.6	0.1		0.5		0.3	0.0	3.6	0.1	0.2	3.0	神 奈 川
…	…	…	…	…	2.0	0.2	4.3	0.2	0.0	-	1.4		1.1	-	4.6	0.3	0.7	4.7	新　潟
…	…	…	…	…	2.6	1.6	2.2	0.1		-	0.8		0.8		2.0	0.1	0.2	6.0	富　山
…	…	…	…	…	0.7	0.8	1.3	0.2	0.0	0.0	1.0		0.6	-	1.0		0.2	2.8	石　川
…	…	…	…	…	0.9	0.5	4.6	0.6	0.1		0.6		1.3	0.2	3.1	-	0.1	6.0	福　井
…	…	…	…	…	1.6	0.7	1.8	1.1	0.1		0.5		1.4	0.3	2.3	0.3	0.7	5.6	山　梨
…	…	…	…	…	1.1	0.6	4.1	0.4	0.4		0.7		0.5		3.2	0.1	0.2	4.5	長　野
…	…	…	…	…	1.6	0.3	3.3	0.6	0.3		1.0		0.6	0.1	1.7	0.3	0.4	5.9	岐　阜
…	…	…	…	…	2.2	1.6	2.2	0.6	0.1		0.6		0.6	0.1	1.4	0.1	0.3	3.5	静　岡
…	…	…	…	…	2.1	1.2	3.9	0.6	0.3		0.9		1.1	0.1	2.8	0.4	0.0	3.4	愛　知
…	…	…	…	…	2.0	0.2	2.8			-	0.3		0.5	0.1	2.3	0.1	0.1	3.2	三　重
…	…	…	…	…	0.7	0.2	1.8	0.3	0.2	-	1.3		0.4	0.0	1.6	0.1	0.2	2.6	滋　賀
…	…	…	…	…	3.7	1.6	3.7	0.9	0.0	-	2.7		1.9	0.0	3.4	0.1	0.4	4.7	京　都
…	…	…	…	…	1.6	0.8	2.5	0.3		-	0.3		1.3		2.0	0.1	-	2.4	大　阪
…	…	…	…	…	1.7	0.9	1.5	0.2		-	1.1		0.6		1.1		0.0	3.7	兵　庫
…	…	…	…	…	1.7	1.1	2.9	0.1	0.2		0.4		1.3	0.1	1.1		0.0	3.7	奈　良
…	…	…	…	…	2.3	1.4	1.4		0.0	-	1.2		3.1	0.2	0.7	0.1	0.2	3.2	和 歌 山
…	…	…	…	…	1.8	0.4	6.8	0.0		-	1.4		0.8	-	3.6	0.3	0.4	6.7	鳥　取
…	…	…	…	…	1.1	0.5	4.6	0.3	-		0.6		1.2		3.4	0.6	0.4	3.2	島　根
…	…	…	…	…	2.5	0.5	3.8	0.5		-	1.8		1.4	0.0	3.1	0.2	0.4	5.3	岡　山
…	…	…	…	…	2.1	1.2	2.2	0.2		-	0.4		0.5	0.1	1.8	-	0.27	1.9	広　島
…	…	…	…	…	2.4	1.1	2.4	0.8	0.0	-	1.4		0.7	-	3.2	0.1	0.1	5.6	山　口
…	…	…	…	…	1.3	0.1	2.4	0.2	0.0		0.0		0.6		2.8	0.1	0.3	4.2	徳　島
…	…	…	…	…	3.2	0.6	2.7	0.4		-	1.2		2.6		2.1	0.3	0.1	4.8	香　川
…	…	…	…	…	1.0	0.4	1.3	0.1		-	0.9		2.5		1.4	0.1	0.2	2.2	愛　媛
…	…	…	…	…	0.8	0.3	1.8	0.2		-	3.2		1.0		1.0	0.2	-	2.3	高　知
…	…	…	…	…	1.3	1.0	1.6	0.1	0.0		0.5		0.4	0.2	2.1	0.1	0.2	2.4	福　岡
…	…	…	…	…	1.8	0.6	1.8	0.3		-	0.5		0.3	0.1	2.5	0.2	0.4	4.3	佐　賀
…	…	…	…	…	0.7	0.0	4.3	0.1		-	1.4		0.8	0.2	2.8	0.3	0.3	3.8	長　崎
…	…	…	…	…	2.9	0.3	1.0	0.3		-	0.4		1.8		0.9	0.1	0.2	1.9	熊　本
…	…	…	…	…	1.3	0.4	1.4	0.1		-	0.4		0.7		1.5	0.1	0.4	2.3	大　分
…	…	…	…	…	3.0	1.5	1.4	0.5		-	0.9		0.2	0.0	3.3	0.3	0.6	3.8	宮　崎
…	…	…	…	…	1.6	0.4	1.7	0.1	-	-	0.9		0.4	0.1	1.9	0.1	0.2	2.3	鹿 児 島
…	…	…	…	…	0.9	0.4	1.7	0.5	-	-	0.8	…	0.7	-	2.2	0.0	0.3	2.7	沖　縄

異常被患率等（各年齢ごと）（39-30）

1 9歳 (3) 女

区　分	計	裸眼視力 視力非矯正者 1.0以上	1.0未満0.7以上	0.7未満0.3以上	0.3未満	裸眼視力 視力矯正者 1.0以上	1.0未満0.7以上	0.7未満0.3以上	0.3未満	裸眼視力 計	1.0未満0.7以上	0.7未満0.3以上	0.3未満	眼の疾病・異常	難聴	耳疾患	鼻疾・副鼻腔患	口腔咽喉頭疾患・異常	むし歯(う歯) 計	処置完了者	未処置歯のある者	歯列・咬合	顎関節	歯垢の状態	歯肉の状態	その他の疾病・異常
全　国	100.00	53.94	12.11	14.68	6.14	1.00	1.18	3.56	7.38	45.06	13.29	18.25	13.52	4.80	…	5.46	9.11	0.73	43.30	23.39	19.91	5.11	0.10	3.30	2.06	7.85
北 海 道	100.0	X	X	X	X	X	X	X	X	X	X	X	X	2.0	…	5.1	7.6	0.4	51.1	22.0	29.1	5.2	0.2	5.5	2.1	6.4
青　森	100.0	43.6	12.9	14.7	7.0	0.8	2.0	5.3	13.7	55.6	14.9	20.0	20.7	5.5	…	5.2	11.1	0.4	56.0	26.2	29.8	3.5	0.0	2.5	1.1	13.1
岩　手	100.0	52.0	12.6	12.4	6.7	1.0	2.2	4.1	8.9	47.0	14.8	16.5	15.6	7.9	…	5.0	18.6	2.0	47.4	26.5	20.9	9.8	0.1	2.8	1.5	7.0
宮　城	100.0	53.2	11.1	14.2	7.1	0.9	1.5	4.1	7.9	45.9	12.6	18.3	15.0	6.1	…	3.4	4.7	-	46.8	23.0	23.8	5.8	0.2	5.1	4.5	13.1
秋　田	100.0	49.9	15.8	14.1	7.3	2.3	2.2	3.7	4.7	47.9	18.0	17.8	12.1	10.6	…	6.2	16.7	1.8	48.1	24.9	23.2	3.6	-	2.9	1.4	10.0
山　形	100.0	55.6	9.2	13.8	5.6	1.3	1.0	5.4	8.2	43.1	10.2	19.2	13.7	3.8	…	6.7	10.6	1.4	49.1	25.0	24.1	6.0	0.2	3.9	3.5	12.3
福　島	100.0	55.5	13.1	11.3	6.7	0.5	1.2	4.8	6.9	44.0	14.4	16.0	13.6	2.5	…	2.3	1.5	3.7	57.3	35.4	21.9	4.9	-	3.3	1.6	12.9
茨　城	100.0	52.2	11.9	14.4	8.1	1.2	1.4	4.0	6.9	46.7	13.3	18.4	14.9	12.4	…	1.1	18.5	0.0	50.9	25.8	25.0	3.9	0.0	2.6	1.0	11.9
栃　木	100.0	58.0	12.2	12.9	4.2	0.7	1.4	3.5	7.1	41.3	13.6	16.4	11.3	2.7	…	5.2	8.9	0.1	46.8	24.4	22.5	4.3	0.6	1.8	1.2	9.0
群　馬	100.0	54.2	9.9	13.4	7.3	1.2	1.1	4.5	8.2	44.5	11.1	18.0	15.5	1.5	…	4.2	3.8	2.1	49.4	26.6	22.8	6.7	0.3	3.2	3.5	9.1
埼　玉	100.0	57.9	10.6	14.7	5.7	0.2	0.6	4.0	6.3	42.0	11.2	18.7	12.0	4.0	…	6.1	8.8	0.2	38.7	22.3	16.4	5.4	-	2.2	1.2	7.4
千　葉	100.0	56.0	10.5	17.4	4.6	0.9	1.5	2.7	6.4	43.1	12.0	20.1	11.0	6.2	…	3.5	11.5	1.3	37.3	17.4	19.9	6.5	0.0	4.2	3.0	10.1
東　京	100.0	46.9	13.1	17.3	6.5	1.1	1.2	3.9	9.9	51.9	14.3	21.2	16.5	6.6	…	7.2	9.4	0.5	38.7	23.8	14.9	4.2	0.0	3.0	1.4	4.7
神 奈 川	100.0	54.5	18.2	16.6	6.7	1.5	1.1	0.7	0.7	44.0	19.3	17.3	7.4	5.2	…	9.4	11.5	0.6	32.3	19.4	12.9	3.8	-	1.5	1.5	3.6
新　潟	100.0	57.7	9.4	13.0	6.4	1.8	1.4	3.9	6.4	40.6	10.9	17.0	12.8	2.8	…	4.9	9.0	0.7	34.3	21.3	13.0	2.6	-	1.7	2.3	9.1
富　山	100.0	63.3	7.5	12.6	3.3	2.4	2.1	3.2	5.6	34.3	9.6	15.8	8.9	9.8	…	3.0	7.6	0.9	38.8	21.1	17.8	5.0	0.1	2.9	2.6	6.2
石　川	100.0	54.8	8.5	13.4	5.0	0.7	1.2	4.9	11.5	44.5	9.7	18.3	16.6	3.3	…	8.1	12.9	1.2	39.8	14.9	25.0	3.5	0.1	3.5	1.6	7.0
福　井	100.0	54.1	10.2	13.3	7.8	1.4	1.1	3.4	8.8	44.6	11.3	16.7	16.6	1.3	…	0.8	2.3	0.4	53.4	27.7	25.7	4.0	-	2.9	1.4	7.8
山　梨	100.0	56.7	10.7	11.5	4.1	1.8	1.5	5.0	8.8	41.6	12.2	16.5	12.9	5.9	…	5.1	9.3	1.0	45.7	26.5	19.2	6.2	0.1	2.4	1.7	10.4
長　野	100.0	56.5	11.2	15.4	3.6	1.8	0.5	5.0	5.9	41.6	11.7	20.4	9.5	2.5	…	4.5	4.5	0.5	45.8	28.3	17.5	4.8	0.0	2.8	2.7	9.1
岐　阜	100.0	56.4	10.9	15.1	5.6	0.6	1.1	2.7	7.6	43.0	12.0	17.8	13.2	5.1	…	4.1	8.5	0.9	42.8	24.9	17.9	4.3	0.1	3.9	1.6	4.6
静　岡	100.0	60.5	11.2	10.7	6.0	0.8	1.2	3.3	6.7	39.1	12.4	14.0	12.7	2.2	…	8.3	5.5	0.4	39.2	23.1	16.1	6.0	0.3	3.1	2.8	10.1
愛　知	100.0	55.3	11.3	12.7	5.4	1.0	1.4	4.3	8.5	43.7	12.8	17.1	13.9	4.2	…	2.2	7.7	0.4	37.3	23.4	13.9	4.7	0.1	3.0	2.1	8.4
三　重	100.0	65.0	14.6	11.9	3.2	0.7	0.8	1.6	2.2	34.3	15.4	13.5	5.4	3.9	…	1.6	6.3	1.2	46.5	21.6	24.9	5.9	-	5.2	2.0	8.0
滋　賀	100.0	X	X	X	X	X	X	X	X	X	X	X	X	2.5	…	2.3	1.6	0.5	42.1	21.9	20.2	6.8	-	2.5	1.5	10.0
京　都	100.0	55.2	9.9	14.6	5.0	1.2	1.2	4.7	8.1	43.6	11.1	19.3	13.1	5.5	…	6.6	8.9	0.0	41.1	22.0	19.1	4.0	0.0	2.7	2.7	7.3
大　阪	100.0	51.0	9.5	14.8	6.9	0.9	1.0	5.7	10.4	48.1	10.5	20.5	17.2	5.2	…	7.1	7.1	0.4	38.9	18.9	20.0	7.2	0.0	3.6	1.4	6.0
兵　庫	100.0	52.5	9.8	13.5	10.9	1.4	1.0	2.2	9.2	46.1	10.3	15.7	20.1	5.4	…	7.0	11.2	0.4	45.1	25.5	19.7	6.0	0.1	5.1	2.4	9.6
奈　良	100.0	59.2	12.0	10.2	2.9	0.6	1.3	3.8	10.5	40.2	12.8	14.0	13.3	3.9	…	4.9	X	-	45.3	22.6	22.6	6.4	-	5.5	2.6	7.4
和 歌 山	100.0	61.2	9.6	11.4	6.2	1.4	1.3	4.4	4.6	37.4	10.8	15.8	10.7	7.1	…	2.8	7.3	0.5	47.6	24.2	23.4	11.4	-	4.2	2.6	11.1
鳥　取	100.0	57.2	9.3	12.6	5.1	1.8	1.3	4.4	8.4	41.0	10.6	17.0	13.5	12.5	…	5.2	16.9	1.1	50.7	23.7	27.0	9.5	0.3	5.3	3.6	8.8
島　根	100.0	56.5	11.5	12.6	5.4	0.7	1.4	3.4	8.4	42.9	12.9	16.1	13.9	5.3	…	5.1	9.9	1.8	51.1	26.6	24.5	3.5	0.1	3.5	1.6	6.3
岡　山	100.0	57.4	11.7	11.9	4.1	1.6	2.4	5.3	5.6	41.0	14.1	17.2	9.7	5.7	…	8.8	12.2	0.6	45.8	23.3	22.5	4.6	-	6.1	4.8	7.6
広　島	100.0	56.7	11.8	12.3	6.5	0.4	1.1	2.9	8.4	42.9	12.9	15.2	14.9	4.1	…	3.5	8.2	0.5	37.7	22.5	15.2	3.5	-	3.0	3.0	5.4
山　口	100.0	59.9	6.4	13.9	5.9	0.9	0.8	3.6	8.5	39.1	7.2	17.5	14.4	4.9	…	6.5	10.2	0.7	50.7	23.3	27.4	4.8	0.2	1.3	1.5	12.9
徳　島	100.0	51.2	13.7	12.7	5.1	2.1	1.3	4.9	9.0	46.7	14.9	17.6	14.2	9.3	…	5.5	14.3	3.6	48.1	23.1	25.0	6.5	0.4	2.6	2.6	9.0
香　川	100.0	53.5	9.3	12.0	4.1	1.6	1.9	5.8	11.8	45.0	11.2	17.9	15.9	4.3	…	6.7	9.0	1.4	43.8	26.4	17.4	3.5	0.5	4.9	1.8	12.2
愛　媛	100.0	51.6	13.5	15.1	5.1	1.8	0.6	2.5	9.8	46.6	14.1	17.6	14.9	0.1	…	2.1	5.7	0.4	51.8	22.1	29.7	3.9	0.1	1.6	1.6	10.4
高　知	100.0	57.2	8.7	15.0	3.7	0.2	3.1	3.4	8.9	42.7	11.7	18.4	12.5	0.1	…	2.1	5.2	4.7	49.3	24.2	25.1	6.4	1.1	7.0	-	7.3
福　岡	100.0	47.2	15.9	15.1	7.7	0.6	1.0	2.8	9.8	52.2	16.9	17.8	17.5	2.9	…	4.9	9.1	0.6	50.0	27.7	22.3	3.9	0.1	2.7	2.0	7.0
佐　賀	100.0	50.1	12.6	15.6	9.9	0.7	1.7	3.6	5.8	49.3	14.3	19.2	15.7	6.9	…	6.9	8.4	0.4	51.7	24.0	27.7	4.8	-	4.8	1.8	12.9
長　崎	100.0	X	X	X	X	X	X	X	X	X	X	X	X	2.2	…	0.9	2.8	1.7	52.5	32.8	19.7	3.2	0.0	2.6	1.5	10.6
熊　本	100.0	58.4	8.3	14.8	6.3	0.9	1.9	3.6	6.4	41.0	9.7	18.7	12.6	6.6	…	6.3	12.8	0.9	52.7	28.8	23.9	5.1	0.3	4.0	5.1	12.3
大　分	100.0	52.4	16.7	13.7	5.4	1.2	1.9	1.9	7.7	47.3	18.6	15.6	13.1	4.9	…	4.9	15.1	0.2	60.2	23.0	37.2	4.8	0.3	2.5	2.4	6.4
宮　崎	100.0	54.8	12.5	12.0	6.3	1.2	1.3	3.6	8.2	44.0	13.8	15.6	14.6	4.3	…	7.6	9.2	1.0	55.1	23.8	31.3	3.9	0.1	5.1	3.2	7.9
鹿 児 島	100.0	60.2	8.3	12.6	2.7	1.9	2.2	3.1	8.9	37.9	10.6	15.7	11.6	3.8	…	5.2	14.9	1.3	54.8	28.9	25.9	3.8	0.0	1.7	0.8	8.2
沖　縄	100.0	53.1	10.3	14.7	9.9	0.6	0.4	2.1	9.0	46.3	10.7	16.8	18.9	1.6	…	5.9	12.4	1.3	58.6	28.8	29.8	1.8	0.4	2.5	-	7.0

異常被患率等（各年齢ごと）（39-31）

単位　（%）

計 (本)	喪失歯数 (本)	計 (本)	処置歯数 (本)	未処置歯数 (本)	栄養状態	せき柱・四肢の状態・胸郭	アトピー性皮膚炎	その他の皮膚疾患	結核検査の対象精密者	結核	心疾病臓・異常	心電図異常	蛋白検出の者	尿糖検出の者	ぜん息	腎臓疾患	言語障害	その他の疾病・異常	区分
...	...	...	...	...	1.81	0.94	2.95	0.32	0.16	0.00	0.78	...	1.17	0.07	2.65	0.22	0.25	3.44	全 国
...	...	...	...	...	1.1	1.4	6.2	0.9	-	-	0.6	...	1.4	-	5.3	0.0	0.5	6.1	北 海 道
...	...	...	...	...	5.3	1.5	1.3	0.2	-	-	0.1	...	1.0	0.0	1.2	0.2	-	4.7	青 森
...	...	...	...	...	3.3	0.5	1.8	0.3	-	-	0.1	...	2.1	-	2.0	0.1	0.2	3.2	岩 手
...	...	...	...	...	2.4	1.8	5.3	0.6	0.2	-	0.9	...	0.6	0.0	5.3	0.2	0.6	5.2	宮 城
...	...	...	...	...	3.9	1.5	3.0	0.6	-	-	1.1	...	0.3	0.0	2.3	0.1	0.2	4.8	秋 田
...	...	...	...	...	2.2	0.5	2.8	0.6	-	-	1.0	...	0.8	-	2.8	0.1	0.1	5.6	山 形
...	...	...	...	...	2.9	0.3	1.7	0.4	-	-	0.6	...	0.4	0.1	2.9	0.1	0.1	4.0	福 島
...	...	...	...	...	3.6	1.6	5.6	0.4	0.1	-	0.7	...	0.7	0.2	4.2	0.2	1.0	2.9	茨 城
...	...	...	...	...	1.8	1.3	3.6	0.4	0.1	-	1.2	...	3.2	-	3.7	0.2	0.5	5.3	栃 木
...	...	...	...	...	1.5	0.7	2.8	0.1	0.2	-	1.0	...	0.4	0.1	3.0	0.5	1.1	3.9	群 馬
...	...	...	...	...	0.5	0.9	2.7	0.3	0.3	-	1.0	...	2.1	0.1	3.0	0.1	0.2	2.1	埼 玉
...	...	...	...	...	0.8	1.3	2.5	0.2	0.3	-	0.9	...	0.7	0.0	3.7	0.4	0.4	3.1	千 葉
...	...	...	...	...	1.4	0.3	3.0	0.3	0.3	-	0.6	...	0.9	0.0	2.2	0.4	0.1	1.9	東 京
...	...	...	...	...	1.7	1.1	2.1	0.5	0.2	-	0.5	...	0.9	0.0	2.3	0.4	0.3	2.6	神 奈 川
...	...	...	...	...	2.3	0.0	4.0	0.2	0.2	-	1.1	...	1.1	0.1	5.0	0.5	0.5	3.9	新 潟
...	...	...	...	...	1.4	2.0	1.4	0.1	0.5	-	0.9	...	1.6	-	1.9	0.1	0.0	5.8	富 山
...	...	...	...	...	0.2	0.2	1.5	0.2	-	-	0.6	...	1.6	0.1	1.6	0.1	0.1	2.9	石 川
...	...	...	...	...	1.0	0.4	5.7	0.2	0.0	-	1.1	...	1.0	0.1	1.5	0.6	0.3	5.7	福 井
...	...	...	...	...	1.6	0.6	4.0	0.4	0.0	-	0.2	...	1.1	0.1	2.3	0.1	0.1	5.0	山 梨
...	...	...	...	...	1.3	1.1	3.6	0.1	0.1	-	1.1	...	0.3	-	4.5	-	0.2	4.2	長 野
...	...	...	...	...	1.3	0.3	2.9	0.3	0.1	-	2.7	...	1.6	0.1	1.1	0.1	0.2	6.9	岐 阜
...	...	...	...	...	1.9	1.0	1.6	0.2	0.3	-	1.0	...	1.3	0.1	1.2	0.2	0.2	3.9	静 岡
...	...	...	...	...	2.6	0.7	4.8	0.5	0.2	-	0.6	...	1.4	0.0	3.1	0.1	0.1	3.8	愛 知
...	...	...	...	...	2.4	0.6	3.5	-	0.2	-	1.3	...	0.7	0.0	3.6	0.1	0.2	3.2	三 重
...	...	...	...	...	0.3	0.3	1.9	0.2	0.2	-	1.5	...	1.1	0.0	2.0	0.1	0.1	3.8	滋 賀
...	...	...	...	...	4.1	2.0	3.5	0.5	1.1	-	2.4	...	1.8	0.2	2.5	0.1	0.1	5.1	京 都
...	...	...	...	...	1.1	1.0	2.8	0.3	0.1	-	0.2	...	1.3	0.1	2.0	0.2	0.1	3.9	大 阪
...	...	...	...	...	2.7	0.5	2.2	0.3	0.1	-	0.9	...	1.4	0.1	2.9	0.4	0.1	3.3	兵 庫
...	...	...	...	...	1.5	1.5	2.1	0.1	0.1	0.0	0.2	...	1.8	0.2	0.9	0.1	0.1	3.2	奈 良
...	...	...	...	...	1.9	1.1	1.3	0.1	0.0	-	0.1	...	3.5	0.2	0.8	0.1	0.6	3.6	和 歌 山
...	...	...	...	...	1.9	0.2	5.1	0.5	-	-	1.2	...	0.9	0.1	3.4	0.5	0.6	9.1	鳥 取
...	...	...	...	...	1.3	1.0	4.6	0.2	-	-	0.5	...	1.6	0.0	4.3	0.1	0.2	3.9	島 根
...	...	...	...	...	2.6	0.6	3.0	0.7	0.1	-	1.1	...	1.4	0.1	2.9	0.4	0.2	5.1	岡 山
...	...	...	...	...	1.9	2.5	2.4	0.2	0.2	-	0.3	...	0.9	0.4	1.9	0.1	0.1	2.0	広 島
...	...	...	...	...	2.9	1.3	1.9	0.5	0.1	-	1.1	...	1.2	0.1	2.2	0.2	0.1	4.2	山 口
...	...	...	...	...	1.5	0.1	3.1	0.0	0.0	-	0.2	...	1.2	0.2	2.9	0.2	0.1	3.4	徳 島
...	...	...	...	...	4.0	0.1	3.3	0.4	0.0	-	0.9	...	2.8	0.1	2.0	0.8	0.0	4.0	香 川
...	...	...	...	...	1.4	1.0	1.3	0.1	0.1	-	1.3	...	1.3	-	1.7	0.0	0.3	1.8	愛 媛
...	...	...	...	...	0.8	0.3	2.7	0.3	-	-	0.8	...	0.9	0.0	1.3	0.2	0.1	4.1	高 知
...	...	...	...	...	1.4	1.9	1.7	0.0	0.1	-	0.6	...	0.5	0.0	2.0	0.4	0.2	2.2	福 岡
...	...	...	...	...	3.4	1.3	1.2	0.6	-	-	0.7	...	0.9	-	2.4	0.2	0.5	4.8	佐 賀
...	...	...	...	...	1.1	0.1	4.2	-	0.0	-	0.5	...	1.3	-	2.5	0.2	0.1	3.8	長 崎
...	...	...	...	...	3.6	0.7	0.9	0.1	-	-	0.6	...	1.9	0.1	0.5	0.0	-	1.6	熊 本
...	...	...	...	...	0.8	0.5	1.4	0.1	-	-	0.2	...	1.0	-	1.7	0.2	0.0	1.1	大 分
...	...	...	...	...	3.4	1.6	2.3	0.1	0.0	-	1.0	...	0.9	0.0	2.8	0.1	0.4	4.7	宮 崎
...	...	...	...	...	1.5	0.3	2.6	0.2	-	-	1.2	...	0.8	0.3	2.5	0.3	0.1	1.4	鹿 児 島
...	...	...	...	...	1.2	0.7	2.3	0.5	0.0	-	0.2	...	1.2	0.1	2.4	0.1	0.1	2.6	沖 縄

異常被患率等（各年齢ごと）（39-31）

1 10歳 (3) 女

区　分	計	裸　眼　視　力								裸　眼　視　力				眼の疾病・異常	難聴	耳　鼻　咽　頭			歯　・　口　腔							
		視力非矯正者の裸眼視力				視力矯正者の裸眼視力				計	1.0未満0.7以上	0.7未満0.3以上	0.3未満			耳疾患	鼻疾患・副鼻腔患	口腔咽喉頭患・異常	むし歯（う歯）			歯列・咬合	顎関節	歯垢の状態	歯肉の状態	疾病・異常その他の
		1.0以上	1.0未満0.7以上	0.7未満0.3以上	0.3未満	1.0以上	1.0未満0.7以上	0.7未満0.3以上	0.3未満										計	処置完了者	未処置歯のある者					
全　国	100.00	47.38	10.60	14.32	7.31	1.08	1.65	5.00	12.66	51.54	12.25	19.32	19.97	4.41	0.55	5.28	8.98	0.61	35.16	19.31	15.85	5.31	0.11	3.31	2.31	7.81
北　海　道	100.0	X	X	X	X	X	X	X	X	X	X	X	X	4.4	0.3	3.2	X	0.8	42.7	19.0	23.7	6.3	0.4	4.4	2.0	6.1
青　森	100.0	40.5	11.0	16.4	6.9	0.7	2.2	4.5	17.9	58.8	13.2	20.9	24.7	4.4	0.6	4.0	12.8	0.7	43.4	23.8	19.6	4.2	0.2	2.6	1.7	13.6
岩　手	100.0	41.9	13.3	15.3	3.6	2.1	4.1	7.5	12.2	56.0	17.4	22.9	15.8	6.9	0.3	3.6	13.9	0.4	43.1	23.8	19.2	7.8	0.1	2.9	2.1	8.0
宮　城	100.0	50.3	10.2	14.4	7.3	0.8	1.9	3.4	11.8	48.9	12.1	17.8	19.1	7.2	0.6	6.5	8.2	0.3	42.7	21.2	21.5	8.3	0.1	6.2	5.9	10.9
秋　田	100.0	45.8	11.7	14.5	6.2	1.5	2.3	6.0	12.0	52.7	13.9	20.5	18.2	15.4	0.3	4.0	18.0	2.0	41.0	22.1	18.9	3.5	0.2	4.1	1.2	12.0
山　形	100.0	53.0	8.2	12.1	6.4	1.0	1.8	5.6	11.9	46.0	10.1	17.6	18.3	3.8	0.3	4.5	9.8	1.5	37.6	23.6	14.1	5.6	0.0	3.9	4.4	11.4
福　島	100.0	48.6	9.8	16.1	5.9	0.7	1.6	5.5	11.8	50.7	11.4	21.5	17.8	1.9	0.2	3.6	4.9	0.9	46.1	26.3	19.7	3.4	0.1	2.4	1.6	14.9
茨　城	100.0	45.2	10.7	14.7	9.1	1.1	1.6	5.4	12.4	53.7	12.3	20.0	21.4	11.0	0.7	1.0	18.0	0.6	42.8	22.2	20.6	3.9	0.1	2.7	1.3	13.2
栃　木	100.0	51.6	10.2	13.4	5.3	1.4	2.0	4.7	11.5	47.0	12.1	18.1	16.8	3.3	0.7	4.5	9.0	0.2	40.3	21.9	18.4	2.2	0.2	2.2	1.1	7.5
群　馬	100.0	46.1	9.8	14.3	7.8	1.6	1.4	4.5	14.5	52.3	11.2	18.8	22.2	1.5	0.7	6.3	4.7	1.0	37.4	20.8	16.6	8.6	0.8	3.5	3.0	10.5
埼　玉	100.0	49.0	12.6	13.8	6.9	1.2	1.2	4.6	10.8	49.8	13.8	18.3	17.7	2.1	0.6	4.5	6.4	0.2	33.5	19.0	14.5	3.9	0.1	2.2	1.2	6.3
千　葉	100.0	49.5	12.5	12.3	6.2	0.4	0.9	5.2	13.0	50.1	13.4	17.5	19.2	5.8	0.3	6.2	13.9	0.4	28.9	14.5	14.3	6.7	0.0	3.3	2.5	7.8
東　京	100.0	44.7	9.9	17.3	7.2	1.6	1.4	4.9	12.8	53.7	11.4	22.3	20.0	4.9	0.4	7.2	4.2	0.4	30.9	18.8	12.2	3.8	0.1	2.6	1.5	4.3
神　奈　川	100.0	X	X	X	X	X	X	X	X	X	X	X	X	4.5	0.6	6.5	6.5	0.2	27.5	14.4	13.2	3.9	0.1	1.8	1.4	3.7
新　潟	100.0	47.3	10.6	15.8	6.1	1.1	1.9	4.7	12.4	51.6	12.5	20.5	18.5	3.0	0.3	5.4	13.5	－	24.9	17.6	7.3	2.5	－	2.0	2.5	7.5
富　山	100.0	52.4	9.4	13.4	6.2	1.9	2.6	4.7	9.4	45.7	11.9	18.2	15.6	10.8	0.2	4.2	10.0	0.2	27.7	15.6	12.1	3.5	0.1	2.3	2.6	8.0
石　川	100.0	48.4	8.1	14.7	5.9	0.7	2.4	5.8	14.0	50.9	10.5	20.5	19.9	0.2	0.4	0.7	2.0	－	31.9	15.0	16.9	3.5	－	2.9	1.4	7.3
福　井	100.0	48.2	11.3	11.5	8.1	0.5	1.8	5.0	13.6	51.3	13.2	16.5	21.6	1.3	0.1	2.1	5.1	0.2	43.8	23.4	20.4	7.3	－	2.9	1.6	9.0
山　梨	100.0	48.8	10.0	14.1	5.7	1.4	1.8	5.0	13.2	49.8	11.8	19.1	18.9	6.4	0.3	3.8	9.1	0.5	38.1	23.7	14.4	7.7	0.2	2.2	1.8	9.3
長　野	100.0	51.6	10.7	13.8	4.5	0.9	1.4	3.7	13.5	47.6	12.1	17.4	18.0	2.1	0.2	5.1	3.5	0.1	33.3	21.7	11.6	3.7	0.0	3.3	3.2	9.2
岐　阜	100.0	49.0	11.8	13.1	6.7	0.9	1.7	4.8	11.9	50.0	13.6	17.9	18.5	3.2	0.6	2.4	8.0	1.0	32.8	20.6	12.2	3.3	0.1	2.7	1.6	4.4
静　岡	100.0	57.4	9.0	11.7	4.6	0.8	1.3	4.0	11.3	41.8	10.2	15.7	15.9	3.0	0.7	5.8	4.6	0.2	29.8	18.4	11.4	5.3	－	4.0	2.7	11.1
愛　知	100.0	49.8	8.8	16.5	6.3	0.7	1.3	5.0	11.6	49.5	10.1	21.5	17.9	4.2	0.7	4.0	7.5	0.2	29.1	18.4	10.7	5.7	0.2	3.4	3.0	9.5
三　重	100.0	56.3	12.5	15.8	6.0	－	－	4.7	4.6	43.7	12.5	20.5	10.6	3.7	0.7	5.9	8.8	2.4	41.0	22.6	18.4	5.7	0.0	4.5	3.6	8.1
滋　賀	100.0	57.9	10.7	15.5	4.5	1.0	1.5	4.5	4.7	41.5	12.2	20.0	9.3	3.3	0.5	2.7	2.5	0.7	32.1	15.8	16.3	6.6	0.0	3.4	1.6	12.2
京　都	100.0	45.0	11.5	16.0	6.6	1.1	1.8	4.9	13.1	53.9	13.3	20.9	19.6	5.3	0.3	5.8	4.6	0.9	32.8	18.7	14.1	11.0	0.1	2.7	2.1	7.5
大　阪	100.0	45.5	9.8	12.5	8.7	1.2	1.6	5.4	15.9	53.3	11.6	17.0	24.7	4.7	0.2	6.3	4.1	0.4	31.5	16.9	14.7	8.2	0.1	3.1	1.9	6.5
兵　庫	100.0	X	X	X	X	X	X	X	X	X	X	X	X	4.7	0.7	5.7	11.8	1.1	36.4	20.7	15.7	5.7	0.2	3.4	2.6	7.7
奈　良	100.0	53.4	6.1	9.8	3.7	1.8	1.6	8.5	15.1	44.8	7.7	18.3	18.8	1.9	0.7	2.9	7.9	1.0	35.6	17.6	18.0	6.5	－	4.4	1.9	8.6
和　歌　山	100.0	54.0	9.6	12.1	4.2	1.0	3.0	6.5	9.5	45.0	12.6	18.7	13.7	6.8	0.7	4.1	7.0	0.9	33.0	16.6	16.4	8.1	－	4.9	3.2	8.5
鳥　取	100.0	53.1	7.0	12.7	4.4	1.9	1.5	8.2	11.4	45.1	8.5	20.8	15.8	15.1	0.1	1.9	16.2	0.6	38.9	21.8	17.1	8.4	－	7.3	3.5	10.1
島　根	100.0	53.3	10.5	12.0	6.7	1.8	0.8	4.7	10.8	45.0	11.3	16.2	17.5	0.4	0.5	7.2	13.6	0.9	39.8	17.3	22.5	5.4	－	5.4	4.9	8.9
岡　山	100.0	52.2	10.4	12.2	5.4	2.2	1.9	6.6	9.1	45.6	12.3	18.8	14.5	4.8	0.5	6.6	15.5	1.3	37.3	17.0	20.3	5.8	－	7.2	5.1	10.8
広　島	100.0	47.5	10.2	16.6	8.6	0.6	0.9	4.5	11.0	51.8	11.2	21.1	19.6	2.4	0.5	3.9	7.6	0.2	32.5	17.1	15.4	5.8	0.1	2.7	2.0	7.1
山　口	100.0	55.5	7.1	11.2	5.8	1.0	1.9	4.2	13.8	44.0	9.0	15.4	19.6	5.0	0.7	7.6	7.5	0.7	42.0	23.2	18.9	5.4	0.0	2.6	3.0	11.2
徳　島	100.0	53.1	9.0	9.6	4.1	0.6	0.8	7.5	15.3	46.4	9.9	17.1	19.4	10.3	0.1	7.3	12.9	4.6	37.7	21.1	16.7	5.2	0.5	5.9	3.8	8.0
香　川	100.0	49.8	7.8	11.9	5.0	0.9	1.7	7.3	15.5	49.3	9.5	19.2	20.5	4.8	0.3	5.6	9.4	0.4	36.7	23.2	13.4	5.2	0.3	5.0	3.1	12.2
愛　媛	100.0	52.7	9.9	12.8	5.7	0.8	1.5	5.0	12.5	46.7	10.7	17.8	18.2	4.7	0.1	5.4	6.9	1.3	38.8	20.1	18.7	4.2	0.1	4.6	1.9	10.6
高　知	100.0	46.6	8.6	15.6	7.5	1.7	1.6	6.5	11.9	51.7	10.1	22.1	19.4	0.6	0.2	4.2	7.7	0.6	35.4	18.2	17.2	9.6	0.6	7.1	8.1	9.3
福　岡	100.0	41.8	15.4	15.5	8.7	0.8	0.8	4.3	13.3	57.9	16.1	19.8	22.0	4.0	0.7	6.1	8.5	0.5	40.5	21.5	19.0	4.4	0.1	3.2	1.6	5.6
佐　賀	100.0	51.7	10.1	14.1	7.6	0.7	0.8	2.9	12.0	47.4	10.9	16.9	19.5	2.8	0.6	7.0	7.7	0.3	39.3	20.1	19.2	4.1	－	4.8	2.7	10.4
長　崎	100.0	X	X	X	X	X	X	X	X	X	X	X	X	0.4	1.0	4.4	9.2	1.5	40.7	23.6	17.0	2.6	0.1	2.6	1.9	9.0
熊　本	100.0	52.1	9.8	13.5	6.6	1.2	1.0	4.8	11.0	46.8	10.9	18.3	17.6	4.0	0.6	4.8	14.8	0.6	39.2	22.2	17.0	5.0	0.0	3.6	3.4	10.7
大　分	100.0	46.1	10.9	17.0	8.3	0.3	0.5	4.6	12.3	53.7	11.4	21.6	20.6	6.7	0.3	11.1	19.1	1.2	45.9	22.7	23.3	3.5	0.5	2.3	2.4	7.8
宮　崎	100.0	46.7	11.4	12.6	8.1	1.0	1.4	5.0	12.7	51.5	13.4	17.2	20.9	2.9	0.4	6.6	X	2.0	44.2	21.4	22.8	5.2	0.2	5.6	4.6	8.8
鹿　児　島	100.0	58.2	10.5	9.1	5.8	0.9	1.5	4.8	9.2	40.9	12.0	13.9	15.0	5.8	0.8	6.8	15.2	0.5	53.7	29.5	24.2	3.8	0.1	2.4	2.4	11.0
沖　縄	100.0	44.3	10.0	18.6	10.5	0.7	1.1	3.1	11.7	54.9	11.1	21.7	22.2	1.2	0.2	4.3	7.2	1.7	55.2	26.7	28.5	1.2	0.2	4.2	3.2	8.7

異常被患率等（各年齢ごと）（39-32）

単位（%）

永久歯の1人当り平均むし歯（う歯）等数		むし歯（う歯）			栄養状態	せき柱・胸郭四肢の状態	皮膚疾患		結核の精密検査の対象者	結核	心疾病臓・異常の常	心電図異常	蛋白検出の者	尿糖検出の者	その他の疾病・異常				区分
計（本）	喪失歯数（本）	計（本）	処置歯数（本）	未処置歯数（本）			アトピー性皮膚炎	その他の皮膚疾患							ぜん息	腎臓疾患	言語障害	その他の疾病・異常	
…	…	…	…	…	1.68	1.21	3.16	0.33	0.14	0.00	0.75	…	1.64	0.09	2.41	0.26	0.19	3.70	全　国
…	…	…	…	…	2.1	0.6	4.8	0.1	-	-	0.3	…	1.0	0.2	3.4	0.2	0.5	5.1	北 海 道
…	…	…	…	…	3.4	3.4	1.6	0.8	-	-	0.0	…	2.1	-	1.3	0.1	0.1	3.6	青　森
…	…	…	…	…	2.7	0.5	3.1	0.4	-	-	0.1	…	1.4	0.2	2.2	0.3	0.1	3.7	岩　手
…	…	…	…	…	1.9	2.2	5.0	1.0	0.0	-	0.7	…	0.9	0.1	4.0	0.2	0.2	7.7	宮　城
…	…	…	…	…	3.1	2.3	3.5	0.6	0.0	-	0.4	…	0.7	0.0	3.7	0.3	0.2	6.4	秋　田
…	…	…	…	…	2.9	0.9	4.4	0.5	-	-	0.3	…	0.7	0.0	2.5	0.2	0.4	7.3	山　形
…	…	…	…	…	2.2	1.5	2.4	0.0	0.0	-	0.2	…	0.9	0.1	3.1	0.2	0.6	6.1	福　島
…	…	…	…	…	3.4	2.1	5.4	0.3	0.1	-	1.1	…	1.2	0.1	4.1	0.2	0.4	3.9	茨　城
…	…	…	…	…	2.1	1.2	4.2	0.5	0.1	-	1.7	…	3.0	0.1	3.8	0.1	0.9	4.9	栃　木
…	…	…	…	…	0.9	1.1	2.2	0.2	-	-	1.3	…	0.8	0.1	2.8	0.3	0.2	4.5	群　馬
…	…	…	…	…	1.0	0.7	2.7	0.1	0.3	-	0.5	…	2.8	0.1	2.5	0.2	0.2	3.0	埼　玉
…	…	…	…	…	0.4	1.0	3.8	0.3	0.2	-	0.9	…	1.5	0.0	3.4	0.5	0.4	3.5	千　葉
…	…	…	…	…	1.2	0.7	3.2	0.4	0.4	-	0.6	…	1.6	0.1	2.1	0.4	0.1	1.5	東　京
…	…	…	…	…	0.8	1.6	3.3	0.4	0.2	0.0	0.3	…	1.2	0.0	3.3	0.3	0.0	2.5	神 奈 川
…	…	…	…	…	3.4	0.6	4.3	0.5	0.1	-	1.0	…	1.4	0.1	4.9	0.3	0.2	5.3	新　潟
…	…	…	…	…	2.1	2.4	1.6	0.8	0.3	-	0.8	…	1.9	0.1	2.1	0.2	-	4.7	富　山
…	…	…	…	…	0.3	0.4	2.8	0.6	0.0	-	0.4	…	1.3	0.1	1.2	0.2	0.1	2.3	石　川
…	…	…	…	…	0.8	0.4	3.2	0.4	-	-	1.1	…	1.1	0.5	1.5	0.1	0.3	3.7	福　井
…	…	…	…	…	1.1	0.9	2.4	0.5	0.1	-	0.6	…	1.9	0.2	1.8	0.3	0.5	4.5	山　梨
…	…	…	…	…	1.2	0.9	3.6	0.2	0.1	-	1.5	…	1.3	0.1	2.4	0.1	0.1	4.8	長　野
…	…	…	…	…	1.2	2.0	3.4	0.5	0.1	-	1.3	…	1.8	0.1	0.8	0.8	0.2	6.1	岐　阜
…	…	…	…	…	2.1	2.3	1.7	0.5	0.1	-	1.1	…	1.2	-	1.5	0.0	0.3	3.9	静　岡
…	…	…	…	…	1.8	1.5	5.5	0.6	0.4	-	0.8	…	1.7	0.0	2.4	0.3	0.2	4.7	愛　知
…	…	…	…	…	3.8	0.6	3.4	0.1	-	-	0.5	…	1.4	0.0	2.8	0.1	0.2	2.2	三　重
…	…	…	…	…	0.6	0.3	1.6	0.1	0.0	-	1.9	…	1.0	-	1.2	0.2	0.1	2.8	滋　賀
…	…	…	…	…	4.6	2.2	4.2	0.7	0.0	-	1.9	…	3.0	0.1	1.9	0.2	0.3	5.8	京　都
…	…	…	…	…	1.0	1.0	3.1	0.4	0.1	-	0.1	…	2.1	0.2	1.4	0.3	0.1	3.7	大　阪
…	…	…	…	…	1.8	1.7	2.3	0.5	0.1	-	1.3	…	1.1	0.1	2.2	0.1	0.2	4.6	兵　庫
…	…	…	…	…	2.9	1.5	2.8	0.2	0.1	-	0.6	…	2.1	0.1	1.0	0.1	0.2	3.3	奈　良
…	…	…	…	…	3.4	0.7	1.0	0.3	-	-	0.8	…	3.6	0.2	0.9	0.1	0.1	3.0	和 歌 山
…	…	…	…	…	2.1	0.7	4.7	-	0.1	-	1.4	…	1.0	0.0	3.0	0.1	0.4	8.6	鳥　取
…	…	…	…	…	1.4	2.2	4.8	0.1	-	-	0.4	…	2.6	0.0	4.6	0.2	0.1	4.1	島　根
…	…	…	…	…	3.0	0.8	3.9	0.2	0.1	-	0.9	…	2.4	0.1	3.4	0.3	0.2	7.0	岡　山
…	…	…	…	…	1.2	1.8	2.5	0.5	0.1	-	0.3	…	1.6	0.1	1.6	0.0	0.1	2.1	広　島
…	…	…	…	…	1.9	1.3	2.0	0.3	0.0	-	0.6	…	1.5	-	1.6	0.1	0.1	5.5	山　口
…	…	…	…	…	1.4	0.6	2.5	0.1	0.1	-	0.4	…	1.5	0.0	2.2	0.2	0.7	4.9	徳　島
…	…	…	…	…	3.8	0.7	3.5	0.3	0.1	-	0.6	…	3.5	-	1.6	0.3	0.1	5.1	香　川
…	…	…	…	…	0.7	1.1	1.0	0.2	-	-	1.2	…	2.1	0.1	2.2	0.0	0.0	1.5	愛　媛
…	…	…	…	…	0.9	0.9	3.6	0.5	0.2	-	1.7	…	1.3	0.1	0.9	0.2	0.2	3.2	高　知
…	…	…	…	…	1.2	1.5	1.4	0.2	0.0	-	1.1	…	1.0	0.1	2.1	0.4	0.2	2.5	福　岡
…	…	…	…	…	1.6	1.2	2.0	0.4	0.1	-	0.6	…	0.9	-	2.1	0.1	0.2	4.1	佐　賀
…	…	…	…	…	1.3	0.2	5.0	0.6	0.1	-	0.4	…	0.7	-	2.5	0.2	0.2	3.9	長　崎
…	…	…	…	…	3.0	0.9	0.9	0.0	0.0	-	0.3	…	3.4	0.2	0.6	0.1	0.1	1.5	熊　本
…	…	…	…	…	0.2	1.2	1.7	-	-	-	0.3	…	1.3	0.0	1.3	0.3	-	1.1	大　分
…	…	…	…	…	4.1	2.0	1.2	0.1	-	-	0.7	…	0.8	0.1	3.2	0.5	0.2	3.6	宮　崎
…	…	…	…	…	2.2	0.3	1.3	-	-	-	1.6	…	2.1	0.0	2.7	0.1	0.0	2.3	鹿 児 島
…	…	…	…	…	1.3	0.6	1.4	0.6	0.0	-	0.8	…	2.1	0.1	1.3	0.1	0.3	3.5	沖　縄

異常被患率等（各年齢ごと）

1　11歳 (3) 女

区分	計	視力非矯正者の裸眼視力				視力矯正者の裸眼視力				裸眼視力				眼の疾病・異常	難聴	耳疾患	鼻疾・副鼻腔患	口腔咽喉頭疾患・異常	むし歯(う歯) 計	処置完了者	未処置のある歯者	歯列・咬合	顎関節	歯垢の状態	歯肉の状態	疾病・異常その他の
		1.0以上	1.0未満0.7以上	0.7未満0.3以上	0.3未満	1.0以上	1.0未満0.7以上	0.7未満0.3以上	0.3未満	計	1.0未満0.7以上	0.7未満0.3以上	0.3未満													
全国	100.00	45.25	8.82	12.67	7.96	1.06	1.77	5.78	16.69	53.69	10.60	18.45	24.65	4.64	…	3.81	8.37	0.36	30.19	17.09	13.10	5.25	0.16	3.21	2.45	6.08
北海道	100.0	X	X	X	X	X	X	X	X	X	X	X	X	3.7	…	0.4	X	-	35.8	16.2	19.6	8.9	0.2	5.3	3.1	4.3
青森	100.0	33.4	10.7	12.7	5.7	1.7	2.6	8.0	25.3	64.9	13.2	20.6	31.0	5.4	…	13.2	12.0	0.2	38.1	20.8	17.3	4.3	0.1	1.2	1.5	9.8
岩手	100.0	35.0	10.5	17.3	4.9	3.6	4.3	9.8	14.7	61.5	14.8	27.0	19.6	5.0	…	6.9	19.2	2.0	39.7	23.1	16.6	5.3	0.3	2.1	1.3	6.5
宮城	100.0	41.7	9.9	15.9	6.9	0.9	1.8	6.0	16.7	57.4	11.8	22.0	23.6	5.3	…	4.7	5.3	-	32.4	18.2	14.2	5.9	0.1	4.3	6.5	8.3
秋田	100.0	39.1	11.1	9.4	5.7	0.5	3.9	8.9	21.3	60.4	15.0	18.4	27.1	9.1	…	7.2	X	0.9	35.8	18.4	17.4	4.6	0.2	2.9	1.3	7.7
山形	100.0	47.5	8.6	13.9	6.6	1.5	0.9	6.4	14.6	51.0	9.5	20.3	21.2	4.2	…	4.8	10.1	1.3	33.3	19.8	13.6	4.8	0.1	3.2	3.5	9.4
福島	100.0	43.9	8.5	13.9	8.7	0.5	2.0	6.5	15.9	55.5	10.5	20.4	24.6	1.7	…	1.1	3.0	1.1	38.1	25.9	12.1	3.8	0.0	3.4	2.3	8.8
茨城	100.0	42.2	10.2	14.2	8.9	1.2	1.5	5.0	16.7	56.6	11.8	19.2	25.6	13.4	…	0.6	20.0	2.2	35.2	18.4	16.8	4.2	0.1	3.2	1.2	10.1
栃木	100.0	48.3	8.0	12.4	6.9	1.2	1.3	6.2	15.7	50.5	9.3	18.7	22.6	3.1	…	3.7	8.4	0.3	36.7	20.5	16.1	4.6	0.5	2.2	1.3	8.2
群馬	100.0	42.2	6.3	13.6	7.3	2.1	2.2	7.0	19.3	55.7	8.5	20.6	26.6	1.4	…	1.4	2.3	0.1	31.1	17.1	14.0	6.9	0.7	2.6	3.5	6.4
埼玉	100.0	48.8	8.9	14.2	6.2	1.1	1.7	6.5	12.5	50.1	10.7	20.7	18.7	5.4	…	3.6	8.5	0.2	26.4	16.5	9.8	5.1	0.0	2.7	1.2	5.5
千葉	100.0	45.1	9.8	13.2	7.0	1.3	1.6	5.0	17.0	53.6	11.4	18.2	24.0	5.3	…	0.4	X	-	27.8	15.7	12.1	5.7	0.0	2.2	1.4	6.7
東京	100.0	37.9	10.2	13.8	8.8	1.1	2.5	6.7	19.2	61.1	12.6	20.5	28.0	4.7	…	6.6	7.6	0.2	25.7	15.6	10.1	3.3	0.1	3.6	1.9	3.6
神奈川	100.0	X	X	X	X	X	X	X	X	X	X	X	X	4.7	…	0.7	1.1	0.2	23.7	13.9	9.7	4.1	0.1	2.4	3.1	3.5
新潟	100.0	43.3	6.5	17.1	7.3	0.4	1.2	6.3	17.9	56.3	7.7	23.4	25.2	2.3	…	3.8	12.8	-	17.3	12.2	5.1	3.7	0.1	3.1	3.9	5.9
富山	100.0	49.6	6.7	12.5	4.8	3.4	3.4	6.5	13.1	47.0	10.1	19.0	17.9	10.0	…	4.1	12.4	-	25.7	12.8	13.0	3.8	0.2	2.4	3.9	2.4
石川	100.0	42.3	8.5	13.5	6.6	0.8	1.0	5.5	21.8	56.9	9.5	19.0	28.4	3.7	…	1.2	-		29.8	14.6	15.2	3.6	0.1	2.4	1.4	5.6
福井	100.0	44.6	10.5	10.7	5.3	1.2	1.7	6.7	19.4	54.2	12.1	17.4	24.7	1.2	…	0.9	3.7	0.3	37.4	22.4	15.0	6.2	-	5.6	3.7	5.2
山梨	100.0	44.6	9.6	11.9	5.3	1.3	2.3	4.3	20.7	54.1	11.9	16.2	26.0	6.0	…	3.5	10.4	-	30.6	17.9	12.7	5.5	0.2	2.9	1.6	6.1
長野	100.0	50.7	9.6	11.3	3.8	0.9	2.3	5.6	15.9	48.4	11.9	16.8	19.8	2.7	…	3.2	3.4	-	28.6	18.5	10.1	4.0	0.0	2.8	3.7	6.6
岐阜	100.0	44.2	10.8	12.7	8.1	0.7	0.9	5.5	17.1	55.1	11.7	18.2	25.2	3.2	…	2.7	5.3	0.3	23.9	15.1	8.7	3.9	0.1	2.4	2.4	3.6
静岡	100.0	49.4	8.0	12.4	5.5	0.7	1.0	5.6	17.5	49.9	8.9	18.0	23.0	3.4	…	6.5	8.9	0.2	24.8	14.3	10.4	4.8	0.2	2.8	2.1	7.5
愛知	100.0	44.6	8.5	12.8	6.4	1.1	1.8	6.6	18.3	54.3	10.2	19.4	24.6	3.9	…	2.0	7.4	0.1	25.7	15.8	9.9	5.1	0.0	3.0	3.1	6.4
三重	100.0	X	X	X	X	X	X	X	X	X	X	X	X	5.9	…	0.2	6.4	-	35.3	19.5	15.7	4.7	0.0	3.3	2.4	6.3
滋賀	100.0	X	X	X	X	X	X	X	X	X	X	X	X	2.0	…	2.0	1.6	0.4	29.8	18.0	11.8	7.2	0.1	2.6	2.3	8.3
京都	100.0	43.8	8.7	13.3	6.2	1.7	2.0	8.0	16.3	54.5	10.6	21.3	22.5	5.2	…	6.3	6.1	0.6	26.3	14.2	12.1	11.4	0.0	2.7	1.1	5.6
大阪	100.0	40.7	7.8	11.8	8.5	0.9	0.7	4.8	24.8	58.4	8.6	16.6	33.3	4.9	…	5.1	5.6	-	29.5	15.4	14.2	6.6	0.1	3.4	1.6	6.7
兵庫	100.0	X	X	X	X	X	X	X	X	X	X	X	X	5.5	…	5.9	10.8	6.3	29.3	17.3	12.0	6.7	0.2	4.4	3.5	5.6
奈良	100.0	46.2	9.0	11.3	4.4	2.9	2.4	7.9	16.0	51.0	11.4	19.2	20.3	2.7	…	1.5	11.3	1.0	29.8	13.5	16.2	6.6	0.2	2.9	2.5	6.4
和歌山	100.0	50.3	8.9	10.3	4.6	2.8	2.3	7.6	13.1	47.0	11.2	18.0	17.8	7.2	…	4.0	2.7	1.3	24.8	13.3	11.5	7.9	0.1	3.7	3.6	8.0
鳥取	100.0	49.8	7.4	11.3	3.6	2.6	2.4	8.2	14.7	47.6	9.8	19.5	18.3	16.0	…	3.1	16.4	1.3	33.4	20.1	13.3	8.2	0.0	4.8	2.9	7.9
島根	100.0	45.8	7.6	11.8	7.4	3.1	1.7	6.8	15.7	51.0	9.3	18.6	23.1	6.4	…	6.1	8.7	0.0	30.3	17.8	12.6	4.2	0.0	3.3	3.3	5.2
岡山	100.0	47.4	8.0	12.0	6.2	1.6	3.1	8.1	13.7	51.0	11.1	20.1	19.9	7.3	…	7.3	14.1	1.4	29.4	16.2	13.3	6.0	0.5	3.6	3.6	6.5
広島	100.0	44.4	6.7	13.1	8.1	1.4	0.9	5.5	19.9	54.2	7.6	18.5	28.0	4.7	…	3.3	6.0	0.2	28.6	17.0	11.7	3.6	0.1	2.6	1.6	4.6
山口	100.0	49.8	8.6	11.0	5.6	0.7	0.7	5.6	18.1	49.6	9.3	16.7	23.7	3.9	…	5.3	7.3	0.1	33.1	16.7	16.5	4.5	0.4	2.2	2.4	9.2
徳島	100.0	49.8	7.9	10.0	5.3	1.3	1.9	5.0	18.9	48.9	9.8	15.0	24.2	5.3	…	4.5	12.4	6.0	33.0	18.7	14.3	5.5	1.7	5.7	2.4	6.7
香川	100.0	43.0	8.8	10.9	6.5	1.9	1.7	7.1	20.1	55.1	10.5	18.0	26.5	4.7	…	5.4	9.7	0.3	30.0	20.8	9.2	3.8	0.2	3.8	2.0	9.3
愛媛	100.0	40.3	10.5	15.2	6.4	1.6	1.6	4.2	21.2	59.1	12.1	19.5	27.6	3.0	…	1.5	5.4	0.2	34.8	17.8	17.0	4.8	0.2	2.8	2.1	9.3
高知	100.0	45.2	6.8	16.0	6.6	0.8	2.5	6.6	16.7	54.0	9.3	22.6	22.1	3.0	…	2.7			32.6	21.2	11.4	8.3	1.5	3.9	6.1	7.3
福岡	100.0	35.7	10.5	15.4	13.3	0.4	0.7	5.4	18.5	64.0	11.3	20.8	31.8	3.4	…	4.0	8.0	0.2	36.7	20.7	16.0	5.6	0.1	3.1	2.3	5.2
佐賀	100.0	46.6	10.7	14.5	8.4	0.6	1.0	5.2	12.9	52.8	11.7	19.7	21.4	7.7	…	7.0	9.2	0.2	33.5	18.6	14.9	4.8	0.1	4.3	1.9	6.8
長崎	100.0	X	X	X	X	X	X	X	X	X	X	X	X	3.2	…	-	1.1	1.0	38.1	23.6	14.5	4.8	0.0	4.3	2.1	6.6
熊本	100.0	49.3	8.7	14.5	6.0	1.4	1.1	5.5	13.6	49.4	9.8	19.9	19.6	4.1	…	3.5	11.0	2.4	37.8	19.3	18.4	5.1	0.3	3.0	3.4	9.2
大分	100.0	46.7	12.8	13.3	9.5	0.6	1.5	5.2	11.0	53.0	14.1	18.5	20.4	3.7	…		0.5	0.0	46.1	22.3	23.8	6.3	0.2	4.0	2.6	4.7
宮崎	100.0	43.2	10.3	11.9	6.0	0.7	1.7	3.8	22.4	56.1	12.0	15.7	28.4	8.6	…	10.6	15.7	1.2	36.3	17.3	19.0	5.6	0.8	6.2	3.4	5.9
鹿児島	100.0	53.6	8.6	10.1	6.7	0.2	1.5	5.8	13.9	46.2	9.7	15.9	20.6	4.6	…	4.7	X	0.5	47.8	25.7	22.0	3.4	1.2	2.1	1.8	8.9
沖縄	100.0	38.3	8.4	15.1	13.2	0.5	1.6	4.7	18.3	61.2	10.0	19.7	31.5	2.1	…	4.4	8.9	1.2	49.2	23.8	25.4	1.8	0.7	3.7	3.4	7.2

異常被患率等（各年齢ごと）（39-33）

単位（%）

永久歯の1人当り平均むし歯（う歯）等数					栄養状態	せき柱・胸郭・四肢の状態	皮膚疾患		結核の検査の対象密者	結核	心疾病・臓・異常	心電図異常	蛋白検出の者	尿糖検出の者	その他の疾病・異常				区分
計（本）	喪失歯数（本）	むし歯（う歯）					アトピー性皮膚炎	その他の皮膚疾患							ぜん息	腎臓疾患	言語障害	その他の疾病・異常	
		計（本）	処置歯数（本）	未処置歯数（本）															
...	...	...	...	...	1.77	1.36	2.83	0.32	0.12	0.00	0.65	...	2.16	0.13	2.49	0.24	0.15	3.73	全 国
...	...	...	...	...	1.0	0.8	7.0	0.4	-	-	0.4	...	1.9	-	4.2	0.1	0.2	5.9	北 海 道
...	...	...	...	...	4.5	3.1	0.8	0.6	-	-	0.1	...	2.4	0.1	0.8	0.2	0.1	2.7	青 森
...	...	...	...	...	2.2	1.2	3.6	0.2	0.0	-	0.3	...	2.0	0.1	1.7	0.3	0.1	3.3	岩 手
...	...	...	...	...	1.8	3.0	3.5	0.2	-	-	1.7	...	1.2	0.2	4.0	0.4	0.1	5.7	宮 城
...	...	...	...	...	4.9	3.3	2.6	0.5	0.1	-	1.2	...	0.6	-	2.1	0.1	0.1	6.6	秋 田
...	...	...	...	...	2.7	1.0	4.0	0.6	-	-	0.2	...	1.1	-	2.6	0.2	0.4	7.8	山 形
...	...	...	...	...	2.1	0.6	1.6	0.2	-	-	0.3	...	1.3	0.1	2.3	0.1	0.1	4.5	福 島
...	...	...	...	...	3.3	1.8	6.7	0.3	0.1	-	0.6	...	1.5	0.2	2.9	0.1	0.4	3.6	茨 城
...	...	...	...	...	1.9	2.0	4.1	0.5	0.0	-	1.1	...	4.2	0.2	3.2	0.1	0.2	5.2	栃 木
...	...	...	...	...	1.6	1.0	2.5	0.1	-	-	1.0	...	0.9	-	3.1	0.8	0.3	4.3	群 馬
...	...	...	...	...	0.6	0.5	2.8	0.1	0.4	0.0	0.7	...	3.3	0.1	2.9	0.2	0.1	2.6	埼 玉
...	...	...	...	...	1.1	1.9	3.6	0.1	0.2	-	0.4	...	1.1	0.2	4.1	0.4	0.3	3.2	千 葉
...	...	...	...	...	1.0	0.7	2.8	0.5	0.2	-	0.4	...	1.9	0.1	2.2	0.4	0.1	2.2	東 京
...	...	...	...	...	1.4	1.7	2.1	0.4	0.3	-	0.4	...	1.9	0.1	2.7	0.1	0.2	2.9	神 奈 川
...	...	...	...	...	1.7	0.9	3.4	0.4	0.0	-	0.9	...	3.6	0.2	4.8	0.4	0.3	5.2	新 潟
...	...	...	...	...	2.7	3.3	1.8	0.1	0.1	-	0.5	...	2.0	0.1	1.2	0.1	0.3	5.0	富 山
...	...	...	...	...	0.4	0.4	1.7	0.5	-	-	1.3	...	1.8	0.0	1.4	0.2	0.1	1.8	石 川
...	...	...	...	...	0.9	0.5	3.4	0.6	0.0	-	0.8	...	2.5	0.1	2.0	0.3	0.1	7.3	福 井
...	...	...	...	...	1.2	0.7	3.2	2.6	-	-	0.9	...	2.3	0.1	2.6	0.1	1.0	3.9	山 梨
...	...	...	...	...	1.3	1.2	3.6	-	0.0	-	1.9	...	2.0	0.1	3.4	0.1	0.2	6.4	長 野
...	...	...	...	...	1.3	0.7	2.8	0.2	0.1	-	2.2	...	2.4	0.2	1.4	0.8	0.1	6.1	岐 阜
...	...	...	...	...	2.0	1.7	1.5	0.4	0.0	-	0.3	...	2.0	0.0	1.0	0.2	0.1	3.6	静 岡
...	...	...	...	...	1.8	1.4	4.1	0.4	0.3	-	0.4	...	2.4	0.1	2.9	0.1	0.1	4.4	愛 知
...	...	...	...	...	3.6	0.7	4.1	0.0	-	-	0.7	...	1.2	0.1	3.3	0.5	-	2.4	三 重
...	...	...	...	...	0.3	0.4	1.5	0.2	0.1	-	1.5	...	1.6	0.1	1.0	0.2	0.2	3.5	滋 賀
...	...	...	...	...	5.2	2.3	2.5	1.1	0.0	-	2.0	...	3.6	0.2	2.0	0.1	0.2	5.0	京 都
...	...	...	...	...	1.8	0.8	1.8	0.5	-	-	0.3	...	2.7	0.2	1.8	0.1	0.1	3.4	大 阪
...	...	...	...	...	2.9	2.3	1.5	0.1	-	-	1.2	...	2.2	0.1	1.5	0.1	0.0	5.1	兵 庫
...	...	...	...	...	2.6	2.1	2.3	0.3	-	-	0.3	...	3.1	-	1.5	0.1	0.4	3.1	奈 良
...	...	...	...	...	3.6	2.1	1.2	0.0	0.1	-	1.1	...	4.0	0.1	0.6	0.0	0.1	3.4	和 歌 山
...	...	...	...	...	2.3	0.7	5.3	0.4	0.1	-	1.2	...	1.5	0.0	2.8	0.0	0.3	8.2	鳥 取
...	...	...	...	...	2.1	1.2	4.5	0.2	0.0	-	0.4	...	2.8	1.1	3.6	0.1	0.2	5.0	島 根
...	...	...	...	...	3.1	0.7	5.1	0.4	0.1	-	0.3	...	3.3	0.3	2.9	0.2	0.1	5.9	岡 山
...	...	...	...	...	1.2	2.5	2.1	0.2	0.1	-	0.3	...	2.3	0.2	1.7	0.2	0.1	2.9	広 島
...	...	...	...	...	1.6	1.3	1.2	0.3	0.0	-	1.5	...	2.9	0.1	1.4	0.4	0.1	4.6	山 口
...	...	...	...	...	1.3	0.3	2.2	-	-	-	0.2	...	3.2	0.0	2.7	0.1	0.1	3.8	徳 島
...	...	...	...	...	3.3	0.5	3.1	0.2	-	-	0.9	...	5.1	-	2.8	0.5	0.5	6.0	香 川
...	...	...	...	...	0.9	1.0	0.8	0.0	-	-	0.9	...	3.6	0.1	1.8	0.0	0.1	2.1	愛 媛
...	...	...	...	...	0.7	0.9	1.1	0.3	-	-	0.5	...	1.6	0.1	1.6	0.0	0.1	2.7	高 知
...	...	...	...	...	1.2	2.0	1.5	0.1	0.1	-	0.5	...	0.9	0.1	2.5	0.6	0.1	2.1	福 岡
...	...	...	...	...	1.4	3.1	2.6	0.2	-	-	0.4	...	0.7	0.1	1.7	0.1	0.1	4.6	佐 賀
...	...	...	...	...	1.7	0.6	3.5	0.1	0.1	-	0.3	...	1.5	0.1	1.8	0.4	0.1	3.6	長 崎
...	...	...	...	...	3.5	1.7	1.2	0.2	0.1	-	0.6	...	3.5	0.4	1.1	0.1	0.1	1.8	熊 本
...	...	...	...	...	0.7	0.9	1.4	0.2	-	-	0.1	...	2.3	0.1	1.6	0.3	0.1	2.7	大 分
...	...	...	...	...	3.2	3.3	1.6	0.2	-	-	0.6	...	1.0	0.0	3.9	0.0	0.7	3.2	宮 崎
...	...	...	...	...	2.0	0.3	2.1	0.0	-	-	0.5	...	0.8	0.3	2.6	0.1	0.0	2.8	鹿 児 島
異常被患率等（各年齢ごと） ...				...	1.2	1.1	2.3	0.5	0.0	-	0.4	...	2.3	0.3	1.8	-	0.1	3.3	沖 縄

1 12歳 (3) 女

区分	計	裸眼視力 視力非矯正者の裸眼視力 1.0以上	1.0未満0.7以上	0.7未満0.3以上	0.3未満	視力矯正者の裸眼視力 1.0以上	1.0未満0.7以上	0.7未満0.3以上	0.3未満	裸眼視力 計	1.0未満0.7以上	0.7未満0.3以上	0.3未満	眼の疾病・異常	難聴	耳疾患	鼻疾患・副鼻腔患	口腔咽喉頭疾患・異常	むし歯(う歯) 計	処置完了者	未処置歯のある者	歯列・咬合	顎関節	歯垢の状態	歯肉の状態	その他の疾病・異常
全 国	100.00	39.69	11.81	14.14	9.07	0.91	2.04	5.69	16.65	59.41	13.85	19.83	25.72	4.71	0.48	5.37	9.62	0.60	30.43	17.91	12.52	5.41	0.31	3.40	2.80	4.34
北 海 道	100.0	X	X	X	X	X	X	X	X	X	X	X	X	4.5	0.8	4.5	9.4	0.8	36.0	20.6	15.4	5.7	0.4	2.4	1.1	3.7
青 森	100.0	29.9	10.8	11.7	7.6	1.2	2.9	6.0	29.8	68.8	13.7	17.8	37.3	2.5	0.4	4.1	12.4	0.3	37.1	22.0	15.1	2.2	0.1	2.4	2.5	8.9
岩 手	100.0	X	X	X	X	X	X	X	X	X	X	X	X	6.5	0.5	4.7	17.9	0.6	33.4	20.5	12.9	8.1	0.7	5.1	5.0	4.4
宮 城	100.0	34.6	10.0	12.8	10.2	3.8	3.1	9.9	15.7	61.6	13.1	22.6	25.8	6.3	0.5	5.9	10.1	0.4	36.3	21.2	15.1	8.7	0.2	5.6	5.8	4.6
秋 田	100.0	X	X	X	X	X	X	X	X	X	X	X	X	6.8	0.8	7.2	16.2	0.8	31.5	19.2	12.3	5.7	0.6	3.3	1.7	6.1
山 形	100.0	38.8	14.1	11.5	4.8	3.1	1.8	5.0	21.0	58.1	15.9	16.4	25.8	2.3	0.1	7.1	10.4	1.2	25.2	14.9	10.3	6.2	0.2	2.7	2.1	4.9
福 島	100.0	37.4	11.6	11.7	8.6	1.1	1.7	7.9	20.3	61.4	12.8	19.7	28.9	3.4	0.3	6.7	4.7	0.5	39.6	23.1	16.6	7.7	0.4	6.5	4.5	4.7
茨 城	100.0	38.6	10.9	12.2	9.2	2.7	2.6	6.5	17.3	58.7	13.5	18.7	26.5	12.0	0.1	1.7	17.2	0.6	34.9	20.1	14.8	4.4	0.3	3.8	2.1	7.7
栃 木	100.0	41.1	10.8	12.2	7.3	1.2	1.6	5.0	20.9	57.7	12.4	17.2	28.2	4.4	0.3	3.8	16.6	1.1	32.9	20.4	12.5	3.9	0.0	3.6	2.2	5.5
群 馬	100.0	37.5	9.3	12.1	9.4	1.6	1.8	7.9	20.5	60.9	11.1	20.0	29.8	1.7	0.8	4.7	6.4	0.7	33.3	24.8	8.5	6.5	0.3	3.2	2.8	5.8
埼 玉	100.0	X	X	X	X	X	X	X	X	X	X	X	X	2.4	0.7	6.4	7.0	0.8	26.5	18.4	8.1	3.3	0.2	2.4	1.8	4.6
千 葉	100.0	X	X	X	X	X	X	X	X	X	X	X	X	5.9	0.4	3.4	12.8	3.3	26.8	15.2	11.6	9.2	0.2	5.9	4.4	3.4
東 京	100.00	26.6	X	X	X	0.4	X	X	X	73.0	X	X	X	6.9	0.3	5.4	10.8	0.6	25.7	16.8	9.0	4.0	0.3	2.2	2.0	2.0
神 奈 川	100.0	34.0	16.3	X	X	0.7	1.5	X	X	65.2	17.8	30.6	16.9	2.8	0.6	7.1	9.3	0.1	27.5	16.2	11.3	5.6	0.4	5.5	4.4	4.6
新 潟	100.0	37.6	9.9	12.4	5.7	0.7	0.7	5.1	27.9	61.7	10.6	17.6	33.5	4.5	0.3	2.7	12.7	−	17.0	10.4	6.6	2.8	0.2	2.7	3.7	3.8
富 山	100.0	X	X	X	X	X	X	X	X	X	X	X	X	7.7	0.2	2.5	7.9	−	25.1	16.5	8.5	2.5	0.3	3.8	2.4	3.4
石 川	100.0	29.4	10.9	15.4	6.3	0.3	1.3	11.9	24.4	70.3	12.2	27.3	30.7	1.8	0.4	3.6	13.5	0.4	31.0	18.2	12.7	6.1	0.2	3.8	2.0	4.6
福 井	100.0	36.3	8.3	14.4	6.9	0.5	0.8	5.2	27.7	63.2	9.0	19.6	34.5	1.0	0.6	1.5	3.3	0.0	38.1	21.7	16.5	6.6	0.6	5.8	3.6	4.2
山 梨	100.0	51.2	11.5	9.4	1.9	1.4	0.6	2.8	21.3	47.5	12.1	12.2	23.1	8.9	0.6	5.0	11.6	0.5	34.3	19.3	15.1	8.4	0.1	3.7	2.2	3.8
長 野	100.0	31.8	X	X	X	0.2	X	X	X	67.9	X	X	X	2.0	0.3	3.9	2.8	0.1	26.9	16.7	10.2	5.0	0.1	3.0	2.1	5.4
岐 阜	100.0	36.1	11.2	13.2	8.1	0.9	1.4	5.1	23.9	63.0	12.6	18.3	32.0	2.9	0.6	4.3	5.3	0.3	25.8	17.1	8.6	5.5	0.3	2.7	1.8	3.2
静 岡	100.0	42.1	8.4	11.5	7.8	1.1	1.7	8.2	19.1	56.8	10.2	19.7	26.9	2.6	0.6	6.5	3.7	0.2	22.8	15.0	7.8	3.6	0.3	3.4	1.8	4.6
愛 知	100.0	36.6	9.1	11.6	6.2	0.9	1.5	6.3	27.7	62.5	10.6	17.9	34.0	4.9	0.3	7.3	10.3	0.7	25.3	14.5	10.8	4.8	0.4	2.6	2.8	4.1
三 重	100.0	X	X	X	X	X	X	X	X	X	X	X	X	7.2	0.5	5.3	11.0	1.0	33.7	18.6	15.1	3.9	0.1	2.2	2.1	5.2
滋 賀														1.3	0.6	2.3	2.2	0.2	29.8	16.8	13.0	8.8	0.2	2.2	1.9	4.7
京 都	100.0	44.2	10.2	15.3	3.8	1.7	1.0	4.8	19.0	54.1	11.2	20.1	22.8	3.8	0.1	6.0	6.1	0.2	27.3	19.1	8.2	6.6	0.2	3.5	2.9	4.7
大 阪	100.0	41.3	12.6	12.6	X	1.1	5.6	3.5	X	57.7	18.2	16.1	23.3	5.2	0.6	6.2	6.1	0.1	31.4	16.7	14.7	3.0	0.3	2.6	2.6	4.7
兵 庫	100.0	X	X	X	X	X	X	X	X	X	X	X	X	5.2	0.5	6.2	6.1	0.7	28.8	17.3	11.5	7.8	0.5	3.5	3.8	5.5
奈 良	100.0	X	X	X	X	X	X	X	X	X	X	X	X	4.8	0.4	5.5	4.6	1.0	29.0	16.9	12.1	3.1	−	2.4	2.1	3.1
和 歌 山	100.0	41.5	9.3	10.8	6.4	3.1	3.2	9.7	16.0	55.4	12.5	20.5	22.4	7.4	0.5	4.8	4.5	1.9	32.2	19.0	13.2	7.6	0.3	2.6	1.9	3.8
鳥 取	100.0	42.3	10.2	10.9	8.6	1.1	2.9	5.3	18.7	56.6	13.1	16.3	27.2	7.5	0.3	3.0	14.6	0.2	31.4	20.9	10.5	4.5	0.3	4.8	2.9	4.7
島 根	100.0	43.0	9.1	12.6	6.0	0.6	1.2	6.4	21.2	56.4	10.3	18.9	27.2	5.1	0.3	7.1	13.1	1.3	33.4	20.9	12.6	5.7	0.7	3.8	3.0	7.0
岡 山	100.0	44.8	8.9	11.5	3.5	5.0	4.8	7.4	14.1	50.2	13.7	18.9	17.7	4.5	0.5	7.1	13.1	0.7	29.7	15.7	14.0	5.2	0.1	3.9	3.6	3.6
広 島	100.0	45.3	X	X	X	2.7	X	X	X	52.0	X	X	X	4.6	0.5	5.3	9.1	0.2	28.7	15.8	12.9	3.0	0.2	2.4	3.2	2.9
山 口	100.0	39.8	7.4	18.2	6.4	0.3	0.9	4.7	22.4	60.0	8.2	22.9	28.8	6.5	0.6	5.0	10.3	0.4	28.7	17.0	11.7	2.1	0.3	4.1	2.1	5.7
徳 島	100.0	40.0	10.3	15.9	5.4	1.7	2.0	5.0	19.8	58.3	12.2	20.9	25.2	10.9	0.1	7.5	13.7	1.5	34.9	21.1	13.8	5.5	0.2	3.2	2.6	6.4
香 川	100.0	X	X	X	X	X	X	X	X	X	X	X	X	3.7	0.5	4.4	4.6	0.2	35.6	23.5	12.0	8.9	0.0	8.7	8.0	5.7
愛 媛	100.0	41.4	11.8	13.1	6.6	0.9	2.2	5.9	18.1	57.6	14.0	18.9	24.7	6.9	0.4	5.3	9.2	0.6	28.7	14.0	14.7	4.7	0.1	3.6	1.6	6.9
高 知	100.0	42.5	9.0	13.5	6.0	0.9	2.0	6.1	22.3	57.3	9.4	19.6	28.3	0.2	0.6	3.5	7.9	0.2	32.2	19.9	12.4	7.7	0.1	3.1	3.6	5.0
福 岡	100.0	36.5	11.1	16.0	8.3	0.4	1.2	4.0	22.3	63.1	12.4	20.0	30.7	4.8	1.0	4.8	14.4	0.4	39.8	20.8	19.0	0.8	0.3	3.1	2.9	3.2
佐 賀	100.0	X	X	X	X	X	X	X	X	X	X	X	X	2.0	0.6	4.3	8.7	0.7	27.0	14.7	12.3	4.7	0.2	2.3	2.2	7.6
長 崎	100.0	X	X	X	X	X	X	X	X	X	X	X	X	3.0	0.7	4.0	6.5	1.4	37.2	22.4	14.8	5.3	0.5	2.2	1.8	3.3
熊 本	100.0	45.2	11.4	12.0	6.1	0.2	1.5	4.0	19.7	54.6	12.8	16.0	25.8	5.6	0.7	3.2	17.1	0.9	37.2	20.0	17.2	2.3	0.2	2.9	2.5	5.2
大 分	100.0	38.5	12.1	13.6	9.2	−	2.9	5.1	18.6	61.5	15.0	18.7	27.8	8.7	0.7	4.9	13.8	0.5	51.9	28.9	23.1	5.4	0.4	2.9	2.5	3.2
宮 崎	100.0	44.7	X	X	X	X	X	X	X	55.3	X	X	X	4.0	0.4	6.0	9.1	0.7	36.6	17.9	18.6	7.2	0.1	4.0	4.3	4.5
鹿 児 島	100.0	42.7	9.8	9.1	5.8	0.5	0.9	3.8	27.5	56.8	10.7	12.9	33.2	4.6	0.5	7.3	13.1	0.6	36.8	21.7	15.1	7.0	0.1	2.8	2.7	3.9
沖 縄	100.0	40.7	10.3	11.5	14.5	0.6	0.8	3.4	18.3	58.8	11.1	14.8	32.8	1.2	0.4	4.2	7.5	1.2	55.8	23.4	32.4	1.7	0.3	1.8	1.8	3.8

異常被患率等（各年齢ごと）（39-34）

単位 （%）

永久歯の1人当り平均むし歯（う歯）等数 計(本)	喪失歯数(本)	むし歯（う歯） 計(本)	処置歯数(本)	未処置歯数(本)	栄養状態	せき柱・胸郭・四肢の状態	皮膚疾患 アトピー性皮膚炎	その他の皮膚疾患	結核の検査の対象の精密者	結核	心疾病臓・異常の常	心電図異常	蛋白検出の者	尿糖検出の者	ぜん息	腎臓疾患	言語障害	その他の疾病・異常	区分
0.75	0.01	0.73	0.47	0.27	0.91	1.72	2.76	0.26	0.13	0.00	1.08	2.94	2.83	0.15	2.02	0.25	0.07	3.82	全国
1.0	0.0	1.0	0.6	0.4	0.4	0.8	4.4	0.2	0.0	-	0.5	1.5	2.4	0.1	2.9	0.5	0.1	6.6	北海道
1.0	0.0	1.0	0.6	0.4	2.1	1.9	0.5	0.5	0.0	-	0.1	3.2	3.2	0.0	0.8	0.1	0.0	2.6	青森
0.9	0.0	0.9	0.6	0.3	1.4	1.3	1.7	0.1	0.0	-	0.3	1.9	3.2	0.1	2.6	0.3	0.1	6.1	岩手
1.0	0.0	1.0	0.7	0.3	0.4	1.6	3.1	0.2	-	-	0.3	1.0	1.1	0.1	2.1	0.2	-	4.8	宮城
0.7	0.0	0.7	0.5	0.2	3.7	4.0	3.6	0.5	-	-	0.7	4.5	0.5	-	1.7	0.6	0.1	6.5	秋田
0.6	0.0	0.6	0.4	0.2	1.5	1.7	3.0	0.1	-	-	0.6	4.0	1.7	0.1	2.0	0.1	0.2	6.8	山形
1.1	0.0	1.1	0.7	0.4	2.4	1.0	2.6	0.2	-	-	0.3	3.5	2.4	0.3	2.5	0.1	0.0	4.5	福島
0.9	0.0	0.9	0.6	0.3	1.8	0.7	5.7	0.3	0.1	-	1.1	3.1	1.7	0.1	3.2	0.1	0.0	3.7	茨城
0.8	0.0	0.8	0.6	0.2	2.2	2.5	4.6	0.8	0.0	-	3.0	5.2	5.1	0.2	2.8	0.4	0.1	4.1	栃木
0.8	0.0	0.8	0.7	0.1	1.3	1.0	3.0	3.4	0.0	-	1.2	3.8	0.5	-	1.8	0.4	0.1	3.4	群馬
0.6	0.0	0.6	0.4	0.2	0.1	1.1	2.4	0.3	0.3	-	1.1	2.8	3.9	0.1	1.3	0.1	0.1	3.2	埼玉
0.6	0.0	0.6	0.4	0.2	0.4	2.6	3.0	0.3	0.2	-	0.8	1.6	2.0	0.1	3.1	0.3	-	2.7	千葉
0.6	0.0	0.6	0.4	0.2	1.2	1.6	3.5	0.1	0.4	-	1.6	2.3	4.1	0.3	2.6	0.3	0.0	3.9	東京
0.7	0.0	0.7	0.4	0.3	0.9	2.6	1.9	0.6	0.2	-	0.4	2.3	2.3	0.2	2.7	0.4	0.1	2.9	神奈川
0.3	0.0	0.3	0.2	0.1	1.8	1.0	5.9	0.4	-	-	1.0	3.1	1.9	0.0	2.8	0.2	0.1	4.9	新潟
0.6	0.0	0.6	0.4	0.2	1.1	4.0	1.7	-	0.0	-	1.7	3.9	3.9	0.3	1.2	0.1	0.1	3.4	富山
0.8	0.0	0.8	0.6	0.2	1.9	0.3	2.0	0.1	0.1	0.0	0.6	2.7	2.1	0.2	1.2	0.3	0.0	2.8	石川
0.9	0.0	0.9	0.6	0.3	1.9	0.3	3.2	1.0	-	-	0.6	1.2	1.3	-	1.1	0.1	0.1	5.5	福井
0.9	0.0	0.9	0.5	0.4	0.6	0.4	2.3	0.1	0.0	-	0.1	4.1	4.3	0.1	1.1	0.1	0.1	3.7	山梨
0.5	0.0	0.5	0.4	0.2	0.4	1.5	4.4	0.2	0.2	-	1.8	2.4	1.1	0.1	3.3	0.0	0.1	6.5	長野
0.5	0.0	0.5	0.4	0.1	0.6	2.7	1.8	0.1	0.2	0.0	1.6	2.3	3.3	0.2	1.3	0.9	0.5	6.2	岐阜
0.5	0.0	0.5	0.4	0.1	1.5	3.5	1.6	0.1	0.1	-	1.5	2.7	2.2	0.1	1.6	0.1	0.0	4.0	静岡
0.5	0.0	0.5	0.3	0.2	1.1	1.0	4.3	0.2	0.0	-	0.8	2.8	2.2	0.2	2.0	0.4	0.1	4.7	愛知
0.7	0.0	0.7	0.4	0.3	2.5	1.9	2.8	0.1	0.1	-	1.0	3.8	2.4	0.2	3.0	0.2	0.2	3.4	三重
0.7	0.0	0.7	0.4	0.3	0.2	0.7	1.7	0.3	0.2	-	2.1	4.2	2.5	0.1	0.8	0.2	0.0	3.1	滋賀
0.6	0.0	0.6	0.4	0.2	1.1	2.5	2.9	0.0	0.3	-	2.2	6.4	4.0	0.2	1.8	0.1	0.1	6.0	京都
0.8	0.0	0.8	0.6	0.2	0.2	1.8	1.6	0.1	0.1	-	1.0	5.0	3.2	0.1	1.4	0.1	0.0	3.5	大阪
0.6	0.0	0.6	0.4	0.2	0.3	2.3	1.8	0.1	0.0	-	1.1	3.0	2.9	0.3	1.6	0.3	0.0	2.7	兵庫
0.7	0.0	0.7	0.4	0.3	0.9	1.9	4.3	0.1	0.2	-	1.0	4.2	5.3	0.3	0.8	0.1	0.0	5.8	奈良
0.9	0.0	0.9	0.6	0.3	0.8	1.4	1.1	-	0.0	-	1.2	4.4	6.0	0.3	1.2	0.0	0.2	2.0	和歌山
0.6	0.0	0.6	0.4	0.2	1.7	1.5	3.9	0.3	-	-	1.3	1.6	1.7	-	3.3	0.3	0.1	8.1	鳥取
0.7	0.0	0.7	0.5	0.2	1.2	2.1	3.9	0.4	-	-	0.8	1.6	3.4	-	1.7	0.1	0.1	3.7	島根
0.7	0.0	0.7	0.4	0.2	1.1	1.5	3.2	0.1	-	-	3.1	2.8	4.1	0.4	2.1	0.2	0.1	6.4	岡山
0.7	0.0	0.7	0.5	0.2	0.8	3.6	2.1	0.2	0.0	-	0.7	4.2	2.6	0.1	0.7	0.0	0.0	2.5	広島
0.6	0.0	0.6	0.4	0.2	0.8	2.2	2.0	0.0	0.1	-	1.1	1.3	0.3	0.3	1.6	0.2	0.0	5.8	山口
0.9	0.0	0.9	0.6	0.3	1.9	0.3	2.9	0.3	-	-	0.3	1.9	2.2	-	1.9	0.1	0.1	3.4	徳島
0.9	0.0	0.9	0.7	0.2	3.1	0.5	2.8	0.3	0.1	-	0.9	3.7	4.1	0.1	1.8	0.3	0.0	3.6	香川
0.7	0.0	0.7	0.4	0.2	0.9	2.1	2.2	0.2	-	0.1	1.2	3.3	6.8	0.2	1.4	0.1	0.0	3.2	愛媛
0.7	0.0	0.7	0.5	0.2	0.2	1.0	3.3	0.6	-	-	1.9	3.0	2.3	0.1	1.5	-	0.0	2.9	高知
1.1	0.0	1.1	0.6	0.4	0.5	1.2	1.1	0.1	0.1	-	0.6	3.0	2.6	0.1	2.1	0.4	0.0	1.4	福岡
0.5	0.0	0.5	0.4	0.2	1.8	2.0	2.0	0.1	-	-	0.8	3.3	0.7	-	1.1	0.1	-	5.0	佐賀
0.8	0.0	0.8	0.5	0.3	2.0	0.9	4.3	0.7	-	0.0	1.1	2.0	1.2	0.0	2.4	0.1	0.1	5.2	長崎
0.9	0.0	0.9	0.6	0.4	1.4	1.4	1.7	0.1	-	-	0.7	1.8	5.0	0.2	1.4	0.3	0.0	2.0	熊本
1.3	0.0	1.2	0.6	0.5	0.9	1.3	1.9	0.2	-	-	1.2	2.6	3.8	0.0	1.9	0.6	-	2.2	大分
0.9	0.0	0.9	0.5	0.4	0.1	1.2	1.4	0.2	-	-	1.3	4.1	1.6	0.1	1.1	0.0	0.2	3.0	宮崎
0.9	0.0	0.8	0.6	0.3	0.6	0.6	1.1	0.2	0.0	-	1.5	2.6	1.8	0.1	0.9	0.0	0.0	0.7	鹿児島
1.9	0.0	1.9	1.0	0.9	0.8	2.1	2.0	0.2	-	-	0.8	1.5	1.7	0.1	2.1	0.0	0.0	2.7	沖縄

1　13歳 (3) 女

区分	計	非矯正 1.0以上	非矯正 1.0未満0.7以上	非矯正 0.7未満0.3以上	非矯正 0.3未満	矯正 1.0以上	矯正 1.0未満0.7以上	矯正 0.7未満0.3以上	矯正 0.3未満	計	1.0未満	0.7未満0.7以上	0.3未満0.3以上	眼の疾病・異常	難聴 聴	耳疾患	鼻疾・副鼻腔患	口腔咽喉頭疾患異常	むし歯 計	処置完了者	未処置歯のある者	歯列・咬合	顎関節	歯垢の状態	歯肉の状態	その他の疾病・異常
全　国	100.00	35.48	12.48	14.35	8.22	1.48	1.81	6.09	20.09	63.04	14.29	20.44	28.31	4.14	⋯	3.71	8.42	0.31	33.61	20.32	13.30	5.46	0.40	3.38	2.88	2.82
北 海 道	100.0	X	X	X	X	X	X	X	X	X	X	X	X	0.6	⋯	0.7	7.0	0.9	43.0	26.2	16.8	5.8	0.3	2.7	2.0	2.5
青　森	100.0	28.3	9.1	10.9	8.0	0.8	2.2	6.9	33.8	70.9	11.2	17.8	41.8	1.8	⋯	1.9	11.2	0.3	42.4	24.9	17.5	4.3	0.2	2.7	3.4	3.5
岩　手	100.0	X	X	X	X	X	X	X	X	X	X	X	X	6.9	⋯	1.9	X	0.1	35.7	23.6	12.1	9.7	0.8	4.2	4.5	2.2
宮　城	100.0	32.9	8.8	13.6	7.8	2.3	5.8	10.3	18.5	64.9	14.6	23.9	26.3	5.7	⋯	3.2	X	-	42.6	24.1	18.5	9.0	0.6	4.2	6.1	1.8
秋　田	100.0	X	X	X	X	X	X	X	X	X	X	X	X	6.9	⋯	2.9	11.9	0.1	32.3	18.6	13.7	4.6	0.1	2.4	1.3	2.9
山　形	100.0	33.1	12.2	10.3	7.7	3.1	5.2	4.4	24.0	63.8	17.4	14.7	31.7	2.0	⋯	5.3	13.4	1.6	30.4	18.9	11.5	6.4	0.5	2.8	3.2	
福　島	100.0	25.6	8.3	17.7	10.9	1.3	1.2	5.9	29.1	73.1	9.5	23.6	40.0	2.3	⋯	1.8	3.6	1.3	43.3	23.9	19.4	7.7	0.4	7.4	4.8	3.0
茨　城	100.0	30.3	9.9	13.1	9.3	2.5	4.3	7.2	23.5	67.2	14.1	20.2	32.8	12.3	⋯	0.5	16.3	0.4	38.1	22.6	15.5	4.3	0.7	3.1	1.8	4.4
栃　木	100.0	34.7	8.7	14.5	8.3	0.2	1.1	5.0	27.4	65.0	9.8	19.5	35.7	3.7	⋯	3.0	13.5	0.8	36.9	23.4	13.5	4.8	0.4	3.2	2.5	5.3
群　馬	100.0	30.4	9.8	13.7	6.1	1.5	3.9	10.2	24.3	68.1	13.7	23.9	30.4	1.7	⋯	2.1	3.9	0.0	36.4	27.3	9.1	5.5	0.8	1.6	1.6	2.9
埼　玉	100.0	42.2	16.6	15.8	X	-	0.3	2.2	23.0	57.8	16.8	18.0	23.0	1.5	⋯	4.4	5.5	0.1	27.4	18.4	9.0	3.6	0.4	3.4	2.9	2.7
千　葉	100.0	39.7	13.1	13.5	10.3	0.6	1.0	2.2	19.6	59.7	14.1	15.7	29.9	9.1	⋯	6.1	X	0.3	27.0	17.0	10.0	9.7	0.2	4.9	2.7	2.4
東　京	100.0	28.1	X	X	X	X	X	X	X	71.9	X	X	X	6.8	⋯	5.0	9.1	0.2	31.4	21.8	9.6	4.5	0.2	1.8	1.9	1.1
神 奈 川	100.0	33.9	X	X	13.2	1.1	X	X	1.5	65.0	23.6	26.7	14.7	2.3	⋯	5.0	1.9	-	30.0	18.0	12.0	5.6	0.8	5.9	4.5	2.8
新　潟	100.0	33.3	6.3	14.4	4.4	0.5	1.7	8.1	31.4	66.3	8.0	22.5	35.8	3.2	⋯	2.2	11.4	-	20.7	14.2	6.4	2.5	0.5	2.0	3.1	1.9
富　山	-	-	-	-	-	-	-	-	-	-	-	-	-	8.3	⋯	1.8	8.1	-	26.0	16.2	9.8	2.6	0.2	3.4	3.6	2.5
石　川	100.0	X	X	X	X	X	X	X	X	X	X	X	X		⋯	-	-		33.8	20.3	13.5	6.2	0.2	1.6	3.6	
福　井	100.0	30.1	9.3	10.6	4.6	0.0	1.7	6.1	37.5	69.9	11.0	16.7	42.2	1.2	⋯	0.4	2.7	0.4	43.0	24.3	18.7	4.4	0.6	5.8	4.8	2.1
山　梨	100.0	43.2	7.0	14.1	6.6	-	1.6	3.2	24.3	56.8	8.6	17.3	30.9	9.4	⋯	2.6	11.6	0.4	39.5	21.6	18.0	8.1	0.1	4.3	2.6	2.7
長　野	100.0	35.8	9.2	11.7	7.1	0.5	2.4	5.4	27.9	63.7	11.6	17.0	35.1	1.8	⋯	1.6	4.7	0.2	32.8	19.7	13.1	5.2	-	2.3	2.2	3.1
岐　阜	100.0	30.3	X	X	X	0.8	X	X	X	68.9	X	X	X	2.6	⋯	1.4	3.6	0.6	22.6	15.6	7.0	3.0	0.2	3.2	2.4	2.2
静　岡	100.0	37.4	7.9	10.0	8.5	1.1	2.4	6.9	25.9	61.5	10.2	16.8	34.4	1.8	⋯	2.6	3.9	0.2	29.3	19.7	9.6	3.6	0.2	3.4	2.4	2.5
愛　知	100.0	35.8	7.6	11.3	5.3	0.7	1.5	6.5	31.3	63.5	9.1	17.7	36.7	3.6	⋯	5.9	10.4	0.1	29.4	17.4	12.0	4.9	0.2	3.4	2.3	3.0
三　重	100.0	X	X	X	X	X	X	X	X	X	X	X	X	2.9	⋯	1.3	3.5	1.0	37.7	23.0	14.7	4.3	0.8	3.3	3.1	2.4
滋　賀	-	-	-	-	-	-	-	-	-	-	-	-	-	1.2	⋯	1.2	1.3	-	36.5	23.1	13.4	9.3	0.1	2.8	2.7	4.4
京　都	100.0	X	X	X	X	X	X	X	X	X	X	X	X	3.6	⋯	4.6	6.5	0.2	27.3	17.4	9.9	4.3	0.3	3.5	3.5	1.8
大　阪	100.0	X	X	X	X	X	X	X	X	X	X	X	X	3.9	⋯	3.6	6.7	0.1	34.7	19.0	15.7	3.7	0.5	2.0	2.0	3.5
兵　庫	-	-	-	-	-	-	-	-	-	-	-	-	-	4.0	⋯	6.0	9.3	0.2	28.8	18.6	10.1	3.6	0.5	3.6	3.6	4.8
奈　良	100.0	X	X	X	X	X	X	X	X	X	X	X	X	2.0	⋯	1.3	1.1	-	30.5	16.3	14.1	3.8	0.0	3.2	2.6	3.7
和 歌 山	100.0	36.2	7.9	12.0	6.7	2.8	3.8	9.1	21.6	61.0	11.7	21.0	28.3	6.7	⋯	3.4	5.4	0.4	36.1	24.1	12.0	7.9	0.5	7.5	2.1	2.1
鳥　取	100.0	37.7	8.4	13.8	8.9	0.7	3.0	6.6	20.9	61.6	11.3	20.4	29.9	6.3	⋯	1.4	X	0.4	34.6	24.1	10.5	3.5	0.7	3.7	3.7	2.4
島　根	100.0	X	X	X	X	X	X	X	X	X	X	X	X	5.8	⋯	4.6	12.9	0.2	35.5	22.0	13.5	6.0	0.9	2.3	3.1	2.8
岡　山	100.0	X	X	X	X	X	X	X	X	X	X	X	X	5.8	⋯	6.7	9.1	0.5	33.0	19.4	13.5	4.4	0.1	4.7	4.4	2.8
広　島	100.0	X	X	X	X	X	X	X	X	X	X	X	X	4.6	⋯	3.2	8.4	0.5	29.3	15.9	13.4	5.0	0.1	3.2	2.9	1.8
山　口	100.0	38.5	X	X	X	4.4	X	X	X	57.2	X	X	X	4.4	⋯	3.8	10.0	0.4	32.3	20.5	11.8	2.0	0.5	4.2	3.0	2.9
徳　島	100.0	30.0	11.1	11.0	7.3	0.9	1.1	6.8	31.8	69.1	12.2	17.8	39.1	6.4	⋯	3.1	X	-	38.0	25.0	13.0	6.0	0.4	3.6	1.7	2.2
香　川	100.0	X	X	X	X	X	X	X	X	X	X	X	X	1.9	⋯	3.4	4.0	0.0	40.0	26.6	13.4	10.5	0.3	10.1	10.9	2.6
愛　媛	100.0	32.6	X	X	X	-	X	X	X	67.4	X	X	X	5.5	⋯	0.7	5.4	-	34.4	17.1	17.2	4.6	0.1	0.7	0.7	4.2
高　知	100.0	37.9	9.3	12.1	X	0.1	2.7	7.6	X	62.0	12.0	19.6	30.3		⋯	0.3	9.9	0.2	33.3	19.1	14.2	6.2	0.2	4.2	4.7	4.2
福　岡	100.0	35.8	10.1	10.9	6.6	1.9	0.7	6.4	27.7	62.3	10.8	17.2	34.3	4.0	⋯	2.9	14.1	0.6	41.1	20.9	20.2	5.9	0.5	4.1	2.2	1.6
佐　賀	100.0	X	X	X	X	X	X	X	X	X	X	X	X	2.0	⋯	2.5	6.9	0.1	31.1	18.5	12.6	6.4	0.0	3.8	3.9	5.0
長　崎	100.0	X	X	X	X	X	X	X	X	X	X	X	X	1.8	⋯	2.2	6.9	1.0	41.6	27.9	13.7	4.0	0.3	2.5	3.1	6.0
熊　本	100.0	38.9	10.9	13.1	5.5	-	0.0	5.9	24.8	60.6	11.3	19.0	30.3	6.0	⋯	1.2	6.7	0.1	39.7	22.8	16.9	7.6	0.6	3.0	3.2	5.3
大　分	100.0	X	X	X	X	X	X	X	X	X	X	X	X	10.4	⋯	8.0	10.2	0.4	56.0	30.5	25.6	8.1	2.0	5.2	2.6	1.0
宮　崎	100.0	38.7	X	X	X	-	X	X	X	61.3	X	X	X	5.0	⋯	6.4	11.8	0.9	37.0	20.4	16.6	6.1	-	2.6	2.9	3.5
鹿 児 島	100.0	34.8	9.5	12.4	5.5	0.5	0.7	4.1	32.5	64.7	10.2	16.5	38.0	2.9	⋯	5.8	15.3	0.6	39.5	19.8	19.6	5.2	-	2.8	3.6	3.9
沖　縄	100.0	38.9	9.3	11.0	11.0	0.9	0.9	5.9	22.1	60.2	10.2	16.9	33.1	1.1	⋯	4.8	7.9	1.1	61.0	25.2	35.8	2.8	1.0	2.3	1.7	3.5

都道府県表

異常被患率等（各年齢ごと）（39-35）

単位　(%)

永久歯の1人当り平均むし歯（う歯）等数					栄養状態	せき柱・四肢の状態・胸郭・態	皮膚疾患		結核の検査の対象精密者	結核	心疾病臓・異常の	心電図異常	蛋白検出の者	尿糖検出の者	その他の疾病・異常				区分
計(本)	喪失歯数(本)	むし歯（う歯）					アトピー性皮膚炎	その他の皮膚疾患							ぜん息	腎臓疾患	言語障害	その他の疾病・異常	
		計(本)	処置歯数(本)	未処置歯数(本)															
…	…	…	…	…	0.95	1.86	2.70	0.21	0.09	0.00	0.94	…	2.65	0.19	2.08	0.21	0.06	4.04	全　国
…	…	…	…	…	0.3	0.7	5.2	0.0	-	-	1.3	…	1.9	0.2	3.1	0.1	-	6.5	北 海 道
…	…	…	…	…	2.0	3.0	0.8	0.4	0.0	-	0.4	…	2.5	0.1	0.7	0.1	-	2.9	青　森
…	…	…	…	…	1.0	2.1	2.1	0.3	0.1	-	0.1	…	3.3	0.5	2.0	0.2	0.3	4.6	岩　手
…	…	…	…	…	0.2	1.7	2.5	0.4	-	-	0.5	…	1.0	0.0	2.9	0.3	0.1	4.5	宮　城
…	…	…	…	…	1.7	4.6	2.7	0.4	0.0	-	1.0	…	0.4	-	2.2	0.3	-	8.4	秋　田
…	…	…	…	…	2.0	1.3	3.3	0.3	0.1	-	0.9	…	1.7	0.1	1.4	0.0	0.2	8.1	山　形
…	…	…	…	…	3.5	1.0	2.4	0.2	-	-	0.5	…	2.5	0.1	2.2	0.1	0.1	5.8	福　島
…	…	…	…	…	2.4	1.0	5.3	0.4	0.0	-	1.0	…	1.3	0.1	3.3	0.2	0.1	5.3	茨　城
…	…	…	…	…	1.0	3.5	4.4	0.4	0.1	-	2.2	…	5.4	0.1	2.6	0.3	0.1	5.8	栃　木
…	…	…	…	…	1.6	1.3	2.6	0.2	-	-	1.3	…	0.7	0.2	1.3	0.3	0.1	5.0	群　馬
…	…	…	…	…	0.3	0.7	2.0	0.2	0.1	-	0.8	…	3.2	0.2	1.7	0.1	0.1	3.1	埼　玉
…	…	…	…	…	0.5	3.6	3.5	0.1	0.1	-	1.1	…	2.6	0.4	3.8	0.4	0.0	2.5	千　葉
…	…	…	…	…	0.9	1.5	3.7	0.2	0.2	-	0.5	…	3.6	0.2	3.3	0.1	0.1	3.8	東　京
…	…	…	…	…	0.9	3.0	2.4	0.5	0.1	-	0.5	…	2.0	0.4	2.4	0.2	0.0	4.1	神 奈 川
…	…	…	…	…	2.2	1.3	4.2	0.4	-	-	1.5	…	2.2	0.4	1.6	0.1	0.2	7.8	新　潟
…	…	…	…	…	0.8	4.8	2.7	-	0.1	-	1.5	…	3.8	0.2	1.0	0.3	0.1	4.7	富　山
…	…	…	…	…	0.6	0.5	2.9	0.1	0.1	-	0.7	…	1.4	0.4	1.0	0.3	0.1	4.8	石　川
…	…	…	…	…	1.8	0.9	2.4	1.1	0.0	-	1.2	…	1.7	0.3	1.1	0.1	0.2	6.1	福　井
…	…	…	…	…	0.4	0.3	2.6	0.1	0.4	-	0.1	…	4.4	0.4	1.9	0.1	0.1	4.0	山　梨
…	…	…	…	…	1.0	2.5	3.8	0.1	0.1	-	1.9	…	1.1	0.1	2.3	0.3	0.0	5.7	長　野
…	…	…	…	…	0.5	0.7	2.1	0.1	0.1	-	2.3	…	2.7	0.3	1.3	0.6	0.1	6.1	岐　阜
…	…	…	…	…	1.2	3.3	1.6	0.2	0.0	-	0.6	…	2.2	0.2	1.6	0.2	0.1	3.9	静　岡
…	…	…	…	…	1.2	1.3	3.8	0.2	0.0	-	0.8	…	2.1	0.1	2.0	0.3	0.1	4.5	愛　知
…	…	…	…	…	2.2	1.9	2.3	0.0	-	-	0.7	…	1.7	0.1	3.2	0.1	0.1	4.0	三　重
…	…	…	…	…	0.1	0.7	2.0	0.3	0.2	-	2.0	…	2.7	0.1	0.8	0.2	0.1	3.0	滋　賀
…	…	…	…	…	1.9	3.4	3.1	-	0.4	-	2.0	…	4.3	0.5	1.8	0.3	0.1	6.4	京　都
…	…	…	…	…	0.2	1.4	1.8	0.2	0.2	-	0.6	…	3.6	0.1	1.7	0.2	0.1	2.6	大　阪
…	…	…	…	…	0.6	3.1	2.0	0.1	0.1	-	1.3	…	2.4	0.2	1.3	0.2	0.1	2.1	兵　庫
…	…	…	…	…	0.7	2.2	2.3	0.1	0.1	-	0.2	…	3.8	0.3	0.9	0.1	0.1	3.8	奈　良
…	…	…	…	…	1.7	1.3	0.5	0.1	0.2	-	0.7	…	4.9	0.4	0.5	0.1	0.1	1.4	和 歌 山
…	…	…	…	…	1.2	1.9	4.4	0.3	0.2	-	0.9	…	0.9	0.2	3.1	0.3	0.1	8.1	鳥　取
…	…	…	…	…	1.2	2.7	4.2	0.2	0.1	-	0.3	…	3.3	0.1	2.4	0.1	0.2	4.4	島　根
…	…	…	…	…	0.9	1.3	4.4	0.2	-	-	3.5	…	4.6	0.2	2.4	0.2	0.1	6.7	岡　山
…	…	…	…	…	0.8	3.6	1.8	0.6	0.09	-	0.7	…	2.8	0.3	1.0	0.2	0.1	3.1	広　島
…	…	…	…	…	1.0	1.4	1.1	-	0.2	-	0.8	…	1.3	0.2	2.1	0.1	0.1	5.3	山　口
…	…	…	…	…	2.8	0.6	1.8	0.0	0.0	-	0.5	…	2.3	0.1	1.5	0.2	0.1	4.8	徳　島
…	…	…	…	…	3.1	0.7	3.0	0.1	0.0	-	1.1	…	3.9	0.1	1.9	0.2	0.0	3.8	香　川
…	…	…	…	…	0.9	2.7	1.4	0.2	-	-	1.2	…	4.9	0.1	1.3	0.1	-	3.3	愛　媛
…	…	…	…	…	0.2	2.0	2.0	0.2	-	-	0.4	…	1.6	0.1	1.7	0.6	0.1	1.8	高　知
…	…	…	…	…	0.3	1.0	1.1	0.1	-	-	0.8	…	2.7	0.1	1.7	0.6	0.1	1.9	福　岡
…	…	…	…	…	1.2	3.8	1.0	0.1	0.1	-	0.9	…	0.9	0.2	1.2	-	0.0	5.6	佐　賀
…	…	…	…	…	2.4	0.6	2.6	0.1	-	-	1.0	…	1.2	0.1	1.3	0.1	0.1	5.3	長　崎
…	…	…	…	…	1.4	1.0	1.4	0.1	0.1	0.0	0.8	…	4.0	0.1	0.9	0.1	0.0	2.1	熊　本
…	…	…	…	…	0.5	1.3	1.5	0.4	-	-	0.5	…	3.6	0.1	1.8	0.5	0.1	1.7	大　分
…	…	…	…	…	0.2	1.4	1.7	0.0	-	-	1.5	…	1.9	0.2	1.3	0.3	0.1	4.7	宮　崎
…	…	…	…	…	0.0	1.0	0.8	0.2	0.0	-	1.0	…	1.7	0.2	0.6	0.1	0.0	1.1	鹿 児 島
…	…	…	…	…	0.7	1.7	2.5	0.1	-	-	0.7	…	1.5	0.0	1.7	0.1	-	3.8	沖　縄

異常被患率等　（各年齢ごと）　（39-35）

都道府県表

1　14歳　(3)　女

区分	裸眼視力 計	非矯正 1.0以上	非矯正 1.0未満0.7以上	非矯正 0.7未満0.3以上	非矯正 0.3未満	矯正 1.0以上	矯正 1.0未満0.7以上	矯正 0.7未満0.3以上	矯正 0.3未満	裸眼視力 計	1.0未満0.7以上	0.7未満0.3以上	0.3未満	眼の疾病・異常	難聴	耳疾患	鼻疾・副鼻腔患	口腔咽喉頭疾患・異常	むし歯 計	処置完了者	未処置歯のある者	歯列・咬合	顎関節	歯垢の状態	歯肉の状態	その他の疾病・異常
全　国	100.00	33.17	11.09	13.75	7.34	1.74	2.52	6.83	23.56	65.09	13.61	20.58	30.90	3.80	0.41	2.93	8.49	0.27	36.75	22.14	14.60	5.23	0.53	3.59	3.15	2.22
北海道	100.0	X	X	X	X	X	X	X	X	X	X	X	X	2.2	0.5	0.6	6.1	-	39.9	20.8	19.2	4.8	0.7	3.1	1.5	1.9
青　森	100.0	25.0	8.6	11.7	4.4	1.9	3.1	11.0	34.2	73.1	11.8	22.7	38.6	2.6	0.5	1.9	8.7	-	44.9	26.6	18.3	2.3	0.5	3.2	3.4	2.5
岩　手	100.0	X	X	X	X	X	X	X	X	X	X	X	X	6.2	0.4	5.1	X	0.7	40.6	24.6	16.0	5.7	1.0	6.2	6.2	3.3
宮　城	100.0	28.3	X	X	X	3.5	X	X	X	68.2	X	X	X	5.8	0.5	3.1	10.4	0.1	44.9	25.8	19.1	9.2	1.0	1.6	6.3	1.6
秋　田	100.0	X	X	X	X	X	X	X	X	58.9	X	X	X	10.2	0.3	3.3	15.3	0.3	38.2	23.7	14.5	4.2	0.3	1.6	0.8	2.0
山　形	100.0	35.7	7.5	9.3	X	0.3	0.4	4.7	X	63.9	7.9	14.1	41.9	2.4	0.3	4.6	12.3	1.3	31.5	20.3	11.2	5.4	0.1	2.0	1.6	3.0
福　島	100.0	25.2	5.8	10.0	7.0	1.1	3.3	9.6	37.9	73.7	9.2	19.6	44.9	2.4	0.3	0.4	1.4	0.8	47.2	25.4	21.8	6.5	0.5	5.3	3.9	2.4
茨　城	100.0	32.5	8.1	12.2	8.0	2.9	3.9	8.2	24.1	64.6	12.1	20.4	32.1	11.0	0.4	X	15.3	X	41.5	23.6	17.9	3.2	0.5	0.4	1.9	3.7
栃　木	100.0	26.3	9.6	12.7	10.0	0.7	1.9	7.4	31.3	72.9	11.6	20.1	41.3	X	0.2	0.6	14.8	0.6	38.2	23.1	15.1	3.7	0.2	3.0	2.2	1.9
群　馬	100.0	27.4	X	X	X	2.6	X	X	X	70.0	X	X	X	1.9	0.3	0.9	5.6	0.2	38.0	28.7	9.3	6.0	0.7	2.5	3.0	2.2
埼　玉	100.0	X	X	X	X	X	X	X	X	X	X	X	X	1.7	0.5	3.2	4.6	-	28.6	21.3	7.3	8.0	0.3	3.5	2.3	1.9
千　葉	100.0	X	X	X	X	X	X	X	X	X	X	X	X	4.5	0.1	1.1	X	0.4	31.1	20.8	10.3	7.7	0.5	4.3	3.2	1.7
東　京	100.0	X	X	X	X	X	X	X	X	X	X	X	X	6.3	0.3	3.0	8.3	0.0	34.5	22.4	12.1	4.5	0.4	2.3	2.1	0.8
神奈川	100.0	X	X	X	X	X	X	X	X	X	X	X	X	3.2	0.4	5.1	1.1	0.0	35.9	21.1	14.7	5.3	1.4	5.9	5.0	2.9
新　潟	100.0	26.3	X	X	X	0.4	X	X	X	73.3	X	X	X	4.8	0.3	2.9	15.1	-	24.1	17.7	6.3	2.2	0.3	1.3	2.3	1.4
富　山	-	-	-	-	-	-	-	-	-	-	-	-	-	7.1	0.3	2.0	7.2	X	30.0	18.9	11.2	3.6	0.1	2.6	3.1	1.7
石　川	100.0	30.5	3.2	13.8	8.4	0.2	0.4	6.4	37.1	69.3	3.6	20.2	45.5	3.2	0.2	1.3	0.7	X	39.0	25.0	14.0	5.5	0.8	2.7	2.2	2.7
福　井	100.0	33.5	X	X	X	0.4	X	X	X	66.1	X	X	X	1.8	0.2	0.2	3.2	0.2	45.1	25.6	19.6	6.6	0.1	2.6	4.8	1.7
山　梨	100.0	X	X	X	X	X	X	X	X	X	X	X	X	3.3	0.3	2.6	12.0	0.5	42.9	23.0	19.9	6.7	0.1	3.9	1.4	3.1
長　野	100.0	19.9	10.1	9.0	4.7	0.9	1.6	6.7	47.1	79.2	11.7	15.6	51.8	2.3	0.3	1.8	3.5	0.4	33.1	20.0	13.0	5.9	0.1	2.7	3.8	2.7
岐　阜	100.0	25.5	X	X	X	0.2	X	X	X	74.3	X	X	X	3.1	0.2	0.8	3.0	0.0	33.6	23.2	10.4	6.4	0.1	2.9	3.1	1.2
静　岡	100.0	36.6	9.1	7.5	7.6	1.3	2.6	8.1	27.1	62.0	11.7	15.6	34.7	1.6	0.4	2.5	3.7	0.1	34.5	23.6	11.0	4.6	0.4	5.0	3.6	2.0
愛　知	100.0	25.5	7.6	9.7	5.7	0.9	1.9	6.8	41.9	73.6	9.5	16.5	47.6	2.6	0.4	3.8	13.8	0.1	31.6	20.9	10.6	4.8	0.4	2.5	2.7	2.2
三　重	100.0	X	X	X	X	X	X	X	X	X	X	X	X	6.5	0.4	3.4	10.3	X	43.9	24.3	19.6	5.8	1.3	6.0	5.6	2.3
滋　賀	-	-	-	-	-	-	-	-	-	-	-	-	-	1.3	0.2	0.9	1.3	-	38.5	23.1	15.4	6.6	0.2	2.5	2.1	2.9
京　都	100.0	X	X	X	X	X	X	X	X	X	X	X	X	3.8	0.5	3.6	7.4	0.3	32.0	19.9	12.1	5.1	0.4	4.2	4.5	0.7
大　阪	100.0	X	X	X	X	X	X	X	X	X	X	X	X	2.9	0.5	2.3	6.6	0.1	38.6	21.9	16.7	4.2	0.4	3.6	3.6	4.5
兵　庫	-	-	-	-	-	-	-	-	-	-	-	-	-	4.1	0.4	4.9	11.0	-	32.2	19.1	13.1	8.4	0.4	4.3	4.1	3.2
奈　良	100.0	X	X	X	X	X	X	X	X	X	X	X	X	1.4	0.2	1.4	0.8	-	33.8	18.9	14.9	3.2	0.4	3.6	2.5	1.5
和歌山	100.0	34.2	5.8	9.0	X	5.7	5.1	10.8	X	60.0	11.0	19.8	29.3	4.8	0.4	4.5	8.7	0.6	40.3	27.5	12.8	2.6	0.6	2.6	0.6	X
鳥　取	100.0	29.4	7.4	13.5	X	2.4	2.7	11.9	X	68.2	10.1	25.5	32.7	5.7	0.6	1.5	15.5	X	39.3	27.0	12.3	4.0	0.6	4.6	2.6	2.3
島　根	100.0	28.7	9.0	12.5	8.8	0.2	1.5	9.1	30.3	71.2	10.6	21.5	39.1	6.7	0.4	3.5	14.0	0.4	39.0	22.7	16.3	4.1	0.1	1.8	3.0	2.9
岡　山	100.0	31.6	5.8	12.7	7.6	3.6	2.9	9.5	26.2	64.8	8.7	22.2	33.9	3.8	0.4	6.6	10.9	0.8	36.0	22.4	13.6	4.0	0.1	2.7	3.5	1.8
広　島	100.0	X	X	X	X	X	X	X	X	X	X	X	X	3.7	0.4	3.7	8.3	0.2	32.9	X	14.9	6.6	0.3	2.9	4.4	1.3
山　口	100.0	X	X	X	X	X	X	X	X	X	X	X	X	4.2	0.4	X	10.5	X	35.9	21.3	14.6	2.9	0.8	3.3	2.5	2.4
徳　島	100.0	28.6	8.3	13.7	7.0	0.9	1.6	6.6	33.5	70.6	9.9	20.2	40.4	7.0	0.2	1.8	X	1.0	40.1	24.6	15.5	7.5	0.9	2.9	2.4	2.0
香　川	100.0	28.9	X	X	X	2.3	X	X	X	68.8	X	X	X	2.4	0.4	2.6	4.5	0.4	43.3	29.0	14.3	7.1	0.5	7.9	8.5	1.2
愛　媛	100.0	29.4	X	X	X	0.5	X	X	X	70.2	X	X	X	2.2	0.4	2.5	4.0	0.6	35.1	18.0	17.1	4.7	0.2	1.9	1.8	2.5
高　知	100.0	29.5	8.9	12.1	2.9	0.2	1.4	7.3	37.8	70.4	10.3	19.3	40.7	X	0.5	0.6	10.1	1.2	37.0	23.4	13.6	9.5	0.9	4.9	3.8	1.2
福　岡	100.0	32.1	X	X	X	0.1	X	X	X	67.8	X	X	X	3.4	1.0	3.5	13.8	0.2	45.1	21.9	23.2	5.3	1.1	4.0	2.3	1.2
佐　賀	100.0	38.9	10.8	11.3	7.3	-	2.3	3.9	25.6	61.1	13.2	15.1	32.9	2.2	0.2	2.4	7.4	0.2	31.1	16.2	14.9	6.8	0.1	3.1	2.2	3.1
長　崎	100.0	X	X	X	X	X	X	X	X	X	X	X	X	2.7	0.5	0.8	7.9	2.1	40.2	27.5	12.7	4.1	0.1	1.7	2.3	1.3
熊　本	100.0	36.6	9.0	12.3	6.0	0.2	1.3	4.6	30.1	63.3	10.3	16.9	36.1	3.3	0.6	0.7	9.2	0.1	42.1	25.0	17.1	4.7	0.4	2.8	2.6	4.5
大　分	100.0	X	X	X	X	X	X	X	X	X	X	X	X	7.1	0.7	1.4	4.3	-	54.4	27.9	26.5	5.9	1.1	2.7	2.6	0.5
宮　崎	100.0	X	X	X	X	X	X	X	X	X	X	X	X	2.9	0.5	3.6	14.7	0.5	42.6	24.4	18.3	5.5	0.2	2.4	2.8	3.0
鹿児島	100.0	33.5	7.7	8.3	5.5	0.5	1.0	5.2	38.4	66.1	8.8	13.5	43.8	4.0	0.4	5.8	13.2	0.3	39.6	19.2	20.4	7.0	0.4	3.9	3.9	2.6
沖　縄	100.0	31.7	X	X	X	0.4	X	X	X	67.9	X	X	X	1.1	0.3	2.9	8.4	2.1	65.7	28.5	37.2	2.3	0.5	2.7	1.8	2.4

異常被患率等（各年齢ごと）（39-36）

単位（%）

| 永久歯の1人当り平均むし歯（う歯）等数 | | むし歯（う歯） | | | 栄養状態 | せき柱・胸郭・四肢の状態 | 皮膚疾患 | | 結核検査の対象精密者 | 結核 | 心疾病臓・異常の | 心電図異常 | 蛋白検出の者 | 尿糖検出の者 | その他の疾病・異常 | | | | 区分 |
計（本）	喪失歯数（本）	計（本）	処置歯数（本）	未処置歯数（本）			アトピー性皮膚炎	その他の皮膚疾患							ぜん息	腎臓疾患	言語障害	その他の疾病・異常	
…	…	…	…	…	0.85	2.00	2.73	0.21	0.08	-	0.85	…	2.34	0.29	2.00	0.25	0.06	4.36	全国
…	…	…	…	…	0.1	0.9	5.3	0.1		-	0.3	…	1.9	0.3	3.5	0.2	-	6.7	北海道
…	…	…	…	…	1.0	3.9	1.0	0.5		-	0.3	…	1.9	0.3	0.5	0.1	0.1	3.6	青森
…	…	…	…	…	0.9	1.1	2.0	0.1		-	0.4	…	3.2	0.1	2.7	0.2	0.1	5.7	岩手
…	…	…	…	…	0.6	1.5	2.2	0.1		-	0.7	…	0.7	0.1	2.6	0.1	0.0	4.3	宮城
…	…	…	…	…	1.9	5.5	2.3	0.5		-	0.7	…	0.3	0.2	1.5	0.2	0.1	9.6	秋田
…	…	…	…	…	1.6	1.6	2.4	0.4		-	0.6	…	2.6	0.3	1.6	0.1		6.9	山形
…	…	…	…	…	2.2	0.9	2.2	-	0.0	-	0.7	…	2.6	0.2	2.7	-	0.1	6.7	福島
…	…	…	…	…	2.1	0.8	4.8	0.1		-	0.8	…	0.9	0.2	1.9	0.2	0.2	4.7	茨城
…	…	…	…	…	1.5	3.7	3.4	0.4	0.1	-	1.7	…	6.5	0.1	2.7	0.3	0.1	5.9	栃木
…	…	…	…	…	1.3	1.6	2.7	0.1	0.0	-	0.6	…	0.5	0.1	1.8	0.3	0.1	4.3	群馬
…	…	…	…	…	0.0	0.8	1.9	0.1	0.1	-	0.8	…	2.8	0.3	1.4	0.1	-	4.0	埼玉
…	…	…	…	…	0.3	3.9	3.9	0.1	0.4	-	1.2	…	1.6	0.1	3.4	0.6	0.1	3.0	千葉
…	…	…	…	…	0.9	1.9	4.1	0.2	0.3	-	0.5	…	2.7	0.2	2.5	0.5	0.1	4.4	東京
…	…	…	…	…	0.5	2.6	2.1	0.7	0.0	-	0.5	…	2.2	0.1	2.5	0.2	-	4.0	神奈川
…	…	…	…	…	1.2	1.3	4.0	0.6	-	-	1.7	…	1.2	0.1	2.1	0.4	0.2	9.2	新潟
…	…	…	…	…	1.2	5.1	2.4	-	0.0	-	1.2	…	2.9	0.1	1.5	0.1	0.1	4.0	富山
…	…	…	…	…	0.6	0.3	1.3	0.1		-	1.0	…	1.6	0.1	1.0	0.4	0.0	4.7	石川
…	…	…	…	…	1.1	0.6	2.3	0.3		-	0.8	…	1.6	0.3	0.9	0.1	0.1	6.4	福井
…	…	…	…	…	0.6	0.4	1.0	0.1	0.2	-	0.4	…	4.4	0.1	1.7	0.2	0.0	3.4	山梨
…	…	…	…	…	0.5	2.3	3.8	-	0.1	-	1.3	…	0.6	0.1	3.2	0.2	0.0	7.1	長野
…	…	…	…	…	0.6	0.8	2.3	0.4	0.1	-	2.1	…	2.8	0.2	2.2	0.4	-	7.3	岐阜
…	…	…	…	…	1.5	3.0	1.5	0.1	0.0	-	0.6	…	1.8	0.1	1.8	0.1	0.1	3.3	静岡
…	…	…	…	…	1.2	1.4	4.8	0.1	0.1	-	0.8	…	2.0	0.2	2.2	0.3	0.1	5.4	愛知
…	…	…	…	…	1.9	2.4	2.1	0.1	0.1	-	0.8	…	1.8	0.3	2.5	0.1	0.1	4.1	三重
…	…	…	…	…	0.2	0.9	2.1	0.2	0.1	-	1.8	…	2.5	0.2	0.7	0.3	-	3.7	滋賀
…	…	…	…	…	1.7	4.2	3.8	0.1	0.4	-	1.6	…	2.9	0.2	3.0	0.2	0.0	6.9	京都
…	…	…	…	…	0.2	1.8	1.9	0.1	0.0	-	0.2	…	3.2	0.2	1.2	0.1	0.0	3.1	大阪
…	…	…	…	…	0.8	3.6	1.9	0.1		-	1.0	…	2.7	0.0	1.3	0.1	-	2.7	兵庫
…	…	…	…	…	0.5	2.3	1.9	0.1		-	1.0	…	5.0	0.2	0.6	0.1	-	5.7	奈良
…	…	…	…	…	1.4	1.6	1.0	-		-	0.3	…	4.4	0.1	1.1	0.0	0.0	2.0	和歌山
…	…	…	…	…	1.1	2.0	3.4	0.2		-	1.6	…	0.8	0.1	2.6	0.2	0.5	8.1	鳥取
…	…	…	…	…	0.6	1.6	5.8	0.1		-	0.3	…	2.8	-	2.6	0.1	0.1	4.4	島根
…	…	…	…	…	0.9	1.1	3.1	0.1		-	3.6	…	4.1	0.2	2.2	0.4	0.1	5.4	岡山
…	…	…	…	…	0.4	5.0	2.0	0.9		-	0.6	…	2.5	0.3	0.5	0.0	0.1	2.7	広島
…	…	…	…	…	1.6	1.8	1.2	0.3		-	0.8	…	0.8	0.2	1.5	0.1	0.1	5.1	山口
…	…	…	…	…	2.2	0.9	3.1	-		-	0.5	…	1.4	0.1	1.4	0.4	0.1	3.5	徳島
…	…	…	…	…	2.8	0.7	3.0	0.0		-	1.1	…	1.8	0.2	1.1	0.1	0.0	3.4	香川
…	…	…	…	…	1.4	2.0	1.2	0.1		-	1.1	…	3.7	0.6	1.4	0.1	0.2	3.8	愛媛
…	…	…	…	…	0.5	0.4	3.0	0.0		-	0.9	…	2.1	0.2	2.0	0.1	-	1.7	高知
…	…	…	…	…	0.4	1.0	1.4		0.1	-	1.0	…	1.7	2.0	1.9	0.4	0.1	1.7	福岡
…	…	…	…	…	1.3	3.0	1.2	0.2		-	0.6	…	0.8	3.2	1.0	0.1	0.1	5.8	佐賀
…	…	…	…	…	2.2	0.8	3.1	0.0		-	0.7	…	0.4	0.2	2.9	0.1	0.0	5.3	長崎
…	…	…	…	…	1.9	1.1	1.3	0.2		-	0.4	…	6.1	0.3	1.1	0.2	0.1	2.9	熊本
…	…	…	…	…	0.5	1.1	1.7	0.3		-	1.3	…	3.0	2.3	1.3	0.1	0.0	2.6	大分
…	…	…	…	…	0.2	1.7	1.3	0.1		-	1.4	…	1.4	0.1	1.5	0.1	-	4.6	宮崎
…	…	…	…	…	0.1	0.9	1.0	0.4		-	1.2	…	1.0	0.1	0.5	0.1	-	1.0	鹿児島
…	…	…	…	…	0.8	1.7	1.7	0.6	-	-	0.5	…	1.5	0.2	1.8	0.3	0.1	3.7	沖縄

1　15歳 (3) 女

区分	計	視力非矯正者の裸眼視力 1.0以上	1.0未満0.7以上	0.7未満0.3以上	0.3未満	視力矯正者の裸眼視力 1.0以上	1.0未満0.7以上	0.7未満0.3以上	0.3未満	計	1.0未満0.7以上	0.7未満0.3以上	0.3未満	眼の疾病・異常	難聴	耳疾患	鼻疾患・副鼻腔患	口腔咽喉頭疾患異常	むし歯(う歯) 計	処置完了者	未処置歯のある者	歯列・咬合	顎関節	歯垢の状態	歯肉の状態	疾病・異常その他の
全　国	100.00	31.18	11.46	15.20	8.84	1.18	1.87	6.25	24.01	67.64	13.33	21.46	32.85	3.30	0.35	2.57	7.14	0.25	39.30	24.26	15.04	4.56	0.49	3.57	3.20	1.13
北 海 道	100.0	X	X	X	X	X	X	X	X	X	X	X	X	2.3	0.4	1.6	5.6	0.1	48.0	29.7	18.4	5.6	0.2	2.1	1.6	0.6
青　森	100.0	24.8	8.6	11.7	6.3	0.7	1.1	5.4	41.2	74.5	9.8	17.2	47.6	1.6	0.1	4.3	12.6	0.5	46.8	29.2	17.6	4.0	0.3	3.7	3.4	0.9
岩　手	100.0	27.3	12.0	6.4	4.3	0.4	1.0	7.2	41.3	72.3	13.1	13.6	45.7	3.0	0.1	4.7	15.3	0.3	48.2	25.5	22.7	5.7	0.4	3.2	4.0	0.8
宮　城	100.0	41.1	X	X	X	-	X	X	X	58.9	X	X	X	4.3	0.2	3.9	8.6	-	44.1	25.3	18.7	6.3	0.8	6.5	6.2	1.0
秋　田	100.0	X	X	X	X	X	X	X	X	X	X	X	X	6.9	0.4	3.3	13.0	0.1	31.8	17.5	14.3	4.0	0.1	1.6	1.5	3.6
山　形	100.0	X	X	X	X	X	X	X	X	X	X	X	X	2.7	0.3	2.8	7.9	0.2	32.5	20.6	12.0	3.7	0.2	2.3	4.6	0.9
福　島	-													0.7	0.1	-	5.8	0.6	50.7	32.0	18.7	9.0	2.3	4.5	4.7	1.2
茨　城	100.0	24.3	11.1	12.0	6.2	0.0	0.8	5.3	40.3	75.7	11.9	17.3	46.6	6.3	0.4	0.9	10.7	0.3	47.4	25.6	21.8	4.8	0.1	4.4	2.1	1.5
栃　木	100.0	24.6	X	X	X	0.3	X	X	X	75.1	X	X	X	1.2	0.6	3.1	7.5	0.1	41.0	24.2	16.8	5.1	0.2	4.3	4.3	0.5
群　馬	100.0	X	X	X	X	X	X	X	X	X	X	X	X	3.7	0.5	6.8	10.2	0.5	45.4	31.1	14.3	5.9	0.6	5.2	6.1	0.4
埼　玉	100.0	X	X	X	X	X	X	X	X	X	X	X	X	1.5	0.3	4.5	5.5	0.2	35.1	20.9	14.2	4.1	0.5	4.0	2.6	0.6
千　葉	100.0	X	X	X	X	X	X	X	X	X	X	X	X	0.9	0.2	4.9	9.7	0.4	36.7	21.7	15.0			2.5	2.1	2.3
東　京	100.0	30.5	X	X	X	1.6	X	X	X	67.9	X	X	X	2.9	0.6	2.9	4.4	0.3	37.0	25.2	11.9	4.9	0.4	4.7	3.8	0.7
神 奈 川	100.0	X	X	X	X	X	X	X	X	X	X	X	X	4.3	0.5	2.3	5.9	0.1	43.0	25.0	18.0	4.1	0.4	4.7	2.9	2.5
新　潟	100.0	X	X	X	X	X	X	X	X	X	X	X	X	0.8	0.1	1.5	8.1	0.1	21.9	15.9	6.0	1.5	0.1	1.2	1.4	0.6
富　山	100.0	X	X	X	X	X	X	X	X	X	X	X	X	8.0	0.1	1.7	7.5	-	31.5	21.1	10.4	2.0	0.1	2.0	0.7	0.4
石　川	-														0.3	2.9	4.1	0.7	39.3	24.2	15.1	4.8	1.2	4.2	3.4	0.6
福　井	100.0	X	X	X	X	X	X	X	X	X	X	X	X	0.2	0.2	2.5		0.1	52.3	30.6	21.7	8.7	0.2	3.4	4.1	0.6
山　梨	100.0	X	X	X	X	X	X	X	X	X	X	X	X	4.7	0.2	1.9	4.7	0.2	41.2	26.7	14.5	2.6	0.2	2.8	7.6	0.6
長　野	100.0	X	X	X	X	X	X	X	X	X	X	X	X	4.4	0.3	1.3	6.1	0.2	36.3	23.9	12.4	5.2	-	1.9	1.9	0.5
岐　阜	100.0	X	X	X	X	X	X	X	X	X	X	X	X	2.0	0.5	1.9	3.5	0.2	27.5	17.2	10.3	1.5	0.2	1.7	4.5	2.7
静　岡	100.0	27.7	X	X	X	0.2	X	X	X	72.0	X	X	X	1.4	0.2	3.6	8.0	0.2	33.6	24.1	9.5	6.8	1.0	3.7	2.3	0.6
愛　知	100.0	25.0	X	X	X	-	X	X	X	75.0	X	X	X	7.7	0.3	1.1	8.5	0.0	30.3	20.3	10.0	2.3	0.3	3.2	5.5	0.9
三　重	-													2.8	0.3	2.9	7.1	0.3	50.5	31.1	19.4	3.8	1.1	5.3	4.2	0.6
滋　賀	-													1.1	0.3	0.2	3.2	-	34.6	23.9	10.7	4.5	0.4	4.9	1.3	0.7
京　都	100.0	X	X	X	X	X	X	X	X	X	X	X	X	4.1	0.1	3.4	5.7	0.3	29.8	19.7	10.1	3.4	0.2	1.5	1.0	1.0
大　阪	-													1.6	0.3	0.6	X	0.3	37.5	23.3	14.2	2.0	0.5	4.2	1.6	1.1
兵　庫	-													2.9	0.3		6.4	0.4	38.4	24.9	13.5	8.6	1.1	2.5	4.0	0.4
奈　良	100.0	X	X	X	X	X	X	X	X	X	X	X	X	3.2	0.4	0.4	6.5	0.1	47.9	30.1	17.8	3.9	0.7	7.2	2.1	0.8
和 歌 山	100.0	28.3	7.2	X	X	0.3	0.7	X	X	71.4	7.9	25.7	37.7	1.8	0.4	0.1	1.4	0.5	44.0	29.2	14.9	1.8	0.1	1.7	2.2	2.8
鳥　取	100.0	X	X	X	X	X	X	X	X	X	X	X	X	3.0	0.1	0.1	4.2	-	41.5	24.6	16.9	5.5	0.6	3.1	1.9	0.7
島　根	100.0	X	X	X	X	X	X	X	X	X	X	X	X	5.2	0.1	2.1	17.7	1.0	48.0	24.3	23.7	2.0	0.1	3.6	1.4	0.4
岡　山	100.0	X	X	X	X	X	X	X	X	X	X	X	X	5.6	0.5	3.3	4.9	0.2	36.0	20.9	15.1	2.8	0.2	3.0	4.4	1.1
広　島	100.0	17.7	X	X	X	-	X	X	X	82.3	X	X	X	4.5	0.4	2.3	4.8	0.2	30.3	24.6	15.0	5.8	0.3	3.7	6.0	1.4
山　口	100.0	20.3	X	X	X	8.6	X	X	X	71.1	X	X	X	3.7	0.1	3.1	9.7	0.1	34.1	19.9	14.2	4.9	0.3	5.3	2.3	0.5
徳　島	100.0	22.5	7.9	6.9	4.8	0.3	0.9	8.6	48.2	77.2	8.8	15.5	53.0	11.0	0.2	4.5	9.9	0.8	42.7	27.5	15.2	4.3	1.0	2.5	3.1	1.3
香　川	100.0	32.8	X	X	X	2.3	X	X	X	64.9	X	X	X	1.9	0.1	3.1	4.6	0.0	38.2	28.0	10.2	3.0	0.6	2.1	4.1	1.1
愛　媛	100.0	27.5	X	X	X	0.2	X	X	X	72.3	X	X	X	4.0	0.0	0.0	8.8	-	31.7	20.4	11.3	1.9	0.2	0.4	2.0	0.4
高　知	100.0	29.5	X	X	X	0.6	X	X	X	69.9	X	X	X	1.3	0.2	1.9	9.6	0.2	45.3	24.3	21.0	5.1	0.6	2.3	3.3	0.6
福　岡	100.0	25.1	X	X	X	-	X	X	X	74.9	X	X	X	5.8	0.2	3.1	9.4	0.2	47.2	23.9	23.3	4.0	0.4	2.7	1.8	0.9
佐　賀	100.0	X	X	X	X	X	X	X	X	X	X	X	X	2.2	0.3	3.0	11.4	0.2	41.0	21.6	19.4	7.7	0.3	4.9	4.2	4.3
長　崎	100.0	X	X	X	X	X	X	X	X	X	X	X	X	4.1	0.4	3.6	5.2	0.2	38.6	27.6	11.0	3.5	1.2	3.4	4.4	1.0
熊　本	100.0	X	X	X	X	X	X	X	X	X	X	X	X	7.2	0.3	4.4	16.5	0.2	42.9	29.1	13.8	4.0	0.2	1.8	1.9	1.2
大　分	100.0	X	X	X	X	X	X	X	X	X	X	X	X	2.2	0.4	-	-	-	53.6	34.8	18.8	8.2	1.1	4.5	4.6	0.6
宮　崎	-													3.4	0.3	3.8	5.9	1.2	49.0	28.6	20.4	4.2	0.3	3.7	3.3	1.0
鹿 児 島	100.0	X	X	X	X	X	X	X	X	X	X	X	X	2.8	0.3	4.6	13.0	0.4	50.8	27.7	23.1	6.0	1.2	2.1	5.3	1.7
沖　縄	100.0	28.2	6.6	10.5	7.9	-	0.6	7.2	39.0	71.8	7.1	17.8	47.0	0.4	0.2	0.1	1.4	0.5	59.5	29.7	29.8	4.4	0.4	3.0	2.2	0.8

異常被患率等（各年齢ごと）（39-37）

単位　（%）

永久歯の1人当り平均むし歯（う歯）等数					栄養状態	せき柱・四肢の胸郭・状態	皮膚疾患		結核検査の対象の精密者	結核	心疾病臓・異常	心電図異常	蛋白検出の者	尿糖検出の者	その他の疾病・異常				区分
計（本）	喪失歯数（本）	むし歯（う歯）計（本）	処置歯数（本）	未処置歯数（本）			アトピー性皮膚炎	その他の皮膚疾患							ぜん息	腎臓疾患	言語障害	その他の疾病・異常	
...	...	...	...	...	0.56	1.53	2.53	0.18	...	0.04	0.93	2.58	2.97	0.19	1.57	0.17	0.02	3.92	全国
...	...	...	...	...	0.3	0.6	4.3	0.2	...	0.0	0.4	1.5	2.0	0.3	3.4	0.1	-	6.1	北海道
...	...	...	...	...	0.3	1.1	1.6	0.1	...	-	0.4	1.2	2.2	0.3	1.0	0.2	0.0	4.4	青森
...	...	...	...	...	0.1	0.3	1.4	0.1	...	-	0.6	2.6	2.8	0.3	1.3	0.3	-	2.6	岩手
...	...	...	...	...	0.1	0.9	2.2	0.3	...	-	0.4	1.6	0.6	-	0.9	0.1	-	2.3	宮城
...	...	...	...	...	0.7	1.9	2.8	0.2	...	0.0	0.4	1.2	0.5	0.2	1.6	0.0	-	6.8	秋田
...	...	...	...	...	0.6	1.3	3.3	0.9	...	0.0	0.6	3.9	4.4	0.1	1.6	0.3	-	11.2	山形
...	...	...	...	...	0.2	0.8	2.2	0.3	...	-	0.7	3.3	2.0	0.1	1.9	0.1	-	5.2	福島
...	...	...	...	...	0.7	1.5	5.3	0.2	...	-	0.8	3.3	5.5	0.2	2.3	0.0	0.0	5.4	茨城
...	...	...	...	...	0.1	1.4	4.4	0.1	...	-	1.7	4.7	3.8	0.2	3.0	0.2	-	5.1	栃木
...	...	...	...	...	1.0	2.2	3.6	0.0	...	0.0	1.7	3.9	0.6	0.1	2.3	0.3	-	4.8	群馬
...	...	...	...	...	1.4	2.1	1.5	0.3	...	0.0	1.0	3.8	2.1	0.1	1.4	0.1	0.0	2.4	埼玉
...	...	...	...	...	0.4	2.3	2.4	0.2	...	0.1	0.8	2.0	2.8	0.2	1.7	0.4	-	3.4	千葉
...	...	...	...	...	0.5	1.5	2.1	0.1	...	-	0.7	1.6	3.7	0.1	1.5	0.1	-	2.3	東京
...	...	...	...	...	0.1	1.3	2.2	0.1	...	0.2	0.4	2.0	1.8	0.4	1.9	0.0	-	4.9	神奈川
...	...	...	...	...	0.3	0.3	1.9	0.1	...	0.1	1.4	3.3	3.2	0.3	1.1	0.2	0.1	7.7	新潟
...	...	...	...	...	0.1	5.1	2.7	0.1	...	0.0	1.6	4.3	2.1	0.4	1.7	~	-	4.5	富山
...	...	...	...	...	0.4	0.7	1.5	1.2	...	0.0	0.8	2.3	4.8	0.2	0.8	0.2	0.2	5.6	石川
...	...	...	...	...	1.8	0.6	2.6	0.2	...	-	0.7	0.7	4.5	0.1	1.0	0.1	0.0	4.5	福井
...	...	...	...	...	0.2	0.4	2.2	0.0	...	0.1	2.7	11.4	0.8	0.2	1.5	0.1	0.0	4.7	山梨
...	...	...	...	...	0.1	2.9	1.3	0.0	...	-	1.0	1.9	0.4	0.1	1.5	0.0	0.1	3.2	長野
...	...	...	...	...	0.2	3.5	1.9	0.1	...	0.1	1.3	3.0	2.9	0.1	1.7	0.7	-	6.1	岐阜
...	...	...	...	...	1.5	1.4	2.3	0.1	...	-	0.6	1.7	2.9	0.2	1.1	0.2	0.1	4.4	静岡
...	...	...	...	...	1.2	1.2	3.6	0.1	...	-	0.6	1.6	3.6	0.1	1.2	0.2	-	4.3	愛知
...	...	...	...	...	0.9	0.7	2.9	0.3	...	-	1.0	2.4	2.2	0.2	3.0	0.1	-	4.3	三重
...	...	...	...	...	0.1	1.5	1.6	0.1	...	-	2.1	4.2	3.4	0.1	0.6	0.2	-	1.9	滋賀
...	...	...	...	...	1.1	2.9	2.6	0.2	...	0.0	2.1	5.1	2.2	0.6	1.3	0.4	-	5.2	京都
...	...	...	...	...	0.3	2.6	2.9	0.2	...	-	1.1	3.2	3.6	0.1	1.2	0.2	-	4.5	大阪
...	...	...	...	...	0.4	1.4	1.9	0.1	...	-	1.6	3.2	3.1	0.1	1.9	0.2	-	2.7	兵庫
...	...	...	...	...	0.3	1.4	2.4	0.1	...	0.0	0.1	1.2	11.0	-	1.5	0.1	-	3.7	奈良
...	...	...	...	...	-	1.3	0.5	0.1	...	0.1	0.4	3.6	3.9	0.1	0.3	0.1	-	1.9	和歌山
...	...	...	...	...	0.4	1.0	3.2	0.4	...	-	1.1	2.8	4.1	0.5	1.8	0.4	-	7.9	鳥取
...	...	...	...	...	-	0.8	2.5	0.1	...	0.2	0.2	1.1	3.3	0.1	1.3	0.1	-	3.4	島根
...	...	...	...	...	0.2	0.3	4.3	0.2	...	0.0	1.6	2.2	2.0	0.2	1.7	0.2	0.0	7.5	岡山
...	...	...	...	...	0.5	2.4	2.6	0.2	...	0.1	1.1	2.2	3.6	0.3	3.1	...	...	...	広島
...	...	...	...	...	0.1	1.8	1.6	0.0	...	-	0.7	1.8	0.8	0.2	1.7	0.1	-	3.0	山口
...	...	...	...	...	1.4	0.3	1.5	...	...	-	0.8	2.1	1.7	0.1	2.6	0.3	-	2.9	徳島
...	...	...	...	...	0.6	0.5	3.3	0.1	...	0.1	1.3	3.8	1.3	0.1	1.5	0.2	-	3.4	香川
...	...	...	...	...	0.1	1.4	2.8	0.1	...	0.0	1.5	1.9	6.2	0.1	2.3	0.1	0.0	5.4	愛媛
...	...	...	...	...	0.1	0.7	1.9	0.1	...	0.0	1.7	2.7	1.1	0.1	0.9	0.1	-	4.8	高知
...	...	...	...	...	0.8	1.1	3.4	0.1	...	0.0	0.6	2.2	3.7	0.2	1.3	0.1	-	2.5	福岡
...	...	...	...	...	2.8	2.4	1.7	0.4	...	-	0.3	3.2	1.9	0.4	1.3	0.3	0.0	3.6	佐賀
...	...	...	...	...	0.2	0.5	3.4	0.2	...	0.1	2.0	5.7	1.8	0.2	1.4	0.1	-	2.7	長崎
...	...	...	...	...	0.6	0.9	0.7	0.1	...	0.0	0.9	1.4	3.0	0.2	0.3	0.2	0.1	1.3	熊本
...	...	...	...	...	0.2	0.4	0.7	0.1	...	-	0.4	1.2	4.0	0.0	1.5	0.1	-	4.8	大分
...	...	...	...	...	1.0	1.6	1.5	0.4	...	0.0	1.7	3.6	2.5	0.6	1.6	0.0	-	2.3	宮崎
...	...	...	...	...	0.2	1.3	2.3	0.4	...	0.2	1.5	2.9	3.5	0.3	1.5	0.4	-	3.9	鹿児島
...	...	...	...	...	0.3	1.1	0.8	0.3	...	-	0.6	2.5	1.9	0.1	0.6	0.1	0.0	2.0	沖縄

異常被患率等　（各年齢ごと）　（39-37）

1 16歳 (3) 女

区分	計	非矯正 1.0以上	非矯正 1.0未満0.7以上	非矯正 0.7未満0.3以上	非矯正 0.3未満	矯正 1.0以上	矯正 1.0未満0.7以上	矯正 0.7未満0.3以上	矯正 0.3未満	裸眼計 1.0未満	1.0未満0.7以上	0.7未満0.3以上	0.3未満	眼の疾病・異常	難聴	耳疾患	鼻疾・副鼻腔患	口腔咽喉頭疾患・異常	むし歯 計	処置完了者	未処置歯のある者	歯列・咬合	顎関節	歯垢の状態	歯肉の状態	その他の疾病・異常
全国	100.00	34.21	9.21	12.39	8.05	1.79	2.22	5.55	26.58	63.99	11.43	17.93	34.63	3.84	…	1.61	5.75	0.20	44.27	27.67	16.60	4.45	0.56	3.66	3.16	1.21
北海道	100.0	X	X	X	X	X	X	X	X	X	X	X	X	2.5	…	0.3	5.1	0.1	57.3	35.1	22.2	5.1	0.4	1.5	1.5	0.5
青森	100.0	30.7	9.4	8.3	6.2	-	1.6	5.0	38.9	69.3	11.0	13.3	45.0	1.2	…	X	X	X	52.1	32.8	19.3	4.5	0.5	3.2	2.3	0.6
岩手	100.0	X	X	X	X	X	X	X	X	X	X	X	X	6.0	…	5.0	10.8	0.1	55.0	30.2	24.8	7.2	0.3	6.3	4.9	0.1
宮城	100.0	32.1	X	X	X	-	X	X	X	67.9	X	X	X	4.3	…	4.2	X	-	48.6	27.6	21.0	3.7	1.2	4.6	4.6	1.2
秋田	100.0	X	X	X	X	X	X	X	X	X	X	X	X	X	…	0.9	5.0	0.2	40.2	22.7	17.4	3.6	0.1	1.5	1.0	3.8
山形	100.0	X	X	X	X	X	X	X	X	X	X	X	X	4.0	…	3.4	X	-	40.5	26.0	14.5	4.3	0.8	5.1	5.8	0.8
福島	-	-	-	-	-	-	-	-	-	-	-	-	-	1.4	…		6.4	0.7	55.0	37.1	17.9	9.6	2.8	4.9	4.5	0.9
茨城	100.0	23.6	9.2	11.3	6.9	0.0	0.6	5.8	42.6	76.3	9.8	17.1	49.5	5.9	…		13.7	0.8	49.9	27.2	22.6	3.7	0.1	4.1	2.0	1.4
栃木	100.0	X	X	X	X	X	X	X	X	X	X	X	X	1.1	…	2.5	7.2	0.1	46.2	27.8	18.4	6.1	0.2	4.0	4.0	1.0
群馬	100.0	X	X	X	X	X	X	X	X	X	X	X	X	2.9	…	0.2	1.5	-	49.7	35.0	14.7	5.0	0.3	4.0	5.0	0.5
埼玉	100.0	X	X	X	X	X	X	X	X	X	X	X	X	1.2	…	2.4	4.3	0.1	36.0	21.0	15.1	3.9	0.4	3.5	2.1	0.6
千葉	100.0	X	X	X	X	X	X	X	X	X	X	X	X	0.8	…	1.2	0.3	-	40.0	26.5	13.5	6.1	1.1	2.4	2.4	3.5
東京	100.0	X	X	X	X	X	X	X	X	X	X	X	X	2.6	…	3.2	4.6	0.4	40.3	26.7	13.5	4.5	0.4	4.6	3.7	0.5
神奈川	100.0	X	X	X	X	X	X	X	X	X	X	X	X	0.8	…	1.7	2.9	-	46.9	25.4	21.5	4.5	0.4	5.4	3.5	3.0
新潟	100.0	X	X	X	X	X	X	X	X	X	X	X	X	1.4	…	X	X		28.4	20.4	8.0	1.7	0.6	1.3	1.8	0.2
富山	100.0	X	X	X	X	X	X	X	X	X	X	X	X	9.3	…	1.2	8.5		39.4	26.1	13.3	2.6	0.2	2.1	0.6	0.4
石川	-	-	-	-	-	-	-	-	-	-	-	-	-	0.1	…				49.7	30.9	18.8	5.4	1.3	5.1	5.3	0.2
福井	100.0	X	X	X	X	X	X	X	X	X	X	X	X	0.6	…	0.1	1.6	-	62.9	38.7	24.2	6.7	0.7	3.1	3.6	0.6
山梨	100.0	X	X	X	X	X	X	X	X	X	X	X	X	2.4	…	1.5	4.3	0.4	46.8	31.4	15.3	2.5	0.4	1.9	4.2	1.0
長野	100.0	X	X	X	X	X	X	X	X	X	X	X	X	1.8	…	0.5	5.9	1.2	41.9	28.5	13.4	4.6	0.4	1.9	2.1	1.0
岐阜	100.0	X	X	X	X	X	X	X	X	74.5	X	X	X	2.6	…	0.0	3.0	0.1	32.2	23.6	8.6	2.6	1.1	1.8	3.8	2.1
静岡	100.0	23.6	5.8	10.1	7.7	0.1	0.5	5.6	46.5	76.3	6.4	15.7	54.2	1.7	…	1.3	3.6	0.1	41.9	30.1	11.8	6.6	0.9	3.2	1.8	0.4
愛知	100.0	24.9	X	X	X	0.3	X	X	X	74.8	X	X	X	9.8	…	1.4	8.6	-	35.7	25.0	10.7	2.6	0.4	3.8	4.6	1.4
三重	-	-	-	-	-	-	-	-	-	-	-	-	-	1.6	…	0.5	9.1	0.9	52.9	32.2	20.7	3.0	1.0	4.4	3.8	0.3
滋賀	-	-	-	-	-	-	-	-	-	-	-	-	-	1.1	…	0.1	2.9	0.1	41.0	28.7	12.3	5.8	1.0	4.3	1.8	1.4
京都	100.0	X	X	X	X	X	X	X	X	X	X	X	X	3.3	…	2.6	5.1	0.6	34.3	24.1	10.2	4.0	0.3	5.8	2.6	1.1
大阪	-	-	-	-	-	-	-	-	-	-	-	-	-	1.6	…	0.3	X	-	42.9	26.2	16.7	2.2	0.5	3.9	0.9	1.0
兵庫	-	-	-	-	-	-	-	-	-	-	-	-	-	2.5	…		5.2	0.2	43.9	26.8	17.1	7.8	0.9	2.0	3.9	0.3
奈良	100.0	X	X	X	X	X	X	X	X	X	X	X	X	2.3	…		4.6	0.5	51.1	31.6	19.5	4.5	0.2	6.8	2.3	3.1
和歌山	100.0	34.0	9.4	8.1	X	0.4	0.5	8.1	X	65.6	9.9	16.2	39.5	2.5	…	0.1		0.2	49.3	33.2	16.0	2.3	0.2	1.4	1.8	3.4
鳥取	100.0	X	X	X	X	X	X	X	X	X	X	X	X	3.3	…		3.9	-	49.7	32.0	17.6	6.2	0.4	3.9	3.1	1.0
島根	100.0	X	X	X	X	X	X	X	X	X	X	X	X	8.1	…	X	X	X	49.9	25.8	24.1	1.8	0.2	3.1	0.5	0.0
岡山	100.0	X	X	X	X	X	X	X	X	X	X	X	X	6.0	…	0.9	0.3	-	41.6	27.0	14.6	1.9	0.3	2.9	4.5	0.7
広島	100.0	16.0	X	X	X	-	X	X	X	84.0	X	X	X	4.7	…	1.7	5.2	0.1	33.9	22.3	11.6	4.9	0.6	4.1	4.6	1.6
山口	100.0	X	X	X	X	X	X	X	X	X	X	X	X	2.6	…	1.1	7.9	0.2	42.3	29.2	13.2	5.5	0.6	5.1	2.9	0.4
徳島	100.0	23.1	6.0	5.7	2.8	-	0.1	7.4	54.9	76.9	6.1	13.1	57.7	0.2	…	0.2	0.4	-	49.3	30.1	19.2	4.3	0.7	2.6	3.8	0.4
香川	100.0	26.9	X	X	X	4.4	X	X	X	68.6	X	X	X	6.2	…	5.1	8.4	0.1	43.4	32.7	10.7	2.5	0.1	2.4	2.7	0.6
愛媛	100.0	26.0	X	X	X	1.0	X	X	X	73.0	X	X	X	3.4	…		12.4	-	35.9	22.6	13.3	2.9	0.4	2.5	3.3	0.5
高知	100.0	26.7	X	X	X	0.5	X	X	X	72.8	X	X	X	1.1	…	0.4	8.3	0.5	51.7	29.4	22.2	4.7	0.6	2.9	3.0	0.8
福岡	100.0	32.6	X	X	X	0.3	X	X	X	67.1	X	X	X		…			0.6	51.8	27.6	24.2	3.5	0.3	3.5	2.4	0.4
佐賀	100.0	X	X	X	X	X	X	X	X	X	X	X	X	1.6	…	1.6	9.9	0.3	48.0	26.5	21.5	7.6	0.4	4.3	4.2	3.3
長崎	100.0	X	X	X	X	X	X	X	X	X	X	X	X		…	0.3	1.6	-	43.6	30.3	13.3	2.8	2.6	2.2	3.5	0.9
熊本	100.0	X	X	X	X	X	X	X	X	71.9	X	X	X	6.8	…	2.8	8.8		47.5	31.4	16.1	4.7	0.4	2.3	2.0	1.3
大分	100.0	X	X	X	X	X	X	X	X	X	X	X	X	1.2	…				63.0	39.0	23.9	10.2	1.2	5.6	6.3	1.2
宮崎	-	-	-	-	-	-	-	-	-	-	-	-	-	2.4	…	1.9	5.2	0.3	56.6	30.9	25.7	4.1	0.4	3.7	2.6	1.2
鹿児島	100.0	X	X	X	X	X	X	X	X	X	X	X	X	1.7	…	X	X		56.2	34.7	21.5	8.2	1.1	5.1	7.5	1.4
沖縄	100.0	21.9	9.4	8.2	6.4	-	0.7	7.2	46.2	78.1	10.1	15.4	52.6	0.1	…	0.3	1.3	1.6	64.4	33.2	31.2	3.0	0.4	2.6	2.3	1.5

異常被患率等（各年齢ごと）（39-38）

単位（%）

永久歯の1人当り平均むし歯（う歯）等数 計（本）	喪失歯数（本）	むし歯（う歯） 計（本）	処置歯数（本）	未処置歯数（本）	栄養状態	せき柱・四肢の状態・胸郭	皮膚疾患 アトピー性皮膚炎	その他の皮膚疾患	結核検査の対象者精密	結核	心疾病臓・異常の常	心電図異常	蛋白検出の者	尿糖検出の者	その他の疾病・異常 ぜん息	腎臓疾患	言語障害	その他の疾病・異常	区分
…	…	…	…	…	0.54	1.35	2.27	0.20	…	…	0.81	…	2.51	0.19	1.57	0.17	0.03	3.83	全 国
…	…	…	…	…	0.2	1.1	3.6	0.2	…	…	0.3	…	1.4	0.1	3.4	0.2	0.0	5.8	北 海 道
…	…	…	…	…	0.0	1.2	1.2	0.3	…	…	0.2	…	1.1	0.1	0.9	0.1	0.1	3.9	青 森
…	…	…	…	…	0.2	0.3	1.2	0.2	…	…	0.4	…	2.1	0.2	0.7	0.3	0.0	2.8	岩 手
…	…	…	…	…	0.1	0.3	2.1	0.2	…	…	0.2	…	0.3	0.0	0.8	0.1	-	2.8	宮 城
…	…	…	…	…	0.6	1.3	2.7	0.1	…	…	0.4	…	0.6	-	1.5	0.2	0.1	4.9	秋 田
…	…	…	…	…	1.0	1.8	2.8	1.0	…	…	0.6	…	2.8	0.0	1.5	0.2	0.1	9.6	山 形
…	…	…	…	…	0.2	1.0	2.2	0.2	…	…	0.5	…	0.9	0.1	2.3	0.2	0.2	4.6	福 島
…	…	…	…	…	0.3	0.9	5.4	0.2	…	…	0.7	…	6.0	0.1	2.3	0.2	0.1	5.2	茨 城
…	…	…	…	…	0.1	1.1	3.0	0.1	…	…	1.3	…	2.2	0.2	2.4	0.3	0.0	5.2	栃 木
…	…	…	…	…	1.2	1.3	3.1	0.1	…	…	1.8	…	0.4	0.0	1.8	0.7	-	5.3	群 馬
…	…	…	…	…	1.6	1.6	1.1	0.3	…	…	0.4	…	2.0	0.1	1.0	0.1	-	1.9	埼 玉
…	…	…	…	…	0.4	2.6	1.9	0.2	…	…	0.9	…	2.2	0.1	1.9	0.2	-	3.2	千 葉
…	…	…	…	…	0.6	1.6	1.9	0.1	…	…	0.4	…	3.2	0.2	1.4	0.1	-	1.8	東 京
…	…	…	…	…	0.2	1.0	1.6	0.1	…	…	0.6	…	1.7	0.3	2.1	0.1	0.0	5.2	神 奈 川
…	…	…	…	…	0.2	0.3	2.0	0.2	…	…	1.0	…	2.5	0.2	1.3	0.1	0.1	6.4	新 潟
…	…	…	…	…	0.2	4.4	2.1	0.0	…	…	1.9	…	2.0	0.1	0.9	0.2	-	3.2	富 山
…	…	…	…	…	0.9	1.2	0.9	0.5	…	…	1.6	…	3.5	0.4	1.0	0.2	-	5.9	石 川
…	…	…	…	…	1.7	0.8	1.5	0.2	…	…	0.7	…	4.6	0.2	0.9	0.1	0.0	4.5	福 井
…	…	…	…	…	0.1	0.3	2.3	0.1	…	…	1.9	…	0.9	0.1	1.9	0.3	-	5.3	山 梨
…	…	…	…	…	0.1	1.3	1.4	0.1	…	…	1.0	…	0.2	0.0	0.8	0.0	0.0	1.7	長 野
…	…	…	…	…	0.2	0.9	2.3	0.4	…	…	1.8	…	2.2	0.1	1.9	0.7	0.1	5.2	岐 阜
…	…	…	…	…	0.7	1.8	2.3	0.2	…	…	0.8	…	2.0	0.1	1.4	0.1	0.0	3.9	静 岡
…	…	…	…	…	0.6	0.6	2.8	0.1	…	…	0.7	…	3.1	0.3	1.1	0.2	0.0	3.3	愛 知
…	…	…	…	…	1.2	0.8	2.4	0.1	…	…	0.9	…	1.4	0.0	2.5	0.2	-	3.1	三 重
…	…	…	…	…	0.1	1.6	1.2	0.2	…	…	2.1	…	2.9	0.2	1.1	0.2	-	1.7	滋 賀
…	…	…	…	…	2.0	4.0	2.7	0.2	…	…	0.9	…	1.9	0.5	1.4	0.1	-	6.7	京 都
…	…	…	…	…	0.2	2.3	3.4	0.4	…	…	0.7	…	3.5	0.2	1.6	0.2	0.1	4.7	大 阪
…	…	…	…	…	0.5	1.1	1.9	0.1	…	…	1.2	…	3.1	0.2	1.5	0.2	-	3.1	兵 庫
…	…	…	…	…	0.3	1.8	1.3	0.2	…	…	0.2	…	9.6	0.1	1.3	0.2	-	3.8	奈 良
…	…	…	…	…	-	0.8	0.5	0.0	…	…	0.7	…	3.7	0.1	0.4	0.0	0.1	2.4	和 歌 山
…	…	…	…	…	0.1	0.8	4.5	0.3	…	…	1.9	…	2.7	0.3	2.1	0.4	-	7.6	鳥 取
…	…	…	…	…	0.1	0.4	2.1	-	…	…	0.1	…	2.0	0.1	1.8	-	0.1	3.8	島 根
…	…	…	…	…	0.2	0.3	4.6	0.1	…	…	1.3	…	1.8	0.4	1.3	0.2	-	6.2	岡 山
…	…	…	…	…	0.1	1.2	2.2	0.4	…	…	1.0	…	3.4	0.5	1.9	0.1	-	2.5	広 島
…	…	…	…	…	0.4	1.1	1.1	-	…	…	0.5	…	0.3	0.1	1.6	0.2	0.1	3.3	山 口
…	…	…	…	…	2.2	0.9	2.6	-	…	…	0.7	…	1.7	0.3	1.8	0.3	0.0	2.5	徳 島
…	…	…	…	…	0.8	0.3	2.9	0.0	…	…	1.3	…	0.8	0.2	1.5	0.5	-	3.8	香 川
…	…	…	…	…	0.1	2.0	2.3	0.2	…	…	1.1	…	3.2	0.1	2.2	0.2	0.1	6.2	愛 媛
…	…	…	…	…	0.1	1.3	2.9	0.2	…	…	1.3	…	1.1	0.0	0.7	0.6	-	3.1	高 知
…	…	…	…	…	0.9	1.3	2.9	0.2	…	…	0.4	…	3.6	0.3	1.3	0.2	0.1	3.6	福 岡
…	…	…	…	…	4.0	2.1	1.3	0.2	…	…	0.4	…	0.7	0.1	2.2	0.2	-	5.7	佐 賀
…	…	…	…	…	0.1	0.9	2.2	0.2	…	…	2.3	…	0.9	-	1.3	0.0	-	2.2	長 崎
…	…	…	…	…	0.3	0.7	0.5	0.2	…	…	0.5	…	2.2	0.3	0.3	0.1	0.2	1.9	熊 本
…	…	…	…	…	0.2	0.8	0.8	0.2	…	…	0.8	…	3.3	0.1	1.9	0.2	-	4.6	大 分
…	…	…	…	…	0.6	1.6	1.5	0.2	…	…	2.0	…	2.4	0.5	2.2	0.1	-	3.0	宮 崎
…	…	…	…	…	0.0	0.5	2.3	0.4	…	…	1.7	…	3.3	0.1	2.1	0.3	0.0	4.2	鹿 児 島
…	…	…	…	…	0.2	0.7	0.9	0.1	…	…	0.5	…	1.8	0.2	0.6	0.2	-	2.1	沖 縄

1　17歳 (3) 女

区分	非矯正 計	非矯正 1.0以上	非矯正 1.0未満0.7以上	非矯正 0.7未満0.3以上	非矯正 0.3未満	矯正 1.0以上	矯正 1.0未満0.7以上	矯正 0.7未満0.3以上	矯正 0.3未満	裸眼 計	裸眼 1.0未満	裸眼 0.7未満0.7以上	裸眼 0.3未満	眼の疾病・異常	難聴	耳疾患	鼻疾患・副鼻腔患	口腔咽喉頭疾患・異常	むし歯 計	むし歯 処置完了者	むし歯 未処置のある歯者	歯列・咬合	顎関節	歯垢の状態	歯肉の状態	その他の疾病・異常
全国	100.00	30.77	11.76	10.67	7.01	1.39	2.34	5.10	30.96	67.84	14.10	15.76	37.97	3.18	0.30	2.02	6.32	0.33	47.10	29.74	17.36	4.40	0.53	3.54	3.36	1.10
北海道	100.0	X	X	X	X	X	X	X	X	X	X	X	X	1.5	0.2	0.2	3.9	0.0	61.1	40.0	21.1	5.6	0.4	1.8	1.4	0.3
青森	100.0	25.5	X	X	X	0.6	X	X	X	73.9	X	X	X	1.6	0.2	X	X	X	57.6	37.4	20.2	3.0	0.3	3.3	3.6	0.9
岩手	100.0	20.7	3.7	9.0	2.1	0.6	0.3	6.6	57.1	78.7	4.0	15.6	59.2	2.6	0.3	5.0	15.7	0.1	56.9	30.9	26.0	7.6	0.5	3.1	2.9	0.7
宮城	100.0	X	X	X	X	X	X	X	X	X	X	X	X	6.0	0.3	5.7	X	X	49.2	31.5	17.6	6.0	0.8	4.6	5.9	1.0
秋田	100.0	X	X	X	X	X	X	X	X	X	X	X	X	X	0.2	1.4	6.2	0.1	45.7	26.1	19.6	3.8	0.1	1.6	1.3	2.5
山形	100.0	X	X	X	X	X	X	X	X	X	X	X	X	3.1	0.2	1.4	X	-	40.6	27.3	13.4	3.9	0.7	2.6	5.6	0.6
福島	-	-	-	-	-	-	-	-	-	-	-	-	-	1.1	0.2	0.0	7.0	0.9	61.4	40.2	21.2	9.3	2.0	3.8	4.2	0.8
茨城	100.0	20.5	6.8	10.1	7.6	0.2	0.6	4.4	49.7	79.3	7.4	14.5	57.3	6.3	0.1	0.3	13.3	0.8	52.7	30.2	22.5	4.5	0.2	3.9	3.0	1.3
栃木	100.0	23.5	X	X	X	0.1	X	X	X	76.4	X	X	X	1.6	0.3	1.9	8.5	0.1	49.0	28.9	20.0	4.7	0.4	4.7	4.5	0.5
群馬	100.0	X	X	X	X	X	X	X	X	X	X	X	X	3.3	0.2	-	0.2		49.0	32.5	16.5	4.8	0.5	4.2	5.0	0.7
埼玉	100.0	X	X	X	X	X	X	X	X	X	X	X	X	1.2	X	5.5	3.5	0.1	37.0	22.3	14.7	3.8	0.3	3.2	2.0	0.4
千葉	100.0	X	X	X	X	X	X	X	X	X	X	X	X	1.1	0.7	0.7	1.2	0.1	40.6	26.8	13.8	5.7	0.7	2.2	2.4	2.1
東京	100.0	X	X	X	X	X	X	X	X	X	X	X	X	2.8	0.5	2.6	5.1	0.3	40.9	27.6	13.3	4.9	0.3	4.8	4.3	0.6
神奈川	100.0	X	X	X	X	X	X	X	X	X	X	X	X	0.6	0.4	0.8	2.9	0.5	54.2	30.6	23.7	4.6	0.3	5.5	4.1	3.1
新潟	100.0	26.8	X	X	X	-	X	X	X	73.2	X	X	X	1.1	0.3	X	X	X	34.8	24.4	10.4	2.1	0.3	1.1	1.9	0.2
富山	100.0	X	X	X	X	X	X	X	X	X	X	X	X	7.3	0.3	1.0	8.0		41.8	29.4	12.4	2.2	-	1.6	1.4	0.8
石川	100.0	X	X	X	X	X	X	X	X	X	X	X	X	-	0.2	-	0.7		50.2	34.2	16.0	3.4	1.2	4.7	3.9	0.2
福井	100.0	X	X	X	X	X	X	X	X	X	X	X	X	0.5	0.3	-	0.7		61.1	37.8	23.3	5.2	0.6	4.0	3.9	1.0
山梨	100.0	X	X	X	X	X	X	X	X	X	X	X	X	3.1	0.4	0.7	5.2		52.0	35.8	16.2	2.0	0.3	3.6	6.5	0.9
長野	100.0	45.8	15.8	10.4	10.5	6.8	5.7	3.4	1.5	47.4	21.6	13.8	12.0	3.4	0.3	0.4	4.3	0.3	44.3	28.8	15.5	5.6	0.1	1.5	1.8	0.6
岐阜	100.0	17.1	8.8	4.3	X	0.1	0.4	4.4	X	82.8	9.2	8.7	64.9	2.7	0.3	0.4	3.5	0.1	38.0	26.4	11.6	2.9	0.5	2.8	4.8	2.9
静岡	100.0	31.7	5.8	5.4	2.0	0.1	1.1	8.6	45.3	68.2	6.9	14.0	47.3	1.1	0.3	1.4	1.8	0.1	45.2	33.0	12.2	6.0	0.3	1.6	1.6	0.5
愛知	100.0	X	X	X	X	X	X	X	X	X	X	X	X	9.5	0.3	-	5.8	-	38.9	26.6	12.3	1.9	0.3	3.6	6.5	1.2
三重	-	-	-	-	-	-	-	-	-	-	-	-	-	2.9	0.4	0.5	X	0.5	60.5	37.0	23.4	4.0	1.8	5.0	4.4	0.4
滋賀	-	-	-	-	-	-	-	-	-	-	-	-	-	1.2	0.5	0.1	3.6	0.1	42.1	28.2	13.9	4.9	0.3	4.3	1.3	1.3
京都	100.0	X	X	X	X	X	X	X	X	X	X	X	X	4.5	0.3	2.6	4.3	0.8	37.1	25.6	11.6	3.0	0.3	3.2	1.9	0.6
大阪														1.1	0.3	0.4	X		45.5	27.4	18.1	1.7	0.4	3.4	1.0	0.7
兵庫														2.6	0.4	2.5	5.7	0.3	48.4	29.4	19.1	8.9	0.2	2.7	4.7	0.4
奈良	100.0	X	X	X	X	X	X	X	X	X	X	X	X	2.8	0.3	-	4.9	1.8	54.3	35.2	19.0	4.0	0.3	6.8	2.7	3.3
和歌山	100.0	X	X	X	X	X	X	X	X	X	X	X	X	1.7	0.7	0.1	0.4		49.5	33.2	16.3	1.5	0.2	1.6	2.0	2.9
鳥取	100.0	X	X	X	X	X	X	X	X	X	X	X	X	0.9	0.1	-	4.4		53.4	34.6	18.7	4.2	0.6	2.9	0.5	
島根	100.0	X	X	X	X	X	X	X	X	X	X	X	X	8.2	0.1	0.9	2.1		54.7	30.8	23.9	1.7	0.4	2.8	1.2	-
岡山	100.0	X	X	X	X	X	X	X	X	X	X	X	X	6.3	0.1	1.3	3.8		40.2	26.0	14.3	3.1	0.2	3.0	3.9	0.8
広島	100.0	16.9	X	X	X	X	X	X	X	83.1	X	X	X	3.6	0.2	2.2	4.5		35.5	23.6	11.9	4.5	0.4	3.6	4.1	2.0
山口	100.0	X	X	X	X	X	X	X	X	79.1	X	X	X	3.5	0.2	2.4	7.4	0.1	41.4	26.7	14.7	4.9	0.6	6.3	4.2	0.2
徳島	100.0	24.3	4.4	4.7	2.3	0.1	0.7	12.0	51.5	75.6	5.1	16.7	53.8	2.2	0.1	0.6	0.2		51.7	33.7	17.9	3.6	0.9	3.2	3.4	0.6
香川	100.0	X	X	X	X	X	X	X	X	X	X	X	X	10.9	0.4	3.2	8.4		45.0	34.2	10.8	2.7	0.2	2.2	2.2	0.6
愛媛	100.0	21.9	X	X	X	X	X	X	X	78.1	X	X	X	3.7	0.1	0.4	6.7		41.8	26.3	15.6	3.5	0.2	3.4	2.2	0.7
高知	100.0	X	X	X	X	X	X	X	X	X	X	X	X	0.5	0.3	0.6	6.7		56.3	31.5	24.8	4.8	0.3	3.4	6.9	
福岡	100.0	X	X	X	X	X	X	X	X	X	X	X	X	8.1	0.4		X	1.1	54.3	28.9	25.4	4.1	0.7	3.3	2.5	0.5
佐賀	100.0	X	X	X	X	X	X	X	X	X	X	X	X	1.8	0.4	1.5	5.7	0.2	50.6	27.2	23.4	6.8	0.4	4.9	5.6	2.8
長崎	100.0	X	X	X	X	X	X	X	X	X	X	X	X	-	0.3	2.0	1.5		45.6	32.5	13.1	2.8	2.2	3.2	4.4	1.2
熊本	100.0	X	X	X	X	X	X	X	X	X	X	X	X	4.8	0.3	1.6	5.1		54.4	39.0	15.4	3.9	0.3	2.2	2.1	1.3
大分	100.0	X	X	X	X	X	X	X	X	X	X	X	X	1.4	0.1	-			64.8	41.7	23.1	9.2	1.7	5.3	5.8	1.1
宮崎	-	-	-	-	-	-	-	-	-	-	-	-	-	1.9	0.2	4.2	6.7	0.4	59.2	32.6	26.6	2.9	0.4	3.8	2.8	1.3
鹿児島	100.0	21.0	11.2	4.1	1.6	-	0.4	7.8	54.0	79.0	11.5	11.9	55.5	3.5	0.3	2.2	10.6		59.5	35.3	24.2	6.5	1.0	3.2	5.3	2.2
沖縄	100.0	21.9	8.6	9.7	7.7	-	1.4	8.0	42.6	78.1	10.1	17.7	50.3	0.3	0.1	0.1	0.8	0.9	66.6	35.5	31.1	3.1	0.5	2.2	2.0	0.7

異常被患率等（各年齢ごと）（39-39）

単位　（%）

永久歯の1人当り平均むし歯(う歯)等数					栄養状態	せき柱・四肢の状態・胸郭	皮膚疾患		結核の検査の対象精密者	結核	心疾病臓・異常	心電図異常	蛋白検出の者	尿糖検出の者	その他の疾病・異常				区分
計(本)	喪失歯数(本)	むし歯(う歯)					アトピー性皮膚炎	その他の皮膚疾患							ぜん息	腎臓疾患	言語障害	その他の疾病・異常	
		計(本)	処置歯数(本)	未処置歯数(本)															
...	...	...	...	...	0.53	1.25	2.14	0.15	...	...	0.71	...	2.19	0.20	1.53	0.19	0.02	3.88	全　　国
...	...	...	...	...	0.1	0.9	4.0	0.1	...	...	0.4	...	1.6	0.2	3.3	0.2	0.1	6.7	北　海　道
...	...	...	...	...	0.0	1.2	1.2	0.2	...	...	0.3	...	1.4	0.2	0.8	0.2	0.0	4.7	青　　森
...	...	...	...	...	0.4	0.4	1.2	－	...	...	0.3	...	1.9	0.3	1.2	0.1	0.0	3.0	岩　　手
...	...	...	...	...	0.4	0.7	2.1	0.5	...	...	0.3	...	0.2	0.0	0.6	0.0	－	2.3	宮　　城
...	...	...	...	...	0.3	1.3	2.0	0.1	...	...	0.4	...	0.5	0.3	1.5	0.1	－	4.7	秋　　田
...	...	...	...	...	1.0	0.8	2.3	0.9	...	...	0.3	...	2.2	0.1	1.9	0.3	0.3	8.0	山　　形
...	...	...	...	...	0.4	0.5	1.7	0.3	...	...	0.3	...	1.2	0.0	2.1	0.0	0.1	4.8	福　　島
...	...	...	...	...	0.5	1.3	4.9	0.4	...	...	0.8	...	5.5	0.3	2.6	0.2	－	5.6	茨　　城
...	...	...	...	...	0.2	1.5	2.2	0.1	...	...	0.7	...	2.2	0.3	2.4	0.4	－	4.6	栃　　木
...	...	...	...	...	0.5	1.6	3.4	0.1	...	...	1.4	...	0.6	0.1	2.3	0.5	－	5.0	群　　馬
...	...	...	...	...	1.2	1.4	1.2	0.1	...	...	0.7	...	1.6	0.1	1.1	0.1	－	2.3	埼　　玉
...	...	...	...	...	0.4	2.1	2.1	0.1	...	...	0.7	...	2.0	0.3	1.8	0.3	－	2.8	千　　葉
...	...	...	...	...	0.6	1.4	1.6	0.1	...	...	0.5	...	2.8	0.1	1.5	0.1	－	2.2	東　　京
...	...	...	...	...	0.2	1.0	1.9	0.1	...	...	0.5	...	1.4	0.1	2.0	0.1	0.0	4.9	神　奈　川
...	...	...	...	...	0.4	0.6	2.0	0.2	...	...	1.5	...	1.9	0.3	1.0	0.2	－	6.1	新　　潟
...	...	...	...	...	0.2	3.6	1.3	－	...	...	1.3	...	2.1	0.4	0.8	0.1	－	4.1	富　　山
...	...	...	...	...	0.3	0.7	0.8	0.7	...	...	1.1	...	2.4	0.2	1.4	0.1	0.1	5.3	石　　川
...	...	...	...	...	1.9	0.7	1.7	0.3	...	...	0.9	...	4.9	0.3	0.7	0.1	0.2	5.1	福　　井
...	...	...	...	...	0.3	0.4	1.2	0.2	...	...	1.2	...	0.9	0.2	1.1	0.1	－	5.7	山　　梨
...	...	...	...	...	0.0	0.8	1.0	0.0	...	...	0.6	...	0.3	0.2	1.0	0.0	－	2.0	長　　野
...	...	...	...	...	0.1	1.5	1.8	0.1	...	...	1.3	...	1.1	0.3	1.2	0.5	－	4.2	岐　　阜
...	...	...	...	...	0.9	1.1	1.2	0.2	...	...	0.5	...	1.6	0.2	1.3	0.1	－	4.3	静　　岡
...	...	...	...	...	0.6	0.4	2.8	0.1	...	...	0.5	...	2.8	0.3	1.1	0.2	－	3.0	愛　　知
...	...	...	...	...	1.2	0.5	3.3	0.0	...	...	1.1	...	1.6	0.2	1.8	0.2	－	4.0	三　　重
...	...	...	...	...	0.4	1.1	1.4	0.2	...	...	1.2	...	1.7	0.1	0.7	0.3	0.0	1.6	滋　　賀
...	...	...	...	...	1.5	4.8	2.2	0.1	...	...	0.8	...	1.7	0.5	1.6	0.2	－	6.4	京　　都
...	...	...	...	...	0.1	2.2	2.8	0.1	...	...	0.7	...	2.9	0.2	1.4	0.3	－	5.1	大　　阪
...	...	...	...	...	0.5	0.9	2.2	0.1	...	...	0.9	...	2.2	0.2	1.4	0.0	－	2.9	兵　　庫
...	...	...	...	...	0.2	1.9	1.2	0.2	...	...	0.4	...	8.4	0.2	1.1	0.2	－	4.3	奈　　良
...	...	...	...	...	0.0	0.6	0.4	0.3	...	...	0.6	...	3.0	0.2	0.5	0.1	－	2.0	和　歌　山
...	...	...	...	...	0.1	0.7	3.2	0.3	...	...	1.3	...	2.4	0.3	1.7	0.1	0.1	6.1	鳥　　取
...	...	...	...	...	－	0.6	1.9	0.1	...	...	0.1	...	1.7	0.1	1.2	0.2	0.1	2.3	島　　根
...	...	...	...	...	0.1	0.3	5.0	0.1	...	...	1.1	...	1.7	0.2	2.0	0.3	0.0	6.9	岡　　山
...	...	...	...	...	0.0	2.1	2.2	0.2	...	...	0.7	...	2.0	0.3	1.6	0.2	0.0	3.4	広　　島
...	...	...	...	...	0.5	1.5	1.1	－	...	...	0.8	...	0.4	0.1	0.9	2.0	0.0	3.2	山　　口
...	...	...	...	...	1.3	0.5	2.4	－	...	...	0.7	...	1.4	0.2	1.3	0.4	0.1	2.1	徳　　島
...	...	...	...	...	0.9	0.5	2.7	0.1	...	...	0.8	...	0.5	0.3	1.4	0.2	－	3.6	香　　川
...	...	...	...	...	0.2	1.2	2.4	0.2	...	...	1.1	...	3.2	0.1	1.8	0.2	－	4.1	愛　　媛
...	...	...	...	...	0.5	0.8	1.0	0.1	...	...	1.1	...	0.6	0.1	1.2	0.1	－	4.2	高　　知
...	...	...	...	...	1.5	1.1	2.4	0.1	...	...	1.1	...	3.6	0.2	1.2	0.2	－	3.3	福　　岡
...	...	...	...	...	3.8	2.1	1.3	0.2	...	...	0.5	...	0.7	0.2	1.7	0.1	－	4.4	佐　　賀
...	...	...	...	...	0.2	0.6	2.4	0.1	...	...	0.6	...	1.0	0.2	1.4	0.0	－	3.2	長　　崎
...	...	...	...	...	0.6	0.5	0.9	0.0	...	...	0.4	...	2.2	0.2	0.3	0.2	0.1	2.5	熊　　本
...	...	...	...	...	0.2	0.5	5.0	0.0	...	...	0.4	...	2.2	0.1	2.5	0.2	－	3.8	大　　分
...	...	...	...	...	0.6	1.4	1.4	0.4	...	...	1.1	...	1.6	0.5	2.1	0.2	0.0	2.5	宮　　崎
...	...	...	...	...	0.0	0.7	2.4	0.4	...	...	1.0	...	4.2	0.2	2.1	0.4	0.1	4.1	鹿　児　島
...	...	...	...	...	0.4	0.6	0.8	0.2	...	...	0.4	...	1.7	0.2	1.0	0.1	－	3.1	沖　　縄

9 相談員・スクール

1. 相談員

単位 (%)

区　分	小　学　校				中　学　校				高　等　学　校			
	有			無	有			無	有			無
	定期配置		不定期配置		定期配置		不定期配置		定期配置		不定期配置	
	週4時間以上	週4時間未満			週4時間以上	週4時間未満			週4時間以上	週4時間未満		
全　国	12.5	5.7	13.8	68.0	26.4	2.5	7.1	64.0	7.0	0.9	4.5	87.7
北海道	12.6	7.5	8.6	71.3	18.3	8.2	－	73.5	4.0	－	1.2	94.8
青　森	6.1	3.6	7.0	83.3	23.8	8.2	8.2	59.7	6.3	9.2	－	84.5
岩　手	－	2.8	22.8	74.4	17.8	－	10.0	72.2	23.1	－	－	76.9
宮　城	23.9	－	2.8	73.3	24.2	6.4	－	69.5	6.7	－	1.8	91.5
秋　田	6.7	－	5.2	88.0	4.8	－	－	95.2	－	－	－	100.0
山　形	6.8	－	13.8	79.4	52.2	2.8	－	45.0	18.7	－	－	81.3
福　島	6.1	1.0	13.1	79.8	14.8	－	10.1	75.1	－	－	－	100.0
茨　城	14.9	8.2	11.9	65.0	50.3	4.6	13.5	31.6	－	－	－	100.0
栃　木	7.9	2.6	4.5	85.0	34.3	1.2	3.0	61.5	－	－	4.7	95.3
群　馬	26.0	2.0	2.7	69.4	60.7	－	－	39.3	2.9	－	－	97.1
埼　玉	20.7	15.8	9.8	53.7	97.9	－	－	2.1	13.1	－	－	86.9
千　葉	5.9	1.2	4.4	88.4	14.0	5.5	1.2	79.3	4.4	－	－	95.6
東　京	18.9	3.0	15.0	63.1	11.8	－	5.4	82.8	5.0	－	1.3	93.7
神奈川	21.7	3.3	12.2	62.8	16.4	－	4.4	79.2	5.6	－	4.3	90.2
新　潟	5.2	12.9	14.7	67.3	27.9	3.1	－	69.0	18.4	－	－	81.6
富　山	13.4	1.7	3.5	81.4	22.1	1.8	1.2	74.9	9.9	－	15.7	74.4
石　川	23.9	2.9	4.6	68.6	45.4	7.7	2.4	44.6	16.1	9.6	5.7	68.6
福　井	13.6	10.8	0.8	74.9	26.3	1.2	3.0	69.5	9.0	－	2.9	88.2
山　梨	0.6	0.6	9.5	89.3	10.6	10.0	7.0	72.4	16.3	3.8	－	79.9
長　野	13.0	6.9	20.0	60.1	30.0	7.6	4.5	57.8	2.3	1.8	6.6	89.3
岐　阜	18.8	12.4	17.9	50.9	71.3	5.8	－	22.9	30.2	－	－	69.8
静　岡	6.8	0.6	6.8	85.9	30.7	5.0	2.7	61.5	2.9	－	－	97.1
愛　知	16.4	2.3	4.0	77.3	39.4	－	3.9	56.7	3.2	2.2	－	94.5
三　重	23.6	13.9	5.4	57.1	6.6	0.9	12.5	80.0	8.4	－	3.5	88.1
滋　賀	7.6	16.1	7.8	68.5	26.7	1.5	7.4	64.4	－	－	10.5	89.5
京　都	12.3	1.5	0.9	85.3	27.8	－	－	72.3	17.1	1.6	－	81.3
大　阪	10.6	6.0	20.2	63.1	15.3	－	1.9	82.8	1.7	－	3.9	94.5
兵　庫	0.7	－	93.4	5.9	13.9	－	68.4	17.7	－	－	51.3	48.7
奈　良	16.2	8.5	4.1	71.1	11.5	－	11.1	77.4	－	－	－	100.0
和歌山	4.2	2.2	3.7	89.9	33.3	0.8	0.8	65.1	11.7	－	－	88.3
鳥　取	5.0	6.1	18.7	70.1	34.4	1.6	－	64.0	15.6	8.8	17.5	58.1
島　根	21.6	3.9	4.1	70.5	17.4	－	1.4	81.2	－	－	－	100.0
岡　山	3.7	13.7	6.5	76.1	14.2	0.8	5.6	79.4	4.0	－	－	96.0
広　島	10.5	17.3	8.9	63.4	14.2	－	3.6	82.2	1.9	1.3	－	96.8
山　口	－	1.3	1.7	97.0	4.4	1.3	2.5	91.8	－	8.6	2.7	88.7
徳　島	0.5	8.9	15.9	74.7	2.2	－	23.5	74.3	－	2.7	3.2	94.1
香　川	6.1	9.0	4.8	80.2	18.2	－	4.4	77.4	8.0	－	－	92.0
愛　媛	49.3	4.9	2.4	43.4	20.4	－	－	79.6	34.6	10.4	－	54.9
高　知	4.3	4.0	25.4	66.2	15.1	0.8	23.3	60.9	2.2	－	－	97.8
福　岡	5.8	0.7	4.9	88.6	9.7	－	3.0	87.3	15.3	－	18.0	66.6
佐　賀	3.5	17.5	13.7	65.2	25.0	2.2	10.2	62.7	－	－	－	100.0
長　崎	14.2	3.1	3.4	79.4	70.9	－	－	29.1	10.8	－	－	89.2
熊　本	14.9	0.4	8.4	76.3	23.4	8.0	－	68.6	1.6	1.8	－	96.6
大　分	10.8	－	6.7	82.5	17.9	－	2.5	79.6	7.6	－	－	92.4
宮　崎	0.6	3.6	16.8	78.9	15.1	9.2	1.4	74.2	12.7	－	－	87.3
鹿児島	1.8	13.9	47.7	36.6	17.5	0.7	35.4	46.4	5.2	－	13.9	80.9
沖　縄	43.6	25.4	11.0	20.0	44.8	22.2	12.4	20.6	22.5	－	－	77.5

カウンセラーの配置状況

２．スクールカウンセラー　　　　　　　　　　　　　　　　　　　　　　　　　　　　　単位　（％）

小学校				中学校				高等学校				区分
有			無	有			無	有			無	
定期配置		不定期配置		定期配置		不定期配置		定期配置		不定期配置		
週4時間以上	週4時間未満			週4時間以上	週4時間未満			週4時間以上	週4時間未満			
22.5	34.4	32.3	10.8	66.9	17.3	12.2	3.6	42.1	30.9	20.7	6.3	全国
3.0	21.3	44.7	30.9	27.0	18.7	32.4	21.9	11.4	60.2	20.8	7.6	北海道
4.0	59.5	35.2	1.2	8.7	63.7	27.6	-	5.2	12.9	40.5	41.4	青森
20.7	15.2	40.6	23.5	92.1	4.9	3.0	-	22.9	61.7	13.3	2.1	岩手
64.1	7.9	26.3	1.7	94.0	6.0	-	-	90.8	5.6	3.6	-	宮城
-	-	11.7	88.3	19.6	47.5	32.9	-	6.7	44.1	47.4	1.9	秋田
-	0.9	18.1	81.0	60.8	10.0	10.5	18.7	3.3	38.0	36.1	22.6	山形
22.2	15.6	31.4	30.7	60.7	16.8	22.5	-	51.8	20.3	23.8	4.1	福島
12.5	36.4	51.1	-	36.2	45.5	18.2	-	19.3	57.3	23.4	-	茨城
8.0	30.6	61.4	-	57.7	24.7	17.6	-	26.8	39.1	34.1	-	栃木
14.2	49.7	36.1	-	93.1	1.6	5.3	-	35.9	44.9	19.3	-	群馬
5.7	55.1	38.2	1.0	58.4	38.1	3.5	-	36.8	16.6	32.0	14.7	埼玉
29.6	37.9	15.0	17.5	97.3	-	2.7	-	69.4	14.0	11.6	5.1	千葉
95.8	3.4	-	0.8	91.2	-	-	8.8	84.3	8.3	-	7.4	東京
42.3	23.1	18.2	16.5	86.0	14.0	-	-	46.5	20.8	30.3	2.4	神奈川
3.6	52.4	41.8	2.2	35.3	35.7	29.0	-	79.5	11.7	-	8.8	新潟
34.8	51.6	11.1	2.5	94.3	4.5	1.2	-	15.1	27.8	57.1	-	富山
9.9	77.8	11.5	0.7	61.8	38.2	-	-	52.1	22.1	8.6	17.1	石川
19.2	67.7	13.1	-	100.0	-	-	-	8.6	55.3	30.4	5.7	福井
8.5	67.4	22.3	1.8	47.3	23.7	26.3	2.7	23.9	24.9	35.5	15.7	山梨
9.9	33.7	51.7	4.7	29.9	28.9	32.3	8.8	15.5	14.9	69.6	-	長野
8.3	24.3	67.4	-	52.5	18.4	29.1	-	11.6	57.4	30.9	-	岐阜
7.8	45.1	47.1	-	70.0	14.4	9.7	5.9	27.8	55.5	16.7	-	静岡
27.4	39.5	33.1	-	96.4	-	2.1	1.5	34.6	23.1	42.4	-	愛知
20.7	40.9	38.4	-	43.5	39.4	17.1	-	70.0	20.2	9.9	-	三重
4.3	38.4	39.9	17.4	73.1	18.8	8.0	-	28.8	44.2	27.0	-	滋賀
55.7	22.2	20.9	1.2	94.3	1.5	4.2	-	68.3	19.4	-	12.4	京都
20.3	40.2	24.0	15.6	96.3	3.7	-	-	34.5	46.0	17.8	1.7	大阪
41.5	27.8	30.7	-	90.4	9.6	-	-	36.5	54.5	8.9	-	兵庫
10.7	34.9	26.0	28.5	33.1	28.7	38.3	-	43.6	18.2	33.1	5.1	奈良
10.7	25.2	60.4	3.7	78.7	20.5	-	0.8	80.6	5.5	11.7	2.1	和歌山
4.6	71.1	23.4	0.8	51.1	37.1	8.6	3.2	70.0	9.4	3.1	17.5	鳥取
3.2	62.8	33.0	1.0	41.9	33.2	24.9	-	10.6	57.4	26.4	5.5	島根
11.7	70.8	17.5	-	33.3	51.1	15.7	-	22.8	57.9	16.3	3.0	岡山
23.2	43.3	31.4	2.0	68.3	18.9	10.6	2.3	39.2	23.5	26.7	10.6	広島
6.8	51.2	42.0	-	32.0	46.5	21.5	-	23.5	44.2	32.3	-	山口
13.7	20.1	66.2	-	100.0	-	-	-	24.8	49.5	9.0	16.7	徳島
5.6	74.0	20.4	-	60.3	12.1	27.6	-	81.0	19.0	-	-	香川
-	4.6	21.3	74.1	70.2	9.6	1.7	18.6	49.3	11.8	2.8	36.1	愛媛
40.4	53.5	6.0	-	62.8	23.2	14.1	-	90.9	6.9	2.2	-	高知
9.5	45.7	43.0	1.8	81.9	10.9	7.2	-	34.0	46.6	11.3	8.2	福岡
12.6	60.2	26.6	0.6	40.4	38.4	21.2	-	25.4	46.2	28.5	-	佐賀
2.7	43.4	23.3	30.7	88.4	-	2.9	8.7	43.7	15.3	28.9	12.1	長崎
4.3	29.1	49.4	17.3	45.4	22.9	31.7	-	40.0	46.0	14.0	-	熊本
17.5	33.6	23.5	25.5	96.1	3.9	-	-	88.7	11.3	-	-	大分
-	2.0	37.7	60.3	22.1	24.8	12.9	40.3	12.0	12.7	31.3	44.0	宮崎
0.7	12.2	84.1	3.0	11.8	18.8	69.4	-	7.3	23.3	59.5	9.9	鹿児島
16.0	68.9	15.2	-	54.1	34.3	11.5	-	77.3	19.2	3.4	-	沖縄

III 参考資料

年次統計

- ・平均身長（明治 33 年度～令和 2 年度）
- ・平均体重（明治 33 年度～令和 2 年度）
- ・平均座高（昭和 12 年度～平成 27 年度）
- ・肥満傾向児の出現率（昭和 52 年度～令和 2 年度）
- ・痩身傾向児の出現率（昭和 52 年度～令和 2 年度）
- ・疾病・異常被患率等（昭和 23 年度～令和 2 年度）

１０　年齢別　平均身長の推移

１　男

区　分	幼稚園 5歳	小　　学　　校						中　学　校			高　等　学　校		
		6歳	7歳	8歳	9歳	10歳	11歳	12歳	13歳	14歳	15歳	16歳	17歳
明治33年度	…	107.0	110.9	116.1	120.0	123.9	127.9	133.9	140.0	147.0	152.1	156.1	157.9
34年	…	107.0	111.2	116.1	120.3	125.2	128.8	133.6	138.3	146.7	152.4	157.0	159.1
35年	…	107.0	111.5	116.1	120.6	124.5	129.1	133.6	139.1	145.5	151.8	156.4	158.2
36年	…	107.0	111.5	115.5	120.3	125.2	128.8	133.9	139.4	146.7	152.1	156.4	158.2
37年	…	106.7	110.6	115.2	119.7	124.5	127.9	133.3	139.7	147.9	152.4	157.0	158.5
38年	…	106.4	110.9	115.2	120.0	124.5	128.5	133.6	139.4	146.4	152.4	157.0	159.1
39年	…	106.4	110.9	115.4	120.0	124.8	128.8	133.9	140.0	146.7	152.7	156.7	159.1
40年	…	106.4	110.3	115.2	120.0	124.5	128.5	133.3	139.7	146.7	153.0	156.4	158.8
41年	…	106.7	111.2	116.1	120.3	124.2	128.5	133.6	139.4	146.1	152.4	157.3	159.1
42年	…	106.7	111.2	115.8	120.0	124.5	128.5	133.6	139.1	146.7	153.0	157.0	159.4
43年	…	107.0	111.2	115.8	120.3	124.5	128.5	133.6	139.1	146.4	152.7	157.3	159.1
44年	…	106.7	111.5	116.1	120.6	124.8	128.8	134.2	139.7	146.7	153.0	157.0	159.4
45年	…	107.0	111.2	116.4	120.6	125.2	129.4	134.2	140.0	147.3	153.3	157.6	159.4
大正 2年	…	106.7	111.2	116.1	120.3	125.2	129.1	133.9	140.0	147.3	153.6	157.6	159.4
3年	…	106.7	111.2	115.8	120.6	125.2	129.1	134.2	139.7	146.7	153.3	157.9	159.7
4年	…	107.0	111.5	116.1	120.6	125.2	129.1	134.2	139.7	147.0	153.6	157.9	159.7
5年	…	107.0	111.5	116.1	120.6	124.8	129.4	134.5	140.0	147.3	153.9	158.2	160.0
6年	…	107.0	111.8	116.4	121.2	125.2	129.7	134.5	140.6	147.6	154.5	158.5	160.0
7年	…	107.0	111.5	116.4	120.9	125.5	129.7	134.8	141.2	148.2	153.9	158.5	160.0
8年	…	107.0	111.5	116.4	120.9	125.2	129.7	134.8	140.6	147.9	154.2	157.9	160.0
9年	…	107.0	112.1	116.4	120.9	125.5	129.4	134.8	140.6	148.2	154.2	158.2	160.0
10年	…	…	…	…	…	…	…	…	…	…	…	…	…
11年	…	107.3	112.1	116.7	121.5	125.8	130.0	135.2	140.9	148.8	154.5	158.5	160.3
12年	…	107.3	112.1	117.0	121.5	126.1	130.3	136.1	141.8	148.8	154.8	158.2	160.6
13年	…	107.3	112.1	117.0	121.8	126.1	130.3	135.5	142.4	149.4	155.2	158.8	160.3
14年	…	107.6	112.1	117.3	121.8	126.4	130.3	135.8	142.1	149.7	155.2	158.8	160.6
15年	…	107.5	112.3	117.3	122.1	126.1	130.7	136.4	143.0	149.8	155.5	159.0	160.6
昭和 2年	…	108.0	112.8	117.8	122.4	126.8	131.1	136.8	143.4	150.1	155.5	158.4	160.7
3年	…	108.1	113.1	117.8	122.5	126.8	131.1	136.7	143.3	150.2	155.5	159.3	160.8
4年	…	108.1	113.1	117.9	122.5	127.0	131.2	136.9	143.2	150.6	157.0	159.6	160.1
5年	…	108.1	113.2	118.0	122.6	127.0	131.4	137.1	143.3	150.7	156.2	159.5	161.0
6年	…	108.3	113.4	118.2	122.8	127.2	131.6	137.3	143.6	151.1	156.6	159.9	161.3
7年	…	108.5	113.5	118.3	123.0	127.4	131.8	137.5	143.8	151.3	156.8	160.1	161.7
8年	…	108.7	113.7	118.5	123.1	127.6	131.6	137.8	144.0	151.8	156.0	160.3	161.7
9年	…	108.8	113.9	118.8	123.3	127.6	132.2	138.2	144.7	152.2	157.0	160.6	162.1
10年	…	108.9	114.0	118.9	123.5	127.9	132.3	138.2	144.7	152.4	157.6	160.6	161.8
11年	…	109.0	114.0	119.0	123.7	128.2	132.5	138.2	144.8	152.6	157.9	160.7	162.0
12年	…	108.8	114.2	119.1	123.6	128.2	132.8	137.7	143.9	152.0	157.2	160.1	161.0
13年	…	108.3	114.2	119.1	124.1	128.3	133.0	137.4	144.7	151.8	158.2	160.4	162.3
14年	…	109.1	113.9	119.3	125.0	128.2	132.9	137.8	144.0	152.1	158.1	160.9	162.5
23年	103.7	108.1	112.1	117.4	121.9	126.1	130.4	135.0	139.8	146.0	152.7	157.9	160.6
24年	104.2	108.6	113.5	118.1	122.4	126.6	130.6	135.6	140.7	146.7	154.2	158.7	161.2
25年	104.4	108.6	113.6	118.4	122.9	127.1	131.1	136.0	141.2	147.3	154.8	159.3	161.8
26年	105.0	109.1	114.1	118.9	123.4	127.7	131.8	136.2	142.2	148.4	156.1	159.8	162.2
27年	…	109.3	114.2	119.2	123.9	128.3	132.5	137.4	142.9	148.8	156.8	160.3	162.6
28年	…	109.5	114.8	119.7	124.2	128.7	133.1	137.9	143.5	149.9	157.6	160.9	162.9
29年	105.7	110.0	115.1	120.1	124.7	129.1	133.6	138.5	144.4	150.6	158.1	161.3	163.2
30年	106.0	110.3	115.6	120.3	125.3	129.6	133.9	139.2	145.3	151.7	158.5	161.6	163.4
31年	106.2	110.6	115.8	120.8	125.4	130.0	134.5	139.5	145.8	152.3	159.2	162.0	163.7
32年	106.4	110.7	116.0	121.0	125.8	130.1	135.0	140.2	146.3	153.0	159.8	162.4	163.9
33年	106.9	110.9	116.2	121.4	126.1	130.7	135.1	140.8	147.1	153.6	160.3	162.9	164.3
34年	107.0	111.3	116.6	121.6	126.5	131.2	135.9	141.0	147.9	154.3	160.6	163.2	164.5
35年	107.4	111.7	117.0	121.9	126.8	131.6	136.2	141.9	148.1	155.1	161.2	163.6	165.0
36年	107.6	112.0	117.3	122.4	127.2	131.9	136.8	142.3	149.2	155.5	161.8	164.0	165.2
37年	107.9	112.4	117.7	122.9	127.6	132.2	137.1	142.9	149.8	156.4	162.2	164.5	165.6
38年	108.1	112.6	118.0	123.2	128.0	132.7	137.5	143.4	150.7	157.1	162.8	164.8	165.9
39年	108.5	113.2	118.5	123.6	128.5	133.2	138.2	144.1	151.2	157.7	163.2	165.5	166.4
40年	108.7	113.3	118.8	124.0	128.8	133.6	138.5	144.7	151.7	158.3	163.6	165.7	166.8
41年	108.8	113.6	119.1	124.3	129.1	134.0	139.0	145.2	152.4	158.7	163.8	165.9	167.0
42年	108.9	113.8	119.3	124.5	129.6	134.3	139.5	145.7	152.8	159.2	164.1	166.2	167.2

（注）明治33年から昭和14年までは「生徒児童身体検査統計」として実施。
　　　昭和23年から統計法による「学校衛生統計」として実施し，昭和35年に「学校保健統計」に名称変更。
　　　以下の各表において同じ。

（明治33年度～令和２年度）（２－１）

単位（cm）

区分	幼稚園	小学校						中学校			高等学校		
	5歳	6歳	7歳	8歳	9歳	10歳	11歳	12歳	13歳	14歳	15歳	16歳	17歳
昭和43年度	109.0	114.1	119.5	124.7	129.7	134.5	139.7	146.2	153.4	159.7	164.3	166.3	167.3
44年	109.2	114.2	119.8	125.1	130.0	134.9	140.0	146.5	153.6	160.0	164.7	166.7	167.6
45年	109.6	114.5	120.2	125.5	130.4	135.3	140.5	147.1	154.0	160.5	164.3	166.6	167.8
46年	110.1	114.8	120.1	125.5	130.6	135.5	140.8	147.3	154.4	160.9	165.1	167.3	168.3
47年	109.5	115.2	120.5	125.9	130.9	135.8	141.1	147.8	154.9	161.2	165.5	167.4	168.3
48年	109.7	114.8	120.8	125.9	131.1	136.0	141.5	148.1	155.4	161.5	165.6	167.5	168.4
49年	109.7	115.2	120.5	126.4	131.3	136.4	141.7	148.3	155.8	161.9	165.9	167.7	168.7
50年	109.7	115.1	120.9	126.0	131.6	136.4	142.0	148.6	156.1	162.2	166.1	167.9	168.8
51年	109.9	115.3	120.9	126.5	131.3	136.8	142.1	148.9	156.2	162.4	166.3	168.0	169.0
52年	110.3	115.5	121.2	126.6	131.7	136.5	142.6	149.1	156.6	162.7	166.4	168.2	169.1
53年	110.3	115.7	121.3	126.7	131.8	137.1	142.4	149.6	156.8	163.0	166.6	168.4	169.3
54年	110.0	115.5	121.2	126.6	131.8	137.0	142.7	148.9	157.2	163.0	166.7	168.6	169.4
55年	110.3	115.8	121.4	126.9	132.0	137.3	142.9	149.8	156.9	163.6	167.0	168.9	169.7
56年	110.3	115.9	121.4	126.8	132.1	137.2	142.8	149.8	157.3	163.2	167.3	169.0	169.7
57年	110.4	115.9	121.5	127.0	132.2	137.3	142.8	149.8	157.3	163.6	167.1	169.2	170.1
58年	110.5	116.2	121.8	127.2	132.3	137.4	143.1	150.0	157.5	163.6	167.3	169.1	170.2
59年	110.6	116.3	122.0	127.4	132.5	137.6	143.2	150.0	157.5	163.6	167.5	169.2	170.2
60年	110.6	116.4	122.1	127.5	132.6	137.7	143.2	150.0	157.7	163.8	167.5	169.2	170.2
61年	110.8	116.5	122.2	127.7	132.9	137.9	143.6	150.2	157.7	163.9	167.6	169.4	170.3
62年	110.8	116.6	122.3	127.8	133.0	138.2	143.8	150.7	158.1	164.0	167.7	169.4	170.3
63年	110.8	116.7	122.3	127.9	133.0	138.2	144.1	150.9	158.4	164.1	167.7	169.6	170.3
平成元年	110.8	116.7	122.5	127.9	133.3	138.3	144.3	151.3	158.6	164.4	167.8	169.6	170.5
2年	110.9	116.8	122.5	128.1	133.2	138.6	144.4	151.4	158.8	164.5	167.9	169.5	170.4
3年	110.8	116.8	122.5	128.0	133.4	138.6	144.5	151.8	159.2	164.8	168.1	169.7	170.6
4年	110.8	116.8	122.5	128.1	133.5	138.7	144.6	151.9	159.3	165.0	168.2	170.0	170.7
5年	110.9	116.8	122.5	128.1	133.3	138.8	144.7	151.8	159.4	165.0	168.4	170.0	170.7
6年	110.9	116.8	122.7	128.1	133.5	138.9	144.9	152.0	159.3	165.1	168.4	170.1	170.9
7年	111.0	116.8	122.5	128.1	133.4	138.9	144.9	152.0	159.6	165.1	168.5	170.1	170.8
8年	110.8	116.7	122.5	128.2	133.5	138.8	144.9	152.1	159.6	165.2	168.4	170.1	170.9
9年	110.8	116.7	122.6	128.3	133.5	139.0	145.0	152.3	159.7	165.2	168.5	170.0	170.9
10年	110.8	116.8	122.5	128.2	133.6	139.1	145.3	152.7	159.9	165.3	168.5	170.2	170.9
11年	110.8	116.6	122.4	128.0	133.5	139.1	145.3	152.7	160.0	165.5	168.5	170.2	170.9
12年	110.7	116.7	122.5	128.1	133.6	139.1	145.3	152.9	160.0	165.5	168.6	170.1	170.8
13年	110.7	116.7	122.4	128.2	133.5	138.9	145.3	152.9	160.2	165.5	168.6	170.0	170.9
14年	110.8	116.7	122.5	128.2	133.6	139.0	145.2	152.8	160.2	165.5	168.3	169.9	170.7
15年	110.8	116.7	122.5	128.2	133.7	139.0	145.2	152.6	160.0	165.4	168.6	170.0	170.7
16年	110.9	116.8	122.6	128.1	133.5	138.9	145.1	152.6	159.9	165.3	168.4	170.0	170.8
17年	110.7	116.6	122.5	128.2	133.6	139.0	145.1	152.5	159.9	165.4	168.4	170.0	170.8
18年	110.7	116.6	122.5	128.3	133.6	138.9	145.1	152.6	159.8	165.3	168.5	170.0	170.9
19年	110.7	116.6	122.5	128.3	133.6	139.0	145.1	152.5	159.8	165.2	168.5	170.0	170.8
20年	110.8	116.7	122.5	128.2	133.7	138.9	145.3	152.6	159.8	165.4	168.4	170.0	170.7
21年	110.7	116.7	122.6	128.3	133.6	138.9	145.1	152.5	159.7	165.2	168.5	169.9	170.8
22年	110.7	116.7	122.5	128.2	133.5	138.8	145.0	152.4	159.7	165.1	168.2	169.9	170.7
23年	110.5	116.6	122.6	128.2	133.5	138.8	145.0	152.3	159.6	165.1	168.3	169.9	170.7
24年	110.5	116.5	122.4	128.2	133.6	138.9	145.0	152.4	159.5	165.1	168.4	169.8	170.7
25年	110.4	116.6	122.4	128.2	133.6	139.0	145.0	152.3	159.5	165.0	168.3	169.9	170.7
26年	110.3	116.5	122.4	128.0	133.6	138.9	145.1	152.5	159.7	165.1	168.3	169.8	170.7
27年	110.4	116.5	122.5	128.1	133.9	138.9	145.2	152.6	159.8	165.1	168.3	169.8	170.7
28年	110.4	116.5	122.5	128.1	133.6	138.8	145.2	152.7	159.9	165.2	168.3	169.9	170.7
29年	110.3	116.5	122.5	128.2	133.5	139.0	145.0	152.8	160.0	165.3	168.2	169.9	170.6
30年	110.3	116.5	122.5	128.1	133.7	138.8	145.2	152.7	159.8	165.3	168.4	169.9	170.6
令和元年	110.3	116.5	122.6	128.1	133.5	139.0	145.2	152.8	160.0	165.4	168.3	169.9	170.6
2年	111.6	117.5	123.5	129.1	134.5	140.1	146.6	154.3	161.4	166.1	168.8	170.2	170.7

１０　年齢別　平均身長の推移

2　女

区　分	幼稚園	小　　学　　校						中　学　校			高　等　学　校		
	5歳	6歳	7歳	8歳	9歳	10歳	11歳	12歳	13歳	14歳	15歳	16歳	17歳
明治33年度	…	104.8	110.0	113.9	119.1	123.9	127.9	133.0	137.9	143.0	144.8	146.1	147.0
34年	…	105.8	110.3	114.2	118.5	123.6	128.5	133.6	139.1	142.7	145.8	146.4	146.4
35年	…	105.8	110.0	114.5	119.1	123.9	128.8	133.9	138.5	142.7	145.5	146.7	147.6
36年	…	105.8	110.3	114.5	118.8	123.6	128.2	133.9	139.1	143.3	145.8	146.7	147.6
37年	…	105.5	109.7	114.2	118.5	123.3	128.5	133.6	139.1	143.3	146.1	147.3	147.9
38年	…	105.2	109.7	113.9	118.8	123.9	128.2	133.9	138.8	143.6	146.4	147.9	147.9
39年	…	105.2	109.4	114.2	118.5	123.3	128.2	133.6	138.8	143.3	146.7	147.3	147.6
40年	…	105.5	109.7	114.2	118.5	123.3	128.2	133.9	139.1	143.6	146.4	147.9	148.5
41年	…	105.5	110.0	114.5	118.8	123.3	128.5	133.9	139.1	143.6	146.7	147.9	149.1
42年	…	105.5	110.0	113.9	118.8	123.3	127.9	133.9	139.4	143.6	146.7	147.3	148.5
43年	…	105.8	110.0	114.5	118.8	123.6	128.5	133.6	139.1	143.6	147.0	148.2	148.8
44年	…	105.5	110.3	114.8	119.1	123.6	128.5	134.8	139.7	143.9	146.7	148.5	149.1
45年	…	105.5	110.3	114.8	119.4	123.9	128.8	135.2	140.3	144.5	147.3	148.2	148.5
大正 2年	…	105.2	110.0	114.5	119.1	123.6	128.8	134.8	140.0	144.5	147.0	148.2	148.5
3年	…	105.2	110.0	114.5	119.1	123.6	128.8	134.8	140.0	144.5	147.6	148.5	149.1
4年	…	105.5	110.3	114.5	119.4	123.9	128.8	135.2	140.3	145.8	147.6	148.5	149.1
5年	…	105.5	110.3	114.8	119.4	123.9	129.1	135.2	140.6	145.8	147.6	148.8	149.1
6年	…	105.5	110.3	114.8	120.0	123.0	129.4	135.5	141.2	145.2	147.9	149.1	149.1
7年	…	105.8	110.0	114.8	119.7	124.2	129.1	135.5	141.5	144.8	147.9	149.1	149.4
8年	…	105.8	110.3	114.8	119.4	124.2	129.1	135.2	141.2	144.8	148.5	149.1	149.4
9年	…	105.8	110.3	115.2	119.7	124.2	129.7	136.1	141.5	146.4	148.2	149.1	149.7
10年	…	…	…	…	…	…	…	…	…	…	…	…	…
11年	…	105.8	110.6	115.5	120.0	124.5	130.0	136.1	141.2	145.5	148.2	149.1	149.1
12年	…	106.1	110.6	115.5	120.3	125.2	130.0	136.7	140.9	146.4	148.8	149.4	149.7
13年	…	106.1	110.9	115.8	120.6	125.2	130.3	137.6	142.7	146.7	148.8	149.4	150.0
14年	…	106.1	110.9	116.1	120.3	125.2	130.6	137.3	142.7	146.7	148.2	149.7	150.3
15年	…	106.2	111.1	115.8	120.5	125.2	130.6	137.6	142.8	147.5	149.0	149.6	150.3
昭和 2年	…	106.9	111.3	116.2	120.9	125.7	131.1	138.0	143.3	147.1	148.9	149.8	150.6
3年	…	106.7	111.7	116.4	121.1	125.7	131.1	138.2	143.4	147.3	149.4	150.3	150.6
4年	…	106.8	111.7	116.5	121.2	125.8	131.2	138.2	143.5	147.5	149.5	150.8	150.6
5年	…	106.9	111.9	116.7	121.3	126.0	131.3	138.4	143.5	147.7	149.6	150.6	150.7
6年	…	107.1	112.1	116.9	121.5	126.3	131.7	138.7	143.6	147.9	149.7	150.7	151.2
7年	…	107.3	112.4	117.3	121.8	126.5	131.9	138.7	144.0	148.0	149.9	150.9	151.2
8年	…	107.6	112.4	117.3	121.9	126.6	132.1	139.5	144.1	148.2	150.1	150.9	151.1
9年	…	107.7	112.7	117.5	122.3	127.0	132.3	139.4	144.6	148.6	150.3	151.2	151.2
10年	…	108.0	112.9	117.8	122.5	127.3	132.7	139.5	144.8	148.7	150.7	151.6	151.2
11年	…	108.0	113.0	117.9	122.6	127.4	132.8	139.7	144.7	148.9	150.6	151.6	151.8
12年	…	107.9	112.9	118.0	122.7	128.1	132.8	139.7	143.8	148.4	150.2	151.0	150.9
13年	…	107.9	112.8	117.8	122.4	127.8	133.2	139.2	143.8	148.3	150.2	151.3	152.6
14年度	…	108.1	112.9	117.7	123.1	127.7	132.7	138.8	144.0	148.7	150.7	152.1	152.5
23年	102.5	107.3	111.9	116.4	121.1	125.7	130.8	136.1	141.1	145.6	149.1	151.3	152.1
24年	103.5	107.7	112.7	117.3	121.8	126.2	131.0	136.8	141.8	146.0	149.8	151.5	152.3
25年	104.5	107.8	112.8	117.6	122.1	126.6	131.7	137.3	142.5	146.6	150.2	151.8	152.7
26年	104.4	108.8	113.0	118.0	122.7	127.3	132.4	138.2	143.3	147.3	151.0	151.9	152.5
27年	…	108.6	113.6	118.3	123.3	128.0	133.1	138.4	143.8	147.7	151.0	152.1	152.8
28年	…	108.6	114.0	118.8	123.5	128.3	133.6	139.4	144.2	148.0	151.3	152.3	153.0
29年	104.8	109.1	114.1	119.2	124.0	128.9	134.5	140.2	145.0	148.3	151.5	152.4	153.0
30年	104.9	109.3	114.6	119.4	124.5	129.5	134.9	141.0	145.7	148.9	151.7	152.6	153.2
31年	105.1	109.6	114.7	119.9	124.7	130.1	135.8	141.6	146.1	149.3	151.9	152.7	153.2
32年	105.3	109.7	115.0	120.1	125.2	130.2	136.3	142.2	146.6	149.6	152.1	152.8	153.3
33年	105.5	109.9	115.2	120.4	125.5	131.0	136.6	142.8	147.1	149.9	152.3	153.1	153.5
34年	105.8	110.3	115.6	120.8	126.0	131.5	137.6	143.1	147.6	150.3	152.5	153.2	153.5
35年	106.2	110.6	115.9	121.1	126.3	132.0	138.1	144.0	148.1	150.7	152.7	153.3	153.7
36年	106.5	111.0	116.3	121.5	126.7	132.4	138.6	144.3	148.8	151.1	153.0	153.5	154.0
37年	106.7	111.4	116.6	121.8	127.1	132.6	138.9	144.9	149.0	151.6	153.3	153.7	154.0
38年	107.0	111.6	117.0	122.2	127.4	133.3	139.3	145.4	149.5	151.8	153.9	154.2	154.4
39年	107.4	112.2	117.6	122.7	128.0	133.5	140.0	146.1	149.9	152.3	153.9	154.4	154.7
40年	107.7	112.5	117.8	123.0	128.4	134.1	140.4	146.3	150.3	152.5	154.0	154.6	154.8
41年	107.7	112.7	118.1	123.4	128.8	134.6	141.0	146.8	150.7	152.8	154.3	154.7	155.0
42年	107.9	112.9	118.3	123.7	129.1	135.0	141.4	147.2	151.0	153.1	154.5	155.0	155.2

（明治33年度～令和２年度）（２－２）

区　分	幼稚園	小　　学　　校						中　学　校			高　等　学　校		
	5歳	6歳	7歳	8歳	9歳	10歳	11歳	12歳	13歳	14歳	15歳	16歳	17歳
昭和43年度	108.1	113.1	118.6	123.9	129.3	135.3	141.7	147.6	151.4	153.4	154.7	155.1	155.3
44年	108.2	113.4	119.0	124.2	129.7	135.7	142.1	148.0	151.7	153.7	154.8	155.2	155.4
45年	108.5	113.6	119.3	124.6	130.1	136.2	142.9	148.4	152.1	154.2	155.1	155.4	155.6
46年	108.9	113.7	119.3	124.7	130.3	136.4	143.2	148.5	152.4	154.2	155.4	155.9	156.0
47年	108.7	114.3	119.7	125.2	130.6	136.8	143.2	149.0	152.6	154.5	155.3	155.6	155.8
48年	108.9	114.0	120.0	125.4	130.9	137.1	143.7	149.2	152.7	154.5	155.5	155.8	156.0
49年	108.9	114.5	119.8	125.8	131.1	137.4	143.9	149.5	153.0	154.7	155.6	156.1	156.2
50年	109.0	114.4	120.1	125.5	131.6	137.6	144.2	149.6	153.2	155.0	155.7	156.3	156.3
51年	109.1	114.6	120.2	125.8	131.2	138.0	144.4	149.9	153.3	155.1	155.9	156.3	156.5
52年	109.3	114.6	120.3	125.9	131.5	137.7	144.9	150.1	153.5	155.3	156.1	156.4	156.6
53年	109.4	114.6	120.4	125.8	131.6	138.2	144.4	150.4	153.8	155.5	156.1	156.5	156.6
54年	109.2	114.7	120.4	126.0	131.7	138.1	145.0	150.2	154.0	155.6	156.2	156.6	156.7
55年	109.4	114.9	120.6	126.2	131.9	138.3	144.9	150.2	154.0	156.0	156.6	156.9	157.0
56年	109.4	115.1	120.8	126.1	131.9	138.2	145.0	150.3	154.2	156.0	156.6	156.9	157.1
57年	109.6	115.2	120.8	126.3	132.0	138.3	145.0	150.6	154.2	156.0	156.6	157.3	157.3
58年	109.7	115.5	121.0	126.6	132.2	138.4	145.2	150.7	154.3	156.1	156.9	157.3	157.4
59年	109.8	115.6	121.2	126.8	132.4	138.7	145.4	150.8	154.4	156.2	156.8	157.4	157.6
60年	109.8	115.7	121.4	126.9	132.6	138.8	145.5	150.9	154.4	156.3	157.0	157.4	157.6
61年	109.9	115.8	121.5	127.1	132.8	138.9	145.6	151.0	154.4	156.3	157.1	157.5	157.7
62年	110.0	115.8	121.4	127.1	132.7	139.2	145.8	151.2	154.6	156.3	157.1	157.6	157.8
63年	110.1	115.9	121.6	127.2	132.9	139.3	145.9	151.2	154.6	156.3	157.0	157.5	157.8
平成元年	110.0	116.0	121.8	127.3	133.1	139.5	146.1	151.4	154.8	156.4	157.1	157.6	157.8
2年	110.1	116.0	121.8	127.4	133.1	139.5	146.3	151.5	154.7	156.4	157.2	157.6	157.9
3年	109.9	116.1	121.7	127.5	133.2	139.5	146.3	151.6	154.7	156.6	157.2	157.7	157.9
4年	109.9	115.9	121.7	127.4	133.2	139.8	146.4	151.7	155.0	156.6	157.2	157.8	157.9
5年	110.0	116.0	121.7	127.4	133.3	139.9	146.5	151.7	155.0	156.6	157.3	157.8	158.0
6年	110.0	116.1	121.8	127.6	133.4	140.1	146.7	151.8	155.0	156.6	157.3	157.7	158.1
7年	110.1	116.0	121.8	127.6	133.5	140.2	146.7	151.9	155.1	156.7	157.3	157.8	158.0
8年	110.1	115.9	121.7	127.6	133.5	140.2	146.9	152.0	155.1	156.7	157.4	157.9	158.1
9年	110.0	115.9	121.7	127.6	133.6	140.3	147.0	152.1	155.1	156.8	157.4	157.9	158.0
10年	110.0	115.9	121.7	127.5	133.5	140.4	147.0	152.1	155.3	156.8	157.4	157.9	158.1
11年	109.9	115.8	121.6	127.4	133.5	140.3	147.1	152.2	155.1	156.7	157.3	157.8	158.1
12年	109.9	115.8	121.7	127.5	133.5	140.3	147.1	152.1	155.1	156.8	157.3	157.7	158.1
13年	109.9	115.9	121.7	127.5	133.5	140.3	147.1	152.2	155.2	156.7	157.2	157.7	158.0
14年	110.0	115.8	121.8	127.5	133.5	140.2	146.8	152.1	155.2	156.7	157.3	157.7	157.9
15年	110.0	115.8	121.6	127.4	133.5	140.2	147.1	152.1	155.1	156.7	157.2	157.7	157.8
16年	110.0	115.8	121.6	127.5	133.5	140.2	146.9	152.1	155.2	156.7	157.3	157.7	157.9
17年	109.9	115.8	121.7	127.5	133.5	140.1	146.9	152.0	155.2	156.8	157.3	157.8	158.0
18年	109.8	115.7	121.7	127.4	133.5	140.2	147.0	152.0	155.2	156.7	157.3	157.8	158.0
19年	109.8	115.8	121.6	127.4	133.5	140.3	146.8	152.1	155.1	156.7	157.3	157.8	158.0
20年	109.8	115.8	121.7	127.5	133.6	140.3	146.8	152.1	155.1	156.6	157.3	157.7	158.0
21年	109.9	115.8	121.7	127.5	133.5	140.3	146.9	151.9	154.9	156.7	157.3	157.7	157.9
22年	109.8	115.8	121.7	127.4	133.5	140.2	146.8	151.9	155.0	156.5	157.1	157.7	158.0
23年	109.5	115.6	121.6	127.4	133.5	140.2	146.7	151.9	155.0	156.6	157.1	157.6	158.0
24年	109.5	115.6	121.6	127.4	133.4	140.1	146.7	151.9	155.0	156.5	157.2	157.6	158.0
25年	109.6	115.6	121.6	127.3	133.6	140.1	146.8	151.8	154.8	156.5	157.0	157.6	158.0
26年	109.5	115.5	121.5	127.4	133.4	140.1	146.8	151.8	154.8	156.4	157.0	157.6	157.9
27年	109.4	115.5	121.5	127.3	133.4	140.1	146.7	151.8	154.9	156.5	157.1	157.6	157.9
28年	109.4	115.6	121.5	127.2	133.4	140.2	146.8	151.9	154.8	156.5	157.1	157.5	157.8
29年	109.3	115.7	121.5	127.3	133.4	140.1	146.7	151.8	154.9	156.5	157.1	157.6	157.8
30年	109.4	115.6	121.5	127.3	133.4	140.1	146.8	151.9	154.9	156.6	157.1	157.6	157.8
令和元年	109.4	115.6	121.4	127.3	133.4	140.2	146.6	151.9	154.8	156.5	157.2	157.7	157.9
2年	110.6	116.7	122.6	128.5	134.8	141.5	148.0	152.6	155.2	156.7	157.3	157.7	157.9

11 年齢別 平均体重の推移

1 男

区　分	幼稚園	小　　学　　校						中　学　校			高　等　学　校		
	5歳	6歳	7歳	8歳	9歳	10歳	11歳	12歳	13歳	14歳	15歳	16歳	17歳
明治33年度	…	17.0	20.0	21.0	23.0	25.0	27.0	29.0	33.0	38.0	43.0	47.0	50.0
34年	…	17.5	19.0	21.0	23.9	25.3	27.2	30.1	33.8	39.1	43.6	47.7	49.8
35年	…	17.6	19.0	21.0	23.0	25.0	27.1	29.8	33.3	38.0	42.8	47.7	49.7
36年	…	17.5	19.4	20.9	22.8	25.0	27.0	29.8	33.6	38.5	43.4	47.6	50.6
37年	…	17.4	18.9	20.7	22.7	24.8	27.0	29.7	33.5	38.5	42.5	47.5	50.3
38年	…	17.5	19.0	20.8	22.7	24.7	26.9	29.6	33.4	38.6	43.6	47.9	50.3
39年	…	17.6	19.1	21.1	22.8	25.0	27.0	29.7	33.7	38.6	43.6	47.8	49.2
40年	…	17.4	19.0	20.9	22.9	24.7	27.0	29.8	33.6	39.0	44.0	47.9	50.5
41年	…	17.5	19.2	20.9	22.8	25.1	27.1	29.9	33.6	38.7	44.1	48.0	50.7
42年	…	17.6	19.2	21.0	22.9	24.5	27.0	29.9	33.4	38.5	44.0	48.3	50.9
43年	…	17.5	19.2	21.1	22.9	24.9	27.1	29.8	33.5	38.6	44.6	48.5	51.4
44年	…	17.6	19.2	20.8	23.0	24.7	27.1	29.8	33.8	38.8	44.3	48.3	50.9
45年	…	17.6	19.3	21.0	23.0	25.0	27.1	30.3	34.1	39.2	44.6	48.5	50.9
大正 2年	…	17.5	19.1	20.9	22.9	24.9	27.1	29.7	33.9	39.0	44.6	48.7	51.1
3年	…	17.5	19.2	21.0	22.9	25.0	27.1	30.1	33.7	38.9	44.7	48.8	51.3
4年	…	17.5	19.2	21.1	23.1	25.0	27.3	30.3	34.0	39.1	45.1	48.9	51.7
5年	…	17.6	19.3	21.2	23.2	25.1	27.5	30.3	34.1	39.4	45.8	49.2	51.8
6年	…	17.6	19.4	21.1	23.7	25.2	28.0	30.5	34.4	39.8	44.5	50.5	51.5
7年	…	17.5	19.3	21.1	23.2	25.2	27.5	30.5	34.6	40.7	45.2	49.2	51.9
8年	…	17.5	19.3	21.2	23.1	25.1	27.6	30.2	34.1	39.6	45.6	49.1	51.5
9年	…	17.6	19.4	21.2	23.2	25.3	27.5	30.5	34.6	39.9	45.2	49.1	51.8
10年	…	…	…	…	…	…	…	…	…	…	…	…	…
11年	…	17.6	19.4	21.3	23.4	25.4	27.7	30.6	34.8	40.1	45.2	49.3	51.7
12年	…	17.7	19.5	21.5	23.5	25.6	28.0	30.9	35.2	40.6	45.6	49.5	52.1
13年	…	17.7	19.5	21.4	23.5	25.6	27.9	31.1	35.3	41.0	46.2	49.8	52.2
14年	…	17.7	19.6	21.6	24.1	25.7	28.1	31.7	35.2	40.9	46.3	49.8	52.4
15年	…	17.7	19.6	21.6	23.6	25.7	27.7	31.7	35.6	41.5	46.6	50.2	52.5
昭和 2年	…	17.8	19.6	21.7	23.7	26.0	28.3	31.7	36.3	41.4	46.8	50.0	52.5
3年	…	17.8	19.7	21.6	23.7	25.9	28.3	31.7	36.1	41.6	46.8	50.3	52.7
4年	…	17.9	19.7	21.8	23.7	26.0	28.2	31.8	36.2	41.9	47.1	50.6	52.8
5年	…	17.9	19.8	21.8	23.8	25.9	28.4	31.8	36.2	42.0	47.1	50.6	53.0
6年	…	17.9	19.7	21.8	23.9	26.0	28.5	31.9	36.4	42.5	47.4	51.0	53.2
7年	…	18.0	19.8	21.9	24.0	26.1	28.6	32.2	36.7	42.7	47.6	51.2	53.3
8年	…	18.1	19.9	21.9	24.0	26.2	28.7	32.5	36.7	42.9	48.3	51.4	53.3
9年	…	18.2	20.1	22.1	24.1	26.4	28.9	32.5	37.2	43.4	48.4	51.9	53.8
10年	…	18.1	20.0	22.1	24.1	26.4	28.8	32.6	37.1	43.4	48.3	51.7	53.7
11年	…	18.1	20.0	22.1	24.3	26.5	29.0	32.5	37.2	43.5	48.5	51.7	53.6
12年	…	18.2	20.0	22.1	24.3	26.5	29.0	32.2	36.5	43.0	48.4	51.5	53.1
13年	…	18.5	20.1	22.3	24.5	26.8	29.2	32.5	37.0	43.7	48.5	52.3	54.5
14年	…	18.5	20.3	22.5	24.6	26.9	29.3	32.5	36.9	43.6	48.6	51.8	53.9
23年	17.5	18.4	20.1	22.0	24.0	26.0	28.2	31.4	34.5	38.9	44.0	48.7	51.7
24年	17.1	18.5	20.3	22.3	24.2	26.3	28.5	31.4	34.8	39.3	45.4	49.6	52.4
25年	17.3	18.5	20.4	22.4	24.4	26.4	28.7	31.5	35.1	39.7	45.7	49.9	52.6
26年	17.4	18.5	20.5	22.5	24.6	26.7	28.8	32.0	35.6	40.7	47.0	50.7	53.4
27年	…	18.6	20.6	22.6	24.7	26.9	29.2	32.0	36.1	41.1	47.4	51.0	53.6
28年	…	18.6	20.6	22.8	24.8	27.1	29.5	32.5	36.5	41.6	48.1	51.6	54.0
29年	17.4	18.6	20.5	22.7	24.8	27.0	29.5	32.8	36.9	41.9	48.2	51.7	54.0
30年	17.4	18.7	20.6	22.7	25.0	27.3	29.7	33.2	37.6	42.7	48.8	52.2	54.5
31年	17.4	18.8	20.7	22.8	25.0	27.4	30.0	33.5	38.1	43.5	49.7	52.9	55.1
32年	17.4	18.8	20.8	22.8	25.0	27.4	30.2	33.8	38.5	43.8	50.1	53.3	55.3
33年	17.6	18.9	20.9	23.1	25.3	27.6	30.2	34.0	38.8	44.2	50.4	53.6	55.7
34年	17.6	18.8	20.9	23.1	25.4	27.8	30.5	34.3	39.4	45.0	50.6	53.8	55.9
35年	17.7	19.1	21.0	23.2	25.5	28.0	30.7	34.6	39.3	45.3	51.0	54.1	56.1
36年	17.8	19.1	21.1	23.3	25.7	28.2	31.0	34.9	40.0	45.4	51.3	54.3	56.3
37年	17.9	19.3	21.3	23.5	25.8	28.4	31.2	35.2	40.4	46.1	51.4	54.7	56.5
38年	18.0	19.3	21.4	23.6	26.0	28.6	31.5	35.6	40.7	46.6	52.0	54:9	56.7
39年	18.0	19.4	21.4	23.8	26.3	28.9	31.8	36.0	41.4	47.0	52.1	55.4	57.1
40年	18.2	19.6	21.8	24.1	26.5	29.2	32.2	36.6	42.0	47.1	52.8	55.6	57.5
41年	18.2	19.7	21.9	24.3	26.7	29.5	32.6	37.0	42.5	48.0	53.0	55.9	57.6
42年	18.2	19.8	21.9	24.4	26.9	29.8	33.0	37.4	42.7	48.4	53.3	56.0	57.9

（明治33年度～令和2年度）（2－1）

単位（kg）

区分	幼稚園	小学校						中学校			高等学校		
	5歳	6歳	7歳	8歳	9歳	10歳	11歳	12歳	13歳	14歳	15歳	16歳	17歳
昭和43年度	18.3	19.9	22.1	24.6	27.1	30.0	33.2	37.9	43.3	48.8	53.5	56.2	57.9
44年	18.4	20.0	22.3	24.8	27.4	30.4	33.6	38.1	43.6	49.1	54.0	56.6	58.1
45年	18.5	20.1	22.4	25.0	27.6	30.5	33.8	38.5	43.7	49.6	53.7	56.7	58.7
46年	18.7	20.2	22.4	25.2	27.9	30.8	34.2	38.9	44.3	50.1	54.8	57.5	58.9
47年	18.5	20.4	22.8	25.3	28.0	31.3	34.7	39.5	44.9	50.4	55.0	57.5	59.1
48年	18.7	20.3	23.0	25.5	28.3	31.4	35.0	39.8	45.2	50.5	55.0	57.6	59.1
49年	18.7	20.5	22.8	25.7	28.4	31.6	35.0	39.9	45.3	50.7	55.1	57.6	59.1
50年	18.7	20.5	22.9	25.4	28.5	31.5	35.2	40.0	45.6	51.0	55.4	57.8	59.2
51年	18.7	20.6	23.0	25.8	28.5	32.0	35.4	40.4	45.9	51.4	55.7	58.0	59.4
52年	18.9	20.6	23.0	25.7	28.7	31.6	35.6	40.3	46.0	51.3	55.8	58.2	59.5
53年	18.9	20.7	23.1	25.7	28.7	32.0	35.6	41.0	46.3	51.8	56.2	58.5	59.9
54年	18.9	20.8	23.1	25.8	28.8	32.2	36.0	40.6	46.7	51.9	56.4	58.8	60.2
55年	19.0	20.8	23.2	26.0	28.9	32.4	36.2	41.4	46.7	52.4	56.9	59.2	60.6
56年	18.9	20.9	23.2	25.9	29.0	32.3	35.9	41.2	46.8	52.1	57.0	59.2	60.6
57年	19.0	20.9	23.3	26.1	29.1	32.3	36.1	41.4	47.1	52.6	57.1	59.4	60.9
58年	19.0	21.0	23.4	26.3	29.2	32.6	36.5	41.7	47.2	52.8	57.6	59.5	61.1
59年	19.1	21.1	23.5	26.3	29.4	32.7	36.4	41.7	47.3	52.8	57.9	60.0	61.5
60年	19.1	21.2	23.7	26.5	29.5	32.8	36.5	41.8	47.4	53.0	57.9	60.0	61.5
61年	19.2	21.2	23.8	26.7	29.7	33.1	37.0	42.2	47.7	53.3	58.3	60.4	61.8
62年	19.2	21.3	23.9	26.8	29.9	33.4	37.2	42.6	48.0	53.4	58.4	60.3	61.8
63年	19.2	21.4	23.9	26.9	30.0	33.5	37.4	42.9	48.3	53.6	58.5	60.6	61.8
平成元年	19.3	21.5	24.0	27.0	30.3	33.7	37.9	43.4	48.7	54.1	58.7	60.6	62.0
2年	19.3	21.5	24.0	27.2	30.3	33.9	38.0	43.5	49.0	54.2	59.0	60.7	62.0
3年	19.3	21.5	24.1	27.1	30.5	34.1	38.0	43.9	49.3	54.5	59.2	61.2	62.2
4年	19.3	21.6	24.2	27.2	30.6	34.2	38.2	44.0	49.4	54.7	59.3	61.4	62.8
5年	19.4	21.7	24.3	27.4	30.6	34.3	38.4	44.0	49.3	54.7	59.7	61.5	62.8
6年	19.3	21.6	24.3	27.3	30.7	34.2	38.4	44.0	49.3	54.6	59.5	61.5	62.9
7年	19.4	21.7	24.4	27.6	30.8	34.5	38.6	44.1	49.8	54.7	59.8	61.7	63.0
8年	19.3	21.8	24.4	27.7	31.1	34.8	39.0	44.5	49.9	54.9	59.7	61.5	63.1
9年	19.3	21.7	24.5	27.7	31.2	34.9	39.1	44.6	49.9	54.9	59.7	61.5	62.9
10年	19.2	21.7	24.4	27.7	31.3	35.0	39.4	44.9	50.2	55.2	59.7	61.3	62.7
11年	19.2	21.7	24.4	27.7	31.2	35.1	39.3	45.1	50.2	55.3	59.3	61.1	62.4
12年	19.2	21.8	24.4	27.7	31.2	35.1	39.4	45.4	50.4	55.4	59.7	61.2	62.6
13年	19.2	21.7	24.3	27.6	31.1	35.0	39.5	45.4	50.6	55.5	60.1	61.7	62.8
14年	19.2	21.7	24.3	27.7	31.2	34.9	39.4	45.2	50.6	55.5	60.3	61.9	63.2
15年	19.2	21.7	24.4	27.8	31.3	34.9	39.4	45.1	50.3	55.4	60.4	62.2	63.5
16年	19.1	21.6	24.3	27.5	31.0	34.7	39.0	44.9	50.1	55.2	60.1	62.2	63.5
17年	19.1	21.6	24.3	27.4	30.9	34.7	39.1	44.9	50.1	55.3	60.3	62.2	63.8
18年	19.1	21.6	24.2	27.4	30.9	34.5	38.8	44.9	49.9	55.1	60.1	62.0	63.9
19年	19.1	21.5	24.2	27.4	30.7	34.4	38.7	44.5	49.6	54.7	60.0	62.0	63.7
20年	19.1	21.5	24.2	27.3	30.8	34.3	38.8	44.5	49.5	54.9	59.8	61.6	63.4
21年	19.0	21.5	24.1	27.2	30.6	34.2	38.4	44.2	49.1	54.3	59.5	61.3	63.1
22年	19.0	21.4	24.0	27.2	30.5	34.1	38.4	44.1	49.2	54.4	59.5	61.5	63.1
23年	18.9	21.3	24.0	27.0	30.3	33.8	38.0	43.8	49.0	54.2	59.4	61.3	63.1
24年	18.9	21.3	24.0	27.1	30.5	34.0	38.2	44.0	49.0	54.2	59.2	61.1	62.9
25年	18.9	21.3	23.9	27.1	30.4	34.3	38.3	43.9	48.8	54.0	58.9	61.0	62.8
26年	18.9	21.3	24.0	27.0	30.4	34.0	38.4	44.0	48.8	53.9	58.9	60.7	62.6
27年	18.9	21.3	23.9	26.9	30.4	34.0	38.2	43.9	48.8	53.9	59.0	60.6	62.5
28年	18.9	21.4	24.0	27.2	30.6	34.0	38.4	44.0	48.8	53.9	58.7	60.5	62.5
29年	18.9	21.4	24.1	27.2	30.5	34.2	38.2	44.0	49.0	53.9	58.9	60.6	62.6
30年	18.9	21.4	24.1	27.2	30.7	34.1	38.4	44.0	48.8	54.0	58.6	60.6	62.4
令和元年	18.9	21.4	24.2	27.3	30.7	34.4	38.7	44.2	49.2	54.1	58.8	60.7	62.5
2年	19.4	22.0	24.9	28.4	32.0	35.9	40.4	45.8	50.9	55.2	58.9	60.9	62.6

2　女

区　分	幼稚園	小　　学　　校						中　学　校			高　等　学　校		
	5歳	6歳	7歳	8歳	9歳	10歳	11歳	12歳	13歳	14歳	15歳	16歳	17歳
明治33年度	…	17.0	19.0	20.0	22.0	25.0	27.0	30.0	33.0	39.0	42.0	45.0	47.0
34年	…	16.9	18.5	20.3	22.2	24.6	27.2	30.5	34.5	38.8	42.5	44.8	46.2
35年	…	16.9	18.4	20.2	22.3	24.4	27.1	30.4	34.1	38.4	42.1	44.4	46.4
36年	…	16.9	18.4	20.2	22.2	24.2	26.8	30.4	34.3	38.5	42.3	44.4	46.2
37年	…	16.7	18.0	19.9	21.9	24.1	26.7	30.0	34.2	38.8	43.3	44.8	46.7
38年	…	16.8	18.2	20.0	21.9	24.0	26.6	29.8	34.2	38.6	42.6	44.8	46.7
39年	…	16.7	18.4	20.0	21.9	24.5	26.8	30.3	34.1	38.3	42.5	45.5	46.9
40年	…	16.8	18.4	20.1	21.9	24.2	26.8	30.5	34.3	38.8	42.5	45.0	46.7
41年	…	16.8	18.1	20.1	22.1	24.0	26.9	30.4	34.4	38.6	42.3	45.1	46.8
42年	…	16.9	18.4	20.3	22.1	24.2	26.7	30.1	34.4	38.6	42.4	45.0	47.0
43年	…	17.0	18.4	20.3	22.2	24.3	27.0	31.2	34.2	38.8	42.9	45.1	46.8
44年	…	17.1	18.5	20.3	22.2	24.4	27.0	30.6	34.5	38.6	42.6	45.0	46.2
45年	…	16.9	18.5	20.1	22.2	24.4	27.2	30.9	35.3	39.3	43.2	45.2	47.0
大正 2年	…	16.8	18.4	20.1	22.2	24.3	27.0	30.7	35.2	39.3	42.9	45.1	46.3
3年	…	16.9	18.4	20.2	22.2	24.4	27.1	30.8	35.1	39.4	43.2	45.4	47.1
4年	…	17.1	18.5	19.7	22.3	24.5	27.2	31.0	35.4	39.8	43.2	45.4	47.1
5年	…	17.0	18.6	20.4	22.4	24.6	27.4	31.2	35.6	39.9	43.1	45.5	47.3
6年	…	16.6	18.5	20.0	21.9	24.3	27.3	31.5	36.1	40.2	42.8	45.7	47.7
7年	…	17.0	18.5	20.3	22.3	24.6	27.2	31.4	35.9	40.2	44.0	45.5	47.3
8年	…	16.9	18.5	20.3	22.2	24.4	27.2	31.0	35.6	39.9	43.3	45.3	47.0
9年	…	17.0	18.6	20.0	22.4	24.6	27.4	31.3	35.7	40.1	43.4	45.8	47.4
10年	…	…	…	…	…	…	…	…	…	…	…	…	…
11年	…	17.0	18.7	20.6	22.5	24.7	27.5	31.4	36.1	40.3	43.7	45.5	47.3
12年	…	17.1	18.8	20.7	22.7	25.0	27.8	32.1	36.7	41.2	44.2	46.2	47.5
13年	…	17.1	18.9	20.7	22.7	25.0	27.9	31.9	36.9	41.0	43.9	46.1	47.6
14年	…	17.3	18.9	20.7	22.8	25.0	27.9	32.1	36.8	40.8	44.8	46.4	47.3
15年	…	17.2	18.8	20.8	23.0	25.0	28.1	32.3	37.2	41.5	44.4	46.5	48.0
昭和 2年	…	17.2	18.9	20.8	23.0	25.2	28.3	32.6	37.5	41.7	44.8	46.7	48.5
3年	…	17.2	19.4	20.8	22.9	25.3	28.3	32.9	37.9	41.8	44.9	46.6	48.1
4年	…	17.3	18.9	20.9	23.0	25.4	28.5	33.1	37.9	42.1	45.0	46.8	48.5
5年	…	17.3	19.0	20.9	23.0	25.4	28.5	33.2	37.7	42.1	45.0	46.7	48.1
6年	…	17.2	19.0	21.0	23.2	25.6	28.6	33.4	38.0	42.4	45.2	46.9	48.4
7年	…	17.4	19.1	21.1	23.2	25.6	28.8	33.6	38.3	42.7	45.5	47.2	48.6
8年	…	17.4	19.2	21.2	23.3	25.8	28.9	33.9	38.5	42.7	44.8	47.3	48.4
9年	…	17.5	19.3	21.4	23.5	26.0	29.1	33.9	38.8	43.1	45.8	47.8	48.9
10年	…	17.5	19.3	21.4	23.5	26.0	29.2	33.9	38.7	43.2	45.9	47.4	48.5
11年	…	17.6	19.4	21.4	23.5	26.0	29.2	34.0	38.7	43.2	45.8	47.3	48.9
12年	…	17.6	19.4	21.4	23.6	26.1	29.4	33.7	38.3	43.2	45.6	47.2	48.5
13年	…	17.9	19.5	21.6	23.7	26.0	29.5	32.9	38.2	42.8	45.7	47.4	49.1
14年	…	17.7	19.4	21.7	23.7	26.5	29.5	33.7	38.2	43.3	45.0	47.5	48.8
23年	16.8	17.9	19.5	21.3	23.4	25.6	28.2	32.2	35.9	40.1	43.9	47.2	49.1
24年	16.7	17.9	19.7	21.5	23.6	25.8	28.6	32.4	36.5	40.8	45.0	47.6	49.2
25年	16.8	17.9	19.8	21.8	23.8	26.0	28.8	32.6	36.9	41.2	45.2	47.7	49.1
26年	16.8	18.0	19.8	21.9	24.0	26.2	29.2	33.3	37.7	41.9	45.9	48.1	49.4
27年	…	18.1	20.0	22.0	24.1	26.6	29.6	33.5	38.0	42.1	46.0	48.3	49.6
28年	…	18.0	20.1	22.1	24.3	26.8	29.9	34.1	38.3	42.5	46.3	48.4	49.5
29年	16.8	18.1	19.9	22.1	24.3	26.8	30.1	34.4	38.7	42.6	46.2	48.3	49.4
30年	16.9	18.1	20.0	22.1	24.5	27.1	30.5	34.9	39.4	43.2	46.8	48.7	49.8
31年	16.9	18.2	20.1	22.3	24.6	27.5	31.1	35.6	40.2	44.1	47.3	49.1	50.2
32年	16.9	18.2	20.2	22.4	24.7	27.4	31.3	36.0	40.4	44.3	47.3	49.1	50.1
33年	17.1	18.4	20.3	22.5	24.9	27.7	31.3	36.4	40.9	44.6	47.6	49.4	50.3
34年	17.1	18.4	20.4	22.5	25.1	28.0	31.9	36.5	41.4	45.1	47.8	49.5	50.4
35年	17.2	18.5	20.5	22.7	25.2	28.2	32.3	36.9	41.5	45.3	48.1	49.6	50.4
36年	17.3	18.6	20.6	22.9	25.4	28.4	32.5	37.3	41.9	45.3	48.1	49.8	50.6
37年	17.3	18.7	20.7	23.0	25.5	28.6	32.8	37.6	42.2	45.7	48.2	49.9	50.8
38年	17.4	18.8	20.8	23.1	25.7	28.8	32.9	37.8	42.4	45.8	48.3	49.9	50.8
39年	17.5	18.9	20.9	23.2	25.9	29.1	33.3	38.2	42.7	46.1	48.6	50.2	51.0
40年	17.7	19.1	21.2	23.5	26.2	29.4	33.7	38.6	43.2	46.5	48.9	50.5	51.2
41年	17.7	19.2	21.3	23.7	26.5	29.8	34.1	39.2	43.6	46.8	49.1	50.6	51.3
42年	17.8	19.3	21.4	23.9	26.7	30.1	34.5	39.5	43.9	47.2	49.5	51.0	51.6

（明治33年度～令和２年度）（２－２）

単位　(kg)

区　分	幼稚園	小　　学　　校						中　学　校			高　等　学　校		
	5歳	6歳	7歳	8歳	9歳	10歳	11歳	12歳	13歳	14歳	15歳	16歳	17歳
昭和43年度	17.9	19.4	21.6	24.1	26.8	30.4	34.8	39.9	44.3	47.6	49.8	51.1	51.7
44年	18.0	19.5	21.8	24.3	27.2	30.8	35.2	40.2	44.6	47.8	50.0	51.3	51.8
45年	18.0	19.5	21.8	24.4	27.2	31.0	35.7	40.6	44.9	48.3	50.5	51.7	52.1
46年	18.2	19.7	22.0	24.6	27.5	31.1	36.0	40.9	45.3	48.4	50.6	51.7	52.3
47年	18.1	20.1	22.2	24.9	27.9	31.7	36.3	41.5	45.7	48.8	50.8	51.9	52.3
48年	18.3	19.9	22.5	25.0	28.1	31.9	36.6	41.6	45.8	48.7	50.9	51.9	52.3
49年	18.4	20.1	22.3	25.2	28.2	32.0	36.7	41.6	45.7	48.8	50.8	52.0	52.3
50年	18.3	20.1	22.4	25.0	28.3	32.0	36.6	41.6	45.8	48.8	50.7	51.9	52.2
51年	18.3	20.1	22.5	25.3	28.2	32.4	36.8	41.9	45.9	48.9	50.8	51.9	52.3
52年	18.4	20.1	22.4	25.3	28.4	32.0	37.2	42.0	46.0	48.9	51.0	51.7	52.2
53年	18.4	20.1	22.6	25.2	28.4	32.4	36.8	42.2	46.3	48.9	51.0	51.9	52.0
54年	18.5	20.3	22.6	25.4	28.5	32.5	37.5	42.2	46.7	49.3	51.3	52.2	52.3
55年	18.5	20.3	22.6	25.5	28.5	32.6	37.3	42.6	46.5	49.6	51.4	52.2	52.1
56年	18.5	20.4	22.7	25.3	28.5	32.4	37.3	42.4	46.6	49.5	51.6	52.2	52.3
57年	18.6	20.5	22.8	25.6	28.8	32.6	37.4	42.5	46.5	49.5	51.7	52.5	52.4
58年	18.6	20.7	23.0	25.7	28.9	32.7	37.7	42.6	46.6	49.4	51.7	52.3	52.4
59年	18.7	20.7	23.0	25.8	29.1	33.0	37.7	42.9	46.8	49.7	51.8	52.7	52.7
60年	18.7	20.7	23.2	26.0	29.2	33.1	37.8	42.9	46.8	49.8	51.9	52.7	52.8
61年	18.8	20.8	23.2	26.2	29.4	33.3	38.2	43.4	47.1	50.0	52.1	52.8	52.8
62年	18.9	20.9	23.3	26.3	29.5	33.6	38.3	43.5	47.1	49.8	52.1	52.7	52.8
63年	18.9	20.9	23.3	26.3	29.6	33.6	38.5	43.6	47.3	49.9	52.0	52.7	52.7
平成元年	18.9	21.0	23.6	26.4	29.8	33.9	38.7	43.8	47.4	50.0	51.9	52.5	52.6
2年	19.0	21.1	23.6	26.6	29.9	34.0	38.9	43.9	47.5	50.2	52.1	52.6	52.8
3年	18.9	21.2	23.6	26.6	30.0	33.9	39.0	44.0	47.5	50.2	52.1	52.9	52.8
4年	19.0	21.1	23.6	26.6	30.1	34.2	39.1	44.3	47.8	50.5	52.2	53.0	52.9
5年	19.0	21.2	23.8	26.8	30.2	34.4	39.4	44.2	47.9	50.4	52.3	53.0	53.2
6年	18.9	21.2	23.7	26.8	30.3	34.6	39.4	44.4	47.8	50.5	52.2	52.8	53.1
7年	19.0	21.3	23.9	27.0	30.5	34.6	39.6	44.6	48.0	50.5	52.3	53.2	53.3
8年	19.0	21.3	23.9	27.1	30.6	34.9	40.0	44.7	48.1	50.6	52.3	53.3	53.2
9年	18.9	21.2	23.8	27.0	30.5	34.8	39.8	44.7	47.9	50.4	52.0	53.0	52.9
10年	18.9	21.3	23.8	27.0	30.6	35.0	40.1	44.9	48.3	50.6	52.1	53.1	53.1
11年	18.8	21.3	23.8	27.0	30.7	34.9	40.0	45.1	48.2	50.7	52.2	53.1	53.1
12年	18.8	21.3	23.8	27.0	30.7	34.9	40.1	45.0	48.3	50.7	52.1	53.0	53.1
13年	18.8	21.2	23.7	26.9	30.5	34.7	40.1	44.9	48.3	50.9	52.2	53.2	53.2
14年	18.9	21.1	23.8	26.9	30.4	34.8	39.8	44.9	48.3	50.9	52.4	53.3	53.5
15年	18.8	21.2	23.8	26.9	30.5	34.7	40.0	44.8	48.1	50.9	52.3	53.4	53.5
16年	18.7	21.1	23.6	26.7	30.3	34.5	39.6	44.5	48.0	50.7	52.5	53.4	53.5
17年	18.7	21.1	23.6	26.8	30.2	34.4	39.5	44.4	48.0	50.8	52.4	53.3	53.7
18年	18.7	21.1	23.6	26.6	30.1	34.2	39.5	44.4	47.9	50.6	52.3	53.4	53.7
19年	18.7	21.0	23.5	26.6	30.0	34.3	39.1	44.1	47.6	50.3	52.1	53.2	53.5
20年	18.6	21.0	23.6	26.6	30.1	34.4	39.3	44.2	47.7	50.4	52.0	53.0	53.2
21年	18.6	21.0	23.5	26.5	30.0	34.1	39.0	43.8	47.3	50.2	51.6	52.8	52.9
22年	18.6	21.0	23.5	26.5	30.0	34.1	39.0	43.6	47.3	50.0	51.6	52.7	52.9
23年	18.5	20.8	23.4	26.4	29.8	34.0	38.8	43.6	47.1	49.9	51.4	52.5	52.8
24年	18.5	20.9	23.5	26.3	29.9	34.0	38.9	43.7	47.4	49.9	51.6	52.5	52.9
25年	18.6	20.9	23.5	26.4	30.0	34.0	39.0	43.7	47.1	49.9	51.4	52.5	52.9
26年	18.5	20.8	23.4	26.4	29.8	34.0	39.0	43.6	47.2	50.0	51.4	52.4	52.9
27年	18.5	20.8	23.4	26.4	29.7	33.9	38.8	43.6	47.3	49.9	51.5	52.6	53.0
28年	18.5	20.9	23.5	26.4	29.8	34.0	39.0	43.7	47.2	50.0	51.7	52.6	52.9
29年	18.5	21.0	23.5	26.4	29.9	34.0	39.0	43.6	47.2	50.0	51.6	52.6	53.0
30年	18.5	20.9	23.5	26.4	30.0	34.1	39.1	43.7	47.2	49.9	51.6	52.5	52.9
令和元年	18.6	20.9	23.5	26.5	30.0	34.2	39.0	43.8	47.3	50.1	51.7	52.7	53.0
2年	19.0	21.5	24.3	27.4	31.1	35.4	40.3	44.5	47.9	50.2	51.2	51.9	52.3

１２　年齢別　平均座高の推移

1　男

区	幼稚園	小　　学　　校						中　学　校			高　等　学　校		
	5歳	6歳	7歳	8歳	9歳	10歳	11歳	12歳	13歳	14歳	15歳	16歳	17歳
昭和12年度	…	62.4	64.6	66.8	69.0	70.8	72.8	75.0	77.9	82.0	85.1	87.0	87.8
13年	…	62.3	64.6	67.0	69.0	71.0	72.7	75.1	78.0	82.2	86.0	87.5	88.6
14年	…	62.1	64.8	67.2	69.2	71.0	72.9	…	…	…	…	…	…
24年	59.9	62.1	64.4	66.5	68.4	70.2	72.0	74.0	76.4	79.4	83.3	85.9	87.4
25年	60.1	62.0	64.4	66.6	68.6	70.3	72.1	74.2	76.5	79.6	83.5	86.1	87.7
26年	60.3	62.3	64.7	66.9	69.0	70.8	72.5	74.6	77.0	80.2	84.5	86.8	88.3
27年	…	62.4	64.8	67.0	69.0	71.0	72.7	74.8	77.5	80.7	84.8	87.0	88.4
28年	…	62.5	65.0	67.2	69.2	71.2	73.0	75.1	77.8	81.0	85.3	87.3	88.8
29年	60.6	62.6	65.0	67.3	69.3	71.2	73.1	75.3	78.2	81.4	85.6	87.6	88.8
30年	60.6	62.8	65.2	67.4	69.5	71.4	73.2	75.7	78.7	82.0	86.0	87.9	89.0
31年	60.7	62.9	65.4	67.7	69.7	71.6	73.5	75.9	78.9	82.4	86.4	88.1	89.2
32年	60.8	62.9	65.5	67.8	69.9	71.7	73.6	76.1	79.1	82.7	86.7	88.4	89.4
33年	61.0	63.1	65.7	68.0	70.0	72.0	73.8	76.4	79.6	83.0	87.0	88.7	89.7
34年	61.1	63.2	65.7	68.1	70.2	72.1	74.2	76.5	80.0	83.4	87.1	88.8	89.8
35年	61.2	63.3	65.8	68.2	70.3	72.4	74.3	77.0	80.0	83.8	87.3	88.9	89.8
36年	61.3	63.5	66.0	68.3	70.5	72.5	74.5	77.2	80.5	83.9	87.5	89.0	89.7
37年	61.4	63.6	66.1	68.4	70.6	72.6	74.6	77.7	80.9	84.3	87.6	89.2	89.9
38年	61.5	63.7	66.3	68.6	70.8	72.7	74.8	77.7	81.2	84.6	87.8	89.3	89.8
39年	61.6	63.9	66.5	68.8	71.0	73.0	75.1	78.0	81.6	85.0	87.9	89.3	89.9
40年	61.8	64.1	66.6	69.0	71.1	73.1	75.3	78.3	81.7	85.2	88.2	89.3	90.0
41年	61.8	64.2	66.7	69.1	71.2	73.3	75.4	78.5	82.0	85.4	88.2	89.5	90.0
42年	61.9	64.2	66.7	69.1	71.3	73.3	75.5	78.6	82.1	85.5	88.2	89.4	90.0
43年	61.8	64.2	66.8	69.1	71.3	73.3	75.6	78.7	82.2	85.7	88.4	89.5	90.1
44年	61.9	64.3	66.9	69.2	71.4	73.5	75.7	78.8	82.3	85.7	88.5	89.6	90.1
45年	62.0	64.4	67.0	69.4	71.8	73.7	75.9	79.0	82.4	85.8	88.4	89.6	90.2
46年	62.4	64.5	67.0	69.4	71.6	73.7	76.0	79.0	82.6	86.0	88.5	89.7	90.3
47年	62.0	64.6	67.2	69.5	71.7	73.8	76.1	79.3	82.8	86.1	88.6	89.6	90.1
48年	62.1	64.4	67.2	69.5	71.8	73.9	76.0	79.3	83.0	86.2	88.8	89.8	90.3
49年	62.1	64.7	67.1	69.8	71.8	73.9	76.2	79.4	83.0	86.3	88.8	89.9	90.4
50年	62.1	64.6	67.2	69.5	71.9	74.0	76.2	79.5	83.1	86.4	88.9	89.9	90.3
51年	62.2	64.7	67.3	69.8	71.9	74.2	76.3	79.5	83.1	86.4	88.9	89.9	90.4
52年	61.5	64.8	67.3	69.7	72.0	73.9	76.5	79.5	83.2	86.5	88.9	89.9	90.3
53年	61.7	64.8	67.4	69.8	72.0	74.1	76.4	79.8	83.3	86.6	89.0	90.0	90.4
54年	62.2	64.8	67.4	69.8	72.0	74.2	76.6	79.5	83.5	86.6	89.1	90.1	90.6
55年	62.4	64.9	67.4	69.8	72.0	74.2	76.6	79.9	83.3	86.8	89.1	90.1	90.6
56年	62.3	65.0	67.4	69.8	72.1	74.3	76.6	79.8	83.4	86.5	89.2	90.2	90.6
57年	62.5	65.0	67.5	69.9	72.1	74.2	76.5	79.8	83.5	86.8	89.1	90.2	90.8
58年	62.5	65.1	67.6	70.0	72.2	74.3	76.7	79.9	83.5	86.8	89.3	90.2	90.8
59年	62.6	65.2	67.7	70.1	72.3	74.4	76.7	79.9	83.6	86.8	89.3	90.3	90.8
60年	62.6	65.2	67.7	70.1	72.3	74.4	76.7	79.9	83.7	87.0	89.3	90.3	90.8
61年	62.7	65.3	67.8	70.2	72.4	74.6	77.0	80.1	83.7	87.1	89.5	90.4	90.9
62年	62.6	65.3	67.8	70.3	72.5	74.7	77.0	80.3	84.0	87.1	89.5	90.4	91.0
63年	62.6	65.3	67.8	70.3	72.5	74.7	77.2	80.5	84.1	87.2	89.5	90.5	90.9
平成元年	62.6	65.3	67.9	70.3	72.7	74.8	77.3	80.6	84.2	87.4	89.5	90.4	91.0
2年	62.6	65.3	67.9	70.4	72.6	74.9	77.4	80.7	84.3	87.5	89.7	90.5	91.0
3年	62.5	65.2	67.9	70.4	72.7	75.0	77.5	80.9	84.5	87.5	89.7	90.6	91.0
4年	62.5	65.2	67.9	70.4	72.7	75.0	77.5	80.9	84.5	87.6	89.6	90.7	91.2
5年	62.4	65.2	67.8	70.4	72.7	75.1	77.6	80.9	84.5	87.6	89.7	90.6	91.1
6年	62.4	65.2	67.9	70.4	72.8	75.1	77.6	81.0	84.5	87.6	89.8	90.7	91.2
7年	62.3	65.1	67.8	70.4	72.8	75.1	77.6	81.0	84.6	87.6	89.8	90.7	91.1
8年	62.3	65.2	67.8	70.4	72.9	75.1	77.7	81.1	84.6	87.6	89.8	90.7	91.2
9年	62.3	65.1	67.9	70.5	72.8	75.2	77.8	81.2	84.7	87.7	89.9	90.7	91.3
10年	62.2	65.1	67.8	70.4	72.8	75.2	77.9	81.4	84.9	87.8	89.8	90.8	91.3

（昭和12年度～平成27年度）（2－1）

単位（cm）

区	幼稚園	小 学 校						中 学 校			高 等 学 校		
	5歳	6歳	7歳	8歳	9歳	10歳	11歳	12歳	13歳	14歳	15歳	16歳	17歳
平成11年度	62.2	65.0	67.7	70.4	72.8	75.2	78.0	81.5	85.0	88.0	89.8	90.8	91.3
12年	62.1	65.1	67.7	70.4	72.8	75.3	77.9	81.5	85.0	88.1	90.0	90.8	91.3
13年	62.1	64.9	67.7	70.4	72.8	75.1	77.9	81.6	85.1	88.1	90.1	90.9	91.5
14年	62.1	65.0	67.7	70.4	72.8	75.1	77.9	81.5	85.2	88.1	90.0	91.0	91.5
15年	62.1	65.0	67.7	70.4	72.8	75.1	77.9	81.3	85.0	88.1	90.1	91.0	91.5
16年	62.1	65.0	67.8	70.3	72.7	75.1	77.8	81.3	85.0	88.0	90.2	91.1	91.7
17年	62.0	64.9	67.7	70.3	72.7	75.1	77.7	81.3	85.0	88.1	90.2	91.1	91.7
18年	62.1	64.9	67.7	70.3	72.7	75.0	77.8	81.4	85.0	88.0	90.2	91.2	91.8
19年	62.0	64.8	67.7	70.4	72.7	75.1	77.7	81.3	85.0	88.0	90.2	91.3	91.8
20年	62.1	65.0	67.7	70.3	72.8	75.0	77.8	81.4	85.0	88.2	90.2	91.2	91.7
21年	61.9	64.9	67.7	70.3	72.7	75.0	77.6	81.3	84.9	88.1	90.3	91.2	91.8
22年	61.9	64.9	67.6	70.3	72.7	74.9	77.6	81.3	85.0	88.1	90.3	91.3	91.9
23年	62.0	64.9	67.7	70.2	72.6	74.9	77.6	81.2	84.9	88.1	90.3	91.3	91.9
24年	61.9	64.8	67.6	70.3	72.6	74.9	77.5	81.3	84.9	88.2	90.3	91.3	91.9
25年	62.0	64.8	67.6	70.2	72.6	75.0	77.6	81.2	84.8	88.1	90.3	91.4	92.0
26年	61.8	64.8	67.6	70.2	72.6	74.9	77.6	81.3	84.9	88.1	90.4	91.4	92.0
27年	61.8	64.8	67.6	70.2	72.6	74.9	77.7	81.4	85.1	88.2	90.4	91.4	92.1

12 年齢別 平均座高の推移

2 女

区分	幼稚園 5歳	小学校						中学校			高等学校		
		6歳	7歳	8歳	9歳	10歳	11歳	12歳	13歳	14歳	15歳	16歳	17歳
昭和12年度	…	61.8	64.2	66.4	68.4	70.6	73.3	76.0	79.0	81.8	82.9	83.5	83.8
13年	…	61.3	64.0	66.3	68.4	70.6	73.2	76.1	78.4	82.2	82.7	83.8	84.2
14年	…	61.5	64.2	66.6	68.8	70.6	73.4	…	…	…	…	…	…
24年	59.5	61.7	64.1	66.2	68.2	70.1	72.4	75.0	77.5	80.0	82.3	83.3	83.8
25年	59.6	61.6	64.0	66.2	68.2	70.2	72.7	75.1	78.0	80.4	82.4	83.5	84.0
26年	59.7	61.9	64.2	66.5	68.7	70.6	73.0	75.8	78.7	80.9	83.1	83.7	84.0
27年	…	62.0	64.3	66.6	68.8	70.9	73.2	76.0	78.8	81.1	83.2	83.8	84.2
28年	…	62.0	64.6	66.8	68.9	71.1	73.6	76.5	79.1	81.3	83.3	84.0	84.4
29年	60.0	62.2	64.6	67.0	69.1	71.3	73.9	76.9	79.5	81.5	83.3	84.0	84.3
30年	60.1	62.3	64.8	67.1	69.4	71.6	74.1	77.4	80.0	82.0	83.7	84.2	84.3
31年	60.1	62.5	65.0	67.3	69.5	72.0	74.6	77.8	80.4	82.3	83.8	84.0	84.4
32年	60.2	62.5	65.0	67.4	69.7	71.9	74.8	78.0	80.6	82.5	84.0	84.4	84.6
33年	60.4	62.6	65.2	67.6	69.9	72.3	75.0	78.5	80.9	82.7	84.1	84.5	84.7
34年	60.4	62.7	65.1	67.7	70.1	72.0	75.5	78.6	81.3	82.9	84.2	84.6	84.7
35年	60.6	62.8	65.3	67.8	70.2	72.8	75.9	79.1	81.5	83.2	84.4	84.7	84.9
36年	60.6	63.0	65.6	68.0	70.4	73.0	76.1	79.4	81.9	83.3	84.5	84.8	85.0
37年	60.8	63.1	65.6	68.0	70.4	73.0	76.1	79.5	82.1	83.8	84.6	84.9	84.9
38年	61.0	63.2	65.8	68.3	70.6	73.3	76.2	79.9	82.3	83.7	84.8	85.1	85.1
39年	61.0	63.4	66.0	68.4	70.8	73.5	76.6	80.0	82.5	83.9	84.7	85.1	85.1
40年	61.1	63.6	66.1	68.6	71.0	73.7	76.8	80.2	82.6	84.0	84.8	85.1	85.1
41年	61.1	63.6	66.2	68.7	71.1	73.8	77.0	80.4	82.7	84.0	84.8	85.1	85.1
42年	61.2	63.7	66.3	68.7	71.1	74.0	77.1	80.5	82.7	84.0	84.8	85.1	85.1
43年	61.3	63.7	66.3	68.8	71.3	74.0	77.2	80.6	82.8	84.0	84.8	85.0	85.0
44年	61.4	63.8	66.4	68.9	71.4	74.2	77.3	80.7	82.8	84.1	84.7	85.1	85.1
45年	61.4	63.8	66.5	69.0	71.5	74.4	77.7	80.8	83.0	84.4	84.9	85.0	85.1
46年	61.7	63.9	66.5	68.9	71.5	74.3	77.7	80.8	83.0	84.1	84.8	84.9	84.8
47年	61.4	64.2	66.7	69.2	71.6	74.4	77.6	81.0	83.1	84.2	84.7	85.0	85.0
48年	61.6	63.9	66.8	69.1	71.7	74.5	77.8	81.1	83.1	84.2	84.9	85.0	85.0
49年	61.5	64.3	66.7	69.4	71.7	74.6	77.8	81.1	83.0	84.2	84.9	85.1	85.1
50年	61.6	64.0	66.7	69.2	71.8	74.7	77.9	81.2	83.1	84.2	84.9	85.1	85.0
51年	61.7	64.2	66.8	69.3	71.7	74.9	78.0	81.2	83.1	84.2	84.9	85.0	85.1
52年	60.9	64.2	66.8	69.3	71.8	74.6	78.2	81.2	83.1	84.1	84.9	84.9	85.0
53年	61.2	64.2	66.8	69.3	71.8	74.9	77.9	81.3	83.2	84.2	84.9	85.0	84.9
54年	61.7	64.3	66.9	69.4	71.9	74.9	78.3	81.3	83.4	84.3	85.0	85.0	85.0
55年	61.8	64.4	66.9	69.5	71.9	74.9	78.2	81.5	83.3	84.4	84.9	85.0	85.0
56年	61.8	64.4	67.1	69.4	71.9	74.9	78.2	81.4	83.3	84.3	85.0	85.0	85.0
57年	62.0	64.5	67.1	69.5	72.0	74.9	78.2	81.4	83.3	84.3	85.0	85.1	85.0
58年	62.0	64.7	67.2	69.7	72.1	75.0	78.3	81.4	83.3	84.3	85.1	85.1	85.0
59年	62.1	64.8	67.3	69.8	72.2	75.2	78.4	81.5	83.4	84.4	85.0	85.2	85.1
60年	62.1	64.7	67.4	69.8	72.3	75.2	78.5	81.6	83.4	84.5	85.1	85.2	85.1
61年	62.2	64.8	67.4	69.9	72.4	75.2	78.6	81.7	83.5	84.5	85.1	85.1	85.1
62年	62.2	64.8	67.4	69.9	72.4	75.4	78.6	81.8	83.5	84.5	85.1	85.2	85.2
63年	62.2	64.8	67.4	70.0	72.5	75.4	78.7	81.7	83.5	84.5	85.1	85.2	85.2
平成元年	62.2	64.9	67.5	70.0	72.6	75.6	78.8	81.9	83.6	84.5	85.1	85.1	85.1
2年	62.1	64.9	67.5	70.0	72.6	75.6	79.0	81.9	83.6	84.6	85.2	85.3	85.3
3年	61.9	64.9	67.5	70.1	72.7	75.6	79.0	82.0	83.6	84.7	85.2	85.3	85.3
4年	62.0	64.7	67.4	70.0	72.7	75.8	79.0	82.0	83.7	84.7	85.3	85.4	85.4
5年	61.9	64.8	67.4	70.1	72.7	75.9	79.1	82.0	83.7	84.6	85.2	85.3	85.4
6年	62.0	64.8	67.5	70.1	72.8	76.0	79.3	82.1	83.7	84.7	85.2	85.2	85.3
7年	61.9	64.7	67.5	70.1	72.9	76.0	79.3	82.2	83.8	84.6	85.1	85.2	85.3
8年	61.8	64.8	67.5	70.2	73.0	76.1	79.5	82.2	83.8	84.6	85.1	85.3	85.3
9年	61.8	64.7	67.4	70.2	73.0	76.1	79.5	82.3	83.8	84.7	85.1	85.2	85.2
10年	61.7	64.7	67.4	70.1	72.9	76.2	79.5	82.3	83.9	84.7	85.1	85.2	85.2

（昭和12年度～平成27年度）（2－2）

単位　（cm）

区	幼稚園	小　　学　　校						中　学　校			高　等　学　校		
	5歳	6歳	7歳	8歳	9歳	10歳	11歳	12歳	13歳	14歳	15歳	16歳	17歳
平成11年度	61.6	64.7	67.4	70.1	72.9	76.1	79.5	82.3	83.8	84.7	85.1	85.3	85.3
12年	61.7	64.6	67.4	70.1	72.9	76.1	79.5	82.3	83.8	84.7	85.1	85.3	85.4
13年	61.6	64.6	67.4	70.1	72.8	76.0	79.5	82.3	83.8	84.8	85.1	85.3	85.4
14年	61.7	64.6	67.4	70.1	72.9	76.0	79.3	82.2	83.8	84.8	85.3	85.4	85.4
15年	61.7	64.6	67.4	70.1	72.8	76.0	79.5	82.2	83.8	84.8	85.2	85.4	85.4
16年	61.6	64.6	67.3	70.1	72.8	75.9	79.4	82.2	83.9	84.8	85.4	85.5	85.5
17年	61.5	64.5	67.3	70.0	72.8	75.9	79.3	82.2	83.8	84.9	85.3	85.6	85.6
18年	61.6	64.5	67.3	70.0	72.8	76.0	79.4	82.2	83.9	84.9	85.4	85.7	85.7
19年	61.6	64.5	67.3	70.0	72.8	76.0	79.3	82.2	83.9	84.9	85.4	85.6	85.7
20年	61.6	64.6	67.3	70.0	72.8	76.0	79.3	82.2	83.8	84.9	85.4	85.6	85.8
21年	61.5	64.5	67.3	70.0	72.7	75.9	79.3	82.1	83.7	84.8	85.3	85.6	85.7
22年	61.5	64.5	67.3	70.0	72.7	75.9	79.2	82.1	83.8	84.8	85.3	85.6	85.8
23年	61.4	64.4	67.2	69.9	72.7	75.9	79.2	82.1	83.9	84.9	85.4	85.6	85.8
24年	61.4	64.4	67.3	69.9	72.6	75.8	79.2	82.2	83.9	84.9	85.4	85.7	85.8
25年	61.5	64.4	67.3	69.9	72.8	75.8	79.3	82.1	83.8	84.9	85.5	85.8	85.9
26年	61.3	64.4	67.2	69.9	72.6	75.8	79.3	82.1	83.8	84.9	85.4	85.7	85.9
27年	61.3	64.4	67.2	69.9	72.7	75.8	79.2	82.1	83.9	84.9	85.5	85.7	85.9

13　年齢別　肥満傾向児の出現率の推移（昭和52年度〜令和2年度）（3−1）

1. 計　　　　　　　　　　　　　　　　　　　　　　　　　　　　　　　　　　　　　単位（％）

区分	幼稚園 5歳	小　学　校						中　学　校			高　等　学　校		
		6歳	7歳	8歳	9歳	10歳	11歳	12歳	13歳	14歳	15歳	16歳	17歳
昭和 52年度	…	2.62	3.13	4.27	5.26	5.86	6.46	6.64	5.63	4.91	…	…	…
53年	…	2.69	3.12	4.26	5.56	6.16	6.58	6.89	6.12	5.47	…	…	…
54年	…	2.81	3.41	4.90	5.69	6.69	7.29	7.00	6.38	5.87	…	…	…
55年	…	2.68	3.50	4.96	5.63	6.82	7.35	7.39	6.71	5.91	…	…	…
56年	…	2.65	3.25	4.35	5.75	6.77	7.01	7.02	6.53	5.84	…	…	…
57年	…	2.87	3.21	4.46	5.87	6.53	7.05	7.27	6.50	6.07	…	…	…
58年	…	2.83	3.52	4.88	6.13	6.71	7.47	7.72	6.88	6.47	…	…	…
59年	…	3.00	3.39	4.71	5.97	6.84	7.07	7.32	6.79	6.37	…	…	…
60年	…	3.12	3.83	4.95	6.20	7.27	7.39	7.68	7.05	6.61	…	…	…
61年	…	3.36	3.85	5.26	6.53	7.35	7.78	7.81	7.05	6.59	…	…	…
62年	…	3.33'	4.22	5.66	6.87	7.76	8.05	8.08	7.38	6.81	…	…	…
63年	…	3.65	4.30	5.73	6.82	7.82	8.31	8.44	7.52	7.05	…	…	…
平成元年	…	3.86	4.60	5.87	7.25	8.16	8.44	8.51	7.89	7.41	…	…	…
2年	…	4.15	4.54	6.36	7.54	8.18	8.52	9.00	8.22	7.73	…	…	…
3年	…	3.87	4.73	6.19	7.55	8.38	8.81	9.29	8.36	7.71	…	…	…
4年	…	4.18	4.70	6.53	7.96	8.78	8.85	9.24	8.48	7.95	…	…	…
5年	…	4.25	4.99	6.52	7.82	9.11	9.30	9.08	8.40	7.92	…	…	…
6年	…	4.27	5.11	6.46	8.08	8.62	9.35	9.28	8.26	7.81	…	…	…
7年	…	4.45	5.37	7.09	8.26	8.81	9.32	9.72	8.77	8.01	…	…	…
8年	…	4.63	5.37	7.09	8.97	9.34	9.77	10.06	8.83	8.04	…	…	…
9年	…	4.81	5.59	7.43	8.88	9.77	10.06	10.25	8.94	8.36	…	…	…
10年	…	4.84	5.89	7.42	8.81	9.85	10.07	10.16	9.29	8.48	…	…	…
11年	…	4.74	5.84	7.62	9.22	9.86	10.42	10.37	9.28	8.86	…	…	…
12年	…	4.81	5.66	7.68	9.17	9.95	10.51	10.68	9.57	8.61	…	…	…
13年	…	4.75	5.47	7.76	9.33	9.99	10.61	11.03	9.73	8.85	…	…	…
14年	…	4.72	5.72	7.63	8.90	10.06	10.89	11.02	9.79	9.25	…	…	…
15年	…	4.64	5.58	7.87	9.00	10.11	10.75	10.76	9.64	8.92	…	…	…
16年	…	4.48	5.60	7.64	9.15	9.95	10.24	10.44	9.51	8.83	…	…	…
17年	…	4.68	5.52	7.36	8.83	9.48	10.23	10.42	9.25	8.64	…	…	…
18年	(2.72)	(4.76)	(5.24)	(7.18)	(8.34)	(9.46)	(9.85)	(10.26)	(9.16)	(8.78)	(9.63)	(8.41)	(8.54)
	2.78	5.34	6.03	8.03	9.70	10.20	10.91	11.73	10.36	10.22	11.98	10.98	11.30
19年	2.87	4.75	6.25	7.80	9.22	10.29	10.58	11.07	9.94	9.50	11.70	11.07	11.08
20年	2.82	4.55	6.04	7.62	9.17	10.39	10.45	10.93	9.68	9.29	11.54	10.15	10.51
21年	2.70	4.36	5.50	7.30	8.60	9.54	9.69	10.29	8.94	8.89	10.32	9.75	9.83
22年	2.81	4.34	5.38	7.05	8.30	9.28	9.98	9.98	8.70	8.65	10.52	9.71	9.74
23年	2.27	3.84	5.02	6.33	7.62	8.59	8.81	9.40	8.27	7.96	10.15	9.26	9.67
24年	2.39	4.22	5.41	6.62	8.26	8.82	9.32	9.68	8.44	7.90	9.98	9.00	9.55
25年	2.43	4.05	5.42	6.80	8.26	9.47	9.37	9.62	8.42	7.85	9.58	9.07	9.35
26年	2.62	4.25	5.43	6.92	8.14	9.07	9.44	9.38	8.42	7.93	9.90	8.81	9.48
27年	2.29	3.84	5.13	6.51	7.98	8.62	8.91	9.13	8.04	7.55	9.60	8.35	8.99
28年	2.56	4.30	5.47	7.15	8.32	8.96	9.22	9.52	7.88	7.88	9.72	8.40	9.30
29年	2.73	4.40	5.45	6.90	8.63	8.89	9.22	8.97	8.09	7.53	9.79	8.67	9.34
30年	2.64	4.49	5.89	7.10	8.63	9.00	9.41	9.55	8.06	7.81	9.70	8.77	9.22
令和元年	2.77	4.51	6.02	7.54	9.24	9.57	10.00	9.86	8.77	8.18	9.81	8.92	9.29
2年	3.51	5.51	8.03	10.31	11.50	11.91	11.38	10.84	10.40	9.64	9.72	9.09	10.08

（注）肥満傾向児とは以下の者である。以下の各表において同じ。
　1．昭和52年度から平成17年度は，性別・年齢別に身長別平均体重を求め，その平均体重の120％以上の者。
　2．平成18年度からは，以下の式により性別・年齢別・身長別標準体重から肥満度を求め，肥満度が20％以上の者。
　　　　肥満度＝（実測体重−身長別標準体重）／ 身長別標準体重　× 100（％）
　3．平成18年度上段（　）内は，平成17年度以前の算出方法により算出した出現率である。

13 年齢別 肥満傾向児の出現率の推移(昭和52年度～令和2年度)(3-2)

2. 男　　単位 (%)

区分	幼稚園	小 学 校						中 学 校			高 等 学 校		
	5歳	6歳	7歳	8歳	9歳	10歳	11歳	12歳	13歳	14歳	15歳	16歳	17歳
昭和 52年度	…	2.59	2.72	4.16	5.14	5.91	6.72	6.57	5.17	4.58	…	…	…
53年	…	2.66	3.31	4.15	5.62	6.60	7.10	6.86	5.94	5.54	…	…	…
54年	…	2.70	3.25	4.65	5.81	7.14	7.32	6.88	6.34	6.03	…	…	…
55年	…	2.64	3.55	4.90	5.71	6.86	7.65	7.48	6.93	6.07	…	…	…
56年	…	2.51	3.15	4.52	5.92	7.31	7.33	7.19	6.64	6.20	…	…	…
57年	…	2.64	3.06	4.47	5.72	6.97	7.49	7.53	6.69	6.53	…	…	…
58年	…	2.56	3.50	4.86	6.07	7.29	7.88	8.11	7.08	6.97	…	…	…
59年	…	2.81	3.28	4.66	6.02	6.92	7.45	7.57	6.97	6.89	…	…	…
60年	…	2.91	3.81	5.03	6.34	7.57	7.93	7.92	7.24	7.22	…	…	…
61年	…	3.36	3.71	4.92	6.60	7.76	8.35	7.88	7.15	7.23	…	…	…
62年	…	3.15	4.01	5.62	6.94	8.17	8.47	8.44	7.64	7.28	…	…	…
63年	…	3.40	4.12	6.18	6.90	8.13	8.59	8.90	7.83	7.84	…	…	…
平成元年	…	3.77	4.57	5.87	7.37	8.77	8.91	9.15	8.30	8.43	…	…	…
2年	…	3.98	4.65	6.46	7.74	8.93	9.43	9.64	8.80	8.64	…	…	…
3年	…	3.61	4.77	6.56	7.75	8.87	9.56	9.99	8.87	8.60	…	…	…
4年	…	4.11	4.60	6.97	8.64	9.43	9.74	9.80	8.87	8.82	…	…	…
5年	…	4.35	5.03	6.74	8.31	10.00	9.99	9.67	8.76	8.60	…	…	…
6年	…	4.16	5.13	6.55	8.28	9.45	10.08	9.94	8.99	8.60	…	…	…
7年	…	4.33	5.35	7.09	8.69	9.77	9.99	10.23	9.46	8.87	…	…	…
8年	…	4.60	5.27	7.30	9.20	9.87	10.62	10.79	9.50	8.77	…	…	…
9年	…	4.76	5.78	7.49	9.68	10.33	11.03	10.97	9.55	9.14	…	…	…
10年	…	5.01	6.10	7.53	9.35	10.52	10.99	10.71	9.84	9.24	…	…	…
11年	…	4.60	5.89	8.03	9.43	10.68	11.18	10.97	9.74	9.66	…	…	…
12年	…	5.04	5.83	8.08	9.54	10.43	11.21	11.28	10.36	9.33	…	…	…
13年	…	4.71	5.74	7.87	9.99	10.83	11.78	11.86	10.37	9.61	…	…	…
14年	…	4.81	5.99	7.92	9.32	10.60	11.68	11.44	10.28	9.90	…	…	…
15年	…	4.70	5.92	8.26	9.60	10.76	11.83	11.48	10.28	9.54	…	…	…
16年	…	4.58	5.70	8.08	9.54	10.59	11.09	11.12	10.07	9.58	…	…	…
17年	…	4.54	5.65	7.58	9.48	9.74	11.25	11.23	9.65	9.58	…	…	…
18年	(2.42)	(4.80)	(5.30)	(7.47)	(8.78)	(10.36)	(10.67)	(11.14)	(9.72)	(9.55)	(10.88)	(9.45)	(9.73)
	2.59	5.70	6.21	8.63	10.81	11.70	11.82	13.26	11.23	11.20	13.76	12.45	12.90
19年	2.78	4.79	6.77	8.09	10.23	11.59	11.64	12.41	10.84	10.22	13.47	12.92	12.87
20年	2.87	4.52	6.19	8.03	10.36	11.32	11.18	11.97	10.28	9.99	13.45	11.85	12.33
21年	2.75	4.55	5.60	7.53	9.57	10.76	10.61	11.49	9.71	9.55	12.11	11.20	11.27
22年	2.80	4.46	5.62	7.20	9.06	10.37	11.09	10.99	9.41	9.37	12.40	11.57	11.30
23年	2.14	3.75	5.18	6.70	8.39	9.42	9.46	10.25	9.02	8.48	11.99	11.16	11.54
24年	2.41	4.09	5.58	7.13	9.24	9.86	9.98	10.67	8.96	8.43	11.41	10.25	10.91
25年	2.38	4.18	5.47	7.26	8.90	10.90	10.02	10.65	8.97	8.27	11.05	10.46	10.85
26年	2.55	4.34	5.45	7.57	8.89	9.72	10.28	10.72	8.94	8.16	11.42	10.16	10.69
27年	2.34	3.74	5.24	6.70	8.93	9.77	9.87	9.87	8.37	7.94	11.34	9.21	10.22
28年	2.68	4.35	5.74	7.65	9.41	10.01	10.08	10.42	8.28	8.04	10.95	9.43	10.64
29年	2.78	4.39	5.65	7.24	9.52	9.99	9.69	9.89	8.69	8.03	11.57	9.93	10.71
30年	2.58	4.51	6.23	7.76	9.53	10.11	10.01	10.60	8.73	8.36	11.01	10.57	10.48
令和元年	2.63	4.68	6.41	8.16	10.57	10.63	11.11	11.18	9.63	8.96	11.72	10.50	10.56
2年	3.65	5.85	8.77	11.67	13.58	14.24	13.31	12.71	12.18	10.94	12.07	11.54	12.48

13　年齢別　肥満傾向児の出現率の推移（昭和52年度～令和2年度）（3-3）

3.女　　　　　　　　　　　　　　　　　　　　　　　　　　　　　単位（％）

区分	幼稚園	小 学 校						中 学 校			高 等 学 校		
	5歳	6歳	7歳	8歳	9歳	10歳	11歳	12歳	13歳	14歳	15歳	16歳	17歳
昭和 52年度	…	2.66	3.56	4.37	5.39	5.80	6.18	6.72	6.10	5.24	…	…	…
53年	…	2.73	2.92	4.37	5.51	5.69	6.04	6.93	6.30	5.39	…	…	…
54年	…	2.92	3.58	5.17	5.57	6.21	7.27	7.13	6.42	5.71	…	…	…
55年	…	2.73	3.45	5.03	5.54	6.78	7.03	7.30	6.48	5.75	…	…	…
56年	…	2.81	3.36	4.17	5.58	6.20	6.68	6.84	6.41	5.46	…	…	…
57年	…	3.11	3.37	4.44	6.03	6.07	6.59	7.00	6.29	5.58	…	…	…
58年	…	3.12	3.55	4.89	6.18	6.09	7.04	7.30	6.68	5.95	…	…	…
59年	…	3.21	3.51	4.77	5.91	6.76	6.66	7.06	6.60	5.83	…	…	…
60年	…	3.33	3.85	4.87	6.04	6.96	6.83	7.43	6.85	5.96	…	…	…
61年	…	3.37	3.99	5.63	6.45	6.92	7.18	7.73	6.94	5.92	…	…	…
62年	…	3.53	4.44	5.70	6.80	7.33	7.61	7.69	7.11	6.32	…	…	…
63年	…	3.92	4.49	5.26	6.73	7.51	8.01	7.95	7.19	6.22	…	…	…
平成元年	…	3.95	4.63	5.87	7.13	7.51	7.94	7.84	7.46	6.34	…	…	…
2年	…	4.32	4.43	6.26	7.33	7.38	7.57	8.34	7.61	6.77	…	…	…
3年	…	4.15	4.69	5.80	7.34	7.86	8.03	8.56	7.84	6.78	…	…	…
4年	…	4.25	4.80	6.08	7.25	8.10	7.91	8.65	8.07	7.04	…	…	…
5年	…	4.15	4.95	6.30	7.30	8.17	8.57	8.46	8.02	7.20	…	…	…
6年	…	4.38	5.08	6.38	7.88	7.76	8.58	8.60	7.50	6.99	…	…	…
7年	…	4.58	5.38	7.09	7.81	7.80	8.61	9.19	8.05	7.10	…	…	…
8年	…	4.67	5.48	6.86	8.74	8.78	8.88	9.30	8.13	7.28	…	…	…
9年	…	4.86	5.39	7.37	8.03	9.18	9.05	9.50	8.30	7.55	…	…	…
10年	…	4.65	5.67	7.32	8.23	9.14	9.10	9.58	8.72	7.70	…	…	…
11年	…	4.89	5.79	7.19	9.01	9.00	9.63	9.75	8.79	8.02	…	…	…
12年	…	4.57	5.48	7.27	8.79	9.45	9.78	10.05	8.74	7.86	…	…	…
13年	…	4.78	5.18	7.65	8.64	9.10	9.37	10.15	9.05	8.05	…	…	…
14年	…	4.61	5.43	7.33	8.46	9.48	10.07	10.58	9.28	8.58	…	…	…
15年	…	4.57	5.23	7.46	8.38	9.42	9.62	10.02	8.97	8.01	…	…	…
16年	…	4.38	5.49	7.19	8.74	9.27	9.35	9.73	8.92	8.03	…	…	…
17年	…	4.83	5.39	7.12	8.15	9.2	9.16	9.56	8.83	7.66	…	…	…
18年	(3.02)	(4.72)	(5.17)	(6.87)	(7.89)	(8.52)	(8.99)	(9.35)	(8.58)	(7.97)	(8.35)	(7.34)	(7.33)
	2.97	4.98	5.85	7.41	8.55	8.62	9.95	10.13	9.46	9.20	10.15	9.46	9.67
19年	2.96	4.70	5.71	7.50	8.16	8.92	9.47	9.67	8.99	8.75	9.87	9.18	9.23
20年	2.78	4.57	5.88	7.18	7.91	9.42	9.68	9.84	9.05	8.54	9.56	8.40	8.64
21年	2.65	4.17	5.40	7.05	7.58	8.26	8.74	9.04	8.13	8.21	8.47	8.27	8.35
22年	2.83	4.23	5.13	6.90	7.51	8.13	8.83	8.92	7.96	7.89	8.59	7.81	8.14
23年	2.40	3.93	4.86	5.94	6.82	7.71	8.12	8.51	7.49	7.43	8.26	7.33	7.76
24年	2.36	4.37	5.23	6.09	7.23	7.73	8.61	8.64	7.90	7.36	8.51	7.74	8.18
25年	2.49	3.91	5.38	6.31	7.58	7.96	8.69	8.54	7.83	7.42	8.08	7.66	7.83
26年	2.69	4.15	5.41	6.24	7.36	8.40	8.56	7.97	7.89	7.68	8.35	7.44	8.25
27年	2.24	3.93	5.00	6.31	6.99	7.42	7.92	8.36	7.69	7.14	7.82	7.48	7.75
28年	2.44	4.24	5.18	6.63	7.17	7.86	8.31	8.57	7.46	7.70	8.46	7.36	7.95
29年	2.67	4.42	5.24	6.55	7.70	7.74	8.72	8.01	7.45	7.01	7.96	7.38	7.95
30年	2.71	4.47	5.53	6.41	7.69	7.82	8.79	8.45	7.37	7.22	8.35	6.93	7.94
令和元年	2.93	4.33	5.61	6.88	7.85	8.46	8.84	8.48	7.88	7.37	7.84	7.30	7.99
2年	3.37	5.16	7.25	8.89	9.32	9.47	9.36	8.89	8.53	8.29	7.30	6.59	7.63

14 年齢別 痩身傾向児の出現率の推移（昭和52年度～令和2年度）（3－1）

1. 計   単位 （%）

区分	幼稚園	小 学 校						中 学 校			高 等 学 校		
	5歳	6歳	7歳	8歳	9歳	10歳	11歳	12歳	13歳	14歳	15歳	16歳	17歳
昭和 52年度	…	0.53	0.44	0.69	0.86	1.02	1.18	1.63	1.71	1.49	…	…	…
53年	…	0.57	0.43	0.45	1.05	1.23	1.36	1.59	1.76	1.57	…	…	…
54年	…	0.56	0.41	0.66	0.90	1.36	1.44	1.80	1.88	1.59	…	…	…
55年	…	0.53	0.52	0.86	0.87	1.29	1.39	1.86	1.74	1.82	…	…	…
56年	…	0.63	0.46	0.80	0.97	1.27	1.54	1.89	1.76	1.94	…	…	…
57年	…	0.46	0.32	0.60	0.89	1.23	1.43	1.73	1.71	1.53	…	…	…
58年	…	0.43	0.44	0.61	0.77	1.16	1.56	1.94	1.84	1.70	…	…	…
59年	…	0.44	0.35	0.61	0.88	1.15	1.17	1.86	1.65	1.80	…	…	…
60年	…	0.43	0.47	0.68	0.91	1.42	1.48	1.84	1.71	1.83	…	…	…
61年	…	0.55	0.57	0.77	1.16	1.41	1.83	2.07	1.86	1.79	…	…	…
62年	…	0.51	0.55	0.80	1.17	1.65	1.73	2.19	2.02	2.03	…	…	…
63年	…	0.48	0.55	0.85	1.32	1.74	1.95	2.29	2.13	1.99	…	…	…
平成元年	…	0.58	0.56	0.91	1.59	1.90	2.05	2.29	2.20	2.13	…	…	…
2年	…	0.59	0.71	1.16	1.55	2.19	2.23	2.83	2.31	2.23	…	…	…
3年	…	0.61	0.54	1.01	1.70	2.01	2.24	2.93	2.44	2.22	…	…	…
4年	…	0.67	0.64	1.02	1.69	2.15	2.37	2.87	2.41	2.53	…	…	…
5年	…	0.71	0.74	1.28	1.58	1.88	2.58	2.75	2.41	2.51	…	…	…
6年	…	0.51	0.73	1.16	1.90	2.26	2.68	2.88	2.60	2.52	…	…	…
7年	…	0.68	0.78	1.57	1.86	2.37	2.60	2.92	2.79	2.40	…	…	…
8年	…	0.72	0.75	1.68	2.19	2.83	2.92	3.14	2.61	2.49	…	…	…
9年	…	0.85	1.04	1.65	2.61	3.23	3.07	3.28	2.97	2.65	…	…	…
10年	…	0.84	0.94	1.66	2.56	3.33	3.49	3.41	3.14	3.00	…	…	…
11年	…	0.77	0.91	1.75	2.97	3.48	3.27	4.08	3.01	2.84	…	…	…
12年	…	0.96	0.89	1.75	2.82	3.58	3.57	3.84	3.25	2.95	…	…	…
13年	…	0.71	0.92	1.74	2.70	3.03	3.86	4.02	3.23	3.03	…	…	…
14年	…	0.75	0.95	1.90	2.67	3.46	3.38	4.48	3.55	3.24	…	…	…
15年	…	0.79	1.03	1.85	2.80	3.27	3.74	4.15	3.18	3.12	…	…	…
16年	…	0.77	0.80	1.59	2.60	3.27	3.56	4.09	3.57	3.36	…	…	…
17年	…	0.73	0.79	1.67	2.49	3.05	3.48	3.99	3.36	2.96	…	…	…
18年	(0.49)	(0.64)	(0.82)	(1.36)	(2.44)	(2.79)	(3.31)	(3.87)	(3.11)	(3.18)	(3.90)	(3.21)	(3.33)
	0.40	0.44	0.48	0.97	1.66	2.52	2.49	2.74	2.35	2.10	2.10	1.55	1.31
19年	0.34	0.47	0.52	0.96	1.66	2.71	3.10	3.18	2.59	2.15	2.38	1.76	1.40
20年	0.42	0.50	0.50	0.91	1.38	2.40	2.72	3.06	2.52	2.21	2.37	1.91	1.85
21年	0.42	0.52	0.47	1.12	1.74	2.68	3.00	3.35	2.64	2.44	2.50	1.86	1.73
22年	0.47	0.55	0.48	0.94	1.55	2.48	2.81	3.09	2.66	2.27	2.24	2.16	1.74
23年	0.37	0.52	0.55	1.10	1.73	2.67	3.02	3.35	2.70	2.16	2.62	2.02	1.71
24年	0.36	0.42	0.54	1.11	1.64	2.55	3.25	3.27	2.63	2.49	2.39	2.00	1.75
25年	0.35	0.50	0.53	1.02	1.84	2.68	2.82	3.27	2.45	2.11	2.70	1.93	1.78
26年	0.36	0.52	0.62	1.04	1.92	2.68	3.05	3.45	2.61	2.15	2.60	2.02	1.84
27年	0.43	0.45	0.50	0.88	1.81	2.76	3.07	3.51	2.62	2.31	2.51	2.07	1.82
28年	0.33	0.43	0.52	1.12	1.66	2.74	2.96	3.50	2.74	2.24	2.69	2.05	1.86
29年	0.31	0.55	0.57	1.01	1.71	2.55	2.90	3.64	2.95	2.39	2.63	2.19	1.89
30年	0.31	0.47	0.46	1.07	1.70	2.77	3.05	3.47	2.75	2.48	2.74	2.39	1.98
令和元年	0.32	0.49	0.41	0.91	1.60	2.66	2.97	3.59	2.92	2.50	2.99	2.25	2.20
2年	0.44	0.52	0.64	1.03	2.08	2.76	3.16	4.00	3.09	3.02	3.69	3.66	3.20

（注）痩身傾向児とは以下の者である。以下の各表において同じ。
1．昭和52年度から平成17年度は，性別・年齢別に身長別平均体重を求め，その平均体重の80%以下の者。
2．平成18年度からは，以下の式により性別・年齢別・身長別標準体重から肥満度を求め，肥満度が－20%以下の者
　　肥満度＝（実測体重－身長別標準体重）／ 身長別標準体重 × 100（%）
3．平成18年度上段（　）内は，平成17年度以前の算出方法により算出した出現率である。

14　年齢別　痩身傾向児の出現率の推移（昭和52年度〜令和2年度）（3−2）

2. 男　　　　　　　　　　　　　　　　　　　　　　　　　　　　　　　　　　単位（%）

区　分	幼稚園	小　学　校						中　学　校			高　等　学　校		
	5歳	6歳	7歳	8歳	9歳	10歳	11歳	12歳	13歳	14歳	15歳	16歳	17歳
昭和52年度	…	0.57	0.36	0.72	0.61	1.00	0.93	1.23	0.80	0.79	…	…	…
53年	…	0.62	0.36	0.32	0.83	1.04	1.26	1.08	1.12	0.89	…	…	…
54年	…	0.55	0.43	0.53	0.81	1.41	1.37	1.26	1.15	1.07	…	…	…
55年	…	0.50	0.49	0.75	0.76	1.36	1.23	1.35	1.08	1.03	…	…	…
56年	…	0.49	0.50	0.78	0.78	1.18	1.26	1.35	1.10	1.35	…	…	…
57年	…	0.47	0.31	0.47	0.88	1.12	1.34	1.26	0.99	1.08	…	…	…
58年	…	0.34	0.31	0.56	0.79	1.13	1.68	1.49	1.24	1.07	…	…	…
59年	…	0.41	0.26	0.67	0.93	1.13	1.14	1.33	1.07	1.16	…	…	…
60年	…	0.42	0.38	0.59	0.80	1.43	1.28	1.27	1.09	1.47	…	…	…
61年	…	0.44	0.53	0.76	1.21	1.37	1.70	1.56	1.29	1.27	…	…	…
62年	…	0.45	0.49	0.71	1.13	1.80	1.60	1.75	1.47	1.34	…	…	…
63年	…	0.47	0.53	0.93	1.39	1.89	1.99	1.91	1.55	1.56	…	…	…
平成元年	…	0.58	0.52	0.94	1.75	1.86	1.91	1.80	1.60	1.76	…	…	…
2年	…	0.53	0.66	1.12	1.52	2.12	2.26	2.50	1.86	2.00	…	…	…
3年	…	0.55	0.50	0.96	1.72	2.34	2.24	2.58	1.93	1.90	…	…	…
4年	…	0.59	0.59	0.99	1.82	2.46	2.40	2.35	1.73	2.08	…	…	…
5年	…	0.57	0.78	1.27	1.66	2.11	2.51	2.38	1.65	2.20	…	…	…
6年	…	0.44	0.67	1.09	1.92	2.48	2.70	2.53	2.01	2.17	…	…	…
7年	…	0.66	0.81	1.63	1.90	2.43	2.67	2.50	2.13	2.14	…	…	…
8年	…	0.71	0.66	1.85	2.47	3.10	2.98	2.79	2.02	2.19	…	…	…
9年	…	0.76	1.11	1.72	3.11	3.60	3.41	2.80	2.35	2.40	…	…	…
10年	…	0.79	0.91	1.76	2.90	3.75	3.67	2.80	2.51	2.59	…	…	…
11年	…	0.62	0.98	1.71	3.14	3.90	3.38	3.42	2.28	2.37	…	…	…
12年	…	1.01	0.83	1.75	3.10	4.07	3.80	3.53	2.55	2.52	…	…	…
13年	…	0.69	0.81	1.71	3.04	3.56	4.08	3.78	2.45	2.80	…	…	…
14年	…	0.81	1.03	2.20	2.96	3.72	3.68	4.05	2.75	2.74	…	…	…
15年	…	0.71	0.94	1.96	3.15	3.45	3.84	3.71	2.44	2.88	…	…	…
16年	…	0.67	0.81	1.67	2.90	3.65	3.71	3.78	2.92	2.78	…	…	…
17年	…	0.58	0.88	1.86	2.71	3.41	3.99	3.34	2.54	2.48	…	…	…
18年	(0.49)	(0.67)	(0.81)	(1.34)	(2.67)	(3.15)	(3.30)	(3.83)	(2.23)	(2.69)	(4.19)	(3.83)	(3.83)
	0.39	0.35	0.39	0.87	1.51	2.33	2.48	1.99	1.37	1.46	1.98	1.61	1.39
19年	0.26	0.39	0.38	0.86	1.56	2.54	2.85	2.38	1.64	1.63	2.38	1.69	1.38
20年	0.35	0.46	0.43	0.80	1.25	2.39	2.75	2.25	1.68	1.75	2.24	1.75	1.96
21年	0.34	0.44	0.43	1.06	1.69	2.57	3.28	2.38	1.68	1.94	2.45	1.85	1.77
22年	0.42	0.48	0.42	0.95	1.59	2.36	2.55	2.30	1.53	1.48	2.11	1.91	1.67
23年	0.33	0.40	0.54	1.17	1.50	2.69	3.05	2.43	1.55	1.73	2.60	1.82	1.54
24年	0.36	0.27	0.49	1.06	1.44	2.49	3.38	2.40	1.66	1.79	2.35	1.89	1.64
25年	0.36	0.39	0.40	0.98	1.78	2.48	2.90	2.43	1.46	1.57	2.70	1.88	1.84
26年	0.34	0.41	0.50	0.98	1.79	2.85	3.24	2.77	1.75	1.79	2.66	2.19	1.99
27年	0.40	0.41	0.47	0.79	1.60	2.81	3.18	2.72	1.80	1.72	2.62	2.18	2.07
28年	0.24	0.45	0.41	1.16	1.48	2.49	2.94	2.75	2.04	1.84	3.07	2.25	2.21
29年	0.33	0.47	0.53	0.95	1.57	2.66	3.27	2.96	2.26	2.05	3.01	2.50	2.09
30年	0.27	0.31	0.39	0.95	1.71	2.87	3.16	2.79	2.21	2.18	3.24	2.78	2.38
令和元年	0.33	0.42	0.37	0.73	1.55	2.61	3.25	2.99	2.31	2.40	3.60	2.60	2.68
2年	0.50	0.42	0.62	0.97	1.83	2.76	3.45	3.65	2.99	3.24	4.24	4.07	3.57

14 年齢別 痩身傾向児の出現率の推移（昭和52年度～令和2年度）（3－3）

3.女 単位（%）

区分	幼稚園	小学校						中学校			高等学校		
	5歳	6歳	7歳	8歳	9歳	10歳	11歳	12歳	13歳	14歳	15歳	16歳	17歳
昭和52年度	…	0.48	0.52	0.67	1.11	1.05	1.45	2.06	2.65	2.22	…	…	…
53年	…	0.52	0.51	0.58	1.29	1.42	1.47	2.12	2.44	2.30	…	…	…
54年	…	0.56	0.39	0.79	1.00	1.32	1.51	2.36	2.65	2.14	…	…	…
55年	…	0.56	0.55	0.97	0.98	1.22	1.55	2.38	2.44	2.64	…	…	…
56年	…	0.77	0.42	0.82	1.18	1.37	1.84	2.45	2.44	2.57	…	…	…
57年	…	0.46	0.32	0.73	0.90	1.35	1.53	2.22	2.47	2.00	…	…	…
58年	…	0.52	0.57	0.66	0.74	1.19	1.43	2.41	2.47	2.36	…	…	…
59年	…	0.47	0.45	0.54	0.84	1.16	1.21	2.42	2.26	2.48	…	…	…
60年	…	0.44	0.56	0.77	1.02	1.40	1.67	2.44	2.35	2.21	…	…	…
61年	…	0.66	0.61	0.78	1.11	1.46	1.97	2.61	2.46	2.33	…	…	…
62年	…	0.57	0.60	0.90	1.22	1.49	1.86	2.65	2.61	2.77	…	…	…
63年	…	0.49	0.57	0.78	1.25	1.59	1.90	2.69	2.73	2.44	…	…	…
平成元年	…	0.58	0.61	0.88	1.42	1.95	2.19	2.80	2.83	2.52	…	…	…
2年	…	0.64	0.77	1.20	1.58	2.26	2.20	3.16	2.78	2.47	…	…	…
3年	…	0.68	0.58	1.07	1.69	1.67	2.24	3.29	2.97	2.54	…	…	…
4年	…	0.76	0.70	1.05	1.55	1.82	2.34	3.42	3.11	2.99	…	…	…
5年	…	0.85	0.69	1.29	1.50	1.64	2.65	3.14	3.21	2.84	…	…	…
6年	…	0.58	0.78	1.23	1.87	2.03	2.66	3.24	3.22	2.89	…	…	…
7年	…	0.71	0.75	1.50	1.82	2.30	2.52	3.36	3.47	2.67	…	…	…
8年	…	0.73	0.84	1.49	1.88	2.54	2.86	3.50	3.24	2.81	…	…	…
9年	…	0.94	0.97	1.58	2.09	2.84	2.71	3.78	3.61	2.92	…	…	…
10年	…	0.89	0.97	1.55	2.21	2.88	3.31	4.05	3.80	3.42	…	…	…
11年	…	0.93	0.84	1.78	2.78	3.03	3.15	4.77	3.77	3.33	…	…	…
12年	…	0.91	0.95	1.74	2.52	3.07	3.33	4.15	3.99	3.39	…	…	…
13年	…	0.73	1.03	1.76	2.34	2.47	3.63	4.26	4.05	3.27	…	…	…
14年	…	0.70	0.87	1.59	2.36	3.18	3.08	4.94	4.38	3.76	…	…	…
15年	…	0.88	1.11	1.73	2.43	3.08	3.64	4.62	3.95	3.37	…	…	…
16年	…	0.87	0.80	1.51	2.29	2.88	3.41	4.41	4.24	3.97	…	…	…
17年	…	0.89	0.70	1.47	2.25	2.68	2.93	4.67	4.23	3.46	…	…	…
18年	(0.50)	(0.62)	(0.82)	(1.39)	(2.20)	(2.40)	(3.31)	(3.92)	(4.03)	(3.69)	(3.60)	(2.58)	(2.81)
	0.42	0.53	0.58	1.08	1.82	2.72	2.49	3.53	3.39	2.76	2.22	1.50	1.23
19年	0.43	0.55	0.66	1.06	1.77	2.88	3.36	4.01	3.57	2.69	2.38	1.83	1.42
20年	0.50	0.54	0.57	1.01	1.51	2.42	2.69	3.91	3.39	2.69	2.51	2.06	1.74
21年	0.51	0.60	0.52	1.18	1.79	2.80	2.70	4.37	3.64	2.95	2.55	1.86	1.69
22年	0.51	0.62	0.53	0.93	1.50	2.61	3.08	3.92	3.84	3.09	2.37	2.40	1.81
23年	0.40	0.65	0.55	1.03	1.96	2.64	2.98	4.32	3.91	2.61	2.65	2.22	1.89
24年	0.35	0.57	0.60	1.16	1.85	2.61	3.12	4.18	3.64	3.22	2.43	2.12	1.85
25年	0.34	0.62	0.66	1.06	1.90	2.89	2.74	4.16	3.48	2.68	2.69	1.98	1.72
26年	0.39	0.64	0.75	1.10	2.06	2.50	2.86	4.17	3.52	2.52	2.53	1.85	1.69
27年	0.47	0.48	0.53	0.98	2.02	2.71	2.97	4.33	3.49	2.93	2.40	1.96	1.57
28年	0.44	0.40	0.64	1.07	1.86	2.99	2.99	4.29	3.47	2.67	2.30	1.84	1.51
29年	0.29	0.64	0.61	1.07	1.86	2.43	2.52	4.36	3.69	2.74	2.24	1.87	1.69
30年	0.35	0.63	0.53	1.19	1.69	2.65	2.93	4.18	3.32	2.78	2.22	2.00	1.57
令和元年	0.31	0.56	0.45	1.09	1.65	2.71	2.67	4.22	3.56	2.59	2.36	1.89	1.71
2年	0.38	0.63	0.65	1.09	2.35	2.76	2.87	4.37	3.20	2.79	3.13	3.24	2.82

15　学校種別　疾病・異常被患率等の

1　幼稚園　(1)　計

区分	計	視力非矯正者の裸眼視力 1.0以上	1.0未満0.7以上	0.7未満0.3以上	0.3未満	視力矯正者の裸眼視力 1.0以上	1.0未満0.7以上	0.7未満0.3以上	0.3未満	裸眼視力 計	1.0未満0.7以上	0.7未満0.3以上	0.3未満	眼の疾病・異常	耳疾患	鼻疾・副鼻腔患	口腔患咽喉異頭常	むし歯(う歯) 計	処置完了者	未処置歯のある者
昭和23年度	...	...	...	...	...	...	...	...	...	...	...	...	...	...	...	...	...	...	...	...
24年	...	...	...	...	...	...	...	...	...	...	...	...	...	...	...	...	...	31.04	1.23	29.81
25年	...	...	...	...	...	...	...	...	...	...	...	...	...	...	...	...	...	45.36	2.36	43.00
26年	...	...	...	...	...	...	...	...	...	...	...	...	...	...	...	...	...	59.64	2.26	57.38
27年	...	...	...	...	...	...	...	...	...	...	...	...	...	...	...	...	...	...	...	...
28年	...	...	...	...	...	...	...	...	...	...	...	...	...	...	...	...	...	...	...	...
29年	...	...	...	...	...	...	...	...	...	...	...	...	...	...	...	...	...	...	...	...
30年	...	...	...	...	...	...	...	...	...	...	...	...	...	...	...	...	...	...	...	...
31年	...	...	...	...	...	...	...	...	...	...	...	...	...	...	...	...	...	71.98	2.38	69.60
32年	...	...	...	...	...	...	...	...	...	...	...	...	...	...	...	...	...	86.20	3.30	82.90
33年	...	...	...	...	...	...	...	...	...	...	...	...	...	...	...	...	...	87.20	3.50	83.70
34年	...	...	...	...	...	...	...	...	...	...	...	...	...	...	...	...	...	88.90	4.40	84.50
35年	...	...	...	...	...	...	...	...	...	...	...	...	...	...	...	...	...	88.16	3.97	84.19
36年	...	...	...	...	...	...	...	...	...	...	...	...	...	...	...	...	...	88.24	3.95	84.29
37年	...	...	...	...	...	...	...	...	...	...	...	...	...	...	...	...	...	88.18	5.30	82.88
38年	...	...	...	...	...	...	...	...	...	...	...	...	...	...	...	...	...	88.81	5.63	83.18
39年	...	...	...	...	...	...	...	...	...	...	...	...	...	...	...	...	...	90.51	6.15	84.36
40年	...	...	...	...	...	...	...	...	...	...	...	...	...	...	...	...	...	90.14	6.62	83.52
41年	...	...	...	...	...	...	...	...	...	...	...	...	...	...	...	...	...	91.01	5.11	85.90
42年	...	...	...	...	...	...	...	...	...	...	...	...	...	...	...	...	...	92.62	5.67	86.95
43年	...	...	...	...	...	...	...	...	...	...	...	...	...	...	...	...	...	91.41	6.21	85.20
44年	...	...	...	...	...	...	...	...	...	...	...	...	...	...	...	...	...	91.62	6.46	85.16
45年	...	...	...	...	...	...	...	...	...	...	...	...	...	...	...	...	...	95.40	3.70	91.70
46年	...	...	...	...	...	...	...	...	...	...	...	...	...	...	...	...	...	...	...	...
47年	...	...	...	...	...	...	...	...	...	...	...	...	...	...	...	...	...	93.82	9.47	84.34
48年	...	...	...	...	...	...	...	...	...	...	...	...	...	...	...	...	...	94.07	8.83	85.24
49年	...	...	...	...	...	...	...	...	...	...	...	...	...	...	...	...	...	94.00	9.13	84.87
50年	...	...	...	...	...	...	...	...	...	...	...	...	...	...	...	...	...	94.20	8.69	85.51
51年	...	...	...	...	...	...	...	...	...	...	...	...	...	...	...	...	...	93.86	9.68	84.18
52年	...	...	...	...	...	...	...	...	...	...	...	...	...	...	...	...	...	88.37	9.21	79.16
53年	...	...	...	...	...	...	...	...	...	...	...	...	...	...	...	...	...	87.53	10.38	77.15
54年	...	...	...	...	...	...	...	...	...	16.47	12.21	3.91	0.35	...	...	...	...	89.10	10.53	78.57
55年	...	...	...	...	...	...	...	...	...	19.84	14.85	4.36	0.63	...	...	...	...	86.54	13.48	73.06
56年	...	...	...	...	...	...	...	...	...	14.93	10.52	3.84	0.56	...	...	...	...	84.60	16.07	68.53
57年	...	...	...	...	...	...	...	...	...	16.64	12.76	3.45	0.43	...	...	...	...	82.42	15.71	66.71
58年	...	...	...	...	...	...	...	...	...	19.85	15.26	4.40	0.20	...	...	...	...	83.55	17.52	66.03
59年	...	...	...	...	...	...	...	...	...	21.45	15.72	5.31	0.42	...	...	...	...	83.86	23.58	60.28
60年	...	...	...	...	...	...	...	...	...	21.22	15.88	4.89	0.45	...	...	...	...	82.57	23.44	59.13
61年	...	...	...	...	...	...	...	...	...	21.59	15.67	5.46	0.45	...	...	...	...	83.04	24.88	58.17
62年	...	...	...	...	...	...	...	...	...	23.11	16.10	6.40	0.60	...	...	...	...	80.91	24.86	56.05
63年	...	...	...	...	...	...	...	...	...	23.21	16.65	6.09	0.48	...	...	...	...	81.23	26.76	54.47
平成元年	...	...	...	...	...	...	...	...	...	25.81	19.00	6.27	0.53	...	...	...	...	80.86	28.18	52.68
2年	...	...	...	...	...	...	...	...	...	18.63	13.79	4.46	0.38	...	...	...	...	80.41	27.98	52.44
3年	...	...	...	...	...	...	...	...	...	21.58	15.61	5.39	0.57	...	...	...	...	80.81	29.05	51.76
4年	...	...	...	...	...	...	...	...	...	20.16	14.36	5.17	0.63	...	...	...	...	78.72	28.44	50.28
5年	...	...	...	...	...	...	...	...	...	20.58	15.02	5.08	0.49	...	...	...	...	75.66	27.96	47.70
6年	...	...	...	...	...	...	...	...	...	23.83	17.62	5.83	0.38	...	...	...	...	76.96	28.21	48.75
7年	...	...	...	...	...	...	...	...	...	26.78	17.96	8.09	0.73	...	1.93	3.32	3.54	74.66	27.77	46.88
8年	...	...	...	...	...	...	...	...	...	21.38	15.36	5.55	0.46	...	1.65	2.65	3.60	73.72	28.03	45.69
9年	...	...	...	...	...	...	...	...	...	23.08	16.12	6.48	0.48	...	1.86	2.69	2.97	71.24	27.74	43.50
10年	...	...	...	...	...	...	...	...	...	25.84	18.15	7.18	0.51	...	1.49	2.86	3.50	67.73	25.71	42.02
11年	...	...	...	...	...	...	...	...	...	23.97	17.71	5.77	0.49	...	1.81	2.91	3.09	67.04	25.12	41.92
12年	...	...	...	...	...	...	...	...	...	28.69	21.47	6.77	0.46	...	1.90	3.29	3.06	64.43	25.06	39.37
13年	...	...	...	...	...	...	...	...	...	27.16	19.91	6.75	0.50	...	2.09	3.16	2.99	61.54	23.44	38.10
14年	...	...	...	...	...	...	...	...	...	26.54	19.28	6.82	0.44	...	2.02	3.46	2.41	61.46	24.06	37.40
15年	...	...	...	...	...	...	...	...	...	25.31	17.72	6.82	0.77	...	2.19	2.98	3.23	58.80	22.71	36.09
16年	...	...	...	...	...	...	...	...	...	20.78	14.64	5.55	0.59	...	1.79	2.67	2.32	56.92	23.02	33.90
17年	...	...	...	...	...	...	...	...	...	20.38	15.23	4.69	0.47	...	2.05	3.18	2.02	54.39	21.32	33.07
18年	...	...	...	...	...	...	...	...	...	24.07	17.99	5.60	0.47	2.16	2.93	3.40	1.96	55.20	21.67	33.53
19年	...	...	...	...	...	...	...	...	...	26.21	18.89	6.81	0.51	2.17	2.57	3.68	2.37	53.70	20.67	33.03
20年	...	...	...	...	...	...	...	...	...	28.93	22.03	6.11	0.78	1.92	2.80	3.78	1.74	50.25	20.34	29.91
21年	...	...	...	...	...	...	...	...	...	24.87	18.81	5.45	0.61	2.10	2.91	3.98	1.96	46.50	18.77	27.72
22年	...	...	...	...	...	...	...	...	...	26.43	19.83	5.81	0.79	2.15	3.34	3.39	1.86	46.07	18.36	27.71
23年	...	...	...	...	...	...	...	...	...	25.28	19.09	5.82	0.57	1.82	2.54	4.37	2.38	42.95	16.91	26.04
24年	100.00	72.27	20.58	5.66	0.34	0.22	0.29	0.49	0.16	27.52	20.86	6.15	0.50	1.83	2.60	3.50	1.46	42.86	17.31	25.55
25年	100.00	75.26	17.75	5.32	0.52	0.21	0.30	0.43	0.20	24.53	18.05	5.75	0.73	2.09	2.58	3.44	1.37	39.51	16.01	23.50
26年	100.00	73.15	17.20	7.42	0.81	0.32	0.35	0.59	0.16	26.53	17.55	8.01	0.97	1.76	2.27	3.13	1.74	38.46	15.68	22.78
27年	100.00	72.95	19.22	6.00	0.52	0.23	0.34	0.57	0.18	26.82	19.55	6.57	0.70	2.03	2.23	3.57	1.30	36.23	15.12	21.11
28年	100.00	71.80	19.74	6.68	0.59	0.26	0.28	0.50	0.25	27.94	20.01	7.08	0.85	1.87	2.83	3.58	1.14	35.64	14.53	21.11
29年	100.00	75.13	17.57	5.17	0.48	0.39	0.48	0.54	0.25	24.48	18.05	5.71	0.72	1.60	2.25	2.86	1.31	35.45	13.85	21.60
30年	100.00	73.01	18.63	6.11	0.56	0.31	0.40	0.67	0.31	26.68	19.04	6.78	0.86	1.55	2.31	2.91	1.45	35.10	13.60	21.50
令和元年	100.00	73.60	17.97	6.16	0.34	0.34	0.46	0.86	0.26	26.06	18.44	7.03	0.60	1.92	2.57	3.21	1.52	31.16	12.00	19.15
2年	100.00	71.53	20.67	5.44	0.48	0.57	0.45	0.66	0.20	27.90	21.12	6.10	0.68	1.36	1.97	2.38	1.04	30.34	12.69	17.66

推移（昭和23年度～令和2年度）（１２－１）

単位　（％）

歯列・咬合	顎関節	歯垢の状態	歯肉の状態	栄養状態	せき柱・胸郭	四肢の状態	アトピー性皮膚炎	その他の皮膚疾患	心臓病・異常	蛋白検出の者	寄生虫卵保有者	ぜん息	腎臓疾患	言語障害	区分
		口腔					皮膚疾患					その他の疾病・異常			
...	...	...	...	...	...	...	...	...	...	...	...	...	...	...	昭和23年度
...	...	...	...	1.92	...	...	...	...	...	...	57.71	...	...	...	24年
...	...	...	...	1.71	...	...	...	...	...	...	54.21	...	...	...	25年
...	...	...	...	1.66	...	...	...	...	...	...	52.01	...	...	...	26年
...	...	...	...	...	...	...	...	...	...	...	...	...	...	...	27年
...	...	...	...	...	...	...	...	...	...	...	...	...	...	...	28年
...	...	...	...	...	...	...	...	...	...	...	...	...	...	...	29年
...	...	...	...	...	...	...	...	...	...	...	...	...	...	...	30年
...	...	...	...	0.94	...	...	...	...	0.26	...	26.62	...	...	...	31年
...	...	...	...	0.99	...	...	...	...	0.30	...	22.60	...	...	...	32年
...	...	...	...	0.95	...	...	...	...	0.30	...	19.00	...	...	...	33年
...	...	...	...	0.87	...	...	...	...	0.28	...	16.70	...	...	...	34年
...	...	...	...	0.68	...	...	...	...	0.28	...	...	...	...	...	35年
...	...	...	...	0.76	...	...	...	...	0.29	...	...	...	...	...	36年
...	...	...	...	0.50	...	...	...	...	0.24	...	...	...	...	...	37年
...	...	...	...	0.58	...	...	...	...	0.28	...	...	...	...	...	38年
...	...	...	...	0.55	...	...	...	...	0.26	...	...	...	...	...	39年
...	...	...	...	0.50	...	...	...	...	0.24	...	...	...	...	...	40年
...	...	...	...	0.49	...	...	...	...	0.27	...	...	...	...	...	41年
...	...	...	...	0.41	...	...	...	...	0.29	...	...	0.29	0.01	0.14	42年
...	...	...	...	0.42	...	...	...	...	0.25	...	...	0.28	0.02	0.13	43年
...	...	...	...	0.41	...	...	...	...	0.29	...	...	0.45	0.02	0.20	44年
...	...	...	...	0.40	1.00	...	...	...	0.30	...	...	0.50	－	0.30	45年
...	...	...	...	...	...	...	...	...	...	...	...	...	...	...	46年
...	...	...	...	0.30	0.86	...	...	...	0.33	...	...	0.38	0.03	0.17	47年
...	...	...	...	0.27	0.77	...	...	...	0.31	...	...	0.41	0.03	0.17	48年
...	...	...	...	...	0.69	...	...	...	0.38	1.82	5.19	0.36	0.04	0.14	49年
...	...	...	...	...	0.70	...	...	...	0.39	1.67	5.62	0.42	0.04	0.15	50年
...	...	...	...	...	0.68	...	...	...	0.37	2.10	6.33	0.42	0.03	0.17	51年
...	...	...	...	...	0.74	...	...	...	0.40	1.49	4.03	0.47	0.01	0.10	52年
...	...	...	...	...	0.76	...	...	...	0.39	1.26	4.06	0.39	0.01	0.08	53年
...	...	...	...	...	0.99	...	...	...	0.36	0.90	5.41	0.32	0.02	0.18	54年
...	...	...	...	...	1.08	...	...	...	0.44	1.77	4.06	0.68	0.02	0.14	55年
...	...	...	...	...	0.68	...	...	...	0.37	1.05	3.31	0.56	0.03	0.12	56年
...	...	...	...	...	...	...	...	...	0.52	0.66	3.51	0.49	0.03	0.13	57年
...	...	...	...	...	...	...	...	...	0.33	0.94	3.60	0.70	0.12	0.16	58年
...	...	...	...	...	...	...	...	...	0.50	0.57	3.73	0.59	0.02	0.19	59年
...	...	...	...	...	...	...	...	...	0.37	0.36	3.48	0.70	0.03	0.15	60年
...	...	...	...	...	...	...	...	...	0.39	0.52	3.58	0.67	0.02	0.18	61年
...	...	...	...	...	...	...	...	...	0.39	0.56	3.42	0.68	0.04	0.22	62年
...	...	...	...	...	...	...	...	...	0.47	0.95	2.78	0.67	0.01	0.18	63年
...	...	...	...	...	...	...	...	...	0.43	0.77	2.38	0.73	0.02	0.16	平成元年
...	...	...	...	...	...	...	...	...	0.36	0.54	2.13	0.70	0.02	0.16	2年
...	...	...	...	...	...	...	...	...	0.34	0.61	1.88	0.68	0.08	0.22	3年
...	...	...	...	...	...	...	...	...	0.50	0.76	2.02	0.67	0.02	0.11	4年
...	...	...	...	...	...	...	...	...	0.39	0.51	1.75	0.79	0.02	0.14	5年
...	...	...	...	...	...	...	...	...	0.38	0.71	1.85	0.84	0.02	0.14	6年
...	...	...	...	...	...	...	...	...	0.33	0.86	1.65	0.91	0.02	0.17	7年
...	...	...	...	...	...	...	...	...	0.40	0.50	1.29	1.02	0.02	0.20	8年
...	...	...	...	...	...	...	...	...	0.31	0.48	1.04	0.94	0.03	0.14	9年
...	...	...	...	...	...	...	...	...	0.27	0.61	0.96	1.32	0.02	0.18	10年
...	...	...	...	...	...	...	...	...	0.36	0.67	0.75	1.52	0.04	0.23	11年
...	...	...	...	...	...	...	...	...	0.32	0.42	0.75	1.33	0.03	0.18	12年
...	...	...	...	...	...	...	...	...	0.33	0.57	0.61	1.29	0.02	0.23	13年
...	...	...	...	...	...	...	...	...	0.36	0.37	0.41	1.26	0.01	0.15	14年
...	...	...	...	...	...	...	...	...	0.36	0.34	0.35	1.46	0.02	0.22	15年
...	...	...	...	...	...	...	...	...	0.27	0.58	0.28	1.29	0.03	0.19	16年
...	...	...	...	...	...	...	...	...	0.21	0.60	0.19	1.58	0.02	0.30	17年
2.46	0.09	0.27	0.13	0.27	0.23	...	3.77	1.10	0.38	0.54	0.17	2.36	0.03	0.37	18年
2.59	0.07	0.47	0.17	0.26	0.16	...	3.19	1.11	0.46	0.68	0.15	2.23	0.03	0.38	19年
3.01	0.07	0.54	0.22	0.24	0.15	...	3.54	1.12	0.41	0.49	0.12	2.65	0.05	0.52	20年
2.87	0.08	1.06	0.29	0.24	0.47	...	3.11	1.07	0.44	0.62	0.15	2.15	0.05	0.57	21年
3.19	0.06	0.53	0.20	0.21	0.17	...	3.28	1.05	0.45	1.01	0.09	2.74	0.06	0.41	22年
2.80	0.10	0.49	0.27	0.19	0.16	...	2.87	1.17	0.43	0.76	0.12	2.79	0.05	0.38	23年
3.20	0.07	0.84	0.23	0.19	0.18	...	2.88	1.10	0.43	0.58	0.07	2.33	0.03	0.43	24年
2.95	0.08	0.59	0.26	0.18	0.19	...	2.39	1.34	0.37	0.89	0.12	2.13	0.04	0.39	25年
3.50	0.12	0.91	0.17	0.26	0.16	...	2.37	1.32	0.38	0.74	0.08	1.85	0.05	0.44	26年
3.61	0.05	0.63	0.22	0.21	0.11	...	2.52	1.21	0.44	0.76	0.06	2.14	0.07	0.54	27年
3.64	0.06	0.60	0.21	0.20	...	0.28	2.39	1.25	0.40	0.65	...	2.30	0.05	0.52	28年
3.51	0.13	0.84	0.39	0.26	...	0.16	2.09	1.14	0.35	0.97	...	1.80	0.09	0.56	29年
3.81	0.04	0.69	0.29	0.22	...	0.23	2.04	1.57	0.31	1.03	...	1.56	0.05	0.42	30年
4.29	0.07	0.92	0.19	0.24	...	0.16	2.31	1.31	0.41	1.02	...	1.83	0.08	0.52	令和元年
4.22	0.10	1.11	0.32	0.30	...	0.35	1.90	1.11	0.37	1.00	...	1.64	0.07	0.32	2年

15　学校種別　疾病・異常被患率等の

1　幼稚園　(2) 男

区分	計	裸眼視力 視力非矯正者の裸眼視力 1.0以上	1.0未満0.7以上	0.7未満0.3以上	0.3未満	視力矯正者の裸眼視力 1.0以上	1.0未満0.7以上	0.7未満0.3以上	0.3未満	裸眼視力 計	1.0未満0.7以上	0.7未満0.3以上	0.3未満	眼の疾病・異常	耳疾患	鼻疾患・副鼻腔患	口腔咽喉頭疾患咽・喉異頭常	歯・ むし歯(う歯) 計	処置完了者	未処置のある歯者
昭和23年度	…	…	…	…	…	…	…	…	…	…	…	…	…	…	…	…	…	…	…	…
24年	…	…	…	…	…	…	…	…	…	…	…	…	…	…	…	…	…	29.82	1.23	28.59
25年	…	…	…	…	…	…	…	…	…	…	…	…	…	…	…	…	…	45.08	2.24	42.84
26年	…	…	…	…	…	…	…	…	…	…	…	…	…	…	…	…	…	59.21	2.20	57.01
27年	…	…	…	…	…	…	…	…	…	…	…	…	…	…	…	…	…	…	…	…
28年	…	…	…	…	…	…	…	…	…	…	…	…	…	…	…	…	…	…	…	…
29年	…	…	…	…	…	…	…	…	…	…	…	…	…	…	…	…	…	…	…	…
30年	…	…	…	…	…	…	…	…	…	…	…	…	…	…	…	…	…	…	…	…
31年	…	…	…	…	…	…	…	…	…	…	…	…	…	…	…	…	…	71.66	2.40	69.26
32年	…	…	…	…	…	…	…	…	…	…	…	…	…	…	…	…	…	86.10	3.40	82.70
33年	…	…	…	…	…	…	…	…	…	…	…	…	…	…	…	…	…	87.10	3.50	83.60
34年	…	…	…	…	…	…	…	…	…	…	…	…	…	…	…	…	…	88.80	4.40	84.40
35年	…	…	…	…	…	…	…	…	…	…	…	…	…	…	…	…	…	88.37	4.17	84.20
36年	…	…	…	…	…	…	…	…	…	…	…	…	…	…	…	…	…	88.13	3.88	84.25
37年	…	…	…	…	…	…	…	…	…	…	…	…	…	…	…	…	…	88.05	5.26	82.79
38年	…	…	…	…	…	…	…	…	…	…	…	…	…	…	…	…	…	88.60	5.41	83.19
39年	…	…	…	…	…	…	…	…	…	…	…	…	…	…	…	…	…	91.95	6.01	85.94
40年	…	…	…	…	…	…	…	…	…	…	…	…	…	…	…	…	…	89.97	6.62	83.35
41年	…	…	…	…	…	…	…	…	…	…	…	…	…	…	…	…	…	90.84	5.05	85.79
42年	…	…	…	…	…	…	…	…	…	…	…	…	…	…	…	…	…	92.42	5.45	86.97
43年	…	…	…	…	…	…	…	…	…	…	…	…	…	…	…	…	…	91.02	6.00	85.02
44年	…	…	…	…	…	…	…	…	…	…	…	…	…	…	…	…	…	91.93	6.39	85.54
45年	…	…	…	…	…	…	…	…	…	…	…	…	…	…	…	…	…	95.50	4.10	91.40
46年	…	…	…	…	…	…	…	…	…	…	…	…	…	…	…	…	…	…	…	…
47年	…	…	…	…	…	…	…	…	…	…	…	…	…	…	…	…	…	93.51	9.15	84.36
48年	…	…	…	…	…	…	…	…	…	…	…	…	…	…	…	…	…	93.95	8.61	85.34
49年	…	…	…	…	…	…	…	…	…	…	…	…	…	…	…	…	…	93.96	8.93	85.03
50年	…	…	…	…	…	…	…	…	…	…	…	…	…	…	…	…	…	94.10	8.46	85.64
51年	…	…	…	…	…	…	…	…	…	…	…	…	…	…	…	…	…	93.66	9.47	84.19
52年	…	…	…	…	…	…	…	…	…	…	…	…	…	…	…	…	…	87.80	9.22	78.58
53年	…	…	…	…	…	…	…	…	…	…	…	…	…	…	…	…	…	87.47	10.50	76.97
54年	…	…	…	…	…	…	…	…	…	15.87	11.99	3.53	0.36	…	…	…	…	89.06	10.31	78.76
55年	…	…	…	…	…	…	…	…	…	19.14	13.67	4.47	1.00	…	…	…	…	86.71	13.38	73.33
56年	…	…	…	…	…	…	…	…	…	13.95	9.92	3.76	0.27	…	…	…	…	84.90	16.14	68.76
57年	…	…	…	…	…	…	…	…	…	15.81	12.48	3.04	0.29	…	…	…	…	82.37	15.78	66.59
58年	…	…	…	…	…	…	…	…	…	18.86	14.55	4.12	0.20	…	…	…	…	83.26	17.02	66.23
59年	…	…	…	…	…	…	…	…	…	20.52	14.99	5.11	0.41	…	…	…	…	84.24	23.50	60.74
60年	…	…	…	…	…	…	…	…	…	20.49	15.30	4.75	0.45	…	…	…	…	82.50	23.42	59.08
61年	…	…	…	…	…	…	…	…	…	20.75	15.47	4.79	0.48	…	…	…	…	83.04	24.60	58.44
62年	…	…	…	…	…	…	…	…	…	21.68	15.33	5.66	0.69	…	…	…	…	81.19	24.71	56.48
63年	…	…	…	…	…	…	…	…	…	22.19	16.05	5.61	0.52	…	…	…	…	81.42	26.64	54.79
平成元年	…	…	…	…	…	…	…	…	…	24.69	18.46	5.70	0.53	…	…	…	…	80.77	27.94	52.83
2年	…	…	…	…	…	…	…	…	…	17.51	13.20	3.90	0.40	…	…	…	…	81.00	28.40	52.60
3年	…	…	…	…	…	…	…	…	…	20.42	14.87	5.00	0.56	…	…	…	…	80.78	29.02	51.76
4年	…	…	…	…	…	…	…	…	…	19.44	13.98	4.87	0.59	…	…	…	…	78.84	28.48	50.35
5年	…	…	…	…	…	…	…	…	…	19.45	14.54	4.39	0.52	…	…	…	…	76.34	27.94	48.40
6年	…	…	…	…	…	…	…	…	…	22.48	16.59	5.50	0.38	…	…	…	…	77.44	28.13	49.31
7年	…	…	…	…	…	…	…	…	…	25.36	16.69	7.91	0.76	…	2.10	4.21	4.09	74.73	27.47	47.26
8年	…	…	…	…	…	…	…	…	…	20.35	14.69	5.16	0.50	…	1.70	3.38	4.05	73.79	27.90	45.89
9年	…	…	…	…	…	…	…	…	…	22.12	15.82	5.90	0.41	…	1.87	3.18	3.32	71.41	27.68	43.73
10年	…	…	…	…	…	…	…	…	…	24.82	17.45	6.85	0.52	…	1.46	3.37	3.91	68.44	25.43	43.01
11年	…	…	…	…	…	…	…	…	…	23.48	17.59	5.39	0.50	…	2.01	3.58	3.56	67.18	24.73	42.44
12年	…	…	…	…	…	…	…	…	…	26.70	20.10	6.18	0.42	…	2.00	3.56	3.57	65.19	25.21	39.97
13年	…	…	…	…	…	…	…	…	…	26.67	19.73	6.34	0.60	…	2.28	3.83	3.25	61.67	23.39	38.28
14年	…	…	…	…	…	…	…	…	…	25.44	18.94	6.17	0.33	…	2.00	4.33	2.79	61.88	23.48	38.40
15年	…	…	…	…	…	…	…	…	…	24.64	17.80	6.16	0.68	…	2.32	3.79	3.72	59.72	23.00	36.72
16年	…	…	…	…	…	…	…	…	…	19.70	14.01	5.06	0.64	…	1.87	3.36	2.72	57.24	23.08	34.16
17年	…	…	…	…	…	…	…	…	…	19.55	14.40	4.64	0.50	…	2.08	3.89	2.14	55.41	21.54	33.86
18年	…	…	…	…	…	…	…	…	…	23.65	17.38	5.73	0.55	2.20	3.00	4.25	2.19	56.41	21.99	34.42
19年	…	…	…	…	…	…	…	…	…	23.79	18.86	6.54	0.39	2.38	2.60	4.51	2.76	54.80	20.82	33.98
20年	…	…	…	…	…	…	…	…	…	28.16	21.78	5.93	0.45	1.98	3.04	4.59	2.05	51.25	20.55	30.69
21年	…	…	…	…	…	…	…	…	…	24.08	18.51	5.06	0.52	2.20	2.99	4.65	2.38	47.62	19.10	28.52
22年	…	…	…	…	…	…	…	…	…	25.38	19.10	5.36	0.93	2.22	3.52	4.14	2.17	47.22	18.88	28.33
23年	…	…	…	…	…	…	…	…	…	24.27	18.53	5.23	0.50	1.79	2.71	5.35	2.59	44.23	17.34	26.89
24年	100.00	72.59	20.47	5.59	0.28	0.18	0.25	0.49	0.15	27.23	20.72	6.08	0.43	1.93	2.89	4.27	1.67	43.89	17.81	26.09
25年	100.00	75.73	17.42	5.23	0.54	0.18	0.32	0.38	0.21	24.10	17.74	5.61	0.75	2.23	2.67	4.02	1.53	40.88	16.51	24.38
26年	100.00	74.83	16.56	6.18	1.18	0.30	0.22	0.57	0.16	24.87	16.79	6.74	1.34	1.94	2.33	3.74	2.06	39.66	16.21	23.44
27年	100.00	73.89	18.68	5.86	0.49	0.18	0.24	0.48	0.16	25.92	18.92	6.35	0.66	2.24	2.48	4.51	1.55	37.37	15.47	21.89
28年	100.00	72.44	19.45	6.47	0.60	0.22	0.19	0.38	0.25	27.34	19.64	6.85	0.85	2.06	2.91	4.22	1.19	36.89	15.16	21.73
29年	100.00	75.57	17.27	4.97	0.40	0.40	0.48	0.56	0.34	24.02	17.75	5.54	0.74	1.55	2.16	3.28	1.50	36.93	14.22	22.71
30年	100.00	73.71	18.12	6.01	0.64	0.26	0.39	0.55	0.32	26.03	18.51	6.56	0.95	1.60	2.50	3.56	1.69	36.17	14.00	22.17
令和元年	100.00	73.97	17.88	5.96	0.36	0.41	0.32	0.90	0.19	25.62	18.20	6.86	0.56	1.90	2.66	3.79	1.81	32.57	12.76	19.80
2年	100.00	72.18	20.30	5.09	0.51	0.59	0.45	0.64	0.24	27.24	20.75	5.73	0.76	1.32	2.18	2.91	1.04	30.92	12.77	18.15

推移（昭和23年度～令和2年度）（12-2）

単位　（％）

	口腔						皮膚疾患					その他の疾病・異常			
歯列・咬合	顎関節	歯垢の状態	歯肉の状態	栄養状態	せき柱・胸郭	せき柱・胸郭・四肢の状態	アトピー性皮膚炎	その他の皮膚疾患	心臓・異常	蛋白検出の者	寄生虫卵保有者	ぜん息	腎臓疾患	言語障害	区分
…	…	…	…	…	…	…	…	…	…	…	…	…	…	…	昭和23年度
…	…	…	…	2.09	…	…	…	…	…	…	58.77	…	…	…	24年
…	…	…	…	1.86	…	…	…	…	…	…	54.33	…	…	…	25年
…	…	…	…	1.80	…	…	…	…	…	…	53.64	…	…	…	26年
…	…	…	…	…	…	…	…	…	…	…	…	…	…	…	27年
…	…	…	…	…	…	…	…	…	…	…	…	…	…	…	28年
…	…	…	…	…	…	…	…	…	…	…	…	…	…	…	29年
…	…	…	…	…	…	…	…	…	…	…	…	…	…	…	30年
…	…	…	…	1.04	…	…	…	…	0.27	…	27.09	…	…	…	31年
…	…	…	…	1.08	…	…	…	…	0.31	…	23.10	…	…	…	32年
…	…	…	…	1.05	…	…	…	…	0.33	…	18.10	…	…	…	33年
…	…	…	…	0.94	…	…	…	…	0.29	…	17.10	…	…	…	34年
…	…	…	…	0.74	…	…	…	…	0.30	…	…	…	…	…	35年
…	…	…	…	0.80	…	…	…	…	0.30	…	…	…	…	…	36年
…	…	…	…	0.49	…	…	…	…	0.25	…	…	…	…	…	37年
…	…	…	…	0.64	…	…	…	…	0.30	…	…	…	…	…	38年
…	…	…	…	0.60	…	…	…	…	0.26	…	…	…	…	…	39年
…	…	…	…	0.50	…	…	…	…	0.25	…	…	…	…	…	40年
…	…	…	…	0.52	…	…	…	…	0.28	…	…	…	…	…	41年
…	…	…	…	0.46	…	…	…	…	0.29	…	…	0.38	0.01	0.20	42年
…	…	…	…	0.44	…	…	…	…	0.27	…	…	0.36	0.02	0.19	43年
…	…	…	…	0.45	…	…	…	…	0.31	…	…	0.59	0.02	0.27	44年
…	…	…	…	0.40	1.40	…	…	…	0.40	…	…	0.60	-	0.40	45年
…	…	…	…	…	…	…	…	…	…	…	…	…	…	…	46年
…	…	…	…	0.33	1.17	…	…	…	0.35	…	…	0.48	0.03	0.22	47年
…	…	…	…	0.29	1.09	…	…	…	0.33	…	…	0.53	0.03	0.23	48年
…	…	…	…	…	0.97	…	…	…	0.41	1.73	5.39	0.48	0.04	0.18	49年
…	…	…	…	…	0.99	…	…	…	0.41	1.64	5.85	0.54	0.04	0.22	50年
…	…	…	…	…	0.91	…	…	…	0.39	2.15	6.75	0.52	0.04	0.25	51年
…	…	…	…	…	0.92	…	…	…	0.43	1.37	4.40	0.62	0.01	0.16	52年
…	…	…	…	…	0.94	…	…	…	0.41	1.26	4.09	0.39	0.01	0.10	53年
…	…	…	…	…	1.24	…	…	…	0.39	0.95	5.83	0.36	0.03	0.27	54年
…	…	…	…	…	1.34	…	…	…	0.54	2.29	4.25	0.77	0.02	0.14	55年
…	…	…	…	…	0.92	…	…	…	0.35	0.92	3.30	0.79	0.04	0.19	56年
…	…	…	…	…	…	…	…	…	0.50	0.62	3.94	0.53	0.06	0.21	57年
…	…	…	…	…	…	…	…	…	0.33	1.06	4.20	0.53	0.19	0.25	58年
…	…	…	…	…	…	…	…	…	0.52	0.58	3.99	0.75	0.04	0.28	59年
…	…	…	…	…	…	…	…	…	0.41	0.26	3.77	0.94	0.04	0.22	60年
…	…	…	…	…	…	…	…	…	0.47	0.54	3.97	0.78	0.01	0.28	61年
…	…	…	…	…	…	…	…	…	0.42	0.53	3.71	0.92	0.04	0.28	62年
…	…	…	…	…	…	…	…	…	0.46	0.95	3.10	0.85	0.01	0.29	63年
…	…	…	…	…	…	…	…	…	0.43	0.61	2.49	0.92	0.02	0.23	平成元年
…	…	…	…	…	…	…	…	…	0.37	0.49	2.26	0.85	0.03	0.22	2年
…	…	…	…	…	…	…	…	…	0.38	0.60	2.05	0.88	0.12	0.30	3年
…	…	…	…	…	…	…	…	…	0.50	0.68	2.09	0.85	0.03	0.15	4年
…	…	…	…	…	…	…	…	…	0.29	0.49	1.95	0.90	0.04	0.19	5年
…	…	…	…	…	…	…	…	…	0.37	0.52	1.92	1.06	0.02	0.21	6年
…	…	…	…	…	…	…	…	…	0.34	0.82	1.82	1.15	0.02	0.23	7年
…	…	…	…	…	…	…	…	…	0.39	0.51	1.39	1.30	0.01	0.29	8年
…	…	…	…	…	…	…	…	…	0.37	0.40	1.19	1.11	0.04	0.21	9年
…	…	…	…	…	…	…	…	…	0.31	0.51	1.10	1.58	0.04	0.23	10年
…	…	…	…	…	…	…	…	…	0.37	0.67	0.93	1.86	0.04	0.34	11年
…	…	…	…	…	…	…	…	…	0.30	0.42	0.73	1.69	0.03	0.26	12年
…	…	…	…	…	…	…	…	…	0.31	0.50	0.70	1.73	0.02	0.34	13年
…	…	…	…	…	…	…	…	…	0.39	0.28	0.46	1.49	0.02	0.18	14年
…	…	…	…	…	…	…	…	…	0.41	0.30	0.43	1.82	0.01	0.32	15年
…	…	…	…	…	…	…	…	…	0.26	0.43	0.33	1.64	0.05	0.28	16年
…	…	…	…	…	…	…	…	…	0.18	0.50	0.23	1.84	0.03	0.45	17年
2.31	0.09	0.34	0.16	0.29	0.29	…	4.13	1.20	0.40	0.43	0.18	2.89	0.03	0.49	18年
2.43	0.07	0.45	0.15	0.27	0.20	…	3.37	1.18	0.39	0.52	0.20	2.73	0.03	0.52	19年
2.98	0.04	0.61	0.25	0.29	0.20	…	3.92	1.24	0.49	0.43	0.15	3.35	0.07	0.80	20年
2.67	0.05	1.14	0.32	0.20	0.49	…	3.33	1.12	0.45	0.46	0.14	2.65	0.05	0.72	21年
2.82	0.06	0.60	0.22	0.23	0.23	…	3.51	1.13	0.48	0.90	0.10	3.35	0.08	0.60	22年
2.45	0.10	0.49	0.24	0.21	0.19	…	3.11	1.19	0.44	0.57	0.12	3.24	0.05	0.52	23年
3.15	0.07	0.88	0.24	0.20	0.20	…	3.04	1.21	0.44	0.52	0.08	2.91	0.04	0.66	24年
2.91	0.07	0.66	0.29	0.16	0.20	…	2.59	1.44	0.36	0.63	0.17	2.64	0.06	0.59	25年
3.28	0.15	0.97	0.16	0.24	0.17	…	2.49	1.39	0.38	0.68	0.09	2.15	0.04	0.58	26年
3.33	0.04	0.67	0.22	0.19	0.12	…	2.75	1.28	0.46	0.64	0.07	2.68	0.09	0.73	27年
3.28	0.05	0.65	0.20	0.23	…	0.32	2.60	1.35	0.37	0.51	…	2.67	0.07	0.72	28年
3.37	0.13	0.98	0.38	0.29	…	0.17	2.22	1.13	0.28	0.83	…	2.67	0.05	0.77	29年
3.57	0.03	0.70	0.30	0.21	…	0.22	2.21	1.44	0.29	0.92	…	1.86	0.06	0.58	30年
4.00	0.07	1.02	0.23	0.23	…	0.19	2.27	1.43	0.47	0.97	…	2.11	0.10	0.71	令和元年
3.76	0.11	1.27	0.35	0.30	…	0.43	2.05	1.13	0.35	0.99	…	1.86	0.09	0.48	2年

15　学校種別　疾病・異常被患率等の

1　幼稚園　(3) 女

区分	計	非矯正 1.0以上	非矯正 1.0未満0.7以上	非矯正 0.7未満0.3以上	非矯正 0.3未満	矯正 1.0以上	矯正 1.0未満0.7以上	矯正 0.7未満0.3以上	矯正 0.3未満	裸眼計	裸眼 1.0未満0.7以上	裸眼 0.7未満0.3以上	裸眼 0.3未満	眼の疾病・異常	耳疾患	鼻・副鼻腔患	口腔咽喉頭異常	むし歯 計	処置完了者	未処置歯者
昭和23年度	...	...	...	...	...	...	...	...	...	...	...	...	...	...	...	...	...	...	...	...
24年	...	...	...	...	...	...	...	...	...	...	...	...	...	...	...	...	...	31.63	1.23	30.40
25年	...	...	...	...	...	...	...	...	...	...	...	...	...	...	...	...	...	45.65	2.48	43.17
26年	...	...	...	...	...	...	...	...	...	...	...	...	...	...	...	...	...	60.09	2.33	57.76
27年	...	...	...	...	...	...	...	...	...	...	...	...	...	...	...	...	...	...	...	...
28年	...	...	...	...	...	...	...	...	...	...	...	...	...	...	...	...	...	...	...	...
29年	...	...	...	...	...	...	...	...	...	...	...	...	...	...	...	...	...	...	...	...
30年	...	...	...	...	...	...	...	...	...	...	...	...	...	...	...	...	...	...	...	...
31年	...	...	...	...	...	...	...	...	...	...	...	...	...	...	...	...	...	72.31	2.37	69.94
32年	...	...	...	...	...	...	...	...	...	...	...	...	...	...	...	...	...	86.10	3.30	82.80
33年	...	...	...	...	...	...	...	...	...	...	...	...	...	...	...	...	...	87.40	3.50	83.90
34年	...	...	...	...	...	...	...	...	...	...	...	...	...	...	...	...	...	89.00	4.40	84.60
35年	...	...	...	...	...	...	...	...	...	...	...	...	...	...	...	...	...	87.95	3.77	84.18
36年	...	...	...	...	...	...	...	...	...	...	...	...	...	...	...	...	...	88.36	4.02	84.34
37年	...	...	...	...	...	...	...	...	...	...	...	...	...	...	...	...	...	88.32	5.35	82.97
38年	...	...	...	...	...	...	...	...	...	...	...	...	...	...	...	...	...	89.05	5.87	83.18
39年	...	...	...	...	...	...	...	...	...	...	...	...	...	...	...	...	...	89.02	6.29	82.73
40年	...	...	...	...	...	...	...	...	...	...	...	...	...	...	...	...	...	90.32	6.61	83.71
41年	...	...	...	...	...	...	...	...	...	...	...	...	...	...	...	...	...	91.19	5.17	86.02
42年	...	...	...	...	...	...	...	...	...	...	...	...	...	...	...	...	...	92.85	5.91	86.94
43年	...	...	...	...	...	...	...	...	...	...	...	...	...	...	...	...	...	91.81	6.43	85.38
44年	...	...	...	...	...	...	...	...	...	...	...	...	...	...	...	...	...	91.27	6.52	84.75
45年	...	...	...	...	...	...	...	...	...	...	...	...	...	...	...	...	...	95.30	3.40	91.90
46年	...	...	...	...	...	...	...	...	...	...	...	...	...	...	...	...	...	...	...	...
47年	...	...	...	...	...	...	...	...	...	...	...	...	...	...	...	...	...	94.13	9.81	84.32
48年	...	...	...	...	...	...	...	...	...	...	...	...	...	...	...	...	...	94.19	9.06	85.13
49年	...	...	...	...	...	...	...	...	...	...	...	...	...	...	...	...	...	94.03	9.34	84.70
50年	...	...	...	...	...	...	...	...	...	...	...	...	...	...	...	...	...	94.31	8.92	85.39
51年	...	...	...	...	...	...	...	...	...	...	...	...	...	...	...	...	...	94.06	9.90	84.16
52年	...	...	...	...	...	...	...	...	...	...	...	...	...	...	...	...	...	88.97	9.20	79.77
53年	...	...	...	...	...	...	...	...	...	...	...	...	...	...	...	...	...	87.59	10.25	77.34
54年	...	...	...	...	...	...	...	...	...	17.11	12.44	4.32	0.35	...	...	...	...	89.13	10.76	78.37
55年	...	...	...	...	...	...	...	...	...	20.57	16.08	4.24	0.25	...	...	...	...	86.36	13.58	72.78
56年	...	...	...	...	...	...	...	...	...	15.94	11.16	3.91	0.87	...	...	...	...	84.28	16.00	68.28
57年	...	...	...	...	...	...	...	...	...	17.51	13.05	3.88	0.58	...	...	...	...	82.46	15.63	66.83
58年	...	...	...	...	...	...	...	...	...	20.87	15.99	4.68	0.19	...	...	...	...	83.85	18.04	65.81
59年	...	...	...	...	...	...	...	...	...	22.41	16.47	5.51	0.43	...	...	...	...	83.47	23.66	59.81
60年	...	...	...	...	...	...	...	...	...	21.98	16.49	5.04	0.45	...	...	...	...	82.63	23.45	59.18
61年	...	...	...	...	...	...	...	...	...	22.45	15.88	6.16	0.42	...	...	...	...	83.05	25.16	57.89
62年	...	...	...	...	...	...	...	...	...	24.58	16.89	7.17	0.52	...	...	...	...	80.62	25.01	55.61
63年	...	...	...	...	...	...	...	...	...	24.27	17.26	6.58	0.43	...	...	...	...	81.03	26.88	54.15
平成元年	...	...	...	...	...	...	...	...	...	26.96	19.56	6.87	0.54	...	...	...	...	80.96	28.42	52.54
2年	...	...	...	...	...	...	...	...	...	19.79	14.39	5.03	0.37	...	...	...	...	79.81	27.55	52.27
3年	...	...	...	...	...	...	...	...	...	22.76	16.38	5.81	0.58	...	...	...	...	80.84	29.08	51.76
4年	...	...	...	...	...	...	...	...	...	20.90	14.75	5.48	0.68	...	...	...	...	78.61	28.41	50.20
5年	...	...	...	...	...	...	...	...	...	21.75	15.50	5.79	0.46	...	...	...	...	74.96	27.97	46.99
6年	...	...	...	...	...	...	...	...	...	25.23	18.68	6.16	0.39	...	...	...	...	76.47	28.29	48.18
7年	...	...	...	...	...	...	...	...	...	28.24	19.26	8.27	0.71	...	1.76	2.41	2.97	74.58	28.08	46.50
8年	...	...	...	...	...	...	...	...	...	22.44	16.05	5.96	0.42	...	1.59	1.91	3.15	73.65	28.17	45.49
9年	...	...	...	...	...	...	...	...	...	24.06	16.43	7.08	0.55	...	1.86	2.19	2.61	71.07	27.81	43.26
10年	...	...	...	...	...	...	...	...	...	26.88	18.87	7.53	0.49	...	1.53	2.34	3.08	67.00	26.00	41.00
11年	...	...	...	...	...	...	...	...	...	24.47	17.84	6.16	0.48	...	1.60	2.23	2.60	66.91	25.52	41.39
12年	...	...	...	...	...	...	...	...	...	30.74	22.87	7.37	0.50	...	1.81	3.02	2.54	63.65	24.90	38.75
13年	...	...	...	...	...	...	...	...	...	27.65	20.08	7.17	0.39	...	1.88	2.49	2.71	61.41	23.49	37.92
14年	...	...	...	...	...	...	...	...	...	27.67	19.63	7.50	0.55	...	2.04	2.58	2.02	61.02	24.64	36.38
15年	...	...	...	...	...	...	...	...	...	25.99	17.64	7.49	0.86	...	2.06	2.16	2.73	57.86	22.41	35.45
16年	...	...	...	...	...	...	...	...	...	21.88	15.30	6.04	0.54	...	1.70	1.96	1.92	56.59	22.96	33.63
17年	...	...	...	...	...	...	...	...	...	21.25	16.08	4.74	0.43	...	2.02	2.45	1.91	53.34	21.08	32.26
18年	...	...	...	...	...	...	...	...	...	24.49	18.62	5.48	0.40	2.13	2.85	2.53	1.71	53.96	21.34	32.62
19年	...	...	...	...	...	...	...	...	...	26.64	18.92	7.07	0.65	1.96	2.54	2.82	1.97	52.58	20.51	32.07
20年	...	...	...	...	...	...	...	...	...	29.71	22.29	6.30	1.12	1.86	2.56	2.96	1.43	49.22	20.12	29.10
21年	...	...	...	...	...	...	...	...	...	25.68	19.12	5.86	0.70	2.01	2.84	3.29	1.52	45.34	18.43	26.91
22年	...	...	...	...	...	...	...	...	...	27.51	20.58	6.28	0.65	2.08	3.15	2.63	1.55	44.89	17.82	27.08
23年	...	...	...	...	...	...	...	...	...	26.71	19.66	6.41	0.64	1.86	2.37	3.36	2.17	41.63	16.46	25.17
24年	100.00	71.94	20.69	5.74	0.40	0.25	0.32	0.49	0.17	27.81	21.01	6.23	0.57	1.72	2.31	2.70	1.24	41.80	16.81	24.99
25年	100.00	74.78	18.10	5.42	0.51	0.24	0.27	0.48	0.20	24.97	18.37	5.90	0.70	1.94	2.48	2.84	1.20	38.09	15.50	22.59
26年	100.00	71.42	17.86	8.69	0.44	0.35	0.48	0.61	0.15	28.23	18.34	9.30	0.59	1.57	2.22	2.51	1.40	37.23	15.14	22.09
27年	100.00	71.98	19.77	6.14	0.54	0.29	0.43	0.65	0.20	27.74	20.21	6.79	0.74	1.81	1.98	2.62	1.04	35.06	14.77	20.30
28年	100.00	71.14	20.03	6.89	0.58	0.29	0.37	0.43	0.25	28.55	20.40	7.32	0.84	1.68	2.74	2.93	1.09	34.35	13.88	20.47
29年	100.00	74.67	17.89	5.37	0.55	0.38	0.48	0.52	0.15	24.95	18.36	5.88	0.70	1.66	2.33	2.43	1.11	33.93	13.47	20.47
30年	100.00	72.28	19.17	6.20	0.48	0.36	0.41	0.80	0.30	27.36	19.58	7.01	0.77	1.51	2.11	2.24	1.21	34.00	13.19	20.82
令和元年	100.00	73.22	18.07	6.37	0.31	0.26	0.61	0.82	0.33	26.52	18.68	7.20	0.64	1.94	2.47	2.61	1.22	29.70	11.22	18.48
2年	100.00	70.87	21.06	5.80	0.44	0.54	0.44	0.69	0.16	28.59	21.50	6.49	0.60	1.41	1.76	1.83	1.04	29.75	12.60	17.14

推移（昭和23年度～令和2年度）（12-3）

単位 （%）

歯列・咬合	口腔 顎関節	口腔 歯垢の状態	口腔 歯肉の状態	栄養状態	せき柱・胸郭	せき柱・胸郭・四肢の状態	皮膚疾患 アトピー性皮膚炎	皮膚疾患 その他の皮膚疾患	心臓・異常	蛋白検出の者	寄生虫卵保有者	その他の疾病・異常 ぜん息	その他の疾病・異常 腎臓疾患	その他の疾病・異常 言語障害	区分
…	…	…	…	…	…	…	…	…	…	…	…	…	…	…	昭和23年度
…	…	…	…	1.75	…	…	…	…	…	…	56.69	…	…	…	24年
…	…	…	…	1.55	…	…	…	…	…	…	54.09	…	…	…	25年
…	…	…	…	1.51	…	…	…	…	…	…	50.32	…	…	…	26年
…	…	…	…	…	…	…	…	…	…	…	…	…	…	…	27年
…	…	…	…	…	…	…	…	…	…	…	…	…	…	…	28年
…	…	…	…	…	…	…	…	…	…	…	…	…	…	…	29年
…	…	…	…	…	…	…	…	…	…	…	…	…	…	…	30年
…	…	…	…	0.85	…	…	…	…	0.26	…	26.12	…	…	…	31年
…	…	…	…	0.89	…	…	…	…	0.30	…	22.10	…	…	…	32年
…	…	…	…	0.85	…	…	…	…	0.27	…	20.00	…	…	…	33年
…	…	…	…	0.79	…	…	…	…	0.27	…	16.00	…	…	…	34年
…	…	…	…	0.62	…	…	…	…	0.27	…	…	…	…	…	35年
…	…	…	…	0.72	…	…	…	…	0.27	…	…	…	…	…	36年
…	…	…	…	0.50	…	…	…	…	0.24	…	…	…	…	…	37年
…	…	…	…	0.52	…	…	…	…	0.26	…	…	…	…	…	38年
…	…	…	…	0.50	…	…	…	…	0.26	…	…	…	…	…	39年
…	…	…	…	0.50	…	…	…	…	0.23	…	…	…	…	…	40年
…	…	…	…	0.45	…	…	…	…	0.27	…	…	…	…	…	41年
…	…	…	…	0.36	…	…	…	…	0.29	…	…	0.19	0.01	0.09	42年
…	…	…	…	0.40	…	…	…	…	0.24	…	…	0.20	0.01	0.07	43年
…	…	…	…	0.36	…	…	…	…	0.27	…	…	0.31	0.02	0.12	44年
…	…	…	…	0.40	0.50	…	…	…	0.30	…	…	0.50	−	0.10	45年
…	…	…	…	…	…	…	…	…	…	…	…	…	…	…	46年
…	…	…	…	0.27	0.53	…	…	…	0.32	…	…	0.27	0.03	0.12	47年
…	…	…	…	0.24	0.43	…	…	…	0.29	…	…	0.30	0.03	0.10	48年
…	…	…	…	…	0.40	…	…	…	0.36	1.92	4.99	0.23	0.03	0.09	49年
…	…	…	…	…	0.41	…	…	…	0.36	1.69	5.38	0.30	0.04	0.09	50年
…	…	…	…	…	0.44	…	…	…	0.36	2.05	5.88	0.31	0.03	0.10	51年
…	…	…	…	…	0.55	…	…	…	0.36	1.62	3.64	0.32	0.01	0.03	52年
…	…	…	…	…	0.56	…	…	…	0.38	1.27	4.03	0.39	0.01	0.06	53年
…	…	…	…	…	0.72	…	…	…	0.34	0.86	4.97	0.28	0.02	0.08	54年
…	…	…	…	…	0.81	…	…	…	0.33	1.23	3.86	0.58	0.01	0.15	55年
…	…	…	…	…	0.44	…	…	…	0.39	1.19	3.32	0.33	0.01	0.05	56年
…	…	…	…	…	…	…	…	…	0.54	0.70	3.07	0.44	0.00	0.04	57年
…	…	…	…	…	…	…	…	…	0.33	0.81	2.98	0.88	0.05	0.06	58年
…	…	…	…	…	…	…	…	…	0.47	0.57	3.45	0.43	0.01	0.11	59年
…	…	…	…	…	…	…	…	…	0.32	0.46	3.18	0.45	0.03	0.09	60年
…	…	…	…	…	…	…	…	…	0.30	0.51	3.17	0.55	0.03	0.07	61年
…	…	…	…	…	…	…	…	…	0.36	0.60	3.13	0.43	0.04	0.15	62年
…	…	…	…	…	…	…	…	…	0.48	0.96	2.45	0.47	0.01	0.07	63年
…	…	…	…	…	…	…	…	…	0.44	0.94	2.27	0.52	0.02	0.10	平成元年
…	…	…	…	…	…	…	…	…	0.35	0.59	1.99	0.53	0.02	0.11	2年
…	…	…	…	…	…	…	…	…	0.31	0.63	1.71	0.48	0.03	0.13	3年
…	…	…	…	…	…	…	…	…	0.51	0.84	1.96	0.47	0.02	0.08	4年
…	…	…	…	…	…	…	…	…	0.48	0.53	1.55	0.68	0.01	0.09	5年
…	…	…	…	…	…	…	…	…	0.40	0.90	1.78	0.61	0.01	0.07	6年
…	…	…	…	…	…	…	…	…	0.33	0.91	1.48	0.67	0.03	0.11	7年
…	…	…	…	…	…	…	…	…	0.41	0.49	1.18	0.72	0.02	0.11	8年
…	…	…	…	…	…	…	…	…	0.25	0.57	0.88	0.77	0.02	0.08	9年
…	…	…	…	…	…	…	…	…	0.22	0.72	0.81	1.05	0.00	0.13	10年
…	…	…	…	…	…	…	…	…	0.35	0.67	0.56	1.17	0.05	0.13	11年
…	…	…	…	…	…	…	…	…	0.34	0.42	0.77	0.97	0.02	0.10	12年
…	…	…	…	…	…	…	…	…	0.34	0.64	0.51	0.83	0.02	0.11	13年
…	…	…	…	…	…	…	…	…	0.34	0.47	0.36	1.02	0.01	0.13	14年
…	…	…	…	…	…	…	…	…	0.31	0.37	0.27	1.09	0.03	0.13	15年
…	…	…	…	…	…	…	…	…	0.29	0.73	0.22	0.94	0.01	0.09	16年
…	…	…	…	…	…	…	…	…	0.25	0.71	0.15	1.31	0.01	0.15	17年
2.60	0.09	0.19	0.11	0.26	0.15	…	3.41	0.99	0.37	0.67	0.16	1.82	0.04	0.25	18年
2.74	0.07	0.49	0.19	0.25	0.11	…	3.00	1.03	0.54	0.84	0.11	1.72	0.02	0.24	19年
3.03	0.10	0.48	0.19	0.19	0.11	…	3.15	1.00	0.32	0.54	0.09	1.92	0.02	0.23	20年
3.06	0.12	0.97	0.27	0.29	0.45	…	2.88	1.02	0.43	0.78	0.15	1.64	0.06	0.42	21年
3.57	0.06	0.46	0.18	0.19	0.10	…	3.05	0.97	0.42	1.12	0.09	2.11	0.03	0.22	22年
3.17	0.11	0.49	0.31	0.17	0.12	…	2.63	1.14	0.42	0.96	0.13	2.32	0.04	0.25	23年
3.26	0.07	0.80	0.22	0.18	0.17	…	2.70	0.99	0.42	0.63	0.06	1.74	0.02	0.20	24年
2.99	0.08	0.52	0.23	0.21	0.17	…	2.19	1.23	0.38	1.17	0.07	1.61	0.03	0.19	25年
3.72	0.10	0.85	0.19	0.28	0.15	…	2.24	1.25	0.38	0.79	0.06	1.55	0.07	0.30	26年
3.89	0.06	0.60	0.21	0.24	0.10	…	2.28	1.14	0.42	0.87	0.05	1.58	0.06	0.35	27年
4.00	0.07	0.55	0.22	0.17	…	0.24	2.17	1.15	0.42	0.80	…	1.91	0.03	0.31	28年
3.65	0.12	0.71	0.40	0.24	…	0.15	1.96	1.14	0.42	1.12	…	1.52	0.14	0.34	29年
4.07	0.04	0.69	0.28	0.24	…	0.25	1.86	1.45	0.33	1.14	…	1.25	0.04	0.26	30年
4.58	0.08	0.81	0.14	0.25	…	0.13	2.35	1.18	0.35	1.08	…	1.55	0.05	0.33	令和元年
4.69	0.09	0.95	0.30	0.31	…	0.28	1.74	1.10	0.39	1.01	…	1.42	0.05	0.16	2年

15　学校種別　疾病・異常被患率等の

2　小学校（1）計

区分	計	視力非矯正者の裸眼視力 1.0以上	1.0未満0.7以上	0.7未満0.3以上	0.3未満	視力矯正者の裸眼視力 1.0以上	1.0未満0.7以上	0.7未満0.3以上	0.3未満	裸眼視力 計	1.0未満0.7以上	0.7未満0.3以上	0.3未満	眼の疾病・異常	難聴	耳疾患	鼻・副鼻腔患	口腔咽喉頭異常	むし歯（う歯）計	処完了置者	未の処置ある歯者
昭和23年度	...	...	...	...	...	...	...	...	...	...	...	...	...	...	0.56	...	...	...	...	...	45.16
24年	...	...	...	...	...	...	...	...	...	...	...	...	...	...	0.48	...	...	...	42.08	1.21	40.87
25年	...	...	...	...	...	...	...	...	...	...	...	...	...	...	0.44	...	...	...	42.25	1.51	40.74
26年	...	...	...	...	...	...	...	...	...	...	...	...	...	...	0.38	...	...	...	41.63	1.50	40.13
27年	...	...	...	...	...	...	...	...	...	...	...	...	...	...	0.54	...	...	...	45.45	2.66	42.79
28年	...	...	...	...	...	...	...	...	...	...	...	...	...	...	0.52	...	...	...	51.94	2.45	49.49
29年	...	...	...	...	...	...	...	...	...	...	...	...	...	...	0.47	...	...	...	59.78	2.41	57.37
30年	...	...	...	...	...	...	...	...	...	...	...	...	...	...	0.46	...	...	...	66.50	3.07	63.43
31年	...	...	...	...	...	...	...	...	...	...	...	...	...	...	0.32	...	...	...	70.47	3.11	67.36
32年	...	...	...	...	...	...	...	...	...	...	...	...	...	...	0.34	...	...	...	79.00	3.40	75.60
33年	...	...	...	...	...	...	...	...	...	...	...	...	...	...	0.33	...	...	...	80.00	4.20	75.80
34年	...	...	...	...	...	...	...	...	...	...	...	...	...	...	0.63	...	...	...	81.60	5.00	76.60
35年	...	...	...	...	...	...	...	...	...	...	...	...	...	...	0.53	...	...	...	84.19	5.00	79.19
36年	...	...	...	...	...	...	...	...	...	...	...	...	...	...	0.52	...	...	...	83.14	6.14	77.00
37年	...	...	...	...	...	...	...	...	...	...	...	...	...	...	0.48	...	...	...	85.54	6.22	79.32
38年	...	...	...	...	...	...	...	...	...	...	...	...	...	...	0.46	...	...	...	87.61	6.72	80.89
39年	...	...	...	...	...	...	...	...	...	...	...	...	...	...	0.43	...	...	...	87.89	8.03	79.86
40年	...	...	...	...	...	...	...	...	...	...	...	...	...	...	0.43	...	...	...	87.88	8.73	79.15
41年	...	...	...	...	...	...	...	...	...	...	...	...	...	...	0.37	...	...	...	88.67	9.33	79.34
42年	...	...	...	...	...	...	...	...	...	...	...	...	...	...	0.31	...	...	...	91.96	9.81	82.15
43年	...	...	...	...	...	...	...	...	...	...	...	...	...	...	0.32	...	...	...	91.50	10.97	80.53
44年	...	...	...	...	...	...	...	...	...	...	...	...	...	...	0.33	...	...	...	92.24	12.18	80.06
45年	...	...	...	...	...	...	...	...	...	...	...	...	...	...	0.50	...	...	...	93.60	12.10	81.50
46年	...	...	...	...	...	...	...	...	...	...	...	...	...	...	0.40	...	...	...	93.92	14.23	79.69
47年	...	...	...	...	...	...	...	...	...	...	...	...	...	...	0.45	...	...	...	93.16	14.54	78.62
48年	...	...	...	...	...	...	...	...	...	...	...	...	...	...	0.48	...	...	...	93.42	14.65	78.77
49年	...	...	...	...	...	...	...	...	...	...	...	...	...	...	0.82	...	...	...	94.26	14.31	79.95
50年	...	...	...	...	...	...	...	...	...	...	...	...	...	...	0.67	...	...	...	94.43	14.47	79.96
51年	...	...	...	...	...	...	...	...	...	...	...	...	...	...	0.74	...	...	...	94.46	15.04	79.42
52年	...	...	...	...	...	...	...	...	...	...	...	...	...	...	0.54	...	...	...	93.73	15.25	78.48
53年	...	...	...	...	...	...	...	...	...	...	...	...	...	...	0.52	...	...	...	94.17	20.20	73.97
54年	...	...	...	...	...	...	...	...	...	17.91	9.47	5.77	2.67	...	0.56	...	...	...	94.76	17.72	77.04
55年	...	...	...	...	...	...	...	...	...	19.74	10.54	6.27	2.93	...	0.65	...	...	...	93.98	22.24	71.74
56年	...	...	...	...	...	...	...	...	...	19.05	9.97	6.16	2.92	...	0.57	...	...	...	93.50	23.63	69.87
57年	...	...	...	...	...	...	...	...	...	18.23	9.08	6.09	3.07	...	0.67	...	...	...	93.06	25.45	67.61
58年	...	...	...	...	...	...	...	...	...	18.17	8.94	6.19	3.03	...	0.70	...	...	...	92.61	27.95	64.65
59年	...	...	...	...	...	...	...	...	...	18.98	9.23	6.36	3.39	...	0.82	...	...	...	91.52	30.04	61.49
60年	...	...	...	...	...	...	...	...	...	18.72	8.71	6.44	3.57	...	0.73	...	...	...	91.36	31.82	59.54
61年	...	...	...	...	...	...	...	...	...	19.10	8.66	6.63	3.81	...	0.77	...	...	...	91.22	32.80	58.43
62年	...	...	...	...	...	...	...	...	...	19.54	8.67	6.88	3.99	...	0.82	...	...	...	91.06	34.78	56.28
63年	...	...	...	...	...	...	...	...	...	19.59	8.34	7.12	4.13	...	0.80	...	...	...	90.05	34.74	55.31
平成元年	...	...	...	...	...	...	...	...	...	20.60	8.87	7.33	4.39	...	0.76	...	...	...	90.34	35.43	54.91
2年	...	...	...	...	...	...	...	...	...	21.22	8.62	7.75	4.85	...	0.83	...	...	...	89.54	36.26	53.28
3年	...	...	...	...	...	...	...	...	...	21.68	8.75	8.00	4.94	...	0.87	...	...	...	89.34	37.16	52.18
4年	...	...	...	...	...	...	...	...	...	22.50	9.18	8.27	5.05	...	0.87	...	...	...	89.09	37.57	51.52
5年	...	...	...	...	...	...	...	...	...	23.78	9.43	8.81	5.54	...	0.88	...	...	...	88.39	38.28	50.11
6年	...	...	...	...	...	...	...	...	...	24.72	9.66	9.14	5.91	...	0.91	...	...	...	88.01	39.31	48.70
7年	...	...	...	...	...	...	...	...	...	25.42	10.20	9.43	5.78	...	0.93	3.38	9.92	2.11	87.33	40.59	46.74
8年	...	...	...	...	...	...	...	...	...	25.81	10.33	9.64	5.84	...	1.00	3.58	10.03	2.33	85.73	41.08	44.65
9年	...	...	...	...	...	...	...	...	...	26.25	10.46	9.81	5.98	...	0.91	3.80	10.03	2.17	84.66	40.90	43.76
10年	...	...	...	...	...	...	...	...	...	26.34	10.49	9.91	5.94	...	0.97	3.65	10.18	2.23	82.07	40.08	41.99
11年	...	...	...	...	...	...	...	...	...	25.77	10.51	9.56	5.70	...	0.87	4.18	10.44	2.23	80.77	38.92	41.84
12年	...	...	...	...	...	...	...	...	...	25.33	10.13	9.67	5.54	...	0.78	4.12	11.28	2.17	77.87	37.84	40.03
13年	...	...	...	...	...	...	...	...	...	25.38	10.25	9.61	5.53	...	0.91	4.24	10.69	1.82	75.59	36.38	39.21
14年	...	...	...	...	...	...	...	...	...	25.67	10.48	9.70	5.49	...	0.86	4.31	11.21	2.21	73.85	35.38	38.47
15年	...	...	...	...	...	...	...	...	...	25.61	10.64	9.69	5.29	...	0.87	4.46	11.10	2.16	71.31	34.35	36.96
16年	...	...	...	...	...	...	...	...	...	25.55	10.19	9.86	5.50	...	0.77	4.32	10.40	1.87	70.43	33.73	36.70
17年	...	...	...	...	...	...	...	...	...	26.46	10.40	10.29	5.77	...	0.86	4.48	11.18	1.86	68.19	32.84	35.36
18年	...	...	...	...	...	...	...	...	...	28.36	10.44	11.19	6.73	4.72	1.11	4.87	11.94	1.93	67.80	32.87	34.93
19年	...	...	...	...	...	...	...	...	...	28.07	10.58	11.00	6.49	4.76	1.11	5.13	11.99	1.83	65.47	31.21	34.26
20年	...	...	...	...	...	...	...	...	...	29.87	11.23	11.60	7.05	5.10	1.09	5.23	11.86	1.75	63.79	30.89	32.90
21年	...	...	...	...	...	...	...	...	...	29.71	10.92	11.51	7.27	5.27	1.11	5.47	12.57	1.63	61.79	30.32	31.47
22年	...	...	...	...	...	...	...	...	...	29.91	10.88	11.49	7.55	4.83	1.08	5.43	11.66	1.52	59.63	29.20	30.44
23年	...	...	...	...	...	...	...	...	...	29.91	10.62	11.34	7.95	5.34	0.60	5.52	12.50	1.51	57.20	28.65	28.56
24年	100.00	68.91	10.05	9.22	3.47	0.41	0.63	2.19	5.11	30.68	10.68	11.41	8.58	5.44	0.53	5.39	12.19	1.27	55.76	28.36	27.41
25年	100.00	68.89	9.90	8.93	3.23	0.59	0.79	2.51	5.15	30.52	10.70	11.44	8.38	5.32	0.54	5.43	12.07	1.32	54.14	27.18	26.96
26年	100.00	69.21	9.97	8.94	3.31	0.64	0.75	2.35	4.83	30.16	10.72	11.29	8.14	5.24	0.53	5.70	12.31	1.50	52.54	26.23	26.30
27年	100.00	68.30	10.24	9.15	3.47	0.73	0.88	2.37	4.85	30.97	11.12	11.53	8.32	5.55	0.55	5.47	11.91	1.23	50.76	25.76	25.00
28年	100.00	67.88	10.29	9.33	3.65	0.66	0.87	2.35	4.97	31.46	11.16	11.68	8.62	5.38	0.57	6.09	12.91	1.38	48.89	24.73	24.16
29年	100.00	66.80	10.59	9.81	3.75	0.74	0.89	2.44	4.97	32.46	11.48	12.25	8.72	5.68	0.55	6.24	12.84	1.28	47.06	24.07	22.99
30年	100.00	65.10	11.03	10.21	4.01	0.80	0.98	2.60	5.27	34.10	12.01	12.81	9.28	5.70	0.59	6.47	13.04	1.34	45.30	23.07	22.23
令和元年	100.00	64.54	10.90	10.44	3.92	0.89	1.12	2.74	5.47	34.57	12.01	13.18	9.38	5.60	0.61	6.32	11.81	1.29	44.82	23.08	21.74
2年	100.00	61.67	11.66	11.16	4.80	0.81	1.05	2.73	6.12	37.52	12.71	13.89	10.92	4.78	0.65	6.14	11.02	0.96	40.21	20.58	19.62

（注）平成24年度以降の結核に関する検診の取扱いについては、「学校保健安全法施行規則」の一部改正にともない、平成24年4月から教育委員会に設置された結核対策委員会からの意見を聞かずに
　　精密検査を行うことができるようになったため、「結核の精密検査の対象者」には、学校医の診察の結果、精密検査が必要と認められた者も含まれる。

推移（昭和23年度～令和2年度）（12-4）

単位　（%）

歯列・咬合	顎関節	歯垢の状態	歯肉の状態	栄養状態	せき柱・胸郭	四肢の状態	アトピー性皮膚炎	その他の皮膚疾患	委員会を必要とする検討者	結核の精密検査の対象者	結核	心臓・疾病異常	心電図異常	蛋白検出の者	尿糖検出の者	寄生虫卵保有者	ぜん息	腎臓疾患	言語障害	区分
…	…	…	…	1.57	…	…	…	…	…	…	…	…	…	…	…	…	…	…	…	昭和23年度
…	…	…	…	1.92	…	…	…	…	…	…	…	…	…	…	…	63.89	…	…	…	24年
…	…	…	…	1.75	…	…	…	…	…	…	…	…	…	…	…	63.42	…	…	…	25年
…	…	…	…	1.75	…	…	…	…	…	…	…	…	…	…	…	57.98	…	…	…	26年
…	…	…	…	1.53	…	…	…	…	…	…	…	…	…	…	…	55.14	…	…	…	27年
…	…	…	…	1.41	…	…	…	…	…	…	…	0.27	…	…	…	48.76	…	…	…	28年
…	…	…	…	1.47	…	…	…	…	…	…	…	0.30	…	…	…	42.21	…	…	…	29年
…	…	…	…	1.37	…	…	…	…	…	…	…	0.25	…	…	…	38.28	…	…	…	30年
…	…	…	…	1.31	…	…	…	…	…	…	0.94	0.28	…	…	…	32.48	…	…	…	31年
…	…	…	…	0.97	…	…	…	…	…	…	…	0.28	…	…	…	29.20	…	…	…	32年
…	…	…	…	0.94	…	…	…	…	…	…	…	0.32	…	…	…	25.40	…	…	…	33年
…	…	…	…	0.95	…	…	…	…	…	…	…	0.30	…	…	…	21.80	…	…	…	34年
…	…	…	…	0.83	…	…	…	…	…	…	…	0.33	…	…	…	…	…	…	…	35年
…	…	…	…	0.69	…	…	…	…	…	…	…	0.33	…	…	…	…	…	…	…	36年
…	…	…	…	0.64	…	…	…	…	…	…	…	0.40	…	…	…	…	…	…	…	37年
…	…	…	…	0.61	…	…	…	…	…	…	…	0.41	…	…	…	…	…	…	…	38年
…	…	…	…	0.53	…	…	…	…	…	…	…	0.35	…	…	…	…	…	…	…	39年
…	…	…	…	0.48	…	…	…	…	…	…	…	0.32	…	…	…	…	…	…	…	40年
…	…	…	…	0.48	…	…	…	…	…	…	…	0.32	…	…	…	…	…	…	…	41年
…	…	…	…	0.44	…	…	…	…	…	…	0.33	0.36	…	…	…	…	0.25	0.06	0.29	42年
…	…	…	…	0.40	…	…	…	…	…	…	0.33	0.33	…	…	…	…	0.25	0.07	0.25	43年
…	…	…	…	0.34	…	…	…	…	…	…	0.22	0.30	…	…	‥	…	0.36	0.06	0.31	44年
…	…	…	…	0.40	1.30	…	…	…	…	…	0.20	0.40	…	…	…	…	0.40	0.10	0.30	45年
…	…	…	…	0.25	0.84	…	…	…	…	…	0.09	0.28	…	…	…	…	0.33	0.06	0.17	46年
…	…	…	…	0.28	0.83	…	…	…	…	…	0.08	0.27	…	…	…	…	0.46	0.08	0.18	47年
…	…	…	…	0.29	0.66	…	…	…	…	…	0.10	0.24	…	…	…	…	0.49	0.10	0.15	48年
…	…	…	…	…	0.67	…	…	…	…	…	0.10	0.38	…	1.42	…	4.64	0.52	0.11	0.20	49年
…	…	…	…	…	0.64	…	…	…	…	…	0.10	0.38	…	1.48	…	5.23	0.57	0.12	0.19	50年
…	…	…	…	…	0.60	…	…	…	…	…	0.10	0.33	…	1.86	…	5.40	0.60	0.13	0.18	51年
…	…	…	…	…	0.89	…	…	…	…	…	0.05	0.38	…	1.30	…	4.18	0.41	0.08	0.09	52年
…	…	…	…	…	0.79	…	…	…	…	…	0.06	0.34	…	1.12	…	4.27	0.38	0.08	0.09	53年
…	…	…	…	…	1.09	…	…	…	…	…	0.05	0.33	…	1.14	…	4.25	0.37	0.08	0.09	54年
…	…	…	…	…	0.93	…	…	…	…	…	0.03	0.35	…	0.90	…	3.35	0.44	0.10	0.13	55年
…	…	…	…	…	0.88	…	…	…	…	…	0.01	0.40	…	0.87	…	3.30	0.49	0.10	0.09	56年
…	…	…	…	…	…	…	…	…	…	…	0.01	0.46	…	0.82	…	3.16	0.53	0.11	0.09	57年
…	…	…	…	…	…	…	…	…	…	…	0.01	0.40	…	0.87	…	3.21	0.63	0.12	0.09	58年
…	…	…	…	…	…	…	…	…	…	…	0.02	0.42	…	0.87	…	3.36	0.85	0.13	0.10	59年
…	…	…	…	…	…	…	…	…	…	…	0.02	0.44	…	0.77	…	3.42	0.93	0.12	0.09	60年
…	…	…	…	…	…	…	…	…	…	…	0.02	0.46	…	0.79	…	3.44	0.88	0.10	0.09	61年
…	…	…	…	…	…	…	…	…	…	…	0.02	0.49	…	0.81	…	3.41	0.97	0.11	0.07	62年
…	…	…	…	…	…	…	…	…	…	…	0.01	0.46	…	0.82	…	3.02	1.05	0.10	0.08	63年
…	…	…	…	…	…	…	…	…	…	…	0.02	0.50	…	0.67	…	2.82	1.04	0.09	0.08	平成元年
…	…	…	…	…	…	…	…	…	…	…	0.03	0.48	…	0.67	…	2.51	1.05	0.13	0.07	2年
…	…	…	…	…	…	…	…	…	…	…	0.01	0.51	…	0.77	…	2.43	1.06	0.09	0.07	3年
…	…	…	…	…	…	…	…	…	…	…	0.02	0.55	…	0.73	0.08	2.51	1.16	0.11	0.08	4年
…	…	…	…	…	…	…	…	…	…	…	0.01	0.52	…	0.68	0.07	2.25	1.16	0.10	0.07	5年
…	…	…	…	…	…	…	…	…	…	…	0.02	0.53	…	0.78	0.06	2.32	1.35	0.10	0.07	6年
…	…	…	…	…	…	…	…	…	…	…	0.00	0.46	1.74	0.66	0.09	3.05	1.38	0.11	0.09	7年
…	…	…	…	…	…	…	…	…	…	…	0.01	0.50	2.03	0.64	0.08	2.55	1.59	0.11	0.09	8年
…	…	…	…	…	…	…	…	…	…	…	0.01	0.45	2.17	0.79	0.09	2.05	1.69	0.10	0.09	9年
…	…	…	…	…	…	…	…	…	…	…	0.00	0.51	2.05	0.78	0.07	1.98	2.26	0.13	0.14	10年
…	…	…	…	…	…	…	…	…	…	…	0.01	0.53	2.36	0.71	0.07	1.66	2.58	0.13	0.16	11年
…	…	…	…	…	…	…	…	…	…	…	0.01	0.52	2.08	0.63	0.06	1.44	2.45	0.14	0.15	12年
…	…	…	…	…	…	…	…	…	…	…	0.01	0.54	2.21	0.63	0.06	1.17	2.52	0.12	0.15	13年
…	…	…	…	…	…	…	…	…	…	…	0.00	0.60	2.17	0.58	0.07	0.94	2.67	0.13	0.15	14年
…	…	…	…	…	…	…	…	…	1.78	0.52	0.01	0.60	2.31	0.59	0.07	0.80	2.90	0.12	0.15	15年
…	…	…	…	…	…	…	…	…	1.03	0.26	0.01	0.61	2.53	0.61	0.05	0.67	3.07	0.12	0.14	16年
…	…	…	…	…	…	…	…	…	0.74	0.17	0.01	0.61	2.40	0.58	0.06	0.52	3.27	0.11	0.18	17年
4.40	0.18	3.51	2.49	2.14	0.42	…	3.62	0.37	0.62	0.14	0.00	0.72	2.32	0.67	0.08	0.47	3.74	0.18	0.30	18年
4.31	0.14	3.27	2.21	1.99	0.30	…	3.64	0.43	0.67	0.17	0.00	0.70	2.49	0.66	0.07	0.41	3.91	0.17	0.35	19年
4.33	0.09	3.32	2.19	1.84	0.33	…	3.49	0.40	0.63	0.17	0.01	0.74	2.67	0.69	0.06	0.33	3.89	0.16	0.32	20年
4.40	0.11	3.23	2.17	1.79	0.33	…	3.31	0.38	0.55	0.15	0.00	0.87	2.51	0.81	0.07	0.30	3.99	0.18	0.34	21年
4.69	0.18	3.53	2.17	1.61	0.32	…	3.38	0.41	0.50	0.14	0.01	0.71	2.48	0.75	0.07	0.27	4.19	0.17	0.34	22年
4.23	0.09	3.03	1.86	1.48	0.32	…	3.30	0.42	0.54	0.13	0.00	0.74	2.51	0.75	0.06	0.22	4.34	0.18	0.32	23年
4.40	0.10	3.23	2.07	1.47	0.36	…	3.25	0.44	0.39	0.11	0.00	0.70	2.30	0.75	0.06	0.20	4.22	0.16	0.33	24年
4.60	0.11	3.57	2.28	1.47	0.38	…	3.06	0.44	…	0.10	0.00	0.74	2.62	0.74	0.06	0.16	4.15	0.17	0.37	25年
4.29	0.10	3.12	1.96	1.50	0.46	…	3.22	0.43	…	0.13	0.00	0.73	2.34	0.84	0.07	0.13	3.88	0.18	0.39	26年
4.36	0.11	3.13	1.95	1.49	0.54	…	3.52	0.50	…	0.13	0.01	0.70	2.35	0.80	0.06	0.12	3.95	0.18	0.38	27年
4.76	0.13	3.15	1.99	1.53	…	1.83	3.18	0.52	…	0.13	0.00	0.71	2.44	0.76	0.07	…	3.69	0.17	0.43	28年
4.41	0.11	3.02	1.91	1.53	…	1.16	3.18	0.52	…	0.13	0.00	0.68	2.39	0.87	0.06	…	3.87	0.19	0.43	29年
4.70	0.10	3.11	1.91	1.60	…	1.14	3.40	0.56	…	0.12	0.00	0.81	2.40	0.80	0.07	…	3.51	0.21	0.43	30年
5.04	0.13	3.14	1.99	1.54	…	1.13	3.33	0.59	…	0.18	0.00	0.84	2.42	1.03	0.07	…	3.37	0.21	0.42	令和元年
4.88	0.10	3.45	2.17	2.03	…	0.94	3.18	0.40	…	0.17	0.00	0.80	2.52	0.93	0.07	…	3.31	0.20	0.41	2年

15 学校種別 疾病・異常被患率等の

2 小学校（2）男

区分	裸眼視力 計	視力非矯正者の裸眼視力				視力矯正者の裸眼視力				裸眼視力 計				眼の疾病・異常	難聴	耳鼻咽頭			歯・むし歯（う歯）		
		1.0以上	1.0未満0.7以上	0.7未満0.3以上	0.3未満	1.0以上	1.0未満0.7以上	0.7未満0.3以上	0.3未満	計	1.0未満0.7以上	0.7未満0.3以上	0.3未満		聴	耳疾患	鼻疾患・副鼻腔患	口腔咽喉頭疾患異常	計	処置完了者	未処置のある歯者
昭和23年度	...	...	...	...	...	...	...	...	...	...	...	...	...	...	0.65	...	...	...	...	...	45.32
24年	...	...	...	...	...	...	...	...	...	...	...	...	...	...	0.54	...	...	...	42.39	1.21	41.18
25年	...	...	...	...	...	...	...	...	...	...	...	...	...	...	0.52	...	...	...	42.32	1.45	40.87
26年	...	...	...	...	...	...	...	...	...	...	...	...	...	...	0.45	...	...	...	41.54	1.44	40.10
27年	...	...	...	...	...	...	...	...	...	...	...	...	...	...	0.64	...	...	...	44.88	2.47	42.41
28年	...	...	...	...	...	...	...	...	...	...	...	...	...	...	0.60	...	...	...	51.19	2.27	48.92
29年	...	...	...	...	...	...	...	...	...	...	...	...	...	...	0.53	...	...	...	58.77	2.16	56.61
30年	...	...	...	...	...	...	...	...	...	...	...	...	...	...	0.52	...	...	...	65.17	2.81	62.36
31年	...	...	...	...	...	...	...	...	...	...	...	...	...	...	0.36	...	...	...	69.48	2.76	66.72
32年	...	...	...	...	...	...	...	...	...	...	...	...	...	...	0.38	...	...	...	76.70	3.00	73.70
33年	...	...	...	...	...	...	...	...	...	...	...	...	...	...	0.37	...	...	...	79.00	3.70	75.30
34年	...	...	...	...	...	...	...	...	...	...	...	...	...	...	0.66	...	...	...	80.80	4.50	76.30
35年	...	...	...	...	...	...	...	...	...	...	...	...	...	...	0.54	...	...	...	83.33	4.45	78.88
36年	...	...	...	...	...	...	...	...	...	...	...	...	...	...	0.57	...	...	...	82.26	5.38	76.88
37年	...	...	...	...	...	...	...	...	...	...	...	...	...	...	0.50	...	...	...	84.73	5.53	79.20
38年	...	...	...	...	...	...	...	...	...	...	...	...	...	...	0.51	...	...	...	87.00	5.94	81.06
39年	...	...	...	...	...	...	...	...	...	...	...	...	...	...	0.47	...	...	...	87.50	7.21	80.29
40年	...	...	...	...	...	...	...	...	...	...	...	...	...	...	0.47	...	...	...	86.91	7.62	79.29
41年	...	...	...	...	...	...	...	...	...	...	...	...	...	...	0.40	...	...	...	87.97	8.27	79.70
42年	...	...	...	...	...	...	...	...	...	...	...	...	...	...	0.34	...	...	...	91.52	8.86	82.66
43年	...	...	...	...	...	...	...	...	...	...	...	...	...	...	0.33	...	...	...	90.90	9.85	81.05
44年	...	...	...	...	...	...	...	...	...	...	...	...	...	...	0.34	...	...	...	91.68	10.98	80.70
45年	...	...	...	...	...	...	...	...	...	...	...	...	...	...	0.50	...	...	...	93.10	10.80	82.30
46年	...	...	...	...	...	...	...	...	...	...	...	...	...	...	0.48	...	...	...	93.58	12.94	80.63
47年	...	...	...	...	...	...	...	...	...	...	...	...	...	...	0.52	...	...	...	92.62	13.37	79.26
48年	...	...	...	...	...	...	...	...	...	...	...	...	...	...	0.52	...	...	...	93.00	13.45	79.55
49年	...	...	...	...	...	...	...	...	...	...	...	...	...	...	0.90	...	...	...	93.94	13.07	80.87
50年	...	...	...	...	...	...	...	...	...	...	...	...	...	...	0.72	...	...	...	94.25	13.41	80.84
51年	...	...	...	...	...	...	...	...	...	...	...	...	...	...	0.80	...	...	...	94.11	13.85	80.26
52年	...	...	...	...	...	...	...	...	...	...	...	...	...	...	0.57	...	...	...	93.44	14.10	79.34
53年	...	...	...	...	...	...	...	...	...	...	...	...	...	...	0.58	...	...	...	93.93	18.69	75.24
54年	...	...	...	...	...	...	...	...	...	15.36	8.43	4.72	2.21	...	0.59	...	...	...	94.61	16.42	78.19
55年	...	...	...	...	...	...	...	...	...	16.89	9.28	5.18	2.43	...	0.65	...	...	...	93.71	21.06	72.65
56年	...	...	...	...	...	...	...	...	...	16.60	9.02	5.11	2.47	...	0.63	...	...	...	93.38	22.49	70.90
57年	...	...	...	...	...	...	...	...	...	15.40	7.96	4.89	2.55	...	0.77	...	...	...	92.88	24.18	68.70
58年	...	...	...	...	...	...	...	...	...	15.66	8.06	5.02	2.58	...	0.72	...	...	...	92.52	26.69	65.83
59年	...	...	...	...	...	...	...	...	...	16.59	8.32	5.37	2.89	...	0.87	...	...	...	91.21	28.95	62.27
60年	...	...	...	...	...	...	...	...	...	15.99	7.53	5.46	3.00	...	0.76	...	...	...	91.02	30.54	60.48
61年	...	...	...	...	...	...	...	...	...	16.17	7.47	5.49	3.21	...	0.79	...	...	...	91.00	31.86	59.13
62年	...	...	...	...	...	...	...	...	...	16.72	7.55	5.83	3.35	...	0.83	...	...	...	90.83	33.73	57.10
63年	...	...	...	...	...	...	...	...	...	16.98	7.22	6.15	3.61	...	0.79	...	...	...	89.84	33.78	56.06
平成元年	...	...	...	...	...	...	...	...	...	18.15	7.90	6.43	3.82	...	0.78	...	...	...	90.17	34.49	55.68
2年	...	...	...	...	...	...	...	...	...	18.62	7.65	6.75	4.23	...	0.82	...	...	...	89.25	35.45	53.80
3年	...	...	...	...	...	...	...	...	...	19.20	7.85	7.06	4.29	...	0.96	...	...	...	89.22	36.27	52.95
4年	...	...	...	...	...	...	...	...	...	20.09	8.30	7.41	4.38	...	0.92	...	...	...	88.91	36.49	52.43
5年	...	...	...	...	...	...	...	...	...	20.99	8.50	7.80	4.68	...	0.89	...	...	...	88.30	37.32	50.98
6年	...	...	...	...	...	...	...	...	...	21.85	8.80	8.11	4.94	...	0.87	...	...	...	87.91	38.25	49.67
7年	...	...	...	...	...	...	...	...	...	22.45	9.17	8.33	4.95	...	0.95	3.49	12.14	2.14	87.35	39.68	47.67
8年	...	...	...	...	...	...	...	...	...	23.00	9.55	8.55	4.90	...	0.99	3.72	12.20	2.49	85.86	40.00	45.85
9年	...	...	...	...	...	...	...	...	...	23.36	9.63	8.60	5.12	...	0.84	3.98	12.25	2.29	84.77	40.09	44.68
10年	...	...	...	...	...	...	...	...	...	23.28	9.55	8.75	4.98	...	0.91	3.79	12.43	2.42	82.28	39.23	43.05
11年	...	...	...	...	...	...	...	...	...	22.77	9.68	8.37	4.72	...	0.87	4.37	12.83	2.34	81.03	38.24	42.79
12年	...	...	...	...	...	...	...	...	...	22.51	9.28	8.61	4.63	...	0.74	4.30	13.82	2.27	78.39	37.27	41.12
13年	...	...	...	...	...	...	...	...	...	22.58	9.43	8.53	4.62	...	0.89	4.43	13.26	1.92	76.14	36.07	40.07
14年	...	...	...	...	...	...	...	...	...	23.16	9.63	8.83	4.70	...	0.86	4.51	13.72	2.33	74.57	35.10	39.47
15年	...	...	...	...	...	...	...	...	...	23.23	9.88	8.86	4.49	...	0.84	4.64	13.71	2.32	72.25	34.28	37.97
16年	...	...	...	...	...	...	...	...	...	23.00	9.36	8.92	4.73	...	0.72	4.36	12.82	1.96	71.48	33.61	37.87
17年	...	...	...	...	...	...	...	...	...	23.80	9.57	9.29	4.93	...	0.80	4.59	13.78	2.04	69.29	32.89	36.40
18年	...	...	...	...	...	...	...	...	...	25.28	9.66	9.98	5.64	5.00	1.07	5.11	14.70	2.10	69.16	33.21	35.95
19年	...	...	...	...	...	...	...	...	...	25.20	9.83	9.87	5.51	5.05	1.05	5.31	14.75	1.98	66.94	31.58	35.36
20年	...	...	...	...	...	...	...	...	..	26.94	10.38	10.58	5.98	5.51	1.04	5.31	14.65	1.84	65.23	31.14	34.09
21年	...	...	...	...	...	...	...	...	...	26.92	10.08	10.55	6.29	5.74	1.01	5.70	15.40	1.77	63.25	30.73	32.52
22年	...	...	...	...	...	...	...	...	...	27.15	10.07	10.51	6.57	5.21	1.00	5.58	14.46	1.63	61.28	29.51	31.77
23年	...	...	...	...	...	...	...	...	...	27.09	9.75	10.43	6.91	5.72	0.54	5.64	15.44	1.67	58.99	29.12	29.87
24年	100.00	72.18	9.18	8.34	3.11	0.39	0.57	1.96	4.25	27.42	9.76	10.30	7.37	5.82	0.48	5.60	15.04	1.39	57.44	28.98	28.45
25年	100.00	72.09	9.09	8.17	2.92	0.56	0.69	2.20	4.27	27.34	9.76	10.31	7.19	5.74	0.46	5.74	14.86	1.45	55.89	27.76	28.14
26年	100.00	72.30	9.05	8.15	3.04	0.58	0.67	2.05	4.27	27.12	9.74	10.23	7.14	5.67	0.46	5.89	15.05	1.62	54.23	26.85	27.38
27年	100.00	71.53	9.53	8.24	3.17	0.66	0.77	2.05	4.04	27.80	10.30	10.29	7.21	5.94	0.49	5.61	14.60	1.36	52.35	26.27	26.08
28年	100.00	71.12	9.43	8.49	3.33	0.60	0.79	2.03	4.21	28.28	10.22	10.53	7.53	5.75	0.50	6.25	15.79	1.49	50.55	25.32	25.23
29年	100.00	70.44	9.41	8.35	3.37	0.70	0.81	2.06	4.86	28.86	10.28	10.55	8.07	6.11	0.50	6.18	15.87	1.57	48.72	24.81	23.91
30年	100.00	68.67	10.13	9.21	3.65	0.72	0.86	2.28	4.48	30.61	10.99	11.50	8.13	6.02	0.51	6.63	15.78	1.49	46.89	23.75	23.14
令和元年	100.00	67.93	10.18	9.57	3.61	0.74	0.95	2.32	4.68	31.33	11.14	11.90	8.29	5.99	0.52	6.46	14.47	1.39	46.31	23.77	22.53
2年	100.00	64.62	11.13	10.44	4.48	0.77	0.91	2.40	5.24	34.61	12.04	12.84	9.73	5.07	0.58	6.13	13.28	1.14	41.54	21.19	20.35

（注）平成24年度以降の結核に関する検診の取扱いについては、「学校保健安全法施行規則」の一部改正にともない、平成24年4月から教育委員会に設置された結核対策委員会からの意見を聞かずに
精密検査を行うことができるようになったため、「結核の精密検査の対象者」には、学校医の診察の結果、精密検査が必要と認められた者も含まれる。

推移（昭和23年度～令和2年度）（12-5）

単位　（％）

歯列・咬合	口腔			栄養状態	せき柱・胸郭	せ四き肢柱の胸郭・状態	皮膚疾患		結核に関する検診		結核	心疾病	心電図異常	蛋白検出の者	尿糖検出の者	寄生虫卵保有者	その他の疾病・異常			区分
	顎関節	歯垢の状態	歯肉の状態				アトピー性皮膚炎	その他の皮膚疾患	委員会での検討を必要とする者	結核検査の対象精密者		心臓・異常の					ぜん息	腎臓疾患	言語障害	
…	…	…	…	1.55	…	…	…	…	…	…	…	…	…	…	…	…	…	…	…	昭和23年度
…	…	…	…	1.97	…	…	…	…	…	…	…	…	…	…	…	63.91	…	…	…	24年
…	…	…	…	1.79	…	…	…	…	…	…	…	…	…	…	…	63.54	…	…	…	25年
…	…	…	…	1.77	…	…	…	…	…	…	…	…	…	…	…	58.08	…	…	…	26年
…	…	…	…	1.55	…	…	…	…	…	…	…	…	…	…	…	55.34	…	…	…	27年
…	…	…	…	1.42	…	…	…	…	…	…	…	0.26	…	…	…	49.30	…	…	…	28年
…	…	…	…	2.19	…	…	…	…	…	…	…	0.29	…	…	…	42.92	…	…	…	29年
…	…	…	…	1.39	…	…	…	…	…	…	…	0.24	…	…	…	38.76	…	…	…	30年
…	…	…	…	1.31	…	…	…	…	…	…	0.97	0.26	…	…	…	33.06	…	…	…	31年
…	…	…	…	1.01	…	…	…	…	…	…	…	0.27	…	…	…	29.70	…	…	…	32年
…	…	…	…	0.94	…	…	…	…	…	…	…	0.32	…	…	…	26.00	…	…	…	33年
…	…	…	…	0.97	…	…	…	…	…	…	…	0.29	…	…	…	22.10	…	…	…	34年
…	…	…	…	0.86	…	…	…	…	…	…	…	0.32	…	…	…	…	…	…	…	35年
…	…	…	…	0.70	…	…	…	…	…	…	…	0.31	…	…	…	…	…	…	…	36年
…	…	…	…	0.66	…	…	…	…	…	…	…	0.37	…	…	…	…	…	…	…	37年
…	…	…	…	0.60	…	…	…	…	…	…	…	0.39	…	…	…	…	…	…	…	38年
…	…	…	…	0.54	…	…	…	…	…	…	…	0.35	…	…	…	…	…	…	…	39年
…	…	…	…	0.47	…	…	…	…	…	…	…	0.31	…	…	…	…	…	…	…	40年
…	…	…	…	0.48	…	…	…	…	…	…	…	0.30	…	…	…	…	…	…	…	41年
…	…	…	…	0.45	…	…	…	…	…	…	0.36	0.35	…	…	…	…	0.32	0.06	0.42	42年
…	…	…	…	0.39	…	…	…	…	…	…	0.33	0.31	…	…	…	…	0.33	0.07	0.34	43年
…	…	…	…	0.35	…	…	…	…	…	…	0.22	0.30	…	…	…	…	0.47	0.07	0.43	44年
…	…	…	…	0.40	1.50	…	…	…	…	…	0.20	0.40	…	…	…	…	0.50	0.10	0.40	45年
…	…	…	…	0.31	1.02	…	…	…	…	…	0.12	0.28	…	…	…	…	0.44	0.07	0.26	46年
…	…	…	…	0.32	1.02	…	…	…	…	…	0.10	0.27	…	…	…	…	0.60	0.08	0.25	47年
…	…	…	…	0.30	0.81	…	…	…	…	…	0.10	0.24	…	…	…	…	0.64	0.10	0.20	48年
…	…	…	…	…	0.86	…	…	…	…	…	0.11	0.39	…	1.27	…	4.96	0.66	0.11	0.27	49年
…	…	…	…	…	0.80	…	…	…	…	…	0.11	0.39	…	1.30	…	5.71	0.74	0.11	0.25	50年
…	…	…	…	…	0.75	…	…	…	…	…	0.11	0.34	…	1.69	…	5.98	0.75	0.12	0.24	51年
…	…	…	…	…	1.07	…	…	…	…	…	0.07	0.38	…	1.09	…	4.63	0.52	0.08	0.11	52年
…	…	…	…	…	0.97	…	…	…	…	…	0.06	0.35	…	0.94	…	4.84	0.52	0.07	0.12	53年
…	…	…	…	…	1.23	…	…	…	…	…	0.06	0.32	…	0.95	…	4.70	0.46	0.06	0.12	54年
…	…	…	…	…	1.10	…	…	…	…	…	0.04	0.34	…	0.75	…	3.83	0.56	0.07	0.18	55年
…	…	…	…	…	1.04	…	…	…	…	…	0.01	0.43	…	0.74	…	3.79	0.65	0.06	0.10	56年
…	…	…	…	…	…	…	…	…	…	…	0.02	0.47	…	0.69	…	3.65	0.68	0.08	0.13	57年
…	…	…	…	…	…	…	…	…	…	…	0.01	0.42	…	0.73	…	3.65	0.75	0.11	0.13	58年
…	…	…	…	…	…	…	…	…	…	…	0.01	0.47	…	0.71	…	3.83	1.02	0.11	0.13	59年
…	…	…	…	…	…	…	…	…	…	…	0.02	0.45	…	0.62	…	3.82	1.14	0.09	0.11	60年
…	…	…	…	…	…	…	…	…	…	…	0.03	0.46	…	0.66	…	3.97	1.18	0.09	0.14	61年
…	…	…	…	…	…	…	…	…	…	…	0.01	0.51	…	0.63	…	3.89	1.20	0.11	0.09	62年
…	…	…	…	…	…	…	…	…	…	…	0.02	0.45	…	0.66	…	3.43	1.26	0.10	0.09	63年
…	…	…	…	…	…	…	…	…	…	…	0.02	0.53	…	0.53	…	3.21	1.28	0.09	0.11	平成元年
…	…	…	…	…	…	…	…	…	…	…	0.03	0.50	…	0.50	…	2.83	1.27	0.12	0.09	2年
…	…	…	…	…	…	…	…	…	…	…	0.01	0.52	…	0.61	…	2.70	1.26	0.09	0.09	3年
…	…	…	…	…	…	…	…	…	…	…	0.02	0.55	…	0.58	0.07	2.80	1.40	0.10	0.11	4年
…	…	…	…	…	…	…	…	…	…	…	0.01	0.50	…	0.51	0.06	2.53	1.41	0.10	0.09	5年
…	…	…	…	…	…	…	…	…	…	…	0.04	0.57	…	0.57	0.06	2.60	1.62	0.10	0.09	6年
…	…	…	…	…	…	…	…	…	…	…	0.00	0.47	1.92	0.49	0.07	3.36	1.67	0.11	0.11	7年
…	…	…	…	…	…	…	…	…	…	…	0.01	0.50	2.33	0.47	0.07	2.81	1.91	0.11	0.11	8年
…	…	…	…	…	…	…	…	…	…	…	0.01	0.45	2.51	0.61	0.09	2.28	2.06	0.10	0.12	9年
…	…	…	…	…	…	…	…	…	…	…	0.00	0.54	2.32	0.64	0.06	2.14	2.77	0.14	0.19	10年
…	…	…	…	…	…	…	…	…	…	…	0.02	0.53	2.63	0.55	0.06	1.87	3.13	0.14	0.21	11年
…	…	…	…	…	…	…	…	…	…	…	0.01	0.54	2.33	0.49	0.05	1.60	3.04	0.13	0.19	12年
…	…	…	…	…	…	…	…	…	…	…	0.01	0.56	2.59	0.46	0.06	1.34	3.08	0.11	0.18	13年
…	…	…	…	…	…	…	…	…	…	…	0.01	0.61	2.53	0.45	0.06	1.04	3.21	0.12	0.20	14年
…	…	…	…	…	…	…	…	…	1.82	0.51	0.00	0.62	2.67	0.44	0.07	0.92	3.56	0.13	0.19	15年
…	…	…	…	…	…	…	…	…	1.08	0.26	0.01	0.63	2.84	0.41	0.04	0.75	3.77	0.13	0.18	16年
…	…	…	…	…	…	…	…	…	0.80	0.19	0.01	0.62	2.86	0.40	0.04	0.60	3.91	0.11	0.22	17年
4.10	0.16	4.02	2.79	2.63	0.42	…	3.89	0.40	0.65	0.14	0.00	0.75	2.62	0.48	0.08	0.54	4.57	0.17	0.38	18年
4.09	0.13	3.72	2.49	2.43	0.30	…	3.87	0.48	0.69	0.18	0.01	0.73	2.84	0.47	0.06	0.47	4.73	0.16	0.44	19年
4.08	0.08	3.79	2.45	2.21	0.33	…	3.81	0.41	0.64	0.16	0.01	0.74	2.99	0.46	0.06	0.40	4.75	0.15	0.42	20年
4.16	0.09	3.75	2.43	2.17	0.33	…	3.62	0.41	0.58	0.16	0.00	0.89	2.83	0.57	0.06	0.35	4.86	0.16	0.44	21年
4.49	0.16	4.05	2.46	1.91	0.31	…	3.69	0.44	0.50	0.14	0.01	0.72	2.81	0.53	0.05	0.34	5.09	0.16	0.45	22年
3.98	0.07	3.54	2.12	1.77	0.32	…	3.64	0.46	0.56	0.13	0.00	0.75	2.87	0.52	0.06	0.26	5.21	0.17	0.41	23年
4.11	0.09	3.72	2.32	1.77	0.33	…	3.56	0.48	0.41	0.12	0.00	0.73	2.68	0.53	0.04	0.24	5.09	0.16	0.43	24年
4.33	0.11	4.12	2.56	1.74	0.35	…	3.34	0.47	…	0.10	0.00	0.75	2.89	0.51	0.05	0.19	5.02	0.16	0.48	25年
4.00	0.09	3.59	2.25	1.80	0.43	…	3.84	0.53	…	0.13	0.00	0.75	2.76	0.56	0.05	0.14	4.65	0.18	0.50	26年
4.12	0.09	3.56	2.20	1.78	0.53	…	3.84	0.53	…	0.14	0.01	0.71	2.76	0.56	0.05	0.14	4.77	0.18	0.50	27年
4.53	0.13	3.63	2.25	1.81	…	1.91	3.47	0.54	…	0.13	0.00	0.72	2.82	0.52	0.06	…	4.40	0.18	0.57	28年
4.17	0.11	3.48	2.17	1.78	…	1.17	3.54	0.52	…	0.14	0.00	0.69	2.71	0.64	0.06	…	4.61	0.19	0.52	29年
4.49	0.10	3.53	2.14	1.91	…	1.15	3.65	0.56	…	0.13	0.00	0.84	2.82	0.75	0.06	…	4.19	0.21	0.56	30年
4.83	0.13	3.65	2.21	1.84	…	1.15	3.62	0.63	…	0.19	0.00	0.86	2.80	0.75	0.06	…	4.00	0.21	0.55	令和元年
4.74	0.10	3.96	2.44	2.55	…	0.92	3.35	0.41	…	0.18	0.00	0.82	2.94	0.68	0.07	…	3.92	0.20	0.53	2年

15　学校種別　疾病・異常被患率等の

2　小学校（3）女

区分	計	非矯正 1.0以上	非矯正 1.0未満0.7以上	非矯正 0.7未満0.3以上	非矯正 0.3未満	矯正 1.0以上	矯正 1.0未満0.7以上	矯正 0.7未満0.3以上	矯正 0.3未満	裸眼視力 計	1.0未満0.7以上	0.7未満0.3以上	0.3未満	眼の疾病・異常	難聴（聴）	耳疾患	鼻疾患・副鼻腔患	口腔咽喉頭疾患異常	むし歯（う歯）計	処完了者	未処置ある歯者
昭和23年度	...	...	...	...	...	...	...	...	...	...	...	...	...	...	0.46	...	...	...	...	...	45.00
24年	...	...	...	...	...	...	...	...	...	...	...	...	...	...	0.42	...	...	...	41.75	1.20	40.55
25年	...	...	...	...	...	...	...	...	...	...	...	...	...	...	0.38	...	...	...	42.17	1.56	40.61
26年	...	...	...	...	...	...	...	...	...	...	...	...	...	...	0.31	...	...	...	41.74	1.56	40.18
27年	...	...	...	...	...	...	...	...	...	...	...	...	...	...	0.43	...	...	...	46.03	2.85	43.18
28年	...	...	...	...	...	...	...	...	...	...	...	...	...	...	0.44	...	...	...	52.73	2.64	50.09
29年	...	...	...	...	...	...	...	...	...	...	...	...	...	...	0.41	...	...	...	60.83	2.69	58.14
30年	...	...	...	...	...	...	...	...	...	...	...	...	...	...	0.39	...	...	...	67.87	3.34	64.53
31年	...	...	...	...	...	...	...	...	...	...	...	...	...	...	0.28	...	...	...	71.50	3.47	68.03
32年	...	...	...	...	...	...	...	...	...	...	...	...	...	...	0.30	...	...	...	81.50	3.80	77.70
33年	...	...	...	...	...	...	...	...	...	...	...	...	...	...	0.29	...	...	...	81.10	4.70	76.40
34年	...	...	...	...	...	...	...	...	...	...	...	...	...	...	0.59	...	...	...	82.50	5.50	77.00
35年	...	...	...	...	...	...	...	...	...	...	...	...	...	...	0.53	...	...	...	85.08	5.57	79.51
36年	...	...	...	...	...	...	...	...	...	...	...	...	...	...	0.48	...	...	...	84.03	6.91	77.12
37年	...	...	...	...	...	...	...	...	...	...	...	...	...	...	0.46	...	...	...	86.37	6.93	79.44
38年	...	...	...	...	...	...	...	...	...	...	...	...	...	...	0.41	...	...	...	88.26	7.54	80.72
39年	...	...	...	...	...	...	...	...	...	...	...	...	...	...	0.39	...	...	...	88.31	8.88	79.43
40年	...	...	...	...	...	...	...	...	...	...	...	...	...	...	0.40	...	...	...	88.88	9.88	79.00
41年	...	...	...	...	...	...	...	...	...	...	...	...	...	...	0.34	...	...	...	89.40	10.44	78.96
42年	...	...	...	...	...	...	...	...	...	...	...	...	...	...	0.27	...	...	...	92.42	10.79	81.63
43年	...	...	...	...	...	...	...	...	...	...	...	...	...	...	0.31	...	...	...	92.11	12.13	79.98
44年	...	...	...	...	...	...	...	...	...	...	...	...	...	...	0.32	...	...	...	92.81	13.41	79.40
45年	...	...	...	...	...	...	...	...	...	...	...	...	...	...	0.40	...	...	...	94.20	13.50	80.70
46年	...	...	...	...	...	...	...	...	...	...	...	...	...	...	0.32	...	...	...	94.26	15.51	78.74
47年	...	...	...	...	...	...	...	...	...	...	...	...	...	...	0.40	...	...	...	93.72	15.77	77.95
48年	...	...	...	...	...	...	...	...	...	...	...	...	...	...	0.43	...	...	...	93.85	15.90	77.95
49年	...	...	...	...	...	...	...	...	...	...	...	...	...	...	0.74	...	...	...	94.60	15.61	78.99
50年	...	...	...	...	...	...	...	...	...	...	...	...	...	...	0.62	...	...	...	94.61	15.57	79.04
51年	...	...	...	...	...	...	...	...	...	...	...	...	...	...	0.68	...	...	...	94.83	16.27	78.56
52年	...	...	...	...	...	...	...	...	...	...	...	...	...	...	0.51	...	...	...	94.05	16.47	77.58
53年	...	...	...	...	...	...	...	...	...	...	...	...	...	...	0.45	...	...	...	94.42	21.78	72.64
54年	...	...	...	...	...	...	...	...	...	20.59	10.57	6.88	3.15	...	0.53	...	...	...	94.93	19.08	75.84
55年	...	...	...	...	...	...	...	...	...	22.73	11.86	7.41	3.45	...	0.65	...	...	...	94.26	23.48	70.78
56年	...	...	...	...	...	...	...	...	...	21.63	10.96	7.26	3.40	...	0.52	...	...	...	93.62	24.83	68.79
57年	...	...	...	...	...	...	...	...	...	21.21	10.25	7.34	3.62	...	0.58	...	...	...	93.25	26.79	66.46
58年	...	...	...	...	...	...	...	...	...	20.81	9.87	7.42	3.51	...	0.66	...	...	...	92.70	29.28	63.47
59年	...	...	...	...	...	...	...	...	...	21.49	10.19	7.39	3.91	...	0.76	...	...	...	91.85	31.18	60.67
60年	...	...	...	...	...	...	...	...	...	21.59	9.95	7.47	4.17	...	0.69	...	...	...	91.72	33.16	58.56
61年	...	...	...	...	...	...	...	...	...	22.17	9.91	7.83	4.43	...	0.76	...	...	...	91.46	33.78	57.69
62年	...	...	...	...	...	...	...	...	...	22.50	9.84	7.99	4.66	...	0.80	...	...	...	91.31	35.89	55.42
63年	...	...	...	...	...	...	...	...	...	22.33	9.51	8.15	4.67	...	0.81	...	...	...	90.28	35.75	54.53
平成元年	...	...	...	...	...	...	...	...	...	23.16	9.89	8.28	4.99	...	0.73	...	...	...	90.51	36.42	54.09
2年	...	...	...	...	...	...	...	...	...	23.94	9.64	8.80	5.51	...	0.85	...	...	...	89.84	37.11	52.73
3年	...	...	...	...	...	...	...	...	...	24.28	9.68	8.98	5.62	...	0.78	...	...	...	89.47	38.09	51.38
4年	...	...	...	...	...	...	...	...	...	25.02	10.10	9.17	5.75	...	0.81	...	...	...	89.27	38.71	50.56
5年	...	...	...	...	...	...	...	...	...	26.71	10.41	9.87	6.43	...	0.87	...	...	...	88.50	39.29	49.20
6年	...	...	...	...	...	...	...	...	...	27.72	10.57	10.22	6.93	...	0.96	...	...	...	88.11	40.42	47.70
7年	...	...	...	...	...	...	...	...	...	28.54	11.29	10.59	6.66	...	0.90	3.28	7.60	2.07	87.32	41.55	45.76
8年	...	...	...	...	...	...	...	...	...	28.75	11.15	10.79	6.82	...	1.01	3.42	7.76	2.16	85.60	42.20	43.39
9年	...	...	...	...	...	...	...	...	...	29.29	11.33	11.07	6.89	...	0.97	3.60	7.70	2.06	84.54	41.75	42.79
10年	...	...	...	...	...	...	...	...	...	29.55	11.48	11.13	6.95	...	1.02	3.51	7.83	2.04	81.84	40.97	40.87
11年	...	...	...	...	...	...	...	...	...	28.91	11.37	10.82	6.72	...	0.88	3.98	7.93	2.12	80.50	39.65	40.85
12年	...	...	...	...	...	...	...	...	...	28.29	11.02	10.78	6.49	...	0.82	3.93	8.62	2.06	77.32	38.44	38.88
13年	...	...	...	...	...	...	...	...	...	28.32	11.10	10.74	6.48	...	0.92	4.04	8.00	1.72	75.02	36.71	38.31
14年	...	...	...	...	...	...	...	...	...	28.30	11.36	10.62	6.32	...	0.86	4.11	8.58	2.09	73.11	35.69	37.42
15年	...	...	...	...	...	...	...	...	...	28.11	11.43	10.55	6.13	...	0.89	4.28	8.36	1.99	70.32	34.41	35.91
16年	...	...	...	...	...	...	...	...	...	28.21	11.06	10.85	6.31	...	0.83	4.28	7.86	1.78	69.32	33.85	35.48
17年	...	...	...	...	...	...	...	...	...	29.24	11.26	11.33	6.64	...	0.93	4.37	8.45	1.68	67.04	32.78	34.26
18年	...	...	...	...	...	...	...	...	...	31.58	11.26	12.46	7.86	4.42	1.15	4.63	9.05	1.76	66.39	32.52	33.86
19年	...	...	...	...	...	...	...	...	...	31.07	11.37	12.18	7.52	4.46	1.16	4.94	9.11	1.67	63.92	30.82	33.10
20年	...	...	...	...	...	...	...	...	...	32.94	12.12	12.66	8.16	4.67	1.14	5.14	8.94	1.66	62.28	30.62	31.66
21年	...	...	...	...	...	...	...	...	...	32.63	11.80	12.52	8.30	4.79	1.20	5.23	9.61	1.49	60.26	29.89	30.36
22年	...	...	...	...	...	...	...	...	...	32.81	11.74	12.50	8.57	4.42	1.16	5.27	8.73	1.40	57.90	28.87	29.04
23年	...	...	...	...	...	...	...	...	...	32.87	11.52	12.31	9.05	4.93	0.67	5.39	9.43	1.34	55.33	28.15	27.18
24年	100.00	65.47	10.97	10.14	3.84	0.44	0.69	2.44	6.01	34.09	11.66	12.58	9.85	5.05	0.58	5.17	9.20	1.14	54.01	27.71	26.31
25年	100.00	65.54	10.75	9.73	3.56	0.62	0.90	2.83	6.06	33.84	11.66	12.56	9.62	4.88	0.63	5.21	9.14	1.14	52.30	26.57	25.73
26年	100.00	65.96	10.93	9.77	3.60	0.70	0.81	2.63	5.59	33.34	11.74	12.40	9.20	4.79	0.60	5.50	9.29	1.37	50.76	25.59	25.17
27年	100.00	64.92	10.99	10.11	3.79	0.79	0.99	2.71	5.69	34.29	11.98	12.82	9.48	5.15	0.61	5.32	9.08	1.10	49.10	25.23	23.87
28年	100.00	64.48	11.18	10.20	3.98	0.73	0.96	2.69	5.78	34.78	12.14	12.89	9.76	4.99	0.64	5.92	9.85	1.17	47.15	24.12	23.03
29年	100.00	62.98	11.62	10.85	4.15	0.80	0.98	2.85	5.77	36.22	12.60	13.70	9.93	5.23	0.65	6.07	9.85	1.17	45.31	23.29	22.02
30年	100.00	61.36	11.98	11.26	4.39	0.89	1.10	2.93	6.09	37.75	13.08	14.19	10.48	5.36	0.67	6.31	10.17	1.20	43.63	22.35	21.28
令和元年	100.00	60.99	11.64	11.34	4.24	1.04	1.29	3.18	6.29	37.97	12.93	14.52	10.52	5.20	0.71	6.17	9.01	1.18	43.25	22.35	20.91
2年	100.00	58.58	12.21	11.91	5.12	0.85	1.20	3.08	7.04	40.56	13.41	14.99	12.16	4.49	0.72	6.15	8.65	0.77	38.81	19.95	18.86

（注）平成24年度以降の結核に関する検診の取扱いについては，「学校保健安全法施行規則」の一部改正にともない，平成24年4月から教育委員会に設置された結核対策委員会からの意見を聞かずに精密検査を行うことができるようになったため，「結核の精密検査の対象者」には，学校医の診察の結果，精密検査が必要と認められた者も含まれる。

推移（昭和23年度～令和2年度）（12-6）

単位　（％）

歯列・咬合	顎関節	歯垢の状態	歯肉の状態	栄養状態	せき柱・胸郭	四肢の状態	アトピー性皮膚炎	その他の皮膚疾患	委員会を必要とする検討者	結核検査の対象精密者	結核	心臓・異常	心電図異常	蛋白検出の者	尿糖検出の者	寄生虫卵保有者	ぜん息	腎臓疾患	言語障害	区分
…	…	…	…	1.58	…	…	…	…	…	…	…	…	…	…	…	…	…	…	…	昭和23年度
…	…	…	…	1.87	…	…	…	…	…	…	…	…	…	…	…	63.89	…	…	…	24年
…	…	…	…	1.71	…	…	…	…	…	…	…	…	…	…	…	63.31	…	…	…	25年
…	…	…	…	1.72	…	…	…	…	…	…	…	…	…	…	…	57.88	…	…	…	26年
…	…	…	…	1.51	…	…	…	…	…	…	…	…	…	…	…	54.94	…	…	…	27年
…	…	…	…	1.39	…	…	…	…	…	…	…	0.27	…	…	…	48.20	…	…	…	28年
…	…	…	…	1.42	…	…	…	…	…	…	…	0.31	…	…	…	41.48	…	…	…	29年
…	…	…	…	1.36	…	…	…	…	…	…	…	0.27	…	…	…	37.78	…	…	…	30年
…	…	…	…	1.32	…	…	…	…	…	…	0.91	0.29	…	…	…	31.88	…	…	…	31年
…	…	…	…	0.94	…	…	…	…	…	…	…	0.30	…	…	…	28.80	…	…	…	32年
…	…	…	…	0.93	…	…	…	…	…	…	…	0.33	…	…	…	24.80	…	…	…	33年
…	…	…	…	0.92	…	…	…	…	…	…	…	0.31	…	…	…	21.40	…	…	…	34年
…	…	…	…	0.80	…	…	…	…	…	…	…	0.34	…	…	…	…	…	…	…	35年
…	…	…	…	0.67	…	…	…	…	…	…	…	0.35	…	…	…	…	…	…	…	36年
…	…	…	…	0.62	…	…	…	…	…	…	…	0.43	…	…	…	…	…	…	…	37年
…	…	…	…	0.61	…	…	…	…	…	…	…	0.42	…	…	…	…	…	…	…	38年
…	…	…	…	0.53	…	…	…	…	…	…	…	0.36	…	…	…	…	…	…	…	39年
…	…	…	…	0.48	…	…	…	…	…	…	…	0.33	…	…	…	…	…	…	…	40年
…	…	…	…	0.48	…	…	…	…	…	…	…	0.33	…	…	…	…	…	…	…	41年
…	…	…	…	0.42	…	…	…	…	…	…	0.31	0.37	…	…	…	…	0.16	0.05	0.16	42年
…	…	…	…	0.40	…	…	…	…	…	…	0.30	0.34	…	…	…	…	0.17	0.06	0.14	43年
…	…	…	…	0.34	…	…	…	…	…	…	0.21	0.30	…	…	…	…	0.24	0.05	0.18	44年
…	…	…	…	0.40	1.00	…	…	…	…	…	0.10	0.40	…	…	…	…	0.20	0.10	0.20	45年
…	…	…	…	0.20	0.66	…	…	…	…	…	0.06	0.29	…	…	…	…	0.21	0.04	0.08	46年
…	…	…	…	0.25	0.63	…	…	…	…	…	0.07	0.27	…	…	…	…	0.32	0.09	0.11	47年
…	…	…	…	0.28	0.51	…	…	…	…	…	0.09	0.24	…	…	…	…	0.33	0.10	0.09	48年
…	…	…	…	…	0.48	…	…	…	…	…	0.09	0.37	…	1.57	…	4.31	0.36	0.11	0.13	49年
…	…	…	…	…	0.48	…	…	…	…	…	0.09	0.37	…	1.67	…	4.73	0.42	0.12	0.12	50年
…	…	…	…	…	0.44	…	…	…	…	…	0.09	0.32	…	2.04	…	4.79	0.43	0.14	0.12	51年
…	…	…	…	…	0.70	…	…	…	…	…	0.03	0.38	…	1.52	…	3.70	0.30	0.09	0.07	52年
…	…	…	…	…	0.60	…	…	…	…	…	0.06	0.32	…	1.31	…	3.69	0.24	0.09	0.06	53年
…	…	…	…	…	0.94	…	…	…	…	…	0.05	0.34	…	1.33	…	3.79	0.28	0.09	0.06	54年
…	…	…	…	…	0.75	…	…	…	…	…	0.02	0.36	…	1.06	…	2.85	0.31	0.13	0.08	55年
…	…	…	…	…	0.70	…	…	…	…	…	0.02	0.38	…	1.00	…	2.78	0.32	0.14	0.05	56年
…	…	…	…	…	…	…	…	…	…	…	0.01	0.45	…	0.95	…	2.64	0.37	0.13	0.06	57年
…	…	…	…	…	…	…	…	…	…	…	0.01	0.39	…	1.02	…	2.75	0.51	0.13	0.06	58年
…	…	…	…	…	…	…	…	…	…	…	0.03	0.37	…	1.04	…	2.87	0.68	0.15	0.07	59年
…	…	…	…	…	…	…	…	…	…	…	0.01	0.42	…	0.93	…	3.00	0.71	0.16	0.06	60年
…	…	…	…	…	…	…	…	…	…	…	0.01	0.46	…	0.94	…	2.89	0.67	0.12	0.05	61年
…	…	…	…	…	…	…	…	…	…	…	0.02	0.47	…	0.99	…	2.91	0.74	0.11	0.05	62年
…	…	…	…	…	…	…	…	…	…	…	0.01	0.46	…	1.00	…	2.58	0.83	0.11	0.06	63年
…	…	…	…	…	…	…	…	…	…	…	0.02	0.47	…	0.83	…	2.40	0.78	0.08	0.06	平成元年
…	…	…	…	…	…	…	…	…	…	…	0.03	0.46	…	0.84	…	2.18	0.82	0.13	0.05	2年
…	…	…	…	…	…	…	…	…	…	…	0.02	0.50	…	0.94	…	2.14	0.84	0.10	0.06	3年
…	…	…	…	…	…	…	…	…	…	…	0.03	0.55	…	0.89	0.09	2.21	0.91	0.12	0.05	4年
…	…	…	…	…	…	…	…	…	…	…	0.01	0.54	…	0.85	0.09	1.95	0.90	0.09	0.05	5年
…	…	…	…	…	…	…	…	…	…	…	0.01	0.50	…	1.01	0.07	2.03	1.05	0.11	0.05	6年
…	…	…	…	…	…	…	…	…	…	…	0.00	0.45	1.55	0.84	0.11	2.72	1.08	0.12	0.06	7年
…	…	…	…	…	…	…	…	…	…	…	0.01	0.49	1.72	0.82	0.09	2.29	1.25	0.10	0.07	8年
…	…	…	…	…	…	…	…	…	…	…	0.01	0.45	1.83	0.97	0.09	1.80	1.29	0.09	0.06	9年
…	…	…	…	…	…	…	…	…	…	…	－	0.48	1.78	0.92	0.08	1.81	1.73	0.12	0.09	10年
…	…	…	…	…	…	…	…	…	…	…	0.01	0.52	2.08	0.88	0.07	1.44	2.01	0.12	0.12	11年
…	…	…	…	…	…	…	…	…	…	…	0.01	0.49	1.82	0.78	0.06	1.27	1.83	0.16	0.12	12年
…	…	…	…	…	…	…	…	…	…	…	0.01	0.52	1.81	0.81	0.07	0.98	1.94	0.13	0.11	13年
…	…	…	…	…	…	…	…	…	…	…	0.00	0.58	1.79	0.73	0.08	0.82	2.11	0.14	0.10	14年
…	…	…	…	…	…	…	…	…	1.75	0.52	0.01	0.57	1.95	0.74	0.07	0.68	2.21	0.11	0.12	15年
…	…	…	…	…	…	…	…	…	0.98	0.25	0.00	0.58	2.20	0.82	0.06	0.58	2.33	0.12	0.10	16年
…	…	…	…	…	…	…	…	…	0.68	0.16	0.01	0.60	1.93	0.77	0.07	0.43	2.60	0.11	0.15	17年
4.70	0.19	2.98	2.18	1.63	0.43	…	3.33	0.35	0.60	0.14	0.00	0.70	2.03	0.87	0.08	0.40	2.87	0.19	0.20	18年
4.53	0.15	2.79	1.92	1.54	0.30	…	3.40	0.38	0.65	0.16	0.00	0.66	2.12	0.85	0.08	0.35	3.06	0.17	0.25	19年
4.59	0.09	2.83	1.92	1.44	0.33	…	3.15	0.39	0.61	0.18	0.00	0.75	2.33	0.93	0.07	0.27	3.00	0.16	0.22	20年
4.65	0.12	2.68	1.89	1.40	0.34	…	2.99	0.38	0.52	0.13	0.00	0.85	2.18	1.06	0.07	0.25	3.07	0.19	0.23	21年
4.90	0.20	2.99	1.87	1.29	0.32	…	3.05	0.38	0.50	0.15	0.01	0.69	2.12	0.99	0.08	0.20	3.26	0.18	0.23	22年
4.51	0.11	2.50	1.59	1.18	0.33	…	2.94	0.39	0.51	0.12	0.00	0.74	2.14	0.98	0.07	0.18	3.43	0.18	0.23	23年
4.70	0.11	2.73	1.81	1.16	0.39	…	2.92	0.40	0.38	0.11	0.00	0.68	1.91	0.98	0.07	0.17	3.30	0.16	0.23	24年
4.89	0.11	3.01	1.99	1.19	0.41	…	2.77	0.41	…	0.11	0.00	0.73	2.33	0.98	0.07	0.12	3.24	0.18	0.25	25年
4.59	0.11	2.62	1.66	1.19	0.50	…	2.87	0.39	…	0.13	0.00	0.71	1.90	1.11	0.08	0.11	3.07	0.17	0.27	26年
4.60	0.13	2.67	1.68	1.18	0.56	…	3.18	0.46	…	0.13	0.00	0.68	1.92	1.06	0.07	0.09	3.08	0.19	0.26	27年
5.00	0.14	2.64	1.72	1.24	…	1.75	2.88	0.51	…	0.13	0.00	0.70	2.04	1.00	0.08	…	2.95	0.17	0.29	28年
4.66	0.12	2.54	1.64	1.25	…	1.15	2.96	0.44	…	0.13	0.00	0.66	2.05	1.12	0.06	…	3.10	0.19	0.26	29年
4.91	0.10	2.67	1.67	1.29	…	1.13	3.13	0.55	…	0.12	0.01	0.78	1.96	1.06	0.07	…	2.80	0.21	0.30	30年
5.25	0.14	2.60	1.75	1.22	…	1.10	3.03	0.55	…	0.17	0.00	0.82	2.02	1.32	0.07	…	2.72	0.20	0.29	令和元年
5.04	0.10	2.91	1.90	1.48	…	0.96	3.00	0.38	…	0.17	0.00	0.79	2.08	1.19	0.07	…	2.67	0.20	0.28	2年

3　中学校（1）計

区分	裸眼視力 計	視力非矯正者の裸眼視力 1.0以上	1.0未満 0.7以上	0.7未満 0.3以上	0.3未満	視力矯正者の裸眼視力 1.0以上	1.0未満 0.7以上	0.7未満 0.3以上	0.3未満	裸眼視力 計	1.0未満 0.7以上	0.7未満 0.3以上	0.3未満	眼の疾病・異常	難聴	耳疾患	鼻疾患・副鼻腔患	口腔咽喉頭患	むし歯（う歯）計	処置完了者	未処置歯者
昭和23年度	…	…	…	…	…	…	…	…	…	…	…	…	…	…	0.67	…	…	…	…	…	34.49
24年	…	…	…	…	…	…	…	…	…	…	…	…	…	…	0.60	…	…	…	39.37	4.53	34.84
25年	…	…	…	…	…	…	…	…	…	…	…	…	…	…	0.60	…	…	…	42.04	4.89	37.15
26年	…	…	…	…	…	…	…	…	…	…	…	…	…	…	0.63	…	…	…	39.35	4.66	34.69
27年	…	…	…	…	…	…	…	…	…	…	…	…	…	…	0.70	…	…	…	38.38	5.01	33.37
28年	…	…	…	…	…	…	…	…	…	…	…	…	…	…	0.74	…	…	…	38.34	4.51	33.83
29年	…	…	…	…	…	…	…	…	…	…	…	…	…	…	0.74	…	…	…	42.87	4.98	37.89
30年	…	…	…	…	…	…	…	…	…	…	…	…	…	…	0.79	…	…	…	47.31	6.69	40.62
31年	…	…	…	…	…	…	…	…	…	…	…	…	…	…	0.62	…	…	…	50.00	7.59	42.41
32年	…	…	…	…	…	…	…	…	…	…	…	…	…	…	0.65	…	…	…	58.80	8.80	50.00
33年	…	…	…	…	…	…	…	…	…	…	…	…	…	…	0.65	…	…	…	63.80	10.30	53.50
34年	…	…	…	…	…	…	…	…	…	…	…	…	…	…	0.76	…	…	…	70.40	11.10	59.30
35年	…	…	…	…	…	…	…	…	…	…	…	…	…	…	0.70	…	…	…	73.97	11.84	62.13
36年	…	…	…	…	…	…	…	…	…	…	…	…	…	…	0.60	…	…	…	75.50	13.24	62.26
37年	…	…	…	…	…	…	…	…	…	…	…	…	…	…	0.56	…	…	…	80.01	14.25	65.76
38年	…	…	…	…	…	…	…	…	…	…	…	…	…	…	0.49	…	…	…	81.74	15.18	66.56
39年	…	…	…	…	…	…	…	…	…	…	…	…	…	…	0.44	…	…	…	84.15	16.18	67.97
40年	…	…	…	…	…	…	…	…	…	…	…	…	…	…	0.42	…	…	…	85.65	17.28	68.37
41年	…	…	…	…	…	…	…	…	…	…	…	…	…	…	0.37	…	…	…	86.06	18.95	67.11
42年	…	…	…	…	…	…	…	…	…	…	…	…	…	…	0.40	…	…	…	87.44	20.50	66.94
43年	…	…	…	…	…	…	…	…	…	…	…	…	…	…	0.34	…	…	…	88.50	21.77	66.73
44年	…	…	…	…	…	…	…	…	…	…	…	…	…	…	0.36	…	…	…	89.67	24.14	65.53
45年	…	…	…	…	…	…	…	…	…	…	…	…	…	…	0.60	…	…	…	90.50	22.80	67.70
46年	…	…	…	…	…	…	…	…	…	…	…	…	…	…	0.34	…	…	…	90.85	25.97	64.87
47年	…	…	…	…	…	…	…	…	…	…	…	…	…	…	0.52	…	…	…	92.99	26.94	66.05
48年	…	…	…	…	…	…	…	…	…	…	…	…	…	…	0.45	…	…	…	93.23	26.54	66.69
49年	…	…	…	…	…	…	…	…	…	…	…	…	…	…	0.71	…	…	…	93.09	27.74	65.34
50年	…	…	…	…	…	…	…	…	…	…	…	…	…	…	0.62	…	…	…	93.68	28.04	65.64
51年	…	…	…	…	…	…	…	…	…	…	…	…	…	…	…	…	…	…	94.13	29.04	65.09
52年	…	…	…	…	…	…	…	…	…	…	…	…	…	…	0.53	…	…	…	93.45	29.44	64.01
53年	…	…	…	…	…	…	…	…	…	…	…	…	…	…	0.46	…	…	…	93.85	33.20	60.65
54年	…	…	…	…	…	…	…	…	…	35.19	9.65	12.47	13.06	…	0.44	…	…	…	94.52	31.68	62.84
55年	…	…	…	…	…	…	…	…	…	38.12	10.68	13.13	14.32	…	0.45	…	…	…	93.91	33.85	60.05
56年	…	…	…	…	…	…	…	…	…	36.87	10.66	12.47	13.74	…	0.43	…	…	…	93.68	34.38	59.30
57年	…	…	…	…	…	…	…	…	…	36.39	10.69	12.18	13.53	…	0.58	…	…	…	92.97	36.82	56.15
58年	…	…	…	…	…	…	…	…	…	35.49	10.07	12.06	13.36	…	0.47	…	…	…	93.03	37.69	55.34
59年	…	…	…	…	…	…	…	…	…	36.71	11.43	12.33	12.95	…	0.64	…	…	…	92.24	40.83	51.41
60年	…	…	…	…	…	…	…	…	…	36.58	10.17	12.64	13.77	…	0.59	…	…	…	92.34	41.19	51.15
61年	…	…	…	…	…	…	…	…	…	37.24	9.85	12.69	14.70	…	0.63	…	…	…	91.92	40.79	51.13
62年	…	…	…	…	…	…	…	…	…	38.42	10.15	13.08	15.20	…	0.62	…	…	…	91.36	41.51	49.86
63年	…	…	…	…	…	…	…	…	…	39.39	10.17	13.37	15.85	…	0.63	…	…	…	90.54	41.50	49.04
平成元年	…	…	…	…	…	…	…	…	…	40.90	10.29	13.50	17.11	…	0.59	…	…	…	90.43	41.43	49.00
2年	…	…	…	…	…	…	…	…	…	41.58	10.08	13.91	17.59	…	0.62	…	…	…	89.96	41.34	48.62
3年	…	…	…	…	…	…	…	…	…	43.60	10.26	14.29	19.05	…	0.63	…	…	…	89.64	41.40	48.25
4年	…	…	…	…	…	…	…	…	…	45.56	10.27	15.10	20.19	…	0.66	…	…	…	88.93	42.65	46.28
5年	…	…	…	…	…	…	…	…	…	47.27	10.94	15.91	20.42	…	0.66	…	…	…	87.78	42.19	45.58
6年	…	…	…	…	…	…	…	…	…	48.81	11.19	16.03	21.60	…	0.63	…	…	…	87.74	42.49	45.25
7年	…	…	…	…	…	…	…	…	…	49.06	11.72	16.57	20.77	…	0.66	1.68	8.13	1.08	86.62	46.23	40.39
8年	…	…	…	…	…	…	…	…	…	49.83	12.03	16.61	21.19	…	0.65	1.89	7.84	1.15	84.77	46.13	38.64
9年	…	…	…	…	…	…	…	…	…	49.66	11.42	16.55	21.69	…	0.60	1.98	8.86	1.18	83.67	45.79	37.88
10年	…	…	…	…	…	…	…	…	…	50.31	11.58	16.66	22.07	…	0.57	2.13	8.42	1.05	81.89	45.78	36.11
11年	…	…	…	…	…	…	…	…	…	49.69	11.20	16.34	22.15	…	0.60	2.28	8.97	1.11	80.07	44.53	35.54
12年	…	…	…	…	…	…	…	…	…	49.99	11.29	16.94	21.75	…	0.63	2.50	9.42	1.01	76.85	43.53	33.31
13年	…	…	…	…	…	…	…	…	…	48.17	11.18	16.30	20.68	…	0.54	2.35	8.98	1.10	73.81	41.19	32.63
14年	…	…	…	…	…	…	…	…	…	49.04	11.59	16.63	20.82	…	0.60	2.57	9.43	1.29	71.24	40.12	31.12
15年	…	…	…	…	…	…	…	…	…	47.80	12.02	16.07	19.71	…	0.62	2.71	10.10	1.24	67.68	38.17	29.50
16年	…	…	…	…	…	…	…	…	…	47.68	11.75	16.60	19.34	…	0.57	2.71	9.26	1.14	64.61	35.78	28.84
17年	…	…	…	…	…	…	…	…	…	47.77	11.63	16.47	19.67	…	0.65	2.77	10.59	1.24	62.72	34.73	27.99
18年	…	…	…	…	…	…	…	…	…	50.13	11.89	17.84	20.40	4.87	0.87	3.13	10.67	1.07	59.66	31.93	27.73
19年	…	…	…	…	…	…	…	…	…	51.17	13.26	17.57	20.34	4.25	0.75	3.33	11.14	1.00	58.06	30.96	27.10
20年	…	…	…	…	…	…	…	…	…	52.60	12.38	17.80	22.42	4.48	0.93	3.55	10.82	1.10	56.00	30.36	25.64
21年	…	…	…	…	…	…	…	…	…	52.54	12.01	18.03	21.97	4.90	0.89	3.35	10.83	0.81	52.88	28.79	24.09
22年	…	…	…	…	…	…	…	…	…	52.73	12.07	18.41	22.25	4.65	0.75	3.56	10.67	0.82	50.60	28.02	22.58
23年	…	…	…	…	…	…	…	…	…	51.59	11.81	17.54	22.25	5.39	0.45	3.28	11.75	0.80	48.31	26.75	21.56
24年	100.00	45.04	9.55	11.24	5.83	0.58	1.24	5.25	21.28	54.38	10.78	16.49	27.10	4.67	0.32	3.62	11.39	0.70	45.67	25.55	20.12
25年	100.00	46.52	9.77	11.26	5.60	0.69	1.32	5.29	19.55	52.79	11.09	16.55	25.15	4.63	0.32	3.89	11.11	0.67	44.59	24.92	19.66
26年	100.00	46.20	9.81	10.88	5.59	0.76	1.50	5.87	19.38	53.04	11.31	16.57	24.97	5.32	0.36	4.00	11.21	0.67	42.37	23.83	18.54
27年	100.00	44.99	9.91	11.77	5.89	0.96	1.77	5.30	19.42	54.05	11.68	17.07	25.31	4.87	0.31	3.63	10.61	0.58	40.49	22.38	18.11
28年	100.00	44.82	10.49	11.46	7.40	0.55	1.04	4.96	19.28	54.63	11.53	16.42	26.68	5.12	0.31	4.47	11.52	0.69	37.49	20.98	16.51
29年	100.00	42.72	10.00	12.83	6.61	0.95	1.50	5.54	19.85	56.33	11.50	18.37	26.46	5.04	0.31	4.37	11.27	0.64	37.32	21.12	16.21
30年	100.00	42.31	9.35	12.76	7.20	1.65	1.92	6.46	18.33	56.04	11.27	19.22	25.54	4.87	0.36	4.72	10.99	0.75	35.41	20.41	15.01
令和元年	100.00	41.44	10.89	12.53	7.05	1.08	1.84	5.14	20.01	57.47	12.73	17.67	27.07	5.38	0.32	4.71	12.10	0.66	34.00	19.78	14.22
2年	100.00	40.46	11.63	13.76	8.16	1.25	1.90	5.66	17.18	58.29	13.52	19.42	25.34	4.66	0.41	5.01	10.21	0.45	32.16	18.75	13.40

（注）平成24年度以降の結核に関する検診の取扱いについては、「学校保健安全法施行規則」の一部改正にともない、平成24年4月から教育委員会に設置された結核対策委員会からの意見を聞かずに
精密検査を行うことができるようになったため、「結核の精密検査の対象者」には、学校医の診察の結果、精密検査が必要と認められた者も含まれる。

推移（昭和23年度～令和2年度）（12-7）

単位　（％）

歯列・咬合	顎関節	歯垢の状態	歯肉の状態	永久歯の1人当り平均むし歯（う歯）等数（本）	栄養状態	せき柱・胸郭	四肢の状態	アトピー性皮膚炎	その他の皮膚疾患	委員会での検討を必要とする者	結核の精密検査の対象者	結核	心臓病・異常	心電図異常	蛋白検出の者	尿糖検出の者	ぜん息	腎臓疾患	言語障害	区分
…	…	…	…	…	1.12	…	…	…	…	…	…	…	…	…	…	…	…	…	…	昭和23年度
…	…	…	…	…	1.51	…	…	…	…	…	…	…	…	…	…	…	…	…	…	24年
…	…	…	…	…	1.38	…	…	…	…	…	…	…	…	…	…	…	…	…	…	25年
…	…	…	…	…	1.40	…	…	…	…	…	…	…	…	…	…	…	…	…	…	26年
…	…	…	…	…	1.11	…	…	…	…	…	…	…	…	…	…	…	…	…	…	27年
…	…	…	…	…	1.18	…	…	…	…	…	…	…	0.33	…	…	…	…	…	…	28年
…	…	…	…	…	0.99	…	…	…	…	…	…	…	0.32	…	…	…	…	…	…	29年
…	…	…	…	…	0.94	…	…	…	…	…	…	…	0.37	…	…	…	…	…	…	30年
…	…	…	…	…	0.75	…	…	…	…	…	…	0.60	0.35	…	…	…	…	…	…	31年
…	…	…	…	…	0.68	…	…	…	…	…	…	…	0.40	…	…	…	…	…	…	32年
…	…	…	…	…	0.67	…	…	…	…	…	…	…	0.37	…	…	…	…	…	…	33年
…	…	…	…	…	0.67	…	…	…	…	…	…	…	0.40	…	…	…	…	…	…	34年
…	…	…	…	…	0.60	…	…	…	…	…	…	…	0.39	…	…	…	…	…	…	35年
…	…	…	…	…	0.45	…	…	…	…	…	…	…	0.36	…	…	…	…	…	…	36年
…	…	…	…	…	0.43	…	…	…	…	…	…	…	0.38	…	…	…	…	…	…	37年
…	…	…	…	…	0.41	…	…	…	…	…	…	…	0.42	…	…	…	…	…	…	38年
…	…	…	…	…	0.34	…	…	…	…	…	…	…	0.42	…	…	…	…	…	…	39年
…	…	…	…	…	0.33	…	…	…	…	…	…	…	0.40	…	…	…	…	…	…	40年
…	…	…	…	…	0.30	…	…	…	…	…	…	…	0.44	…	…	…	…	…	…	41年
…	…	…	…	…	0.27	…	…	…	…	…	…	0.21	0.43	…	…	…	0.08	0.08	0.24	42年
…	…	…	…	…	0.30	…	…	…	…	…	…	0.20	0.40	…	…	…	0.12	0.10	0.20	43年
…	…	…	…	…	0.21	…	…	…	…	…	…	0.15	0.38	…	…	…	0.13	0.11	0.21	44年
…	…	…	…	…	0.20	0.60	…	…	…	…	…	0.20	0.40	…	…	…	0.10	0.10	0.20	45年
…	…	…	…	…	0.17	0.46	…	…	…	…	…	0.08	0.43	…	…	…	0.15	0.10	0.09	46年
…	…	…	…	…	0.13	0.50	…	…	…	…	…	0.07	0.34	…	…	…	0.19	0.14	0.10	47年
…	…	…	…	…	0.16	0.43	…	…	…	…	…	0.04	0.29	…	…	…	0.20	0.17	0.08	48年
…	…	…	…	…	…	0.47	…	…	…	…	…	0.04	0.45	…	2.65	…	0.28	0.20	0.12	49年
…	…	…	…	…	…	0.46	…	…	…	…	…	0.04	0.43	…	2.88	…	0.31	0.20	0.11	50年
…	…	…	…	…	…	0.52	…	…	…	…	…	0.05	0.43	…	3.72	…	0.34	0.19	0.10	51年
…	…	…	…	…	…	0.75	…	…	…	…	…	0.03	0.40	…	2.47	…	0.25	0.14	0.05	52年
…	…	…	…	…	…	0.65	…	…	…	…	…	0.03	0.39	…	2.63	…	0.26	0.14	0.04	53年
…	…	…	…	…	…	1.15	…	…	…	…	…	0.04	0.41	…	2.42	…	0.27	0.14	0.05	54年
…	…	…	…	…	…	1.23	…	…	…	…	…	0.02	0.45	…	2.15	…	0.40	0.16	0.04	55年
…	…	…	…	…	…	0.93	…	…	…	…	…	0.03	0.58	…	2.08	…	0.40	0.16	0.05	56年
…	…	…	…	…	…	…	…	…	…	…	…	0.01	0.40	…	2.19	…	0.36	0.14	0.03	57年
…	…	…	…	…	…	…	…	…	…	…	…	0.01	0.47	…	2.12	…	0.44	0.15	0.03	58年
…	…	…	…	4.75	…	…	…	…	…	…	…	0.01	0.53	…	2.16	…	0.67	0.20	0.04	59年
…	…	…	…	4.63	…	…	…	…	…	…	…	0.01	0.60	…	1.76	…	0.67	0.21	0.04	60年
…	…	…	…	4.58	…	…	…	…	…	…	…	0.03	0.52	…	1.95	…	0.72	0.20	0.04	61年
…	…	…	…	4.51	…	…	…	…	…	…	…	0.01	0.55	…	1.97	…	0.75	0.19	0.03	62年
…	…	…	…	4.35	…	…	…	…	…	…	…	0.01	0.60	…	1.84	…	0.77	0.15	0.03	63年
…	…	…	…	4.30	…	…	…	…	…	…	…	0.01	0.68	…	1.67	…	0.90	0.18	0.03	平成元年
…	…	…	…	4.30	…	…	…	…	…	…	…	0.02	0.70	…	1.76	…	0.96	0.17	0.03	2年
…	…	…	…	4.29	…	…	…	…	…	…	…	0.02	0.73	…	1.92	…	1.01	0.20	0.03	3年
…	…	…	…	4.17	…	…	…	…	…	…	…	0.04	0.72	…	2.04	0.13	1.12	0.15	0.03	4年
…	…	…	…	4.09	…	…	…	…	…	…	…	0.03	0.77	…	1.84	0.16	1.00	0.15	0.03	5年
…	…	…	…	4.00	…	…	…	…	…	…	…	0.01	0.85	…	1.91	0.14	1.30	0.17	0.04	6年
…	…	…	…	3.72	…	…	…	…	…	…	…	0.00	0.55	2.41	1.73	0.16	1.44	0.15	0.04	7年
…	…	…	…	3.51	…	…	…	…	…	…	…	0.02	0.54	2.60	1.90	0.16	1.48	0.17	0.04	8年
…	…	…	…	3.34	…	…	…	…	…	…	…	0.03	0.59	3.18	2.04	0.16	1.42	0.17	0.03	9年
…	…	…	…	3.10	…	…	…	…	…	…	…	0.03	0.56	2.75	2.26	0.14	1.63	0.17	0.04	10年
…	…	…	…	2.92	…	…	…	…	…	…	…	0.03	0.58	3.02	2.25	0.17	2.03	0.17	0.04	11年
…	…	…	…	2.65	…	…	…	…	…	…	…	0.01	0.59	3.11	1.99	0.13	1.81	0.18	0.03	12年
…	…	…	…	2.51	…	…	…	…	…	…	…	0.03	0.63	3.00	2.00	0.15	1.94	0.18	0.04	13年
…	…	…	…	2.28	…	…	…	…	…	…	…	0.02	0.67	3.13	2.07	0.16	2.18	0.20	0.05	14年
…	…	…	…	2.09	…	…	…	…	…	1.67	0.48	0.01	0.69	3.49	1.94	0.14	2.32	0.19	0.04	15年
…	…	…	…	1.91	…	…	…	…	…	0.95	0.19	0.01	0.74	3.28	1.95	0.14	2.40	0.20	0.05	16年
…	…	…	…	1.82	…	…	…	…	…	0.58	0.12	0.01	0.64	3.18	2.08	0.15	2.67	0.18	0.05	17年
5.19	0.54	5.54	5.71	1.71	1.27	0.63	…	2.76	0.20	0.49	0.11	0.00	0.76	3.34	2.27	0.16	2.95	0.24	0.09	18年
5.47	0.54	5.50	5.36	1.63	1.32	0.62	…	2.79	0.19	0.46	0.11	0.01	0.98	3.24	2.41	0.15	3.08	0.22	0.08	19年
5.49	0.57	5.81	5.86	1.54	1.48	0.94	…	2.66	0.17	0.40	0.08	0.00	0.92	3.45	2.49	0.15	3.00	0.22	0.07	20年
5.41	0.53	5.15	4.92	1.40	1.15	0.73	…	2.58	0.19	0.33	0.09	0.00	1.17	3.28	2.46	0.14	2.96	0.20	0.08	21年
5.49	0.52	5.52	5.15	1.29	1.22	0.78	…	2.56	0.21	0.27	0.06	0.00	0.78	3.36	2.61	0.14	3.02	0.20	0.07	22年
4.78	0.45	5.09	4.82	1.20	1.01	0.80	…	2.42	0.17	0.28	0.06	0.00	0.80	3.36	2.60	0.14	2.83	0.21	0.07	23年
4.75	0.41	4.84	4.26	1.10	1.13	0.80	…	2.47	0.22	0.24	0.08	0.00	0.85	3.32	2.50	0.14	2.95	0.20	0.07	24年
5.03	0.31	5.15	4.61	1.05	0.99	0.83	…	2.48	0.17	…	0.07	0.00	0.80	3.44	2.45	0.15	3.22	0.23	0.08	25年
5.09	0.36	5.21	4.61	1.00	1.00	1.04	…	2.52	0.26	…	0.06	0.00	0.90	3.33	3.03	0.14	3.03	0.19	0.08	26年
4.99	0.31	5.00	4.63	0.90	0.94	1.02	…	2.72	0.23	…	0.08	0.00	0.81	3.17	2.91	0.15	3.00	0.20	0.08	27年
5.37	0.44	5.41	4.57	0.84	0.96	…	3.43	2.65	0.22	…	0.08	0.00	0.84	3.30	2.57	0.12	2.90	0.22	0.10	28年
4.75	0.32	4.56	4.04	0.82	1.02	…	2.41	2.66	0.22	…	0.07	0.00	0.80	3.40	3.18	0.14	2.71	0.22	0.10	29年
5.14	0.38	4.73	4.14	0.74	1.17	…	2.40	2.85	0.34	…	0.08	0.00	0.99	3.27	2.91	0.13	2.71	0.23	0.10	30年
5.36	0.40	4.50	4.21	0.68	1.00	…	2.12	2.87	0.32	…	0.08	0.00	0.89	3.27	3.35	0.14	2.60	0.21	0.08	令和元年
5.18	0.36	4.64	3.91	0.68	1.12	…	1.65	2.86	0.24	…	0.11	0.00	1.00	3.33	3.25	0.19	2.59	0.25	0.09	2年

15 学校種別 疾病・異常被患率等の

3 中学校 （2）男

区分	計	非矯正1.0以上	非矯正1.0未満0.7以上	非矯正0.7未満0.3以上	非矯正0.3未満	矯正1.0以上	矯正1.0未満0.7以上	矯正0.7未満0.3以上	矯正0.3未満	裸眼計	裸眼1.0未満0.7以上	裸眼0.7未満0.3以上	裸眼0.3未満	眼の疾病・異常	難聴	耳疾患	鼻・副鼻腔患	口腔咽喉頭異常	むし歯計	処置完了者	未処置ある歯者
昭和23年度	...	...	...	...	...	...	...	...	...	...	...	...	...	...	0.75	...	...	...	...	...	33.10
24年	...	...	...	...	...	...	...	...	...	...	...	...	...	...	0.71	...	...	...	37.71	4.17	33.54
25年	...	...	...	...	...	...	...	...	...	...	...	...	...	...	0.71	...	...	...	40.22	4.48	35.74
26年	...	...	...	...	...	...	...	...	...	...	...	...	...	...	0.75	...	...	...	37.95	4.26	33.69
27年	...	...	...	...	...	...	...	...	...	...	...	...	...	...	0.82	...	...	...	36.40	4.61	31.79
28年	...	...	...	...	...	...	...	...	...	...	...	...	...	...	0.86	...	...	...	36.49	4.03	32.46
29年	...	...	...	...	...	...	...	...	...	...	...	...	...	...	0.86	...	...	...	40.55	4.38	36.17
30年	...	...	...	...	...	...	...	...	...	...	...	...	...	...	0.92	...	...	...	44.76	5.98	38.78
31年	...	...	...	...	...	...	...	...	...	...	...	...	...	...	0.71	...	...	...	47.02	6.87	40.15
32年	...	...	...	...	...	...	...	...	...	...	...	...	...	...	0.75	...	...	...	57.20	7.80	49.40
33年	...	...	...	...	...	...	...	...	...	...	...	...	...	...	0.73	...	...	...	60.20	9.20	51.00
34年	...	...	...	...	...	...	...	...	...	...	...	...	...	...	0.82	...	...	...	67.30	9.90	57.40
35年	...	...	...	...	...	...	...	...	...	...	...	...	...	...	0.77	...	...	...	71.23	10.75	60.48
36年	...	...	...	...	...	...	...	...	...	...	...	...	...	...	0.66	...	...	...	74.72	12.28	62.44
37年	...	...	...	...	...	...	...	...	...	...	...	...	...	...	0.65	...	...	...	78.07	13.11	64.96
38年	...	...	...	...	...	...	...	...	...	...	...	...	...	...	0.53	...	...	...	78.95	13.96	64.99
39年	...	...	...	...	...	...	...	...	...	...	...	...	...	...	0.51	...	...	...	83.19	14.82	68.37
40年	...	...	...	...	...	...	...	...	...	...	...	...	...	...	0.47	...	...	...	83.44	15.89	67.55
41年	...	...	...	...	...	...	...	...	...	...	...	...	...	...	0.41	...	...	...	83.95	17.37	66.58
42年	...	...	...	...	...	...	...	...	...	...	...	...	...	...	0.42	...	...	...	85.33	18.71	66.62
43年	...	...	...	...	...	...	...	...	...	...	...	...	...	...	0.38	...	...	...	86.55	20.28	66.27
44年	...	...	...	...	...	...	...	...	...	...	...	...	...	...	0.42	...	...	...	87.89	22.57	65.32
45年	...	...	...	...	...	...	...	...	...	...	...	...	...	...	0.70	...	...	...	88.60	21.30	67.30
46年	...	...	...	...	...	...	...	...	...	...	...	...	...	...	0.40	...	...	...	89.01	24.41	64.59
47年	...	...	...	...	...	...	...	...	...	...	...	...	...	...	0.58	...	...	...	91.48	25.54	65.93
48年	...	...	...	...	...	...	...	...	...	...	...	...	...	...	0.52	...	...	...	92.12	25.42	66.70
49年	...	...	...	...	...	...	...	...	...	...	...	...	...	...	0.79	...	...	...	91.84	26.47	65.37
50年	...	...	...	...	...	...	...	...	...	...	...	...	...	...	0.70	...	...	...	92.49	26.90	65.59
51年	...	...	...	...	...	...	...	...	...	...	...	...	...	...	0.72	...	...	...	92.98	27.87	65.11
52年	...	...	...	...	...	...	...	...	...	...	...	...	...	...	0.61	...	...	...	92.55	28.60	63.95
53年	...	...	...	...	...	...	...	...	...	...	...	...	...	...	0.53	...	...	...	92.88	31.98	60.90
54年	...	...	...	...	...	...	...	...	...	30.35	8.66	10.96	10.73	...	0.50	...	...	...	93.45	30.65	62.79
55年	...	...	...	...	...	...	...	...	...	33.14	9.87	11.56	11.72	...	0.53	...	...	...	92.76	32.70	60.06
56年	...	...	...	...	...	...	...	...	...	31.91	9.79	11.05	11.07	...	0.43	...	...	...	92.60	33.43	59.17
57年	...	...	...	...	...	...	...	...	...	31.26	9.76	10.74	10.75	...	0.60	...	...	...	91.84	35.79	56.05
58年	...	...	...	...	...	...	...	...	...	30.65	9.07	10.58	10.99	...	0.55	...	...	...	91.90	36.75	55.15
59年	...	...	...	...	...	...	...	...	...	32.21	10.64	10.97	10.60	...	0.68	...	...	...	91.04	39.93	51.12
60年	...	...	...	...	...	...	...	...	...	31.89	9.24	11.32	11.33	...	0.63	...	...	...	91.16	40.44	50.72
61年	...	...	...	...	...	...	...	...	...	32.64	9.01	11.44	12.19	...	0.68	...	...	...	90.69	40.01	50.68
62年	...	...	...	...	...	...	...	...	...	34.05	9.47	11.84	12.74	...	0.71	...	...	...	90.12	40.57	49.55
63年	...	...	...	...	...	...	...	...	...	35.53	9.54	12.53	13.46	...	0.71	...	...	...	89.01	40.34	48.67
平成元年	...	...	...	...	...	...	...	...	...	37.34	9.69	12.75	14.90	...	0.64	...	...	...	88.98	40.22	48.77
2年	...	...	...	...	...	...	...	...	...	37.77	9.37	13.05	15.36	...	0.69	...	...	...	88.36	40.21	48.15
3年	...	...	...	...	...	...	...	...	...	40.07	9.60	13.59	16.88	...	0.73	...	...	...	87.98	40.05	47.93
4年	...	...	...	...	...	...	...	...	...	41.84	9.80	14.35	17.69	...	0.69	...	...	...	87.13	41.06	46.08
5年	...	...	...	...	...	...	...	...	...	43.14	10.48	15.17	17.48	...	0.71	...	...	...	86.30	40.84	45.46
6年	...	...	...	...	...	...	...	...	...	44.32	10.74	15.40	18.19	...	0.65	...	...	...	85.92	40.88	45.04
7年	...	...	...	...	...	...	...	...	...	44.99	11.51	15.77	17.67	...	0.67	2.05	9.57	1.16	85.08	44.47	40.61
8年	...	...	...	...	...	...	...	...	...	45.00	11.75	15.92	17.33	...	0.63	2.23	9.32	1.24	83.02	44.49	38.53
9年	...	...	...	...	...	...	...	...	...	45.16	11.11	15.76	18.29	...	0.60	2.33	10.36	1.27	81.88	44.02	37.86
10年	...	...	...	...	...	...	...	...	...	45.67	11.29	15.97	18.41	...	0.58	2.54	9.78	1.08	80.06	43.78	36.28
11年	...	...	...	...	...	...	...	...	...	45.70	11.05	15.91	18.74	...	0.62	2.71	10.51	1.20	78.06	42.62	35.44
12年	...	...	...	...	...	...	...	...	...	45.76	11.09	16.31	18.36	...	0.68	2.92	10.86	1.01	75.01	41.88	33.13
13年	...	...	...	...	...	...	...	...	...	44.04	10.61	16.05	17.38	...	0.55	2.80	10.62	1.18	71.79	39.29	32.50
14年	...	...	...	...	...	...	...	...	...	45.25	11.43	15.94	17.87	...	0.62	2.93	11.16	1.52	69.51	38.43	31.08
15年	...	...	...	...	...	...	...	...	...	44.69	12.09	15.53	17.07	...	0.60	3.22	11.84	1.32	65.88	36.45	29.44
16年	...	...	...	...	...	...	...	...	...	43.59	11.56	15.84	16.19	...	0.57	3.16	10.80	1.29	62.39	34.07	28.32
17年	...	...	...	...	...	...	...	...	...	44.28	11.73	15.86	16.69	...	0.62	3.23	12.12	1.44	60.61	32.95	27.66
18年	...	...	...	...	...	...	...	...	...	46.00	11.40	17.08	17.53	5.27	0.82	3.60	12.40	1.13	57.64	30.33	27.31
19年	...	...	...	...	...	...	...	...	...	47.38	13.18	16.83	17.37	4.64	0.72	3.90	12.98	1.04	56.22	29.52	26.70
20年	...	...	...	...	...	...	...	...	...	48.13	11.93	17.00	19.19	4.87	0.89	4.09	12.49	1.16	53.97	28.72	25.25
21年	...	...	...	...	...	...	...	...	...	48.34	12.51	17.48	18.35	5.38	0.84	3.93	12.67	0.86	51.00	26.96	24.04
22年	...	...	...	...	...	...	...	...	...	48.83	12.17	17.62	19.04	5.07	0.72	4.24	12.42	0.86	48.82	26.31	22.50
23年	...	...	...	...	...	...	...	...	...	47.33	11.84	16.72	18.78	5.81	0.42	3.80	13.45	0.91	46.53	24.89	21.64
24年	100.00	49.16	9.41	11.93	5.93	0.51	1.05	4.67	17.34	50.33	10.45	16.60	23.28	5.11	0.30	4.37	13.06	0.73	44.65	24.24	20.40
25年	100.00	51.72	9.70	11.31	5.37	0.72	0.98	4.50	15.69	47.56	10.68	15.82	21.06	5.10	0.29	4.61	12.90	0.74	43.11	23.61	19.49
26年	100.00	51.03	9.89	10.81	5.41	0.72	1.32	5.12	15.71	48.25	11.20	15.93	21.12	6.02	0.34	4.72	13.03	0.72	40.92	22.38	18.54
27年	100.00	49.94	10.13	11.60	5.66	0.62	1.89	4.59	15.56	49.44	12.03	16.19	21.22	5.42	0.29	4.36	12.42	0.67	38.99	20.93	18.06
28年	100.00	50.09	9.43	11.38	7.44	0.46	0.92	4.29	15.99	49.45	10.35	15.67	23.42	5.67	0.30	5.27	13.27	0.77	36.28	19.86	16.42
29年	100.00	46.55	10.04	12.94	6.97	0.89	1.26	4.56	16.81	52.57	11.30	17.49	23.77	6.22	0.33	5.23	13.05	0.73	35.99	19.82	16.17
30年	100.00	45.99	9.31	13.46	6.82	1.65	1.81	5.20	15.76	52.35	11.11	18.66	22.58	5.24	0.35	5.52	13.04	0.82	34.08	19.12	14.96
令和元年	100.00	46.13	9.83	12.72	7.27	0.94	1.77	4.59	16.74	52.93	11.60	17.31	24.02	5.84	0.29	5.48	14.05	0.70	32.74	18.51	14.23
2年	100.00	44.53	11.46	13.46	8.09	1.15	1.69	5.15	14.48	54.33	13.15	18.61	22.57	5.08	0.38	5.96	11.51	0.50	30.81	17.46	13.35

（注）平成24年度以降の結核に関する検診の取扱いについては，「学校保健安全法施行規則」の一部改正にともない，平成24年4月から教育委員会に設置された結核対策委員会からの意見を聞かずに
精密検査を行うことができるようになったため，「結核の精密検査の対象者」には，学校医の診療の結果，精密検査が必要と認められた者も含まれる。

推移（昭和23年度～令和2年度）（12-8）

単位　（%）

口腔	口腔	口腔	口腔	永久歯の1人当り平均むし歯（う歯）等数（本）	栄養状態	せき柱・胸郭	四肢の状態	皮膚疾患	皮膚疾患	結核に関する検診	結核に関する検診	結核	心疾病臓・異常	心電図異常	蛋白検出の者	尿糖検出の者	その他の疾病・異常	その他の疾病・異常	その他の疾病・異常	区分
歯列・咬合	顎関節	歯垢の状態	歯肉の状態					アトピー性皮膚炎	その他の皮膚疾患	委員会を必要とする検討者	結核検査の対象の精密者						ぜん息	腎臓疾患	言語障害	
...	...	...	...	...	1.16	...	...	...	...	...	...	...	...	...	...	...	...	...	...	昭和23年度
...	...	...	...	...	1.58	...	...	...	...	...	...	...	...	...	...	...	...	...	...	24年
...	...	...	...	...	1.44	...	...	...	...	...	...	...	...	...	...	...	...	...	...	25年
...	...	...	...	...	1.35	...	...	...	...	...	...	...	...	...	...	...	...	...	...	26年
...	...	...	...	...	1.14	...	...	...	...	...	...	...	...	...	...	...	...	...	...	27年
...	...	...	...	...	1.18	...	...	...	...	...	...	...	0.31	...	...	...	...	...	...	28年
...	...	...	...	...	1.02	...	...	...	...	...	...	...	0.31	...	...	...	...	...	...	29年
...	...	...	...	...	0.98	...	...	...	...	...	...	...	0.35	...	...	...	...	...	...	30年
...	...	...	...	...	0.78	...	...	...	...	...	...	0.62	0.36	...	...	...	...	...	...	31年
...	...	...	...	...	0.72	...	...	...	...	...	...	...	0.36	...	...	...	...	...	...	32年
...	...	...	...	...	0.71	...	...	...	...	...	...	...	0.35	...	...	...	...	...	...	33年
...	...	...	...	...	0.73	...	...	...	...	...	...	...	0.37	...	...	...	...	...	...	34年
...	...	...	...	...	0.66	...	...	...	...	...	...	...	0.37	...	...	...	...	...	...	35年
...	...	...	...	...	0.50	...	...	...	...	...	...	...	0.35	...	...	...	...	...	...	36年
...	...	...	...	...	0.48	...	...	...	...	...	...	...	0.36	...	...	...	...	...	...	37年
...	...	...	...	...	0.43	...	...	...	...	...	...	...	0.39	...	...	...	...	...	...	38年
...	...	...	...	...	0.39	...	...	...	...	...	...	...	0.36	...	...	...	...	...	...	39年
...	...	...	...	...	0.36	...	...	...	...	...	...	...	0.38	...	...	...	...	...	...	40年
...	...	...	...	...	0.33	...	...	...	...	...	...	...	0.43	...	...	...	...	...	...	41年
...	...	...	...	...	0.31	...	...	...	...	...	...	0.24	0.42	...	...	...	0.10	0.09	0.34	42年
...	...	...	...	...	0.31	...	...	...	...	...	...	0.22	0.39	...	...	...	0.15	0.10	0.28	43年
...	...	...	...	...	0.23	...	...	...	...	...	...	0.16	0.37	...	...	...	0.16	0.11	0.29	44年
...	...	...	...	...	0.30	0.70	...	...	...	...	...	0.20	0.50	...	...	...	0.20	0.10	0.40	45年
...	...	...	...	...	0.21	0.57	...	...	...	...	...	0.08	0.41	...	...	...	0.20	0.10	0.11	46年
...	...	...	...	...	0.16	0.66	...	...	...	...	...	0.08	0.34	...	...	...	0.25	0.13	0.15	47年
...	...	...	...	...	0.17	0.58	...	...	...	...	...	0.05	0.30	...	...	...	0.25	0.17	0.11	48年
...	...	...	...	...	...	0.62	...	...	...	...	...	0.05	0.45	...	2.95	...	0.35	0.21	0.15	49年
...	...	...	...	...	...	0.60	...	...	...	...	...	0.03	0.43	...	3.16	...	0.40	0.20	0.14	50年
...	...	...	...	...	...	0.65	...	...	...	...	...	0.05	0.44	...	4.18	...	0.42	0.19	0.13	51年
...	...	...	...	...	...	0.82	...	...	...	...	...	0.02	0.39	...	2.82	...	0.31	0.13	0.05	52年
...	...	...	...	...	...	0.74	...	...	...	...	...	0.03	0.39	...	2.82	...	0.30	0.14	0.06	53年
...	...	...	...	...	...	1.25	...	...	...	...	...	0.05	0.40	...	2.66	...	0.34	0.14	0.06	54年
...	...	...	...	...	...	1.25	...	...	...	...	...	0.02	0.51	...	2.50	...	0.47	0.16	0.05	55年
...	...	...	...	...	...	0.90	...	...	...	...	...	0.03	0.60	...	2.46	...	0.49	0.14	0.04	56年
...	...	...	...	...	...	...	...	...	...	...	...	0.00	0.42	...	2.50	...	0.44	0.14	0.04	57年
...	...	...	...	...	...	...	...	...	...	...	...	0.00	0.50	...	2.30	...	0.53	0.14	0.03	58年
...	...	...	...	4.33	...	...	...	...	...	...	...	0.01	0.57	...	2.34	...	0.81	0.19	0.04	59年
...	...	...	...	4.25	...	...	...	...	...	...	...	0.02	0.70	...	1.90	...	0.78	0.22	0.04	60年
...	...	...	...	4.18	...	...	...	...	...	...	...	0.01	0.55	...	2.13	...	0.83	0.19	0.05	61年
...	...	...	...	4.15	...	...	...	...	...	...	...	0.01	0.58	...	2.16	...	0.91	0.16	0.04	62年
...	...	...	...	3.96	...	...	...	...	...	...	...	0.01	0.64	...	2.06	...	0.90	0.16	0.04	63年
...	...	...	...	3.93	...	...	...	...	...	...	...	0.01	0.70	...	1.75	...	1.04	0.16	0.04	平成元年
...	...	...	...	3.91	...	...	...	...	...	...	...	0.00	0.76	...	1.91	...	1.17	0.15	0.03	2年
...	...	...	...	3.91	...	...	...	...	...	...	...	0.00	0.75	...	2.16	...	1.19	0.18	0.03	3年
...	...	...	...	3.80	...	...	...	...	...	...	...	0.04	0.77	...	2.23	0.10	1.32	0.14	0.04	4年
...	...	...	...	3.75	...	...	...	...	...	...	...	0.03	0.80	...	1.92	0.15	1.19	0.16	0.04	5年
...	...	...	...	3.69	...	...	...	...	...	...	...	0.01	0.89	...	2.06	0.13	1.57	0.17	0.04	6年
...	...	...	...	3.41	...	...	...	...	...	...	...	0.00	0.57	2.57	1.86	0.15	1.70	0.15	0.04	7年
...	...	...	...	3.21	...	...	...	...	...	...	...	0.02	0.56	2.93	2.19	0.14	1.79	0.16	0.05	8年
...	...	...	...	3.08	...	...	...	...	...	...	...	0.03	0.65	3.43	2.42	0.14	1.73	0.17	0.03	9年
...	...	...	...	2.85	...	...	...	...	...	...	...	0.04	0.57	3.04	2.61	0.13	1.92	0.17	0.05	10年
...	...	...	...	2.68	...	...	...	...	...	...	...	0.03	0.60	3.33	2.68	0.14	2.50	0.15	0.05	11年
...	...	...	...	2.46	...	...	...	...	...	...	...	0.01	0.62	3.37	2.41	0.12	2.16	0.17	0.04	12年
...	...	...	...	2.29	...	...	...	...	...	...	...	0.03	0.64	3.36	2.42	0.12	2.36	0.18	0.04	13年
...	...	...	...	2.11	...	...	...	...	...	...	...	0.03	0.69	3.50	2.35	0.15	2.69	0.21	0.06	14年
...	...	...	...	1.92	...	...	...	...	...	1.65	0.47	0.01	0.71	3.88	2.31	0.12	2.85	0.19	0.04	15年
...	...	...	...	1.75	...	...	...	...	...	0.95	0.19	0.01	0.78	3.46	2.27	0.12	2.90	0.20	0.06	16年
...	...	...	...	1.64	...	...	...	...	...	0.59	0.13	0.01	0.66	3.54	2.39	0.14	3.15	0.16	0.06	17年
4.79	0.46	6.37	6.44	1.57	1.43	0.51	...	2.96	0.21	0.47	0.11	0.00	0.80	3.58	2.65	0.14	3.53	0.24	0.11	18年
5.27	0.49	6.44	6.28	1.50	1.47	0.48	...	3.00	0.19	0.48	0.11	0.01	1.04	3.56	2.78	0.13	3.65	0.22	0.11	19年
5.20	0.48	6.93	6.90	1.39	1.62	0.70	...	2.89	0.18	0.41	0.08	0.00	0.98	3.83	2.91	0.13	3.54	0.22	0.09	20年
5.13	0.46	6.24	6.05	1.27	1.30	0.56	...	2.76	0.19	0.36	0.09	0.00	1.25	3.60	2.82	0.12	3.52	0.20	0.09	21年
5.37	0.46	6.66	6.16	1.19	1.43	0.62	...	2.72	0.22	0.29	0.07	0.00	0.82	3.65	3.00	0.12	3.59	0.18	0.08	22年
4.64	0.35	6.16	5.85	1.10	1.10	0.63	...	2.66	0.18	0.29	0.06	0.00	0.82	3.74	2.83	0.12	3.43	0.20	0.09	23年
4.53	0.36	5.85	5.24	1.03	1.26	0.60	...	2.62	0.17	0.24	0.07	0.00	0.89	3.73	2.86	0.11	3.54	0.20	0.09	24年
4.72	0.24	6.05	5.56	0.98	1.18	0.60	...	2.70	0.18	...	0.06	0.00	0.85	3.68	2.75	0.11	3.90	0.22	0.10	25年
4.88	0.30	6.41	5.56	0.92	1.16	0.76	...	2.74	0.23	...	0.07	0.00	0.94	3.64	3.46	0.12	3.67	0.19	0.10	26年
4.90	0.25	6.07	5.55	0.83	1.05	0.72	...	2.99	0.23	...	0.08	0.00	0.84	3.56	3.21	0.13	3.68	0.21	0.10	27年
5.15	0.37	6.72	5.66	0.77	1.10	...	3.28	2.85	0.25	...	0.08	0.00	0.85	3.56	2.89	0.12	3.45	0.20	0.10	28年
4.51	0.27	5.51	4.88	0.76	1.16	...	2.20	2.82	0.25	...	0.07	0.00	0.83	3.71	3.60	0.12	3.28	0.24	0.12	29年
5.04	0.34	5.69	4.93	0.68	1.29	...	2.22	3.12	0.37	...	0.10	0.00	1.05	3.62	3.24	0.12	3.24	0.25	0.13	30年
5.21	0.33	5.61	5.17	0.63	1.17	...	1.89	3.09	0.32	...	0.07	0.00	0.93	3.54	3.81	0.13	3.07	0.21	0.10	令和元年
5.01	0.30	5.76	4.83	0.63	1.33	...	1.46	2.98	0.25	...	0.11	−	1.04	3.70	3.86	0.17	3.13	0.26	0.11	2年

15　学校種別　疾病・異常被患率等の

3　中学校（3）女

区分	裸眼視力 計	視力非矯正者の裸眼視力 1.0以上	1.0未満0.7以上	0.7未満0.3以上	0.3未満	視力矯正者の裸眼視力 1.0以上	1.0未満0.7以上	0.7未満0.3以上	0.3未満	裸眼視力 計	1.0未満0.7以上	0.7未満0.3以上	0.3未満	眼の疾病・異常	難聴	耳疾患	鼻副鼻腔患	口腔咽喉頭異常	むし歯（う歯）計	処置完了者	未処置ある歯者
昭和23年度	...	...	...	...	...	...	...	...	...	...	...	...	...	...	0.59	...	...	...	...	...	35.88
24年	...	...	...	...	...	...	...	...	...	...	...	...	...	...	0.49	...	...	...	41.05	4.87	36.18
25年	...	...	...	...	...	...	...	...	...	...	...	...	...	...	0.49	...	...	...	43.91	5.31	38.60
26年	...	...	...	...	...	...	...	...	...	...	...	...	...	...	0.50	...	...	...	40.76	5.05	35.71
27年	...	...	...	...	...	...	...	...	...	...	...	...	...	...	0.57	...	...	...	40.43	5.43	35.00
28年	...	...	...	...	...	...	...	...	...	...	...	...	...	...	0.61	...	...	...	40.26	5.01	35.25
29年	...	...	...	...	...	...	...	...	...	...	...	...	...	...	0.62	...	...	...	45.21	5.59	39.62
30年	...	...	...	...	...	...	...	...	...	...	...	...	...	...	0.65	...	...	...	49.94	7.43	42.51
31年	...	...	...	...	...	...	...	...	...	...	...	...	...	...	0.52	...	...	...	53.04	8.32	44.72
32年	...	...	...	...	...	...	...	...	...	...	...	...	...	...	0.54	...	...	...	63.00	9.90	53.10
33年	...	...	...	...	...	...	...	...	...	...	...	...	...	...	0.56	...	...	...	67.60	11.50	56.10
34年	...	...	...	...	...	...	...	...	...	...	...	...	...	...	0.69	...	...	...	73.60	12.30	61.30
35年	...	...	...	...	...	...	...	...	...	...	...	...	...	...	0.64	...	...	...	76.84	12.97	63.87
36年	...	...	...	...	...	...	...	...	...	...	...	...	...	...	0.52	...	...	...	76.30	14.24	62.06
37年	...	...	...	...	...	...	...	...	...	...	...	...	...	...	0.47	...	...	...	82.28	15.48	66.80
38年	...	...	...	...	...	...	...	...	...	...	...	...	...	...	0.46	...	...	...	84.69	16.47	68.22
39年	...	...	...	...	...	...	...	...	...	...	...	...	...	...	0.38	...	...	...	85.13	17.56	67.57
40年	...	...	...	...	...	...	...	...	...	...	...	...	...	...	0.37	...	...	...	87.96	18.74	69.22
41年	...	...	...	...	...	...	...	...	...	...	...	...	...	...	0.32	...	...	...	88.26	20.60	67.66
42年	...	...	...	...	...	...	...	...	...	...	...	...	...	...	0.37	...	...	...	89.62	22.35	67.27
43年	...	...	...	...	...	...	...	...	...	...	...	...	...	...	0.30	...	...	...	90.54	23.34	67.20
44年	...	...	...	...	...	...	...	...	...	...	...	...	...	...	0.29	...	...	...	91.52	25.77	65.75
45年	...	...	...	...	...	...	...	...	...	...	...	...	...	...	0.50	...	...	...	92.50	24.30	68.10
46年	...	...	...	...	...	...	...	...	...	...	...	...	...	...	0.29	...	...	...	92.69	27.53	65.15
47年	...	...	...	...	...	...	...	...	...	...	...	...	...	...	0.46	...	...	...	94.56	28.39	66.16
48年	...	...	...	...	...	...	...	...	...	...	...	...	...	...	0.38	...	...	...	94.37	27.68	66.69
49年	...	...	...	...	...	...	...	...	...	...	...	...	...	...	0.63	...	...	...	94.39	29.07	65.31
50年	...	...	...	...	...	...	...	...	...	...	...	...	...	...	0.54	...	...	...	94.92	29.23	65.69
51年	...	...	...	...	...	...	...	...	...	...	...	...	...	...	0.55	...	...	...	95.32	30.25	65.07
52年	...	...	...	...	...	...	...	...	...	...	...	...	...	...	0.45	...	...	...	94.41	30.33	64.08
53年	...	...	...	...	...	...	...	...	...	...	...	...	...	...	0.39	...	...	...	94.88	34.50	60.38
54年	...	...	...	...	...	...	...	...	...	40.27	10.70	14.06	15.51	...	0.38	...	...	...	95.65	32.77	62.88
55年	...	...	...	...	...	...	...	...	...	43.34	11.53	14.77	17.04	...	0.38	...	...	...	95.11	35.06	60.05
56年	...	...	...	...	...	...	...	...	...	42.08	11.57	13.95	16.56	...	0.43	...	...	...	94.81	35.37	59.44
57年	...	...	...	...	...	...	...	...	...	41.79	11.66	13.68	16.45	...	0.56	...	...	...	94.16	37.90	56.25
58年	...	...	...	...	...	...	...	...	...	40.58	11.13	13.61	15.84	...	0.38	...	...	...	94.21	38.68	55.53
59年	...	...	...	...	...	...	...	...	...	41.43	12.25	13.76	15.42	...	0.60	...	...	...	93.50	41.79	51.71
60年	...	...	...	...	...	...	...	...	...	41.51	11.14	14.03	16.34	...	0.55	...	...	...	93.58	41.98	51.59
61年	...	...	...	...	...	...	...	...	...	42.05	10.73	14.00	17.32	...	0.59	...	...	...	93.20	41.61	51.59
62年	...	...	...	...	...	...	...	...	...	43.00	10.85	14.37	17.78	...	0.52	...	...	...	92.67	42.49	50.18
63年	...	...	...	...	...	...	...	...	...	43.43	10.83	14.24	18.36	...	0.54	...	...	...	92.15	42.73	49.42
平成元年	...	...	...	...	...	...	...	...	...	44.63	10.91	14.28	19.43	...	0.54	...	...	...	91.94	42.70	49.24
2年	...	...	...	...	...	...	...	...	...	45.56	10.82	14.81	19.93	...	0.55	...	...	...	91.64	42.53	49.11
3年	...	...	...	...	...	...	...	...	...	47.31	10.94	15.04	21.33	...	0.53	...	...	...	91.39	42.81	48.58
4年	...	...	...	...	...	...	...	...	...	49.46	10.75	15.89	22.82	...	0.63	...	...	...	90.81	44.32	46.50
5年	...	...	...	...	...	...	...	...	...	51.60	11.41	16.68	23.51	...	0.60	...	...	...	89.33	43.61	45.72
6年	...	...	...	...	...	...	...	...	...	53.51	11.65	16.69	25.17	...	0.61	...	...	...	89.64	44.17	45.47
7年	...	...	...	...	...	...	...	...	...	53.34	11.94	17.36	24.03	...	0.66	1.29	6.61	1.00	88.23	48.07	40.16
8年	...	...	...	...	...	...	...	...	...	54.88	12.32	17.33	25.23	...	0.67	1.54	6.30	1.06	86.60	47.85	38.75
9年	...	...	...	...	...	...	...	...	...	54.37	11.74	17.38	25.25	...	0.60	1.62	7.30	1.09	85.54	47.64	37.89
10年	...	...	...	...	...	...	...	...	...	55.16	11.88	17.38	25.90	...	0.56	1.71	7.00	1.03	83.80	47.86	35.94
11年	...	...	...	...	...	...	...	...	...	53.85	11.36	16.78	25.71	...	0.58	1.83	7.36	1.01	82.17	46.53	35.64
12年	...	...	...	...	...	...	...	...	...	54.41	11.51	17.60	25.30	...	0.58	2.06	7.92	1.01	78.76	45.26	33.50
13年	...	...	...	...	...	...	...	...	...	52.49	11.78	16.56	24.15	...	0.54	1.88	7.26	1.03	75.93	43.17	32.76
14年	...	...	...	...	...	...	...	...	...	53.01	11.75	17.35	23.90	...	0.59	2.19	7.63	1.05	73.05	41.90	31.16
15年	...	...	...	...	...	...	...	...	...	51.06	11.95	16.64	22.46	...	0.64	2.18	8.27	1.15	69.55	39.98	29.57
16年	...	...	...	...	...	...	...	...	...	51.96	11.94	17.39	22.63	...	0.57	2.23	7.65	1.00	66.93	37.55	29.38
17年	...	...	...	...	...	...	...	...	...	51.43	11.51	17.12	22.80	...	0.68	2.30	8.99	1.04	64.93	36.60	28.33
18年	...	...	...	...	...	...	...	...	...	54.45	12.42	18.63	23.40	4.45	0.92	2.63	8.86	1.01	61.77	33.59	28.17
19年	...	...	...	...	...	...	...	...	...	55.13	13.33	18.35	23.45	3.84	0.78	2.74	9.22	0.97	59.99	32.46	27.53
20年	...	...	...	...	...	...	...	...	...	57.27	12.85	18.63	25.80	4.07	0.97	2.99	9.07	1.03	58.13	32.07	26.06
21年	...	...	...	...	...	...	...	...	...	56.92	12.57	18.60	25.75	4.39	0.94	2.74	8.91	0.76	54.83	30.70	24.13
22年	...	...	...	...	...	...	...	...	...	56.80	11.96	19.23	25.61	4.21	0.78	2.84	8.84	0.79	52.46	29.81	22.65
23年	...	...	...	...	...	...	...	...	...	56.04	11.78	18.39	25.87	4.96	0.49	2.74	9.97	0.69	50.17	28.69	21.48
24年	100.00	40.66	9.69	10.51	5.71	0.65	1.44	5.87	25.46	58.69	11.13	16.38	31.18	4.22	0.35	2.84	9.65	0.66	46.83	27.00	19.83
25年	100.00	41.08	9.85	11.20	5.83	0.66	1.67	6.11	23.60	58.26	11.52	17.31	29.43	4.14	0.35	3.14	9.23	0.60	46.14	26.30	19.84
26年	100.00	41.15	9.94	10.95	5.78	0.81	1.69	6.66	23.23	58.05	11.43	17.61	29.01	4.59	0.38	3.24	9.31	0.62	43.90	25.35	18.55
27年	100.00	39.67	9.67	11.96	6.14	1.33	1.64	6.05	23.55	59.00	11.30	18.01	29.69	4.28	0.32	2.87	8.72	0.48	42.05	23.89	18.16
28年	100.00	39.30	11.60	11.54	7.36	0.64	1.16	5.67	22.73	60.06	12.76	17.21	30.09	4.54	0.32	3.63	9.68	0.61	38.75	22.15	16.60
29年	100.00	38.72	9.96	12.71	6.25	1.01	1.75	6.56	23.03	60.27	11.71	19.28	29.28	5.09	0.42	3.69	9.40	0.56	38.72	22.48	16.24
30年	100.00	38.46	9.40	12.04	7.60	1.65	2.04	7.78	21.03	59.89	11.44	19.81	28.63	4.48	0.37	3.89	8.84	0.67	36.81	21.75	15.06
令和元年	100.00	36.55	12.00	12.34	6.83	1.23	1.91	5.71	23.43	62.22	13.91	18.06	30.25	4.91	0.35	3.91	10.06	0.63	35.31	21.10	14.22
2年	100.00	36.20	11.80	14.08	8.23	1.37	2.12	6.19	20.01	62.43	13.92	20.27	28.24	4.22	0.44	4.01	8.85	0.39	33.57	20.11	13.46

（注）平成24年度以降の結核に関する検診の取扱いについては、「学校保健安全法施行規則」の一部改正にともない、平成24年4月から教育委員会に設置された結核対策委員会からの意見を聞かずに精密検査を行うことができるようになったため、「結核の精密検査の対象者」には、学校医の診察の結果、精密検査が必要と認められた者も含まれる。

推移（昭和23年度～令和2年度）（12-9）

単位　（％）

歯列・咬合	口腔 顎関節	口腔 歯垢の状態	口腔 歯肉の状態	永久歯の1人当り平均むし歯（う歯）等数（本）	栄養状態	せき柱・胸郭	せき柱・胸郭・四肢の状態	皮膚疾患 アトピー性皮膚炎	皮膚疾患 その他の皮膚疾患	結核に関する検診 委員会での検討を必要とする者	結核に関する検診 結核の精密検査の対象者	結核	心臓の疾病・異常	心電図異常	蛋白検出の者	尿糖検出の者	その他の疾病・異常 ぜん息	その他の疾病・異常 腎臓疾患	その他の疾病・異常 言語障害	区分
…	…	…	…	…	1.09	…	…	…	…	…	…	…	…	…	…	…	…	…	…	昭和23年度
…	…	…	…	…	1.43	…	…	…	…	…	…	…	…	…	…	…	…	…	…	24年
…	…	…	…	…	1.32	…	…	…	…	…	…	…	…	…	…	…	…	…	…	25年
…	…	…	…	…	1.46	…	…	…	…	…	…	…	…	…	…	…	…	…	…	26年
…	…	…	…	…	1.07	…	…	…	…	…	…	…	…	…	…	…	…	…	…	27年
…	…	…	…	…	1.17	…	…	…	…	…	…	…	0.35	…	…	…	…	…	…	28年
…	…	…	…	…	0.95	…	…	…	…	…	…	…	0.33	…	…	…	…	…	…	29年
…	…	…	…	…	0.89	…	…	…	…	…	…	…	0.40	…	…	…	…	…	…	30年
…	…	…	…	…	0.72	…	…	…	…	…	…	0.57	0.34	…	…	…	…	…	…	31年
…	…	…	…	…	0.63	…	…	…	…	…	…	…	0.43	…	…	…	…	…	…	32年
…	…	…	…	…	0.62	…	…	…	…	…	…	…	0.39	…	…	…	…	…	…	33年
…	…	…	…	…	0.60	…	…	…	…	…	…	…	0.43	…	…	…	…	…	…	34年
…	…	…	…	…	0.53	…	…	…	…	…	…	…	0.42	…	…	…	…	…	…	35年
…	…	…	…	…	0.40	…	…	…	…	…	…	…	0.37	…	…	…	…	…	…	36年
…	…	…	…	…	0.39	…	…	…	…	…	…	…	0.41	…	…	…	…	…	…	37年
…	…	…	…	…	0.39	…	…	…	…	…	…	…	0.46	…	…	…	…	…	…	38年
…	…	…	…	…	0.32	…	…	…	…	…	…	…	0.49	…	…	…	…	…	…	39年
…	…	…	…	…	0.30	…	…	…	…	…	…	…	0.42	…	…	…	…	…	…	40年
…	…	…	…	…	0.26	…	…	…	…	…	…	…	0.44	…	…	…	…	…	…	41年
…	…	…	…	…	0.22	…	…	…	…	…	…	0.18	0.43	…	…	…	0.06	0.07	0.13	42年
…	…	…	…	…	0.28	…	…	…	…	…	…	0.18	0.40	…	…	…	0.08	0.09	0.11	43年
…	…	…	…	…	0.19	…	…	…	…	…	…	0.14	0.39	…	…	…	0.10	0.10	0.13	44年
…	…	…	…	…	0.20	0.40	…	…	…	…	…	0.20	0.40	…	…	…	0.10	0.10	0.10	45年
…	…	…	…	…	0.14	0.36	…	…	…	…	…	0.09	0.44	…	…	…	0.10	0.10	0.07	46年
…	…	…	…	…	0.10	0.34	…	…	…	…	…	0.05	0.34	…	…	…	0.12	0.14	0.06	47年
…	…	…	…	…	0.15	0.27	…	…	…	…	…	0.04	0.29	…	…	…	0.14	0.17	0.05	48年
…	…	…	…	…	…	0.31	…	…	…	…	…	0.04	0.44	…	2.32	…	0.21	0.18	0.08	49年
…	…	…	…	…	…	0.32	…	…	…	…	…	0.04	0.43	…	2.59	…	0.21	0.20	0.08	50年
…	…	…	…	…	…	0.39	…	…	…	…	…	0.05	0.42	…	3.25	…	0.26	0.20	0.07	51年
…	…	…	…	…	…	0.68	…	…	…	…	…	0.05	0.41	…	2.08	…	0.18	0.15	0.04	52年
…	…	…	…	…	…	0.56	…	…	…	…	…	0.03	0.38	…	2.42	…	0.21	0.15	0.02	53年
…	…	…	…	…	…	1.04	…	…	…	…	…	0.03	0.42	…	2.17	…	0.20	0.14	0.03	54年
…	…	…	…	…	…	1.20	…	…	…	…	…	0.02	0.39	…	1.78	…	0.33	0.16	0.04	55年
…	…	…	…	…	…	0.96	…	…	…	…	…	0.03	0.55	…	1.69	…	0.31	0.18	0.05	56年
…	…	…	…	…	…	…	…	…	…	…	…	0.02	0.37	…	1.87	…	0.27	0.15	0.02	57年
…	…	…	…	…	…	…	…	…	…	…	…	0.01	0.44	…	1.93	…	0.34	0.17	0.04	58年
…	…	…	…	5.19	…	…	…	…	…	…	…	0.01	0.48	…	1.97	…	0.53	0.21	0.04	59年
…	…	…	…	5.02	…	…	…	…	…	…	…	0.01	0.50	…	1.61	…	0.57	0.20	0.03	60年
…	…	…	…	4.99	…	…	…	…	…	…	…	0.03	0.49	…	1.76	…	0.61	0.22	0.03	61年
…	…	…	…	4.89	…	…	…	…	…	…	…	0.01	0.53	…	1.77	…	0.58	0.22	0.03	62年
…	…	…	…	4.75	…	…	…	…	…	…	…	0.01	0.54	…	1.61	…	0.64	0.14	0.02	63年
…	…	…	…	4.68	…	…	…	…	…	…	…	0.02	0.66	…	1.58	…	0.75	0.20	0.03	平成元年
…	…	…	…	4.71	…	…	…	…	…	…	…	0.03	0.65	…	1.61	…	0.77	0.19	0.03	2年
…	…	…	…	4.69	…	…	…	…	…	…	…	0.02	0.71	…	1.67	…	0.83	0.22	0.03	3年
…	…	…	…	4.56	…	…	…	…	…	…	…	0.04	0.67	…	1.85	0.16	0.92	0.16	0.03	4年
…	…	…	…	4.46	…	…	…	…	…	…	…	0.03	0.73	…	1.76	0.18	0.80	0.15	0.02	5年
…	…	…	…	4.32	…	…	…	…	…	…	…	0.01	0.82	…	1.74	0.15	1.01	0.17	0.04	6年
…	…	…	…	4.04	…	…	…	…	…	…	…	0.00	0.52	2.23	1.59	0.17	1.16	0.16	0.04	7年
…	…	…	…	3.81	…	…	…	…	…	…	…	0.01	0.52	2.25	1.61	0.17	1.15	0.18	0.03	8年
…	…	…	…	3.61	…	…	…	…	…	…	…	0.03	0.53	2.91	1.63	0.18	1.10	0.17	0.03	9年
…	…	…	…	3.35	…	…	…	…	…	…	…	0.02	0.56	2.45	1.89	0.15	1.33	0.18	0.02	10年
…	…	…	…	3.17	…	…	…	…	…	…	…	0.03	0.56	2.70	1.80	0.20	1.54	0.19	0.04	11年
…	…	…	…	2.85	…	…	…	…	…	…	…	0.01	0.57	2.83	1.54	0.14	1.44	0.19	0.03	12年
…	…	…	…	2.74	…	…	…	…	…	…	…	0.03	0.63	2.62	1.56	0.18	1.51	0.17	0.04	13年
…	…	…	…	2.46	…	…	…	…	…	…	…	0.00	0.66	2.74	1.78	0.17	1.65	0.19	0.04	14年
…	…	…	…	2.26	…	…	…	…	…	1.68	0.49	0.01	0.67	3.08	1.56	0.15	1.76	0.19	0.04	15年
…	…	…	…	2.08	…	…	…	…	…	0.95	0.20	0.01	0.71	3.10	1.62	0.16	1.87	0.20	0.05	16年
…	…	…	…	2.00	…	…	…	…	…	0.56	0.12	0.01	0.62	2.80	1.76	0.17	2.17	0.20	0.03	17年
5.62	0.63	4.67	4.95	1.85	1.10	0.75	…	2.55	0.20	0.51	0.12	0.00	0.71	3.09	1.88	0.18	2.35	0.24	0.06	18年
5.67	0.60	4.52	4.40	1.77	1.16	0.77	…	2.57	0.19	0.43	0.11	0.01	0.93	2.91	2.02	0.17	2.49	0.22	0.05	19年
5.80	0.66	4.64	4.77	1.68	1.33	1.20	…	2.43	0.16	0.39	0.08	0.01	0.86	3.05	2.06	0.18	2.43	0.22	0.05	20年
5.70	0.59	4.01	3.74	1.52	0.99	0.90	…	2.39	0.19	0.30	0.08	0.00	1.09	2.95	2.08	0.16	2.38	0.20	0.07	21年
5.62	0.57	4.33	4.09	1.39	0.99	0.96	…	2.40	0.21	0.25	0.05	0.00	0.74	3.06	2.21	0.18	2.43	0.21	0.06	22年
4.94	0.55	3.97	3.73	1.30	0.91	0.97	…	2.16	0.15	0.27	0.06	0.00	0.78	2.97	2.37	0.17	2.21	0.21	0.05	23年
4.97	0.46	3.78	3.23	1.17	0.98	1.02	…	2.32	0.27	0.24	0.09	0.00	0.80	2.90	2.13	0.14	2.34	0.20	0.05	24年
5.36	0.39	4.06	3.60	1.13	0.80	1.07	…	2.25	0.17	…	0.07	0.00	0.75	3.19	2.13	0.19	2.51	0.24	0.06	25年
5.30	0.42	3.95	3.62	1.09	0.84	1.33	…	2.28	0.23	…	0.06	0.00	0.87	3.02	2.52	0.17	2.37	0.22	0.06	26年
5.07	0.38	3.88	3.66	0.98	0.83	1.33	…	2.42	0.23	…	0.08	0.00	0.78	2.77	2.59	0.16	2.28	0.19	0.06	27年
5.60	0.50	4.03	3.43	0.92	0.81	…	3.58	2.44	0.19	…	0.08	0.00	0.83	3.03	2.25	0.13	2.33	0.22	0.07	28年
5.01	0.37	3.56	3.16	0.89	0.88	…	2.63	2.44	0.22	…	0.07	0.00	0.78	3.07	2.13	0.17	2.12	0.23	0.08	29年
5.25	0.42	3.72	3.32	0.81	1.04	…	2.58	2.58	0.31	…	0.07	0.00	0.93	2.91	2.54	0.13	2.16	0.21	0.07	30年
5.52	0.47	3.34	3.20	0.77	0.81	…	2.35	2.64	0.32	…	0.09	0.00	0.85	2.99	2.86	0.16	2.11	0.21	0.06	令和元年
5.37	0.41	3.46	2.94	0.75	0.90	…	1.86	2.73	0.23	…	0.10	0.00	0.96	2.94	2.61	0.21	2.03	0.24	0.06	2年

15　学校種別　疾病・異常被患率等の

4　高等学校（1）計

区分	計	視力非矯正者の裸眼視力 1.0以上	1.0未満0.7以上	0.7未満0.3以上	0.3未満	視力矯正者の裸眼視力 1.0以上	1.0未満0.7以上	0.7未満0.3以上	0.3未満	裸眼視力 計	1.0未満0.7以上	0.7未満0.3以上	0.3未満	眼の疾病・異常	難聴	耳疾患	鼻疾患・副鼻腔患	口腔咽喉頭異常	むし歯（う歯）計	処置完了者	未処置歯者
昭和23年度	...	...	...	...	...	...	...	...	...	...	...	...	...	...	0.39	...	...	...	...	...	39.13
24年	...	...	...	...	...	...	...	...	...	...	...	...	...	...	0.36	...	...	...	58.79	15.58	43.21
25年	...	...	...	...	...	...	...	...	...	...	...	...	...	...	0.35	...	...	...	62.25	16.42	45.83
26年	...	...	...	...	...	...	...	...	...	...	...	...	...	...	0.42	...	...	...	55.34	11.79	43.55
27年	...	...	...	...	...	...	...	...	...	...	...	...	...	...	0.36	...	...	...	55.62	13.17	42.45
28年	...	...	...	...	...	...	...	...	...	...	...	...	...	...	0.40	...	...	...	53.47	11.18	42.29
29年	...	...	...	...	...	...	...	...	...	...	...	...	...	...	0.44	...	...	...	52.64	11.12	41.52
30年	...	...	...	...	...	...	...	...	...	...	...	...	...	...	0.44	...	...	...	52.54	11.13	41.41
31年	...	...	...	...	...	...	...	...	...	...	...	...	...	...	0.42	...	...	...	55.80	11.84	43.96
32年	...	...	...	...	...	...	...	...	...	...	...	...	...	...	0.40	...	...	...	59.10	13.60	45.50
33年	...	...	...	...	...	...	...	...	...	...	...	...	...	...	0.39	...	...	...	63.00	15.50	47.50
34年	...	...	...	...	...	...	...	...	...	...	...	...	...	...	0.53	...	...	...	67.90	16.30	51.60
35年	...	...	...	...	...	...	...	...	...	...	...	...	...	...	0.46	...	...	...	71.77	17.71	54.06
36年	...	...	...	...	...	...	...	...	...	...	...	...	...	...	0.50	...	...	...	75.96	19.26	56.70
37年	...	...	...	...	...	...	...	...	...	...	...	...	...	...	0.44	...	...	...	80.96	19.96	61.00
38年	...	...	...	...	...	...	...	...	...	...	...	...	...	...	0.38	...	...	...	83.52	20.98	62.54
39年	...	...	...	...	...	...	...	...	...	...	...	...	...	...	0.29	...	...	...	85.23	21.80	63.43
40年	...	...	...	...	...	...	...	...	...	...	...	...	...	...	0.31	...	...	...	86.52	22.76	63.76
41年	...	...	...	...	...	...	...	...	...	...	...	...	...	...	0.26	...	...	...	87.41	22.57	64.84
42年	...	...	...	...	...	...	...	...	...	...	...	...	...	...	0.26	...	...	...	89.03	23.07	65.96
43年	...	...	...	...	...	...	...	...	...	...	...	...	...	...	0.31	...	...	...	90.40	25.36	65.04
44年	...	...	...	...	...	...	...	...	...	...	...	...	...	...	0.25	...	...	...	90.70	26.40	64.30
45年	...	...	...	...	...	...	...	...	...	...	...	...	...	...	0.50	...	...	...	92.80	23.50	69.40
46年	...	...	...	...	...	...	...	...	...	...	...	...	...	...	0.37	...	...	...	91.83	28.56	63.26
47年	...	...	...	...	...	...	...	...	...	...	...	...	...	...	0.46	...	...	...	93.03	28.32	64.71
48年	...	...	...	...	...	...	...	...	...	...	...	...	...	...	0.41	...	...	...	93.89	28.95	64.94
49年	...	...	...	...	...	...	...	...	...	...	...	...	...	...	0.69	...	...	...	94.46	28.79	65.67
50年	...	...	...	...	...	...	...	...	...	...	...	...	...	...	0.51	...	...	...	94.94	28.93	66.02
51年	...	...	...	...	...	...	...	...	...	...	...	...	...	...	0.60	...	...	...	95.26	29.38	65.88
52年	...	...	...	...	...	...	...	...	...	...	...	...	...	...	0.46	...	...	...	94.60	29.26	65.34
53年	...	...	...	...	...	...	...	...	...	...	...	...	...	...	0.49	...	...	...	95.11	31.07	64.04
54年	...	...	...	...	...	...	...	...	...	53.02	11.12	15.61	26.29	...	0.40	...	...	...	95.89	29.79	66.10
55年	...	...	...	...	...	...	...	...	...	55.46	11.38	15.56	28.52	...	0.52	...	...	...	95.90	32.58	63.31
56年	...	...	...	...	...	...	...	...	...	55.27	12.00	16.13	27.14	...	0.51	...	...	...	95.73	32.86	62.88
57年	...	...	...	...	...	...	...	...	...	53.49	11.45	15.81	26.23	...	0.62	...	...	...	95.73	34.96	60.77
58年	...	...	...	...	...	...	...	...	...	52.17	11.35	15.43	25.39	...	0.42	...	...	...	95.34	36.06	59.28
59年	...	...	...	...	...	...	...	...	...	51.93	11.85	15.41	24.66	...	0.50	...	...	...	94.30	41.29	53.02
60年	...	...	...	...	...	...	...	...	...	51.56	11.13	15.37	25.06	...	0.45	...	...	...	94.29	42.17	52.12
61年	...	...	...	...	...	...	...	...	...	52.98	10.41	15.53	27.04	...	0.45	...	...	...	94.23	44.21	50.02
62年	...	...	...	...	...	...	...	...	...	53.42	10.45	15.67	27.30	...	0.47	...	...	...	94.27	44.72	49.56
63年	...	...	...	...	...	...	...	...	...	54.54	10.49	15.84	28.22	...	0.46	...	...	...	94.45	45.26	49.19
平成元年	...	...	...	...	...	...	...	...	...	55.81	10.53	15.81	29.46	...	0.48	...	...	...	94.15	46.00	48.15
2年	...	...	...	...	...	...	...	...	...	56.38	10.22	16.18	29.98	...	0.56	...	...	...	93.65	45.82	47.83
3年	...	...	...	...	...	...	...	...	...	57.54	10.34	15.88	31.32	...	0.61	...	...	...	93.01	45.86	47.15
4年	...	...	...	...	...	...	...	...	...	59.20	10.45	16.58	32.18	...	0.60	...	...	...	92.56	46.34	46.22
5年	...	...	...	...	...	...	...	...	...	61.89	11.24	17.18	33.47	...	0.53	...	...	...	91.25	46.56	44.69
6年	...	...	...	...	...	...	...	...	...	62.31	10.69	17.12	34.50	...	0.53	...	...	...	91.97	47.46	44.51
7年	...	...	...	...	...	...	...	...	...	61.80	11.29	17.16	33.35	...	0.66	0.88	5.83	0.61	90.63	48.70	41.92
8年	...	...	...	...	...	...	...	...	...	62.67	11.87	16.97	33.83	...	0.54	0.85	5.88	0.76	90.08	50.63	39.45
9年	...	...	...	...	...	...	...	...	...	63.18	11.67	17.31	34.20	...	0.55	0.97	6.50	0.71	89.37	50.13	39.25
10年	...	...	...	...	...	...	...	...	...	62.51	11.71	17.03	33.77	...	0.46	0.79	5.84	0.67	88.18	50.00	38.18
11年	...	...	...	...	...	...	...	...	...	63.31	11.12	16.76	35.44	...	0.58	1.09	6.77	0.95	86.47	50.70	35.77
12年	...	...	...	...	...	...	...	...	...	62.45	11.93	15.66	34.86	...	0.58	1.17	7.10	0.79	85.03	49.73	35.30
13年	...	...	...	...	...	...	...	...	...	60.31	11.06	16.10	33.15	...	0.59	1.30	7.39	0.77	83.66	48.72	34.94
14年	...	...	...	...	...	...	...	...	...	63.84	13.58	16.63	33.63	...	0.52	1.68	7.66	0.83	82.25	48.45	33.80
15年	...	...	...	...	...	...	...	...	...	60.03	12.13	16.19	31.70	...	0.57	1.22	7.42	0.76	77.90	46.73	31.16
16年	...	...	...	...	...	...	...	...	...	59.33	12.19	16.69	30.46	...	0.49	1.29	6.84	0.65	75.97	43.73	32.24
17年	...	...	...	...	...	...	...	...	...	58.42	11.14	16.00	31.28	...	0.57	1.32	8.14	0.63	72.78	42.54	30.23
18年	...	...	...	...	...	...	...	...	...	58.65	14.26	17.56	26.83	3.10	0.86	1.67	8.18	0.74	70.06	39.43	30.63
19年	...	...	...	...	...	...	...	...	...	55.41	12.40	16.86	26.14	3.69	0.75	1.72	8.43	0.55	68.48	38.20	30.27
20年	...	...	...	...	...	...	...	...	...	57.98	12.55	17.07	28.36	3.70	0.79	2.02	8.81	0.59	65.48	35.99	29.49
21年	...	...	...	...	...	...	...	...	...	59.37	13.59	18.11	27.68	3.70	0.69	2.01	9.61	0.67	62.18	34.73	27.45
22年	...	...	...	...	...	...	...	...	...	55.64	12.98	16.75	25.90	3.44	0.22	1.61	8.45	0.58	59.95	34.21	25.74
23年	...	...	...	...	...	...	...	...	...	60.93	11.44	16.13	33.36	3.77	0.39	1.64	8.81	0.58	58.46	32.24	26.22
24年	100.00	34.48	9.68	11.53	7.65	1.05	1.10	5.43	29.09	64.47	10.78	16.95	36.74	3.70	0.33	1.88	8.63	0.46	57.60	32.34	25.26
25年	100.00	32.68	10.30	12.24	6.98	1.48	2.93	6.98	26.42	65.84	13.23	19.21	33.40	3.26	0.28	2.15	8.74	0.47	55.12	31.45	23.67
26年	100.00	35.45	9.72	9.93	7.01	1.66	1.81	5.60	28.82	62.89	11.53	15.52	35.84	3.76	0.28	2.05	8.72	0.45	54.08	30.45	22.63
27年	100.00	35.55	9.56	10.38	6.90	0.67	1.09	6.58	29.26	63.79	10.66	16.97	36.16	3.84	0.32	2.04	7.34	0.44	52.49	29.91	22.58
28年	100.00	33.43	11.06	12.03	7.77	0.57	0.77	4.56	29.81	65.99	11.83	16.59	37.58	3.43	0.26	2.30	9.41	0.42	49.18	28.35	20.84
29年	100.00	36.07	10.07	11.67	7.08	1.63	1.75	4.89	26.82	62.30	11.83	16.58	33.89	3.54	0.25	2.59	8.61	0.50	47.30	27.63	19.67
30年	100.00	32.53	10.43	11.09	6.80	0.24	0.88	5.38	32.54	67.23	11.31	16.57	39.34	3.94	0.23	2.45	9.85	0.31	45.36	27.11	18.25
令和元年	100.00	30.68	9.08	10.35	6.87	1.68	2.19	7.05	32.11	67.64	11.26	17.40	38.98	3.69	0.25	2.87	9.92	0.47	43.68	26.36	17.33
2年	100.00	35.58	11.79	13.15	8.46	1.26	1.74	4.97	23.07	63.17	13.52	18.12	31.52	3.56	0.32	2.47	6.88	0.25	41.66	25.04	16.62

推移（昭和23年度〜令和2年度）（12-10）

単位　（％）

歯列・咬合	口腔 顎関節	口腔 歯垢の状態	口腔 歯肉の状態	栄養状態	せき柱・胸郭	四肢の胸郭・の状態	皮膚疾患 アトピー性皮膚炎	皮膚疾患 その他の皮膚疾患	結核	心疾病 心臓・異常	心電図異常	蛋白検出の者	尿糖検出の者	ぜん息	腎臓疾患	言語障害	区分
…	…	…	…	0.61	…	…	…	…	…	…	…	…	…	…	…	…	昭和23年度
…	…	…	…	0.95	…	…	…	…	…	…	…	…	…	…	…	…	24年
…	…	…	…	0.82	…	…	…	…	…	…	…	…	…	…	…	…	25年
…	…	…	…	0.56	…	…	…	…	…	…	…	…	…	…	…	…	26年
…	…	…	…	0.58	…	…	…	…	…	…	…	…	…	…	…	…	27年
…	…	…	…	0.75	…	…	…	…	…	0.32	…	…	…	…	…	…	28年
…	…	…	…	0.59	…	…	…	…	…	0.37	…	…	…	…	…	…	29年
…	…	…	…	0.56	…	…	…	…	…	0.36	…	…	…	…	…	…	30年
…	…	…	…	0.44	…	…	…	…	…	0.37	…	…	…	…	…	…	31年
…	…	…	…	0.37	…	…	…	…	…	0.38	…	…	…	…	…	…	32年
…	…	…	…	0.30	…	…	…	…	…	0.35	…	…	…	…	…	…	33年
…	…	…	…	0.29	…	…	…	…	…	0.35	…	…	…	…	…	…	34年
…	…	…	…	0.28	…	…	…	…	…	0.35	…	…	…	…	…	…	35年
…	…	…	…	0.25	…	…	…	…	…	0.34	…	…	…	…	…	…	36年
…	…	…	…	0.26	…	…	…	…	…	0.35	…	…	…	…	…	…	37年
…	…	…	…	0.19	…	…	…	…	…	0.35	…	…	…	…	…	…	38年
…	…	…	…	0.20	…	…	…	…	…	0.34	…	…	…	…	…	…	39年
…	…	…	…	0.14	…	…	…	…	…	0.28	…	…	…	…	…	…	40年
…	…	…	…	0.13	…	…	…	…	…	0.32	…	…	…	…	…	…	41年
…	…	…	…	0.17	…	…	…	…	0.14	0.36	…	…	…	0.03	0.07	0.04	42年
…	…	…	…	0.11	…	…	…	…	0.14	0.39	…	…	…	0.03	0.09	0.04	43年
…	…	…	…	0.11	…	…	…	…	0.11	0.37	…	…	…	0.05	0.09	0.05	44年
…	…	…	…	0.10	0.40	…	…	…	0.10	0.30	…	…	…	0.10	0.10	0.10	45年
…	…	…	…	0.09	0.37	…	…	…	0.05	0.40	…	…	…	0.01	0.15	0.01	46年
…	…	…	…	0.08	0.35	…	…	…	0.06	0.40	…	…	…	0.06	0.17	0.03	47年
…	…	…	…	0.15	0.30	…	…	…	0.06	0.32	…	…	…	0.08	0.18	0.03	48年
…	…	…	…	…	0.41	…	…	…	0.06	0.52	…	2.77	…	0.11	0.25	0.03	49年
…	…	…	…	…	0.33	…	…	…	0.05	0.54	…	3.31	…	0.14	0.24	0.04	50年
…	…	…	…	…	0.32	…	…	…	0.06	0.54	…	3.73	…	0.15	0.23	0.03	51年
…	…	…	…	…	0.60	…	…	…	0.04	0.69	…	2.48	…	0.11	0.16	0.03	52年
…	…	…	…	…	0.61	…	…	…	0.03	0.68	…	2.44	…	0.14	0.17	0.03	53年
…	…	…	…	…	0.81	…	…	…	0.02	0.75	…	2.19	…	0.14	0.16	0.02	54年
…	…	…	…	…	0.59	…	…	…	0.03	0.76	…	1.77	…	0.19	0.21	0.02	55年
…	…	…	…	…	0.74	…	…	…	0.03	0.72	…	1.89	…	0.17	0.17	0.01	56年
…	…	…	…	…	…	…	…	…	0.03	0.68	…	1.79	…	0.18	0.15	0.01	57年
…	…	…	…	…	…	…	…	…	0.00	0.72	…	1.94	…	0.27	0.15	0.01	58年
…	…	…	…	…	…	…	…	…	0.02	0.84	…	1.93	…	0.28	0.17	0.01	59年
…	…	…	…	…	…	…	…	…	0.01	0.64	…	1.80	…	0.24	0.17	0.01	60年
…	…	…	…	…	…	…	…	…	0.02	0.70	…	1.71	…	0.30	0.17	0.01	61年
…	…	…	…	…	…	…	…	…	0.02	0.83	…	1.68	…	0.36	0.19	0.01	62年
…	…	…	…	…	…	…	…	…	0.02	0.79	…	1.75	…	0.40	0.19	0.01	63年
…	…	…	…	…	…	…	…	…	0.01	0.81	…	1.53	…	0.42	0.16	0.01	平成元年
…	…	…	…	…	…	…	…	…	0.01	0.90	…	1.72	…	0.45	0.21	0.03	2年
…	…	…	…	…	…	…	…	…	0.01	0.82	…	1.73	…	0.53	0.17	0.01	3年
…	…	…	…	…	…	…	…	…	0.02	0.92	…	1.83	0.20	0.63	0.19	0.01	4年
…	…	…	…	…	…	…	…	…	0.02	0.91	…	1.68	0.25	0.71	0.18	0.01	5年
…	…	…	…	…	…	…	…	…	0.01	0.98	…	1.83	0.23	0.77	0.18	0.01	6年
…	…	…	…	…	…	…	…	…	0.03	0.57	2.33	1.77	0.22	0.78	0.18	0.01	7年
…	…	…	…	…	…	…	…	…	0.02	0.55	2.64	1.78	0.24	0.83	0.14	0.01	8年
…	…	…	…	…	…	…	…	…	0.06	0.59	2.68	1.75	0.24	0.94	0.18	0.01	9年
…	…	…	…	…	…	…	…	…	0.01	0.64	3.02	1.95	0.19	1.10	0.19	0.01	10年
…	…	…	…	…	…	…	…	…	0.04	0.52	2.91	1.94	0.22	1.29	0.18	0.01	11年
…	…	…	…	…	…	…	…	…	0.03	0.57	2.85	1.81	0.21	1.32	0.18	0.00	12年
…	…	…	…	…	…	…	…	…	0.02	0.65	3.04	1.85	0.21	1.33	0.18	0.01	13年
…	…	…	…	…	…	…	…	…	0.02	0.54	3.12	1.82	0.25	1.36	0.18	0.02	14年
…	…	…	…	…	…	…	…	…	0.03	0.56	3.28	1.73	0.22	1.32	0.17	0.01	15年
…	…	…	…	…	…	…	…	…	0.04	0.56	3.28	1.90	0.19	1.45	0.14	0.01	16年
…	…	…	…	…	…	…	…	…	0.05	0.62	3.20	1.83	0.25	1.71	0.18	0.01	17年
4.03	0.62	5.58	5.46	1.03	0.46	…	2.25	0.18	0.05	0.67	3.51	2.43	0.26	1.71	0.23	0.02	18年
4.02	0.52	5.22	5.30	1.07	0.48	…	2.33	0.18	0.04	0.71	3.23	2.49	0.21	1.80	0.21	0.02	19年
4.59	0.64	6.17	6.09	1.14	0.58	…	2.32	0.21	0.04	0.88	3.10	2.82	0.21	1.82	0.20	0.02	20年
4.22	0.59	5.32	5.35	1.08	0.61	*	2.43	0.21	0.03	0.82	3.33	2.88	0.23	1.88	0.21	0.02	21年
4.12	0.60	5.16	5.07	0.92	0.56	…	2.23	0.20	0.00	0.69	3.16	2.84	0.24	2.08	0.21	0.02	22年
4.16	0.61	5.22	4.95	0.92	0.62	…	2.06	0.18	0.02	0.68	3.13	2.92	0.28	1.94	0.19	0.02	23年
4.50	0.55	5.51	5.29	0.81	0.62	…	2.07	0.20	0.02	0.71	3.02	2.67	0.22	1.91	0.20	0.02	24年
3.87	0.44	4.94	4.75	0.65	0.58	…	2.14	0.17	0.02	0.73	3.19	2.68	0.23	1.90	0.18	0.02	25年
3.95	0.46	4.88	4.44	0.72	0.70	…	2.14	0.21	0.03	0.69	3.25	3.14	0.24	1.93	0.19	0.03	26年
4.02	0.59	5.20	4.69	0.72	0.74	…	2.05	0.21	0.02	0.77	3.33	2.95	0.22	1.93	0.19	0.03	27年
4.39	0.67	5.14	4.69	0.70	…	2.46	2.32	0.24	0.03	0.68	3.39	3.29	0.19	1.91	0.22	0.02	28年
4.41	0.62	4.84	4.53	0.72	…	1.49	2.27	0.22	0.02	0.68	3.27	3.52	0.21	1.91	0.19	0.04	29年
4.43	0.64	4.57	4.26	0.88	…	1.40	2.58	0.26	0.03	0.86	3.34	2.94	0.19	1.78	0.20	0.04	30年
4.53	0.62	4.76	4.35	0.64	…	1.69	2.44	0.28	0.02	0.89	3.27	3.40	0.22	1.79	0.21	0.04	令和元年
4.44	0.49	4.58	4.16	0.63	…	1.19	2.44	0.18	0.03	0.86	3.30	3.19	0.23	1.75	0.21	0.04	2年

15　学校種別　疾病・異常被患率等の

4　高等学校 (2) 男

区分	裸眼視力 視力非矯正者 計	1.0以上	1.0未満0.7以上	0.7未満0.3以上	0.3未満	視力矯正者 1.0以上	1.0未満0.7以上	0.7未満0.3以上	0.3未満	裸眼視力 計	1.0未満0.7以上	0.7未満0.3以上	0.3未満	眼の疾病・異常	難聴	耳疾患	鼻疾患・副鼻腔患	口腔咽喉頭異常	むし歯(う歯) 計	処置完了者	未処置のある歯者
昭和23年度	...	...	...	...	...	...	...	...	...	...	...	...	...	...	0.49	...	...	...	...	...	36.42
24年	...	...	...	...	...	...	...	...	...	...	...	...	...	...	0.42	...	...	...	55.80	14.79	41.01
25年	...	...	...	...	...	...	...	...	...	...	...	...	...	...	0.42	...	...	...	59.68	15.70	43.98
26年	...	...	...	...	...	...	...	...	...	...	...	...	...	...	0.50	...	...	...	52.77	10.35	42.42
27年	...	...	...	...	...	...	...	...	...	...	...	...	...	...	0.42	...	...	...	52.45	12.47	39.98
28年	...	...	...	...	...	...	...	...	...	...	...	...	...	...	0.46	...	...	...	51.46	10.76	40.70
29年	...	...	...	...	...	...	...	...	...	...	...	...	...	...	0.51	...	...	...	49.75	10.33	39.42
30年	...	...	...	...	...	...	...	...	...	...	...	...	...	...	0.48	...	...	...	49.82	10.09	39.73
31年	...	...	...	...	...	...	...	...	...	...	...	...	...	...	0.48	...	...	...	52.52	10.34	42.18
32年	...	...	...	...	...	...	...	...	...	...	...	...	...	...	0.44	...	...	...	55.70	12.30	43.40
33年	...	...	...	...	...	...	...	...	...	...	...	...	...	...	0.43	...	...	...	59.90	13.90	46.00
34年	...	...	...	...	...	...	...	...	...	...	...	...	...	...	0.55	...	...	...	63.90	14.70	49.20
35年	...	...	...	...	...	...	...	...	...	...	...	...	...	...	0.50	...	...	...	68.48	15.91	52.57
36年	...	...	...	...	...	...	...	...	...	...	...	...	...	...	0.58	...	...	...	72.36	18.00	54.36
37年	...	...	...	...	...	...	...	...	...	...	...	...	...	...	0.51	...	...	...	77.91	18.66	59.25
38年	...	...	...	...	...	...	...	...	...	...	...	...	...	...	0.46	...	...	...	79.93	19.33	60.60
39年	...	...	...	...	...	...	...	...	...	...	...	...	...	...	0.32	...	...	...	82.45	19.55	62.90
40年	...	...	...	...	...	...	...	...	...	...	...	...	...	...	0.37	...	...	...	83.57	20.90	62.67
41年	...	...	...	...	...	...	...	...	...	...	...	...	...	...	0.30	...	...	...	85.18	21.09	64.09
42年	...	...	...	...	...	...	...	...	...	...	...	...	...	...	0.31	...	...	...	86.84	21.00	65.84
43年	...	...	...	...	...	...	...	...	...	...	...	...	...	...	0.36	...	...	...	88.12	23.31	64.81
44年	...	...	...	...	...	...	...	...	...	...	...	...	...	...	0.31	...	...	...	88.85	23.77	65.08
45年	...	...	...	...	...	...	...	...	...	...	...	...	...	...	0.70	...	...	...	90.90	23.40	67.50
46年	...	...	...	...	...	...	...	...	...	...	...	...	...	...	0.48	...	...	...	89.39	25.77	63.60
47年	...	...	...	...	...	...	...	...	...	...	...	...	...	...	0.55	...	...	...	91.55	27.11	64.44
48年	...	...	...	...	...	...	...	...	...	...	...	...	...	...	0.48	...	...	...	92.50	26.84	65.66
49年	...	...	...	...	...	...	...	...	...	...	...	...	...	...	0.73	...	...	...	94.42	26.65	67.77
50年	...	...	...	...	...	...	...	...	...	...	...	...	...	...	0.57	...	...	...	93.51	27.19	66.32
51年	...	...	...	...	...	...	...	...	...	...	...	...	...	...	0.71	...	...	...	93.79	27.61	66.18
52年	...	...	...	...	...	...	...	...	...	...	...	...	...	...	0.58	...	...	...	93.66	27.74	65.92
53年	...	...	...	...	...	...	...	...	...	...	...	...	...	...	0.55	...	...	...	94.09	29.07	65.01
54年	...	...	...	...	...	...	...	...	...	49.65	10.73	15.24	23.68	...	0.46	...	...	...	94.78	27.69	67.09
55年	...	...	...	...	...	...	...	...	...	51.94	11.22	15.23	25.48	...	0.52	...	...	...	94.51	31.05	63.46
56年	...	...	...	...	...	...	...	...	...	51.54	11.35	16.03	24.15	...	0.64	...	...	...	94.74	31.63	63.11
57年	...	...	...	...	...	...	...	...	...	49.59	11.11	15.21	23.26	...	0.51	...	...	...	94.43	34.51	59.92
58年	...	...	...	...	...	...	...	...	...	47.95	10.86	15.25	21.84	...	0.45	...	...	...	94.21	34.55	59.65
59年	...	...	...	...	...	...	...	...	...	48.43	11.79	15.24	21.40	...	0.65	...	...	...	93.09	39.29	53.80
60年	...	...	...	...	...	...	...	...	...	47.79	11.05	15.12	21.62	...	0.56	...	...	...	93.14	40.16	52.98
61年	...	...	...	...	...	...	...	...	...	49.38	10.07	15.30	24.01	...	0.58	...	...	...	92.84	42.39	50.45
62年	...	...	...	...	...	...	...	...	...	50.25	10.20	15.60	24.45	...	0.52	...	...	...	92.99	41.66	51.33
63年	...	...	...	...	...	...	...	...	...	52.12	10.32	16.31	25.49	...	0.57	...	...	...	93.51	43.11	50.40
平成元年	...	...	...	...	...	...	...	...	...	53.66	10.46	16.44	26.76	...	0.57	...	...	...	93.04	42.75	50.29
2年	...	...	...	...	...	...	...	...	...	54.36	10.24	16.60	27.52	...	0.69	...	...	...	92.06	42.47	49.59
3年	...	...	...	...	...	...	...	...	...	55.91	10.22	16.56	29.13	...	0.64	...	...	...	92.01	42.88	49.12
4年	...	...	...	...	...	...	...	...	...	57.02	10.49	17.44	29.09	...	0.60	...	...	...	91.06	43.76	47.29
5年	...	...	...	...	...	...	...	...	...	59.96	11.53	18.18	30.25	...	0.56	...	...	...	90.01	43.50	46.51
6年	...	...	...	...	...	...	...	...	...	59.55	11.07	17.72	30.75	...	0.60	...	...	...	90.03	43.96	46.08
7年	...	...	...	...	...	...	...	...	...	59.07	11.95	18.05	29.07	...	0.68	1.03	6.44	0.62	89.61	45.72	43.89
8年	...	...	...	...	...	...	...	...	...	59.41	12.01	17.69	29.71	...	0.60	0.94	6.59	0.79	88.19	46.78	41.41
9年	...	...	...	...	...	...	...	...	...	58.65	12.29	18.03	28.34	...	0.57	1.22	7.21	0.70	87.71	47.28	40.43
10年	...	...	...	...	...	...	...	...	...	59.96	11.93	18.04	30.00	...	0.51	0.94	6.58	0.61	86.23	47.14	39.09
11年	...	...	...	...	...	...	...	...	...	59.79	11.16	18.01	30.61	...	0.57	1.38	7.70	1.07	84.81	47.78	37.02
12年	...	...	...	...	...	...	...	...	...	59.03	11.69	16.50	30.84	...	0.61	1.27	7.26	0.81	83.17	46.91	36.26
13年	...	...	...	...	...	...	...	...	...	59.10	12.14	18.02	28.94	...	0.62	1.49	7.87	0.73	81.49	45.17	36.31
14年	...	...	...	...	...	...	...	...	...	59.21	13.23	16.68	29.30	...	0.56	2.36	8.38	...	80.58	45.39	35.18
15年	...	...	...	...	...	...	...	...	...	57.91	12.87	16.29	28.76	...	0.58	1.62	8.81	0.73	75.75	44.01	31.75
16年	...	...	...	...	...	...	...	...	...	56.22	13.22	16.38	26.62	...	0.52	1.51	8.14	0.71	73.97	40.54	33.43
17年	...	...	...	...	...	...	...	...	...	55.62	12.04	15.90	27.68	...	0.54	1.65	9.42	0.68	70.46	39.19	31.27
18年	...	...	...	...	...	...	...	...	...	54.86	13.81	17.57	23.48	3.50	0.89	2.03	9.03	0.68	67.64	36.79	30.85
19年	...	...	...	...	...	...	...	...	...	52.27	12.49	16.49	23.28	4.30	0.71	2.01	9.05	0.57	66.36	35.40	30.97
20年	...	...	...	...	...	...	...	...	...	53.69	13.12	17.41	23.16	4.16	0.80	2.51	10.02	0.55	63.35	33.40	29.95
21年	...	...	...	...	...	...	...	...	...	58.12	14.51	18.01	25.60	3.93	0.68	2.40	10.52	0.61	59.62	31.85	27.77
22年	...	...	...	...	...	...	...	...	...	54.51	13.21	17.05	24.24	3.57	0.68	1.93	9.36	0.54	57.48	31.32	26.16
23年	...	...	...	...	...	...	...	...	...	60.22	11.95	17.20	31.07	4.35	0.36	1.91	9.74	0.62	56.33	29.55	26.78
24年	100.00	38.38	10.88	12.91	7.33	0.50	0.96	4.93	24.11	61.12	11.84	17.85	31.44	3.91	0.32	2.28	9.48	0.50	55.61	29.89	25.72
25年	100.00	37.50	10.16	12.71	7.24	1.25	1.72	5.50	23.92	61.25	11.88	18.21	31.16	3.55	0.25	2.66	9.62	0.46	53.08	28.97	24.11
26年	100.00	38.81	10.16	10.66	8.22	1.26	1.41	4.79	24.70	59.93	11.57	15.45	32.91	4.20	0.24	2.56	9.38	0.59	51.05	28.11	22.94
27年	100.00	38.20	10.04	11.50	6.68	0.58	0.85	6.25	25.90	61.22	10.90	17.75	32.58	4.21	0.30	2.39	10.05	0.62	50.69	27.69	23.00
28年	100.00	37.50	10.81	12.09	8.45	0.51	0.68	4.29	25.67	61.99	11.49	16.38	34.12	3.84	0.24	2.77	10.55	0.48	48.25	25.87	21.42
29年	100.00	37.95	10.50	12.31	6.88	1.91	2.03	4.79	23.63	60.14	12.53	17.10	30.51	3.88	0.24	3.19	9.39	0.50	45.94	25.47	20.47
30年	100.00	35.12	10.20	11.86	6.72	0.30	0.78	5.71	29.32	64.59	10.98	17.58	36.03	4.16	0.22	2.95	10.38	0.33	43.37	24.71	18.66
令和元年	100.00	33.78	9.59	11.34	7.62	0.86	1.33	6.36	29.11	65.36	10.92	17.70	36.73	4.18	0.24	3.46	10.94	0.48	41.91	24.16	17.75
2年	100.00	39.06	12.75	13.55	8.94	1.06	1.33	4.31	18.99	59.88	14.08	17.86	27.94	3.68	0.31	2.86	7.34	0.25	39.82	22.91	16.91

推移（昭和23年度～令和2年度）（12-11）

単位　（%）

歯列・咬合	口腔 顎関節	口腔 歯垢の状態	口腔 歯肉の状態	栄養状態	せき柱・胸郭	四肢の状態	皮膚疾患 アトピー性皮膚炎	皮膚疾患 その他の皮膚疾患	結核	心臓病・異常	心電図異常	蛋白検出の者	尿糖検出の者	ぜん息	腎臓疾患	言語障害	区分
…	…	…	…	0.69	…	…	…	…	…	…	…	…	…	…	…	…	昭和23年度
…	…	…	…	1.04	…	…	…	…	…	…	…	…	…	…	…	…	24年
…	…	…	…	0.90	…	…	…	…	…	…	…	…	…	…	…	…	25年
…	…	…	…	0.63	…	…	…	…	…	…	…	…	…	…	…	…	26年
…	…	…	…	0.68	…	…	…	…	…	…	…	…	…	…	…	…	27年
…	…	…	…	0.85	…	…	…	…	…	0.32	…	…	…	…	…	…	28年
…	…	…	…	0.65	…	…	…	…	…	0.34	…	…	…	…	…	…	29年
…	…	…	…	0.67	…	…	…	…	…	0.35	…	…	…	…	…	…	30年
…	…	…	…	0.48	…	…	…	…	…	0.35	…	…	…	…	…	…	31年
…	…	…	…	0.40	…	…	…	…	…	0.38	…	…	…	…	…	…	32年
…	…	…	…	0.32	…	…	…	…	…	0.32	…	…	…	…	…	…	33年
…	…	…	…	0.31	…	…	…	…	…	0.34	…	…	…	…	…	…	34年
…	…	…	…	0.33	…	…	…	…	…	0.34	…	…	…	…	…	…	35年
…	…	…	…	0.27	…	…	…	…	…	0.34	…	…	…	…	…	…	36年
…	…	…	…	0.28	…	…	…	…	…	0.35	…	…	…	…	…	…	37年
…	…	…	…	0.22	…	…	…	…	…	0.34	…	…	…	…	…	…	38年
…	…	…	…	0.20	…	…	…	…	…	0.32	…	…	…	…	…	…	39年
…	…	…	…	0.16	…	…	…	…	…	0.26	…	…	…	…	…	…	40年
…	…	…	…	0.16	…	…	…	…	…	0.32	…	…	…	…	…	…	41年
…	…	…	…	0.15	…	…	…	…	0.15	0.35	…	…	…	0.04	0.08	0.06	42年
…	…	…	…	0.13	…	…	…	…	0.15	0.38	…	…	…	0.03	0.10	0.05	43年
…	…	…	…	0.12	…	…	…	…	0.11	0.37	…	…	…	0.05	0.10	0.07	44年
…	…	…	…	0.10	0.60	…	…	…	0.10	0.30	…	…	…	0.10	0.10	0.10	45年
…	…	…	…	0.16	0.60	…	…	…	0.05	0.52	…	…	…	0.01	0.18	0.02	46年
…	…	…	…	0.10	0.50	…	…	…	0.06	0.39	…	…	…	0.07	0.19	0.05	47年
…	…	…	…	0.21	0.42	…	…	…	0.06	0.32	…	…	…	0.09	0.20	0.04	48年
…	…	…	…	…	0.58	…	…	…	0.07	0.60	…	3.29	…	0.14	0.28	0.04	49年
…	…	…	…	…	0.51	…	…	…	0.05	0.57	…	4.01	…	0.17	0.27	0.05	50年
…	…	…	…	…	0.45	…	…	…	0.05	0.58	…	4.59	…	0.18	0.26	0.03	51年
…	…	…	…	…	0.78	…	…	…	0.03	0.72	…	2.93	…	0.09	0.16	0.02	52年
…	…	…	…	…	0.77	…	…	…	0.03	0.75	…	2.94	…	0.16	0.19	0.04	53年
…	…	…	…	…	0.89	…	…	…	0.02	0.81	…	2.64	…	0.15	0.16	0.03	54年
…	…	…	…	…	0.60	…	…	…	0.04	0.80	…	2.14	…	0.15	0.15	0.02	55年
…	…	…	…	…	0.68	…	…	…	0.02	0.78	…	2.17	…	0.14	0.17	0.01	56年
…	…	…	…	…	…	…	…	…	0.04	0.75	…	1.95	…	0.20	0.13	0.01	57年
…	…	…	…	…	…	…	…	…	0.00	0.72	…	2.19	…	0.28	0.11	0.02	58年
…	…	…	…	…	…	…	…	…	0.00	1.13	…	2.28	…	0.32	0.17	0.01	59年
…	…	…	…	…	…	…	…	…	0.01	0.72	…	2.03	…	0.24	0.16	0.01	60年
…	…	…	…	…	…	…	…	…	0.03	0.75	…	2.09	…	0.33	0.17	0.01	61年
…	…	…	…	…	…	…	…	…	0.04	0.95	…	1.90	…	0.43	0.18	0.01	62年
…	…	…	…	…	…	…	…	…	0.01	0.85	…	2.01	…	0.43	0.17	0.01	63年
…	…	…	…	…	…	…	…	…	0.01	0.88	…	1.86	…	0.39	0.16	0.01	平成元年
…	…	…	…	…	…	…	…	…	0.01	0.99	…	1.77	…	0.47	0.16	0.03	2年
…	…	…	…	…	…	…	…	…	0.01	0.92	…	1.97	…	0.53	0.14	0.01	3年
…	…	…	…	…	…	…	…	…	0.00	0.97	…	1.94	0.22	0.61	0.15	0.01	4年
…	…	…	…	…	…	…	…	…	0.00	1.00	…	1.85	0.27	0.80	0.18	0.02	5年
…	…	…	…	…	…	…	…	…	0.01	1.00	…	1.97	0.26	0.88	0.16	0.01	6年
…	…	…	…	…	…	…	…	…	0.05	0.55	2.70	2.08	0.25	0.87	0.14	0.01	7年
…	…	…	…	…	…	…	…	…	0.03	0.57	3.10	2.01	0.22	0.88	0.15	0.01	8年
…	…	…	…	…	…	…	…	…	0.04	0.61	3.25	2.04	0.27	0.99	0.17	0.01	9年
…	…	…	…	…	…	…	…	…	0.01	0.60	3.17	2.21	0.21	1.15	0.17	0.01	10年
…	…	…	…	…	…	…	…	…	0.02	0.54	3.38	2.14	0.18	1.40	0.17	0.01	11年
…	…	…	…	…	…	…	…	…	0.04	0.58	3.24	2.17	0.22	1.45	0.15	0.01	12年
…	…	…	…	…	…	…	…	…	0.02	0.76	3.67	2.11	0.21	1.51	0.17	0.00	13年
…	…	…	…	…	…	…	…	…	0.01	0.57	3.80	2.13	0.24	1.53	0.19	0.02	14年
…	…	…	…	…	…	…	…	…	0.04	0.60	4.02	1.98	0.25	1.35	0.14	0.01	15年
…	…	…	…	…	…	…	…	…	0.05	0.62	4.14	2.30	0.20	1.64	0.13	0.01	16年
…	…	…	…	…	…	…	…	…	0.09	0.66	3.62	2.21	0.24	1.80	0.17	0.02	17年
3.81	0.52	6.65	6.41	1.24	0.38	…	2.26	0.19	0.06	0.69	4.05	3.02	0.27	1.86	0.24	0.02	18年
3.91	0.43	6.28	6.32	1.27	0.41	…	2.47	0.17	0.03	0.77	3.83	3.04	0.22	1.95	0.22	0.03	19年
4.40	0.59	7.16	7.00	1.54	0.47	…	2.38	0.25	0.04	0.96	3.83	3.55	0.22	2.01	0.21	0.02	20年
4.01	0.49	6.28	6.27	1.39	0.47	…	2.50	0.21	0.04	0.84	4.08	3.41	0.25	2.08	0.22	0.02	21年
3.81	0.52	6.03	5.92	1.11	0.43	…	2.44	0.21	0.00	0.74	3.69	3.31	0.24	2.37	0.21	0.03	22年
4.07	0.54	6.22	5.98	0.93	0.49	…	2.27	0.20	0.02	0.71	3.78	3.35	0.35	2.16	0.21	0.03	23年
4.47	0.38	6.61	6.56	0.93	0.44	…	2.27	0.19	0.01	0.78	3.64	3.17	0.23	2.22	0.21	0.03	24年
3.66	0.34	5.95	5.55	0.79	0.44	…	2.38	0.18	0.03	0.79	3.90	3.19	0.24	2.18	0.20	0.02	25年
3.56	0.38	5.65	5.29	0.82	0.49	…	2.31	0.22	0.04	0.75	3.89	3.70	0.27	2.13	0.21	0.04	26年
3.80	0.43	6.20	5.70	0.87	0.50	…	2.20	0.20	0.03	0.81	4.05	3.22	0.23	2.10	0.22	0.03	27年
4.13	0.50	6.15	5.70	0.85	…	2.26	2.49	0.28	0.03	0.73	4.08	3.85	0.21	2.10	0.22	0.03	28年
4.25	0.49	5.82	5.44	0.86	…	1.20	2.48	0.22	0.02	0.68	3.99	4.08	0.22	2.17	0.20	0.05	29年
4.30	0.55	5.68	5.34	1.02	…	1.20	2.78	0.27	0.04	0.93	4.10	3.41	0.20	2.01	0.21	0.04	30年
4.45	0.51	5.95	5.56	0.84	…	1.40	2.68	0.29	0.02	0.97	3.94	3.85	0.24	2.01	0.23	0.05	令和元年
4.42	0.45	5.55	5.05	0.72	…	1.00	2.56	0.17	0.03	0.90	4.01	3.81	0.27	1.94	0.23	0.06	2年

4　高等学校（3）女

区分	計	裸眼視力 視力非矯正者の裸眼視力 1.0以上	1.0未満0.7以上	0.7未満0.3以上	0.3未満	視力矯正者の裸眼視力 1.0以上	1.0未満0.7以上	0.7未満0.3以上	0.3未満	裸眼視力 計	1.0未満0.7以上	0.7未満0.3以上	0.3未満	眼の疾病・異常	難聴	耳疾患	鼻疾患・副鼻腔患	口腔咽喉頭異常	むし歯（う歯） 計	処置完了者	未処置のある歯者
昭和23年度	...	...	...	...	...	...	...	...	...	...	...	...	...	...	0.28	...	...	...	...	...	41.84
24年	...	...	...	...	...	...	...	...	...	...	...	...	...	...	0.27	...	...	...	63.94	16.94	47.00
25年	...	...	...	...	...	...	...	...	...	...	...	...	...	...	0.26	...	...	...	66.34	17.55	48.79
26年	...	...	...	...	...	...	...	...	...	...	...	...	...	...	0.31	...	...	...	58.85	13.75	45.10
27年	...	...	...	...	...	...	...	...	...	...	...	...	...	...	0.27	...	...	...	60.39	14.23	46.16
28年	...	...	...	...	...	...	...	...	...	...	...	...	...	...	0.32	...	...	...	56.31	11.77	44.54
29年	...	...	...	...	...	...	...	...	...	...	...	...	...	...	0.35	...	...	...	56.57	12.19	44.38
30年	...	...	...	...	...	...	...	...	...	...	...	...	...	...	0.40	...	...	...	55.96	12.43	43.53
31年	...	...	...	...	...	...	...	...	...	...	...	...	...	...	0.35	...	...	...	59.97	13.75	46.22
32年	...	...	...	...	...	...	...	...	...	...	...	...	...	...	0.35	...	...	...	63.50	15.20	48.30
33年	...	...	...	...	...	...	...	...	...	...	...	...	...	...	0.35	...	...	...	66.50	17.30	49.20
34年	...	...	...	...	...	...	...	...	...	...	...	...	...	...	0.50	...	...	...	72.60	18.20	54.40
35年	...	...	...	...	...	...	...	...	...	...	...	...	...	...	0.42	...	...	...	75.67	19.84	55.83
36年	...	...	...	...	...	...	...	...	...	...	...	...	...	...	0.40	...	...	...	80.23	20.75	59.48
37年	...	...	...	...	...	...	...	...	...	...	...	...	...	...	0.36	...	...	...	84.43	21.44	62.99
38年	...	...	...	...	...	...	...	...	...	...	...	...	...	...	0.29	...	...	...	87.40	22.77	64.63
39年	...	...	...	...	...	...	...	...	...	...	...	...	...	...	0.27	...	...	...	88.34	24.29	64.05
40年	...	...	...	...	...	...	...	...	...	...	...	...	...	...	0.24	...	...	...	89.66	24.74	64.92
41年	...	...	...	...	...	...	...	...	...	...	...	...	...	...	0.21	...	...	...	89.75	24.13	65.62
42年	...	...	...	...	...	...	...	...	...	...	...	...	...	...	0.21	...	...	...	91.43	25.34	66.09
43年	...	...	...	...	...	...	...	...	...	...	...	...	...	...	0.27	...	...	...	92.62	27.36	65.26
44年	...	...	...	...	...	...	...	...	...	...	...	...	...	...	0.19	...	...	...	92.55	29.02	63.53
45年	...	...	...	...	...	...	...	...	...	...	...	...	...	...	0.40	...	...	...	94.50	23.50	71.00
46年	...	...	...	...	...	...	...	...	...	...	...	...	...	...	0.25	...	...	...	94.25	31.32	62.92
47年	...	...	...	...	...	...	...	...	...	...	...	...	...	...	0.37	...	...	...	94.55	29.56	64.99
48年	...	...	...	...	...	...	...	...	...	...	...	...	...	...	0.33	...	...	...	95.30	31.10	64.20
49年	...	...	...	...	...	...	...	...	...	...	...	...	...	...	0.66	...	...	...	94.50	30.86	63.64
50年	...	...	...	...	...	...	...	...	...	...	...	...	...	...	0.45	...	...	...	96.39	30.67	65.72
51年	...	...	...	...	...	...	...	...	...	...	...	...	...	...	0.49	...	...	...	96.74	31.15	65.59
52年	...	...	...	...	...	...	...	...	...	...	...	...	...	...	0.35	...	...	...	95.54	30.77	64.77
53年	...	...	...	...	...	...	...	...	...	...	...	...	...	...	0.43	...	...	...	96.15	33.11	63.04
54年	...	...	...	...	...	...	...	...	...	56.39	11.51	15.98	28.90	...	0.34	...	...	...	97.01	31.88	65.12
55年	...	...	...	...	...	...	...	...	...	59.03	11.53	15.90	31.60	...	0.51	...	...	...	97.30	34.14	63.16
56年	...	...	...	...	...	...	...	...	...	59.06	12.66	16.23	30.16	...	0.38	...	...	...	96.74	34.11	62.64
57年	...	...	...	...	...	...	...	...	...	57.44	11.80	16.41	29.23	...	0.74	...	...	...	97.03	35.41	61.63
58年	...	...	...	...	...	...	...	...	...	56.45	11.85	15.61	28.99	...	0.39	...	...	...	96.49	37.58	58.91
59年	...	...	...	...	...	...	...	...	...	55.47	11.91	15.59	27.97	...	0.34	...	...	...	95.54	43.31	52.22
60年	...	...	...	...	...	...	...	...	...	55.38	11.22	15.63	28.54	...	0.34	...	...	...	95.46	44.21	51.25
61年	...	...	...	...	...	...	...	...	...	56.64	10.77	15.75	30.11	...	0.31	...	...	...	95.64	46.06	49.58
62年	...	...	...	...	...	...	...	...	...	56.63	10.70	15.74	30.19	...	0.41	...	...	...	95.58	47.82	47.76
63年	...	...	...	...	...	...	...	...	...	57.00	10.65	15.36	30.98	...	0.35	...	...	...	95.39	47.43	47.96
平成元年	...	...	...	...	...	...	...	...	...	57.98	10.60	15.18	32.20	...	0.40	...	...	...	95.27	49.29	45.99
2年	...	...	...	...	...	...	...	...	...	58.41	10.20	15.76	32.46	...	0.43	...	...	...	95.25	49.21	46.04
3年	...	...	...	...	...	...	...	...	...	59.19	10.46	15.20	33.54	...	0.58	...	...	...	94.02	48.85	45.16
4年	...	...	...	...	...	...	...	...	...	61.40	10.41	15.70	35.29	...	0.60	...	...	...	94.07	49.24	45.13
5年	...	...	...	...	...	...	...	...	...	63.83	10.94	16.18	36.71	...	0.49	...	...	...	92.50	49.64	42.86
6年	...	...	...	...	...	...	...	...	...	65.09	10.31	16.51	38.27	...	0.47	...	...	...	93.92	51.00	42.92
7年	...	...	...	...	...	...	...	...	...	64.56	10.63	16.26	37.67	...	0.64	0.73	5.22	0.60	91.66	51.71	39.95
8年	...	...	...	...	...	...	...	...	...	65.95	11.72	16.24	37.98	...	0.49	0.75	5.17	0.74	91.98	54.51	37.47
9年	...	...	...	...	...	...	...	...	...	67.74	11.05	16.59	40.10	...	0.52	0.72	5.79	0.73	91.05	52.99	38.06
10年	...	...	...	...	...	...	...	...	...	65.07	11.49	15.95	37.63	...	0.42	0.64	5.09	0.73	90.14	52.88	37.26
11年	...	...	...	...	...	...	...	...	...	66.86	11.08	15.50	40.28	...	0.59	0.80	5.84	0.83	88.14	53.63	34.51
12年	...	...	...	...	...	...	...	...	...	65.89	12.17	14.81	38.91	...	0.56	1.07	6.92	0.76	86.91	52.57	34.34
13年	...	...	...	...	...	...	...	...	...	61.54	9.97	14.17	37.40	...	0.57	1.10	6.90	0.81	85.85	52.31	33.55
14年	...	...	...	...	...	...	...	...	...	68.53	13.94	16.58	38.02	...	0.48	0.99	6.94	0.72	83.95	51.56	32.39
15年	...	...	...	...	...	...	...	...	...	62.19	11.37	16.10	34.72	...	0.55	0.80	6.01	0.80	80.09	49.53	30.57
16年	...	...	...	...	...	...	...	...	...	62.53	11.12	17.01	34.40	...	0.46	1.05	5.51	0.58	78.03	47.01	31.02
17年	...	...	...	...	...	...	...	...	...	61.29	10.21	16.10	34.98	...	0.61	0.98	6.83	0.58	75.16	45.99	29.17
18年	...	...	...	...	...	...	...	...	...	62.52	14.72	17.54	30.26	2.68	0.82	1.31	7.31	0.80	72.54	42.13	30.41
19年	...	...	...	...	...	...	...	...	...	58.63	12.31	17.24	29.08	3.06	0.79	1.42	7.79	0.54	70.65	41.09	29.56
20年	...	...	...	...	...	...	...	...	...	62.39	11.96	16.73	33.70	3.21	0.78	1.53	7.56	0.64	67.66	38.64	29.02
21年	...	...	...	...	...	...	...	...	...	60.67	12.62	18.21	29.84	3.47	0.70	1.61	8.69	0.77	64.82	37.69	27.13
22年	...	...	...	...	...	...	...	...	...	56.79	12.84	16.45	34.98	3.31	0.72	1.29	7.52	0.61	62.48	37.17	25.31
23年	...	...	...	...	...	...	...	...	...	61.61	10.95	15.10	35.57	3.18	0.42	1.36	7.86	0.55	60.64	34.99	25.65
24年	100.00	30.33	8.40	10.05	8.00	1.63	1.26	5.95	34.39	68.05	9.66	16.00	42.39	3.49	0.33	1.48	7.77	0.42	59.62	34.83	24.79
25年	100.00	27.76	10.43	11.76	6.71	1.71	4.17	8.48	28.97	70.53	14.61	20.24	35.68	2.97	0.30	1.62	7.86	0.48	57.20	33.97	23.23
26年	100.00	31.99	9.28	9.17	5.77	2.07	2.22	6.43	33.08	65.95	11.50	15.60	38.85	3.32	0.29	1.53	8.05	0.49	55.14	32.82	22.32
27年	100.00	32.92	9.09	9.28	7.13	0.75	1.33	6.91	32.60	66.33	10.42	16.19	39.72	3.46	0.34	1.69	6.62	0.41	54.32	32.17	22.15
28年	100.00	29.35	11.32	11.96	7.08	0.63	0.86	4.83	33.97	70.02	12.17	16.79	41.05	3.00	0.29	1.81	8.26	0.36	51.12	30.87	20.25
29年	100.00	34.21	9.66	11.08	7.27	1.37	1.48	4.98	29.95	64.42	11.13	16.06	37.23	3.19	0.27	1.98	7.81	0.49	48.69	29.84	18.85
30年	100.00	30.10	10.66	10.36	6.89	0.18	0.97	5.27	35.58	69.72	11.63	15.62	42.47	3.72	0.24	1.94	9.32	0.30	47.39	29.56	17.83
令和元年	100.00	27.50	8.55	9.34	6.09	2.52	3.06	7.75	35.18	69.97	11.61	17.09	41.27	3.19	0.26	2.28	8.88	0.46	45.50	28.60	16.90
2年	100.00	32.05	10.81	12.75	7.97	1.46	2.14	5.63	27.19	66.49	12.96	18.38	35.15	3.44	0.32	2.07	6.41	0.26	43.55	27.22	16.33

推移（昭和23年度～令和2年度）（12-12）

単位　（%）

歯列・咬合	口腔 顎関節	口腔 歯垢の状態	口腔 歯肉の状態	栄養状態	せき柱・胸郭	せき柱・胸郭・四肢の状態	皮膚疾患 アトピー性皮膚炎	皮膚疾患 その他の皮膚疾患	結核	心疾病 心臓・異常	心電図異常	蛋白検出の者	尿糖検出の者	その他の疾病・異常 ぜん息	腎臓疾患	言語障害	区分
…	…	…	…	0.53	…	…	…	…	…	…	…	…	…	…	…	…	昭和23年度
…	…	…	…	0.81	…	…	…	…	…	…	…	…	…	…	…	…	24年
…	…	…	…	0.68	…	…	…	…	…	…	…	…	…	…	…	…	25年
…	…	…	…	0.48	…	…	…	…	…	…	…	…	…	…	…	…	26年
…	…	…	…	0.43	…	…	…	…	…	…	…	…	…	…	…	…	27年
…	…	…	…	0.62	…	…	…	…	…	0.33	…	…	…	…	…	…	28年
…	…	…	…	0.50	…	…	…	…	…	0.40	…	…	…	…	…	…	29年
…	…	…	…	0.43	…	…	…	…	…	0.38	…	…	…	…	…	…	30年
…	…	…	…	0.39	…	…	…	…	…	0.40	…	…	…	…	…	…	31年
…	…	…	…	0.33	…	…	…	…	…	0.38	…	…	…	…	…	…	32年
…	…	…	…	0.28	…	…	…	…	…	0.38	…	…	…	…	…	…	33年
…	…	…	…	0.28	…	…	…	…	…	0.37	…	…	…	…	…	…	34年
…	…	…	…	0.23	…	…	…	…	…	0.36	…	…	…	…	…	…	35年
…	…	…	…	0.22	…	…	…	…	…	0.35	…	…	…	…	…	…	36年
…	…	…	…	0.23	…	…	…	…	…	0.36	…	…	…	…	…	…	37年
…	…	…	…	0.15	…	…	…	…	…	0.35	…	…	…	…	…	…	38年
…	…	…	…	0.20	…	…	…	…	…	0.37	…	…	…	…	…	…	39年
…	…	…	…	0.13	…	…	…	…	…	0.31	…	…	…	…	…	…	40年
…	…	…	…	0.11	…	…	…	…	…	0.32	…	…	…	…	…	…	41年
…	…	…	…	0.18	…	…	…	…	0.13	0.36	…	…	…	0.03	0.07	0.02	42年
…	…	…	…	0.09	…	…	…	…	0.13	0.39	…	…	…	0.03	0.08	0.02	43年
…	…	…	…	0.09	…	…	…	…	0.12	0.38	…	…	…	0.04	0.08	0.02	44年
…	…	…	…	0.20	0.20	…	…	…	0.10	0.30	…	…	…	0.10	0.10	0.00	45年
…	…	…	…	0.03	0.15	…	…	…	0.06	0.27	…	…	…	0.01	0.16	0.01	46年
…	…	…	…	0.06	0.19	…	…	…	0.05	0.41	…	…	…	0.06	0.16	0.02	47年
…	…	…	…	0.08	0.18	…	…	…	0.06	0.32	…	…	…	0.08	0.15	0.02	48年
…	…	…	…	…	0.24	…	…	…	0.06	0.45	…	2.27	…	0.09	0.21	0.02	49年
…	…	…	…	…	0.14	…	…	…	0.05	0.50	…	2.63	…	0.11	0.21	0.02	50年
…	…	…	…	…	0.18	…	…	…	0.06	0.49	…	2.89	…	0.12	0.21	0.02	51年
…	…	…	…	…	0.43	…	…	…	0.06	0.65	…	2.04	…	0.14	0.16	0.02	52年
…	…	…	…	…	0.45	…	…	…	0.03	0.62	…	1.93	…	0.13	0.15	0.01	53年
…	…	…	…	…	0.73	…	…	…	0.02	0.70	…	1.75	…	0.13	0.15	0.01	54年
…	…	…	…	…	0.58	…	…	…	0.02	0.73	…	1.39	…	0.23	0.27	0.02	55年
…	…	…	…	…	0.81	…	…	…	0.03	0.66	…	1.60	…	0.20	0.17	0.01	56年
…	…	…	…	…	…	…	…	…	0.02	0.61	…	1.63	…	0.16	0.17	0.01	57年
…	…	…	…	…	…	…	…	…	0.01	0.72	…	1.69	…	0.25	0.19	0.02	58年
…	…	…	…	…	…	…	…	…	0.04	0.55	…	1.57	…	0.24	0.16	0.01	59年
…	…	…	…	…	…	…	…	…	0.02	0.56	…	1.57	…	0.24	0.17	0.01	60年
…	…	…	…	…	…	…	…	…	0.01	0.65	…	1.33	…	0.28	0.18	0.00	61年
…	…	…	…	…	…	…	…	…	0.01	0.71	…	1.46	…	0.29	0.21	0.01	62年
…	…	…	…	…	…	…	…	…	0.02	0.73	…	1.49	…	0.37	0.22	0.01	63年
…	…	…	…	…	…	…	…	…	0.01	0.74	…	1.20	…	0.45	0.16	0.01	平成元年
…	…	…	…	…	…	…	…	…	0.00	0.82	…	1.66	…	0.44	0.26	0.03	2年
…	…	…	…	…	…	…	…	…	0.01	0.71	…	1.47	…	0.54	0.19	0.01	3年
…	…	…	…	…	…	…	…	…	0.03	0.88	…	1.73	0.19	0.66	0.23	0.01	4年
…	…	…	…	…	…	…	…	…	0.03	0.81	…	1.51	0.23	0.62	0.21	0.01	5年
…	…	…	…	…	…	…	…	…	0.02	0.96	…	1.69	0.20	0.67	0.21	0.00	6年
…	…	…	…	…	…	…	…	…	0.01	0.59	1.95	1.45	0.19	0.69	0.22	0.01	7年
…	…	…	…	…	…	…	…	…	0.02	0.54	2.10	1.55	0.26	0.78	0.12	0.01	8年
…	…	…	…	…	…	…	…	…	0.07	0.57	2.10	1.45	0.20	0.90	0.19	0.01	9年
…	…	…	…	…	…	…	…	…	0.02	0.67	2.88	1.68	0.17	1.04	0.21	0.01	10年
…	…	…	…	…	…	…	…	…	0.07	0.50	2.43	1.74	0.27	1.17	0.19	0.01	11年
…	…	…	…	…	…	…	…	…	0.03	0.55	2.44	1.45	0.19	1.19	0.20	－	12年
…	…	…	…	…	…	…	…	…	0.01	0.54	2.39	1.58	0.22	1.14	0.15	0.01	13年
…	…	…	…	…	…	…	…	…	0.03	0.50	2.41	1.50	0.25	1.20	0.17	0.01	14年
…	…	…	…	…	…	…	…	…	0.01	0.52	2.52	1.48	0.20	1.29	0.20	0.00	15年
…	…	…	…	…	…	…	…	…	0.03	0.50	2.39	1.49	0.19	1.26	0.14	0.00	16年
…	…	…	…	…	…	…	…	…	0.01	0.58	2.77	1.44	0.26	1.62	0.19	0.01	17年
4.25	0.73	4.48	4.48	0.82	0.54	…	2.23	0.18	0.03	0.66	2.96	1.82	0.25	1.56	0.22	0.02	18年
4.14	0.61	4.13	4.25	0.87	0.55	…	2.20	0.20	0.05	0.65	2.60	1.92	0.20	1.64	0.21	0.02	19年
4.79	0.68	5.16	5.16	0.72	0.69	…	2.25	0.16	0.04	0.80	2.36	2.07	0.21	1.63	0.20	0.02	20年
4.44	0.70	4.34	4.41	0.76	0.76	…	2.34	0.21	0.03	0.79	2.56	2.33	0.22	1.68	0.21	0.01	21年
4.44	0.68	4.26	4.20	0.73	0.69	…	2.01	0.16	0.00	0.65	2.60	2.36	0.24	1.79	0.21	0.02	22年
4.25	0.68	4.21	3.90	0.77	0.76	…	1.85	0.16	0.01	0.66	2.47	2.48	0.21	1.71	0.18	0.02	23年
4.54	0.71	4.39	3.99	0.69	0.81	…	1.87	0.20	0.02	0.64	2.40	2.15	0.21	1.59	0.18	0.02	24年
4.08	0.54	3.90	3.95	0.50	0.72	…	1.90	0.16	0.02	0.67	2.45	2.16	0.23	1.62	0.17	0.02	25年
4.35	0.55	4.10	3.57	0.61	0.91	…	1.96	0.19	0.02	0.64	2.60	2.58	0.21	1.72	0.19	0.02	26年
4.24	0.75	4.18	3.67	0.57	0.99	…	1.90	0.21	0.02	0.72	2.60	2.52	0.21	1.73	0.18	0.02	27年
4.65	0.83	4.11	3.67	0.55	…	2.65	2.15	0.21	0.02	0.63	2.68	2.71	0.18	1.72	0.21	0.02	28年
4.58	0.75	3.85	3.60	0.57	…	1.79	2.05	0.21	0.02	0.68	2.55	2.94	0.20	1.66	0.18	0.03	29年
4.56	0.73	3.44	3.17	0.73	…	1.60	2.36	0.25	0.02	0.78	2.56	2.47	0.18	1.55	0.19	0.03	30年
4.61	0.73	3.55	3.12	0.45	…	1.99	2.19	0.27	0.02	0.81	2.57	2.93	0.19	1.57	0.19	0.03	令和元年
4.47	0.53	3.59	3.24	0.54	…	1.38	2.31	0.18	0.04	0.82	2.58	2.56	0.19	1.56	0.19	0.03	2年

IV 附 属 資 料

1. 調査票の様式

（様式第1号）

令和2年度 学校保健統計調査

発育状態調査票

㊙ 統計法に基づく
基幹統計調査

幼稚園及び
幼保連携型認定こども園

都道府県番号　①
学校調査番号　②　⑤

整理番号⑧	男 身長 cm⑧	体重 kg⑨	歳 女 身長 cm⑳	体重 kg㉔
1				
2				
3				
4				
5				
6				
7				
8				
9				
10				
11				
12				
13				
14				
15				
16				
17				
18				
19				
20				
21				
22				

5 歳

（注）身長，体重は，健康診断票に記載されている計測値について
1cm未満，1kg未満を四捨五入して，右詰めで記入してください。

この調査は，統計法に基づく基幹統計を作成するために行う調査です。
この調査の対象となった学校の方々には統計法に基づく報告の義務があり，報告の拒否や
虚偽報告については罰則があります。
この調査の実施にあたっては，特に必要がある場合には，資料の提出のお願いや関係者の
方々への質問を行うことがあります。

文 部 科 学 省

学校名
☎ 電話番号 市外局番（　）－　内線（　）
（報告義務者）
園長の氏名
フリガナ
取扱者氏名

（様式第2号）

㊙ 統計法に基づく基幹統計調査

小学校及び
義務教育学校（第1～6学年）

政府統計
統計法に基づく国の統計調査です。調査票情報の秘密の保護に万全を期します。

令和2年度 学校保健統計調査

発育状態調査票

都道府県番号　①
学校調査番号　③

男女別⑦	整理番号⑧	第1学年（6歳） 身長 cm⑨	体重 kg⑪	第2学年（7歳） 身長 cm㉗	体重 kg	第3学年（8歳） 身長 cm㉜	体重 kg㉟	第4学年（9歳） 身長 cm㊹	体重 kg㊼	第5学年（10歳） 身長 cm㊿	体重 kg㊾	第6学年（11歳） 身長 cm㊽	体重 kg㋒
男 1	1												
	2												
	3												
	4												
	5												
	6												
	7												
	8												
女 2	1												
	2												
	3												
	4												
	5												
	6												
	7												
	8												

（注）身長，体重は，健康診断票に記載されている計測値について1cm未満，1kg未満を四捨五入して，右詰めで記入してください。

この調査は，統計法に基づく基幹統計を作成するために行う調査です。
この調査の対象となった学校の方々には統計法に基づく報告の義務があり，報告の拒否や
虚偽報告については罰則があります。
この調査の実施にあたっては，特に必要がある場合には，資料の提出のお願いや関係者の
方々への質問を行うことがあります。

学校名
☎ 電話番号 市外局番（　）－　内線（　）
（報告義務者）学校長の氏名
フリガナ
取扱者氏名

小学校

（様式第3号）

㊙ 統計法に基づく基幹統計調査

政府統計

統計法に基づく、国の統計調査です。調査票情報の秘密の保護に万全を期します。

令和2年度 学校保健統計調査
発 育 状 態 調 査 票

都道府県番号 ①	学校調査番号 ③	⑦
		3

中学校，中等教育学校の前期課程及び義務教育学校（第7〜9学年）

整理番号	第1(7)学年（12歳）				第2(8)学年（13歳）				第3(9)学年（14歳）			
	男		女		男		女		男		女	
	身長	体重	身長	体重	身長	体重	身長	体重	身長	体重	身長	体重
	⑧ cm	⑪ kg	⑳ cm	㉓ kg	㉜ cm	㉟ kg	㊹ cm	㊼ kg	56 cm	59 kg	68 cm	71 kg
1												
2												
3												
4												
5												
6												
7												
8												
9												
10												
11												
12												
13												
14												
15												
16												
17												
18												
19												
20												

（注1）「区分」の各学年において（ ）は義務教育学校の学年です。

（注2）身長，体重は，健康診断票に記載されている計測値について1cm未満，1kg未満を四捨五入して，右詰めで記入してください。

この調査は，統計法に基づく基幹統計を作成するために行う調査です。
この調査の対象となった学校の方々には統計法に基づく報告の義務があり，報告の拒否や虚偽報告については罰則があります。
この調査の実施にあたっては，特に必要がある場合には，資料の提出のお願いや関係者の方々への質問を行うことがあります。

学校名		☎ 電話番号	市外局番<　　　> （　　−　　） 内線（　　）
（報告義務者）学校長の氏名		フリガナ 取扱者氏名	

文 部 科 学 省

（様式第4号）

㊙ 統計法に基づく基幹統計調査

政府統計

統計法に基づく国の統計調査です。調査票情報の秘密の保護に万全を期します。

令和2年度 学校保健統計調査
発 育 状 態 調 査 票

都道府県番号 ①	学校調査番号 ③	⑦
		4

高等学校及び中等教育学校の後期課程

整理番号	男						女					
	第1学年（15歳）		第2学年（16歳）		第3学年（17歳）		第1学年（15歳）		第2学年（16歳）		第3学年（17歳）	
	身長	体重	身長	体重	身長	体重	身長	体重	身長	体重	身長	体重
	⑧ cm	⑪ kg	⑳ cm	㉓ kg	㉜ cm	㉟ kg	㊹ cm	㊼ kg	56 cm	59 kg	68 cm	71 kg
1												
2												
3												
4												
5												
6												
7												
8												
9												
10												
11												
12												
13												
14												
15												

（注）身長，体重は，健康診断票に記載されている計測値について1cm未満，1kg未満を四捨五入して，右詰めで記入してください。

この調査は，統計法に基づく基幹統計を作成するために行う調査です。
この調査の対象となった学校の方々には統計法に基づく報告の義務があり，報告の拒否や虚偽報告については罰則があります。
この調査の実施にあたっては，特に必要がある場合には，資料の提出のお願いや関係者の方々への質問を行うことがあります。

学校名		☎ 電話番号	市外局番<　　　> （　　−　　） 内線（　　）
（報告義務者）学校長の氏名		フリガナ 取扱者氏名	

文 部 科 学 省

中学校

高等学校

幼稚園及び
幼保連携型認定こども園

令和2年度　学校保健統計調査
健康状態調査票

都道府県番号	学校調査番号			4

区分	性別	調査対象者数 (人)	栄養状態		脊柱・胸郭・四肢の状態		受検者数 (a+b+c) (人)	裸眼視力								矯正視力のみを測定した人 (c) (人)
								視力非矯正者の裸眼視力(a)				視力矯正者の裸眼視力(b)				
			受検者数 (人)	疾病・異常者数 (人)	受検者数 (人)	疾病・異常者数 (人)		1.0以上 (人)	疾病・異常者数			1.0以上 (人)	疾病・異常者数			
									1.0未満 0.7以上 (人)	0.7未満 0.3以上 (人)	0.3未満 (人)		1.0未満 0.7以上 (人)	0.7未満 0.3以上 (人)	0.3未満 (人)	
5歳	男 1 1															0
	女 1 2															0

区分	性別	眼の疾病・異常		耳鼻咽頭疾患				皮膚疾患			心臓	
		受検者数 (人)	疾病・異常者数 (人)	受検者数 (人)	疾病・異常者数			受検者数 (人)	疾病・異常者数		受検者数 (人)	疾病・異常者数 (人)
					耳疾患 (人)	鼻・副鼻腔疾患 (人)	口腔咽喉頭疾病・異常 (人)		アトピー性皮膚炎 (人)	その他の皮膚疾患 (人)		
5歳	男 1 1											
	女 1 2											

区分	性別	蛋白検出		その他の疾病・異常					歯・口腔						
		受検者数 (人)	疾病・異常者数 (人)	受検者数 (人)	疾病・異常者数				受検者数 (人)	疾病・異常者数					
					ぜん息 (人)	腎臓疾患 (人)	言語障害 (人)	その他の疾病・異常 (人)		う歯		歯列・咬合 (人)	顎関節 (人)	歯垢の状態 (人)	歯肉の状態 (人)	その他の疾病・異常 (人)
										処置完了者 (人)	未処置歯のある者 (人)					
5歳	男 1 1															
	女 1 2															

この調査は、統計法に基づく基幹統計を作成するために行う調査です。
この調査の対象となった学校の方々には統計法に基づく報告の義務があり、報告の拒否や虚偽報告については罰則があります。
この調査の実施にあたっては、特に必要がある場合には、資料の提出のお願いや関係者の方々への質問を行うことがあります。

学校名		☎電話番号	市外局番<　　　> (　　-　　) 内線 (　　　)	（報告義務者）園長の氏名	フリガナ 取扱者氏名	

文　部　科　学　省

幼稚園

（様式第6号）

小学校及び
義務教育学校（第1～6学年）

政府統計

令和2年度　学校保健統計調査
健康状態調査票

都道府県番号　学校調査番号

1

区分	性別	調査対象者数 (人)	栄養状態		脊柱・胸郭・四肢の状態		裸眼視力									
								視力非矯正者の裸眼視力(a)			視力矯正者の裸眼視力(b)			矯正視力のみを測定した人(c)
			受検者数	疾病・異常者数	受検者数	疾病・異常者数	受検者数 (a+b+c)	1.0以上	疾病・異常者数			1.0以上	疾病・異常者数			
									1.0未満 0.7以上	0.7未満 0.3以上	0.3未満		1.0未満 0.7以上	0.7未満 0.3以上	0.3未満	
		(人)	(人)	(人)	(人)	(人)	(人)	(人)	(人)	(人)	(人)	(人)	(人)	(人)	(人)	(人)
第1学年 (6歳)	男 1 1															0
	女 1 2															0
第2学年 (7歳)	男 2 1															0
	女 2 2															0
第3学年 (8歳)	男 3 1															0
	女 3 2															0
第4学年 (9歳)	男 4 1															0
	女 4 2															0
第5学年 (10歳)	男 5 1															0
	女 5 2															0
第6学年 (11歳)	男 6 1															0
	女 6 2															0

区分	性別	眼の疾病・異常		難聴（両耳とも）		耳鼻咽頭疾患				皮膚疾患		
						受検者数	疾病・異常者数			受検者数	疾病・異常者数	
		受検者数	疾病・異常者数	受検者数	疾病・異常者数		耳疾患	鼻・副鼻腔疾患	口腔咽喉頭疾病・異常		アトピー性皮膚炎	その他の皮膚疾患
		(人)	(人)	(人)	(人)	(人)	(人)	(人)	(人)	(人)	(人)	(人)
第1学年 (6歳)	男 1 1											
	女 1 2											
第2学年 (7歳)	男 2 1											
	女 2 2											
第3学年 (8歳)	男 3 1											
	女 3 2											
第4学年 (9歳)	男 4 1											
	女 4 2											
第5学年 (10歳)	男 5 1											
	女 5 2											
第6学年 (11歳)	男 6 1											
	女 6 2											

裏面に続く

学校名	電話番号	市外局番<　　　> （　－　） 内線（　　）	(署名義務者) 学校長の氏名	フリガナ 取扱者氏名

文 部 科 学 省

小学校

区分	性別	結核に関する検診		結核		心電図異常		心臓		蛋白検出		尿糖検出	
		受検者数	結核の精密検査の対象者	受検者数	疾病・異常者数	受検者数	疾病・異常者数	受検者数	疾病・異常者数	受検者数	疾病・異常者数	受検者数	疾病・異常者数
		(人)	(人)	(人)	(人)	(人)	(人)	(人)	(人)	(人)	(人)	(人)	(人)
第1学年 (6歳)	男 1 1												
	女 1 2												
第2学年 (7歳)	男 2 1												
	女 2 2												
第3学年 (8歳)	男 3 1												
	女 3 2												
第4学年 (9歳)	男 4 1												
	女 4 2												
第5学年 (10歳)	男 5 1												
	女 5 2												
第6学年 (11歳)	男 6 1												
	女 6 2												

区分	性別	その他の疾病・異常				歯・口腔								相談員・スクールカウンセラーの配置状況	
		受検者数	疾病・異常者数			受検者数	疾病・異常者数							相談員	スクールカウンセラー
			ぜん息	腎臓疾患	言語障害	その他の疾病・異常		う歯		歯列・咬合	顎関節	歯垢の状態	歯肉の状態	その他の疾病・異常	
								処置完了者	未処置歯のある者						
		(人)	(人)	(人)	(人)	(人)	(人)	(人)	(人)	(人)	(人)	(人)	(人)	(人)	
第1学年 (6歳)	男 1 1														1.定期配置（週4時間以上）　1.定期配置（週4時間以上）
	女 1 2														2.定期配置（週4時間未満）　2.定期配置（週4時間未満）
第2学年 (7歳)	男 2 1														3.不定期配置　3.不定期配置
	女 2 2														4.無　4.無
第3学年 (8歳)	男 3 1														該当する配置状況の番号に〇をつけてください。
	女 3 2														
第4学年 (9歳)	男 4 1														
	女 4 2														
第5学年 (10歳)	男 5 1														
	女 5 2														
第6学年 (11歳)	男 6 1														
	女 6 2														

令和2年度　学校保健統計調査
健 康 状 態 調 査 票

都道府県番号　学校調査番号

2

政府統計

区分	性別	調査対象者数 (人)	栄養状態		脊柱・胸郭・四肢の状態		裸眼視力										
			受検者数 (人)	疾病・異常者数 (人)	受検者数 (人)	疾病・異常者数 (人)	受検者数 (a+b+c) (人)	視力非矯正者の裸眼視力(a)				視力矯正者の裸眼視力(b)				矯正視力のみを測定した人(c) (人)
								1.0以上	疾病・異常者数			1.0以上	疾病・異常者数			
									1.0未満0.7以上	0.7未満0.3以上	0.3未満		1.0未満0.7以上	0.7未満0.3以上	0.3未満	
第1(7)学年 12歳	男	1 1 1														0
	女	1 1 2														0
第2(8)学年 13歳	男	2 1 1														0
	女	2 1 2														0
第3(9)学年 14歳	男	3 1 1														0
	女	3 1 2														0

(注)「区分」の各学年において（　）は義務教育学校の学年です。

区分	性別	眼の疾病・異常		難聴（両耳とも）		耳鼻咽頭疾患				皮膚疾患		
		受検者数 (人)	疾病・異常者数 (人)	受検者数 (人)	疾病・異常者数 (人)	受検者数 (人)	疾病・異常者数			受検者数 (人)	疾病・異常者数	
							耳疾患 (人)	鼻・副鼻腔疾患 (人)	口腔咽喉頭疾病・異常 (人)		アトピー性皮膚炎 (人)	その他の皮膚疾患 (人)
第1(7)学年 12歳	男	1 1 1										
	女	1 1 2										
第2(8)学年 13歳	男	2 1 1										
	女	2 1 2										
第3(9)学年 14歳	男	3 1 1										
	女	3 1 2										

裏面に続く

学校名		☎ 電話番号	市外局番（　　） （　　　-　　　） 内線（　　）	（聞から見る） 学校長の氏名	フリガナ 取扱者氏名

文 部 科 学 省

区分	性別	結核に関する検診		結核		心電図異常		心臓		蛋白検出		尿糖検出	
		受検者数 (人)	結核の精密検査の対象者 (人)	受検者数 (人)	疾病・異常者数 (人)	受検者数 (人)	疾病・異常者数 (人)	受検者数 (人)	疾病・異常者数 (人)	受検者数 (人)	疾病・異常者数 (人)	受検者数 (人)	疾病・異常者数 (人)
第1(7)学年 12歳	男	1 1 1											
	女	1 1 2											
第2(8)学年 13歳	男	2 1 1											
	女	2 1 2											
第3(9)学年 14歳	男	3 1 1											
	女	3 1 2											

区分	性別	その他の疾病・異常					歯・口腔						
		受検者数 (人)	疾病・異常者数				受検者数 (人)	疾病・異常者数					
			ぜん息 (人)	腎臓疾患 (人)	言語障害 (人)	その他の疾病・異常 (人)		う歯		歯列・咬合 (人)	顎関節 (人)	歯垢の状態 (人)	歯肉の状態 (人)	その他の疾病・異常 (人)
								処置完了者 (人)	未処置歯のある者 (人)				
第1(7)学年 12歳	男	1 1 1											
	女	1 1 2											
第2(8)学年 13歳	男	2 1 1											
	女	2 2 2											
第3(9)学年 14歳	男	3 1 1											
	女	3 1 2											

区分	性別	永久歯のう歯等数				相談員・スクールカウンセラーの配置状況	
		受検者数 (人)	喪失歯数 (本)	う歯		相談員	スクールカウンセラー
				処置歯数 (本)	未処置歯数 (本)		
第1(7)学年 12歳	男	1 1 1				1.定期配置（週4時間以上） 2.定期配置（週4時間未満） 3.不定期配置 4.無	1.定期配置（週4日間以上） 2.定期配置（週4時間未満） 3.不定期配置 4.無
	女	1 1 2					
第2(8)学年 13歳	男	2 1 1				該当する選択肢の番号に○をつけてください。	
	女	2 1 2					
第3(9)学年 14歳	男	3 1 1					
	女	3 1 2					

この調査は、統計法に基づく基幹統計を作成するために行う調査です。
この調査の対象となった学校の方々には統計法に基づく報告の義務があり、都道府県市区町村報告については罰則があります。
この調査の実施にあたって、特に必要がある場合には、資料の提出のお願いや関係者の方々への質問を行うことがあります。

高等学校及び中等教育学校の後期課程

令和2年度　学校保健統計調査
健 康 状 態 調 査 票

都道府県番号	学校調査番号
	3

高等学校

区分	性別	調査対象者数(人)	栄養状態		脊柱・胸郭・四肢の状態		裸眼視力												矯正視力のみを測定した人(c)(人)
			受検者数(人)	疾病・異常者数(人)	受検者数(人)	疾病・異常者数(人)	受検者数(a+b+c)(人)	視力非矯正者の裸眼視力(a)				視力矯正者の裸眼視力(b)				
								1.0以上(人)	1.0未満0.7以上(人)	0.7未満0.3以上(人)	0.3未満(人)	1.0以上(人)	1.0未満0.7以上(人)	0.7未満0.3以上(人)	0.3未満(人)	
第1学年(15歳)	男 1 1															0
	女 1 2															0
第2学年(16歳)	男 2 1															0
	女 2 2															0
第3学年(17歳)	男 3 1															0
	女 3 2															0

区分	性別	眼の疾病・異常		難聴(両耳とも)		耳鼻咽頭疾患				皮膚疾患		
		受検者数(人)	疾病・異常者数(人)	受検者数(人)	疾病・異常者数(人)	受検者数(人)	疾病・異常者数			受検者数(人)	疾病・異常者数	
							耳疾患(人)	鼻・副鼻腔疾患(人)	口腔咽喉頭疾病・異常(人)		アトピー性皮膚炎(人)	その他の皮膚疾患(人)
第1学年(15歳)	男 1 1											
	女 1 2											
第2学年(16歳)	男 2 1											
	女 2 2											
第3学年(17歳)	男 3 1											
	女 3 2											

裏面に続く

学校名	☎ 電話番号	市外局番< 　>（ - ）内線（ ）	(県立義務者)学校長の氏名		フリガナ 取扱者氏名

文 部 科 学 省

区分	性別	結核		心電図異常		心臓		蛋白検出		尿糖検出		その他の疾病・異常			
		受検者数(人)	疾病・異常者数(人)	受検者数(人)	疾病・異常者数(人)	受検者数(人)	疾病・異常者数(人)	受検者数(人)	疾病・異常者数(人)	受検者数(人)	疾病・異常者数(人)	受検者数(人)	疾病・異常者数			
													ぜん息(人)	腎臓疾患(人)	言語障害(人)	その他の疾病・異常(人)
第1学年(15歳)	男 1 1															
	女 1 2															
第2学年(16歳)	男 2 1															
	女 2 2															
第3学年(17歳)	男 3 1															
	女 3 2															

区分	性別	歯・口腔								相談員・スクールカウンセラーの配置状況	
		受検者数(人)	疾病・異常者数								
			う歯		歯列・咬合(人)	顎関節(人)	歯垢の状態(人)	歯肉の状態(人)	その他の疾病・異常(人)	相談員	スクールカウンセラー
			処置完了者(人)	未処置歯のある者(人)							
第1学年(15歳)	男 1 1									1.定期配置(週4時間以上)	1.定期配置(週4時間以上)
	女 1 2									2.定期配置(週4時間未満)	2.定期配置(週4時間未満)
第2学年(16歳)	男 2 1									3.不定期配置	3.不定期配置
	女 2 2									4.無	4.無
第3学年(17歳)	男 3 1									該当する選択肢の番号に○をつけてください。	
	女 3 2										

２．学校保健統計調査の手引（抄）

1　発育状態調査

1　健康診断票の検査項目と調査票の調査項目との対応関係

　調査票は，健康診断票を基に作成します。

　健康診断票の検査項目と発育状態調査票の調査項目との対応関係は，以下の図に示すとおりです。ここでは，健康診断票（一般）と発育状態調査票の対応する項目には，同一の番号（〇印）を付してあります。

児 童 生 徒 健 康 診 断 票 （一 般）

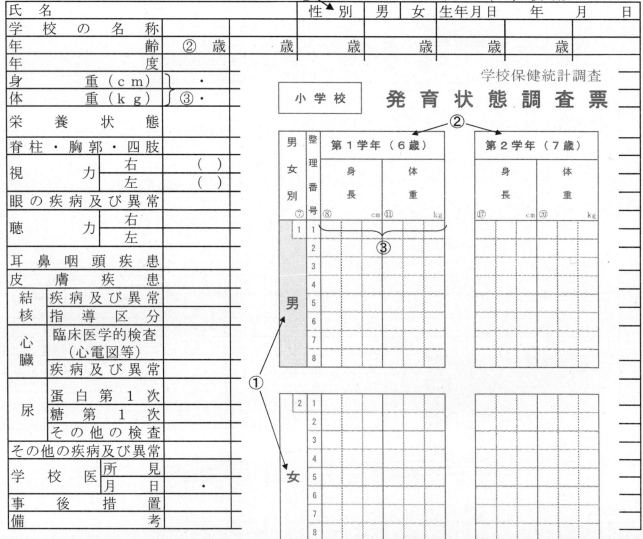

（1）「都道府県番号」，「学校調査番号」

電子調査票は，プレプリントしてありますので，入力不要です。

紙の調査票により提出する場合は「都道府県番号」及び「学校調査番号」は，都道府県から通知された番号を右詰めで記入してください。　　　　　　　　（例　　　| | 2 | 4 |　）

（2）「身長」，「体重」

健康診断票に記載されている計測値を，1cm未満，1kg未満を<u>四捨五入して</u>入力してください。

（3）範囲チェック

身長及び体重が下記チェック表の範囲内となっているか確認し，範囲外の数値があった場合（ワーニング）は間違いないか確認し，許容範囲を超える若しくは下回るもの（エラー）は修正してください。

※1　ワーニングとは，入力数値が誤りの可能性がある回答をいい，報告義務者において回答に問題がないと判断した場合は，正しい値として取り扱う。

※2　エラーとは，誤った回答をいい，報告義務者において必ず修正しなければならない。

発育状態範囲チェック表

区　分		身　長（cm）		体　重（kg）	
		最　低	最　高	最　低	最　高
	歳	以上	以下	以上	以下
男	5	90	130	10	45
	6	95	135	12	50
	7	100	145	14	55
	8	105	155	16	65
	9	105	160	16	70
	10	110	165	18	75
	11	115	170	20	85
	12	120	180	22	95
	13	125	185	24	105
	14	130	190	26	110
	15	135	190	30	110
	16	140	195	35	115
	17	145	195	40	115
女	5	90	130	10	40
	6	95	135	12	45
	7	100	145	14	50
	8	105	155	16	55
	9	105	160	16	65
	10	110	165	18	75
	11	115	170	20	80
	12	120	175	22	95
	13	125	180	24	98
	14	130	180	26	98
	15	135	185	30	98
	16	135	185	32	98
	17	135	185	34	98
許容範囲		50	250	5	250

※3　チェック表の範囲外であっても，間違いのない場合は，電子調査票のメモ欄に年齢，男女の別，整理番号を記載してください。（紙の調査票の場合は，欄外の余白に同様の記載をしてください。）

1　健康診断票の検査項目と調査票の調査項目との対応関係

調査票は，健康診断票を基に作成します。
健康診断票の検査項目と健康状態調査票の調査項目との対応関係は，以下の図に示すとおりです。
ここでは，健康診断票（一般及び歯・口腔）（13ページ）と健康状態調査票（9〜12ページ）の対応
する項目には，同一の番号（〇印）を付してあります。

表面

（様式第7号）	㊙統計法に基づく基幹統計調査	統計法に基づく国の統計調査です。調査票情報の秘密の保護に万全を期します。		学校保健
中学校，中等教育学校の前期課程及び義務教育学校（第7〜9学年）				健　康　状　態

区　分	性別	調査対象者数（人）	栄養状態 受検者数（人）	栄養状態 疾病・異常者数（人）	脊柱・胸郭・四肢の状態 受検者数（人）	脊柱・胸郭・四肢の状態 疾病・異常者数（人）	受検者数（a+b+c）（人）
第1(7)学年（12歳） 男	1　1						
女	1　2						
第2(8)学年（13歳） 男	2　1						
女	2　2						
第3(9)学年（14歳） 男	3　1						
女	3　2						

②脊柱・胸郭・四肢の状態　→19ページ

①栄養状態→19ページ
よくある質問→29ページ

□　調査対象となった当該年齢の全人数を記入（発育状態調査票の対象人数とは異なる）
□　「調査対象者数」　≧　各調査項目の「受検者数」

区　分	性別	眼の疾病・異常 受検者数（人）	眼の疾病・異常 疾病・異常者数（人）	難聴（両耳とも） 受検者数（人）	難聴（両耳とも） 疾病・異常者数（人）	受検者数（人）	耳鼻咽 耳疾患（人）
第1(7)学年（12歳） 男	1　1						
女	1　2						
第2(8)学年（13歳） 男	2　1						
女	2　2						
第3(9)学年（14歳） 男	3　1						
女	3　2						

④眼の疾病・異常
→20ページ

⑤難聴→20ページ
よくある質問→30ページ
□　片耳のみ難聴の者は含まない

裏面に続く

学校名　　　　　　　　☎電話番号

文　部

受検者の取扱い→17ページ
「疾病・異常者」の取扱い→19ページ

〔健康状態調査票の作成例〕
※ 中学校の調査票により例示していますが，各学校種に共通する事項です。

統計調査
調 査 票

都道府県番号	学校調査番号	
		2

裸 眼 視 力

視力非矯正者の裸眼視力（a）				視力矯正者の裸眼視力（b）				矯正視力のみを測定した人（c）
	疾病・異常者数				疾病・異常者数			
1.0以上	1.0未満 0.7以上	0.7未満 0.3以上	0.3未満	1.0以上	1.0未満 0.7以上	0.7未満 0.3以上	0.3未満	
（人）	（人）	（人）	（人）	（人）	（人）	（人）	（人）	（人）
								0
								0
								0
								0
								0

③裸眼視力→19ページ
　受検者の取扱い→17ページ
　記入例→24ページ
　よくある質問→29，30ページ
□ 視力を矯正している者で裸眼視力検査を省略した者の所属する学級は対象外

頭 疾 患		皮 膚 疾 患		
疾病・異常者数		受検者数	疾病・異常者数	
鼻・副鼻腔疾患	口腔咽喉頭疾病・異常		アトピー性皮膚炎	その他の皮膚疾患
（人）	（人）	（人）	（人）	（人）

⑥耳鼻咽頭疾患→20ページ
　受検者の取扱い→17ページ
　よくある質問→30，31ページ
□ インフルエンザ又はかぜによる鼻炎，咽頭炎等の一時的な疾患・異常と判定された者は含まない。

⑦皮膚疾患→21ページ
　受検者の取扱い→17ページ

市外局番＜　　＞ （　－　） 内線（　　）	（報告義務者） 学校長の氏名		フリガナ 取扱者氏名	

科 学 省

中学校

206

⑨結核→21ページ
　結核検診の流れ→15ページ
　受検者の取扱い→17ページ／よくある質問→27，28ページ
□ 「結核に関する検診」を受けた者を受検者とする。

区	性	結核に関する検診		結核		心電図異常	
		受検者数	結核の精密検査の対象者	受検者数	疾病・異常者数	受検者数	疾病・異常者数
分	別	（人）	（人）	（人）	（人）	（人）	（人）
第1(7)学年（12歳）	男	1 | 1					

通常は等しくなる。

⑧結核に関する検診→21ページ
　結核検診の流れ→15ページ
　受検者の取扱い→17ページ
　よくある質問→27，28ページ
□ 定められた内容の問診（15ページの問診。同内容の問診票による把握も含む）を受けた者を受検者とする。

⑩心電図異常→21ページ
　受検者の取扱い→17ページ
　よくある質問→32ページ
□ 心電図所見を見て異常と判断した者又は精密検査を要する者（一次検診）を疾病・異常者とする。

		受検者数	その他の疾病・異常 疾病・異常者数				受検者数
			ぜん息	腎臓疾患	言語障害	その他の疾病・異常	
			（人）	（人）	（人）	（人）	（人）

⑭その他の疾病・異常→21，22ページ
　受検者の取扱い→17ページ
　よくある質問→32，33ページ

⑯永久歯のう歯等数
　よくある質問→31ページ
中学校及び中等教育学校の前期課程第1学年（12歳），義務教育学校の第7学年（12歳）のみ
□ 調査対象となった当該年齢の全員の永久歯のう歯等の本数を記入（人数ではないので注意）。
□ 未処置歯数で要観察歯(CO)は含まない。

区	性	永久歯のう歯等数				相談員・スクールカウンセラーの配置状況	
		受検者数	喪失歯数	う歯		相談員	スクールカウンセラー
				処置歯数	未処置歯数		
分	別	（人）	（本）	（本）	（本）		
第1(7)学年（12歳）	男	1 | 1				1．定期配置（週4時間以上）	1．定期配置（週4時間以上）
	女	1 | 2				2．定期配置（週4時間未満）	2．定期配置（週4時間未満）
第2(8)学年（13歳）	男	2 | 1				3．不定期配置	3．不定期配置
	女	2 | 2				4．無	4．無
第3(9)学年（14歳）	男	3 | 1				※該当する選択肢の番号に〇をつけてください。	
	女	3 | 2					

⑯（b）処置歯数→22ページ

⑯（c）未処置歯数→22ページ

この調査は、統計法に基づく基幹統計を作成するために実施するものです。
この調査の対象となった学校の方々には統計法に基づく報告の義務があり、報告の拒否や虚偽報告については罰則があります。
この調査の実施にあたっては、特に必要がある場合には、資料の提出のお願いや関係者の方々への質問を行うことがあります。

⑯（a）喪失歯数→22ページ
　よくある質問→31ページ

裏面

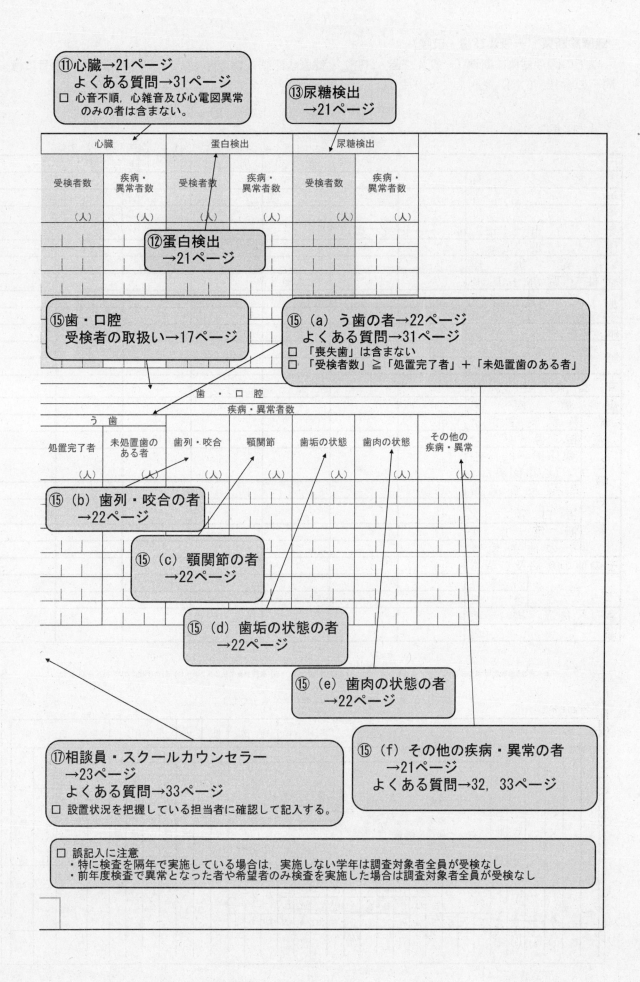

⑪心臓→21ページ
よくある質問→31ページ
□ 心音不順，心雑音及び心電図異常のみの者は含まない。

⑬尿糖検出
→21ページ

⑫蛋白検出
→21ページ

心臓		蛋白検出		尿糖検出	
受検者数	疾病・異常者数	受検者数	疾病・異常者数	受検者数	疾病・異常者数
（人）	（人）	（人）	（人）	（人）	（人）

⑮歯・口腔
受検者の取扱い→17ページ

⑮（a）う歯の者→22ページ
よくある質問→31ページ
□ 「喪失歯」は含まない
□ 「受検者数」≧「処置完了者」＋「未処置歯のある者」

歯・口腔 疾病・異常者数						
う歯						
処置完了者	未処置歯のある者	歯列・咬合	顎関節	歯垢の状態	歯肉の状態	その他の疾病・異常
（人）	（人）	（人）	（人）	（人）	（人）	（人）

⑮（b）歯列・咬合の者
→22ページ

⑮（c）顎関節の者
→22ページ

⑮（d）歯垢の状態の者
→22ページ

⑮（e）歯肉の状態の者
→22ページ

⑰相談員・スクールカウンセラー
→23ページ
よくある質問→33ページ
□ 設置状況を把握している担当者に確認して記入する。

⑮（f）その他の疾病・異常の者
→21ページ
よくある質問→32，33ページ

□ 誤記入に注意
・特に検査を隔年で実施している場合は，実施しない学年は調査対象者全員が受検なし
・前年度検査で異常となった者や希望者のみ検査を実施した場合は調査対象者全員が受検なし

健康診断票（一般及び歯・口腔）

以下の図の健康診断票（一般及び歯・口腔）と健康状態調査票（9〜12 ページ）の対応する項目には，同一の番号（○印）を付してあります。

児 童 生 徒 健 康 診 断 票 （一 般）

（ 令和２年度 ）

小 ・ 中 学 校 用

氏　　名		性　別	男	女	生年月日	年	月	日
学 校 の 名 称								
年　　　　齢		歳	歳	歳	歳	歳		
年　　　　度								
身　　長（ｃｍ）		・	・	・				
体　　重（ｋｇ）		・	・	・				
栄　養　状　態	①							
脊柱・胸郭・四肢	②							
視　力　右／左	③	（　）／（　）	（　）／（　）	（　）／（　）				
眼 の 疾 病 及 び 異 常	④							
聴　力　右／左	⑤							
耳 鼻 咽 頭 疾 患	⑥							
皮　膚　疾　患	⑦							
結核　疾病及び異常／指導区分	⑨							
心臓　臨床医学的検査（心電図等）	⑩							
心臓　疾病及び異常	⑪							
尿　蛋白第１次	⑫							
尿　糖第１次	⑬							
尿　その他の検査								
その他の疾病及び異常	⑭							
学校医　所見								
学校医　月日		・	・	・				
事　後　措　置								
備　　　　考								

「永久歯のう歯等数」の調査項目は，中学校及び中等教育学校の前期課程第1学年（12歳），義務教育学校の第7学年（12歳）の生徒についてのみ記入します。

児 童 生 徒 健 康 診 断 票 （歯・口腔）

（令和２年度）

小 ・ 中 学 校 用

氏　名		性　別	男	女	生年月日	年	月	日

歯　式
- ・現在歯　　　（列　　A ～）
- ・う歯　　未処置歯　Ｃ／処置歯　○
- ・喪失歯（永久歯）　　△
- ・要注意乳歯　　×
- ・要観察歯　　Ｃ Ｏ

歯の状態
- 乳歯：現在歯数／未処置歯数／処置歯数
- 永久歯：現在歯数／未処置歯数／処置歯数／喪失歯数

年齢	年度	歯列・咬合	顎関節	歯垢の状態	歯肉の状態	歯　式	乳歯 現在歯数	未処置歯数	処置歯数	永久歯 現在歯数	未処置歯数	処置歯数	喪失歯数	その他の疾病及び異常	学校歯科医 所見	月日	事後措置
12歳		0 1 2	0 1 2	0 1 2	0 1 2	上 右 8 7 6 5 4 3 2 1｜1 2 3 4 5 6 7 8 ／ E D C B A｜A B C D E 左 上／下 E D C B A｜A B C D E／下 8 7 6 5 4 3 2 1｜1 2 3 4 5 6 7 8	⑮(a)			⑯(c)	⑯(b)	⑯(a)		⑮(f)		月／日	
		↑(b)	↑(c)	↑(d)	↑(e)												

⑮

（注）結核に関する検診の結果の名簿と健康状態調査票の調査項目との対応関係

（1）結核対策委員会が設置されている場合

　　健康状態調査票「結核に関する検診」の「結核の精密検査の対象者」欄（11ページ⑧参照）に，各学校で作成する精密検査検討者名簿の対応する項目（⑧）の「必要」に該当する者の人数を入力してください。

精密検査検討者名簿

NO	学年組	児童（生徒）名	精密検査必要の有無 必要・不要	備考

⑧「必要」に該当の者の人数

（2）結核対策委員会での検討を行わない場合

　　結核対策委員会での検討を行わずに，学校医の診察の結果により，精密検査を行うこととした場合（次ページ参照）は，精密検査が必要と認められた者の人数を調査票の「結核の精密検査の対象者」欄（⑧）に入力してください。

2　調査票の作成方法

（1）「都道府県番号」「学校調査番号」

　電子調査票は，プレプリントしてありますので，入力不要です。

　紙の調査票について，「都道府県番号」，「学校調査番号」は，都道府県から通知された番号を右詰めで記入してください。

（例　□｜２｜４　）

（2）健康診断票の集計

　当該年齢（学年）別，男女別の在学者全員（調査対象年齢と学年が対応しない児童等を除く。）の健康診断票を集計し入力します。該当者がいない調査項目は空欄のままにします。

　ただし，「永久歯のう歯等数」は，疾病異常者の人数ではなく，生徒全員の喪失歯及びう歯の本数を合計して入力します。

（3）調査対象年齢

　調査対象年齢は次表のとおりです。

区　　　分	幼稚園及び幼保連携型認定こども園	小学校及び義務教育学校（第1～6学年）						中学校，中等教育学校の前期課程及び義務教育学校（第7～9学年）			高等学校及び中等教育学校の後期課程		
	5歳	6	7	8	9	10	11	12	13	14	15	16	17
聴　力　検　査	−	○	○	○	−	○	−	○	−	○	○	−	○
結核に関する検診	−	○	○	○	○	○	○	○	○	○	−	−	−
結　核　検　査	−	○	○	○	○	○	○	○	○	○	−	−	−
心　電　図　検　査	−	○	−	−	−	−	−	○	−	−	○	−	−
尿　糖　検　査	−	○	○	○	○	○	○	○	○	○	○	○	○
永久歯のう歯等数	−	−	−	−	−	−	−	○	−	−	−	−	−
上記以外の検査	○	○	○	○	○	○	○	○	○	○	○	○	○

　注1　〇印は調査対象となる年齢です。

　　2　−印については，調査票に記入しないでください。

　　3　本調査における調査項目と調査対象年齢は学校保健安全法に定められた健康診断に基づきます。また健康診断を行うことになっている検査項目（視力矯正者の裸眼視力は含まない）・対象年齢から選択的に調査しています。

受検者の取扱い

　調査対象者のうち，学校の健康診断を受検した者を受検者として取り扱います。医療機関等で受検をしていても，学校の健康診断で未受検の項目があれば，その項目については「未受検者（当該検査項目を受けなかった者）」として取り扱い，「受検者」欄には計上しません。

（例外）
- 「皮膚疾患」・・・自覚症状から客観的に判定できるため，**調査対象者学年の全員を受検者**として取り扱う（ただし，長期欠席等で保健調査票も提出されていないような場合には，判定しようがないため未受検者として取り扱う。）。
- 「結核」・・・個人的に医師の検査を受けて結核と判定された者，以前から結核で休養している者についても受検者として取り扱う。
- 「その他の疾病・異常（ぜん息，腎臓疾患，言語障害，その他）」・・・学校における健康診断のうち，いずれかの項目を受検していれば受検者として取り扱う。

なお，次の場合は当該検査項目を受検した者がいたとしても，学年全員を未受検者として取り扱います。

- 前年度検査で異常と判定された者
- 前年度検査を受けなかった者
- 希望者
- 問診票の結果により，疾病・異常が疑われる者※

のみを当該学年で受検させている場合。

　　※ただし「結核に関する検診」については，定められた問診（問診票の使用も含む）を受けた者を受検者として取り扱う。

　個別の項目についての，受検者の取扱いについては下記のとおりです。

調査項目	受検者の取扱い
②脊柱・胸郭・四肢の状態	「脊柱・胸郭・四肢」の検査のうち，全ての項目を受検した者を受検者とする。
③裸眼視力	視力矯正者に対して，裸眼視力検査を省略した場合には，**その者が在籍する学級の全員を未受検者**とする。※
⑥耳鼻咽頭疾患	「耳・鼻・咽頭」の検査のうち，全ての項目を受検した者を受検者とする。
⑦皮膚疾患	自覚症状から客観的に判定できるため，**調査対象者学年の全員を受検者**とする。ただし，長期欠席等で保健調査票も提出されていないような場合には，判定しようがないため未受検者として取り扱う。
⑧結核に関する検診	定められた内容の問診（15ページの問診。同内容の問診票による把握も含む。）を受けた者を受検者とする。ただし，結核対策委員会の検討により精密検査を必要とする者を判定する場合に，結核対策委員会での検討結果が調査票提出期限までに判明しなかった者は未受検者とする。
⑨結核	「結核に関する検診」を受けた者を受検者とする。ただし，精密検査の対象となった者で，その結果が調査票提出期日までに判明しなかった者については「結核に関する検診」は受検者とするが，「結核」は未受検者とする。（27ページ質問12参照）。また，個人的に医師の検査を受けて結核と判定された者，以前から結核で休養している者についても受検者として取り扱う。
⑪心臓	心臓検診調査票，学校医の診察所見などによる一次検診を受診したものを受検者とする。問診票の使用及び二次検診のみで判定している場合は，**調査対象学年の全員を未受検者**とする。また，二次検診の対象となった者で，その結果が調査票提出期日までに判明しなかった者については未受検者とする。
⑭その他の疾病・異常	学校における健康診断のうち，いずれかの項目を受検した者を受検者とする。
⑮歯・口腔	「う歯・歯列咬合・顎関節・歯垢の状態・歯肉の状態」のうち，全ての項目を受検した者を受検者とする。

※裸眼視力の受検者の取扱い

　視力を矯正している者（眼鏡又はコンタクトレンズ装着者）に対して，裸眼視力検査を省略した場合は，計上値が視力非矯正者に偏る（平均裸眼視力が上がる）ことを防ぐため，<u>その者が在籍する学級の全員（**男女とも全員**）を未受検者として取り扱います</u>（24 ページ裸眼視力の記入例，29 ページ質問 17 参照）。

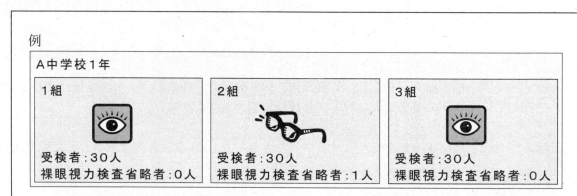

例

A中学校1年

1組	2組	3組
受検者：30人 裸眼視力検査省略者：0人	受検者：30人 裸眼視力検査省略者：1人	受検者：30人 裸眼視力検査省略者：0人

　　2組の裸眼視力検査省略者（1人）が男であっても女であっても，2組全員（男女とも）を未受検者として取り扱います。
　　よって，「裸眼視力」の受検者数は，
　1組（30人）＋2組（0人）＋3組（30人）＝<u>60人</u>　となります。

○　複数学年で編成している学級（特別支援学級や複式学級など）の場合は，当該学級のうち，裸眼視力検査省略者と同学年の男女のみを未受検者として取り扱います。

・「健康診断の方法及び技術的基準の補足的事項」において，「コンタクトレンズを使用しているものに裸眼視力検査を行う場合には，検査を始める 30 分前までにコンタクトを外させておくこと」とされていますが，当該調査に回答するための視力矯正者の裸眼視力の計測にあたっては，30 分待たずとも，ある程度の時間をおいて計測した結果を記載することで問題ありませんので，調査回答に御協力願います。
　なお，医療機関など，<u>学校の健康診断以外で測定した結果については，計上しません</u>。

213

「疾病・異常者」の取扱い

「疾病・異常者」の各欄には，学校における健康診断で実施された検査項目で学校医又は学校歯科医が疾病・異常と判定した者の人数を入力します。

　なお，健康診断の結果，疾病・異常と判定されなかったが，医療機関において，医師から疾病・異常と診断されており，その旨を学校で把握している者も「疾病・異常者」として取り扱います（29ページ質問15参照）。

　ただし，治療後など，疾病・異常の疑いがなく，単に「経過観察」と判定された場合には，疾病・異常者には計上しません（29ページ質問14参照）。

① 栄養状態 ⟩ よくある質問（P29）⟩

　　学校医により，栄養不良又は肥満傾向で特に注意を要すると判定された者である。

② 脊柱・胸郭・四肢の状態 ⟩ 受検者の取扱い（P17）⟩

　　脊柱側わん症，腰椎分離，野球肘，歩行異常，ペルテス病，大腿骨頭すべり症，発育性股関節形成不全，オスグッド病等の疾患・異常と判定された者で，学校医により，脊柱・胸郭・四肢のいずれかが，学業を行うのに支障のある状態と判定された者である。

③ 裸眼視力 ⟩ 受検者の取扱い（P17.18）⟩ 記入例（P24）⟩ よくある質問（P29.30）⟩

　　視力検査の結果について，両眼とも1.0以上及び両眼又は片眼の視力が1.0未満と判定された者について，左右のうち低い方の視力を下記の区分により記載する。

　　　（例）右眼が1.0，左眼が0.5の場合，「0.7未満0.3以上」に計上。

　　　　　　右眼が0.5，左眼が0.2の場合，「0.3未満」に計上。

　　なお，裸眼視力検査を省略した者が在籍する学級の場合は，その学級全員（男女とも全員）を調査対象外（未受検者）として取り扱います。

● 視力非矯正者の裸眼視力（a）…眼鏡やコンタクトレンズを使用していない者について，次の区分により記載する。
（a-1）1.0 以 上 の 者…裸眼視力が両眼とも1.0以上と判定された者である。
（a-2）1.0未満0.7以上の者…裸眼視力が0.9〜0.7と判定された者である。
（a-3）0.7未満0.3以上の者…裸眼視力が0.6〜0.3と判定された者である。
（a-4）0.3 未 満 の 者…裸眼視力が0.2以下と判定された者である。

● 視力矯正者の裸眼視力（b）…眼鏡やコンタクトレンズを使用している者について，次の区分により記載する。
（b-1）1.0 以 上 の 者…裸眼視力が両眼とも1.0以上と判定された者である。
（b-2）1.0未満0.7以上の者…裸眼視力が0.9〜0.7と判定された者である。
（b-3）0.7未満0.3以上の者…裸眼視力が0.6〜0.3と判定された者である。
（b-4）0.3 未 満 の 者…裸眼視力が0.2以下と判定された者である。

● 矯正視力のみを測定した人（c）…記入不要（確認用）の項目。
　　　　　　　　　　　　　　（視力矯正者が裸眼視力検査を省略した場合，その者が在籍する学級は男女とも全員を調査対象外とすることになっているため，0人となる。）

※上記（a）＋（b）＋（c）の合計は，全員が裸眼視力検査を行った学級の児童等の合計と一致する。

※裸眼視力1.0未満の者について，後日，病院や診療所等の医療機関で裸眼視力検査を行い，その結果が1.0以上であると判定された者は「裸眼視力1.0未満の者」としては取り扱わない。

④ 眼の疾病・異常

　　トラコーマ，流行性角結膜炎，流行性結膜炎，伝染性結膜炎，細菌性結膜炎，ウイルス性結膜炎，その他「伝染性」又は「感染症」と明記のある疾患と判定された者，若しくは伝染性眼疾患以外の眼疾患・異常の者(疑似トラコーマ，麦粒腫(ものもらい)，眼炎，眼瞼緑炎(がんけん)，斜視，睫毛内反(しょうもうないはん)，先天性色素網膜症（白眼児），片眼失明，アレルギー性結膜炎（花粉症等）等の疾患・異常と判定された者）である。

　　また，視力低下の原因が明らかな眼疾患・異常（例えば，網膜変性や緑内障等によるものをいい，近視，遠視，乱視等の屈折異常の者は含まない。）による者も含む。

　　なお，眼瞼皮膚炎(がんけん)は「皮膚疾患のアトピー性皮膚炎の者」へ計上する。

⑤ 難聴　　よくある質問（P30）

　　オージオメータを使用して検査をした場合，1,000ヘルツ（低い音）において30デシベル又は4,000ヘルツ（高い音）において25デシベル（聴力レベル表示による。）相当の音（両方の音又はどちらか片方の音）が聴取できない者である。なお，片方の耳のみが異常の者は含まず，両耳とも異常の者を計上する。

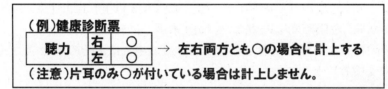

⑥ 耳鼻咽頭疾患　　受検者の取扱い（P17）　　よくある質問（P30, 31）

(a) 耳疾患の者

　　難聴以外の耳疾患・異常の者である。例えば，急性又は慢性中耳炎，内耳炎，外耳炎，メニエール病，耳介の欠損(じかい)，耳垢栓塞(じこうせんそく)，小耳症等の耳疾患・異常と判定された者である。

(b) 鼻・副鼻腔疾患の者

　　鼻・副鼻腔疾患・異常の者である。例えば，慢性副鼻腔炎（蓄膿症）(ちくのう)，慢性的症状の鼻炎（乾燥性前鼻炎等），鼻ポリープ，鼻中隔彎曲(びちゅうかくわんきょく)，アレルギー性鼻炎（花粉症等）等の疾患・異常と判定された者である。なお，インフルエンザ又はかぜによる鼻炎等の一時的な疾患・異常と判定された者は含まない。

(c) 口腔咽喉頭疾患・異常の者

　　口腔咽喉頭疾患・異常の者である。口腔の疾患・異常（例えば，口角炎(こうかくえん)，口唇炎(こうしんえん)，口内炎，唇裂，口蓋裂(こうがいれつ)，舌小帯異常(ぜつしょうたい)，唾石等(だせき)のある者），アデノイド，扁桃肥大(へんとうひだい)（軽微な扁桃肥大も含む。），咽頭炎，急性又は慢性的症状の喉頭炎，扁桃炎，音声言語異常等の疾患・異常をいう。なお，インフルエンザ又はかぜによる咽頭炎等の一時的な疾患・異常と判定された者は含まない。

　　ここでいう口腔の疾患・異常とは，耳・鼻・咽頭の健康診断を担当した学校医が，健康診断票の「耳鼻咽頭疾患」の欄に記入した口腔の疾患・異常をいう。なお，小学校，中学校，高等学校及び中等教育学校の歯・口腔の健康診断票，又は幼児健康診断票の「口腔の疾病及び異常」の欄

に口腔の疾患・異常として「耳鼻咽頭疾患」の欄に書かれた病名と同じ病名が書かれている時には，「耳鼻咽頭疾患」の欄には計上せずに「歯・口腔」の疾病・異常の欄で計上する。

⑦ 皮膚疾患　　受検者の取扱い（P17）

（a）アトピー性皮膚炎の者
　　アトピー性皮膚炎（眼瞼皮膚炎等）と判定された者である。

（b）その他の皮膚疾患の者
　　伝染性皮膚疾患，毛髪疾患，尋常性白斑，みずいぼ（伝染性軟属腫）等上記以外の皮膚疾患と判定された者である。

⑧ 結核に関する検診　　受検者の取扱い（P17）　　よくある質問（P27.28）
　　結核に関する検診の中で，学校医の診察等の結果，精密検査（エックス線直接撮影や喀痰検査等）の対象となった者である。なお，平成24年度以降も結核対策委員会での検討により，精密検査を要する者を判定している場合は，その検討の結果，精密検査の対象となった者である。

⑨ 結核　　受検者の取扱い（P17）　　よくある質問（P27.28）
　　精密検査（エックス線直接撮影，喀痰検査等）の結果，結核患者（肺結核，その他の結核性患者で学校保健安全法施行規則別表第1に示されている指導区分A1，A2，B1，B2，C1，C2に該当する者）として判定された者である。また，個人的に医師の診断を受けて結核と診断された者及び以前から結核で休養している者を含む。

⑩ 心電図異常　　受検者の取扱い（P17）　　よくある質問（P32）
　　心電図検査の結果，異常と判定された者である。ここでいう異常とは医師が心電図所見を見て，異常と判断した者，又は精密検査を要する者を指し（一次検診），単に心電図所見を記入してある者で，特に医師が問題を指摘しなければ，正常として取り扱う。

⑪ 心臓　　受検者の取扱い（P17）　　よくある質問（P31）
　　心膜炎，心包炎，心内膜炎，弁膜炎，狭心症，心臓肥大，その他の心臓の疾病・異常の者である。心音不順，心雑音及び心電図異常のみの者は含まない。

⑫ 蛋白検出
　　尿検査のうち，蛋白第1次検査の結果，尿中に蛋白が検出（陽性（＋以上）又は擬陽性（±）と判定）された者である。

⑬ 尿糖検出
　　尿検査のうち，糖第1次検査の結果，尿中に糖が検出（陽性（＋以上）と判定）された者である。

⑭ その他の疾病・異常　　受検者の取扱い（P17）　　よくある質問（P32.33）

（a）ぜん息の者
　　気管支ぜん息と判定された者である。

（b）腎臓疾患の者
　　急性及び慢性腎炎，ネフローゼ等の腎臓疾患と判定された者である。

（c）言語障害の者
　　話し言葉の働きに障害のある者をいい，例えば，吃音（どもり），発音の異常，発声の異常（聞き手が理解しにくい程度の発音や声の障害），口蓋裂，脳性麻痺等に伴う言葉の異常，難聴による発音の異常，その他情緒的原因による緘黙症，自閉症や言語中枢に障害のある失語症である。

216

(d) その他の疾病・異常の者

この調査のいずれの調査項目にも該当しない疾病及び異常の者である。

【症状例】

貧血，てんかん，ダウン症，筋ジストロフィー，多発性硬化症，起立性調節障害，卵巣膿腫，うつ病，無脾症候群(脾臓無)，糖尿病，食物アレルギー，非骨仮性線維腫，脳波異常，発達障害（自閉症，アスペルガー症候群その他の広汎性発達障害，学習障害，注意欠陥多動性障害その他これに類する脳機能の障害），痙攣，周期嘔吐症，好中球減少症，チック　など

⑮ 歯・口腔　〔受検者の取扱い（P17）〕　〔よくある質問（P31）〕

(a) う歯の者（むし歯になったことのない者は，(ア)(イ)のいずれにも計上しない。）

乳歯又は永久歯がむし歯の者である（要観察歯（CO）は含まない。）。

(ア) 処置完了者

乳歯，永久歯を問わず，全てのう歯の処置が完了している者である。

未処置歯が1本でもあれば，「未処置歯のある者」として取り扱う。

(イ) 未処置歯のある者

乳歯・永久歯を問わず，う歯の処置を完了していない歯が1本以上ある者である。

(b) 歯列・咬合の者

歯列異常（叢生等），不正咬合の疑いがあり，専門医（歯科医師）による診断が必要とされた者をいう。小学校，中学校，義務教育学校，高等学校及び中等教育学校については，各学校種の歯・口腔の健康診断票において，「歯列・咬合」が「2」（専門医による診断が必要）と判定された者。

(c) 顎関節の者

顎関節症の疑いがあり，専門医（歯科医師）による診断が必要とされた者をいう。小学校，中学校，義務教育学校，高等学校及び中等教育学校については，各学校種の歯・口腔の健康診断票において，「顎関節」が「2」（専門医による診断が必要）と判定された者。

(d) 歯垢の状態の者

歯に相当の付着がある者をいう。小学校，中学校，義務教育学校，高等学校及び中等教育学校については，各学校種の歯・口腔の健康診断票において，「歯垢の状態」が「2」（相当の付着がある）と判定された者。

(e) 歯肉の状態の者

歯肉に炎症があり，専門医（歯科医師）による診断が必要とされた者をいう。小学校，中学校，義務教育学校，高等学校及び中等教育学校については，各学校種の歯・口腔の健康診断票において，「歯肉の状態」が「2」（専門医による診断が必要）と判定された者。

(f) その他の疾病・異常の者

上記以外の歯・口腔の疾患・異常（例えば，口角炎，口唇炎，口内炎，唇裂，口蓋裂，舌小帯異常，唾石，癒合歯，要注意乳歯）のある者をいう（歯石のみ及び歯周疾患要観察者（GO）は含まない。）。

⑯ 永久歯のう歯等数（喪失歯及びう歯の本数）12歳（中学1年）のみ　〔受検者の取扱い（P17）〕

永久歯のうち喪失歯及びう歯（処置歯，未処置歯）があると判定された者の全員の喪失歯，処置歯，未処置歯別に本数を合計し，それぞれの該当調査項目ごとに計上する。

(a) 喪失歯数

永久歯が，う歯によって，脱落したり抜去したりして歯がない状態の本数。

(b) 処置歯数

う歯を充填，補綴（金冠，継続歯，架工義歯の支台歯等）によって歯の機能を営むことができ

ると認められる状態の永久歯の本数。ただし，う歯の治療中のもの及び処置は完了しているが，再発等によって処置を要するようになったものは未処置歯として取り扱う。

(c) 未処置歯数

う歯（C）と判定された永久歯の本数。要観察歯（CO）は含まない。

⑰ 相談員・スクールカウンセラー　※記入漏れに御注意ください。　よくある質問（P33）
　　　　　　　　　　　　　　　　　　　設置状況を確認の上，記入をお願いします。

（幼稚園は記入欄なし）

　教育委員会，教育事務所，学校が委嘱した相談員・スクールカウンセラー（スクールソーシャルワーカーは含みません）の別に配置状況を下記の選択肢の中から選択し，該当する番号に〇をつける。

　定期配置とは，あらかじめ決められたスケジュールに沿って定期的に配置されている状態を指し，その時間数が週の時間に換算して週4時間以上か未満かを区別する（複数人配置されている場合には，それぞれの時間数を合計する）。

　教育委員会，教育事務所に配置され，必要に応じ学校に派遣されている場合は不定期配置とする。

1　相談員

　退職教員，保育士，民生児童委員など地域の人材であり，児童が悩みや不安を気軽に相談できる話し相手として，また学校と保護者・地域のパイプ役として，不登校・問題行動等の未然防止や早期発見・早期対応にあたる者。

2　スクールカウンセラー

　臨床心理士，精神科医，心理学系の大学の常勤教員など，臨床心理に関し高度に専門的な知識・経験を有する者であり，心の専門家として，専門性を有しつつ，児童生徒へのカウンセリング，教職員及び保護者に対する助言・援助を行う者。

〇配置状況の選択肢

1　定期配置（週4時間以上）	2　定期配置（週4時間未満）	
3　不定期配置	4　無	

３．推定方法

ある学校種の発育状態調査における平均または健康状態調査における被患率等の推定量は次式のとおりである。

$$\hat{\mu}_{\delta\lambda} = \frac{1}{\hat{N}_{\delta\lambda}} \sum_{k=1}^{47} \sum_{h=1}^{H} \sum_{i=1}^{m_{kh}} \sum_{g=1}^{G} \delta_{kg} w_{khig} y_{khig} \tag{1}$$

発育状態調査における標準偏差の推定量は次式のとおりである。

$$\hat{\psi}_{\delta\lambda} = \left\{ \frac{1}{\hat{N}_{\delta\lambda}-1} \left(\sum_{k=1}^{47} \sum_{h=1}^{H} \sum_{i=1}^{m_{kh}} \sum_{g=1}^{G} \delta_{kg} w_{khig} s_{khig}^2 - \hat{N}_{\delta\lambda} \hat{\mu}_{\delta\lambda}^2 \right) \right\}^{1/2} \tag{2}$$

発育状態調査におけるある測定値区分の出現率の推定量は次式のとおりである。

$$\hat{\pi}_{\delta\lambda} = \hat{N}_{\delta\lambda} \left/ \sum_{k=1}^{47} \sum_{g=1}^{G} \delta_{kg} N_{kg} \right. \tag{3}$$

相談員・スクールカウンセラーの配置状況の推定量は次式のとおりである。

$$\hat{\xi} = \sum_{k=1}^{47} \sum_{h=1}^{H} \sum_{i=1}^{m_{kh}} \frac{M_{kh}}{m_{kh}} z_{khi} \left/ \sum_{k=1}^{47} \sum_{h=1}^{H} M_{kh} \right. \tag{4}$$

ただし学校種別に、

M_{kh} : 都道府県 k の層 h の全学校数

m_{kh} : 都道府県 k の層 h の調査対象校数

N_{kg} : 都道府県 k の集計対象である都市規模・設置者の全学校の性・年齢 g の在学者数

N_{khig} : 都道府県 k の層 h の調査対象校 i の性・年齢 g の在学者数

n_{khig} : 都道府県 k の層 h の調査対象校 i の性・年齢 g の受検者数

n_{khig}^* : 都道府県 k の層 h の調査対象校 i の性・年齢 g の集計対象である測定値区分に該当する受検者数

δ_{kg} : $\begin{cases} 1 & \text{都道府県 } k \text{ の性・年齢 } g \text{ が集計対象の場合} \\ 0 & \text{それ以外の場合} \end{cases}$

λ_{khi} : $\begin{cases} 1 & \text{都道府県 } k \text{ の層 } h \text{ の調査対象校 } i \text{ が集計対象の都市規模・設置者である場合} \\ 0 & \text{それ以外の場合} \end{cases}$

w_{khig} : $N_{kg} \lambda_{khi} \dfrac{M_{kh}}{m_{kh}} \dfrac{N_{khig}}{n_{khig}} \left/ \left(\sum\limits_{h=1}^{H} \sum\limits_{i=1}^{m_{kh}} \lambda_{khi} \dfrac{M_{kh}}{m_{kh}} N_{khig} \right) \right.$

$\hat{N}_{\delta\lambda}$: $\sum\limits_{k=1}^{47} \sum\limits_{h=1}^{H} \sum\limits_{i=1}^{m_{kh}} \sum\limits_{g=1}^{G} \delta_{kg} w_{khig} n_{khig}^*$

y_{khig} : 都道府県 k の層 h の調査対象校 i の性・年齢 g の集計対象である測定値区分に該当する受検者の測定値の合計 (発育状態調査)
あるいは疾病・異常に該当する受検者の数・永久歯のう歯等数 (健康状態調査)

s_{khig}^2 : 都道府県 k の層 h の調査対象校 i の性・年齢 g の集計対象である測定値区分に該当する受検者の測定値の二乗和 (発育状態調査)
あるいは疾病・異常に該当する受検者の数 (健康状態調査)

z_{khi} : $\begin{cases} 1 & \text{都道府県 } k \text{ の層 } h \text{ の調査対象校 } i \text{ の相談員・スクールカウンセラーが集計対象の配置状況である場合} \\ 0 & \text{それ以外の場合} \end{cases}$

である。

標準誤差の推定方法

ある学校種の発育状態調査における平均または健康状態調査における被患率の推定量の分散は次式のとおりである。

$$\hat{V}(\hat{\mu}_{\delta\lambda}) \approx \sum_{k=1}^{47}\sum_{h=1}^{H}\left\{\left(1-\frac{m_{kh}}{M_{kh}}\right)\frac{m_{kh}}{m_{kh}-1}\sum_{i=1}^{m_{kh}}\left(e_{khi}-\frac{1}{m_{kh}}\sum_{i=1}^{m_{kh}}e_{khi}\right)^2\right.$$
$$\left.+\frac{m_{kh}}{M_{kh}}\sum_{i=1}^{m_{kh}}\sum_{g=1}^{G}\delta_{kg}\left(1-\frac{n_{khig}}{N_{khig}}\right)w_{khig}^2\frac{n_{khig}s_{khig}^2-y_{khig}^2}{n_{khig}-1}\right\}\bigg/\left(\sum_{k=1}^{47}\sum_{g=1}^{G}\delta_{kg}N_{kg}\right)^2 \quad (5)$$

ただし、

$$e_{khi} = \sum_{g=1}^{G}\delta_{kg}w_{khig}\left(y_{khig}-\frac{n_{khig}}{N_{kg}}\sum_{h=1}^{H}\sum_{i=1}^{m_{kh}}w_{khig}y_{khig}\right)$$

である。

４．肥満・痩身傾向児の算出方法について

平成 17 年度まで，性別・年齢別に身長別平均体重を求め，その平均体重の 120％以上の体重の者を肥満傾向児，80％以下の者を痩身傾向児としていたが，18 年度から，性別，年齢別，身長別標準体重から肥満度（過体重度）を算出し，肥満度が 20％以上の者を肥満傾向児，-20％以下の者を痩身傾向児としている。

肥満度の求め方は次のとおりである。

肥満度（過体重度）

＝〔実測体重(kg)－身長別標準体重(kg)〕／身長別標準体重(kg) ×100（％）

※ 身長別標準体重（kg） ＝ a × 実測身長（cm） － b

年齢＼係数	男		女	
	a	b	a	b
5	0.386	23.699	0.377	22.750
6	0.461	32.382	0.458	32.079
7	0.513	38.878	0.508	38.367
8	0.592	48.804	0.561	45.006
9	0.687	61.390	0.652	56.992
10	0.752	70.461	0.730	68.091
11	0.782	75.106	0.803	78.846
12	0.783	75.642	0.796	76.934
13	0.815	81.348	0.655	54.234
14	0.832	83.695	0.594	43.264
15	0.766	70.989	0.560	37.002
16	0.656	51.822	0.578	39.057
17	0.672	53.642	0.598	42.339

出典：公益財団法人日本学校保健会「児童生徒の健康診断マニュアル（平成 27 年度改訂版）」

（参考）令和２年度調査の平均身長の場合の標準体重

年齢	男			女		
	平均身長(cm)	平均身長時の標準体重(kg)	平均体重(kg)	平均身長(cm)	平均身長時の標準体重(kg)	平均体重(kg)
5	111.6	19.4	19.4	110.6	18.9	19.0
6	117.5	21.8	22.0	116.7	21.4	21.5
7	123.5	24.5	24.9	122.6	23.9	24.3
8	129.1	27.6	28.4	128.5	27.1	27.4
9	134.5	31.0	32.0	134.8	30.9	31.1
10	140.1	34.9	35.9	141.5	35.2	35.4
11	146.6	39.5	40.4	148.0	40.0	40.3
12	154.3	45.2	45.8	152.6	44.5	44.5
13	161.4	50.2	50.9	155.2	47.4	47.9
14	166.1	54.5	55.2	156.7	49.8	50.2
15	168.8	58.3	58.9	157.3	51.1	51.2
16	170.2	59.8	60.9	157.7	52.1	51.9
17	170.7	61.1	62.6	157.9	52.1	52.3

令和2年度 学校保健統計
（学校保健統計調査報告書）

2021年8月27日発行　　　　　　　定価は表紙に表示してあります。

著作権所有　　**文 部 科 学 省**
〒100-8959
東京都千代田区霞が関3－2－2
電 話（03）5253－4 1 1 1

発　　　行　　**株式会社双葉レイアウト**
〒106-0041
東京都港区麻布台2-2-12 三貴ビル
電 話（03）3586－9 4 2 2

落丁，乱丁本はお取り替えします。

ISBN978-4-9908130-8-6

政府刊行物販売所一覧

政府刊行物のお求めは、下記の政府刊行物サービス・ステーション（官報販売所）
または、政府刊行物センターをご利用ください。

◎政府刊行物サービス・ステーション（官報販売所）

	〈名　称〉	〈電話番号〉	〈FAX番号〉		〈名　称〉	〈電話番号〉	〈FAX番号〉
札　幌	北海道官報販売所（北海道官書普及）	011-231-0975	271-0904	名古屋駅前	愛知県第二官報販売所（共同新聞販売）	052-561-3578	571-7450
青　森	青森県官報販売所（成田本店）	017-723-2431	723-2438	津	三重県官報販売所	059-228-4812	228-4812
盛　岡	岩手県官報販売所	019-622-2984	622-2990		・津駅前店	059-227-7526	227-7526
仙　台	宮城県官報販売所（仙台政府刊行物センター内）	022-261-8320	261-8321	大　津	滋賀県官報販売所（澤五車堂）	077-524-2683	525-3789
秋　田	秋田県官報販売所（石川書店）	018-862-2129	862-2178	京　都	京都府官報販売所（大垣書店）	075-746-2211	746-2288
山　形	山形県官報販売所（八文字屋）	023-642-8887	642-2719	大　阪	大阪府官報販売所（かんぽう）	06-6443-2171	6443-2175
福　島	福島県官報販売所（西沢書店）	024-522-0161	522-4139	神　戸	兵庫県官報販売所	078-341-0637	382-1275
水　戸	茨城県官報販売所	029-291-5676	302-3885	奈　良	奈良県官報販売所（啓林堂書店）	0742-33-8001	33-8220
宇都宮	栃木県官報販売所（亀田書店）	028-651-0050	651-0051	和歌山	和歌山県官報販売所（宮井平安堂内）	073-431-1331	431-7938
前　橋	群馬県官報販売所（煥乎堂）	027-235-8111	235-9119	鳥　取	鳥取県官報販売所（鳥取今井書店）	0857-23-1213	53-4395
さいたま	埼玉県官報販売所（須原屋）	048-822-5321	822-5328	松　江	島根県官報販売所（今井書店）	0852-24-2230	27-8191
千　葉	千葉県官報販売所	043-222-7635	222-6045	岡　山	岡山県官報販売所（有文堂）	086-222-2646	225-7704
横　浜	神奈川県官報販売所（横浜日経社）	045-681-2661	664-6736	広　島	広島県官報販売所	082-962-3590	511-1590
東　京	東京都官報販売所（東京官書普及）	03-3292-3701	3292-1604	山　口	山口県官報販売所（文栄堂）	083-922-5611	922-5658
立　川	・オリオン書房立川ルミネ店	042-527-2311	527-6388	徳　島	徳島県官報販売所（小山助学館）	088-654-2135	623-3744
新　潟	新潟県官報販売所（北越書館）	025-271-2188	271-1990	高　松	香川県官報販売所	087-851-6055	851-6059
富　山	富山県官報販売所（Booksなかだ本店）	076-492-1192	492-1195	松　山	愛媛県官報販売所	089-941-7879	941-3969
金　沢	石川県官報販売所（うつのみや）	076-234-8111	234-8131	高　知	高知県官報販売所	088-872-5866	872-6813
福　井	福井県官報販売所（勝木書店）	0776-24-0428	24-0575	福　岡	福岡県官報販売所	092-721-4846	751-0385
甲　府	山梨県官報販売所（柳正堂書店）	055-268-2213	268-2214		・福岡県庁内	092-641-7838	641-7838
長　野	長野県官報販売所（長野西沢書店）	026-233-3187	233-3186		・福岡市役所内	092-722-4861	722-4861
岐　阜	岐阜県官報販売所（郁文堂書店）	058-262-9897	262-9895	佐　賀	佐賀県官報販売所	0952-23-3722	23-3733
静　岡	静岡県官報販売所	054-253-2661	255-6311	長　崎	長崎県官報販売所	095-822-1413	822-1749
名古屋	愛知県第一官報販売所	052-961-9011	961-9022	熊　本	熊本県官報販売所（金龍堂内）	096-354-5963	352-5665
豊　橋	・豊川堂内	0532-54-6688	54-6691	大　分	大分県官報販売所	097-532-4308	536-3416
				宮　崎	宮崎県官報販売所（田中書店）	0985-24-0386	22-9056
				鹿児島	鹿児島県官報販売所	099-285-0015	285-0017
				那　覇	沖縄県官報販売所（リウボウ）	098-867-1726	869-4831

◎政府刊行物センター（全国官報販売協同組合）

	〈電話番号〉	〈FAX番号〉
霞が関	03-3504-3885	3504-3889
仙　台	022-261-8320	261-8321

各販売所の所在地は、コチラから→ http://www.gov-book.or.jp/portal/shop/

政 府 刊 行 物 販 売 所 一 覧

政府刊行物のお求めは、下記の政府刊行物サービス・ステーション（官報販売所）
または、政府刊行物センターをご利用ください。

◎政府刊行物サービス・ステーション（官報販売所）

	〈名　称〉	〈電話番号〉	〈FAX番号〉
札　幌	北海道官報販売所 （北海道官書普及）	011-231-0975	271-0904
青　森	青森県官報販売所 （成田本店）	017-723-2431	723-2438
盛　岡	岩手県官報販売所	019-622-2984	622-2990
仙　台	宮城県官報販売所 （仙台政府刊行物センター内）	022-261-8320	261-8321
秋　田	秋田県官報販売所 （石川書店）	018-862-2129	862-2178
山　形	山形県官報販売所 （八文字屋）	023-642-8887	624-2719
福　島	福島県官報販売所 （西沢書店）	024-522-0161	522-4139
水　戸	茨城県官報販売所	029-291-5676	302-3885
宇 都 宮	栃木県官報販売所 （亀田書店）	028-651-0050	651-0051
前　橋	群馬県官報販売所 （煥乎堂）	027-235-8111	235-9119
さ い た ま	埼玉県官報販売所 （須原屋）	048-822-5321	822-5328
千　葉	千葉県官報販売所	043-222-7635	222-6045
横　浜	神奈川県官報販売所 （横浜日経社）	045-681-2661	664-6736
東　京	東京都官報販売所 （東京官書普及）	03-3292-3701	3292-1604
新　潟	新潟県官報販売所 （北越書館）	025-271-2188	271-1990
富　山	富山県官報販売所 （Booksなかだ本店）	076-492-1192	492-1195
金　沢	石川県官報販売所 （うつのみや）	076-234-8111	234-8131
福　井	福井県官報販売所 （勝木書店）	0776-27-4678	27-3133
甲　府	山梨県官報販売所 （柳正堂書店）	055-268-2213	268-2214
長　野	長野県官報販売所 （長野西沢書店）	026-233-3187	233-3186
岐　阜	岐阜県官報販売所 （郁文堂書店）	058-262-9897	262-9895
静　岡	静岡県官報販売所	054-253-2661	255-6311
名 古 屋	愛知県第一官報販売所	052-961-9011	961-9022
豊　橋	・豊川堂内	0532-54-6688	54-6691
名古屋駅前	愛知県第二官報販売所 （共同新聞販売）	052-561-3578	571-7450
津	三重県官報販売所 （別所書店）	059-226-0200	253-4478
大　津	滋賀県官報販売所 （澤五車堂）	077-524-2683	525-3789
京　都	京都府官報販売所 （大垣書店）	075-746-2211	746-2288
大　阪	大阪府官報販売所 （かんぽう）	06-6443-2171	6443-2175
神　戸	兵庫県官報販売所	078-341-0637	382-1275
奈　良	奈良県官報販売所 （啓林堂書店）	0742-20-8001	20-8002
和 歌 山	和歌山県官報販売所 （宮井平安堂内）	073-431-1331	431-7938
鳥　取	鳥取県官報販売所 （鳥取今井書店）	0857-23-1213	53-4395
松　江	島根県官報販売所 （今井書店）	0852-24-2230	27-8191
岡　山	岡山県官報販売所 （有文堂）	086-222-2646	225-7704
広　島	広島県官報販売所	082-962-3590	511-1590
山　口	山口県官報販売所 （文栄堂）	083-922-5611	922-5658
徳　島	徳島県官報販売所 （小山助学館）	088-654-2135	623-3744
高　松	香川県官報販売所	087-851-6055	851-6059
松　山	愛媛県官報販売所	089-941-7879	941-3969
高　知	高知県官報販売所	088-872-5866	872-6813
福　岡	福岡県官報販売所	092-721-4846	751-0385
	・福岡県庁内	092-641-7838	641-7838
	・福岡市役所内	092-722-4861	722-4861
佐　賀	佐賀県官報販売所	0952-23-3722	23-3733
長　崎	長崎県官報販売所	095-822-1413	822-1749
熊　本	熊本県官報販売所 （金龍堂内）	096-354-5963	352-5665
大　分	大分県官報販売所	097-532-4308	536-3416
宮　崎	宮崎県官報販売所 （田中書店）	0985-24-0386	22-9056
鹿 児 島	鹿児島県官報販売所	099-285-0015	285-0017
那　覇	沖縄県官報販売所 （リウボウ）	098-867-1726	869-4831

◎政府刊行物センター（全国官報販売協同組合）

	〈電話番号〉	〈FAX番号〉
霞 が 関	03-3504-3885	3504-3889
仙　台	022-261-8320	261-8321

各販売所の所在地は、コチラから→ https://www.gov-book.or.jp/portal/shop/